CAMINHOS DA APRENDIZAGEM E INCLUSÃO:

ENTRETECENDO MÚLTIPLOS SABERES

VOLUME 3

CAMINHOS DA APRENDIZAGEM E INCLUSÃO: ENTRETECENDO MÚLTIPLOS SABERES

VOLUME 3

ORGANIZADORES

ÂNGELA MATHYLDE SOARES

FERNANDO CÉSAR CAPOVILLA

JALMIRIS REGINA OLIVEIRA REIS SIMÃO

LUÍS MIGUEL NEVES

Artesã

DIRETOR
Alcebino Santana

COORDENAÇÃO EDITORIAL
Karol Oliveira

DIREÇÃO DE ARTE
Tiago Rabello

REVISÃO
Book Station

CAPA
Karol Oliveira

IMAGEM DE CAPA
Chrystiane Corrêa

PROJETO GRÁFICO E DIAGRAMAÇÃO
Conrado Esteves

C183

Caminhos da Aprendizagem e Inclusão : entretecendo múltiplos saberes : volume 3 / organizadores: Angela Mathylde Soares … [et al.]. – Belo Horizonte : Artesã, 2021.

580 p.; 23 cm.

ISBN: 978-65-86140-29-3

1. Educação inclusiva. 2. Neurociências. 3. Formação profissional. I. Soares, Angela Mathylde.

CDU 376

Catalogação: Aline M. Sima CRB-6/2645

IMPRESSO NO BRASIL
Printed in Brazil

(31)2511-2040 (31)99403-2227
www.artesaeditora.com.br
Rua Rio Pomba 455, Carlos Prates - Cep: 30720-290 | Belo Horizonte - MG
/artesaeditora

Sumário

Prefácio

A psicopedagogia é uma área clínico-educacional de cada vez maior destaque e reconhecimento nas práticas em saúde e educação para promoção de aprendizagem saudável, o mais típica e promissora possível, assim como para minimização de riscos e remediação de dificuldades a transtornos específicos de aprendizagem. Esta tal de aprendizagem, mais especificamente a formal ou escolar, é um dos fenômenos e construtos ao longo do ciclo da vida de maior oportunidade de estimulação natural do desenvolvimento cognitivo e socioemocional da criança ao adulto. Assim, de um ângulo da neuropsicologia, ressalto o quanto a interdisciplinaridade da avaliação às práticas de intervenção e de inclusão discutidas no terceiro volume da importante obra "Caminhos da Aprendizagem e Inclusão: Entretecendo múltiplos saberes", orquestrada por quatro maestros, os autores e organizadores, com inúmeros importantes músicos, os colaboradores autores de cada capítulo, deve ser o alicerce para auxiliarmos indivíduos aprendizes, pais e familiares, professores, orientadores e gestores educacionais.

A leitura desta obra possibilitará uma atualização imensurável em diferentes abordagens e áreas da educação e da saúde, todas em prol de uma aprendizagem efetiva, duradoura e com significado para uma vida com qualidade, aplicando-a no cotidiano. Dentre as áreas, destacam-se pedagogia, psicopedagogia, fonoaudiologia, neuropsicologia, tecnologia, entre outras, representando três eixos: (1) intervenções possíveis das dificuldades aos transtornos de aprendizagem, (2) educação, recursos e mediações tecnológicas de práticas pedagógicas pró-inclusão, e, (3) formação e capacitação profissional.

A inclusão aparece transversalmente como o principal contexto pragmático desta obra. Trata-se de um tema e de um conjunto de teorias e de ações lindas e essenciais em seu alicerce, mas de dificílima, completa e muito desafiadora operacionalização. Qual minha visão de inclusão, a partir da perspectiva como neuropsicóloga clínica, professora universitária que é convidada semestralmente a adaptar estratégias de ensino-aprendizagem e de avaliação, pesquisadora em neuropsicologia escolar e em desenvolvimento cognitivo e socioemocional infantil, e, sobretudo, como mãe da Victória de 5 anos e 9 meses e do Henrique de 3 anos e 2 meses, que acolhem espontaneamente vários amigos em casa e na escola com diferentes dificuldades desenvolvimentais e de aprendizagem? Nasce de uma maneira utópica, mas cada vez que a experenciamos mais, descobrimos modos de colocá-la um pouco melhor em prática. A utopia justifica-se pela base dos preconceitos enraizados em nossa sociedade: pais de crianças típicas tendem em sua maioria a rejeitar ou a limitar a relação de seus filhos com crianças atípicas como se transtornos do neurodesenvolvimento fossem contagiosos; professores muitas vezes nunca tiveram uma formação específica em como compreender e manejar com aprendizes fora da curva média da eficiência de aprendizagem; a heterogeneidade de uma turma, mesmo dentro da tipicidade desenvolvimental, é gigantesca, com pelo menos 50% aprendendo dentro de uma acurácia e velocidade medianas (de médio-inferior a médio-médio, até a médio-superior), 25% com dificuldades a transtornos de aprendizagem, primários ou secundários, e 25% com aprendizagem mais acurada e veloz do que o restante – como um professor apenas, ou quando possível, com um auxiliar em classe, conseguirá dar conta de tantos ritmos? Há, ainda, um fator sociocultural que impacta muito na formação de reserva cognitiva desde a pré-escola, a vulnerabilidade social e, com ela, uma inerente maior restrição de oportunidades suficientemente ricas para um desenvolvimento cognitivo e socioemocional minimamente necessários para o ciclo da vida com qualidade humana! A pobreza impacta o desenvolvimento do cérebro e, por consequência, se instaura um ciclo vicioso que infelizmente se retroalimenta, no desenvolvimento de atenções, percepções, linguagens, memórias, praxias, funções executivas, habilidades matemáticas e, assim por diante. Qual solução defendo como a mais viável e oportunizadora de aprendizagem real para ambos os lados (crianças, família/escola típicas e crianças, família e escola atípicas, pois sim crianças típicas tem muito a ganhar e crescer convivendo com crianças atípicas, principalmente em teoria da mente, e flexibilidade cognitiva e socioemocional)? Um método misto, composto em parte por turmas com todos unidos e em métodos por subgrupos de nivelamento e aqueles com mais facilidade de aprendizagem distribuídos como colaboradores e submediadores junto com os professores do processo de aprendizagem daqueles com mais dificuldades; e, em outra(s) parte(s), estudantes com diferentes quadros unidos em pequenos a médios grupos por semelhanças de forças e fraquezas de desenvolvimento, para que possam ter metas e possibilidades personalizadas para si, com a chance de sentirem a percepção pró-felicidade e motivadora da aprendizagem escolar em grupo de melhor autoeficácia. A inclusão é necessária, desde a formação de pais, de crianças e de professores, mas, sobretudo, da sociedade como um todo, que tem que amadurecer e perceber que há muitas diferenças, e que conviver com tantas diferenças é a maior chance e mais enriquecedora oportunidade de aprender com empatia, teoria da mente e flexibilidade mental, com hábitos de proatividade social por um bem maior, além de si próprio, habilidades muito difíceis de serem desenvolvidas.

Em 35 capítulos de deliciosa e convidativa leitura, que me estimularam a aprimorar meus recursos de fluência e de compreensão leitoras, enriquecendo minhas habilidades de abstração e de análise e síntese de tantos conhecimentos e reflexões, inúmeros temas essenciais com evidências científicas e prática de "chão de fábrica" são aprofundados e oferecidos como um refinado repertório aos leitores. Dos capítulos acerca da base da linguagem oral por meio da aquisição e da consolidação do vocabulário como degraus iniciais essenciais para a aprendizagem escolar, da intervenção em compreensão leitora, do monitoramento e acompanhamento periódico da fluência leitora, ainda tão negligenciada na clínica e nas ações educacionais pró-aprendizagem, do papel crucial do diagnóstico feito por equipes multiprofissionais tanto nos âmbitos escolares quanto nos hospitalares, do desenvolvimento socioemocional da Educação Infantil como base pró-resiliências, aos capítulos sobre a mais desafiadora ainda do que já inerentemente é a aprendizagem em crianças com câncer internadas e distanciadas da escola, à aquisição tardia da alfabetização na Educação de Jovens e Adultos que muitas vezes exclui, a uma revisitação dos potenciais e limites do cérebro como principal órgão a serviço da aprendizagem, à validação de uma formação continuada à distância sobre dislexia, e ao papel da robótica educacional como promotora de funções executivas na adolescência.

Por fim, são tantos os temas que me demorei por demais em entregar este prefácio. Trata-se, em poucas palavras, de uma enciclopédia sobre assuntos e práticas que perpassam a mente de todos os clínicos e educadores que refletem sobre seus papéis em tantas vidas que se nutrem pela aprendizagem. Parabenizo os quatro organizadores e a todos/todas autores/autoras deste volume enriquecedor e convido todos os leitores a sentirem os sabores que senti, os questionamentos que me fiz e as reflexões que aprofundei ao completar a árdua, mas divisora de águas, leitura destas tantas páginas!

Com gratidão e honra pela oportunidade,

Rochele Paz Fonseca

Professora titular e pesquisadora, coordenadora do Grupo Neuropsicologia Clínico-Experimental e Escolar (GNCE) – Programa de Pós-Graduação em Psicologia – Cognição Humana - PUCRS; Presidente da Sociedade Brasileira de Neuropsicologia (SBNp); Neuropsicóloga clínica e escolar na Conectare NeuroPsi; Membro do Conselho Técnico-Científico da Rede Nacional de Ciência para a Educação – Rede CpE.

PARTE 1

Transtornos e dificuldades - intervenções possíveis

CAPÍTULO 1

Vocabulário: a base para uma alfabetização competente

Miriam Damazio
Fernando César Capovilla

Introdução

O desenvolvimento de habilidades de linguagem oral durante os anos pré-escolares é extremamente importante para a alfabetização infantil, em especial a aquisição precoce de leitura e escrita (Capovilla & Capovilla, 2004c; Hoff, 2013; Kendeou et al., 2009; NICHD Early Child Care Research Network 2005; Seabra & Capovilla, 2011; 2012; Storch & Whitehurst, 2002). A linguagem oral abrange vários conjuntos de habilidades, incluindo vocabulário (receptivo e expressivo), conhecimento sintático e processos narrativos do discurso (compreensão e narrativa) e afeta a conquista da leitura durante o estágio inicial da aprendizagem da decodificação de palavras e os estágios posteriores da leitura, quando o foco está na compreensão (Capovilla, 2007, 2018; NICHD Early Childhood Care Research Network, 2005; Seabra & Capovilla, 2010; Storch & Whitehurst 2002). Apoiar o desenvolvimento da linguagem oral das crianças durante os anos pré-escolares é fundamental para o sucesso posterior da leitura.

Vocabulário Receptivo

O vocabulário receptivo equivale *à habilidade de compreender itens lexicais*, quer do *sistema linguístico primário* ou *secundário*. Itens do *sistema linguístico primário* equivalem a palavras faladas ou a sinais emitidos. Os itens do *sistema linguístico secundário* equivalem a palavras escritas ou sinais escritos. Quanto maior o vocabulário receptivo, maior a habilidade do receptor em compreender a linguagem, seja falada, escrita ou de sinais (Capovilla, Negrão et al., 2011). A habilidade de vocabulário receptivo é um dos melhores preditores de compreensão de leitura no ensino fundamental; e insuficiente desenvolvimento de vocabulário receptivo é um fator de risco para baixo rendimento na escola (Taylor et al., 2013). Desenvolve-se rapidamente na primeira infância e constrói a base para a aquisição da linguagem e alfabetização. De fato, segundo Capovilla (2011), a extensão do vocabulário receptivo é uma das mais importantes e consolidadas medidas de habilidade intelectual. O vocabulário receptivo encontra-se prejudicado no Transtorno de Linguagem Receptiva e, usualmente, também nas afasias receptivas e na dislexia do desenvolvimento (Capovilla, Capovilla, Trevisan et al., 2006; Capovilla & Capovilla, 2004a, 2004b; 2007; Ferracini et al., 2006).

Vocabulário Expressivo

O vocabulário expressivo equivale *à habilidade de produzir itens lexicais*, quer do *sistema linguístico primário* ou *secundário*. Itens do *sistema linguístico primário* equivalem a palavras faladas ou sinais emitidos; ao passo que os itens do *sistema linguístico secundário* equivalem a palavras escritas ou sinais escritos (Capovilla, 2011; Capovilla, Negrão et al. 2011; Capovilla et al., 2005). Quanto maior o vocabulário expressivo, maior a habilidade do emissor em produzir a linguagem, seja falada, escrita ou de sinais. O vocabulário expressivo pode ser medido pelo número de palavras que a criança é capaz de pronunciar. Assim, a avaliação é possível a partir do momento que a criança começa a falar. Além disso, o vocabulário expressivo tende a estar rebaixado nos Transtornos Específicos de Linguagem, nas afasias expressivas e na dislexia (Ferracini et al., 2006).

Aquisição do Vocabulário

As crianças desenvolvem o vocabulário ao longo de múltiplas exposições a palavras significativas, que ocorrem em contextos significativos e integrados, apoiadas por definições de alta qualidade, e incorporadas dentro de ricas interações linguísticas com adultos (Wasik & Iannone-Campbell, 2012). Nas interações, os pais usam diferentes modalidades comunicativas (e.g., vocalizações e gestos), tanto para engajar seus filhos em diversas atividades, quanto para atender aos bebês e avaliar suas necessidades (Hsu & Fogel, 2003).

As diferenças individuais de frequência e qualidade de vocalização em bebês predizem o desenvolvimento precoce da linguagem (e.g., Goldstein & Schwade, 2008). As respostas verbais das mães em direção aos bebês são boas preditoras do crescimento do vocabulário, e o tempo para o emergir de competências linguísticas (Goldstein et al., 2009; Huttenlocher et al., 2007; Smith et al., 2006; Tamis-Lemonda et al., 2001). Segundo esses autores, as mães intuitivamente contribuem para o desenvolvimento lexical dos filhos pelo modo como apresentam novas palavras para eles.

Impacto do nível salarial e cultural do cuidador, bem como do padrão de interações verbais significativas, sobre a compreensão da linguagem oral da criança

As crianças, filhas de pais de NSE (Nível Socioeconômico) mais baixo são frequentemente expostas, desde o nascimento, a um ambiente de aprendizado de linguagem, que é mais pobre em quantidade e qualidade. Isso cria uma grande lacuna entre as habilidades linguísticas dessas crianças e seus grupos de pares mais economicamente favorecidos (Hart & Risley, 1995). Essa diferença foi estimada em 32 milhões de palavras ouvidas aos quatro anos de idade (Hart & Risley, 1995). As lacunas na alfabetização tornam-se mais definidas à medida que as crianças terminam a pré-escola e se envolvem em instruções formais de leitura (Cabell, Justice, Logan, et al., 2013). A importância de lidar com o NSEC (Nível Socioeconômico e Cultural), e não apenas com o NSE, foi estabelecida claramente nos estudos brasileiros com a versão brasileira do Teste de Vocabulário por Imagens Peabody (Capovilla & Capovilla, 1997; Capovilla, Capovilla, Nunes, et al, 1997; Capovilla, Nunes et al., 1997). Fazendo uso da versão brasileira do Teste de Vocabulário por Imagens Peabody, esses autores desobriram que os escores de compreensão da fala, por parte das crianças do Ensino Fundamental, são diretamente proporcionais ao NSE (i.e., Nível Socioeconômico ou nível de renda, em termos de número de salarios mínimos) do pai, e ao NSC (i.e., Nível Sociocultural, ou nível cultural, em termos de anos de escolaridade) da mãe. Fica claro que não adianta pai e mãe ganharem altos salarios e delegar a educação dos filhos a babás ou cuidadores ou educadores de baixo nível cultural, em temros de baixa escolaridade. É desejável que um deles, ou pai ou mãe, de preferência o mais culto e o que ganha menos, fique com a criança durante seus anos de desenvolvimento da linguagem, em especial dos 12 meses até os 4 anos de idade, quando começa a Educação Infantil. Se a criança não tiver acesso à Educação Infantil aos 4 anos de idade, é importante que esse cuidado por adultos cultos seja prolongado até os 6 anos de idade, quando se dá a entrada na Escola de Ensino Fundamental.

Portanto, o impacto do NSEC (Nível Socioeconômico e Cultural) sobre compreensão da fala é tão forte que normas específicas para cada um dos NSEC tiveram de ser geradas para o Teste de Vocabulário por Figuras USP (Capovilla, 2011). Para avaliar o impacto de fatores biológicos, como o grau de perda auditiva, sobre a perda de desenvolvimento da linguagem (Portugal & Capovilla, 2002), é vital poder comparar cada criança de diferentes escolas com o seu grupo de referência. Esse grupo de referência em termos de NSE pode ser avaliado com os indicadores mais simples como, por exemplo, o custo médio da anuidade escolar, medido em número de salários mínimos. Isso foi feito por Capovilla (2001) e por Capovilla, Negrão, e Damazio (2011). Com isso Portugal e Capovilla (2004) puderam demonstrar que, em escolas públicas de Ensino Fundamental, quanto maior o nível da perda auditiva, tanto menor o escore de compreensão da fala, ou seja, de vocabulário receptivo auditivo medido pela versão brasileira do Teste de Vocabulário por Imagens Peabody (Capovilla & Capovilla, 1997; Capovilla, Capovilla, Nunes, et al., 1997; Capovilla, Nunes et al., 1997).

É crucial que o cuidador da criança, em especial dos 12 meses até os 4 anos de idade tenha boa escolarização. A partir daí a Educação Infantil pode assumir. De fato, a exposição a ambientes de aprendizado de linguagem de alta qualidade durante a pré-escola pode diminuir essa lacuna. O uso de vocabulário sofisticado e o envolvimento de crianças em conversas intelectualmente desafiadoras são bons prediores das habilidades de alfabetização das crianças até o quinto ano do Ensino Fundamental (Dickinson & McCabe 2001; Dickinson & Porche 2011).

As crianças que vivem em lares de NSE mais baixo podem mostrar aumentos significativos no tamanho de seu conhecimento de vocabulário quando recebem as oportunidades apropriadas para aprender (Wasik et al., 2006). Quando os professores participam e promovem a escuta ativa, fornecem feedback da linguagem das crianças e modelam a linguagem rica, as crianças recebem oportunidades de se envolver em conversas e aumentar seu conhecimento de vocabulário. Com isso, as crianças tendem a se envolver em conversas sobre as atividades em que participaram. Deste modo, quando os professores usam essas estratégias, as crianças são incentivadas a elaborar idéias, sentimentos e reações ao que experimentaram (Wasik et al., 2006; Wasik & Iannone-Campbell, 2012).

A aquisição da linguagem também é promovida quando os professores respondem aos interesses da criança e as ajudam a estender as conversas (Cabell, Justice, McGinty, et al., 2015; Piasta et al., 2012; Girolametto et al., 2003). Quando os professores conhecem os benefcícios da linguagem oral na sala de aula pré-escolar para promover a aquisição de leitura e escrita, eles passam a criar oportunidades no cotidiano escolar para engajar os pré-escolares em conversações significativas.

Efeito do Tamanho do Vocabulário sobre a Consciência Fonológica

Segundo Owens (2001), a maioria das crianças de 3 anos de idade têm sistemas fonológico, sintático e morfológico compatíveis com os do adulto. Nessa idade, elas podem produzir uma extensa gama de sons vocálicos e consonantais e podem usar construções de frases simples, bem como uma variedade de sentenças nas formas interrogativa, negativa e imperativa. Além disso, elas estão começando a desenvolver habilidades fonológicas mais avançadas, usando pronomes, preposições e terminações verbais, o que torna sua linguagem mais compreensível para as pessoas conhecidas e desconhecidas para elas. Tais habilidades permitem uma melhor avaliação da linguagem emergente por meio de uma ampla variedade de medidas padronizadas. Isso faz com que os escores de cognição e de linguagem avaliados aos 3 anos sejam os mais válidos preditores das habilidades de linguagem das crianças em idade escolar.

Conforme descrito por Whitehurst e Lonigan (1998), dentre as habilidades de alfabetização emergentes da criança, destacam-se as seguintes: (1) a consciência fonológica, (2) o conhecimento da escrita, e (3) as habilidades de linguagem oral receptiva e expressiva.

(1) A *Consciência fonológica* refere-se à habilidade metalinguística de identificar e manipular os sons da língua falada. Segundo Seabra e Capovilla (2012b), essa manipulação envolve as habilidades de identificação de rima e aliteração e malformações lexicais em palavras e não-palavras ouvidas. Envolve também a habilidade de segmentar palavras e não-palavras ouvidas em suas sílabas e fonemas componentes, e então contar o número desses segmentos. Envolve ainda reunir esses segmentos numa sequência temporal de modo a recompor as palavras e não palavras originais. Envolve, por fim, adicionar e subtrair e mudar a ordem (transpor) segmentos de palavras e não-palavras ouvidas, de modo a obter outras palavras e não palavras faladas. O comprometimento da consciência fonológica tem sido considerado como a principal fator envolvido na dislexia do desenvolvimento (Vellutino et al., 2004). As crianças disléxicas com consciência fonológica prejudicada parecem ter dificuldades em abstrair correspondências letra-som e, portanto, não conseguem desenvolver recodificação fonológica de padrões de letras em palavras faladas (Manis et al., 1993; Snowling, 1981). Recodificação refere-se à capacidade de aplicar o conhecimento das correspondências letra-som para traduzir corretamente a palavra impressa em som. Assim, o processo de recodificação requer acesso à representação fonológica mental, mas não requer necessariamente o acesso ao significado da palavra (Marx, 1998).

(2) O *Conhecimento da escrita* refere-se à compreensão que a criança tem de como o idioma é escrito e organizado.

(3) As *habilidades de linguagem oral* empregadas para comunicação são tanto receptivas quanto expressivas. As habilidades de linguagem oral receptivas dizem respeito ao vocabulário receptivo auditivo, ou seja, à compreensão da fala por audição. As habilidades de linguagem oral expressiva, ou de vocabulário expressivo, dizem respeito à produção de fala).

O vocabulário é considerado como tendo um papel significativo no desenvolvimento da consciência fonológica (Gorman, 2012). Numerosos estudos com falantes de inglês indicam que existe uma relação significativa entre a consciência fonológica e o tamanho do vocabulário, tal como medido por testes de vocabulário receptivo, em crianças com desenvolvimento típico (Decara & Goswami, 2003; Metsala, 1999) e em crianças com distúrbios de sons da fala (Rvachew, 2006; Rvachew & Grawburg, 2006).

Como as crianças adicionam mais palavras para o seu repertório, seus sistemas fonológicos tornam-se mais sensíveis às diferenças sonoras entre palavras. Por sua vez, esse processo pode impulsionar ainda mais a segmentação e o refinamento da representação fonológica das palavras, promovendo assim o desenvolvimento da consciência fonológica (Gorman, 2012).

Duas das primeiras habilidades de consciência fonológica emergentes são o reconhecimento de rimas e a aliteração. Elas são habilidades importantes a considerar quando se trabalha com crianças pequenas que têm limitadas habilidades de alfabetização emergentes (Jones et al., 2013). A consciência de palavras que rimam emerge em crianças em torno dos 3 anos de idade (Lonigan et al., 2000).

Outra habilidade de consciência fonológica que frequentemente emerge durante os anos pré-escolares é a de aliteração (também denominada *Beginning Sound Awareness*). Trata-se da habilidade de reconhecer as palavras que começam com o mesmo fonema. Uma tarefa comum de aliteração é pedir para as crianças identificarem as palavras que começam com o mesmo fonema quando apresentadas com prancha adicional (e.g., "O que começa com o mesmo som de balão? Chapéu, bola ou baleia?"). A habilidade de executar as tarefas de aliteração emerge após o início das habilidades de rima (Anthony & Lonigan, 2004). Em comparação com as habilidades de rima, as habilidades de aliteração são mais sofisticadas e exigem maior conhecimento dos sons dentro das palavras (em vez de semelhanças ao nível da sílaba). Tais habilidades de nível superior que consciência de fonema foram mais diretamente ligadas à alfabetização emergente das crianças (Hulme, 2002).

Relação entre Desenvolvimento de Vocabulário e Leitura e Escrita

Segundo o modelo de desenvolvimento de leitura de Frith (1985, 1990), aperfeiçoado por Morton (1989), a criança passa por três estágios no processo de alfabetização:

1) *Estágio Logográfico*: fazendo uso da rota logográfica a criança trata o texto, *grosso modo*, como se fosse um desenho.
2) *Estágio Alfabético*: com o desenvolvimento da rota fonológica, a criança aprende a decompor o todo da palavra escrita em seus grafemas componentes, a converter esses grafemas nos fonemas correspondentes, e a fazer junção fonética de modo a construir uma pronúncia apropriada (Capovilla, Garcia et al., 2019; Capovilla, Luz, et al., 2015; Capovilla, Macedo, et al., 2004).
3) *Estágio Ortográfico*: com o desenvolvimento da rota lexical, a criança aprende a fazer reconhecimento visual direto das formas ortográficas de palavras de alta frequência, quer elas contenham ou não irregularidades nas relações grafema-fonema. Neste estágio, na leitura em voz alta, a pronúncia se torna natural e novamente sensível aos processos fonéticos característicos da fala (Capovilla, Garcia, et al., 2019), e a sensibilidade à acentuação entonacional prosódia auxilia a acentuação gráfica (Capovilla & Nico, 2019).

Pesquisas dos últimos trinta anos documentaram uma forte relação entre linguagem oral e habilidade ou desabilidade de escrita (Brady & Shankweiler, 1991; NICHD *Early Child Care Research Network*, 2005). Espera-se que, na época em que a criança inicie o aprendizado formal do código escrito, ela seja um falante bem sucedido de sua língua nativa, sendo a linguagem oral de grande importância para posterior alfabetização (Brasil, 2020; Capovilla 2007).

Prejuízos na linguagem oral, no período inicial de aprendizado, significa que a probabilidade de ocorrerem dificuldades na linguagem escrita é maior quando comparada a situações em que não há tal prejuízo (ASHA, 2000).

As operações de processamento de leitura e escrita são baseadas inicialmente na estrutura fonológica da linguagem oral, pelo fato da língua portuguesa ser uma língua alfabética, e envolver a organização conceitual, a representação lexical e a memória de trabalho, que acessa e recupera as representações gráficas relacionadas aos sons da fala (Mezzono et al., 2010).

Atraso no Desenvolvimento da Linguagem

O desenvolvimento da linguagem oral está intimamente ligado à maturação cerebral, ou mielinogênese, ao meio ambiente sociofamiliar e à integridade sensorial, especialmente a auditiva (Ferracini et al., 2006).

Sabemos que em algumas crianças, um início tardio de aquisição de linguagem é um prenúncio de problemas a longo prazo (Bishop et al., 2012).

Atraso em marcos de linguagem é um motivo comum para os pais consultarem um médico, e pode ser a primeira indicação de um problema grave, como perda auditiva severa, retardo intelectual não sindrômico ou transtorno autista (Baird, 2008; Fernell et al., 2010).

Como sumariado por Flax, Realpe-Bonilla, Roesler, Choudhury, & Benasich (2008), estudos longitudinais indicam que as crianças que apresentam dificuldades no desenvolvimento da linguagem oral nos anos iniciais e finais da pré-escola apresentam:

a) Risco aumentado de atraso de linguagem, e de alfabetização, bem como de dificuldades acadêmicas em geral (cf. Aram & Hall, 1989; Bishop & Adams, 1990; Catts, 1993; Catts, Fey, Tomblin, & Zhang, 2002; Rescorla & Alley, 2001; Scarborough & Dobrich, 1990; Shevell, Majnemer, Platt, Webster, & Birnbaum, 2005; Tallal, Allard, Miller, & Curtiss, 1997).
b) Problemas psicossociais e comportamentais (Can et al., 2012; Hirsh-Pasek & Golinkoff, 2011; McCabe & Marshall, 2006; NICHD, 2005; Rescorla et al., 2007; Scarborough, 2001),
c) Distúrbio do déficit de atenção e hiperatividade (Giddan & Milling, 1999).
d) Atrasos cognitivos ou problemas de leitura (Oliver et al., 2004; Rescorla, 2002, 2009; Snowling et al., 2001).

Sugestões de atividades para desenvolvimento do vocabulário

0 a 1 ano e 11 meses:

a) Conversas com as crianças durante período de alimentação, de troca de fraldas e roupas, brincadeiras, etc.
b) Leitura de livrinhos pequenos:
c) Nomeação do mobiliário, brinquedos, alimentos.
d) Músicas.

2 anos a 2 anos e 11 meses

a) Conversas com as crianças

b) Nomeação de objetos – não aceitar mais "au-au", "miau"

c) Conversar sobre as preferências da criança, para o desenvolvimento do vocabulário expressivo.

d) Estimular a criança para que conte histórias, ou relatar o que fez

e) Leitura de livros pequenos

f) Solicitar a participação das crianças durante a história: o que você acha que aconteceu? O que você está vendo aqui? Como será que acabou a história?

3 anos a 5 anos e 11 meses

a) Conversas com as crianças

b) Leitura de livros pequenos

6 anos

A instrução do vocabulário deve incluir os seguintes componentes: definição e contextualização da palavra; exposições múltiplas da palavra em contextos diferentes; encorajamento da participação ativa dos alunos em sua própria aprendizagem das novas palavras.

- Assegurar a exposição repetida da palavra em diferentes contextos.
- Usar flash cards. A repetição é uma estratégia chave para aprender novas palavras.
- Pedir aos alunos que nomeiem objetos comuns, descrevendo sua forma e características básicas. Isto é pensado para ativar a representação semântica do aluno através do link expressivo. À medida que mais informações são relembradas sobre uma imagem ou uma forma, estimulando a representação da palavra, a nomenclatura torna-se mais fácil.
- Ler livros em voz alta. Esta é uma excelente maneira de envolver a criança na história, e na linguagem rica e descritiva.
- Ilustrar palavras novas: uma representação simbólica ou realista da palavra exige que eles entendam o significado de uma palavra

de uma maneira mais profunda do que a simples memorização de uma definição.

- Representar uma palavra: Os disléxicos também se beneficiam ao interpretar palavras. O jogo da mímica é uma excelente forma de rever vocabulário adquirido. Escreva cada palavra num papel e peça para cada aluno represente a palavra.
- Criar uma história com as palavras do vocabulário. Escreva cada palavra em um pedaço de papel e peça a cada aluno que escolha uma palavra. Comece uma história com uma frase e peça aos alunos que se revezem para adicionar uma frase à história, usando a palavra do vocabulário.
- Criar um banco de palavras que tenha um lugar permanente na sala de aula.
- Ensinar sinônimos, para que a criança aprenda que palavras diferentes podem ter o mesmo significado.
- Permitir que os alunos escolham as palavras. Ao ler um novo texto ou história permita que os alunos encontrem palavras que não conhecem e aponte-as. Utilize essas listas de palavras quando ensinar novo vocabulário. Os alunos terão mais motivação para aprender novas palavras que eles próprios escolheram.
- Incluir as palavras aprendidas nas conversas em sala de aula.

Instrumentos para avaliação do vocabulário

Segundo Capovilla, Negrão et al., (2011), avaliar precocemente o desenvolvimento da compreensão da fala e da produção da fala é de vital importância para detectar precocemente atrasos e distúrbios de linguagem e para proceder à intervenção precoce. Essa intervenção precoce é importante para aproveitar a plasticidade neural (i.e., a propriedade do SNC de modificar seu funcionamento e se reorganizar estruturalmente para compensar mudanças ambientais e/ou lesionais) para maximizar a eficácia. Segundo os autores, os testes que avaliam diretamente a compreensão da fala e a produção da fala são superiores aos usuais inventários e escalas a serem preenchidos por cuidadores da criança nas creches e escolas, já que esses são sujeitos a viés imposto pelo intermediário avaliador, que usualmente é quem preenche os inventários.

Teste de Vocabulário Receptivo Auditivo, TVAud-33o
(Capovilla, Negrão, & Damazio)

O Teste de Vocabulário Receptivo Auditivo, TV**Aud-33o** avalia o vocabulário receptivo auditivo de crianças a partir de 1 ano e 6 meses de idade até 6 anos de idade.

O TV**Aud-33o** é compostos de sete páginas no formato A4. A prancha 1 contém 3 itens (tirinhas), e as pranchas de 2 a 7 contêm 5 itens. Cada item (tirinha) é composto de uma sequência de 5 figuras, sendo uma figura alvo e quatro figuras distraidoras. A tarefa da criança consiste em apontar para a figura correspondente à palavra falada pelo avaliador (para crianças de 1ano e 6 meses, e 2 anos) ou de marcar essa figura com um lápis (para crianças de 3, 4, 5 e 6 anos de idade). À esquerda de cada item há um marcador (estrela, coração, quadrado, seta, triângulo). O avaliador chama a atenção das crianças para o item desejado falando o nome do marcador que indica a sequência de figuras para a qual eles devem olhar em um determinado momento. O avaliador diz "Na linha da estrela, procure a figura do lápis e marque essa figura com um X"; "Na linha do coração, procure a figura do sol e marque essa figura com um X".

O TV**Aud-33o** é aplicável individualmente em crianças de 1ano e 6 meses, e 2 anos, e coletivamente em pequenos grupos de 10 a 15 crianças, para crianças de 3, 4, 5 e 6 anos. A aplicação demora cerca de 15 min. para crianças de 4, 5 e 6 anos, 30 min. para crianças de 2 e 3 anos, e cerca de 60 minutos para crianças de 1 ano e 6 meses. Na aplicação individual com crianças 1ano e 6 meses, e 2 anos, o avaliador senta-se ao lado da criança e usa uma máscara (template) de papel, bloqueia todos os itens exceto aquele que deve ser respondido num determinado momento. O avaliador permite tantas interrupções (digressões) pela criança quantas forem necessárias para que ela responda a todos os itens de maneira tranquila e participativa.

O Teste de Vocabulário Receptivo Auditivo foi elaborado nas formas: A e B (TV**Aud-A33o e** TV**Aud-B33o).**

A ilustração 1 apresenta uma amostra dos itens 4 a 8, dentre os 33 itens do caderno de aplicação da Forma A Abreviada Original: TV**Aud-A33o**.

Ilustração 1. Amostra dos itens 4 a 8 dentre os 33 itens do caderno de aplicação da Forma A Abreviada Original: TV**Aud-A33o**. A cada item, o avaliador pede à criança para escolher a figura que ele disser. Para levar a criança a olhar para a tirinha desejada, ele começa chamando a atenção da criança para a forma que encabeça essa tirinha. Assim, a instrução é: "Na tirinha da seta, procure a figura de chupeta e marque-a com um X". Os avaliandos, então, devem marcar a figura-alvo ignorando as de alfinete, conta-gotas, seringa e penico. Em seguida: "Na tirinha do triângulo, procure a figura de coração e marque-a com um X". Os avaliandos, então, devem marcar a figura-alvo ignorando as de unha, braço, dedo e curativo. Então: "Na tirinha da estrela, procure a figura de jacaré e marque-a com um X". Os avaliandos devem fazê-lo, ignorando as de tatu, marlim, pterodáctilo e coruja. Depois: "Na tirinha do coração, procure a figura de fantasma, e marque-a com um X". Os avaliandos devem fazê-lo, ignorando as de soldado, caçador, detetive e sanfoneiro. Por fim: "Na tirinha do quadrado, procure a figura da arco-íris e marque-a com um X. Os avaliandos devem fazê-lo, ignorando as de tocha, orvalho, girassol e chuva.

A Ilustração 2 apresenta uma amostra dos itens 4 a 8, dentre os 33 itens do caderno de aplicação da Forma B Abreviada Original: TV**Aud-B33o**.

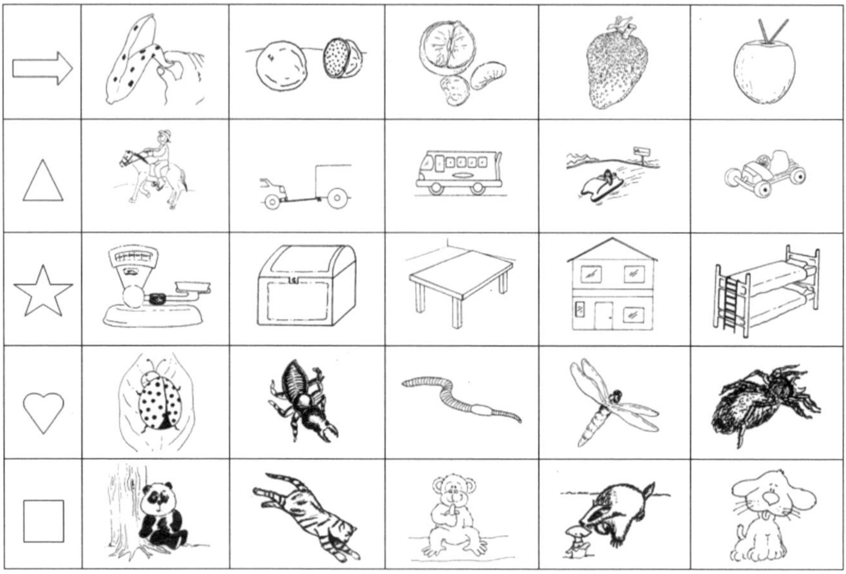

Ilustração 2. Amostra dos itens 4 a 8 dentre os 33 itens do caderno de aplicação da Forma B Original: TV**Aud-B33o**. A cada item, o avaliador pede à criança para escolher a figura que ele disser. Para levar a criança a olhar para a tirinha desejada, ele começa chamando a atenção da criança para a forma que encabeça essa tirinha. Assim, a instrução é: "Na tirinha da seta, procure a figura da banana e marque-a com um X". Os avaliandos, então, devem marcar a figura-alvo ignorando as de maracujá, tangerina, jaca e coco verde. Em seguida: "Na tirinha do triângulo, procure a figura do ônibus e marque-a com um X". Os avaliandos, então, devem marcar a figura-alvo ignorando as de cavalo, guincho, pedalinho e carrinho. Então: "Na tirinha da estrela, procure a figura de mesa e marque-a com um X". Os avaliandos devem fazê-lo, ignorando as de balança, urna, sobrado e beliche. Depois: "Na tirinha do coração, procure a figura de joaninha e marque-a com um X". Os avaliandos devem fazê-lo, ignorando as de cupim, minhoca, libélula e aranha. Por fim: "Na tirinha do quadrado, procure a figura do macaco e marque-a com um X. Os avaliandos devem fazê-lo, ignorando as de urso panda, tigre, gambá e cachorro.

Teste de Vocabulário Expressivo Original TVExp-100o
(Capovilla & Damazio)

O Teste de Vocabulário Expressivo USP em sua versão original (TV**Exp-100o**) avalia o vocabulário expressivo falado de crianças de 1 ano e 6 meses até 5 anos e 11 meses de idade.

É composto de um caderno espiral de 100 páginas, cada qual com metade do formato A4. Cada página contém uma figura. A tarefa da criança consiste em nomear oralmente a figura mostrada pelo avaliador. O avaliador mostra uma figura e diz: "O que é isso?". Quando a criança responde, ele vira a página e apresenta o próximo item, incentivando novamente a criança a nomear a figura. Se a criança hesita, o avaliador então a incentiva perguntando "O que você acha que é?" Nesse teste o avaliador anota apenas as respostas de nomeação incorretas, tomando cuidado para que a criança não perceba quando tenha errado. A aplicação demora cerca de 10 min. para crianças de 4, 5 e 6 anos, 15 min. para crianças de 2 e 3 anos, e cerca de 30 min. para crianças de 1 ano e 6 meses.

A Ilustração 3 fornece uma amostra de 4 das 100 figuras do caderno de aplicação do TV**Exp-100o**.

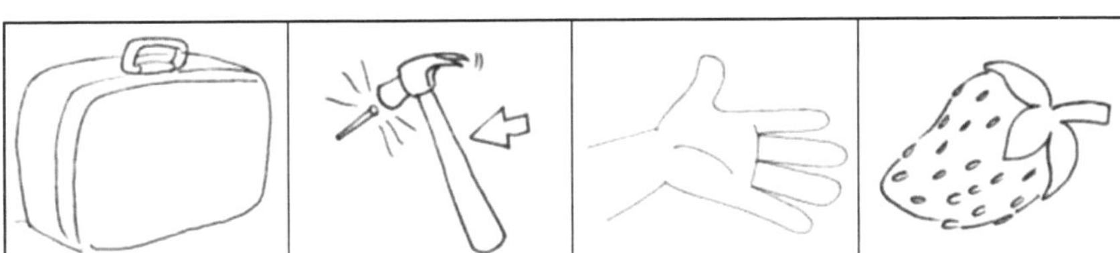

Ilustração 3. Amostra de 4 das 100 figuras do caderno de aplicação do TV**Exp-100o**.

Referências

American Speech-Language-Hearing Association (ASHA) (2000). *Roles and responsibilities of speech language pathologists with respect to reading and writing in children and adolescents: Position statement, technical reports and guidelines. Rockville, MD: ASHA.*

Anthony, J. L.; Lonigan, C. J. (2004). The nature of phonological sensitivity: Converging evidence from four studies of preschool and early grade-school children. *Journal of Educational Psychology, 96*, 43–55. doi:10.1037/0022-0663.96.1.43.

Aram, D. M.; Hall, N. E. (1989). Longitudinal follow-up of children with preschool communication disorders: Treatment implications. *School Psychology Review, 18*(4), 487-501. doi:10.1080/02796015.1989.12085444.

Baird, G. (2008). Assessment and investigation of children with developmental language disorder. In C. F. Norbury; J. B. Tomblin; D. V. Bishop (Eds.) *Understanding developmental language disorders* (pp. 1-22). Hove, UK: Psychology Press.

Bishop, D. V. M.; Adams, C. (1990). A prospective study of the relationship between specific language impairment, phonological disorders and reading retardation. *Journal of Child Psychology and Psychiatry, 31*(7), 1027-1050. doi:10.1111/j.1469-7610.1990.tb00844.x.

Bishop, D. V. M.; Holt, G.; Line, E.; McDonald, D.; McDonald, S.; Watt, H. (2012). Parental phonological memory contributes to prediction of outcome of late talkers from 20 months to 4 years: a longitudinal study of precursors of specific language impairment. *Journal of Neurodevelopmental Disorders, 4*(1), 3. doi:10.1186/1866-1955-4-3.

Brady, S.; Shankweilwer, D. (eds.) (1991). *Phonological process in literacy: A tribute to Isabelle Y. Liberman*. Hillsdale, NJ: Lawrence Erlbaum Associates.

Brasil (2020). *Renabe: Relatório Nacional da Alfabetização baseada em Evidências*. Brasília, DF: Ministério da Educação.

Cabell, S. Q.; Justice, L. M.; Logan, J. A.; & Konold, T. R. (2013). Emergent literacy profiles among prekindergarten children from low SES backgrounds: Longitudinal considerations. Early Childhood Research Quarterly, 28, 608–620. doi:10.1016/j. ecresq.2013.03.007.

Cabell, S. Q.; Justice, L. M.; McGinty, A. S.; Decoster, J.; & Forston, L. D. (2015). Teacher–child conversations in preschool classrooms: Contributions to children's vocabulary development. Early Childhood Research Quarterly, 30, 80–92. doi:10.1016/j. ecresq.2014.09.004.

Can, D. D.; Ginsburg-Block, M.; Golinkoff, R. M.; Hirsh-Pasek, K. (2012). A long-term predictive validity study: Can the CDI Short Form be used to predict language and early skills four years later? *Journal of Child Language*, 1-15. doi:10.1017/S030500091200030X.

Capovilla, A. G. S.; Capovilla, F. C. (2004a). Etiologia, avaliação e intervenção em dislexia do desenvolvimento. Em: F. C. Capovilla (Org.), *Neuropsicologia e aprendizagem: Uma abordagem multidisciplinar* (2ª ed., pp. 46–73). São Paulo, SP: Memnon, Capes, e SBNp. (ISBN: 85–85462–68–X).

Capovilla, A. G. S.; Capovilla, F. C. (2004b). Instrumentos para avaliar o desenvolvimento dos vocabulários receptivo e expressivo, e consciência fonológica, normatizados de maternal a 2ª série e validados com medidas de leitura e escrita. Em: F. C. Capovilla (Org.), *Neuropsicologia e aprendizagem: Uma abordagem multidisciplinar* (2ª ed., pp. 296–307). São Paulo, SP: Memnon, Capes, e Sociedade Brasileira de Neuropsicologia. (ISBN: 85–85462–68–X).

Capovilla, A. G. S.; Capovilla, F. C. (2004c). Método fônico para prevenção e tratamento de atraso de leitura e escrita: Efeito em crianças de 4 a 8 anos. Em: F. C. Capovilla (Org.), *Neuropsicologia e aprendizagem: Uma abordagem multidisciplinar* (2ª ed., pp. 149–162). São Paulo, SP: Memnon, Capes, e Sociedade Brasileira de Neuropsicologia. (ISBN: 85–85462–68–X).

Capovilla, A. G. S.; Capovilla, F. C. (2007). Avaliação e intervenção em dislexia do desenvolvimento. Em: E. C. Miotto; M. C. S., Lucia; M. Scaff (Orgs.), *Neuropsicologia e as interfaces com as neurociências* (pp. 241–248). São Paulo, SP: Casa do Psicólogo.

Capovilla, A. G. S.; Capovilla, F. C.; Trevisan, B. T.; Rezende, M. C. (2006). Natureza das dificuldades de leitura em crianças brasileiras com dislexia do desenvolvimento. *Acolhendo a alfabetização nos países de língua portuguesa, 1*, 6–18.

Capovilla, F. C. (2007). (Org.), Os novos caminhos da alfabetização infantil (2a. ed.). São Paulo, SP: Memnon. (ISBN: 9788585462772).

Capovilla, F. C. (2011a). Sobre a falácia de tratar as crianças ouvintes como se fossem surdas, e as surdas, como se fossem ouvintes ou deficientes auditivas: pelo reconhecimento do status linguístico especial da população escolar surda. Em N. R. L. de Sá (Org.), *Surdos: qual escola*? (pp. 77-100). Manaus, AM: Editora da Universidade Federal do Amazonas.

Capovilla, F. C. (2011b).*Teste de Vocabulário por Figuras USP: TVFUSP*. São Paulo, SP: Memnon Edições Científicas Ltda. (ISBN: 978-85-7954-016-5).

Capovilla, F. C. (2018). Explicando leitura e escrita de palavras: Do modelo de duplo processo ao modelo conexionista monergista. Em L. M. Alves; R. Mousinho; S. A. Capellini (Orgs.), *Dislexia: Novos temas, novas perspectivas*, Volume 4. (pp. 205–217). Rio de Janeiro, RJ: WAK Editora. (ISBN: 978–85–7854–432–4).

Capovilla, F. C.; Capovilla, A. G. S. (1997). Desenvolvimento linguístico da criança dos 2 aos 6 anos: Tradução e estandardização do Peabody Picture Vocabulary Test de Dunn & Dunn, e da Language Development Survey de Rescorla. *Ciência Cognitiva: Teoria, Pesquisa e Aplicação, 1*(1), 353–380. (ISSN: 1415–1472).

Capovilla, F. C.; Capovilla, A. G. S.; Nunes, L.; Araújo, I.; Nunes, D.; Nogueira, D.; Bernat, A. B. (1997). Versão brasileira do Teste de Vocabulário por Imagens Peabody. *Distúrbios da Comunicação, 8*(2), 151–162. (ISSN: 0102–7622).

Capovilla, F. C.; Nunes, L. R. O. P.; Araújo, I., Nogueira; D.; Bernat, A. B. (1997). Versão brasileira do Teste de Vocabulário Por Imagens Peabody. *Revista Distúrbios da Comunicação, 8*(2), 151–162.

Capovilla, F. C.; Garcia, A.; Poles, C. A. (2019). Are conversion rules really what phonological recoding is all about? Dissociation between know-why and know-how: A case for conversion intuition. *Neurociências e Psicologia, 15*(2), 68-91. (ISSN: 1807-1058).

Capovilla, F. C.; Luz, T. T.; Graton-Santos, L. E.; Damazio, M. (2015). Phonological route processing: Evidence of intuition in Portuguese spelling. *Revista (Con)Textos Linguísticos*, Espírito Santo, *13*(24), 24-35.

Capovilla, F. C.; Macedo, E. C.; Capovilla, A. G. S. (2004). Usando testes computadorizados de competência de leitura silenciosa e em voz alta para mapear desenvolvimento de rotas de leitura, e testes de compreensão auditiva e de leitura para diagnóstico diferencial de dislexia. Em: F. C. Capovilla (Org.), *Neuropsicologia e aprendizagem: Uma abordagem multidisciplinar* (2ª ed., pp. 346–370). São Paulo, SP: Memnon, Capes, e Sociedade Brasileira de Neuropsicologia. (ISBN: 85–85462–68–X).

Capovilla, F. C.; Marins, K. C.; Jacote, A.; Damazio, M.; Graton-Santos, L. E. (2015). (De)Cifrando o Português na Nova Ortografia: Parâmetros de dificuldade de leitura e de escrita sob ditado na Fase Alfabética. Em: F. C. Capovilla; W. D. Raphael; A. C. Mauricio (Orgs.), *Novo Deit-Libras: Dicionário enciclopédico ilustrado trilíngue da Língua de Sinais Brasileira (Libras) baseado em Linguística e Neurociências Cognitivas, Vol. 1: Sinais de A a H* (3ª ed., pp. 157–166). São Paulo, SP: Edusp. (ISBN: 978–85–314–1433–6).

Capovilla, F. C.; Negrão, V. B.; Damazio, M. (2011).*Teste de Vocabulário Auditivo e Teste de Vocabulário Expressivo.* São Paulo, SP: Memnon Edições Científicas Ltda. (ISBN: 978-85-7954-017-2).

Capovilla, F. C.; Nico, M. A. N. (2019). Teste de Detecção de Acentuação Tônica e Estimativa de Acentuação Gráfica (TDATG): Resultados preliminares com disléxicos. Em Associação Brasileira de Dislexia (Org.), *Transtornos de aprendizagem: dislexia, cognição e emoção - Uma abordagem luso-brasileira* (pp. 163-191). Viseu, Portugal: Editora QualConsoante. (ISBN: 978-989-99918-

Capovilla, F. C.; Viggiano, K.; Bidá, M. C. P. R.; Capovilla, A. G. S.; Raphael, W. D.; Neves, M. V.; & Mauricio, A. C. (2005). Como acompanhar o desenvolvimento da competência de leitura em surdos do ensino fundamental ao médio, e analisar processos quirêmicos e ortográficos: Versão 2.1 do

Teste de Nomeação de Figuras por Escolha de Palavras (TNF2.1–Escolha) para controlar efeito de carreamento entre avaliações. In F. Capovilla, & W. Raphael (Orgs.). *Enciclopédia da Língua de Sinais Brasileira:* O mundo do surdo em Libras, Vol. 8: Sinais de Libras e o mundo das palavras de função gramatical, e Como acompanhar o desenvolvimento da competência de leitura (processos quirêmicos e ortográficos) de escolares surdos do Ensino Fundamental ao Médio (p. 201–896). São Paulo, SP: Edusp, Fundação Vitae, Capes, CNPq, e Fapesp. 2005. (ISBN: 85–314–0902–0).

Catts, H. (1993). The relationship between speech-language impairments and reading disabilities. *Journal of Speech and Hearing Research, 36*(5), 948-958. doi:10.1044/jshr.3605.948.

Catts, H.; Fey, M. E.; Tomblin, J. B.; Zhang, X. (2002). A longitudinal investigation of reading outcomes in children with language impairments. *Journal of Speech, Language and Hearing Disorders, 45*(6), 1142–1157. doi:10.1044/1092-4388(2002/093).

Decara, B.; Goswami, U. (2003). Phonological neighbourhood density: Effects in a rhyme awareness task in five-year-old children. *Journal of Child Language, 30*(3), 695–671. doi:10.1017/S0305000903005725.

Dickinson, D. K.; & McCabe, A. (2001). Bringing it all together: The multiple originis, skills, and environmental supports of early literacy. Language Disabilities Reasearch and Practice, 16, 186–202. doi:10.1111/0938-8982.00019.

Dickinson, D. K.; & Porche, M. V. (2011). Relation between language experiences in preschool classrooms and children's kindergarten and fourth-grade language and reading abilities. Child Development, 82, 870–886. doi:10.1111/j.1467-8624.2011.01576.x

Fernell, E.; Hedvall, A.; Norrelgen, F.; Eriksson, M.; Hoglund-Carlsson, L.; Barnevik-Olsson, M.; Svensson, L.; Holm, A.; Westerlund, J.; Gillberg, C. (2010). Developmental profiles in preschool children with autism spectrum disorders referred for intervention. *Research Developmental Disability, 31*, 790-799. doi:10.1016/j.ridd.2010.02.003.

Ferracini, F.; Capovilla, A. G. S.; Dias, N. M.; Capovilla, F. C. Avaliação de vocabulário expressivo e receptivo na educação infantil. *Psicopedagogia: Revista da Associação Brasileira de Psicopedagogia, 23(71)*, 124-133. 2006. (ISSN: 0103-8486).

Flax, J. F.; Realpe-Bonilla, T.; Roesler, C.; Choudhury, N.; Benasich, A. (2008). Using early standardized language measures to predict later language and early reading outcomes in children at high risk for language-learning impairments. *Journal of Learning Disabilities, 42*(1), 61-75. doi:10.1177/0022219408326215.

Frith, U. (1985). Beneath the surface of developmental dyslexia. In K. Patherson; J. Marshall; M. Coltheart (Eds), *Surface dyslexia: Neuropsychological and cognitive studies of phonological reading* (pp. 301-330). London, UK: Erlbaum.

Frith, U. (1990). *Dyslexia as a developmental disorder of language.* London, UK: MRC, Cognitive Development Unit.

Gertner, B.; Rice, M.; Hadley, P. (1994). Influence of communicative competence on peer preferences in a preschool classroom. *Journal of Speech and Hearing Research, 37*, 913-923. doi:10.1044/jshr.3704.913.

Giddan, J. J.; Milling, L. (1999). Comorbidity of psychiatric and communication disorders in children. *Journal Child and Adolescent Psychiatric Clinics, 8*(1), 19-36. doi:https://doi.org/10.1016/S1056-4993(18)30194-9.

Girolametto, L.; Weitzman, E.; & Greenberg, J. (2003). Training day care staff to facilitate children's language. American Journal of Speech-Language Pathology, 12, 299–311. doi:10.1044/1058- 0360(2003/076).

Goldstein, M. H.; Schwade, J. A. (2008). Social feedback to infants' babbling facilitates rapid phonological learning. *Psychologocal Science, 19*(5), 515-523. doi:10.1111/j.1467-9280.2008.02117.x.

Goldstein, M.; Schwade, J. A.; Bornstein, M. H. (2009). The Value of Vocalizing: Five-Month Infants Associate Their Own Noncry Vocalizations With Responses From Caregivers. *Child Development.* May-Jun 2009; 80(3): 636-44. doi: 10.1111/j.1467- 8624.2009.01287.x.

Gorman, B. K. (2012). Phonological Awareness in Spanish – Speaking English Language Learners. *American Journal of Speech-Language Pathology, 21*, 109-123.

Hart, B. M.; & Risley, R. (1995). Meaningful differences in the everyday experience of young American children. Baltimore, MD: Brookes

Hirsh-Pasek, K; Golinkoff R. M. (2011). The great balancing act : Optimizing core curricula through playful pedagogy. In: E. Zigler; W. S. Gilliam; W. S. Barnett (Eds.) *The Pre-K debates. Current controversies and issues.* (pp. 110-116). Baltimore, MD: Paul H. Brookes Publishing Co.

Hoff, E. (2013). Interpreting the early language trajectories of children from low-SES and language minority homes: Implications for closing achievement gaps. *Developmental Psychology, 49*(1), 4–14. doi:10.1037/a0027238.

Hsu, H.; Fogel, A. (2003). Stability and transitions in mother-infant face-to--face communication during the first 6 month: a microhistorical approach. *Developmental Psychology, 39*(6), 1061-1082. doi:10.1037/0012-1649.39.6.1061.

Hulme, C. (2002). Phonemes, rimes, and the mechanisms of early reading development. *Journal of Experimental Child Psychology, 82*(1), 58–64. doi:10.1006/jecp.2002.2674.

Huttenlocher, J.; Vasilyeva, M.; Waterfall, H. R.; Vevea, J. L.; Hedges, L. V. (2007). The varieties of speech to young children. *Developmental Psychology, 43*(5), 1062-1083. doi:10.1037/0012-1649.43.5.1062

Jones, M.; Heilmann, J.; Berman, S. S. (2013). Assessment of early developing phonological awareness skills: A comparison of the preschool individual growth and development indicators and the phonological awareness and literacy screening – preK. *Early Education and Development, 24*, 668-686. do i:10.1080/10409289.2012.725620.

Kendeou, P.; Van Den Broek, P.; White, M. J.; & Lynch, J. S. (2009). Predicting reading comprehension in early elementary school: The independent contributions of oral language and decoding skills. Journal of Educational Psychology, 101, 765–778. doi:10. 1037/a0015956.

Lonigan, C. J.; Burgess, S. R.; & Anthony, J. L. (2000). Development of emergent literacy and early reading skills in preschool children: Evidence from a latent-variable longitudinal study. *Developmental Psychology, 36*(5), 596-613. doi:10.1037/0012-1649.36.5.596.

Manis, F. R.; Custodio, R.; Szeszulski, P. A. (1993). Development of phonological and orthographic skill: a 2-year longitudinal study of dyslexic children. *Journal of Experimental Child Psychology 56*(1), 64–86. doi:10.1006/jecp.1993.1026.

Marx, H. (1998). *Knuspel's Reading Tasks, Knuspel-L: Manual* (in German). Göttingen, DE: Hogrefe.

McCabe, P. C.; Marshall, D. J. (2006). Measuring the social competence of preschool children with specific language impairment: correspondence among informant ratings and behavioral observations. *Topics in Early Childhood Special Education, 26*(4), 234-246. doi:10.1177/02711214060260040401.

Metsala, J. L. (1999). Young children's phonological awareness and nonword repetition as a function of vocabulary development. *Journal of Educational Psychology, 91*(1), 3 -19. doi:10.1037/0022-0663.91.1.3.

Mezzono, C. L.; Mota, H. B.; Dias, R. F. (2010). Desvio fonológico: aspectos sobre produção, percepção e escrita. *Revista da Sociedade Brasileira de Fonoaudiologia, 15*(4), 554-560. doi:10.1590/S1516-80342010000400013.

Morton, J. (1989). An information-processing account of reading acquisition. In A. M. Galaburda (Org.), From reading to neurons: issues in the biology of language and cognition (pp. 43-66). Cambridge: The MIT Press.

NICHD Early Child Care Research Network (2005). Pathways to reading: The role of oral language in the transition to reading. *Developmental Psychology, 41*(2), 428–42. doi:10.1037/0012-1649.41.2.428.

Oliver, B.; Dale, P. S.; Plomin, R. (2004). Verbal and nonverbal predictors of early language problems: an analysis of twins in early childhood back to infancy. *Journal of Child Language, 31*(3), 609-631. doi:10.1017/S0305000904006221.

Owens, R. E. (2001). *Language development: An introduction.* Boston, MA: Allyn, Bacon.

Piasta, S. B.; Justice, L. M.; Cabell, S. Q.; Wiggins, A. K.; Turnbull, K. P.; & Curenton, S. M. (2012). Impact of professional development on preschool teachers' conversational responsivity and children's linguistic productivity and complexity. Early Childhood Research Quarterly, 27, 387–400. doi:10.1016/j. ecresq.2012.01.001.

Portugal, A. C.; Capovilla, F. C. (2002). Triagem audiológica na 1ª série: Efeitos de perda auditiva sobre vocabulário, consciência fonológica, articulação da fala e nota escolar. *Cadernos de Psicopedagogia, 1*(2), 60–97. (ISSN: 1676–1049).

Rescorla, L. (2002). Language and reading outcomes to age 9 in late-talking toddlers. *Journal of Speech, Language, and Hearing Research, 45*(2), 360-371. doi:10.1044/1092-4388(2002/028).

Rescorla, L. (2009). Age 17 language and reading outcomes in late-talking toddlers: Support for a dimensional perspective on language delay. *Journal of Speech, Language, and Hearing Research, 52* (1), 16-30. doi.org/10.1044/1092-4388(2008/07-0171).

Rescorla, L.; Alley, A. (2001). Validation of the Language Development Survey (LDS): A parent report tool for identifying language delay in toddlers. *Journal of Speech, Language, and Hearing Research, 44*(2), 434-445. doi:10.1044/1092-4388(2001/035).

Rescorla, L.; Ross, G. S.; McClure, S. (2007). Language delay and behavioral / emotional problems in toddlers. Findings from two developmental clinics. *Journal of Speech Language and Hearing Research, 50*(4),1063-1078. doi:10.1044/1092-4388(2007/074).

Rvachew, S. (2006). Longitudinal predictors of implicit phonological awareness skills. *American Journal of Speech-Language Pathology, 15*(2), 165–176. doi:10.1044/1058-0360(2006/016).

Rvachew, S.; GRAWBURG, M. (2006). Correlates of phonological awareness in preschoolers with speech sound disorders. *Journal of Speech, Language, and Hearing Research, 49*, 74–87. doi:10.1044/1092-4388(2006/006).

Scarborough, H. S. (2001). Connecting early language and literacy to later reading (dis)abilities: Evidence, theory, and practice. In S. B. Neuman; D. K. Dickinson (Eds.), *Handbook of early literacy research* (pp. 97-110). New York, NY: Guilford Press.

Scarborough, H. S.; Dobrich, W. (1990). Development of children with early language delay. *Journal of Speech and Hearing Disorders, 33*(1), 70-83. doi:10.1044/jshr.3301.70.

Seabra, A. G.; Capovilla, F. C. (2010). *Teste de Competência de Leitura de Palavras e Não Palavras (TCLPN).* São Paulo, SP: Memnon. (ISBN 978–85–7954–011–9).

Seabra, A. G.; Capovilla, F. C. (2011). *Problemas de leitura e escrita: Como identificar, prevenir e remediar numa abordagem fônica* (6ª ed., 335 pp.). São Paulo, SP: Memnon. (ISBN: 978–85–85462–98–7).

Seabra, A. G.; Capovilla, F. C. (2012a). *Alfabetização: Método fônico* (6ª ed.). São Paulo, SP: Memnon.

Seabra, A. G.; Capovilla, F. C. (2012b). Prova de Consciência Fonológica por produção Oral. Em: A. G. Seabra; N. M. DIAS (Orgs.), *Avaliação Neuropsicológica Cognitiva: Linguagem Oral.* (pp. 117–122) São Paulo, SP Memnon.

Shevell, M.; Majnemer, A.; Platt, R. W.; Webster, R.; Birnbaum, R. (2005). Developmental and functional outcomes in children with global developmental delay or developmental language impairment. *Developmental Medicine & Child Neurology, 47*(10), 678-683. doi:10.1111/j.1469-8749.2005.tb01053.x.

Smith, K. E.; Landry, S. H.; Swank, P. R. (2006). The role of early maternal responsiveness in supporting school-aged cognitive development for children who vary in birth status. *Pediatric, 117*(5), 1608-1617.doi:10.1542/peds.2005-1284.

Snowling, M. J. (1981). Phonemic deficits in developmental dyslexia. *Psychological Research, 43*, 219–234. doi:10.1007/BF00309831.

Snowling, M. J.; Adams, J. W.; Bishop, D. V. M.; Stothard, S. E. (2001). Educational attainments of school leavers with a preschool history of speech-language impairments. *International Journal of Language & Communication Disorders, 36*(2),173-183. doi:10.1080/13682820120976.

Storch, S. A.; & WhitehursT, G. J. (2002). Oral language and coderelated precursors to reading: Evidence from a longitudinal structural model. Developmental Psychology, 38, 934–947. doi:10.1037//0012-1649.38.6.934.

Tallal, P.; Allard, L.; Miller, S.; Curtiss, S. (1997). Academic outcomes of language impaired children. In C. Hulne; M. Snowling (Eds.), *Dyslexia: Biology, cognition and intervention* (pp. 167–181). London, UK: Whurr Press.

Tamis-Lemonda, C. S.; Bornstein, M. H.; Baumwell, L. (2001). Maternal responsiveness and children's achievement of language milestones. *Child Development, 72*(3), 748-767. doi:10.1111/1467-8624.00313.

Taylor, C. L.; Christensen, D.; Lawrence, D.; Mitrou, F.; Zubrick, S. R. Risk factors for children's receptive vocabulary development from four to eight years in the longitudinal study of Australian children. *PLoS ONE, 8*(9): e73046. 2013. doi:10.1371/journal.pone.0073046. (Disponível em: http://journals.plos.org/plosone/article?id=10.1371/journal.pone.0073046. Página acessada em 30 de junho de 2015).

Vellutino, F. R.; Fletcher, J. M.; Snowling, M. J.; Scanlon, D. M. (2004). Specific reading disability (dyslexia): What have we learned in the past four decades? *Journal of Child Psychology and Psychiatry, 45*(1), 2–40. doi:10.1046/j.0021-9630.2003.00305.x.

Wasik, B. A.; Bond, M. A.; & Hindman, A. (2006). The effects of a language and literacy intervention on head start children and teachers. Journal of Educaitonal Psychology, 98, 63–74. doi:10. 1037/0022-00663.98.1.63.

Wasik, B. A.; Iannone-Campbell, C. (2012). Developing vocabulary through purposeful, strategic conversations. *The Reading Teacher, 66*(4), 321-332. doi:10.1002/TRTR.01095.

Whitehurst, G. J.; Lonigan, C. J. (1998). Child development and emergent literacy. *Child development, 69*(3), 848-872. doi:10.1111/j.1467-8624.1998.tb06247.x

CAPÍTULO 2

Compreensão de leitura: quando e como intervir

Vera Lúcia Orlandi Cunha
Renata Graziele Morini Albrecht
Adriana Marques de Oliveira
Maíra Anelli Martins
Simone Aparecida Capellini

1. Introdução

A leitura é considerada como a competência mais importante a ser aprendida. É um processo complexo que envolve extrair e construir significado por meio da linguagem escrita. Além disso, gera impacto na vida dos escolares em termos de aprendizado, desenvolvimento cognitivo, realizações acadêmicas, sucesso nas disciplinas escolares e habilidades de resolução de problemas. A compreensão da leitura é o alicerce para o sucesso em todas as áreas acadêmicas do ensino fundamental ao superior. Frente a sua importância, desde cedo as crianças são encorajadas a aprender a ler e a expandir seu aprendizado por meio da leitura (Barber, Cartwright, Stapleton, Klauda, Archer, & Smith, 2020; Danaei, Jamali, Mansourian, & Rastegarpour, 2020; Kao, Tsai, Liu, & Yang, 2016).

Alterações em seu aprendizado podem levar a prejuízos acadêmicos e sociais na vida do indivíduo. Por isso, compreender os aspectos envolvidos na leitura e na sua compreensão, bem como intervir quando alguma dessas habilidades se encontram alteradas é de extrema importância por parte dos profissionais que trabalham com a aprendizagem e suas dificuldades. Posto isto, este capítulo tem por objetivo discorrer a respeito da compreensão de leitura e apresentar possíveis intervenções com eficácia cientificamente comprovada.

2. Compreensão de leitura

A habilidade de compreensão é dividida em dois níveis, inferior e superior. No nível inferior encontram-se as habilidades de decodificação, vocabulário, linguagem oral e no nível superior estratégias para compreensão de leitura e monitoramento (Barber, Cartwright, Stapleton, Klauda, Archer, & Smith, 2020; Capellini, Cunha, 2014, 2019; Pardo, Pérez, & Sánchez, 2012).

A decodificação é um passo importante para o reconhecimento eficiente das palavras. Entende-se por decodificação a habilidade de converter os grafemas em seus respectivos fonemas, ou seja, é a habilidade de integração dos processamentos visuais e fonológicos. A decodificação eficiente torna possível a conversão de uma representação visual (a partir do material escrito) que permite acesso ao léxico mental e leva a recuperação de informações ortográficas, fonológicas e semânticas (Clemens, Lee, Henri, Simmons, Kwok, & Otaiba, 2020; Melby-Lervåg, Hulme, & Lyster, 2012; Hulme & Nation,1997; O'Connor, 2011).

A decodificação é essencial para um novo conjunto de habilidades, que são interconectadas e cada vez mais complexas que culminam no processamento profundo do texto. Não devemos confundir a complexidade das habilidades pelo seu nível de classificação inferior e superior, pois a decodificação também é uma habilidade complexa que requer a aquisição e a coordenação de várias habilidades fundamentais, as quais operam abaixo do nível da palavra, e exigem o processamento dos fonemas nas palavras, o reconhecimento das letras e a associação grafema-fonema. Tais habilidades são essenciais para o progresso em leitura, principalmente nos anos iniciais da alfabetização (Clemens, Lee, Henri, Simmons, Kwok, & Otaiba, 2020; MMelby-Lervåg, Hulme, & Lyster, 2012; Hulme & Nation, 1997; O'Connor, 2011).

Dificuldades no processamento fonológico prejudicam a capacidade do escolar de realizar a conversão grafema-fonema a realizar a manipulação dos fonemas para a leitura das palavras e, assim, dificultam o desenvolvimento da decodificação. Além disso, tais dificuldades impedem o escolar de formar as representações específicas das palavras, como a representação ortográfica, fonológica e semântica, o que impedirá o acesso direto a elas (Clemens, Lee, Henri, Simmons, Kwok, & Otaiba, 2020; Hulme, Lyster, & Melby-Lervåg, 2012; Hulme & Nation, 1997; O'Connor, 2011).

Considerando estes aspectos, é importante que intervenções sejam realizadas logo no início, ainda durante a fase de aprendizagem da decodificação, quando é detectada alguma dificuldade por parte do escolar nesta crucial habilidade da leitura com vistas à habilidade posterior de compreensão. Portanto, constata-se que a leitura é composta de dois componentes essenciais para sua efetividade, a decodificação (habilidade mais elementar) e a compreensão (habilidade considerada de alto nível devido a sua complexidade) (Capellini Cunha, 2014, 2019; Hoover & Gough, 1990).

Dessa forma, é importante que a decodificação seja realizada com eficiência para que os processos atencionais antes direcionados a esta habilidade sejam voltados para a extração dos significados da mensagem escrita. Isso só é possível quando a decodificação é realizada com acurácia e velocidade adequada, ou seja, que a leitura alcance um bom nível de fluência (essa considerada uma habilidade ponte para ir da decodificação à compreensão), de tal modo que os recursos cognitivos de memória sejam utilizados para a compreensão da leitura (Cunha & Kida, 2018; Cunha, Martins, & Oliveira, 2015; Hjetland, Brinchmann, Scherer, & Melby-Lervag, 2017).

Este trabalho anterior com a decodificação e fluência se faz necessário para que a compreensão seja realizada com eficiência, visto que é considerada uma habilidade que depende de muitos outros processos cognitivos. Entre esses processos estão aqueles que envolvem os componentes linguísticos, como a consciência morfológica relacionada ao conhecimento do vocábulo em seus constituintes lexicais, gramaticais e processos flexionais; a consciência sintática que que diz respeito à estrutura da oração, aos processos de construção e a pontuação (Deacon, Kieffer, & Levesque, 2017; Pereira, 2013); a consciência léxico-semântica, que se refere ao léxico mental, ao significado e ao sentido da palavra. Tendo em vista que o sentido advém da construção mental que depende da inter-relação entre texto, conhecimentos prévios e significação básica, está, portanto, associada também à capacidade de geração de inferências do leitor (Escudero & Léon, 2007; Pereira, 2013).

Dentro de sua complexidade, a compreensão de leitura, além dos componentes linguísticos, abrange também os processos cognitivos de memória operacional, sendo esta um componente da função executiva e, portanto, exerce um papel relevante nessa habilidade, pois o leitor deve reter em sua memória informações anteriores colhidas do texto para relacionar com as informações posteriores e com informações retidas na memória de longo prazo, a fim de gerar as inferências.

Desse modo, a memória operacional consiste na capacidade de armazenar temporariamente informações, como as proposições ou os significados lidos mais recentemente no texto, e integrá-las com as informações textuais posteriores com o objetivo de compreender o material escrito. Nesse sentido, a memória operacional permite tanto o armazenamento quanto o processamento, ou seja, as informações anteriores devem ser retidas na memória enquanto a nova informação é codificada e integrada, promovendo, assim, o estabelecimento da coerência textual por meio da geração de inferências. Estas, por sua vez, se dão pela associação das informações textuais com informações armazenadas e recuperadas da memória de longo prazo (conhecimento já apreendido e retido), permitindo formar a representação mental do texto. As inferências são, portanto, fundamentais para a compreensão profunda (Barroso Mourão-Júnior, 2013; Cain, Bryant, & Oakhill, 2004; Fukuda, Novaes, & Zuanetti, 2019).

Dessa forma, para a geração de inferências é necessário que o leitor consiga processar não só a informação que está exposta no texto (inferência literal), mas também a informação que está oculta, que está subentendida e que deve ser buscada nos conhecimentos prévios do leitor, retidas em sua memória de longo prazo ou longa duração e associá-las às informações que o texto traz (inferências implícitas). Ao preencher as lacunas de informações que não aparecem de maneira explícita, estabelece a coerência necessária para formar uma representação mental do texto. Portanto, as inferências literais são necessárias para a conexão das ideias dentro ou entre sentenças e parágrafos, e as inferências implícitas conectam ideias para completar informações que não estão explícitas, incorporando conhecimentos e experiências anteriores do leitor (Capellini & Cunha, 2014, 2019; Escudero & Léon, 2007; Pardo, Pérez, & Sánchez, 2012; Tarchi, 2015).

Não só os fatores linguísticos e cognitivos são necessários para a compreensão leitora, mas também os fatores sociais, considerados importantes nesse processo, pois são fatores que envolvem o contexto social do ato de ler, os objetivos da leitura, as motivações e expectativas do leitor, como também seus conhecimentos prévios e sua bagagem sociocultural, de acordo com Baleghizadeh e Babapour (2011).

Dentro desses fatores sociais da leitura estão a consciência pragmática e a consciência textual. A consciência pragmática diz respeito às circunstâncias de uso da língua, onde o texto é considerado de acordo com a concepção do autor e do leitor, da intenção da leitura e do contexto em que ela ocorre. Envolve também, e de forma de forma expressiva, a Consciência Textual que enfoca o texto em suas relações textuais internas e suas relações com o contexto (Pereira, 2013), considerando, assim, sua superestrutura, coerência e coesão textual.

Dessa forma, ao trabalhar a compreensão textual devem ser consideradas suas estruturas próprias, a complexidade sintática de cada gênero (tipos de períodos, extensão frasal, uso de marcadores retóricos e elementos anafóricos), a demanda exigida pelo número e tipo de inferências, a clareza de demarcação dos objetivos do texto, as ideias principais, as relações entre as ideias apresentadas, os conhecimentos prévios do tema, assim como a apresentação e a coerência do texto (Ávila, Carvalho, & Kida, 2012).

O processo de compreensão de leitura exige ainda um monitoramento que deve ser realizado no decorrer da leitura, pois o leitor deve se autorregular para confirmar a compreensão de sua leitura desde o nível da palavra, abstração das ideias de detalhes, das ideias centrais, das relações entre elas, gerar as inferências necessárias a fim de conseguir formar a representação mental do texto. Se esse monitoramento não é realizado, ou seja, se a compreensão da leitura se perde em um desses aspectos não será possível abstrair um conhecimento novo (Capellini & Cunha, 2014, 2019; Pardo, Pérez, & Sánchez, 2012; Tarchi, 2015).

Considerando todo o enredamento que abrange o processo de leitura é preciso estar atento ao desenvolvimento da leitura do escolar para que as intervenções sejam realizadas no momento preciso, com a finalidade de que a compreensão de leitura seja realizada de forma eficiente e que seja efetivo na obtenção dos conhecimentos necessários para o sucesso acadêmico.

2.1 Quando e como intervir

Diferentes leitores podem responder heterogeneamente para diferentes tipos de intervenções de leitura. Por exemplo, evidências indicam que os efeitos de intervenções com decodificação se estendem a longo prazo com efeito de transferência para um constructo mais amplo da leitura posteriormente (ou seja, que envolva o desempenho geral em leitura, incluindo compreensão). Um estudo de meta-análise observou os efeitos a longo prazo de diferentes intervenções, e sugere que as instruções com decodificação seriam indicadas para escolares do 1º e 2º ano do ensino fundamental, além de intervenções que já comecem a considerar a fluência nestes primeiros anos, se estendendo ao longo das séries. A intervenção com a compreensão de leitura aparece com resultados tidos como ótimos em longo prazo, com aplicação a partir do 3º ano escolar do ensino fundamental (Suggate, 2016).

O desenvolvimento do reconhecimento e decodificação automáticos de palavras é o foco principal das instruções no início da escolarização, porque a compreensão é derivada do reconhecimento de palavras. Embora exista uma relação óbvia entre habilidades de decodificação e compreensão de leitura, uma não garante a outra. Por isto, muitas vezes o treino da decodificação não é suficiente para alcançar a compreensão, necessitando então de treinamento específico para as habilidades de fluência e compreensão (Hamilton & Paris, 2011).

Isto foi comprovado em estudo de Wanzek, Al Otaiba, Schatschneider, Donegan, Rivas, Jones e Petscher (2020) que examinou a eficácia da implementação de uma intervenção de leitura multicomponente (programa de intervenção denominado *Voyager Passport*) com 306 alunos da quarta série com graves dificuldades de leitura. Os sujeitos foram divididos em dois grupos, um recebeu a intervenção intensiva e outro continuou com as atividades estudantis cotidianas. Os resultados indicaram que os alunos com baixa habilidades de leitura puderam se beneficiar da intervenção, pelo menos em termos de suas habilidades básicas de precisão na decodificação e fluência, entretanto a aceleração que eles experimentaram não foi suficiente para acelerar também a fluência e a compreensão da leitura. Os autores concluíram que é necessário um trabalho específico nos componentes de fluência e compreensão de leitura para que esses escolares avancem no seu aprendizado o suficiente para colher os benefícios também nestas habilidades.

A fluência de leitura é considerada uma habilidade multidimensional da leitura, porque incorpora três diferentes fatores: além da precisão e automaticidade na decodificação, também há necessidade de utilizar-se adequadamente da prosódia. Quando a decodificação é lenta, trabalhosa e imprecisa, a compreensão é afetada porque o leitor não conhece as palavras e tem poucos recursos cognitivos para aplicar à compreensão da linguagem. Quando as habilidades de decodificação são automáticas e recursos prosódicos da linguagem oral são possíveis de serem adequadamente aplicados à leitura, a compreensão é mais fácil, mas ainda é influenciada por vários outros fatores (Fuchs, Fuchs, Hosp, & Jenkins, 2009; Paris & Hamilton, 2011; Pikulski & Chard, 2005).

Dessa forma, quando, nos anos iniciais da escolaridade é detectado dificuldades de decodificação e/ou fluência deve haver uma intervenção específica nestas habilidades, visando seu aprimoramento, para que seja possível uma leitura fluente e, por conseguinte, com compreensão.

No entanto, ainda é preciso estar atento, pois muitos escolares apesar de conseguirem ler com fluência não conseguem obter o sentido do texto, isto porque, como dito anteriormente, a compreensão de leitura também é uma habilidade multicomponente. Assim, é necessário que todos estes componentes sejam verificados, pois geralmente é esperado que a compreensão seja realizada de forma automática quando a leitura é feita fluentemente. Entretanto, devido à complexidade dessa habilidade, mesmo realizando uma leitura com acurácia e velocidades adequadas, muitos alunos não conseguem responder perguntas relacionadas ao texto ao final da sua leitura. Estes estudantes necessitam, então, de uma intervenção específica em compreensão de leitura para que possam extrair o significado dos textos escritos e assim conseguirem obter o conhecimento necessário para seu sucesso acadêmico (Capellini & Cunha, 2019; Cunha & Kida, 2018; Cunha, Martins, & Oliveira, 2015; Hjetland, Brinchmann, Scherer, & Melby-Lervag, 2017).

A intervenção deve ser realizada com procedimentos com comprovada evidência científica. Dentro de programas de intervenção com a compreensão de leitura no Brasil, neste capítulo serão apresentados dois cuja eficácia já foi demonstrada por meio de pesquisas, são eles: **"IN-CLOZE"** e **"PrintComle"**, descritos a seguir.

2.1.1 IN-CLOZE – Intervenção com a Técnica de Cloze

Dada a multidimensionalidade da compreensão de leitura, há diversos aspectos que devem ser levados em consideração no momento da intervenção focada nesta habilidade. A memória é um desses aspectos, já que a de longo prazo é necessária para acessar o significado das palavras e ativar conhecimento prévio a respeito do que é lido e, a memória operacional, responsável por processar uma informação ao realizar uma tarefa, tem a função de manter o significado da frase e integrar a frase seguinte, ligar pronomes, conectivos, agregar novo vocabulário sobre o que se acabou de ler, fazendo parte do processamento local da compreensão (Oakhill, Cain, & Elbro, 2017). Portanto, um escolar com alteração neste tipo de memória, ao ler uma frase mais complexa, terá dificuldade em armazená-la até que outros processos cognitivos ocorram, levando a prejuízos na compreensão de leitura (Fukuda, Novaes, & Zuanetti, 2019).

Para intervir com esse tipo de dificuldade, encontra-se descrito na literatura a Técnica de Cloze (Taylor, 1953), uma estratégia mnemônica que consiste na manipulação de um texto de aproximadamente 200 vocábulos, no qual a cada cinco vocábulos elimina-se o quinto, substituindo-o por um espaço vazio sublinhado e que deve ser preenchido pelo leitor com a palavra do texto original. Inicialmente a técnica foi elaborada para avaliar a compreensão de leitura, porém, estudos posteriores evidenciaram que a Técnica de Cloze também se mostrou eficaz para o desenvolvimento da compreensão de leitura. Ademais, ela é de fácil aplicabilidade, baixo custo e pode ser utilizada inclusive no ambiente escolar (Capellini & Machado, 2016; Nogueira & Carnio, 2018; Santos, 2004). Além de trabalhar a memória, a técnica proporciona interação entre o leitor e o texto e estimula o primeiro a refletir sobre suas habilidades de compreensão, ou seja, o coloca em posição ativa (Buettner, 2011).

Diante da importância das habilidades de memória, interação leitor e texto e reflexão e, da necessidade de intervir com escolares com estas dificuldades, o programa IN-CLOZE – Intervenção com a Técnica de Cloze (Albrecht & Capellini, 2020) foi desenvolvido. Este programa tem como objetivo contribuir com o desenvolvimento da compreensão de leitura em escolares com dificuldades específicas em textos narrativos e expositivos.

O IN-CLOZE foi elaborado em um estudo de Mestrado (Albrecht, 2019) cuja hipótese está pautada no fato de que um programa de remediação com a Técnica de Cloze, nivelado por diferentes graus de dificuldades, pode contribuir para o desenvolvimento da compreensão de leitura de estudantes com dificuldades de aprendizagem. A conclusão do estudo permitiu verificar que a hipótese foi confirmada. Além disso, constatou-se que houve melhora na pós-intervenção para sujeitos com dificuldade em compreensão de leitura em texto narrativo, de forma substancial para aqueles que possuíam dificuldade em compreensão de leitura em texto expositivo. O programa se mostrou eficaz, pois a melhora apresentou significância clínica, ou seja, foi clinicamente relevante e com impacto positivo na vida dos escolares. Ademais, a análise dos níveis do programa demonstrou que este está balanceado e sem efeito teto.

O Programa de Intervenção com a Técnica de Cloze IN-CLOZE é composto por cinco níveis. Cada nível contém quatro textos cada em que são dadas pistas diferentes para auxiliar no preenchimento e com aumento de dificuldade gradativo, permitindo o desenvolvimento das habilidades mencionadas. Foram selecionados textos narrativos e expositivos (Capellini & Martins, 2018) e, foram manipulados como descrito a seguir (Quadro 1):

Quadro 1 – Estratégias inseridas em cada nível do IN-CLOZE – Intervenção com a Técnica de Cloze.

NÍVEL	ESTRATÉGIA UTILIZADA
1	*Cloze lexical:* priorizando omissão de substantivos *Cloze de múltipla escolha:* abaixo da lacuna há duas palavras semanticamente diferentes
2	*Cloze lexical:* priorizando omissão de substantivos *Cloze de múltipla escolha:* abaixo da lacuna há duas palavras semanticamente iguais
3	*Cloze lexical:* omissão de substantivos *Cloze de múltipla escolha:* duas palavras visualmente parecidas nas quais foram omitidas a parte superior da palavra.
4	*Cloze lexical:* priorizando omissão de substantivos *Cloze restringido:* todos os vocábulos retirados foram colocados abaixo do texto
5	*Cloze tradicional:* priorizando a omissão do quinto vocábulo

Fonte: elaborado pelas autoras.

O IN-CLOZE pode ser utilizado em ambiente clínico e educacional, sendo assim, pode ser aplicado de forma individual ou coletiva, beneficiando muitos escolares. Além disso, pode ser aplicado por qualquer profissional que atua na área educacional.

Em um processo de intervenção, o monitoramento da pré e pós-intervenção é relevante para uma prática baseada em evidência, portanto, antes de iniciar o programa, sugere-se que o escolar passe por uma avaliação com um teste específico para compreensão de leitura (Capellini & Cunha, 2014), para verificar se a dificuldade é com texto narrativo e/ou expositivo e para monitorar a eficácia da intervenção. Sugere-se ainda que o programa seja aplicado em dias consecutivos, sendo um texto por dia. O tempo necessário para a execução é de 20 a 30 minutos, aumentando conforme a complexidade do nível. Para o escolar passar de texto e nível, é necessário acertar 50% das respostas, desta forma, é relevante monitorar o desempenho ao longo do programa e, para isto, foi desenvolvido uma tabela na qual o escolar e aplicador podem preencher juntos a porcentagem de acerto para analisar a evolução e também contribuir para a motivação do escolar no decorrer das sessões.

2.1.2 PrintComle – Programas de Intervenção para a Compreensão de leitura de Textos Narrativos e Expositivos

O PrintComle (Capellini & Cunha, 2019) foi elaborado com o objetivo de oferecer programa específico de intervenção para a compreensão de leitura para aqueles escolares que apesar de apresentarem uma leitura precisa e fluente, mostram dificuldade para responder perguntas sobre o conteúdo de um texto ao final da leitura, demonstrando ter uma compreensão parcial ou uma não compreensão total do sentido da mensagem escrita, não conseguindo, portanto, reter informações essenciais para seu aprendizado, o que irá interferir em seu desenvolvimento acadêmico.

Considerando todos estes elementos, o PrintComle foi elaborado com materiais direcionados tanto ao profissional quanto ao escolar. Assim, o programa de intervenção é formado por um caderno do aluno com os textos e atividades que irá realizar, e um caderno do profissional, com as mesmas atividades e textos do caderno anterior, no entanto contém as instruções detalhadas de como realizar cada atividade além das respostas. Ainda traz um caderno para os textos narrativos e um para os expositivos, como também material de apoio, como figuras em sequência e cartões coloridos, para a execução das atividades. Há também um volume com o embasamento teórico que fundamenta as atividades apresentadas e que explica a progressão gradual das estratégias para que o aplicador compreenda a razão pela qual os programas devem ser aplicados da maneira como estão apresentados, e os passos da aplicação de cada um deles.

A elaboração dos programas para compreensão de textos narrativos e expositivos foi baseado nos pressupostos teóricos de Kintsch (1998), com adaptações de programas elaborados por Sánchez (2002), Sánchez, Orrantía e Rosales (1992), Sánchez, Pérez e Pardo (2012), Kinniburgh e Shaw (2009) e Capellini e Cunha (2012, 2015).

O programa para compreensão de textos narrativos é formado por 20 histórias distribuídas em ordem crescente de extensão e dificuldade. As estratégias são apresentadas em 23 passos com objetivos próprios, sendo subdivididas em diversas atividades. Abrangem o conhecimento da estrutura dos textos narrativos e o emprego das habilidades necessárias para a obtenção da compreensão profunda do texto. As histórias de número 1 a 12 possuem ilustrações que são utilizadas durante as atividades, a partir da história 13 o escolar deve trabalhar somente com o texto escrito sem o apoio das ilustrações.

O programa para compreensão de textos expositivos é composto por 15 textos. As estratégias apresentadas têm o objetivo de fornecer o conhecimento da estrutura deste tipo de texto utilizando cinco formas básicas de organização dos textos expositivos, sendo descrição, comparação, sequência, problema/solução e causalidade. Em cada tipo de organização são trabalhados três textos, com cada um deles, em cada tipo de organização, apresentando uma forma de abordagem de trabalho específico.

Tanto as atividades do programa para textos narrativos como para os textos expositivos foram desenvolvidas de tal forma que o escolar a cada texto vai gradualmente adquirindo conhecimentos sobre as estratégias necessárias para a compreensão do texto, até alcançar a compreensão profunda, conseguindo fazer uma reflexão e uma crítica sobre o que leu, sempre se auto supervisionando para avaliar seu real entendimento.

Todos os textos têm atividades para serem realizadas antes, durante e após a leitura. Ao término das atividades de cada texto são realizadas perguntas literais e inferenciais, assim como perguntas de modelo de situação, com o objetivo de que, além de obter uma compreensão profunda do texto, o escolar desenvolva uma leitura crítica e reflexiva.

Os programas foram elaborados com o objetivo de facilitar o trabalho dos profissionais, seja ele professor ou terapeuta, com escolares que apresentam dificuldades específicas de compreensão. Entretanto, podem ser aplicados também em sala de aula por pedagogos com a finalidade de munir seus alunos de meios para alcançar a apropriada interpretação daquilo que se lê, empregando estratégias adequadas de leitura que permitam a obtenção profunda do texto, levando-os a concretizarem seu aprendizado e consequentemente ao seu progresso acadêmico.

3. Considerações finais

Conforme exposto durante todo o capítulo, a leitura é considerada uma habilidade de extrema complexidade, por essa razão é necessário se atentar para cada um dos seus componentes e subcomponentes, e entender sua importância no processo, fazendo com que seja possível realizar intervenções eficazes que irão auxiliar no desempenho final da compreensão leitora dos escolares. Estudos interventivos focados nas habilidades de compreensão precisam continuar sendo conduzidos a fim de se atingir resultados cada vez mais promissores e com evidência científicas, conforme os programas apresentados.

Dada a sua multidimensionalidade, os programas de intervenção existentes não abrangem todos os componentes que podem interferir no processo de compreensão, por isso é fundamental identificar quais habilidades e programas são os mais indicados para cada perfil de leitor.

Espera-se que com o avanço dessas pesquisas interventivas, estratégias que utilizem a memória de longo prazo e memória operacional, como o IN-CLOZE, assim como estratégias que trabalham as consciências morfológica, sintática, pragmática e textual, e que abrangem também fatores sociais e cognitivos como a memória e a capacidade de realizar inferências para se alcançar uma compreensão profunda, como o PrintComle, auxiliem os escolares com dificuldades específicas na compreensão de leitura.

Referências bibliográficas

Albrecht, R. G. M. (2019). *Elaboração e aplicação de um programa de intervenção com a técnica de cloze para dificuldades de aprendizagem* (Dissertação de Mestrado). Faculdade de Filosofia e Ciências, Universidade Estadual Paulista, Marília.

Albrecht, R. G. M., & Capellini, S. A. (2020). *IN-CLOZE: Intervenção com a Técnica de Cloze*. Ribeirão Preto- SP: BookToy Editorial.

Baleghizadeh, S., & Babapour, M. (2011). The effect of summary writing on reading comprehension and recall of EFL students. *New England Reading Association Journal*, 47 (1), 44-48.

Barber, A. T., Cartwright, K. B., Stapleton, L. M., Klauda, S. L., Archer, C. J., & Smith, P. (2020). Direct and indirect effects of executive functions, reading engagement, and higher order strategic processes in the reading comprehension of dual language learners and English monolinguals. *Contemporary Educational Psychology, 61*, 1-17. doi.org/10.1016/j.cedpsych.2020.101848

Barroso, E. L., & Mourão Júnior, C. A. (2013). *Os recursos da memória de trabalho e suas influências na compreensão da leitura. Psicologia: Ciência e Profissão,* 33, (2), 288-303.

Buettner, E. G. (2011) Instructional cloze redux: tactical support for comprehension strategy instruction. Child Guidance Clinic. *Winnipeg School Division*, 25.

Cain, K., Oakhill, J., & Bryant, P. (2004). Children's reading comprehension ability: Concurrent prediction by working memory, verbal ability, and component skills. *Journal of Educational Psychology, 96*, 31-42.

Capellini, S. A., & Cunha, V. L. (2015). O Plano Terapêutico Fonoaudiológico (PTF) para a compreensão de leitura de textos expositivos. In Pró-Fono (Org.). *Planos Terapêuticos Fonoaudiológicos 2 (PTFs).* Barueri: Pró-Fono Editorial.

Capellini, S. A., & Cunha, V. L. O. (2012). Plano Terapêutico Fonoaudiológico (PTF) para a compreensão de leitura de textos narrativos. In PRÓ-FONO (Org.). *Planos Terapêuticos Fonoaudiológicos 1 (PTFs).* Barueri: Pró-Fono Editorial.

Clemens, N. H., Lee, K., Henri, M., Simmons, L. E., Kwok, O. M., Otaiba, S. A. (2020). Growth on sublexical fluency progress monitoring measures in early kindergarten and relations to word reading acquisition. *Journal of School Psychology, 79*, 43-62. doi: 10.1016/j.jsp.2020.01.003

Cunha, V. L. O., & Capellini, S. A. (2019). *PrintComle: Programas de Intervenção para a compreensão de leitura de textos narrativos e expositivos* (Vol. 1-3). Ribeirão Preto, SP: BookToy Editorial.

Cunha, V. L. O., & Capellini, S. A. (2014). *Procomle: Protocolo de avaliação da compreensão de leitura para escolares do 3º ao 5º ano.* Ribeirão Preto: Booktoy.

Cunha, V. L. O., & Kida, A. S. B. (2018). Temas em fluência e compreensão de leitura. In L. M. Alves, R. Mousinho, & S. A. Capellini (Org.). *Dislexia: novos temas, novas perspectivas* (Vol. 4). Rio de Janeiro: WakEditora.

Danaei, D., Jamali, H. R., Mansourian, Y., & Rastegarpour, H. (2020). Comparing reading comprehension between children reading augmented reality and print storybooks. *Computers & Education,* 153, 103900. doi.org/10.1016/j.compedu.2020.103900

Escudero, I., & León, J. A. (2007). Procesos inferenciales en la comprensión del discurso escrito. Infuencia de la estructura del texto en los procesos de comprensión. *Revista Signos, Valparaíso 40* (64), 311-336. doi: http://dx.doi.org/10.4067/S0718-09342007000200003

Fuchs, L. S., Fuchs, D., Hosp, M. K., & Jenkins, J. R. (2009). Oral reading fluency as an indicator of reading competence: a theoretical, empirical, and historical analysis. *Scientific Studies of Reading, 5*(3), 239–256. doi:10.1207/S1532799XSSR0503_3

Hjetland, H. N., Brinchmann, E. I., Scherer, R., & Melby-Lervag, M. (2017). Preschool predictors of later reading comprehension ability: a systematic review. *Campbell Systematic Reviews, 13*, (1), 1-155. doi: doi.org/10.4073/csr.2017.14.

Hoover, W., & Gough, P. B. (1990). The simple view of reading. *Reading and writing, Dordrecht, 2*, 127-160. doi: https://doi.org/10.1007/BF00401799

Kao, G. Y. M., Tsai, C. C., Liu, C. Y., & Yang, C. H. (2016). The effects of high/low interactive electronic storybooks on elementary school students' reading motivation, story comprehension and chromatics concepts. *Computers & education*, 100, 56–70. doi.org/10.1016/j.compedu.2016.04.013

Kida, A. S. B., Carvalho, C. A. F., & Ávila, C. R. B. (2012). Avaliação da compreensão nos diversos transtornos de leitura. In S. A. Capellini, M. N. Sampaio, A. M. Oliveira. *Tópicos em transtornos de aprendizagem: ênfase na perspectiva interdisciplinar* (Part. II, pp. 83-94). São José dos Campos, SP: Pulso.

Kinniburgh, L. H., & Shaw, E. L. (2019, August). Using question-answer relationships to build-reading comprehension in science. *Science Activities, 45* (4), 19-28. doi: 10.3200/SATS.45.4.19-28.

Kintsch, W. (1998). *Comprehension: a paradigm for cognition.* New York: Cambridge University Press.

Levesque, K., Kieffer, M. J., & Deacon, S. H. (2017, August). Morphological awareness and Reading comprehension: examining mediating factors. *Journal of Experimental Child Psychology,160*, 1–20. doi: 10.1016/j.jecp.2017.02.015.

Machado, A. C., & Capellini, S. A. (2016). Dados preliminares de um programa de intervenção para compreensão leitora por meio da técnica de Cloze. *Revista Psicopedagogia, 33* (101), 144-153.

Martins, A. M., & Capellini, S. A. (2018). *ADFLU – Avaliação do desempenho em fluência de leitura.* Ribeirão Preto: BookToy, 2018.

Melby-Lervåg, M., Lyster, S. H., & Hulme, C. (2012, March). Phonological skills and their role in learning to read: a meta-analytic review. *Psychological Bulletin,* 138 (2), 322–352. doi: 10.1037/a0026744.

Nation, K., & Hulme, C. (1997). Phonemic segmentation, not onset-rime segmentation, predicts early reading and spelling skills. *Reading Research Quarterly,* 32 (2), 154-167.

Nogueira, D. M., & Carnio, M. S. (2018). Programa fonoaudiológico em compreensão leitora e ortografia: efeitos na ortografia em disléxicos. *CoDAS, 30* (2). e20170077. doi.org/10.1590/2317-1782/20182017077

Novaes, C. B, Zuanetti, P. A., & Fukuda, M. T. H. (2019). Efeitos da intervenção em memória de trabalho em escolares com dificuldades de compreensão de leitura. *Rev. CEFAC, 21* (4), e17918, 2019.

Oakhill, J., Cain, K., & Elbro, C. *Compreensão de leitura: teoria e prática.* São Paulo: Hogrefe, 2017.

O´Connor, R. E. (2011). Phoneme awareness and the alphabetic principle. In R. E. O´Connor, P. E. Vadasy (Org.). *Handbook of reading interventions* (pp. 9-26) New York, NY: Guilford.

Oliveira, A. M., Martins, M. A., & Cunha, V. L. O. (2015). Relação entre decodificação, fluência, velocidade e compreensão de leitura. In O. V. C. A. Andrade, P. M. M. Okuda, & S. A. Capellini. *Tópicos em transtornos de aprendizagem* (Part. IV, pp. 41-53) Parte IV. Marília, SP: Fundepe: Cultura Acadêmica.

Paris, S. G., & Hamilton, E. E. (2011). The Development of children's reading comprehension. In S. E. Israel, S. E., & G. G. Duffy (Eds.). *Handbook of research on reading compreehension* (pp. 32-36). Taylor & Francis.

Pereira, V. W. (2013, July). Compreensão da leitura e consciência textual nos anos iniciais. *Revista Sign, 38* (Especial), 29-43. doi.org/10.17058/signo.v38i0.4554.

Pikulski, J. J., & Chard, D. J. (2005, March). Fluency: bridge between decoding and reading comprehension. *The Reading Teacher, 58*, (6), 510-519. doi: https://doi.org/10.1598/RT.58.6.2

Sánchez, E., Orrantia, J., & Rosales, J. (1992). Cómo mejorar la comprensión de texto en sala de aula. *Comunicación, Lenguaje y Educación, 14*, 89-112.

Sánchez, E. M. (2002). *Compreensão e redação de textos. Dificuldades e ajudas.* Porto Alegre: Artmed.

Sánchez, E. M., Pérez, J. R. G., & Pardo, J. R. (2012). *Leitura na sala de aula. Como ajudar professores a formar bons leitores.* Porto Alegre: Pensa.

Santos, A. A. A. (2004). O Cloze como técnica de diagnóstico e remediação da compreensão em leitura. *Interação em Psicologia, 8* (2), 215-224. doi: org/10.5380/psi.v8i2.3257.

Suggate, S. P. A (2016). Meta-Analysis of the long-term effects of phonemic awareness, phonics, fluency, and reading comprehension interventions. *Journal of Learning Disabilities, Chicago,* 49 (1), 77–96..

Tarchi, C. (2015). Fostering reading comprehension of expository texts through the activation of readers' prior knowledge and inference-making skills. *International Journal of Education Research, Florence, 72*, 80-88. doi: doi.org/10.1016/j.ijer.2015.04.013

Taylor, W. (1953, September). Cloze procedure: a new tool for measuring readability. *Journalism Quaterly,* 30 (4), 415-433.

Wanzek, J., Al Otaiba, S., Schatschneider, C., Donegan, R. E., Rivas, B., Jones, F., & Petscher, Y. (2020. Intensive intervention for upper elementary students with severe reading comprehension difficulties. *Journal of Research on Educational Effectiveness,* 13(3), 408-229. doi: 10.1080/19345747.2019.1710886.

CAPÍTULO 3

Monitoramento da Fluência Leitora

Luciana Mendonça Alves
Julia Barcelos
Rafael Scoralick
Philippe Martin
Letícia Correa Celeste

1. O desenvolvimento da leitura

Desenvolver a leitura é mais que um processo formal de aprendizagem. Isso porque além de demandar um ensino regular, diferentes variáveis estão envolvidas: todo psicológico e cognitivo do aprendiz (Ferreira & Tabaquim, 2017; Santos, Radvanskei, & Bachmann, 2018), seu estado físico (Bartoszeck & Bittencourt, 2017; Kern, Graber, Shen, Hillman, & McLoughlin, 2018), a sua linguagem oral (Guaresi, Oliveira, & Teixeira, 2017; Teixeira, Schiefer, Caravalho, & Avila,2016) ou de LIBRAS, a metodologia empregada durante o processo de alfabetização (Kuhn & Schwanenflugel, 2019) são exemplos que a literatura traz como relevantes para sucesso ou não dessa aprendizagem.

Apesar de toda complexidade acima ilustrada, aprender a ler se inicia nos primeiros entendimentos de que aqueles traços são letras e que essas letras representam sons. A partir desse primeiro ponto, todo um treinamento é realizado para que a conexão entre os desenhos da escrita e a compreensão final de um texto seja possível. Uma forma clara de observar essa evolução é por meio da fluência de leitura: enquanto no início fazemos uma leitura lenta, com muito esforço e praticamente sem variações melódicas e de velocidade, o leitor hábil lê de forma fluida. O entendimento dessa evolução nos permite compreender melhor como está o aprendiz.

Assim, a importância da fluência de leitura, apesar de constantemente debatida, é significante tanto no processo da leitura em si quanto no currículo do letramento, uma vez que é um fator importante na habilidade do estudante em processar textos com sucesso (Kuhn & Schwanenflugel, 2019). Mas primeiro, precisamos entender o que é fluência de leitura.

2. Fluência de leitura

A fluência leitora é a habilidade de ler precisamente com rapidez e expressividade adequadas. Segundo o National Reading Panel (2000), é formada por três elementos, sendo eles a acurácia (precisão), velocidade (quantidade de palavras lidas em um determinado tempo) e expressividade (manifestação de atitudes e emoções expressas pela leitura).

De forma mais esquemática, podemos entender que a fluência leitora se sustenta em dois parâmetros prosódicos: duração e entonação (ou variação melódica). Apresentamos na Figura 1 uma síntese desses componentes:

Figura 1 – Componentes da habilidade de fluência leitora

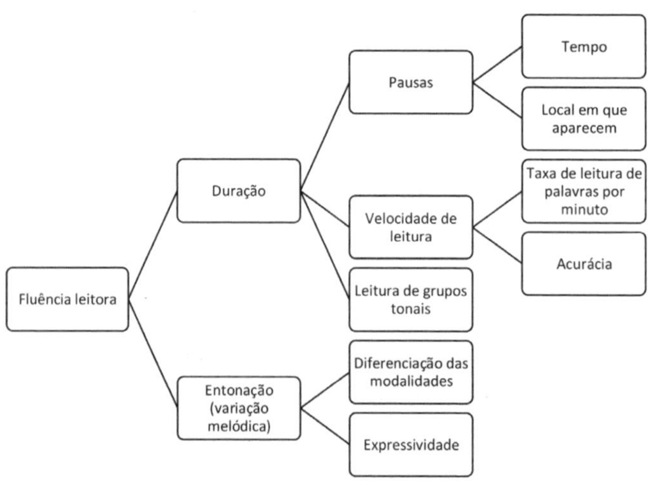

Fonte: Elaborado pelos autores, 2020.

Como o próprio nome sugere, a duração está relacionada aos parâmetros temporais da leitura: estamos lendo rápido? Devagar? Corretamente? As pausas estão em locais gramaticalmente apropriados? Todas essas perguntas estão relacionadas ao parâmetro duração. Estudos mostram que existe uma reorganização dos parâmetros de duração da leitura ao longo dos anos escolares (Celeste, Pereira, Pereira, & Alves, 2018; Price, Meisingerm, Louwerse, & D'Mello, 2016).

Já a entonação diz respeito à melodia, à variação da frequência fundamental. No português podemos dizer a frase "a porta está aberta" como declaração (a porta está aberta) e pergunta (a porta está aberta?), mudando apenas a melodia usada (subimos no final para perguntas e descemos para afirmação). Além de diferenciar as modalidades (diferenças entre declarativas e interrogativas) (Antunes, 2011), a variação melódica pode dar mais expressividade para leitura. Também vemos essa modificação com o avançar da escolaridade (Celeste, Pereira, Pereira, & Alves, 2018).

Em termos técnicos, a fluência de leitura é obtida quando (Martin, 2015, 2018):

1) O leitor consegue separar oralmente uma sequência de palavras em grupos tonais. Os grupos tonais são unidades de ritmo que em português têm normalmente uma ou duas palavras. Dentro de cada grupo tonal tem uma sílaba com acento mais forte[1]. Por exemplo, na frase "*a variação melódica pode dar mais expressividade para leitura*" dividiríamos nos seguintes grupos:

   [*a variaç***ão**] [*mel***ó***dica*] [*pode d***a***r*] [*mais expressivid***a***de*] [*para leit***u***ra*]

   As chaves [ ] são a marcação de cada grupo tonal. Em negrito e sublinhadas estão as sílabas mais fortes (tem apenas uma em cada grupo tonal).

2) As pausas respiratórias são colocadas em locais apropriados pensando em termos gramaticais. Veja os três exemplos abaixo:

   1. *a variação melódica ## pode dar mais expressividade ## para leitura* ✓
   2. *a variação melódica pode dar ## mais expressividade para leitura* ✓
   3. *a variação ## melódica pode ## dar mais ## expressividade para leitura* ×

Nos exemplos 1 e 2 as pausas respiratórias (exemplificadas pelo símbolo ##) ocorrem em locais gramaticalmente apropriadas. Já no

[1] Para entender mais sobre grupos tonais, recomendamos as leituras dos livros de Martin (2015 e 2018), do livro de Gussenhoven (2004) e, em português, da tese de Alves (2007).

exemplo 3 isso não ocorre. É muito importante não confundir as pausas com a velocidade de leitura: seja uma leitura rápida ou lenta, os locais e a duração das pausas serão essenciais para definir a qualidade desta leitura.

2.1 Formas de monitoramento da fluência leitora

Assim como os professores se preocupam em avaliar e monitorar a aprendizagem do conteúdo das disciplinas ministradas, é essencial voltar a atenção também para a evolução do desenvolvimento da habilidade de leitura. Como ela é a base para o processo de aprendizagem, o seu desenvolvimento deve ser atentamente observado no percurso dos anos escolares, principalmente no Ensino Fundamental I, uma vez que é neste período que a aprendizagem da leitura se consolida. Uma dificuldade com a eficiência na leitura irá impactar na evolução do aprendizado. Se o aprender a ler não for adequadamente internalizado e automatizado, o ler para aprender ficará prejudicado.

Os diferentes componentes da leitura fluente, conforme já apontado, segundo o National Reading Panel (2000) – acurácia, velocidade e expressividade – são medidos de formas distintas. A velocidade de leitura pode ser aferida pelo número de palavras lidas por minuto (PPM), já os componentes acurácia e velocidade, combinados, podem ser medidos pelas palavras lidas corretamente por minuto (PCPM). É a medida objetiva mais utilizada para acessar a habilidade de leitura. O terceiro componente, a expressividade, é o que demanda mais atenção e contempla mais recursos para serem observados. É certamente a habilidade menos explorada, no entanto, a mais importante por carregar as características mais relevantes da fluência leitora.

A expressividade pode ser acessada por medidas objetivas ou por escalas subjetivas. Para as medidas objetivas, a partir da gravação da leitura oral, procede-se, por meio de softwares específicos, a análise acústica. Este procedimento levanta aspectos relevantes, mas somente podem ser conduzidas por profissional especializado, e demanda muito tempo. É uma técnica mais utilizada em pesquisas e pouco viável para a prática clínica ou educacional. A avaliação subjetiva é prática, acessível e pode ser aplicada por profissionais da saúde, educação, assim como pais e os próprios escolares. As escalas de avaliação subjetiva acontecem mediante observação da leitura oral (Alves & Celeste, 2019; Alves, Celeste, Ghio,

& Lalain, 2013; United States of America's Department of Education, 2002; Rasinski & Zutell, 1991) ou pela gravação da leitura e posterior análise acústica dos parâmetros específicos, segundo a proposta da escala (variação melódica, duração, intensidade, ritmo e ênfase) (Alves, Pinheiro, & Reis, 2015; Bolaños, Cole, Ward, Tindal & Schwanenflugel, 2013).

2.2 As escalas de monitoramento

As avaliações da fluência leitora são altamente recomendadas pelas instituições internacionais responsáveis pela educação em países como Austrália, Estados Unidos e Reino Unido. Para este fim, a literatura tem evidenciado a eficiência do uso de escalas subjetivas de monitoramento (Alves, Lalain, Ghio, & Celeste, 2013; Choquegonza, 2018; Rasinski & Zutell, 1991; Paige & Smith, 2019; United States Of America's Department Of Education, 2002).

As principais escalas subjetivas de avaliação da fluência leitora são a NAEP (National Assessment of Educational Progress) elaborada pelo United States of America's Department of Education em 2002 e a MDFS (Multi-Dimensional Fluency Scale) elaborada por Zutell e Rasinski em 1991.

A partir da escala MDFS, Alves, Lalain, Ghio, e Celeste, em 2013 propuseram tradução para o Francês e Português; e Choquegonza (2018) fez uma adaptação para o Espanhol. De uma maneira geral, tais escalas elencam as habilidades mais importantes para a leitura fluente de forma que o avaliador possa pontuar o desempenho do leitor em cada uma destas habilidades.

A NAEP apresenta quatro níveis de leitura para o avaliador classificar cada leitor. Já a MDFS apresenta quatro áreas ou domínios de fluência leitora e o avaliador pontua o desempenho do escolar para cada domínio.

Alves, Lalain, Ghio, e Celeste (2013) traduziram a escala MDFS – a Escala Multidimensional de Fluência para o Português e para o Francês. A gravação da leitura de crianças brasileiras com dislexia e leitores típicos foi apresentada de forma randomizada a 20 juízes (estudantes de pós-graduação em cursos relacionados ao estudo da Linguagem), sendo 10 juízes brasileiros e 10 franceses – que não entenderam o conteúdo da leitura, mas apenas os aspectos suprassegmentais. Como resultado, tanto os juízes brasileiros quanto os franceses apresentaram pontuações muito próximas na escala, reforçando sua validade interna. Além disso, os dois grupos de juízes avaliaram as crianças disléxicas com pontuações baixas na escala, e os leitores típicos com pontuações elevadas, indicando a importância e a sensibilidade deste tipo de avaliação para a detecção de problemas de leitura.

As escalas descritas foram propostas tendo como base os padrões da língua inglesa. Pensando nos parâmetros de leitura fluente da língua Portuguesa, Alves e Celeste (2019) propuseram a "Escala de percepção de Fluência Leitora".

2.2.1 Apresentação da escala

A escala brasileira de percepção da fluência leitora, denominada "Escala de percepção de Fluência Leitora", desenvolvida por Celeste e Alves (2019) é voltada para a avaliação e monitoramento da habilidade de leitura fluente em alunos do Ensino Fundamental I e II, com ou sem queixa de dificuldade de leitura. É uma escala disponível para uso livre e pode ser usada por profissionais da saúde (fonoaudiólogos, psicólogos, psicopedagogos, médicos, terapeutas ocupacionais, dentre outros), da educação (professores, tutores, auxiliares, dentre outros) e por pais, ou mesmo os próprios escolares em situação de tutoria. A escala investiga os seguintes domínios:

1. **FLUIDEZ** – Avalia se o texto é lido com fluidez, se as palavras são reconhecidas automaticamente, dando a sensação de continuidade entre a leitura de uma palavra e outra. A fluidez está associada à ausência de quebras na pronúncia dos itens lidos. Assim, uma leitura fluida é indicativa de um bom reconhecimento automático das palavras (via rota lexical).
2. **PAUSAS** – Avalia se as pausas são utilizadas em harmonia gramatical, ou seja, são utilizadas tanto para marcar as pontuações gráficas quanto para dividir as unidades de significado. Tais momentos de silêncio coincidem com os sinais de pontuação ou com outras fronteiras sintáticas e semânticas.
3. **VELOCIDADE** – Avalia se o aprendiz lê com velocidade equivalente à fala espontânea, de forma natural e sem esforço.
4. **ENTONAÇÃO** – Relacionada à variação melódica durante o texto. Deve ser avaliada em dois momentos: se o leitor está

seguindo a pontuação determinada (vírgula, ponto final, ponto de interrogação e ponto de exclamação) e se o leitor consegue ler de forma mais natural (e não "robotizada").

5. **EXPRESSIVIDADE** – Também avalia se a leitura apresenta variação melódica adequada, com artifícios expressivos de ênfase e boa cadência de ritmo. Relacionada à interação do leitor com o texto ao demonstrar as suas atitudes e emoções expressas durante a leitura.

Importante destacar que alguns domínios da escala são relacionados, como as pausas e a velocidade. Quanto mais pausas o leitor fizer e quanto mais longas elas forem, mais lenta será a velocidade de leitura. Outros domínios relacionados são a entonação e a expressividade. Mesmo assim, o avaliador deve se atentar para fazer uma análise atenta e separada de cada domínio.

A partir destes domínios, o avaliador deverá assinalar para a leitura de cada aluno, o número que melhor representa do desenvolvimento das habilidades segundo o domínio avaliado, sendo: (1) se a habilidade não está desenvolvida; (2) se a habilidade está pouco desenvolvida; (3) em desenvolvimento; (4) parcialmente desenvolvida e (5) se a habilidade está totalmente desenvolvida.

Para facilitar a visualização da atribuição de pontuação, a classificação é associada a cores. As habilidades pontuadas em 4 e 5 estão em verde e indicam bom desenvolvimento. Aquelas pontuadas em 3 estão em amarelo e indicam habilidade em desenvolvimento. E as habilidades marcadas como 1 ou 2 estão em vermelho e correspondem às fases iniciais do desenvolvimento, podendo indicar necessidade de atenção especial, possível encaminhamento para avaliação e intervenção especializada.

Para direcionar a classificação pelo avaliador, a escala apresenta a descrição de características típicas dos níveis 1, 3 e 5 como referência. Caso a criança tenha um desenvolvimento intermediário ao descrito em 1, 3 ou 5, o avaliador deve assinalar 2 ou 4, conforme sua observação. A escala é apresentada na Figura 2.

Figura 2 – Escala de Percepção de Fluência Leitora

ESCALA DE PERCEPÇÃO DE FLUÊNCIA LEITORA

Alves LM, Celeste LC. Escala de percepção de fluência leitora. Formação@Docente, 2019; 11(2): 195-204

A fluência é a habilidade de ler de forma precisa, ágil e expressiva. Os leitores fluentes devem ser capazes se concentrar na leitura de forma a obter mais facilmente o significado. A escala proposta deve ser acompanhada por medida objetiva da taxa e acurácia (palavras lidas por minuto e palavras lidas corretamente por minuto) e também por avaliação da compreensão, de forma a acessar os principais componentes da leitura eficaz.

INSTRUÇÕES: a partir da escuta atenta da leitura oral, assinale, para cada área, se o leitor se enquadra na classificação de **1 a 5, sendo:**

1	2	3	4	5
NÃO DESENVOLVIDO	POUCO DESENVOLVIDO	EM DESENVOLVIMENTO	PARCIALMENTE DESENVOLVIDO	TOTALMENTE DESENVOLVIDO

	1	2	3	4	5
FLUIDEZ O texto é lido com fluidez. As palavras são reconhecidas automaticamente, dando a sensação de continuidade entre a leitura de uma palavra e outra.	☐	☐	☐	☐	☐
PAUSAS As pausas são utilizadas em harmonia gramatical, ou seja, são utilizadas tanto para marcar as pontuações gráficas quanto para dividir as unidades de significado.	☐	☐	☐	☐	☐
VELOCIDADE Lê com velocidade equivalente à fala espontânea, de forma natural e sem esforço.	☐	☐	☐	☐	☐
ENTONAÇÃO Respeita os sinais de pontuação de forma a expressar as suas entonações específicas adequadamente.	☐	☐	☐	☐	☐
EXPRESSIVIDADE Lê com variação melódica adequada, lançando mão de recursos expressivos de ênfase, com boa cadência de ritmo.	☐	☐	☐	☐	☐

São apresentados a seguir os parâmetros de referência para os itens 1 (não desenvolvido), 3 (em desenvolvimento) e 5 (totalmente desenvolvido). As classificações 2 e 4 acontecerão quando o leitor estiver em um ponto do desenvolvimento intermediário entre as características descritas.

FLUIDEZ	1. O texto é lido em sua maior parte sílaba por sílaba ou palavra por palavra. 3. O texto é lido em pequenos agrupamentos de palavras em sua maior parte descontextualizados do sentido. 5. O texto é lido com fluidez. As palavras são reconhecidas automaticamente, dando a sensação de continuidade entre a leitura de uma palavra e outra.
PAUSAS	1. As pausas aparecem com durações distintas, ora muito longas, ora muito breves. Não estão localizadas nas fronteiras de significado ou nas marcações de pontuação, e podem aparecer, inclusive, dentro de palavras. 3. As pausas oscilam em duração e nem sempre estão localizadas de forma a marcar fronteiras de significado, mas podem coincidir com a pontuação gráfica. 5. As pausas são utilizadas em harmonia gramatical, ou seja, são utilizadas tanto para marcar as pontuações gráficas quanto para dividir as unidades de significado.
VELOCIDADE	1. Lê de forma muito lenta e com esforço. 3. Lê de forma alternada entre velocidade lenta e acesso mais rápido em alguns trechos, segundo as dificuldades encontradas para decodificar. Pode ler rápido demais, mas com erros que comprometem a compreensão do sentido do texto. 5. Lê com velocidade equivalente à fala espontânea, de forma natural e sem esforço. Ainda podem aparecer algumas regressões, repetições e autocorreções que não atrapalham o arranjo geral da leitura.
ENTONAÇÃO	1. Os sinais gráficos de pontuação não são respeitados. 3. Há tentativas de se marcar entonativamente os sinais gráficos de pontuação, mas de forma ainda a confundir uma sentença interrogativa com uma declarativa. 5. Respeita os sinais de pontuação de forma a expressar as suas entonações específicas adequadamente. Transmite com facilidade as modalidades frasais, ou seja, tem excelente diferenciação entre frases declarativas e interrogativas.
EXPRESSIVIDADE	1. A leitura é realizada de forma monótona e robotizada, com esforço concentrado na pronúncia das palavras. Não há uma cadência rítmica. 3. A leitura é realizada com pouca interpretação expressiva. A cadência rítmica oscila, mas ainda tende a ser descompassada. 5. Lê com variação melódica adequada, lançando mão de recursos expressivos de ênfase, com boa cadência de ritmo. Imprime as atitudes e emoções relacionadas às diferentes passagens do texto.
CRITÉRIOS DE INTERPRETAÇÃO	Habilidades marcadas em tons de **verde (números 4 e 5): bem desenvolvidas** Habilidades marcadas em tons de **amarelo (número 3): em desenvolvimento** Habilidades marcadas em tons de **vermelho (números 1 e 2): constituem as fases iniciais de desenvolvimento** da fluência de leitura, e podem indicar alerta se estiverem presentes em escolares que já não estão mais nos anos iniciais do ensino fundamental.

Fonte: Alves e Celeste, 2019.

Deve-se oferecer ao leitor um texto adequado para a sua idade/escolaridade. A avaliação por textos muito difíceis ou muito aquém da capacidade leitora do avaliado podem interferir nos resultados.

Recomenda-se avaliar de forma objetiva a velocidade e a acurácia de leitura (pela contagem de palavras lidas corretamente por minuto) e a compreensão do texto lido. Desta forma, juntamente com a escala, garante-se o alcance dos principais componentes da leitura. O quadro 1 sintetiza as principais recomendações para a utilização da Escala:

Quadro 1 – Recomendações para o uso da Escala

Recurso	Possibilidades		Indicado para uso com a escala
Material	Listas de palavras	Texto	Avaliar sempre a leitura de textos.
Tipo de leitura	Silenciosa	Em voz alta	Avaliar sempre a leitura oral (em voz alta)
Ambiente	Coletiva	Individual	A escala deve ser utilizada somente em observação individual
Registro	Instantânea	Análise de gravação	As duas formas são viáveis. No entanto, a gravação da leitura é recomendada.
Tempo de avaliação	Leitura do texto completo	Avaliação de trechos de leitura ou do 1º minuto	As duas formas são viáveis. O texto completo fornece uma avaliação mais rica em detalhes.
Objetivo	Avaliação	Monitoramento	A escala pode ser usada como instrumento de avaliação e também para o monitoramento constante da leitura.
Local	Escola	Ambiente clínico	A escala pode ser utilizada tanto na escola como em ambiente clínico e também em casa, para monitoramento pelos pais.

Fonte: Alves, Martin, & Celeste (2020).

2.1.2 Experimento: avaliação da Concordância entre Juízes na Utilização da Escala de Fluência de Leitura

Para testar a efetividade da Escala de Fluência de Leitura desenhamos um experimento com juízes que foram treinados para aplicação. Todos deveriam ouvir um mesmo áudio e preencher a Escala de forma individual. O objetivo foi medir a concordância entre juízes, ou seja, a partir do preenchimento de uma mesma escala, qual o grau em que dois ou mais avaliadores dão uma classificação igual (Matos, 2014). Para isso, os dados foram tabulados e o índice de concordância Kappa Fleis foi utilizado para avaliação da confiança entre os avaliadores, com índice alpha de 0,05 e 2 tails. Para interpretação, seguimos a proposta de Lands e Koch explicada no quadro 2:

Quadro 2 – Índice de concordância Kappa Fleis (Lands e Koch, 1977)

Valor de Kappa	Interpretação
Menor que zero	Não existe concordância (poor)
Entre 0 e 0,2	Concordância fraca ou mínima (slight)
Entre 0,21 e 0,4	Concordância razoável (fair)
Entre 0,41 e 0,6	Concordância moderada (moderate)
Entre 0,61 e 0,8	Concordância substacial ou forte (substantial)
Entre 0,81 e 1	Concordância quase perfeita (almost perfect)

Fonte: Elaborada pelos autores, 2020.

Foram treinados pelas autoras da escala dois juízes, acadêmicos dos períodos finais do curso de Fonoaudiologia, que ouviram a 10 áudios da leitura de um texto completo lido por 10 estudantes de diferentes escolaridades, do 2º ao 9º ano do Ensino Fundamental.

3. Resultados

O resultado da concordância entre juízes medido pelo índice Kappa pode ser visualizado na tabela 1.

Tabela 1 – Resultados do teste Kappa Fleis para avaliação da concordância entre juízes na aplicação da Escala de Fluência de Leitura (continua na próxima página)

		Total	1	2	3	4	5
Fluidez	kappa	0,602649	-0,05263	0,607843	1	0,375	0,52381
	p-value	0,000562	0,867814	0,054585	0,001565	0,23568	0,097635
Velocidade de leitura	kappa	0,43662	1	-0,17647	-0,17647	0,79798	-0,05263
	p-value	0,014898	0,001565	0,576811	0,576811	0,011621	0,867814
Pausas	kappa	0,61039	0,607843	0,607843	0,78022	0,375	0,607843
	p-value	0,000211	0,054585	0,054585	0,013615	0,23568	0,054585
Entonação	kappa	0,615385	0,607843	0,607843	0,607843	0,52381	0,733333
	p-value	0,000169	0,054585	0,054585	0,054585	0,097635	0,020395
Expressividade	kappa	0,245283	0,375	-0,25	-0,25	0,733333	0,607843
	p-value	0,124368	0,23568	0,429195	0,429195	0,020395	0,054585

Fonte: Resultado do estudo dos autores, 2020.

Os resultados da tabela mostram que os parâmetros **entonação**, **pausas** e **fluidez** com resultados praticamente idênticos aos com concordância forte e com p significativo. Isto significa que a concordância entre juízes é substancial e tem validade estatística.

Ressalta-se que tanto o parâmetro pausas quanto o parâmetro entonação tiveram concordância forte em todos os itens de respostas (do 1 ao 5). Ou seja, são parâmetros muito robustos da Escala. Especificamente sobre a fluidez, esse parâmetro só não teve boa concordância na avaliação da resposta "1". Nos demais se mostrou um parâmetro com alta concordância.

O parâmetro **velocidade de leitura** teve concordância moderada e com p menor que 0,05. Apesar de esse parâmetro ter concordância perfeita em alguns itens, teve resultados negativos em outros. Isso mostra que o parâmetro isolado "velocidade de leitura" deve ser estudado novamente, com uma população maior de juízes para que possamos compreender com mais clareza seu funcionamento.

Já o item **expressividade** não apresentou resultados satisfatórios: além de o Kappa estar muito próximo de 0, o p-valor não foi significativo. Dessa forma, esse parâmetro deve ser usado com cautela pelos avaliadores em sua aplicação na prática pedagógica e clínica.

A partir dos resultados do experimento, podemos concluir que a Escala de Fluência de Leitura apresenta concordância forte entre os juízes para três parâmetros (fluidez, pausas e entonação) e concordância moderada em um parâmetro (velocidade de leitura), indicando que a Escala pode ser amplamente utilizada. É necessário, no entanto, que o avaliador receba treinamento para o seu uso efetivo.

Referências bibliográficas

Alves, L. M. (2007). *A prosódia na leitura da criança disléxica* (Tese de Doutorado). Faculdade de Letras da Universidade Federal de Minas Gerais, Belo Horizonte.

Alves, L. M., Lalain, M., Ghio, A., Celeste, L. C. (2015). Escala Multidimensional de fluência em leitura: avaliação perceptiva da leitura de escolares com e sem dislexia do desenvolvimento. In R. Mousinho, L. M. Alves, S. A. Capellini (Org.). *Dislexia: novos temas, novas perspectivas* (Vol. 3, 1. ed., pp. 151-164).. Rio de Janeiro: Wak Editora.

Alves, L. M., & Celeste, L. C. (2019, Julho). Escala de Percepção de Fluência Leitora. *Revista Formação Docente, 11* (2), 195-204.

Alves L. M., Martin, P., & Celeste, L. C. (2020). *Escala de percepção de fluência leitora: Guia prático* (Cartilha). Departamento de Fonoaudiologia da Faculdade de Medicina da Universidade Federal de Minas Gerais, Belo Horizonte.

Alves, L. M., Reis, C., & Pinheiro, A. (2015). *Prosody and reading in dyslexic children. Dyslexia. 21* (1), 35-49.

Antunes, L. B. (2011, Janeiro 01). Análise prosódica de sentenças declarativas e interrogativas do dialeto mineiro (Brasil) com diferentes Sintagmas Nominais (SN's) na posição de sujeito. *Revista internacional de linguística ibero-americana*, 141-55.

Bartoszeck, A. B., & Bittencourt, D. F. (2017, Janeiro 30). Alfabetização em Neurociência e Educação para Professores do Ensino Fundamental e Médio: um estudo exploratório. *Revista Paidéi@-Revista Científica de Educação a Distância, 9* (15), 8.

Bolaños, D., Cole, R. A., Ward, W. H., Tindal, G. A., Schwanenflugel, P. J. (2013, February). *Automatic assessment of expressive oral reading. Speech Communication, 55* (2), 221-236.

Celeste, L. C., Pereira, E. S., Pereira, N. R. R., Alves, L. M. (2018). *Prosodic parameters of reading in 2nd to 5th grade students. CoDAS, 30* (1), 1–4.

Choquegonza, J. M. (2018). *Nivel de fluidez lectora en estudiantes de IV y V ciclo de educación primaria de la Institución Educativa* (Tese de Doutorado). Escuela Profesional de Educación, Universidad Peruana Unión, Juliaca.

Ferreira, F. R., & Tabaquim, M. L. M. (2017). Habilidades cognitivas de escolares do ensino público e privado: estudo comparativo de pré-competências para a aprendizagem acadêmica. *Rev. psicopedag., 34*, (104), 126-136.

Guaresi, R., Oliveira, J. S., Oliveira, E., Teixeira, L. (2017, Setembro 18). A consciência fonológica e o vocabulário no aprendizado da leitura e da escrita na alfabetização. *Revista (Con) Textos Linguísticos, 11* (18), 97-109.

Gussenhoven, C. (2004). The phonology of tone and intonation. Cambridge: Cambridge University Press.

Kern, B. D., Graber, K. C., Shen, S., Hillman, C. H., McLoughlin, G. (2018, January). Association of school-based physical activity opportunities, socioeconomic status, and third-grade reading. *Journal of School Health, 88* (1), 34-43.

Kuhn, M. R., & Schwanenflugel, P. J. (2019). Prosody, pacing, and situational fluency (or why fluency matters for older readers). *Journal of Adolescent & Adult Literacy, 62* (4), 363-8.

Lands, J. R., & Koch, G. G. (1977). The measurement of observer agreement for categorial data. *Biometrics, 33* (1), 159-74.

Martin, P. (2018). *Intonation, structure prosodique et ondes cérébrales*. London: ISTE.

Martin, P. (2015). *The structure of spoken language*. Cambridge: Cambridge University Press.

Matos, D. A. S. (2014, September). Confiabilidade e concordância entre juízes: aplicações na área educacional. *Est. Aval. Educ., 25* (59), 298-324.

National Reading Panel. (2000). Teaching children to read: an evidence-based assessment of the scientific research literature on reading and its implications for reading instructions. Technical Report. *National Reading Panel* (NRP). National Institute of Child Health & Human Development.

Price, K. W., Meisingerm E. B., Louwerse, M. M., D'Mello, S. (2016, February 17). The contributions of oral and silent reading fluency to reading comprehension. *Reading Psychology, 37* (2), 167-201.

Santos R. O. dos, Radvanskei, S. de. F., Bachmann, V. da. S. (2018, December 01). Desenho na educação infantil: a importância e sua contribuição para o desenvolvimento cognitivo e para a alfabetização. *Cadernos Cajuína. 3*, 147-61.

Smith, G. S, Paige, D. D. (2019). A Study of Reliability Across Multiple Raters When Using the NAEP and MDFS Rubrics to Measure Oral Reading Fluency. *Reading Psychology, 40* (1), 34-69.

Teixeira, B. S., Schiefer, A. M., Carvalho, C. F. de., Avila, C. R. B. de. (2016, December). Compreensão oral e leitora e consciência sintática nas alterações de leitura e escrita. *Revista CEFAC, 18*, (6), 1370-8.

United States of America's Department of Education. (2002). *National assessment of educational progress (NAEP) 2002 oral reading fluency study*. Washington, DC: Institute of Education Sciences, National Center for Education Statistics.

Zutell, J., & Rasinski, T. V. (1991). Training teachers to attend to their students' oral reading Fluency. *Theory into Practice, 30*, 211–217.

CAPÍTULO 4

Eficácia do diagnóstico multiprofissional e sua contribuição para o processo interventivo

Ângela Mathylde Soares
Luciana Cordeiro Felipetto
Otacílio José Ribeiro

1. Introdução

A avaliação é um processo fundamental na organização de uma escola entre outros espaços denominados inclusivos. Ela é um instrumento que pode subsidiar o planejamento e execução das ações de intervenção. Precede os instrumentos avaliativos o que aqui se chamam de "diagnóstico multiprofissional", trazendo benefícios para todos os envolvidos no processo: o aluno (ou cliente, ou paciente – assim chamado dependendo da natureza do local e/ou profissional que o assista), especialistas de diferentes áreas do saber e colaboradores necessários e convocados para atuar na ação. De natureza processual, o diagnóstico multiprofissional vai se configurar como uma ação macro que em sua decorrência poderá exigir ações micro e pontuais dependendo das particularidades de cada sujeito. Frisa-se aqui, sempre, a centralidade no sujeito demandante: as ações e a equipe podem ser mutáveis, mas o sujeito não. Dentro da singularidade de cada um, aponta-se aqui a questão do tempo de atuação e o investimento na formação da equipe multiprofissional. O tempo pode ser uma dimensão portadora de ansiedade, dada a urgência colocada a cada ator atuante no planejamento e intervenção dos procedimentos. No entanto, há de se ter cuidados com o *furor curandis*, pois ele pode atropelar toda eficácia de um tratamento.

A proposta deste artigo é abordar a importância e eficácia do diagnóstico realizado por uma equipe multiprofissional, considerando-se sempre a saúde e condição educacional do sujeito. O diferencial terapêutico quando se conhece a realidade e se planeja as intervenções corrobora para o sucesso da intervenção, possibilitando ao sujeito um resultado de excelência em seu tratamento, tanto nos aspectos médicos e emocionais, quanto nos socioeducacionais. Com esta preocupação, conceitos como interdisciplinaridade e integralidade tomam relevância na formação dos profissionais e equipe, permitindo-se visualizar o todo do sujeito e não apenas partes. Cabe aqui ressaltar que, numa perspectiva neurológica, as sinapses podem favorecer uma rede compensatória da ineficiência de uma dimensão; daí, a relevância de se ver o sujeito como um todo. Sem desconsiderar a especialização, a visão integrativa e interdisciplinar entenderá os sujeitos enquanto seres biopsicossociais, os quais, na sua singularidade, necessitam de terapêuticas particulares, dimensionadas para as condições de cada um, considerando seus aspectos macros.

No campo educacional, fica aqui uma pergunta e uma reflexão: como se dá a aprendizagem de um sujeito que foge aos parâmetros da curva normal dos eventos educativos? Entende-se a aprendizagem e a educação enquanto processo, desconsidera-se em princípio aspectos quantitativos de avaliação. A aprendizagem é singular e, para que ocorra, são provocados fatores internos e externos, a fim de se estimular a ação do aprendente sobre a realidade. As coisas estão por aí, só nos resta aprender e surpreender. Um ato de intervenção qualitativo tem sustentação na realidade interna e externa do sujeito, por isto a necessidade de se conhecer de forma adrede o sujeito e sua realidade. Um olhar multiprofissional poderá favorecer a escuta da realidade e dos esquemas mentais do indivíduo, verificando-se as prontidões estabelecidas para que novos esquemas se formem e novas habilidades sejam adquiridas.

2. Desenvolvimento

No processo de avaliação e intervenção, serão observadas as condições inatas, genéticas, orgânicas, maturidade, motivação, atenção, experiências vivenciadas, memória, cognição, habilidades e interesses, entre muitos outros aspectos. A aprendizagem é um processo único, contínuo, com desenvolvimento próprio e da ordem do imprevisto e das surpresas. No campo social e familiar, quando algo interrompe o processo ou ele não acontece conforme o previsto, podem ocorrer momentos de incerteza e apreensão na vida da família e da criança, principalmente quando são comparados aos seus pares da mesma idade, da mesma escola ou do contexto social no qual estão inseridos. Este fato, muitas vezes, pode estabelecer rótulos e dissabores com momentos de dor e luto.

Para suportar esta experiência, no processo de busca de uma razão ou de uma justificativa para o fato, as famílias buscam atendimentos especializados, muitas vezes, orientadas pela escola, médicos e especialistas com a finalidade de obterem um diagnóstico seguido da propedêutica necessária. Todo o processo é oneroso e desgastante, carregado de ansiedade. Conflitos vêm à tona e desestabilizam as relações e sociofamiliares. A autoestima do sujeito cai e o processo de desenvolvimento começa a demonstrar atrasos, bloqueios, dificuldades e transtornos. "De quem é a culpa? Como posso resolver? A quem procurar? Por que o meu filho?", estes são questionamentos diários ouvidos por especialistas de diversas áreas do conhecimento clínico, os quais, naquele momento, são repositórios de esperança na tentativa de se ter um filho perfeito e idealizado, lugar que a criança ocupa no desejo dos pais.

Para se chegar a este momento de luta caracterizado pelo diagnóstico da intervenção terapêutica, a família nuclear (mãe, pai e outros que se habilitem a envolver no processo) vai experimentar fases de negação e de revolta diante da problemática e de seu diagnóstico. As famílias chegam a procurar vários pareceres para confirmar a hipótese diagnóstica e acabam se perdendo no processo. E nessa busca incessante de explicações, eles também podem perder momentos preciosos da intervenção terapêutica.

Responder às indagações e suportar a dor deverá ter um lugar especial no diagnóstico multiprofissional. O diagnóstico deverá prever ações que possam auxiliar as famílias a suportar a ilusão do filho que sonhara. Acolher e redirecionar as queixas faz parte do tratamento e/ou intervenção médica e psicopedagógica.

Após o luto vivido pelos pais, começa o período de aceitação e de busca pela melhor e mais assertiva intervenção, apostando-se na resolução desta dolorosa problemática. Dá-se a continuidade, institucionalmente, na busca dos instrumentos e processos que poderão nortear o diagnóstico e a intervenção.

Mas de que instrumentos e processos estão falando? A problematização é extensa, mas vamos aqui buscar aporte em Poker (2013) quando a autora fala de inclusão educacional e plano de desenvolvimento especializado. Procurar-se-á entender o diagnóstico multiprofissional a partir do *lócus* familiar e educativo. Quando devidamente orientada e com profissionais envolvidos, a escola poderá ser um espaço clínico de escuta de seus sujeitos, articulando-se com outros setores numa abordagem sistêmica de saúde, ensino e aprendizagem, aglutinando profissionais diversos para que numa ação conjunta possam estabelecer diretrizes satisfatórias de atendimento médico, social e educacional.

Vale salientar que não se busca roteiros ou receituários de atendimento com função de estimular ou monitorar o processo de intervenção. É muito mais do que isto. Pode-se apontar para o investimento no desempenho profissional e organizacional com protocolos que impactem o crescimento qualitativo do sujeito enquanto ser biopsicossocial, desenvolvendo metodologias e processos de qualidade. É para este lugar e com este fim que se convida pedagogos, educadores, assistentes sociais, psicólogos, fonoaudiólogos, enfermeiros e médicos entre tantos outros profissionais da saúde que caracterização a equipe multiprofissional responsável pelo levantamento de hipóteses diagnósticas e condução de um tratamento eficaz que possa garantir a presença e a participação do aluno na escola e na sociedade.

2.1 Avaliação e diagnóstico multiprofissional

Conforme referido acima, a equipe multiprofissional é formada por profissionais de diferentes áreas com o intuito particular de atender ao sujeito de forma humana, única e voltada para as suas necessidades. Existem as equipes interdisciplinares – com representantes de diferentes áreas do saber (saberes afins) e existem equipes transdisciplinares. Estas últimas se apoiam em diferentes vertentes do saber, constituindo um novo saber.

No diagnóstico multiprofissional adota-se uma abordagem transdisciplinar tomando a interdisciplinaridade e a integralidade como princípios, possibilitando a contribuição de cada profissional na formação de um plano amplo de atendimento individual. Para Ramos (2009), a formação de uma equipe multiprofissional se apoia no princípio da integralidade e, desta forma, recoloca o sentido do trabalho em saúde na constituição da humanidade das pessoas frente às suas necessidades de saúde. A autora faz referência à condição da integralidade como princípio de trabalho das equipes multiprofissionais. Esta condição é fruto do esforço e confluência de vários saberes do espaço concreto e singular do serviço de saúde, com o trabalho organizado de forma aberta, contemplando atividades e rotinas não previstas ou prescritas em protocolos.

Este pressuposto da saúde pode ser transposto para a educação. A abertura para conhecer outras necessidades e outras possibilidades implica conhecer a totalidade do processo do trabalho. Diferentes profissionais, diferentes áreas do conhecimento, diferentes responsabilidades: os objetivos singulares se convergem para objetivos comuns numa atitude coletiva e colaborativa. Uma equipe multiprofissional precisa compreender o sujeito em sua totalidade, considerando os aspectos biológicos, psicológicos e socioculturais. Os tratamentos contemplarão a dimensão individual, porém, com valorização das interações entre o sujeito e a equipe que o atende.

> O modelo biopsicossocial compreende em reconhecer o indivíduo e sua demanda de saúde ou doença como um ser humano não somente biológico, mas, também psicológico e social. O ser humano carrega dentro de si demandas emocionais e sociais que podem ser determinantes de sua condição de saúde. A integralidade do cuidado não permite que as ações e o acompanhamento em relação ao sujeito seja fragmentada e sim que visa o diálogo entre as redes verticais de cuidado, que as informações não se limitem a cada esfera do cuidado, mas que as mesmas acompanhem o sujeito de forma integral (Mendes, 2011, p. 82).

Pinheiro (2005) aponta um desafio enfrentado pelas equipes multiprofissionais: os limites da divisão do trabalho e da hierarquização dos conhecimentos. No entanto, uma equipe de trabalho se respalda no respeito a todos os saberes e não leva em consideração as hierarquias e sim as prioridades dos clientes sob sua condução.

No desafio do trabalho há de se perguntar sobre o que avaliar e onde intervir. Numa perspectiva transdisciplinar se lança olhares abrangentes para o indivíduo nos aspectos cognitivos, sensoriais, motores, emocionais, comportamentais e sociais, entre outros, procurando perscrutar seus pontos fortes e aqueles que requerem investimento.

Saúde e educação caminham juntas para que se estabeleça uma avaliação pedagógica diferencial visando a construção de um plano de atendimento individualizado que considere as suas dificuldades e valorize as suas capacidades e potencialidades. A eficácia de um diagnóstico multiprofissional vai depender da atuação de cada um dos envolvidos no processo. Cada profissional deverá despertar e desenvolver competências propondo conteúdos compatíveis com as experiências vividas pelos alunos, para que atribuam significado aos conteúdos, com participação ativa nesse processo (Poker, 2013). Freire (1999), ao nosso ver, oferece sustentação à referida autora quando nos diz que: já que os homens não vivem fora do mundo ou fora da realidade, o movimento deve começar sempre na relação homem-mundo. É a partir desta relação que se pode começar a atuar. Isto implica numa abordagem globalizante de avaliação e intervenção, quer na saúde quer na educação. Os objetivos, os conteúdos, a metodologia utilizada, os procedimentos de ensino e mesmo os instrumentos de avaliação precisam estar associados aos interesses e às necessidades educacionais do sujeito.

2.2 O que implementar?

Entende-se que já nas entrevistas preliminares, qualificada a demanda, vai acontecendo o processo de intervenção. O coletivo multiprofissional vai intervir na ação com o olhar para o diagnóstico e as surpresas que ele pode revelar. É comum a devolução de pais, preceptores e até mesmo dos próprios sujeitos, ainda nas primeiras sessões ou atendimentos o fato de já se sentirem "bem melhores" (grifo nosso). Atribui-se isso ao acolhimento que tiveram e/ou à mobilização e perspectivas para encararem ou se libertarem dos seus sintomas.

Digamos que, a partir da intervenção diagnóstica, coletados dados e informações acerca do indivíduo e sua demanda, a equipe multiprofissional irá desenvolver um plano de desenvolvimento para se trabalhar com o indivíduo objetivando atender suas necessidades. Em ambientes escolares, ou ainda nas salas de apoio à inclusão ou salas de atendimento especializado a proposta estabelecida para o tratamento será chamada de "Plano de Desenvolvimento Individual" ou "Plano de Avaliação e Intervenção Pedagógica" dependendo de sua natureza. Reafirma-se que, para além de protocolos ou siglas, os sistemas envolvidos e as escolas deverão estar organizados para acolher a diversidade de sua clientela, contemplando-a com planos de desenvolvimento no viés de um trabalho coletivo e colaborativo.

Nesta perspectiva, a equipe multiprofissional irá se alinhar inicialmente para definição dos objetivos. Um trabalho coletivo e colaborativo requer a criação de um espaço de questões e dúvidas, estabelecendo as competências e otimização do processo, alinhando as proposições. A composição e formação de equipes de trabalho precisam estar de acordo com as necessidades do cliente, considerando a sua queixa ou necessidade. Quais profissionais são convocados a participar? Qual a sua colaboração? Qual a melhor forma de direcionar este profissional colaborador a alcançar seu objetivo? Há de se investir em estudos de caso e sessões de trabalho (as universidades corporativas médicas e hospitalares representam um bom exemplo disto, ou ainda, "rodas de conversas" estabelecidas em unidades do Sistema Único de Saúde, em escolas, ou nos conselhos de classe e avaliação). Proposições gerais são estabelecidas no coletivo sem engessar ações pontuais no tête-à-tête da intervenção.

A priorização das competências é importante. Existem investimentos a curto, médio ou longo prazo; contudo, tempo e foco devem estar sempre em pauta na trilha da definição diagnóstica multiprofissional. O desafio é reconhecer que se está lidando com sujeitos na sua dimensão biopsicossocial, que apresentam respostas singulares às provocações. É importante ter o cuidado de não gerar sobrecarga, elemento que pode causar insatisfação. Tanto o paciente quanto o interventor têm limites que devem ser considerados no processo e tempo de intervenção. É importante planejar as abordagens e estratégias usadas com antecedência. Precisa-se saber mais sobre o assunto? Qual a necessidade que emerge durante o processo de intervenção?

Tangencia este movimento de questionamentos uma ação integradora do diagnóstico e intervenção; o diagnóstico não é da ordem do fixo; ele está sob contínua avaliação. A equipe multiprofissional precisa monitorar as ações. O acompanhamento deve ser constante e com registro sistemático das ações. Ele está cumprindo as metas estabelecidas? Sua performance em determinada função melhorou? Há de se observar sempre o interveniente cuidador nos aspectos cautelares, no zelo, na responsabilidade, no que se previu, naquilo que foi feito, na correspondência de propósitos etc.

Ao estabelecer e propor um plano de intervenção ou de desenvolvimento, há de se pensar o que se está lidando sob a ética do cuidado e, como diz Boff (1999, p. 33), "o cuidar é mais que um ato; é uma atitude. Portanto, abrange mais que um momento de atenção, de zelo e de desvelo". Para além dos aspectos fenomenológicos que o cliente possa manifestar, o cuidado "representa uma atitude de ocupação, preocupação, de responsabilização e de envolvimento afetivo com o outro" por parte da equipe multiprofissional durante a gestão da proposta diagnóstica e interventiva.

3. Considerações finais

Ao se preocupar com a eficácia do diagnóstico multiprofissional, preocupa-se também com o cliente e sua demanda, além do consequente respeito à diversidade e à diferença. Uma equipe multiprofissional é comprometida e aliada à necessidade do outro. Esta é uma dimensão política do trato com pacientes ou alunos que requerem a atenção dentro de uma pauta de saúde ou educação que acolha e inclua as diferenças.

Diagnóstico e intervenção multiprofissional apontam para uma visão globalizante de saúde e educação. É preciso que haja integralidade na atenção e no cuidado (Mattos, 2001). O diagnóstico e intervenção requerem fundamentação e sugere conceitos *winnicottianos* como o *holding,* que pode orientar ou desenvolver uma capacidade particular de identificar as necessidades do demandante, possibilitando a sua passagem do estado de não integração para a integração (Winnicott, 1975). Ao se alicerçar neste conceito, a equipe multiprofissional contribui de forma importante para a formação de uma personalidade saudável, possibilitando ao paciente ou aluno o resgate de sua construção histórica, atropelada por alguma situação que o diagnóstico poderá revelar.

É por isso que se relaciona a escuta e a interlocução com o processo diagnóstico. Neste contexto, a escuta sempre se referirá ao trabalho em equipe, solidário e de parceria, oferecendo ganhos em termos de qualidade, pondo à prova as relações com as diversidades históricas, pessoais e culturais. Escuta e interlocução permitem compreender e aceitar o outro na sua plenitude, favorecendo a construção de planos de atendimento individual e coletivo no trato das adversidades da saúde e educação.

As habilidades sociais, emocionais e cognitivas serão desenvolvidas e adquiridas quando os processos diagnósticos forem assertivos e as equipes multiprofissionais desenvolverem metodologias adaptadas às demandas daqueles que aprendem. Espera-se, assim, a eficácia do atendimento com resultados surpreendentes.

Uma equipe multiprofissional agrega credibilidade e fecha diagnósticos com a assertividade necessária. Preceitos como o da Integralidade e Interdisciplinaridade devem nortear a formação da equipe que atuará com o cliente, corroborando para que a inclusão ocorra e que os aspectos biopsicossociais sejam levados em consideração no diagnóstico e tratamento. Um bom diagnóstico contribui para ao planejamento e sucesso da intervenção clínica, além de promover o desenvolvimento de habilidades ou potencialidades, tornando possível a inclusão de todos no processo familiar, escolar e social. Este é um exercício de participação, de inclusão e de cidadania. Cabe a cada integrante da equipe multiprofissional, individual e coletivamente, criar condições para que os pacientes/alunos superem o mal estar vivenciado em sua realidade, criando condições orgânicas, materiais e/ou intelectuais, de forma que seus clientes se posicionem saudavelmente diante de seus transtornos provocados por deficiências de ordem sensorial, intelectual, motora, comportamental ou física.

Apoiados em Freire (1996), pode-se acenar para uma ação problematizadora da equipe multidisciplinar, contribuindo com diagnósticos sólidos e ações transformadoras, levando os sujeitos a superarem ou se organizarem diante das dificuldades.

Referências bibliográficas

Boff, L. (1999). *Saber cuidar: ética do humano: compaixão pela terra.* Petrópolis: Vozes.

Freire, P. (1999). *Educação como prática da liberdade* (23. ed.). Rio de Janeiro: Paz e Terra.

Freire, P. (1996). *Pedagogia da autonomia: Saberes necessários à prática educativa* (25. ed.). São Paulo: Paz e Terra.

Mattos, R. A. (2004). A Integralidade na prática (ou sobre a prática da integralidade). *Cad Saúde Pública, 20* (5), 1411-1416.

Mattos, R. A. (2001). Os sentidos da integralidade: algumas reflexões acerca de valores que merecem ser defendidos. In R. Pinheiro, & R. A. Mattos (Orgs.). *Os sentidos da integralidade na atenção e no cuidado à saúde.* Rio de Janeiro: IMS-UERJ/Abrasco.

Mendes, E. V. (2011). *As redes de atenção à saúde.* Organização Pan-Americana de saúde. Brasília.

Pinheiro, R.; Guizardi, F. L.; Machado, F. R.; Gomes, R. S. (2005). Demanda em saúde e direito à saúde: liberdade ou necessidade? Algumas considerações sobre os nexos constituintes das práticas de integralidade. In: R. Pinheiro, & R. A. Mattos. *Construção social da demanda: direito à saúde, trabalho em equipe & participação e espaços públicos.* Rio de Janeiro: IMS-UERJ/Abrasco.

Ramos, M. (2009). Educação pelo trabalho: possibilidades, limites e perspectivas da formação profissional. *Saude soc., 18* (Supl. 2), 55-59. doi: http://dx.doi.org/10.1590/S0104-12902009000600008. (consultado em 30.04.2021).

Weiss, M. L. L. (2007). *Psicopedagogia Clínica: uma visão diagnóstica dos problemas de aprendizagem escolar.* (12. ed). Rio de Janeiro: Lamparina.

Winnicott, D. W. (1975). *O brincar e a realidade.* Rio de janeiro: Imago Editora.

CAPÍTULO 5

Desenvolvimento social e emocional da criança na educação infantil: abordagem preventiva e de intervenção inclusiva

Luiza Elena L. Ribeiro do Valle

1. Introdução

A expansão da educação infantil no Brasil em conjunto com os avanços científicos dos últimos tempos impõe uma reestruturação em conceitos fundamentais para que a função transformadora da educação não se limite a fantasias ideológicas, absolutamente distantes da realidade experimentada pelas crianças de creche. A pesquisa de dados para aperfeiçoar a compreensão psicológica da criança na Educação Infantil tem como objetivo a criação de programas de intervenção na formação de crianças. (Guzzo & Valle, 2004). A visão ecológica com base na Psicologia Positiva pode contribuir na prevenção de problemas evolutivos frequentes.

A primeira infância é o período mais importante para o desenvolvimento linguístico de uma criança e, conforme o MEC (2019), é a etapa ideal para promover a aquisição de habilidades, conhecimentos e atitudes que facilitarão a aprendizagem, como a aquisição da leitura e escrita, que se constitui no desafio inicial para a etapa de educação escolar vigente. Mas é preciso destacar o fato de que a aprendizagem, como se conhece hoje, não se limita às habilidades mecânicas ou motoras, mas sim às diversas competências que incluem os aspectos psicossociais. As pesquisas em neurociências nos permitem compreender os mecanismos cognitivos e neurobiológicos que entram em ação na aprendizagem (Brasil, 2019). A questão da educação infantil constitui uma preocupação justificada pela importância decisiva desta etapa, em que se originam e se consolidam algumas características psicossociais que, devidamente orientadas, podem permitir que as crianças se desenvolvam de modo adequado em direção à maturidade. Muitos dos problemas de ordem social e psicológica, de pessoas de qualquer idade, apresentam como pano de fundo o desenvolvimento socioemocional na infância sob condições de risco (Assis & Silva, 2019)

A questão do desenvolvimento exige a compreensão das relações socioemocionais no momento em que se desdobram no período de educação infantil para abrir uma perspectiva arrojada de prevenção de problemas no desenvolvimento, possibilitando ações antecipadas em benefício da saúde psicológica de novas gerações. Para essa compreensão ecológica, precisamos enfocar a criança como parte integrante de sistemas que a influenciem, nos quais a família ocupa um papel fundamental na formação infantil, portanto, a creche não deve funcionar como um setor isolado, mas sim em conjunto com a escola e comunidade.

A saúde mental é a questão que antecede as discussões teóricas desse período de desenvolvimento neuropsicológico de extrema importância e deve abranger a preocupação com a inclusão de todas as crianças, ao mesmo tempo aumentando a resiliência e criando laços de valores antagônicos à violência. Os Determinantes Sociais da Saúde (DDS) são assuntos de extrema importância, principalmente quando falamos de Saúde Coletiva, quando pensamos em famílias e nas comunidades que encontram nas creches o amparo para o desenvolvimento social e emocional das crianças. São os fatores sociais, econômicos, culturais, étnico-raciais, psicológicos e comportamentais que influenciam na saúde e seus fatores de risco na população. Segundo Souza (2019), os fatores e mecanismos por meio dos quais as condições sociais afetam a saúde e que potencialmente podem ser alterados através de ações baseadas em informação.

O presente capítulo enfoca o desenvolvimento socioemocional da criança de três a seis anos de idade, numa abordagem ecológica, voltada para a prevenção e saúde psicológica. Apresenta-se o levantamento de indicadores socioemocionais que podem auxiliar na compreensão psicológica da criança na Educação Infantil. Inicialmente, discute-se a necessidade desse tema numa abordagem positiva, atualmente, como estratégia preventiva de intervenção na área educacional, que envolve o ambiente ecológico da criança na busca por sua saúde biopsicossocial.

Fonseca (1996) comenta a necessidade de pesquisas empiricamente embasadas, que permitam a criação de programas adequados e competentes, fundamentados no conhecimento da população pré-escolar, visando a intervenção. Vamos, então, encarar a dimensão socioemocional do desenvolvimento infantil ecológico, posicionando a criança nas condições sistêmicas em que vive.

2. Abordagem do desenvolvimento ecológico na educação infantil

A abordagem ecológica trouxe novas formas de encarar as vivências infantis, tal como a necessidade de compreender como as crianças são afetadas pelos demais sistemas que interferem em seu desenvolvimento, e a creche, sem dúvida, surge entre os mais importantes, não apenas pela idade tenra que atende, básica na formação pessoal, como pelo tempo que preenche em seu dia a dia.

Para o modelo biopsicossocial, a saúde individual depende, em parte, de sistemas internos, mas também é afetada por sistemas externos, da comunidade (Bernard & Krupat, 1994). O ciclo vital exige uma atuação diferenciada nas fases mais vulneráveis do processo de desenvolvimento. A pré-escola dirige-se a crianças em fase de formação biopsicossocial, período de risco, e a definição de indicadores de desenvolvimento social e emocional pode responder à necessidade de prevenir distúrbios e organizar estratégias que possam promover a saúde mental e atender às prioridades determinadas como direitos da criança, que destacam a creche e a pré-escola nesse papel.

É através do professor que a criança se defronta com o sistema educacional e os resultados dessa experiência irão influenciar na sua formação. Os professores precisam de apoio real para as dificuldades que surgem na relação diária com crianças pré-escolares e suas famílias. "Vivemos nestes começos do novo século uma crise educacional extremamente preocupante no Brasil, que não se resolve com discurseira oca, paliativos e medidas tímidas de curto fôlego", conforme afirma Pfromm Neto (2011, p. 81). Em meio a uma revolução tecnológica, muitos questionamentos são direcionados à educação, cercando os professores em polêmicas que dificultam o cumprimento de seu papel na relação da criança com a escola.

A melhor compreensão da criança pelo professor beneficia a interação entre eles, podendo assim desenvolver, a tempo, estratégias que auxiliarão na aquisição de conceitos, quando ainda não se apresentem suficientemente compreendidos, respeitando o que é trazido de casa pela criança e valorizando suas experiências familiares.

A família e a escola são sistemas sociais importantes para a promoção do desenvolvimento do caráter e das competências humanas (Bronfenbrenner, 1998). A criança pode se tornar um sujeito saudável e socialmente comprometido se forem atendidas suas necessidades emocionais, físicas, intelectuais e sociais em interações afetivamente significativas com o ambiente. A pré-escola é um espaço de desenvolvimento planejado para permitir o aproveitamento do potencial das crianças e suprir possíveis falhas da educação recebida em casa, colaborando com a família e a sociedade. O desenvolvimento neuropsicológico na etapa da Educação Infantil é ágil, com uma multiplicação de conexões neurais rápidas que promovem um desempenho cognitivo surpreendente, conforme a criança recebe os estímulos adequados e os assimila em seu repertório (Valle, 2019).

É importante proporcionar aos professores maior compreensão do desenvolvimento social e emocional da criança para que a educação escolar não venha acompanhada de uma forte desqualificação dos saberes e linguagens da criança, supondo conceitos que não se identificam com os valores do seu grupo sociocultural. Para isso, é preciso acatar o desafio de trazer o mundo da criança para dentro da escola. Freire (1987) descreve as "crianças de rua" como fortes e astutas porque desenvolvem habilidades especiais que lhes permitam sobreviver, apesar de estarem desamparadas da proteção familiar e da comunidade, vulneráveis à exploração de terceiros e a perigos físicos e morais. Não seria interessante que essas habilidades fossem integradas nas estratégias de aprendizagem promovidas pelo professor para seus alunos?

A opção por uma escala de desenvolvimento socioemocional como base das investigações (Bridges, 1931) resultou de pesquisa junto aos projetos de prevenção psicossociais desenvolvidos pelo LAMP (Laboratório de Avaliação e Medida Psicológicas), que contribuiu com parte da tradução da escala original, realizada no Canadá, durante três anos (mais de 300 itens). Acrescente-se o fato de que, a partir de avaliações realizadas num Centro Municipal de Aprendizagem (CEMADA – Poços de Caldas) verificou-se que 85% das necessidades de tratamento encaminhadas por problemas escolares derivavam de dificuldades socioemocionais, que em casa são mais facilmente toleradas e mantidas por mecanismos de adaptação que o ambiente familiar desenvolve, enquanto, na escola, destacam a criança do grupo (Valle, 2000). A aprendizagem não se limita à aquisição de conceitos cognitivos, mas inclui um envolvimento socioemocional, inseparável da aventura de aprender.

Bronfrenbrenner (1989) afirma que cada criança cresce num ambiente social complexo (uma ecologia social), com um elenco de personagens (irmãos, pais, avós, babás, professores, amigos) que também se inserem num sistema social mais amplo da comunidade (emprego, vizinhança) que obedecem a sistemas sociais mais distantes (por exemplo, uma decisão governamental pode interferir no padrão de vida pessoal).

O modelo ecológico do desenvolvimento humano privilegia a compreensão do ser humano de forma ampla e sistêmica. A criança passa a ser entendida como uma pessoa em um sistema ecológico. O desenvolvimento da criança é o resultado de todas as qualidades que ela traz para o sistema, mais os efeitos interativos de todas essas camadas, mais os efeitos desses microssistemas, como a creche, os vizinhos, que podem afetar diretamente a criança. Assim, uma queixa específica como uma "dificuldade de aprendizagem" de uma criança, observada na situação de classe pela sua professora, não pode ser reduzida a uma afirmação isolada. Se a criança está inserida num sistema de ambientes e é influenciada por eles, ela pode não estar apresentando um bom rendimento por diversos motivos, muitas vezes nem relacionados a uma dificuldade pessoal.

A socialização é "o processo pelo qual a criança adquire comportamento, atitudes, valores etc., considerados adequados pela cultura em que vive" (Rappaport, 1982, p. 88). A partir da satisfação das necessidades de comunicação social, segurança e afeto que se expressam nos relacionamentos da criança com o adulto, podem começar a se desdobrar padrões sadios de resposta emocional, sentimentos positivos e expectativas felizes, que serão fatores decisivos para um desenvolvimento emocional sadio da personalidade. Por isso, os primeiros anos de vida da criança são cruciais na formação de sentimentos a respeito do mundo que a cerca, das pessoas de diferentes faixas etárias, dos animais, das plantas, num processo que educa a sensibilidade da criança, e, portanto, sua capacidade geral de amar, assim como a formação de bons hábitos de saúde e os valores morais.

A educação moral e a afetiva não podem separar-se ao longo da educação da personalidade. A criança se apropria dos valores morais que acompanham vivências positivas, que a interessam e envolvem, compondo seu "comportamento moral que Freud metaforicamente denominou de superego" (Rey, 1993). O modelo interacional ou ecológico tem como vantagem principal, em termos simples da prática escolar, a redenção da criança, absolvida de culpa da própria frustração por suas dificuldades, passando aos estudiosos do comportamento (psicólogos, coordenadores, professores, pais, políticos) a responsabilidade de assumi-la como alvo de esforços e estímulos, não mais de rotulações, cobranças e recriminações.

2.1 Abordagem da Saúde Positiva e a importância da prevenção e inclusão

A saúde é um processo complexo, qualitativo, que define o funcionamento completo do organismo, integrando de forma sistêmica, o somático e o psicológico, formando uma unidade. Além disso, o indivíduo é influenciado pelas interações pessoais e transações com o meio, por isso, para compreender o desenvolvimento emocional, é preciso ter em mente uma perspectiva biopsicossocial, de aspectos que interagem e se complementam no sujeito em formação. Não só o indivíduo é modelado pelo ambiente, como também o modela, e isso acontece para cada um de forma diferenciada.). Partindo dessa constatação a abordagem ecológica do desenvolvimento humano aborda, em seu trabalho, os conceitos de resiliência, vulnerabilidade, risco e proteção.

Resiliência, que deriva do verbo latino *resilio* e significa recuar, é definida, por Rutter (1987) como a capacidade de buscar alternativas eficazes que auxiliarão a enfrentar de forma satisfatória os eventos negativos da vida. A ausência desta capacidade ou a ação ineficaz dos recursos pessoais na superação de eventos negativos da vida é compreendida como vulnerabilidade, provocando comportamentos desadaptados ou, em casos extremos, sintomas psicopatológicos (Garmezy, 1993).

Ambos os conceitos se relacionam a fatores de risco e de proteção a que uma pessoa está exposta. Risco designa os eventos que podem levar a resultados ineficazes, enfraquecendo a pessoa diante dos fatores de estresse. Os fatores de proteção constituem aqueles que inibem o prejuízo do risco, pela diminuição de sua intensidade, como acontece com a criança que recebe um cuidado estável na família, reforçada com modelos saudáveis com os quais a criança pode se identificar, além das características pessoais no relacionamento e na competência pessoal que ela apresente.

A resiliência precisa ser analisada na pré-escola porque, nesse momento, as conquistas cognitivas se combinam com novas e importantes habilidades motoras, de forma que a criança vai alcançando uma independência significativamente maior, que favorece, ainda mais, o desenvolvimento geral. A dimensão de vulnerabilidade/resiliência pode ser considerada levando em conta as diferenças individuais, e as necessidades de cada um para seu ajustamento ao ambiente. A vulnerabilidade pode aumentar ou diminuir dependendo dessa adequação, em uma série de pontos do desenvolvimento: qualidade e tempo de apoio que a criança recebe do ambiente. Esse é o caminho para a atuação do psicólogo escolar, que precisa investigar os aspectos de resiliência da criança e as características ambientais para um procedimento bem sedimentado.

Estar na escola é um fator crucial de proteção. "Mas qual é a Educação que, efetivamente, protege meninas e meninos contra a violência?", questiona uma revisão sobre a questão da violência no mundo e no Brasil, apontando a importância da pré-escola no papel preventivo (Bauer et al., 2019). O estudo conclui que é preciso que a escola seja um espaço seguro e esteja pronta para acolher e valorizar as diferenças, garantindo trajetórias de sucesso escolar a cada menina e menino, visando remover e prevenir o estigma que nos impede de ter igualdade na sala de aula e no mundo:

> A igualdade é a base da promoção da diversidade e tolerância nas escolas. A igualdade deve ser ensinada e demonstrada em casa e reforçada nas escolas. Temos que reconhecer que somos todos iguais. Nossas diferenças culturais, de gênero, de identidades, de deficiências, de orientação sexual, de nacionalidades, de raças, de etnias, de status migratórios e de religião são o que nos fazem únicos e devem ser celebradas ao invés de nos dividirem. (UNICEF, 2019)

A Base Nacional Comum Curricular (BNCC), de 2017, que serve como referência para a construção dos currículos de todas as escolas do

País, prevê as competências gerais que devem nortear os trabalhos em todos os anos e componentes curriculares da Educação Infantil, Ensino Fundamental e Ensino Médio. Dentre essas competências, deve-se ressaltar a necessidade de "exercitar a empatia, o diálogo, a resolução de conflitos e a cooperação, fazendo-se respeitar e promovendo o respeito ao outro e aos direitos humanos, com acolhimento e valorização da diversidade de indivíduos e de grupos sociais, seus saberes, identidades, culturas e potencialidades, sem preconceitos de qualquer natureza".

Os conflitos que surgem na escola têm potencial para gerar diferentes atos de violência, como bullying, brigas entre pares e entre estudantes e corpo funcional, manifestações de racismo e sexismo, preconceitos etc. No mundo, a estimativa do IPEA (2019) é de que, se as tendências atuais permanecerem, quase dois milhões de crianças e adolescentes serão mortos por um ato de violência até 2030. O Brasil é o país com maior número de casos de homicídios de adolescentes em todo o mundo, em números absolutos. Só em 2017, foram 32 mortes por dia.

Um mundo livre do medo e da violência, onde ninguém é abandonado, é a visão ambiciosa e inspiradora da Agenda 2030 para o Desenvolvimento Sustentável (Nações Unidas, 2015). Para acabar com a violência e trazer mudanças positivas para a vida das crianças é preciso começar a agir na primeira infância (Santos Pais, 2018). Existem evidências convincentes de que o trauma resultante da negligência e do abuso tem impactos negativos no desenvolvimento, incluindo, para as crianças mais novas, efeitos mensuráveis nos processos de maturação do cérebro.

A mudança para um enfoque preventivo decorre de movimentos da Educação e da Psicologia, rompendo com uma visão reducionista, para lançar-se a objetivos amplos, em que a saúde mental passa a ter relevância, abarcando a responsabilidade pelo desenvolvimento integral dos educandos. A necessidade de mudar de paradigmas de atividades diretas (solução de problemas) e indiretas (aconselhamentos) relacionadas a tratamentos de reabilitação e para programas preventivos, focalizados em grupos onde os problemas estão apenas começando ou antes que ocorram, exige uma transformação nas expectativas dos psicólogos escolares para que não anseiem por resultados imediatos e possam fortalecer adequadamente os passos do programa, orientando as pessoas envolvidas no processo. O trabalho do psicólogo precisa estar centrado na importância de fortalecer (empowerment) as características pessoais da criança, oferecer alternativa de apoio na comunidade e de propiciar um sentimento de coesão ecológica no ambiente escolar com relações de confiança e vínculo (Antoni e Koller, 2001).

A ideia geral, atrás da promoção de saúde, é aumentar as habilidades, força ou adaptação de grupos determinados, isto é, focalizar os aspectos positivos de saúde ou ajustamento, conforme destaca Durlak (1998). Segundo ele, a prevenção primária é a intervenção na população normal, que se destina a prevenir a ocorrência de futuras dificuldades. A prevenção secundária é a intervenção na população com problemas iniciais para evitar o desenvolvimento de consequências mais sérias. A essência da prevenção secundária é a identificação precoce de problemas e a intervenção antes que estes se tornem severos. Nos estágios iniciais, as intervenções podem encurtar a duração e intensidade dos problemas, e quanto mais novas as crianças, maior flexibilidade psicológica permitindo prognósticos mais favoráveis.

Em síntese, a atuação preventiva ou a interferência visando o desenvolvimento na ótica da Saúde Psicológica Positiva pode dirigir-se à redução de problemas abordando os fatores de proteção, desenvolvendo a habilidade de resolver ou lidar com os problemas e fortalecendo a autoestima ou na influência junto aos grupos de apoio que poderão dar suporte ao indivíduo.

Cabe à Saúde Mental Positiva uma preocupação com o desenvolvimento da criança, especialmente, levando-se em conta que "a formação da personalidade não ocorre como um processo espontâneo, mas organizado e orientado através de ações e atitudes concretas e, também, pode ser projetado e avaliado" (Rey, 1993, p. 35). A competência nos indivíduos pode ser construída a partir dos grupos de apoio que lhe dão suporte, como a família, a escola ou comunidade, e, também, pela participação dele no grupo, atendendo às expectativas.

As estratégias de prevenção devem contemplar três grandes fatores: conscientização do problema, mobilização para a ação e utilização dos recursos da comunidade. Essas estratégias precisam ser coordenadas em conjunto com as pessoas envolvidas para que possa contemplar essas três disposições. Enquanto o enfoque da vulnerabilidade tende a direcionar os indivíduos para os prejuízos, para os problemas e as dificuldades, o foco da resiliência se fixa na promoção do sujeito, visto com mais capacidade de determinação no caminho em direção à saúde. Nesse sentido, a Escala de Desenvolvimento Socioemocional pretende constituir um instrumento útil e necessário à pré-escola.

2.2 Escala do Desenvolvimento Socioemocional

O desenvolvimento social envolve o relacionamento do indivíduo com o outro ou com grupos e consiste na aquisição de um número aceitável de relações sociais com outros, numa evolução mais ou menos adequada a determinadas situações sociais. O desenvolvimento emocional é mais difícil de descrever, porque se refere a fenômenos conscientes ou não, que não são necessariamente expressos no comportamento observado. Esse desenvolvimento consiste na mudança de abordagem das reações emocionais mais e mais complexas e aprovadas socialmente nas situações sociais. Assim, o desenvolvimento emocional consiste na diminuição de frequência e de intensidade das respostas emocionais, e na transferência progressiva dessas respostas aos estímulos determinados pela experiência e aprovação social, numa gradual mudança da natureza das respostas observadas de acordo com as regras sociais. Por exemplo, na medida em que a criança se desenvolve, ela *diminui* as respostas de susto, de choro, de dependência. Ao contrário, o desenvolvimento social, neste estudo, é um *aumento* na habilidade de ajustamento a situações sociais, especialmente na habilidade de agir ou comportar-se de modo desejável. Assim, conforme a criança amadurece socialmente ela aumenta o comportamento de cooperação, de comunicação, de organização à situação social.

Portanto, o desenvolvimento socioemocional significa uma substituição progressiva de situações produtoras de emoções de acordo com as regras ditadas pelas trocas de experiências e demandas sociais. Por exemplo, a criança pode esperar calmamente na fila até que chegue a sua vez de comprar o sorvete que deseja, mesmo vendo outra criança, à sua frente, já favorecida com tal doce. A habilidade social desejável é o critério chefe do desenvolvimento, embora os aspectos motores e de maturidade intelectual sejam fatores, em parte, determinantes desse amadurecimento.

As crianças vivenciam situações emocionais e sociais que as atingem e reagem com variadas respostas: algumas crianças rodeiam os adultos para receber atenção, outras preferem ficar sozinhas, enquanto outras parecem precisar estar sempre no meio da multidão; algumas crianças só falam com os adultos ou se dirigem a outra criança quando necessário e outras, se opõem à maioria de sugestões ou pedidos feitos por um adulto. Em termos de atividades sociais, as crianças, atualmente, vivenciam uma sobrecarga de exigências que não permitem perdas de tempo com atividades espontâneas. Nos relacionamentos familiares, em geral, limitados pelo ritmo moderno de afazeres, contrastam os longos períodos em que a criança substitui contatos pessoais por aparelhos como a televisão ou o computador ou com brinquedos prontos, quase sempre em ambientes fechados. Se existem muitos caminhos, também aumentaram as incertezas.

A escala aplicada é constituída de itens de comportamento que representam tipos de atitudes sociais, não sociais ou antissociais, que além de dependerem de idade, são reações individuais características de cada criança e do próprio observador. A proposta da escala, portanto, reside no estudo qualitativo e na análise do desenvolvimento social e emocional infantil, buscando trazer contribuições especiais ao atendimento educacional.

A creche tem um papel fundamental na qualificação desses processos, marcados pela intencionalidade e sistematicidade. Atuar numa intervenção positiva no desenvolvimento amplo das crianças pequenas, provocando o desenvolvimento da personalidade, requer conhecer as principais características em processo de formação na criança (Bissoli, 2015). Dessa forma, o professor atua, primordialmente, sobre a zona de desenvolvimento próximo da criança (Vygotsky, 2007), e assim seu trabalho impulsiona o desenvolvimento das capacidades intelectuais, afetivas, práticas e artísticas da personalidade infantil.

Foram sujeitos do presente estudo doze professores que avaliaram 227 crianças de três a cinco anos (124 meninas e 103 meninos) de creches da Prefeitura Municipal de Poços de Caldas. Os dados de identificação dos professores, das creches e características das crianças pesquisadas encontram-se no livro Desenvolvimento Infantil (Valle e Guzzo, 2004).

A Escala compõe-se, portanto, de 50 questões sobre o desenvolvimento social (20 questões: 10 para avaliar a relação criança-criança e 10 para criança-adulto) e emocional (30 questões: 5 para avaliar tensão e choro, 5 para avaliar ansiedade e medo, 10 para raiva e aborrecimento e 10 para satisfação e afeição) da criança.

É um roteiro de observação do comportamento da criança, que leva os professores a olharem para seus alunos com uma curiosidade diferente: sem comparações, sem queixas, sem castigos, apenas tentando conhecer, compreender e acompanhar seu desenvolvimento. Concorre, ainda para integrar o lar e a escola, sem buscar culpados, más soluções a partir dos próprios recursos da comunidade, a conhecendo e a valorizando. Os resultados e gráficos detalhados encontram-se no livro Desenvolvimento Infantil (Valle e Guzzo, 2004).

Apenas 25% das crianças obtiveram pontuações abaixo de 50, sendo que a média de resultados girou em torno de 70 pontos. Esses dados são muito importantes, uma vez que parecem indicar resiliência, portanto, sugerem a confiança no potencial infantil para a adaptação e a responsabilidade do ambiente, não em treiná-la (a criança) em suas deficiências, mas em atendê-la em suas necessidades.

A ciência confirma que o desenvolvimento do cérebro e a consciência ecológica começam na família e na escola. "Aproximar o ambiente escolar do desenvolvimento de competências socioemocionais cria espaço para um aprendizado mais completo e tem impacto no bem-estar ao longo de toda a vida" (Relvas e Valle, 2020)

Com relação ao gênero, não foram encontradas diferenças nas respostas, em geral, nessa fase, apenas verificou-se que as meninas alcançaram resultados mais altos nos aspectos que medem as relações de uma criança com outra criança e nas reações de raiva e aborrecimento, em que estão presentes as situações de frustração que resultam em respostas envolvendo controle de agressividade. Considerando que os resultados revelam características que envolvem fatores culturais, torna-se importante, não a generalização de resultados como regras, mas a aplicação do questionário como medida de compreensão e possibilidade de atitudes consistentes.

No que se refere à idade das crianças, pode-se observar um aumento na pontuação conforme a idade. No item sobre satisfação e afeição não foi encontrada uma diferença significativa nos resultados em relação às idades das crianças. Quando ignorada essa característica infantil em relação à satisfação e à afeição, como frequentemente acontece, percebe-se comportamentos regressivos nas crianças, que passam a atuar como as crianças menores, tornando-se mais chorões e retornando a estágios já superados (volta da mamadeira, enurese, linguagem infantilizada etc.).

O diálogo entre pais e professores e a percepção das necessidades da criança no ambiente escolar foi importante para ajudá-los a fortalecer as possibilidades de adaptação da criança, a partir do enriquecimento de seus aspectos positivos: seu apego, interesse e afetividade.

Todos os comportamentos observados são evolutivos, pertencem ao repertório da criança em crescimento, portanto, um resultado negativo não significa erro; significa que a criança que obteve um resultado positivo já superou, ao menos naquele período em que está sendo avaliada, um comportamento menos amadurecido. Assim, "chorar" diante de atividades de rotina, por exemplo, não é errado, mas "não chorar" nessa mesma situação, indica maior capacidade de adaptação da criança.

Na verificação das dimensões emocionais e sociais infantis abordadas pela Escala, a maioria das professoras percebeu a importância de observar os alunos, monitoradas por diretrizes minuciosas que levam a conhecer essas crianças que se encontram sob seus cuidados, atravessando a fronteira dos muros da creche e foi buscar a vivência da criança fora da escola.

Finalmente, verifica-se a importante constatação da confirmação das características de resiliência da criança em situação de risco, que ficaram evidentes em face ao pequeno número de sujeitos com inabilidades socioemocionais, apesar da presença geral de adversidades no ambiente em que vivem. Tal evidência estimula a necessidade de investigações em Saúde Positiva, aproveitando a facilidade de adaptação que é natural na criança, tanto quanto aponta ser indispensável a preocupação em inserir o ambiente ecológico que lhe serve de base.

Precisamos ter em mente que o arcabouço legal brasileiro sobre direitos de crianças e adolescentes é bastante abrangente. Contudo, ainda "persiste o desafio da sua implementação, materializada em programas, projetos e ações que atendam às necessidades de estados e municípios, de maneira que os territórios possam contar com uma oferta qualificada de serviços e de atuação da rede de proteção" (UNICEF, 2019). Integrar ações e programas com a educação não é fácil. É preciso reconhecer a necessidade de ações e de estratégias em conjunto para o seu sucesso e que efetivamente produzam resultados.

Referências bibliográficas

Antoni, C. D. & E Koller, S. H. (2001). *O psicólogo ecológico no contexto institucional. Psicologia e Ciência e Profissão, 21* (1), 14-28.

Assis, S., & Silva, F. *Prevenção da violência escolar: uma revisão da literatura.* Disponível: arca.fiocruz.br/bitstream/icict/26831/2/PrevençãoViolência-Escolar.pdf, 2019.

Bauer, F. et al. (2019). *A Educação que protege contra violência.*

Bernard, L. C., & Krupat, E. H. (1994). *Biopsychosocial factors en health and illness.* Orlando: Harcourt Brace.

Bissoli, M. F. (2015). *Desenvolvimento da personalidade da criança: o papel da educação infantil.* U. Federal do Amazonas, Manaus, AM, Brasil.

Brasil, Ministério De Educação. Secretaria de Alfabetização. (2019). Política Nacional de Alfabetização. *Secretaria Nacional de Alfabetização.* Brasília: Mec/SEAF

Bridges, K. M. B. (1931). *The Social and emotional development of the pre-school child.* London: Kegan, Trench, Trubner & Co.

Bronfenbrenner, U. (1998). A ecologia do desenvolvimento humano: Experimentos naturais e planejados. Porto Alegre: Artes Médicas. In W. Damon (Org.). *Handbook of child psychology* (Vol. 1, pp. 993-1027). New York, NY: John Wiley & Sons.

Durlak, J. (1998). *A successful prevention programs for children and adolescents.* New York: Plenum.

Fonseca, V. (1996). Assessment and treatment of learning disabilities in Portugal. *Journal of Learning Disabilities, 29* (2), 114-117.

Freire, P. (1987). *Paulo Freire e educadores de rua: uma abordagem crítica.* Projeto Alternativas de Atendimentos para Meninos de Rua. UNICEF. SAS. FUNABEM.

Garmezy, N. (1993). Vulnerability and resilience. In D. C. Funder, R. D. Parke, C. Tomlinson-Keasey, & K. Widaman (Eds.). *Studying lives through time: Personality and development* (pp. 377-398). Washington, DC: American Psychol. Association.

Guzzo, R. S. L. (1999). Novo paradigma para a formação e atuação do Psicólogo Escolar no cenário educacional brasileiro. In R. S. L. Guzzo (Org.). *Psicologia Escolar: LDB e educação hoje.* Campinas: Alínea.

IPEA. (2019). *Atlas da violência.* Rio de Janeiro.

MEC. (2017). *Base Nacional Comum Curricular* (BNCC). Disponível em: basenacionalcomum.mec.gov. br/abase. Acesso em: 21 de abr. 2020.

Pfromm Neto, S. (2011). Crianças que não aprendem, escolas que não ensinam: mais ciência, consciência, cooperação efetiva agora. In E.L.R. Valle, F. C. Capovilla. *Temas de Neuropsicologia e Aprendizagem* (3. ed.). Ribeirão Preto, SP: Editora Novo Conceito.

Rappaport, C. R. (1982). *A idade escolar e a adolescência* (Vol. 4). São Paulo: EPU.

Rey, F. G. (1993). *Personalidad, salud y modo de vida.* Mexico: Unan Iztacala.

Ribeiro do Valle, L. E. L. (2000). *Alfabetização: dificuldades observadas em crianças da rede municipal de Poços de Caldas em avaliação multidisciplinar.* Manuscrito IPF. PUC-Campinas, Campinas.

Ribeiro Do Valle, L. E. L.(1994). *Relações familiares e educação.* Trabalho apresentado no II Congresso da ABENEPI - Associação Brasileira de Neurologia e Psiquiatria da Infância e da Adolescência, Belo Horizonte.

Ribeiro Do Valle, L. E. L., & Ribeiro Do Valle, M. (1995). *Distúrbios neurológicos na aprendizagem infantil.* II Congresso Brasileiro de Neuropsicologia, UNICAMP, Campinas.

Rutter, M. (1987). Psychosocial resilience and protective mechanisms. *Journal of Orthpsychiatry, 57,* 316-331.

Santos Pais, M. (2018). *Early Childhood Matters.* New York: ONU, 2018.

Souza, N.(2019) *Coleção Manuais Práticos para Concursos: Epidemiologia* (Vol. 1). São Paulo: Sanar Saúde.

Unicef. (2019). *A Familiar Face: Violence in the lives of children and adolescents.*

Valle, L. E. L. R. (2019). *Cérebro e Aprendizagem: um jeito diferente de viver* (4. ed.). Rio de Janeiro, WAK Editora.

Valle, L. E. L. R. (2019). *Revolução das Letras: guia de Educação Infantil Integral.* Poços de Caldas: Estância Projetos Editoriais.

Valle, L. E. L. R., & Guzzo, R. S. L. (2004). *Desenvolvimento Infantil.* Ribeirão Preto: Tecmedd.

Valle, L. E. L. R., & Relvas, M. A. (2020). Contribuição da neurobiologia na aprendizagem ambiental e ecológica. In A.M. Soares, F. C. Capovilla, E. JR. Assumpção, & L. E. L. R. Valle. *Neurociência E Saúde Educacional: Vencendo Limites* (Vol. 1 – Inclusão e Saúde). Rio de Janeiro: WAK Editora.

Vygotsky, L. S. (2007, Abril). A brincadeira e o seu papel no desenvolvimento psíquico da criança. *Revista Virtual de Gestão de Iniciativas Sociais, (8)* (23-36).

Wyman, P. A. et al. (1999). Developmental and care giving factors differentiating parents of young stress-affected and stress-resilient urban children: A replication and extension (no prelo). *Child Development.*

CAPÍTULO 6

Avaliação e intervenção cognitivo-linguística de escolares em fase de alfabetização

Cláudia da Silva
Bianca Arruda Manchester de Queiroga
Simone Aparecida Capellini

1. Introdução

Os aspectos cognitivo-linguísticos relacionados à aprendizagem podem ser compreendidos como aqueles que associam habilidades linguísticas preditoras à alfabetização, como a fonologia, consciência silábica e fonêmica, a morfologia, o discurso e a pragmática, e habilidades de cunho cognitivo como o processamento auditivo, processamento visual, velocidade de processamento, a atenção, a memória e o planejamento e organização.

A atuação em conjunto dessas habilidades é o fator determinante para que escolares em processo inicial de alfabetização desenvolvam de forma plena seus aprendizados em leitura e escrita. No entanto, um déficit em uma ou várias dessas habilidades podem ocasionar dificuldades de aprendizagem, associadas a fatores intrínsecos (como o desenvolvimento neurobiológico), ou a fatores extrínsecos (como o meio no qual o indivíduo está inserido, proposta pedagógica, e fatores socioeconômicos culturais), podendo ser este último, também, um agravante aos fatores de origem neurobiológica.

O trabalho com as habilidades cognitivo-linguísticas pode ser iniciado precocemente, desde a pré-escola, com vista à promoção do desenvolvimento e da aprendizagem das crianças, bem como para a identificação precoce de alterações que podem comprometer a aprendizagem futura, podendo prevenir possíveis quadros de dificuldades de aprendizagem, assim como possibilitar a identificação precoce de escolares em risco para os transtornos de aprendizagem.

Com a proposta de abordar a atuação educacional e clínica, este capítulo propõe a apresentar possibilidades de avaliação e intervenção com as habilidades cognitivo-linguísticas, de escolares em período pré-escolar e Fundamental I, contemplando o processo de aquisição da leitura e da escrita.

2. Avaliação e intervenção cognitiva-linguística em escolares na transição da pré-escola para a alfabetização

De acordo com a Lei de Diretrizes e Bases da Educação Nacional - LDB (Brasil, 1996), a Educação Infantil – primeira etapa da Educação Básica, que engloba a creche (para crianças de 0 a 3 anos) e a pré-escola (para crianças de 4 e 5 anos) – tem a função de promover o "desenvolvimento integral da criança até 6 anos de idade, em seus aspectos físico, psicológico, intelectual e social, complementando a ação da família e da comunidade".

No Brasil, a Lei 12.796/2013 alterou a LDB e tornou obrigatória a matrícula das crianças na pré-escola aos 4 anos de idade (Brasil, 2013). Vale ressaltar que até então apenas o ingresso no ensino fundamental era obrigatório. Ao ingressar na pré-escola aos 4 anos, as crianças certamente possuem condições distintas para aprender, tanto relacionadas aos aspectos neurobiológicos do crescimento e desenvolvimento, quanto às experiências e oportunidades socioculturais. Sendo assim, a Educação Infantil deve garantir o desenvolvimento de habilidades necessárias para os anos seguintes da escolarização, preparando-a, principalmente, para o ciclo de alfabetização que inicia no 1º ano e se estende até o 3º ano do Ensino Fundamental.

Além disso, diferentemente do que o senso comum tem postulado, a Educação Infantil não deve ser apenas um espaço para brincadeiras sem uma finalidade pedagógica mais específica, ou baseadas em crenças, opiniões ou ideologias diversas. Em vez disso, a decisão sobre as melhores estratégias de ensino e conteúdos a serem ensinados devem ser fundamentados em pesquisas científicas (Sargiani & Maluf, 2018).

Os indicadores nacionais e internacionais de qualidade da educação colocam o Brasil numa posição crítica de desempenho e reforçam a importância de se repensar os investimentos e a base científica das propostas educacionais, sobretudo na educação infantil e séries iniciais do ensino fundamental. Contudo, não há indicadores seguros de qualidade da Educação Infantil. Como mencionado anteriormente, apenas recentemente as crianças brasileiras passaram a ter a garantia do acesso à pré-escola, aos 4 anos.

Documentos mais recentes como as Diretrizes Curriculares da Educação Infantil e a Base Nacional Comum Curricular (Brasil, 2009, 2017) trazem poucas especificações quando abordam as competências e habilidades que devem ser promovidas na educação infantil. Tal fato gera as interpretações mais distintas possíveis e reforçam a crença de que a educação infantil é espaço apenas para interações e brincadeiras e, o que se vê, na prática, é que muitas crianças chegam ao ensino fundamental sem nenhuma base para encarar os desafios da alfabetização.

Por outro lado, as pesquisas científicas na área da alfabetização, letramento, identificação precoce dos problemas de aprendizagem, dentre outros, têm se debruçado muito mais no ensino fundamental que na pré-escola. A recém lançada Política Nacional de Alfabetização (PNA) colocou a questão da base científica dos métodos de alfabetização como um aspecto central de discussão nas propostas educacionais vigentes (Brasil, 2019).

Sem a pretensão de ignorar a importância das interações sociais e da brincadeira para a construção simbólica e desenvolvimento das crianças na fase pré-escolar, serão apresentadas, a seguir, um conjunto de argumentos e evidências no sentido de que muitas habilidades cognitivo-linguísticas que possuem importante impacto para a aprendizagem da leitura e escrita podem ser estimuladas desde a pré-escola.

Queiroga e Capellini (2020) conduziram um estudo com a finalidade de avaliar a eficácia de um programa de intervenção em habilidades cognitivo-linguísticas para pré-escolares de 5 anos de idade, matriculados em escolas públicas brasileiras. O primeiro desafio reportado pelas autoras foi identificar um instrumento que as permitissem avaliar tais habilidades nessa população. Após buscar na literatura, sem encontrar um instrumento voltado ao rastreio dessas habilidades para esse público alvo, as autoras resolveram adaptar um protocolo destinado à avaliação de escolares nas duas primeiras séries do ensino fundamental. Por meio da realização de um estudo piloto, as autoras adaptaram o Protocolo de Identificação Precoce de Problemas de Leitura - IPPL (Capellini, Cerqueira, César, & Germano, 2018).

De acordo com Queiroga e Capellini (2020), em linhas gerais, a adaptação do instrumento envolveu ajustes nas instruções das provas, inclusões de novos itens de treinamento, uso de material concreto para apoio a algumas provas, exclusão ou modificações de provas que envolviam análises e manipulações fonêmicas, além da exclusão de uma prova de leitura de palavras e pseudopalavras, o que culminou em um instrumento contendo as seguintes provas: conhecimento do alfabeto (vogais e consoantes), habilidades metafonológicas (produção de rima, identificação de rima, segmentação silábica, produção de palavras a partir de sílabas iniciais, síntese silábica, identificação de sílaba inicial), memória operacional fonológica, nomeação automática rápida, leitura silenciosa de palavras (escolher entre três palavras a que representa uma figura) e compreensão auditiva de sentenças a partir de figuras.

O quadro a seguir apresenta uma síntese das adaptações realizadas no IPPL, a fim de avaliar as habilidades cognitivo-linguísticas em pré-escolares:

Quadro 1 – Apresentação das habilidades utilizadas no instrumento adaptado para a pré-escola

Habilidade	IPPL original	Versão adaptada
Reconhecimento e nomeação de letras	Conhecimento do alfabeto	Conhecimento de vogais e consoantes, apresentadas separadamente com auxílio de letras de borracha (material concreto)
Habilidades metafonológicas	Produção de rima	**
	Identificação de rima	**
	Segmentação silábica	Apresentadas da mesma forma, com o auxílio de fichas para facilitar a segmentação das sílabas (material concreto)
	Produção de palavras a partir do fonema dado	Produção de palavras a partir de sílabas iniciais
	Síntese fonêmica	Síntese silábica
	Análise fonêmica	Prova excluída na versão adaptada
	Identificação de fonema inicial	Identificação de sílaba inicial

Habilidade	IPPL original	Versão adaptada
Memória operacional fonológica	Memória operacional fonológica	**
Nomeação automática rápida	Nomeação automática rápida (objetos)	Acréscimo de prancha para treino antes da aplicação dos itens de teste e do registro do número de acertos, gerando duas medidas: tempo de realização da nomeação e acertos
Identificação de palavras	Leitura silenciosa (a criança escolhe entre duas palavras a que representa uma figura)	Modificações nas instruções e acréscimo de mais uma palavra, ficando três opções de respostas, para reduzir a possibilidade de acertos ao acaso
Leitura oral de palavras e pseudopalavras	Leitura de palavras e pseudopalavras	Prova excluída na versão adaptada
Compreensão auditiva de sentenças	Compreensão auditiva se sentenças a partir de figuras	**

Fonte: Elaborado pelas autoras

** Atividade apresentada no formato proposto pelo IPPL original, sem a necessidade de adaptações nas instruções ou itens.

Os resultados do estudo conduzido por Queiroga e Capellini (2020) mostraram, de modo geral, que, com exceção das provas de identificação e produção de rima, todas as demais foram realizadas sem muitas dificuldades pela maioria das crianças pré-escolares, ao passo que foram identificas as crianças com mais dificuldades. As autoras concluíram que é possível avaliar essas habilidades nessa faixa etária, mas que o instrumento deve passar por novos estudos de validação psicométrica antes de ter o seu uso recomendado no contexto educacional ou clínico.

Ainda no mesmo estudo, as crianças foram expostas a oito sessões de intervenção coletiva, aplicadas para todo o grupo-classe, sendo que em quatro sessões foram trabalhadas habilidades metafonológicas (com foco na identificação e produção de rima) e nas demais sessões foram trabalhadas outras habilidades cognitivo-linguísticas avaliadas. Após a intervenção todas as crianças foram reavaliadas com o mesmo instrumento adaptado.

Os resultados pós-intervenção revelaram que houve avanços significativos na maioria das habilidades avaliadas nas turmas que receberam intervenção. No que se refere às habilidades de identificação e produção de rima houve avanço significativo apenas na identificação. A este respeito as autoras argumentam que a identificação surge antes da produção de rimas, visto que se trata de uma "sensibilização" para o reconhecimento de sons (identificação) que, possivelmente irá se consolidar a partir de uma exposição mais sistemática a esse tipo de reflexão metafonológica, chegando até a produção que denotaria a reflexão citada de forma deliberada e consciente.

Tomados em conjunto, os resultados reforçam a importância do trabalho sistemático com essas habilidades na pré-escola, inclusive como medida para a identificação precoce dos problemas de aprendizagem, como as que são preconizadas no Modelo de Resposta à Intervenção – RTI (*Response to intervention*) (Flecher & Vaughn, 2009; Funchs & Vaughn, 2012). Contudo, novas pesquisas ainda precisam ser realizadas no campo da avaliação e intervenção das habilidades cognitivo-linguísticas a fim de testar o modelo RTI em pré-escolares.

Um outro aspecto importante a ser destacado é que o estudo realizado por Queiroga e Capellini (2020) não teve a pretensão de apresentar um programa de intervenção estruturado para a população pré-escolar. De modo diferente, o estudo utilizou materiais já publicados (Capellini, Cerqueira, César, & Santos, 2019; Galindo, Queiroga, & Zorzi, 2017), adaptando-os para o uso coletivo. Essa adaptação consistiu basicamente na elaboração de arquivos digitais para a aplicação coletiva em sala de aula, utilizando recursos de projeção visual.

Assim, diferentemente das intervenções que serão apresentadas mais adiante para os escolares do ensino fundamental (Capellini & Silva, 2011, 2019), a proposta de intervenção aqui apresentada para os pré-escolares, apesar de oferecer evidências práticas que permitem afirmar que é possível propor intervenções mais estruturadas para esta população, carece de novas investigações que ofereçam validade psicométrica. Trata-se, portanto, de uma área que precisa de maior atenção por parte dos pesquisadores e instituições de fomento à pesquisa no Brasil.

Um outro aspecto que merece ser destacado na pesquisa de Queiroga e Capellini (2020) é que o modelo de intervenção adotado utilizou uma proposta de formação em serviço para professores, que funcionou da seguinte forma: quatro turmas do Infantil V participaram do estudo, sendo duas turmas (A e B) do grupo caso, que recebeu a intervenção, e duas turmas (C e D) do grupo controle, que não recebeu a intervenção diretamente das pesquisadoras. As professoras das turmas do grupo caso participaram diretamente das intervenções, pois estavam em sala de aula junto com as pesquisadoras no momento de aplicação das atividades, como ocorre em uma formação em serviço. Contudo, a professora da turma A (caso) também lecionava na turma D (controle) em outro turno e revelou que aplicou as atividades também nessa turma, sem a presença das pesquisadoras. Os resultados mostraram que a turma D evoluiu tanto quanto as turmas A e B que receberam a intervenção diretamente das pesquisadoras, o que revela que o investimento na formação permanente dos professores, por meio de ações práticas, desenvolvidas por equipes multiprofissionais, pode ser uma grande estratégia para promover avanços na qualidade do ensino ofertado às crianças.

Finalizando, vale salientar que as investigações na área das habilidades cognitivo-linguísticas em pré-escolares não são recentes. Roazzi, Asfora, Queiroga, Dias (2010), em um estudo que revisa o conhecimento metalinguístico antes da escolarização formal, destacam que existem inúmeras evidências de pesquisas que reconhecem que a criança desde a fase pré-escolar procura, ativamente, compreender a natureza da linguagem que se fala em sua volta e que, na tentativa de compreendê-la, formula hipóteses, procura regularidades, submete suas previsões à verificação e constrói uma gramática própria, que não é uma simples cópia do modelo adulto, mas uma criação bem original. Assim, de acordo com os autores, quando a criança inicia o processo de alfabetização ela já possui um notável conhecimento da própria língua, possuindo um "saber linguístico decorrente do uso que faz dessa língua em todas as suas ações comunicativas do dia a dia" (p. 44).

Ao que parece, portanto, oferecer às crianças em fase pré-escolar atividades que as façam refletir sobre esse conhecimento linguístico que decorre do uso, pode ser um bom caminho para promover habilidades precursoras do processo de aprendizagem da leitura e escrita, facilitando e assegurando uma maior possibilidade de êxito nesse processo.

Assim, o que a presente reflexão traz de novo é apenas preocupação em transpor as barreiras da teoria para a prática e implementar ações de avaliação e intervenções educativas na pré-escola, alinhando-se ao PNA (Brasil, 2019), ao propor uma prática baseada em evidências desde a Educação Infantil.

2.1 *Avaliação cognitiva-linguística em escolares em fase de alfabetização*

A proposta de avaliação cognitivo-linguística em escolares em processo de alfabetização nada mais é do que o enfoque em levantar quais são as características e/ou habilidades que precisam ser trabalhadas, voltadas a superação da dificuldade, seja em âmbito educacional ou clínico. Para tanto, torna-se necessário identificar quais são os sinais que caracterizam essa população.

Podem ser citados como as principais características das alterações de aprendizagem as dificuldades no desenvolvimento da linguagem, o não reconhecimento de letras e sua relação letra/som quando ensinado, dificuldade na discriminação dos sons com traços sonoros próximos (/p/-/b/, /m/-/n/, entre outros), lentidão para a nomeação de estímulos (letras, imagens, cores, palavras), leitura lenta e imprecisa, dificuldade na percepção de sílabas tônicas e entonação na leitura de palavras e frases, necessidade de mais tempo para concluir as atividade, sendo que o conjunto desses itens levam ao desempenho abaixo do esperado em relação ao seu grupo/classe (Cohen, Rosen, & Vanniasegaram, 2010; Gualberto, Neves, & Silva, 2019; Holderbaun & Lima, 2017;).

Quando essa criança é identificada, com base nas características citadas, alguns instrumentos podem ser utilizados para auxiliar o profissional clínico ou educacional a identificar tais defasagens. Neste capítulo serão citados o Protocolo de Avaliação das Habilidades Cognitivo-linguísticas para escolares em fase inicial de alfabetização, englobando escolares de 6 a 8 anos e 11 meses (Capellini & Silva, 2019) e o Protocolo de Avaliação de Habilidades Cognitivo-Linguísticas. Livro do profissional e do professor, direcionado a escolares de 9 a 12 anos (Capellini, Silva, & Smythe, 2017).

Ambos os protocolos propiciam a avaliação de habilidades preditoras a alfabetização e que podem ser acessadas por provas específicas (Quadro 2). Vale ressaltar que as provas sublinhadas na tabela indicam estar presentes na avaliação de um instrumento e não estão presentes no outro, assim como, as provas grafadas em negrito e itálico indicam modificação para o acesso, de acordo com a faixa etária. Ressaltando que os estímulos linguísticos que compõem cada instrumentos foram selecionados de acordo com a faixa etária indicada.

Quadro 2 – Apresentação das provas dos Protocolos de Habilidades Cognitivo-linguísticas de acordo com a faixa etária

Habilidades	Acesso (6 aos 8 anos e 11 meses)	Acesso (9 aos 12 anos)
Leitura	- Leitura de palavras - Leitura de não palavras - Identificação do alfabeto em sequência e aleatório	- Leitura de palavras - Leitura de não palavras
Escrita	- Nome - Escrita do alfabeto - Escrita sob ditado de palavras e pseudo palavras - Ditado com figuras	- Escrita do alfabeto - Escrita sob ditado de palavras e pseudo palavras
Metalinguística	- ***Rima*** - ***Aliteração*** - Segmentação silábica	- ***Rima*** - ***Aliteração*** - Segmentação silábica
Processamento auditivo	- Discriminação de sons - ***Repetição de palavras e não palavras isoladas*** - Memória indireta de dígitos	- Discriminação de sons - Ritmo - ***Repetição de palavras e não palavras sequenciais*** - Memória direta e indireta de dígitos
Processamento visual	- Cópia de formas - Memória visual com formas	- Cópia de formas - Memória visual com figuras
Velocidade de processamento	- Nomeação automática rápida de figuras - Nomeação automática rápida de dígitos	- Nomeação automática rápida de figuras - Nomeação automática rápida de dígitos
Raciocínio lógico	---------------------	- Cálculo matemático

Fonte: Capellini, Smythe, & Silva (2017); Silva & Capellini (2019).

2.2 Aplicabilidade clínica dos instrumentos

Em âmbito clínico ambos os protocolos de avaliação podem ser utilizados, visando identificar habilidades defasadas e possível direcionamento diagnóstico ou delineamento dos sinais de risco para os transtornos de aprendizagem.

Os protocolos são compostos por uma versão coletiva e individual que se completam, em termos de provas de acesso que compõem cada habilidade, assim, a aplicação das duas versões possibilita a análise correlacional do desempenho em sua completude. No entanto, a aplicabilidade clínica, em muitos casos, não torna possível a comparação de parâmetros com o grupo/classe ao qual a criança pertence.

Após aplicado os instrumentos, sua análise correlacional permite o direcionamento da intervenção, com base na(s) habilidade(s) defasadas, direcionando o escolar a intervenção, sendo que a mesma pode ter um propósito diagnóstico, visando acompanhar os ganhos do escolar durante a intervenção, cruzando seus dados com características diagnósticas. Esse período de intervenção diagnóstica também pode ser direcionado para avaliações complementares.

2.3 Aplicabilidade educacional dos instrumentos

Dentro do âmbito educacional, os instrumentos podem ser direcionados para uma proposta de rastreio, em que, quando aplicados no grupo classe permite a classificação do desempenho de todos os envolvidos, identificando quais habilidades precisam ser potencializadas e quais já foram adquiridas.

O rastreio pode ser realizado apenas com a aplicação da versão coletiva e somente aqueles escolares que apresentarem desempenho abaixo do esperado irão realizar a versão individual. A análise dos resultados permite o direcionamento do plano pedagógico e elaboração das estratégias que serão desenvolvidas em sala de aula. O fato de desenvolver as atividades em sala de aula permite acompanhar sua evolução e reflexo em diversos aspectos da aprendizagem, além de possibilitar identificar aqueles que não apresentam avanços e que necessitam de encaminhamento especializado.

2.4 *Intervenção cognitiva-linguística em escolares em fase de alfabetização*

A intervenção dos aspectos cognitivo-linguísticos segue as medidas obtidas na avaliação para sua elaboração, ou seja, com base nos resultados da avaliação são traçados os objetivos e estratégias que serão realizadas para suprimir ou minimizar os efeitos das habilidades em defasagem.

As propostas de intervenção elaboradas podem estar vinculadas a uma prática interventiva, sendo este o maior enfoque clínico, ou visando uma atuação no processo de estimulação das habilidades, com maior enfoque para o âmbito educacional. Vale lembrar que a intervenção ou estimulação não são práticas exclusivas do âmbito clínico ou educacional, e a prática de uma não anula o desenvolvimento da outra, uma vez que ambas buscam a melhora no desempenho dos escolares (Figura 1).

Figura 1 – Definição e características gerais da intervenção e da estimulação

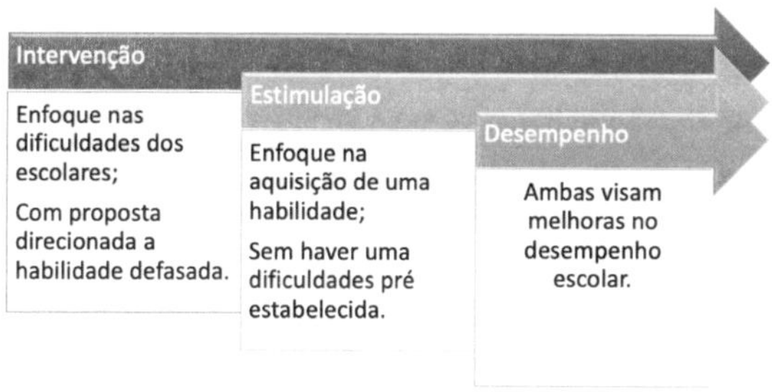

Fonte: Elaborado pelas autoras

De acordo com a literatura nacional e internacional, as práticas interventivas se direcionam ao desenvolvimento de habilidades fonológicas, de discriminação e percepção auditiva e visual, enfocam atenção, memória e planejamento para organização espacial e temporal, além de atividades específicas de leitura e escrita (Ávila & Tenório, 2012; Sarver, Rapport, Kofler, Scanlan, Raiker, Altro, & Boden, 2012). As tarefas são ordenadas e apresentadas com grau crescente de complexidade, intervindo com escolares com dificuldades de aprendizagem ou algum transtorno específico já diagnosticado (Capellini & Silva, 2017). A literatura propõe atividades diárias no âmbito educacional com duração média de 30 minutos, fazendo referência a atuação na 3ª camada do RTI (*Response to intervention*) (Flecher & Vaughn, 2009; Funchs & Vaughn, 2012).

Nesta proposta de atuação dois programas de intervenção serão citados, o Programa de Intervenção Fonológica para escolares em fase inicial de alfabetização, indicado para escolares de 6 a 8 anos e 11 meses, e o Programa de Remediação Fonológica, indicado para escolares de de 9 a 12 anos (Quadro 3), ambos os instrumentos propostos por Silva e Capellini (2019, 2011).

Quadro 3 – Apresentação das atividades de acordo com cada programa

Programa de Intervenção Fonológica (6 aos 8 anos e 11 meses) Composto por 15 sessões cumulativas	Programa de Remediação Fonológica (9 a 12 anos) Composto por 18 sessões cumulativas
Identificação do som e da letra em sequência	Reconhecimento do alfabeto
Identificação do som e da letra em ordem aleatória	Identificação de palavra dentro de uma frase
Identificação e Produção de Rima	Identificação e manipulação de sílabas na palavra
Identificação e Manipulação de Palavras	Síntese fonêmica
Identificação e Manipulação de Sílabas	Identificação e Discriminação de Rima
Segmentação e Análise Silábica	Identificação e discriminação de fonemas
Identificação Fonêmica	Segmentação de fonemas
Segmentação de Fonemas	Subtração de fonemas
Substituição, Síntese e Análise Fonêmica	Substituição de fonemas
Identificação e Discriminação de Fonemas	Transposição de fonemas

Fonte: Capellini, Smythe, & Silva (2017); Silva & Capellini (2019).

A aplicabilidade dos programas de intervenção é direcionada para o âmbito clínico e educacional, envolvem sessões de caráter cumulativo, ou seja, a cada sessão uma atividade nova é proposta, porém, as atividades trabalhadas anteriormente continuam sendo realizadas, com o intuito de sistematizar o aprendizado. As atividades permitem uma reflexão sobre os mecanismos que compõem o sistema alfabético, podendo ser realizadas em conjunto com outras práticas (como a leitura de palavras e textos, por exemplo), além de permitir o acompanhamento do desempenho dos escolares no decorrer das sessões, de acordo com a habilidade trabalhada.

Com base em evidências científicas torna-se possível verificar o desempenho crescente no decorrer das sessões de intervenção, para ambas as faixas etárias trabalhadas (Figura 2).

Figura 2 – Desempenho dos escolares em atividades propostas pelos programas de intervenção

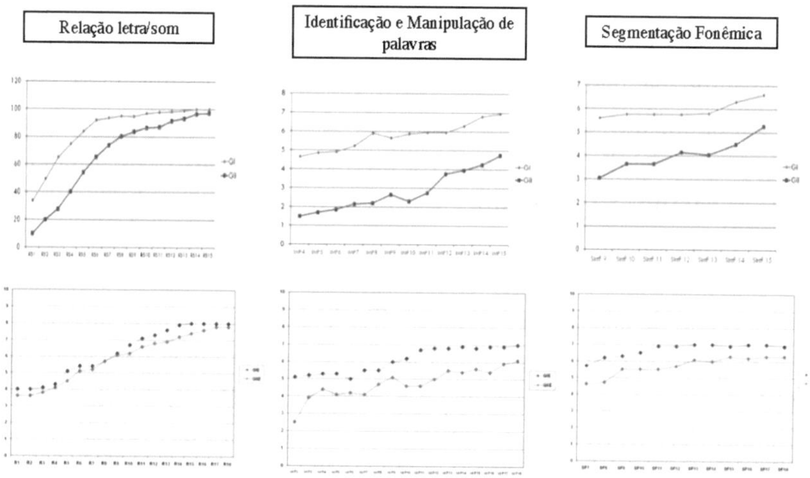

Fonte: Silva (2013).

A figura 2 exemplifica o desempenho em três tarefas propostas nos dois programas de base fonológica, sendo elas a relação letra/som, identificação e manipulação de palavras e segmentação fonêmica. Os gráficos da primeira linha são referentes aos escolares entre 6 e 8 anos e 11 meses, e os gráficos abaixo pertencentes aos escolares de 9 a 12 anos. Todos os gráficos possuem o desempenho de escolares com dificuldades de aprendizagem (GI) e de escolares sem dificuldades (GII), pareados por série, de ambos os gêneros, com prevalência para o gênero masculino (média de 3 meninos para cada 1 menina).

Os resultados do estudo indicam desempenho superior ao longo das sessões, com ganhos nas atividades propostas, com curva ascendente, evidenciando melhora no desempenho de ambos os grupos. A amostra foi composta pelo total de 80 escolares, compondo grupos de 20 escolares, sugerindo a necessidade de ampliação da amostra e acompanhamento longitudinal, visando verificar os reflexos das atividades na sala de aula, mas com base nos dados obtidos, é possível conferir ganhos cognitivo-linguísticos com a amostra analisada.

3. Considerações finais

O presente capítulo teve por finalidade apresentar um conjunto de evidências relacionadas à avaliação e intervenção com habilidades cognitivo-linguísticas em fase de alfabetização. Para tanto buscou contemplar algumas evidências que já denotam a importância de se trabalhar com essas habilidades desde a pré-escola, passando pelas séries iniciais do ensino fundamental, que corresponde ao ciclo de alfabetização propriamente dito, e estendendo-se até as séries intermediárias do Fundamental II, onde as habilidades de leitura e escrita devem estar consolidadas.

É interessante observar que algumas dessas habilidades, notadamente as habilidades metafonológicas, são destacadas como importantes em todas as etapas de ensino mencionadas. Tal fato corrobora os apontamentos e as evidências já bastante difundidas pela neurociência da leitura, que fundamenta a Política Nacional de Alfabetização (Brasil, 2019), de que as habilidades cognitivo-linguísticas são precursoras do sucesso na aprendizagem da leitura e escrita, e de que é preciso oferecer às crianças, durante todo esse período de formação, práticas de ensino baseadas em evidências científicas, assegurando-lhes os direitos fundamentais de aprendizagem.

Referências bibliográficas

Brasil. Decreto n. 9.765 de 11 de abril de 2019. Institui a Política Nacional de Alfabetização. Brasília, 2019. Disponível em: <http://www.in.gov.br/materia/-/asset_publisher/Kujrw0TZC2Mb/content/id/71137476/do1e-2019-04-11-decreto-n-9-765-de-11-de-abril-de-2019-71137431>.

Brasil. *Lei n. 12.796, de 4 de abril de 2013.* Altera a Lei n. 9.394, de 20 de dezembro de 1996, que estabelece as diretrizes e bases da educação nacional, para dispor sobre a formação dos profissionais da educação e dar outras providências. Brasília, 2013. Disponível em: <http://www.planalto.gov.br/ccivil_03/_Ato2011-2014/2013/Lei/L12796.htm>.

Brasil. *Lei n. 9.394 de 20 de dezembro de 1996*. Estabelece as Diretrizes e Bases da Educação Nacional. Brasília, 1996. Disponível em: <http://www.planalto.gov.br/ccivil_03/leis/l9394.htm>.

Brasil. *Portaria n. 1.570* de 20 de dezembro de 2017. Homologa a Base Nacional Comum Curricular. Ministério da Educação: Brasília, 2017. Disponível em: <http://basenacionalcomum.mec.gov.br/>.

Brasil. *Resolução n. 5*, de 17 de dezembro de 2009. Fixa as Diretrizes Curriculares Nacionais da Educação Infantil. Ministério da Educação: Brasília, 2009.Disponível em: <http://portal.mec.gov.br/index.php?option=com_docman&view=download&alias=2298-rceb005-09&category_slug=dezembro-2009-pdf&Itemid=30192>.

Capellini, S. A.; Cerqueira-César, A. B. P.; Geramno, G. D. *Protocolo de Identificação Precoce dos Problemas de Leitura* – IPPL. Ribeirão Preto: Booktoy, 2018.

Capellini, S. A.; Smythe, I.; Silva, C. *Protocolo de avaliação das habilidades cognitivo-linguísticas. Livro do profissional e do professor.* 3. Ed. Ribeirão Preto: Booktoy, 2017.

Cerqueira-César, A. B. P.; Santos, B.; Capellini, S. A. *Histórias para o desenvolvimento de rima e aliteração.* Ribeirão Preto: Booktoy, 2019.

Flecher, J. M.; Vaughn, S. Response to intervention: Preventing and remediating academic difficulties. *Child Development Perspectives*, v. 3, n. 1, p. 30-37, 2009. Disponível em : <http://doi.org/10.1111/j.1750-8606.2008.00072.x>.

Funchs, L. S.; Vaughn, S. Responsiveness-to-intervention: a decade later. *Journal of Learning Disabilities*, v. 45, n. 3, p. 195-203, 2012. Disponível: <http://doi.org/10.1177/0022219412442150>.

Prando, M. L.; Moraes, A. L. *Perspectivas neuropsicológicas da avaliação do processamento auditivo na dislexia do desenvolvimento.* In: Salles, J. F.; Navas, A. L. (Orgs.). Dislexias do desenvolvimento e adquiridas. São Paulo: Pearson, 2017, p. 101-114.

Queiroga, B. A. M.; Capellini, S. A. A eficácia de um programa de intervenção voltado ao desenvolvimento de habilidades cognitivo-linguísticas em pré-escolares. *Relatório Técnico de Pesquisa - Pós doutorado Senior Bianca Arruda Manchester de Queiroga.* Brasília: CNPq, 2020, no prelo.

Roazzi, A.; Asfora, R.; Queiroga, B.; Dias, M. G. Competência metalinguística antes da escolarização formal. *Educar em Revista*, n. 38, p. 43-56, 2010. Disponível em: <https://doi.org/10.1590/S0104-40602010000300004>.

Rosen, S.; Chen, M.; Vanniasegaram, I. Auditory and cognitive abilities of children suspected of auditory processing disorders (APD). *Journal of Pediatric Otorhinolaryngol,* v. 74, n. 6, p. 594-600, 2010.

Sargiani, R. A.; Maluf, M. R. Linguagem, Cognição e Educação Infantil: contribuições da psicologia cognitiva e das neurociências. *Psicologia Escolar e Educacional*, v. 22, n. 3, p. 477-484, 2018. Disponível em: <http://dx.doi.org/10.1590/2175-35392018033777>.

Sarver, D. E.; Rapport, M. D.; Kofler, M. D.; Scanlan, S. W.; Raiker, J. S.; Altro, T. A.; Boden, J. Attention problems, phonological short-term memory, and visuospatial short-term memory: Differential effects on near-and long-term scholastic achievement. *Learning and Individual Difference*, v. 22, n. 1, p. 8-19, 2012. Disponível em: <http://dx.doi.org/10.1016/j.lindif.2011.09.010>.

Silva, C.; Capellini, S. A. *Programa de intervenção fonológica para escolares em fase inicial de alfabetização.* Ribeirão Preto: Booktoy, 2019a.

Silva, C.; Capellini, S. A. *Protocolo de avaliação das habilidades cognitivo-linguísticas para escolares em fase inicial de alfabetização.* 1. Ed. Ribeirão Preto: Booktoy, 2019b.

Silva, C.; Capellini, S. A. Comparison of performance in metalinguistic tasks among students with and without risk of dyslexia. *Journal of Human Growth and Development*, v. 27, n. 2, p. 198-205, 2017. Disponível em: <https://doi.org/10.7322/jhgd.118823>.

Silva, C.; Capellini, S. A. *Programa de remediação fonológica.* São José dos Campos: Pulso, 2011.

Silva, C.; Gualberto, B. D.; Neves, I. M. P. The performance of elementary public and private school students pre and post phonological intervention. *Revista Cefac*, v. 21, n. 2, e15718, 2019.

Tenório, S. M. P. C. P.; Ávila, C. R. B. Processamento fonológico e desempenho escolar nas séries iniciais do ensino fundamental. *Revista Cefac,* v. 14, n. 1, p. 30-8, 2012. DOI: http://dx.doi.org/10.1590/S1516-18462011005000099

Zorzi, J.; Galindo, A.; Queiroga, B. *Pensando em imagens, sons, palavras e letras*: atividades para desenvolver competências para o aprendizado da linguagem escrita. São Paulo: Phonics, 2017.

CAPÍTULO 7

Transtornos de aprendizagem da escrita: disortografia e disgrafia

Andrea Oliveira Batista
Giseli Donadon Germano
Simone Aparecida Capellini

1. Introdução

A relação entre a ortografia e a escrita manual tem se dado a partir do estudo da interação entre processos centrais e periféricos da escrita. Os processos centrais são responsáveis pelo processamento ortográfico, sintático e semântico, desencadeando e influenciando os processos periféricos, responsáveis pela programação e realização do ato motor (Capellini & Germano, 2019; Perret & Kandel, 2015). A interação de ambos é essencial no processo de aprendizagem, pois alterações em quaisquer níveis podem dar origem a transtornos de escrita, tanto na esfera ortográfica quanto na esfera motora (disgrafia).

Deste modo, este capítulo tem como objetivo apresentar os transtornos específicos da escrita ortográfica e da escrita caligráfica, e suas implicações acadêmicas.

2. Disortografia

A disortografia compreende um padrão de escrita que foge às regras ortográficas estabelecidas convencionalmente que regem determinada língua e, diversos autores (Cervera-Mérida & Ygual-Fernández, 2006,

Chocano & Manzano; Sanz, 2008) são unânimes quando colocam que os escolares que começam a escolaridade com dificuldade para a aprendizagem de ortografia provavelmente chegarão ao final do Ensino Fundamental com dificuldades ortográficas, provocando um curso negativo para o desempenho acadêmico geral.

De acordo com o DSM-V – Manual Diagnóstico e Estatístico de Transtornos Mentais (APA, 2014) –, a disortografia é conceituada como um "transtorno de aprendizagem específico com prejuízo na expressão escrita", sendo codificado como 315.2 (F81.81) especificando-se o item Precisão na Ortografia; contudo não elucida os tipos de erros ortográficos, de acordo com Mousinho e Navas (2016). Ademais, as duas autoras colocam que o DSM-5 trouxe mudanças para a classificação dos transtornos de leitura e escrita, além de modificação nos critérios diagnósticos, exigindo, nesse caso, que as dificuldades para ortografar ou escrever corretamente, podendo adicionar, omitir ou substituir vogais e consoantes, sejam comprovadas por avaliação clínica individual, com a utilização de testes e medidas de desempenho padronizados.

Essas dificuldades iniciam-se durante os primeiros anos escolares e devem perdurar por pelo menos 6 meses, mesmo que o escolar passe por intervenção proposta para as habilidades afetadas, pois a disortografia acarreta num desempenho muito abaixo do esperado para a idade cronológica e seriação do escolar. Ao mesmo tempo, os obstáculos para a aprendizagem acadêmica não são atribuíveis as deficiências intelectuais, aos transtornos de acuidade visual e/ou auditiva ou ainda a instrução educacional inadequada (APA, 2014).

O DSM-5 (APA, 2014) não especifica a prevalência para o domínio da expressão escrita. No entanto, foram encontradas, em uma amostra de 300 escolares, taxas de incidência de 1,3 a 2,7% para o componente da grafia (planejamento e produção motora sequencial das letras do alfabeto), por volta de 4% para o componente da ortografia e 1 a 3% para o componente da produção textual (Berninger & Hart, 1992). Fletcher, Lyons, Fuchs e Barnes (2009), analisando os dados acima e levando em consideração diferentes critérios usados para definir os transtornos de aprendizagem específicos, ao longo do tempo, presumem que os transtornos da linguagem escrita podem afetar pelo menos 10% da população em idade escolar.

2.1 A disortografia como coocorrência de outros quadros de transtornos do neurodesenvolvimento

A construção do sistema ortográfico pelo escolar não é linear, pois várias características da aprendizagem podem variar em tipo e frequência de aparecimento, dependendo de sua idade e da série (Moojen, 2009) e, de acordo com Zorzi (2003), fazem parte do processo de apropriação do sistema ortográfico da língua, mas são superadas ao longo da escolarização, começando com um conhecimento mais superficial sobre as relações som-letra, até o momento de poder ortografar as irregularidades da língua escrita.

No caso dos escolares com disortografia, essas características não desaparecem com a progressão da escolaridade, mostrando-se persistentes (Batista, Gonçalves, & Nobre, 2010). De forma geral, podem apresentar-se como substituição, omissão de grafemas, alteração na segmentação de palavras, persistência do apoio da oralidade na escrita e dificuldade na produção de textos (Galaburda & Cestnick, 2003), reversão, inversão e transposição, confusão na ordem de sílabas e lentidão na percepção visual (Sisto & Zucoloto, 2002).

É incomum a ocorrência da disortografia sem estar combinada com Dislexia do Desenvolvimento ou outros transtornos de aprendizagem (Martin & Thierry, 2008; Pattamadilok, Perre, Dufau, & Ziegler, 2009), pois como afirmam Dias e Ávila (2008), os escolares nesta situação possuem o sistema fonológico deficiente ocasionando alteração na compreensão da leitura e escrita ineficiente. É possível haver disortografia sem que esteja necessariamente presente a dislexia, contudo, sempre que há o diagnóstico da dislexia, há como proposição a disortografia (Cao, Bitan, Chou, Burman, & Booth,, 2006).

É evidente que não se pode falar em disortografia pura antes do final do 4° ou 5° ano do ensino fundamental, porque como corroboram diversos autores, a aquisição da escrita tem caráter evolutivo e desenvolve-se ao longo dos primeiros anos de escolaridade (Capellini, Padula, Santos, Carrenho, & Ribeiro 2007; Capellini, Cunha, & Batista, 2009; Morais, 2009; Zorzi, 2003) e, por isso, os escolares cometem erros de apropriação da escrita durante a aprendizagem até que, progressivamente, dominam de maneira segura o sistema ortográfico (Aro, Erskine, & Seymour, 2003). Todavia, a dislexia pode ser detectada mais precocemente do que a disortografia, segundo Capellini *et al.,* (2007).

Segundo Fletcher et al. (2009), as causas da disortografia não são claramente elucidadas, pela própria complexidade em se identificar os escolares com disortografia pura que tenham certo grau de independência dos próprios transtornos de escrita, disortografia / disgrafia / produção textual, assim como dos outros transtornos de aprendizagem. Para estes autores a alteração em alguns processos cognitivos básicos já foi identificada, mediante pesquisa neurobiológica, mas essa tende a ser compartilhada. A disortografia pode ter sua etiologia nos transtornos neuropsicológicos e cognitivo-linguísticos, pelas alterações de base auditivas e visuais, sendo uma entidade pura, legítima ou em coocorrência, ou seja, associação com a dislexia ou transtorno de aprendizagem. Ou ainda, pode ser considerada secundária aos casos de dificuldade de aprendizagem, que se manifestam por problemas extrínsecos ao desenvolvimento da criança (Boets, Wouters, Van Wieringen, & Ghesquiere, 2007)

Zorzi (2003) refere em seus estudos a natureza do nosso idioma, o português do Brasil, muitas vezes de difícil compreensão, dada as suas irregularidades, uma das causas do aparecimento de erros ortográficos na escrita dos escolares. Além disso, muitos escolares apresentam alterações na ortografia em decorrência de a escola não enfatizar o ensino desta pela frágil fundamentação teórica e prática de seus educadores (Grigalevicius, 2007; Zanella, 2007). Considerando que metodologias atuais de alfabetização nem sempre enfocam a base do princípio alfabético no sistema de escrita do português do Brasil, acabam fazendo a manutenção da situação de desconhecimento da notação ortográfica correta pelos escolares (Ygual-Fernández, Mérida, Cunha, Batista, & Capellini, 2010; Zorzi, 2016).

Vários pesquisadores brasileiros (Cagliari, 2002; Morais, 2009; Scliar-Cabral, 2003) são concordantes quando, em suas pesquisas, expõem análises críticas acerca das práticas usuais do ensino da ortografia em nosso país, dizendo que nos últimos anos o ensino desta não evoluiu, quando comparado a outros aspectos do ensino da língua portuguesa, assim, faltam metas que definam quais são as estratégias e os avanços esperados pelo professor, na promoção dos conhecimentos ortográficos dos escolares a cada série do ensino fundamental.

Baeza e Beuchat (1999) citam quatro situações que podem estar vinculadas à ocorrência dos erros ortográficos. Sendo estas: os fatores internos, como as deficiências sensoriais, principalmente audição e visão;

os problemas de ordem neurológica, sendo as lesões localizadas em áreas de linguagem e sinais menores, como tremores ou falhas de orientação espacial e equilíbrio; as cognitivas, estabelecendo um baixo nível intelectual com fracasso escolar em três anos consecutivos, déficit de atenção e problemas com a memória de trabalho fonológica e memória de longo prazo; e estados emocionais e motivacionais irregulares.

Na concepção de Mello e Sant' Anna (2009) a sensação diz respeito à detecção de estímulos sensoriais pelos órgãos do sentido, sendo esses estímulos capazes de ativar respostas internas, pois as informações externas, captadas pela audição e visão, são interpretadas, tratadas e armazenadas no nível central, organizando o comportamento consciente. Em relação ao sistema visual, os estímulos são detectados na retina, região periférica da visão, e enviados para o córtex occipital, onde são processados. Semelhantemente acontece com o sistema auditivo, em que a detecção das informações ocorre nas células ciliadas do órgão de Corti, na cóclea, região periférica da audição, e são dirigidas para o córtex temporal para seu processamento. Com estas colocações pode-se inferir que se há um escolar com uma deficiência auditiva ou visual, certamente na aprendizagem da ortografia ele enfrentará obstáculos que outro escolar sem esta condição não enfrentaria.

O mesmo raciocínio serve para as lesões em áreas da linguagem, pois conforme Capellini, Germano e Cunha (2009) numa perspectiva neurológica e neuropsicológica, a integridade estrutural e, sobretudo, funcional, de zonas ou áreas cerebrais envolvidas com a linguagem, são fundamentais para a evolução do aprendizado da linguagem falada e da linguagem escrita. Além disso, Muñoz, Fresneda, Mendoza, Carballo e Pestun (2005), afirmam que os transtornos da escrita podem estar ligados aos problemas de maturação, de falta de domínio do esquema corporal e problemas de lateralidade.

Com o pressuposto de um baixo nível intelectual, pode-se refletir sobre o que escrevem Pfanner e Marcheschi (2008) acerca do retardo mental e concluir que neste caso subjazem danos muito mais expressivos para o desempenho acadêmico geral do escolar, do que apenas a ocorrência dos erros ortográficos.

Segundo Moojen, Dorneles e Costa (2003), os déficits de atenção significativos, associados ou não à hiperatividade, com frequência trazem prejuízos para o rendimento escolar, já que a atenção seletiva a estímulos relevantes, que é condição necessária para a aprendizagem acadêmica, está normalmente comprometida e, nestes casos, os problemas de aprendizagem, que também englobam a expressão escrita, seriam secundários ao TDAH. Neste sentido, as relações entre os déficits atencionais e os problemas com a ortografia, são expostos por Albuquerque (2004) que relata ser esperado um texto escrito com a presença de erros ortográficos, principalmente as omissões de letras, sílabas e até mesmo de frases, pois a dificuldade de sequenciação, que ocorre em outros âmbitos nos escolares com TDAH, também ocorre no momento da escrita. Uma característica que é frequente, descrita por esta autora, é a dificuldade para a aquisição e fixação das regras ortográficas, devida à desatenção.

Ainda com relação aos fatores internos, relacionados às alterações cognitivas, Lima e Albuquerque (2004) mencionam que o sistema de memória, que comporta a memória operacional fonológica, visual e a memória de longo prazo, é fundamental para o processamento e armazenamento da linguagem, tanto oral quanto escrita, possibilitando a conservação das informações linguísticas pelo tempo preciso para sua análise, compreensão, e/ou formulação e produção. Desta forma, as dificuldades com a atenção e a memória perturbam a aprendizagem do sistema ortográfico, pois prejudica a formação da memória grafêmica, essencial para a conversão fonografêmica, afetando não só os aspectos grafomotores, mas especialmente, a produtividade da escrita autônoma.

Quanto aos estados emocionais e motivacionais irregulares, Macedo (2005, p. 96), refere que "[...] aprende-se a escrever, escrevendo, aprende-se a ler, lendo. Gostar de realizar tais tarefas está diretamente relacionado ao domínio que se tem das mesmas [...]", pois os escolares, e ninguém, gostam daquilo que é exigido além do que eles podem fazer, causando frustrações contínuas porque, obviamente, não podem simplesmente abandonar a trajetória acadêmica.

2.2 Disgrafia

A disgrafia é definida como um distúrbio ou dificuldade na produção da linguagem escrita relacionada à mecânica da escrita (Blöte & Hamstra-Bletz,1993). As dificuldades se manifestam como desempenho inadequado da caligrafia entre escolares que têm pelo menos um nível médio de inteligência e que não foram identificadas como tendo qualquer problema neurológico ou perceptivo-motor óbvio. A prevalência de dificuldades de caligrafia entre os escolares do ensino fundamental varia de 10% a 34% (Smits-Engelsman, Van Galen, & Portie, 1994), devido às falhas nos processos de automatização da caligrafia (Cermak & Marr, 2001). Tais dificuldades de escrita ou disgrafia podem ter implicações profundas para o indivíduo em termos de autoimagem comprometida e sucesso acadêmico (Cermak & Marr, 2001).

Na quinta edição do Manual Diagnóstico e Estatístico de Transtornos Mentais (APA, 2014), a disgrafia aparece como um transtorno específico de aprendizagem, na categoria de transtornos do neurodesenvolvimento, manifestada no comprometimento da expressão escrita 315,2 (F81.81). Devido à falta de critérios específicos, o diagnóstico da disgrafia ainda é muito discutido, principalmente por não haver um padrão-ouro para diagnóstico aceito mundialmente (Hen-Herbst & Rosenblum, 2019).

A literatura descreve que são dois os elementos mais importantes no desempenho da escrita, a legibilidade e a velocidade. Dificuldades com a formação de letras, espaçamento, tamanho, inclinação e/ou alinhamento podem afetar a legibilidade da caligrafia. A velocidade também é um aspecto importante da capacidade de escrita à mão, interferindo diretamente na capacidade de o escolar lidar com as demandas da sala de aula, pois alterações na velocidade de escrita influenciam o desempenho acadêmico em diferentes contextos, como seguir instruções, realizar cópias, fazer ditados ou escrever livremente. Portanto, é importante considerar esses fatores contextuais na avaliação de velocidades e de legibilidade de escrita dos escolares (Hen-Herbst & Rosenblum, 2019).

A caligrafia requer a conjunção de diversas habilidades. Requer a maturidade e a integração da cognição, percepção visual e habilidades motoras finas (Chang & Yu, 2013). Em escolares típicos na escola primária, a qualidade da caligrafia se desenvolve rapidamente durante o primeiro ano (de 6 a 7 anos) e atinge um nível mais alto entre os segundos e terceiros anos (de 7 a 8 anos). Entre o terceiro e quarto ano (de 8 a 9 anos), a caligrafia se torna automática, organizada e está disponível como uma ferramenta para facilitar o desenvolvimento de ideias (Hulstijn & Overvelde, 2011).

Também Feder e Majnemer (2007) referiram que os componentes motores e perceptivos relacionados ao desempenho da escrita manual podem incluir controle motor fino (manipulação manual, integração bilateral e planejamento motor), integração viso-motora, percepção visual, cinestesia, modalidades sensoriais e atenção constante. A capacidade de planejamento motor do escolar favorece o sequenciamento, ordenação e execução da produção de letras que formam as palavras, além de estar relacionada à capacidade de realizar movimentos novos ou desconhecidos.

Os autores ainda referiram que a falta de controle motor fino está relacionada a erros comuns de escrita em escolares dos anos iniciais de escolarização (de 6 a 7 anos), como alterações no tamanho e posicionamento de letras. Já a integração viso-motora é uma variável importante no desempenho da escrita manual, particularmente ao copiar ou transpor do texto impresso para a escrita cursiva ou manuscrita. A integração viso-motora pode ser definida como a capacidade de coordenar informações visuais com resposta motora, permitindo que o escolar reproduza letras e números. Tal habilidade de integração viso-motora é considerada um dos preditores mais significativos do desempenho da escrita, com correlações fortes entre a integração visomotora e a legibilidade da escrita (Feder & Majnemer, 2007).

Deste modo, com as práticas de escrita e o aprimoramento das habilidades de função motora fina e de integração viso-motora, a automatização da caligrafia deve continuar melhorando ao longo dos anos do ensino fundamental, com implicações para os resultados a longo prazo; notavelmente, a habilidade de automatização está associada a maior qualidade e aumento da produção textual no ensino médio (Chung, Patel, & Nizami, 2020). Os autores ainda referem uma inter-relação entre as áreas do cérebro responsáveis pela automatização, linguagem e coordenação motora. O quadro 1 apresenta sinais e sintomas de disgrafia que podem ser observados desde pré-escolares até adulto.

Quadro 1 – Sinais de disgrafia observados desde pré-escolares até adulto

Grupo etário	Sinais e sintomas
Pré-escolar	Alteração da preensão de lápis ou posição diferente do corpo ao escrever
	Cansaço ao escrever
	Evitam tarefas de escrita e desenho
	Letras escritas são mal formadas, invertidas, revertidas ou espaçadas inconsistentemente

Grupo etário	Sinais e sintomas
	Dificuldade em permanecer nas margens
Escolar	Letra ilegível
	Palavras com letras alternadas entre cursivo e impresso
	Dificuldade em encontrar palavras, completar sentenças e compreensão escrita
Adolescente e jovem adulto	Dificuldade na organização escrita das ideias e pensamento.
	Dificuldade com sintaxe e gramática da escrita

Fonte: adaptado de Chung, Patel, & Nizami (2020).

Pelo fato de a disgrafia relacionar aspectos linguísticos e motores, e áreas cerebrais correlacionadas, a possibilidade de comorbidades é alta. Estudos referem que de 30% a 47% dos escolares com problemas de escrita também têm problemas de leitura. Além disso, a dificuldade de escrever pode ser observada em muitos outros transtornos do desenvolvimento neurológico, incluindo transtornos de déficit de atenção e hiperatividade, dislexia e transtornos do espectro do autismo. Pesquisas demonstram que 90-98% dos escolares com algum destes transtornos enfrentam problemas acadêmicos e de atividades de vida diária (Chung, Patel, & Nizami, 2020).

Rosenblum, Weiss e Parush (2004) avaliaram a caligrafia de escolares disgráficos, referindo que os mesmos não apresentam a produção de letras totalmente automatizada. Portanto, os disgráficos têm uma demanda aumentada em sua memória operacional e atenção enquanto escrevem. Consequentemente, processos cognitivos de nível superior ficam restritos. Além disso, os autores descrevem que os escolares com disgrafia apresentam dificuldades na recuperação de informações na memória operacional antes de serem capazes de anotá-los no papel, devido a lentidão da escrita. Esse déficit pode levar a sérias consequências para o processo acadêmico, bem-estar emocional e sua função social.

Germano e Capellini (2019) realizaram a avaliação de escolares do 3º ao 5º ano do Ensino Fundamental na tarefa de cópia da letra do alfabeto e do pseudocaracter em uma mesa digitalizada, sendo que os estímulos eram apresentados na tela de um notebook. A produção da escrita de ambos os estímulos foi analisada pelo *software Ductus* (Guinet

& Kandel, 2010). Os resultados deste estudo possibilitam verificar as falhas de interação entre os processos central e periférico, com progressão entre o 3º e o 5º anos.

O estudo também destaca a influência da falta de ensino sistematizado no rastreamento de letras para escolares brasileiros, uma vez que a proficiência em caligrafia está criticamente ligada ao desempenho acadêmico. Concluiu-se que escolares no 3º ano apresentam maior tempo de latência e dificuldades em formação de planos motores, podendo ser influenciados não apenas pelos processos de aquisição e demanda de memória por movimentos, mas também pela instrução inadequada. Essa descoberta é importante porque o desempenho na produção de palavras e textos poderá ser afetado nos anos posteriores.

O estudo foi replicado por Germano, Sbrugnara e Capellini (2018) com escolares com o diagnóstico interdisciplinar de Dislexia, do 3º ao 5º ano do Ensino Fundamental I. Os resultados revelaram que os participantes com dislexia demoraram mais tempo para iniciar seus movimentos de escrita (ou seja, maior latência) que os escolares típicos. O estudo corrobora Alvarez, Cottrell e Afonso (2009), que indicaram que escolares com dislexia apresentaram tempo de duração de movimento mais longo na escrita de letras, produzindo mais erros. As dificuldades dos escolares com dislexia também se relacionam a dificuldades particulares anteriores ao ato motor, como a consistência da Língua (relação entre fonologia e ortografia).

Adi-Japha, Landau, Frenkel, Teicher, Gross-Tsur, e Shalev (2007) investigaram a conexão entre déficits de atenção em escolares com TDAH e habilidades de escrita, sendo relacionados tanto às alterações de memória operacional, especificamente o *buffer* grafêmico, quanto à produção motora cinemática. Em relação aos erros ortográficos, foram observadas inserção, omissão, repetição e transposição de letras e erro na recuperação de letras com formas semelhantes. Em relação aos erros motores e cinemáticos, houve falhas na utilização do tempo, o que significa que escolares com TDAH demoram mais para escrever; caligrafia inconsistente e desproporcional, com quantidades excessivas de correções, altos níveis de pressão na caneta, letras de tamanhos desproporcionais e significativamente mais amplas que o esperado. Tais aspectos tornam a leitura de sua caligrafia difícil (ilegibilidade), além de ocasionar atrasos para escrever e copiar na sala de aula.

Deste modo, devido às dificuldades enfrentadas, estudo sugere a necessidade de acomodações direcionadas para diminuir o estresse associado à escrita (Chung, Patel, & Nizami, 2020). O uso de dispositivos específicos pode ser utilizado, como lápis maiores com alças especiais e/ou adaptadores; papel com linhas elevadas para fornecer feedback tátil. Os autores ainda referem que pode haver a necessidade e ser permitido um tempo extra para a execução de trabalhos de casa, tarefas de classe e testes. Caso seja necessário, o professor e demais profissionais pode considerar outros meios do escolar demonstrar conhecimento, por exemplo, respostas orais ou gravadas, em vez de exame escrito. Além disso, atualmente há opções de acomodações tecnológicas, incluindo verificação ortográfica automatizada, software de reconhecimento de voz para conversão em texto, uso de *tablets* e teclados de computador.

É importante observar que as acomodações podem não abordar diretamente o comprometimento das tarefas do funcionamento executivo relacionadas à escrita, incluindo planejamento e organização e que essas acomodações não abordam dificuldades de escrita de nível superior. Assim, a prática de escrita manual deve continuar na escola, pois a linguagem escrita ainda é necessária não só para atividades acadêmicas, mas também para muitas tarefas diárias.

3. Considerações finais

Como os Transtornos da Escrita, a disortografia e a disgrafia, podem impactar significativamente o desenvolvimento acadêmico e psicossocial das crianças, a identificação destas dificuldades e a indicação de estratégias e intervenções multidisciplinares específicas podem beneficiar a interação entre os processos ortográficos e de movimentos da escrita, acarretando a liberação de memória operacional para ser direcionada aos aspectos ortográficos, sintáticos e semânticos necessários para a produção textual.

Além disso, tais estratégias impedem futuras falhas acadêmicas e consequências emocionais devido a sentimentos de não ser capaz de escrever e, assim, melhorar o bem-estar do escolar. Também é importante destacar que a disgrafia e os transtornos da expressão escrita podem ter impactos ao longo da vida, pois adultos com dificuldade em escrever podem continuar a sofrer prejuízos no progresso vocacional e nas atividades da vida diária.

Referências bibliográficas

Adi-Japha, E., Landau, Y. E., Frenkel, L., Teicher, M., Gross-Tsur, V., & Shalev, R. S. (2007). ADHD and dysgraphia: underlying mechanisms. Cortex, *43*(6), 700-709.

Albuquerque, G. (2004). Avaliação de linguagem no transtorno de déficit de atenção e hiperatividade. In Membros da SBNp e cols. *Temas multidisciplinares de neuropsicologia & aprendizagem* (pp. 223-233). São Paulo: Robe Editorial.

Alvarez, C. J., Cottrell, D., & Afonso, O. (2009). Writing dictated words and picture names: Syllabic boundaries affect execution in Spanish. *Applied Psycholinguistics, 30,* (2), 205-223.

Associação Americana De Psiquiatria. (2014). *Manual diagnóstico e estatístico de transtornos mentais (DSM-5)*(Trad. Maria Inês Corrêa Nascimento, Rev. téc. Aristides Volpato Cordioli, 5. ed., pp. 66-74). Porto Alegre: Artmed.

Baeza, P., & Beuchat, C. (1999). *La enseñanza de la ortografia em educación básica.* Chile: Editorial Andrés Bello.

Batista, A. O., Gonçalves, B. A. G., & Nobre, M. S. (2010). Avaliação e intervenção na disortografia. In S. A. Capellini, G. D. Germano, & V. L. O. Cunha (Org.). *Transtornos de aprendizagem e transtornos de atenção: da avaliação à intervenção* (pp. 77-90). São José dos Campos: Pulso Editorial.

Berninger, V. W., & HART, T. (1992). A developmental neuropsychological perspective for reading and writing acquisition. *Educacional Psychologist,* 27, 415-434.

Boets, B., Wouters, J., Van Wieringen, A., & Ghesquiere, P. (2007). Auditory processing, speech perception and phonological ability in pre-school children at high-risk for dyslexia: A longitudinal study of the auditory temporal processing theory. *Neuropsychologia,* 45(8), 1608-1620.

Cao, F., Bitan, T., Chou, T. L., Burman, D. D., & Booth, J. R. (2006). Deficient orthographic and phonological representations in children with dyslexia revealed by brain activation patterns. *Journal of Child Psychology and Psychiatry,* 47(10), 1041-1050.

Cagliari, L. C. (2002). Alfabetização e ortografia. *Educar,* (20), 43-58.

Capellini, S. A., Padula, N. A. D. M. R., Santos, L. C. A. D., Lourenceti, M. D., Carrenho, E. H., & Ribeiro, L. A. (2007). Desempenho em consciência fonológica, memória operacional, leitura e escrita na dislexia familial. *Pró-Fono Revista de Atualização Científica,* 19(4), 374-380.

Capellini, S. A., Cunha, V. L. O., & Batista, A. O. (2009). Disortografia: avaliação e intervenção baseada na semiologia do erro. In J. M. Montiel, & F. C. Capovilla (Org.). *Atualização em Transtornos de Aprendizagem* (pp. 567-583). São Paulo: Artes Médicas.

Capellini, S. A., Germano, G. D., & Cunha, V. L. O. (2009). Aprendizagem e Habilidades acadêmicas. In T. Pantano, & J. L. Zorzi (Org.). *Neurociência aplicada à aprendizagem* (pp. 125-139). São José dos Campos: Pulso.

Cervera-Mérida, J. F., & Ygual-Fernández, A. (2006, Febrero). Uma propuesta de intervención em trastornos disortográficos atendiendo a la semiologia de los errores. *Revista de Neurología, 42* (2), 117-126.

Chang, Shao-Hsia, & Yu, Nan-Ying. (2013). Handwriting movement analyses comparing first and second graders with normal or dysgraphic characteristics. *Research in developmental disabilities*, 34 (9), 2433-2441.

Chung, P. J., Patel, D. R., & Nizami, I. (2020). Disorder of written expression and dysgraphia: definition, diagnosis, and management. *Translational Pediatrics*, 9 (Suppl 1), S46.

Dias, R. S., & Ávila, C. R. B. (2008). Uso e conhecimento ortográfico no transtorno específico da leitura. *Rev Soc Bras Fonoaudiol*, 13 (4), 381-90.

Feder, K. P., & Majnemer, A. (2007). Handwriting development, competency, and intervention. *Developmental Medicine & Child Neurology*, 49 (4), 312-317.

Fletcher, J. M., Lyons, G. R., Fuchs, L. S., & Barnes, M. A. (2009). *Transtornos de aprendizagem: da identificação à intervenção* (Trad. Ronaldo Cataldo Costa). Porto Alegre: Artmed.

Galaburda, A. M., & Cestnick, L. (2003). Dislexia del desarollo. *Revista de Neurologia, 36* (1), 13-23.

Germano, G. D., & Capellini, S. A. (2019). Use of technological tools to evaluate handwriting production of the alphabet and pseudocharacters by Brazilian students. *Clinics,. 74.*

Germano, G. D., Sbrugnara, T., & Capellini, S. A. (2018). Comparação entre tempo de latência de escrita manual de alfabeto e pseudocaracteres em disléxicos. *XXVI Congresso Brasileiro de Fonoaudiologia*, Curitiba. Recuperado de <https://www.brasfono2018.com.br/wp-content/uploads/2018/100/sessao-de-concorrentes-a-premio/297.pdf>.

Guinet, E., & Kandel, S. (2010). Ductus: A software package for the study of handwriting production. *Behavior Research Methods*, 42 (1), 326-332.

Grigalevicius, M. M. (2007). *Aprendizagem da linguagem escrita: um estudo sobre a competência ortográfica de alunos da 5ª* série do ensino fundamental

(Dissertação de Mestrado). Programa de Pós-Graduação em Educação, Pontifícia Universidade Católica, São Paulo.

Hamstra-Bletz, L., & Blöte, A. W. (1993). A longitudinal study on dysgraphic handwriting in primary school. *Journal of Learning Disabilities,* 26 (10), 689-699.

Hen-Herbst, L., & Rosenblum, S. (2019). Which characteristics predict writing capabilities among adolescents with dysgraphia? *Pattern Recognition Letters, 121*, 6-12.

Kandel, S., & Perret, C. (2015). How does the interaction between spelling and motor processes build up during writing acquisition? *Cognition,* 136, 325-336.

Lima, C. C., & Albuquerque, G. (2004). Avaliação de linguagem e co--morbidade com transtornos de linguagem. In Membros da SBNp e cols. *Temas multidisciplinares de neuropsicologia & aprendizagem* (pp. 117-142). São Paulo: Robe Editorial.

Macedo, H. (2005). O. Produção do texto no trabalho fonoaudiológico: a autoria. In M. H. M. A. Oliveira, & M. B. M. Gargantini (Org.). *Tópicos em leitura-escrita: pesquisa e prática* (pp. 93-109). São José dos Campos: Pulso.

Manzano, J. L. G., Sanz, M. T., & Chocano, A. D. (2008). *Fundamentos para la intervención en el aprendizaje de la ortografia.* Madrid, Espanha: Editorial CEPE.

Marr, D., & Cermak, S. (2001). Consistency of handwriting development in the early elementary years: A literature review. *The Israel Journal of Occupational Therapy,* 10, E109-E129.

Martin, C. D., & Thierry, G. (2008). Interplay of orthography and semantics in reading: an event-related potential study. *Neuroreport,* 19 (15), 1501-5.

Mello, C. B., & Sant' Anna, B. (2009). Funções gnósicas, práxicas e vísuo-construtivas. In T. Pantano, & J. L. Zorzi (Org.). *Neurociência aplicada à aprendizagem* (pp. 61-79). São José dos Campos: Pulso.

Moojen, S. M. P. (2009). *A escrita ortográfica na escola e na clínica: teoria, avaliação e tratamento.* São Paulo: Casa do Psicólogo.

Moojen, S. M. P., Dorneles, B. V., & Costa, A. (2003). Avaliação psicopedagógica no TDAH. In L. A. Rohde, & P. Mattos (Org.). *Princípios e práticas em transtorno de déficit de atenção/hiperatividade* (pp. 107-116). Porto Alegre: Artmed.

Morais, A. G. (2009). Prevenção de dificuldades de aprendizagem através de um ensino que promove a tomada de consciência de princípios regulares de nossa ortografia. In T. Barbosa, C. C. Rodrigues, C. B. Mello, S. A.

Capellini, R. Mousinho, & L. M. Alves (Org.). *Temas em dislexia* (pp. 17-32). São Paulo: Artes Médicas.

Mousinho, R., & Navas, A. L. (2016, Maio). Mudanças apontadas no DSM-5 em relação aos transtornos específicos de aprendizagem em leitura e escrita. *Revista debates em psiquiatria*, 38-46.

Muñoz, J., Fresneda, M. D., Mendoza, E., Carballo, G., & Pestun, M. S. V. (2005) Descrição, avaliação e tratamento dos transtornos da aprendizagem. In V. E. Caballo, & M. Simón. *Manual de psicologia clínica infantil e do adolescente: transtornos específicos*. (Trad. Sandra M. Dolinsky, pp. 159-180). São Paulo: Livraria Santos Editora.

Overvelde, A., & Hulstijn, W. (2011). Handwriting development in grade 2 and grade 3 primary school children with normal, at risk, or dysgraphic characteristics. *Research in developmental disabilities,* 32 (2), 540-548.

Pattamadilok, C., Perre, L., Dufau, S., & Ziegler, J. C. (2009). On-line orthography influences on spoken language in a semantic task. *Journal of Cognitive Neurociense*, (1), 169-79.

Pfanner, P., & Marcheschi, M. (2008). *Retardo mental: uma deficiência a ser compreendida e tratada*. (Trad. Antonio Efro Feltrin). São Paulo: Paulinas.

Rosenblum, S., Weiss, P. L., & Parush, S. (2004). Handwriting evaluation for developmental dysgraphia: Process versus product. *Reading and writing,* 17 (5), 433-458.

Scliar-Cabral, L. (2003). *Princípios do Sistema Alfabético do Português do Brasil.* São Paulo: Contexto.

Seymour, P., Aro, M., & Erskine, J. M. (2003). Foundation literacy acquisition in European orthographies. *British Journal of Psychology, 94* (2), 143-174.

Smits-Engelsman, B. C. M., Van Galen, G. P., & Portier, S. J. (1994). Psychomotor development of handwriting proficiency: A cross-sectional and longitudinal study on developmental features of handwriting. *Advances in handwriting and drawing. A multidisciplinary approach*, pp. 187-205.

Ygual-Fernández, A., Mérida, J. F. C., Cunha, V. L. O., Batista, A. O., & Capellini, S. A. (2010). Avaliação e intervenção da disortografia baseada na semiologia dos erros: revisão da literatura. *Revista Cefac, 12*(3), 499-504.

Zanella, M. S. (2007). *Leitura e aprendizagem da ortografia: um estudo com alunos de 4ª a 6ª série do ensino fundamental.* (Tese de Doutorado). Programa de Pós-Graduação em Educação, Pontifícia Universidade Católica de São Paulo, São Paulo.

Zorzi, J. L. (2016). Reflexões sobre possíveis relações entre memória e alterações ortográficas. In B. Santos, A. O. Batista, & S. A. Capellini (Org.). *Tópicos em transtornos de aprendizagem* (Part. V, pp. 153-173). Marília: Fundepe.

Zorzi, J. L. (2003). *Aprendizagem e distúrbio da linguagem escrita: questões clínicas e educacionais*. Porto Alegre: Artmed.

Zucoloto, K. A., & Sisto, F. F. (2002) Dificuldades de aprendizagem em escrita e compreensão em leitura. *Interação em Psicologia, 6*, (2), 157-166.

CAPÍTULO 8

Intervenção fonoaudiológica para escolares com dislexia do desenvolvimento

Alexandra Beatriz Portes de Cerqueira-César
Bianca dos Santos
Gabriela Franco dos Santos Liporaci
Simone Aparecida Capellini

1. Introdução

A dislexia é caracterizada por diferenças de processamentos individuais que acarretam dificuldades no início da alfabetização, afetando a aquisição da leitura, da escrita e da ortografia. Podem também ocorrer falhas nos processos cognitivos, fonológicos e /ou visuais (Reid, 2016).

As características clínicas da dislexia variam com a gravidade dos déficits e a presença de comorbidades ou de coocorrências (por exemplo, déficit de atenção e hiperatividade, discalculia, transtorno fonológico, distúrbio de linguagem leve ou distúrbios da integração visual e motora), embora os dados epidemiológicos ainda sejam escassos (Chaix, Démonet, & Taylor, 2004).

Para adultos com histórico de dislexia, os problemas de ortografia persistiram ao longo da vida, especialmente em homens (Snowling, 2013). Tanto as crianças quanto os adultos com dislexia mostraram quase tantos indicadores de problemas de escrita quanto de problemas de leitura quando ambos foram avaliados (Oliveira, Sacchetto, Ueki, Silva, & Macedo, 2011). O acompanhamento dos participantes nos estudos de tratamento para dislexia mostrou que os escolares afetados geralmente superavam seus problemas de leitura, mas enfrentavam problemas significativos de ortografia e composição escrita, e mantinham dificuldade na escrita depois de aprenderem a ler (Capellini, Germano, & Pinheiro, 2013;

Van Orden (1991) apontou que a dificuldade de reconhecimento de palavras em escolares com dislexia baseia-se em um déficit no processamento fonológico, apresentando dificuldade principalmente na consciência fonológica, afetando na fluência e automaticidade da leitura, tornando-a mais lenta e interferindo assim na compreensão de leitura e no desenvolvimento preciso e automático necessários para a ortografia (Capellini, Germano, & Pinheiro, 2013; Lindamood & Lindamood, 1998).

Tal heterogeneidade de manifestações na dislexia do desenvolvimento foram conceituadas usando o Modelo de Dupla Rota (Castles & Coltheart, 1993; Pritchard, 2018). Estudos revelaram que há diferentes perfis de leitura na dislexia do desenvolvimento, sendo assim, divididos em três subtipos: dislexia fonológica, visual e mista (Germano, Reilhac, Capellini, & Valdois, 2014; Pennington & Peterson, 2013).

Escolares com dislexia fonológica apresentaram maiores dificuldades na leitura de pseudopalavras, com a leitura de palavras irregulares relativamente preservada (Valdois, Bosse, Ans, Carbonnel, Zorman, David, & Pellat, 2003). Esse perfil de leitura é visto como resultado da incapacidade de escolares disléxicos em adquirir regras de conversão grafema-fonema devido ao déficit no processamento fonológico. O padrão de leitura inversa caracteriza a dislexia visual, na qual a leitura de pseudopalavras é preservada, mas a leitura de palavras irregulares é prejudicada (Dubois, Lafaye, Noel, & Valdois, 2007). Dentro do modelo de dupla rota, esse perfil é visto como decorrente do comprometimento da rota lexical devido a um distúrbio específico do processamento ortográfico.

De tal modo que esses escolares apresentaram dificuldade no domínio do sistema alfabético de escrita da língua, além de dificuldades nas habilidades metafonológicas, que foram considerados os preditores mais fortes relacionado ao sucesso na leitura. Citoler e Serrano (2011) também mencionaram que, além de tais dificuldades já citadas, a percepção visual e percepção viso-motora também constituiria nos déficits relacionados à dislexia.

No entanto, déficits no processamento visual também foram relatados na dislexia do desenvolvimento. Diferenças entre disléxicos e bons leitores foram relatadas em tarefas de busca de um alvo entre distratores e em tarefas de localização que sugerem um distúrbio na atenção visual.

Também compatível com a hipótese de déficit de atenção visual, alguns estudos apontaram que os participantes disléxicos possuem dificuldade em inibir informações do campo visual periférico (Capellini, Fusco, & Germano, 2015; Valdois, Bosse, Ans, Carbonnel, Zorman, David, & Pellat, 2003).

Desta forma, escolares com dislexia do desenvolvimento necessitam de intervenções específicas para cada tipo de manifestação e déficit. Diante do exposto, o objetivo deste capítulo é apresentar uma revisão de literatura dos estudos realizados no Laboratório de Investigação dos Desvios da Aprendizagem (LIDA) – FFC/UNESP-Marília-SP sobre intervenções em habilidades metafonológica, leitura e escrita ortográfica e a escrita caligráfica para escolares com dislexia do desenvolvimento.

2. Programa de Remediação Fonológica Computadorizado – Play-On

(Barbier; Danon-Boileau, 2002 adaptado por Grmano, 2008)

O objetivo deste programa é trabalhar habilidades fonológicas de forma computadorizada com escolares. O software Play-On foi produzido e desenvolvido na França e traduzido e adaptado para o português brasileiro por Germano (2008). O programa original foi composto por atividades que contêm palavras, frases e texto. Na adaptação brasileira foram apenas adaptados o nível das palavras e frases.

As atividades desenvolvidas no programa incluíram discriminação de fonemas em logatomos, palavras e frases, deleção de fonemas em logatomos, palavras dissílabas e trissílabas. O programa é realizado em 13 sessões, com duração de 40 minutos, individualmente, duas vezes por semana.

2.1 Programa de intervenção com as habilidades percepto-viso-motoras (FUSCO, 2013)

O objetivo do programa é auxiliar no desenvolvimento de habilidades percepto-visomotoras. Este programa é composto por 8 atividades de coordenação- viso-motora e percepção visual, presentes em todas as sessões do programa. As provas elegidas para o programa foram exercícios viso-motores, discriminação visual, memória visual, relação viso-espacial, constância de forma, memória sequencial visual, figura-fundo visual e closura visual.

O programa é composto por estímulos linguísticos e visuais e pode ser aplicado tanto por professores em sala de aula quanto por outros profissionais da saúde e da educação em ambiente clínico.

2.1.1 Programa de Remediação com a Nomeação Automática Rápida e Leitura - PRONAR-LE (SANTOS; CAPELLINI, 2018)

O programa trabalha somente a nomeação automática rápida, pois seu objetivo principal, além da melhora da fluência e precisão de leitura, é trabalhar a fusão temporal rápida em sucessão necessária para a realização tanto da nomeação automática rápida quanto da leitura.

Este programa foi elaborado para ser utilizado por profissionais da educação em âmbito clínico ou educacional, de forma individual, com escolares que apresentam dislexia e dificuldades de aprendizagem. Por se tratar de um programa para escolares já diagnosticados, seu uso é indicado somente para escolares com mais de 8 anos de idade.

O programa é composto por 6 sessões, que trabalham pranchas de nomeação automática rápida com estímulos de cores, figuras, palavras e pseudopalavras que aumentam de complexidade tanto estrutural quanto silábica a cada sessão.

2.1.2 Programa Fonoaudiológico de Intervenção Multissensorial (CERQUEIRA-CESAR, 2018)

Este programa foi desenvolvido por Cerqueira Cesar (2018), baseado na abordagem instrucional Orton-Gillingham (OG) e no National Reading Panel (2000), considerando as duas principais habilidades necessárias, sendo elas o domínio do princípio alfabético e a habilidade metafonológica, que garantem a eficácia de instruções de leitura tanto em sala de aula quanto em contexto clínico – interventivo.

O Programa de Intervenção Multissensorial foi desenvolvido para ser utilizado em ambiento clínico por fonoaudiólogos e fonoaudiólogos educacionais e é composto pelas seguintes atividades: reconhecimento do alfabeto, correspondência grafema-fonema, conhecimento do ponto articulatório do fonema, realização do traçado de letra, estereognosia, manipulação silábica e manipulação fonêmica, identificação de rima, produção de rima, identificação de aliteração, produção de aliteração, adição silábica, subtração silábica, substituição silábica, manipulação silábica, adição fonêmica, subtração fonêmica, substituição fonêmica e manipulação fonêmica, trabalhadas em 10 sessões.

2.1.3 Intervenção com a Técnica de Cloze – In - Cloze (Albrecht & Capellini, 2020)

O objetivo deste programa é auxiliar o desenvolvimento da compreensão de leitura em escolares com dificuldades específicas na compreensão leitora de textos narrativos e expositivos.

O programa de intervenção com a Técnica de Cloze é composto por 5 níveis. No nível 1, há duas palavras semanticamente diferentes abaixo da lacuna. No nível 2, há duas palavras abaixo da lacuna semanticamente iguais. No nível 3, também há duas opções abaixo da lacuna visualmente parecidas com a parte superior retirada (esta, elaborada pela autora) e no nível 4, as palavras omitidas são colocadas abaixo do texto e neste último não há auxílio para o preenchimento.

2.1.4 Programa de intervenção com a compreensão de leitura e textos narrativos e expositivos (Cunha, 2019)

O programa de intervenção com a compreensão de leitura e textos narrativos e expositivos tem como objetivo fornecer aos escolares estratégias de leitura que possibilitem a obtenção da compreensão profunda do texto, como também a obtenção de uma leitura crítica e reflexiva, sendo um procedimento de intervenção que pode ser utilizado no contexto clínico e educacional.

É composto por 10 materiais, entre textos narrativos e expositivos com guia do profissional e caderno teórico, além de atividades para o escolar para serem realizadas antes, durante e após a leitura, com aumento gradativo dos conhecimentos das estratégias de leitura, sendo indicado para 3º ao 5º ano do ensino fundamental.

O programa é dividido em duas partes: entre textos narrativos e expositivos. O primeiro tem por objetivo o conhecimento da estrutura dos textos narrativos e habilidades necessárias para uma compreensão profunda do texto, distribuído em 20 histórias (em ordem crescente de extensão e dificuldade) com 23 passos para serem trabalhos em diversas atividades e com determinado objetivo.

No segundo, os textos expositivos são compostos por 15 textos, com o objetivo de conhecer as diferentes formas de organização deste tipo de texto, sendo utilizadas cinco formas básicas de organização dos textos expositivos, e em cada tipo de organização são utilizados 3 textos com atividades especificas para aquele tipo de organização.

2.1.5 Programa de Intervenção com as Dificuldades Ortográficas (Sampaio, 2012)

O programa de intervenção com as dificuldades ortográficas foi baseado em estudos desenvolvidos por Cervera-Mérida e Ygual-Fernández (2006), que teve por objetivo levantar o perfil ortográfico dos escolares do 1º ao 5º ano do ensino público, visando caracterizar, comparar e classificar o desempenho ortográfico segundo a semiologia dos erros.

É dividido em 3 módulos, segundo a tipologia das dificuldades ortográficas. Módulo 1 – intervenção para os erros de ortografia natural; Módulo 2 – intervenção para os erros de ortografia arbitrária dependente de contexto; Módulo 3 – intervenção para os erros de ortografia arbitrária independentes de regras. O programa é realizado em 16 sessões, divididas em quatro sessões para o Módulo 1, seis sessões para o Módulo 2 e seis sessões para o Módulo 3, para escolares do 3º ao 5º ano do ensino fundamental.

O programa contém 16 sessões que são apresentadas, inicialmente, um texto para os escolares. No Módulo 1, textos com dificuldades ortográficas em [p] – [b]; [t] – [d]; [f] – [v]; [m] – [n], no Módulo 2, sendo trabalhados dificuldades ortográficas com erros de ortográfica arbitrária dependente do contexto em M/N; C/QU; G/GU; R/RR; ÃO/AM; X e no Módulo 3, dificuldades ortográficas arbitrárias independentes de regras, sendo CH/X; J/G; S/Z; S/C/Ç; SS/SC/XC; H.

2.1.6 Programa de remediação fonológica – Proposta de Intervenção Fonológica para Dislexia e Transtornos de Aprendizagem (Silva & Capellini, 2009)

O programa foi elaborado para escolares do 1º ao 3º ano do ensino fundamental, com o objetivo de verificar a eficácia de um do programa de remediação fonológica e leitura em escolares com distúrbio de aprendizagem.

As etapas do programa de remediação fonológica são apresentadas na seguinte ordem: identificação do som e da letra, identificação de palavras dentro de uma frase, identificação e manipulação de sílabas na palavra, síntese fonêmica, rima, identificação e discriminação de fonemas, segmentação de fonemas, subtração de fonemas, substituição de fonemas, transposição de fonemas e leitura.

Este programa é realizado em 18 sessões com duração de 50 minutos cada, em que cada sessão é iniciada por meio da leitura de um livro da Coleção Estrelinha (1995).

2.1.7 Programa de Intervenção Fonológica associada a leitura e a escrita para escolares com dislexia (Liporaci, 2020)

O programa foi elaborado para escolares do 4º ao 5º ano do ensino fundamental, com objetivo de verificar a eficácia de um programa de intervenção fonológica associada à leitura e à escrita com escolares com dislexia.

Este programa é dividido na seguinte ordem: conhecimento do alfabeto e identificação do som das letras em sequência, nomeação automática rápida de figuras e palavras, nomeação automática rápida de palavras (acesso lexical), leitura de palavras e pseudopalavras, ditado de palavras, correção ditado de palavras, rima, decisão lexical, igual ou diferente. O programa é realizado em 10 sessões com duração de 50 minutos cada.

3. Considerações finais

Os estudos realizados pelo Laboratório de Investigação dos Problemas de Aprendizagem (LIDA), voltados para os escolares com dislexia, revelaram que há um número significativo de escolares que apresentam não só manifestações relacionadas as habilidades do processamento fonológico, mas também as habilidades de percepção visual e viso-motor. Evidências recentes sugerem que os programas de intervenção que incluem o trabalho com habilidades são bem-sucedidos para a melhora do desempenho em leitura (precisão, fluência e compreensão) e em escrita (ortográfica e caligráfica) (Valdois et al., 2014).

Este capítulo não pretendeu esgotar as discussões acerca dos modelos de intervenção utilizados com os escolares com dislexia do desenvolvimento, mas sim apresentar estudos nacionais realizados em um laboratório de pesquisa interdisciplinar que se propõe a verificar o impacto das intervenções nestes escolares.

Entretanto, apenas por meio de estudos sistemáticos baseados em evidência científica será possível melhorar a qualidade de vida acadêmica e social destes escolares por meio do uso de intervenções que objetivem diminuir o impacto das manifestações da dislexia no contexto de sala de aula.

Referências bibliográficas

Albrecht, R. G. M., & Capellini, S. A. (2020). *Intervenção com a Técnica de Cloze – In-Cloze.* Ribeirão Preto: Booktoy.

Castles, A., & Coltheart, M. (1993). Varieties of developmental dyslexia. *Cognition,* 47, (2), 149-180.

Cervera-Mérida, J. F., & Ygual-Fernández, A. (2006). Uma propuesta de intervención em trastornos disortográficos atendiendo a la semiologia de los errores. *Revista de Neurología,* 42 (2), 117-126.

César, A. B. C. (2018). *Programa fonoaudiológico de intervenção multissensorial para sujeitos com dislexia: aplicação e significância clínica* (Dissertação de Mestrado). Universidade Estadual Paulista, UNESP, Marília.

Citoler, S. A. D., & Serrano, F. (2011). Procesos fonológicos e explícitos e implícitos, lectura y dislexia. *Revista Neuropsicología, Neuropsiquiatría y Neurociencias, 11* (1), 79-94.

Coltheart, M., Rastle, K., Peerry, C., Langdon, R., & Ziegler, J. (2001). DRC: a dual route cascaded model of visual word recognition and reading aloud. *Psychological review, 108* (1), 204.

Cunha, V. L. O, & Capellini, S.A. (2019). *PrintComle – Programa de intervenção para compreensão de leitura e textos.* Ed. Booktoy.

Démonet, J., Taylor, M. J., & Chaix, Y. (2004). Developmental dyslexia. *The Lancet,* 363 (9419), 1451-1460.

Dubois, M., Lafaye, M. P., Noel, M. P., & Valdois, S. (2007). Preorthographical constraints on visual word recognition: Evidence from a case study of developmental surface dyslexia. *Cognitive neuropsychology,* 24 (6), 623-660.

Fusco, N. (2013). *Elaboração de programa de intervenção com as habilidades percepto-viso-motoras em escolares com dislexia do desenvolvimento* (Dissertação de Mestrado). Universidade Estadual Paulista, UNESP, Marília.

Germano, G. D. (2008). *Eficácia do Programa de remediação fonológica Play-on em escolares com dislexia de desenvolvimento.*

Germano, G. D., Reilhac, C., Capellini, S. A., & Valdois, S. (2014). The phonological and visual basis of developmental dyslexia in Brazilian Portuguese reading children. *Frontiers in psychology, 5*, 1169.

Germano, G. D., Pinheiro, F. H., & Capellini, S. A. (2013). Desempenho de escolares com dislexia: programas de intervenção metalinguístico e de leitura. *Psicologia Argumento*, 31 (72), p. 11-22.

Lindamood, P., & Lindamood, P. (1998). *The Lindamood phoneme sequencing program for reading, spelling, and speech: The LiPS Program. [Multimedia Kit].* Austin, TX: PRO-ED.

Liporaci, G.(2020). *Elaboração e análise da significância clínica de intervenção fonológica associada à leitura e à escrita para sujeitos com dislexia do desenvolvimento do subtipo misto* (Dissertação de Mestrado). Universidade Estadual Paulista "Júlio de Mesquita Filho, UNESP, Marília.

Martins, A. M., & Capellini, S. A. (2018). *ADFLU – Avaliação do desempenho em fluência de leitura.* Ed. Booktoy.

National Reading Panel (US), National Institute of Child Health, & Human Development (US). (2000). *Report of the national reading panel: Teaching children to read: An evidence-based assessment of the scientific research literature on reading and its implications for reading instruction: Reports of the subgroups.* National Institute of Child Health and Human Development, National Institutes of Health.

Oliveira, D. G. D., Sacchetto, K. K., Ueki, K., Silva, P. B. D., & Macedo, E. C. D. (2011). Análise da produção escrita de crianças com dislexia do desenvolvimento submetidas a intervenção fônica computadorizada. *Revista da Associação Brasileira de Psicopedagogia*, 28 (87), 246-255.

Peterson, R. L., & Pennington, B. F. (2013). Developmental dyslexia. *The Lancet*, 379, (9830), 1997-2007.

Pritchard, S. C., Coltheart, M., Marinus, E., & Castles, A. (2018). A Computational Model of the Self-Teaching Hypothesis Based on the Dual-Route Cascaded Model of Reading. *Cognitive Science,* 42, (3), 722-770.

REID, G. (2016) *Dyslexia: A practitioner's handbook.* Malden, MA: John Wiley & Sons.

Sampaio, M. N. (2012). *Desempenho ortográfico de escolares do ensino fundamental: elaboração e aplicação de um instrumento de intervenção* (Dissertação de Mestrado). Universidade Estadual Paulista, UNESP, Marília.

Santos, B., & Capellini, S.A. (2018). *Programa de Remediação com a Nomeação Automática Rápida e Leitura – PRONAR-LE*. Ribeirão Preto: Booktoy.

Silva, C., & Capellini, S.A. *Programa de Remediação Fonológica: proposta de intervenção fonológica para dislexia e transtornos de aprendizagem*. São José dos Campos, SP: Editora Pulso.

Snowling, M. J. (2013). Early identification and interventions for dyslexia: a contemporary view. *Journal of research in special educational needs*, 13 (1), 7-14.

Valdois, S., Bosse, M.L, Ans, B., Carbonnel, S., Zorman, M., David, D., & Pellat, J. (2003). Phonological and visual processing deficits can dissociate in developmental dyslexia: Evidence from two case studies. *Reading and Writing: Na Interdisciplinary Journal*, 16 (6), 541-572.

CAPÍTULO 9

Facilitando a aprendizagem de crianças com transtornos do espectro do autismo

Eder Ricardo Da Silva
Fernanda Piovesan Dota
Flávia Heloísa Santos

1. Introdução

No Brasil, o processo de inclusão escolar de pessoas com deficiências conta com uma legislação específica que garante o direito à educação. Em 2015, foi instituída a Lei 13.146 "destinada a assegurar e a promover, em condições de igualdade, o exercício dos direitos e das liberdades fundamentais por pessoa com deficiência, visando à sua inclusão social e cidadania" (Brasil, 2015). De forma complementar, a Lei 12.764/12 institui a Política Nacional de Proteção dos direitos da pessoa com Transtornos do Espectro do Autismo (TEA) e garante o acesso à educação e ao ensino profissionalizante (Brasil, 2012).

De acordo com a Política Nacional de Educação Especial na Perspectiva da Educação Inclusiva, as crianças com TEA fazem parte do grupo de crianças com Necessidade Educacionais Especiais (Brasil, 2008). Portanto, a legislação deve garantir o acesso dessas crianças ao ensino regular e facilitar o processo de interação e aprendizagem. Entretanto, garantir o acesso não é o mesmo que garantir a aprendizagem, pois, a inclusão não deve ser apenas social. Estas crianças necessitam diversos auxílios para que a aprendizagem ocorra no contexto escolar. O presente capítulo tem por objetivo discutir as intervenções existentes para facilitar este processo de aprendizagem de crianças com TEA. A saber:

i) Análise do Comportamento Aplicada; ii) Comunicação Aumentativa e Alternativa; iii) Estimulação Multissensorial Snoezelen/MSE; e iv) Estimulação Musical.

2. Transtornos do Espectro do Autismo

De acordo com DSM-5 (APA, 2014), os TEA integram o rol dos transtornos do neurodesenvolvimento, constituindo um grupo de condições cujas manifestações incluem prejuízos nas habilidades sociais, cognitivas, de comunicação e comportamento. Segundo Schwartzman (2015, p. 135), "fazem parte desse grupo o Transtorno Autista, a Síndrome de Asperger e o Transtorno Global do Desenvolvimento Sem Outra Especificação". O termo "espectro" é referente aos níveis e intensidade de apoio necessário, variando do mais simples (Nível I - leve) ao substancial (Nível II - moderado) e muito substancial (Nível III - grave). Além disso, este grupo está frequentemente associado às discrepâncias no funcionamento intelectual e inclui os critérios para o diagnóstico (Quadro 1).

Quadro 1 – Critérios Diagnósticos DSM-5 (APA, 2014)

Déficits persistentes na comunicação social e na interação social em múltiplos contextos, conforme manifestado pelo que segue, atualmente ou por história prévia (os exemplos são apenas ilustrativos, e não exaustivos):
Déficits na reciprocidade socioemocional, variando, por exemplo, de abordagem social anormal e dificuldade para estabelecer uma conversa normal a compartilhamento reduzido de interesses, emoções ou afeto, e dificuldade para iniciar ou responder a interações sociais.
Déficits nos comportamentos comunicativos não verbais usados para interação social, variando, por exemplo, de comunicação verbal e não verbal pouco integrada a anormalidade no contato visual e linguagem corporal, ou déficits na compreensão e uso gestos a ausência total de expressões faciais e comunicação não verbal.
Déficits para desenvolver, manter e compreender relacionamentos, variando, por exemplo, de dificuldade em ajustar o comportamento para se adequar a contextos sociais diversos a dificuldade em compartilhar brincadeiras imaginativas, ou em fazer amigos a ausência de interesse por pares.

Padrões restritos e repetitivos de comportamento, interesses ou atividades, conforme manifestado por pelo menos dois dos seguintes, atualmente ou por história prévia (os exemplos são apenas ilustrativos, e não exaustivos):

Movimentos motores, uso de objetos ou fala estereotipados ou repetitivos (por exemplo, estereotipias motoras simples, alinhar brinquedos ou girar objetos, ecolalia, frases idiossincráticas).

Insistência nas mesmas coisas, adesão inflexível a rotinas ou padrões ritualizados de comportamento verbal ou não verbal (como sofrimento extremo em relação a pequenas mudanças, dificuldades com transições, padrões rígidos de pensamento, rituais de saudação, necessidade de fazer o mesmo caminho ou ingerir os mesmos alimentos diariamente).

Interesses fixos e altamente restritos que são anormais em intensidade ou foco (por exemplo, forte apego a ou preocupação com objetos incomuns, interesses excessivamente circunscritos ou perseverativos).

Hiper ou hiporreatividade a estímulos sensoriais ou interesse incomum por aspectos sensoriais do ambiente (como indiferença aparente a dor/temperatura, reação contrária a sons ou texturas específicas, cheirar ou tocar objetos de forma excessiva, fascinação visual por luzes ou movimento).

Fonte: Elaborado pelos autores.

De acordo com a nomenclatura atual do DSM-5 (APA, 2014), indivíduos com a Síndrome de Asperger, correspondem ao Nível I dos TEA; são aquelas pessoas com excelente funcionamento intelectual e, normalmente, apresentam um vocabulário proporcionalmente superior, habilidades que facilitam a aprendizagem no contexto escolar. Em contrapartida, podem apresentar um excessivo interesse por temas específicos, dificuldade em compreender metáforas e interação social imprópria, contudo, sem histórico de atraso na linguagem (Assumpção & Padovani, 2010).

De acordo com os dados da Organização Mundial de Saúde, uma em cada 160 crianças possui o diagnóstico de TEA. Entretanto, os dados do órgão governamental americano Centro de Controle e Prevenção de Doenças (*Center of Disease Control and Prevention*) mostram que até o ano 2000 estimava-se que 1 a cada 150 crianças tinha autismo. Atualmente, 1 a cada 54 crianças somente nos EUA. O aumento de casos pode ser decorrente de maior conscientização, expansão dos critérios diagnósticos e o desenvolvimento de ferramentas que auxiliam na avaliação e identificação (Opas Brasil, 2017).

Crianças com TEA podem apresentar alterações comportamentais que comprometem suas competências sociais e escolares. Hiperatividade, dificuldades emocionais, agressividade e problemas comportamentais também são comuns. Os comprometimentos das diferentes áreas podem variar de leve a moderado e grave (American Psychiatric Association, 2014; Rodrigues Domiciano, & Emerich-Geraldo, 2018).

A linguagem, receptiva e expressiva, viabiliza a comunicação e favorece a interação social. Nem sempre pessoas com TEA conseguem se comunicar efetivamente, seja pela comunicação oral ou escrita. Diante disso, há possibilidades de fazer uso de uma estratégia de comunicação diferenciada e funcional (Felix, 2016).

Bosa e Zanon (2016) destacam três habilidades fundamentais no processo de simbolização e aquisição da linguagem: atenção compartilhada, compreensão da intenção comunicativa e imitação; a atenção compartilhada é a base para a aquisição da linguagem, pois por meio desta habilidade ocorre a compreensão da intenção comunicativa. Em crianças com TEA essas habilidades se mostram prejudicadas.

2.1 Desafios para a escola e para o professor

A aprendizagem formal é uma das dificuldades mais vivenciadas por alunos com TEA, pois muitos não conseguem aprender a ler e escrever devido ao comprometimento intelectual e comportamental. No contexto escolar, a avaliação deve ter como objetivo principal orientar o docente no planejamento educacional, ou seja, na construção de estratégias para avaliar, planejar e acompanhar o desempenho acadêmico do aluno (Anache & Resende, 2016).

O processo de aprendizagem de crianças com déficits intelectuais deverá ser realizado por meio de adaptações que devem ser adequadas às necessidades individuais. Nem todas as crianças com TEA apresentam déficits intelectuais, contudo a dificuldade na interação social e na expressividade, além de padrões restritos e repetitivos de comportamentos definem o tipo de suporte necessário, conforme o grau de comprometimento do indivíduo (Anache & Resende, 2016). A partir disso, deve ser traçado um plano de ensino individualizado para cada aluno.

Ressaltamos que a parceria entre família, escola e serviços especializados é essencial para favorecer a aprendizagem de crianças com TEA. Quando se trata de serviço especializado, estamos nos referindo ao atendimento de suporte e estimulação com equipe interdisciplinar especializada[1], envolvendo avaliação e tratamento de áreas como medicina (neurologia e psiquiatria), psicologia, terapia ocupacional, fonoaudiologia, pedagogia, música, educação física, entre outras.

2.2 Avaliação

O diagnóstico nos casos de suspeita de TEA pode ser realizado somente por meio de equipe multiprofissional, envolvendo médicos (psiquiatra e/ou neurologista) e psicólogos. Após uma avaliação completa a partir da observação comportamental, utilizando os critérios do sistema de classificação do DSM-5 (APA, 2014) e do CID-11 (WHO, 2018) com instrumentos padronizados. Dentre os instrumentos, destacamos as escalas que avaliam os comportamentos referentes às relações pessoais, imitação, resposta emocional, uso corporal, uso de objetos, respostas às mudanças, respostas visuais e auditivas, resposta ao uso do paladar, olfato e tato, medo ou nervosismo, comunicação verbal e não-verbal, nível de atividade, atenção compartilhada, brincar simbólico (Marques & Bosa, 2015).

Além da necessidade das avaliações com as áreas específicas, se faz necessário a avaliação da criança no contexto familiar e escolar. Essa avaliação deve contemplar a observação do comportamento da criança e sua interação com os colegas e professores, além de entrevistas com os familiares e profissionais envolvidos no contexto escolar.

Segundo Schwartzman (2015), um protocolo adequado de diagnóstico deve ser acompanhado de avaliações linguísticas e neuropsicológicas; esta última se propõe a avaliar habilidades cognitivas, como inteligência, atenção, memória, percepção visual, funções executivas, entre outras. Nos TEA são comuns alterações em funções executivas, atenção e processamento sensorial.

[1] Particularmente na área da educação, todos os profissionais que atuam com os TEA necessitam de especialização Lato Sensu em Educação Especial com ênfase em Deficiência Intelectual.

2.3 Intervenções

Apresentaremos alguns programas de intervenção para pessoas com TEA cujo objetivo é facilitar o desenvolvimento global do indivíduo, os quais podem favorecer a aprendizagem escolar. Além disso, essas intervenções podem ser úteis para crianças com Deficiência Intelectual, comórbido ou não com os TEA.

2.4 Applied Behavior Analysis - ABA

Em relação ao comportamento, dentro dos TEA as intervenções com mais evidências científicas estão relacionadas à análise do comportamento aplicada, chamada internacionalmente de *Applied Behavior Analysis* (Aba, Wong et al., 2015; Lovaas, 1987). Concerne à modificação de comportamentos, sejam eles adquiridos, em aquisição ou considerados "inadequados".

A intervenção baseada em ABA é funcional para manejar comportamentos focais como "se sentar", "calçar o tênis", "apontar um objeto", "não gritar", "escrever uma letra", etc. Para cada exemplo citado são organizados contingências e rearranjos para intervir em cada comportamento foco a ser alcançado. Os planos de intervenção, bem como o próprio programa de intervenção, dependem da especificidade de cada caso.

Uma metanálise internacional realizada por Makrygianni, Gena, Katoudi, & Galanis (2018) apontou que os programas ABA são de moderados a altamente eficazes, trazendo benefícios significativos para crianças com TEA nas áreas, a saber: i) altamente eficaz em habilidades intelectuais; ii) moderadamente eficaz em habilidades de comunicação, habilidades de linguagem expressiva e receptiva; iii) moderadamente eficaz na melhoria do QI fornecido por testes não verbais, comportamento adaptativo e socialização; e iv) teve baixa eficácia na melhoria das habilidades da vida diária.

No Brasil, o acesso às intervenções em ABA (protocolo específico) está disponível somente à rede privada, e o tratamento ainda está em discussão para implantação em políticas públicas de assistência. Embora a eficácia da ABA seja comprovada cientificamente e vista como padrão ouro de intervenção, a qualificação profissional é de alto custo. Diante disso e de todas as situações em que a pessoa com TEA enfrenta no país, o acesso a esta intervenção torna-se um ponto de impasse.

Segundo Lovaas (1987), um programa de intervenção em ABA deve se iniciar em casa, com auxílio de um mediador direto com os pais. As estratégias e programas de ensino assistem às crianças num período de 30 a 40 horas semanais. Diante disso, no Brasil, apenas crianças e suas famílias de maior poder aquisitivo têm acesso a essa intervenção.

Mesmo em instituições públicas de assistência às crianças com deficiência intelectual ou TEA, as estratégias de modificação de comportamento são baseadas na própria análise funcional do comportamento, mas não especificamente nos princípios gerais da intervenção ABA. Uma análise funcional leva em conta aspectos do ambiente e a função que o comportamento tem naquele espaço (Matos, 1999).

Ao professor, é importante conhecer a análise funcional do comportamento[2]. Ao analisar, por exemplo, um comportamento que julgue inadequado, ele será capaz de fazer ajustes nas estratégias realizadas em sala de aula, modificando, diminuindo e, até mesmo, extinguindo tal comportamento.

2.5 Comunicação Aumentativa e Alternativa, PECS e TEACCH

Segundo Glennen (1997), a Comunicação Aumentativa e Alternativa (CAA) é um meio de o indivíduo se comunicar sem necessariamente utilizar a fala. Envolve o uso de gestos, expressões faciais e corporais, bem como símbolos gráficos (pictogramas, fotografias etc). O objetivo principal da CAA é tornar o indivíduo com dificuldades na fala o mais independente e competente possível em todas as situações comunicativas (Sameshima & Deliberato, 2007).

Facilitar a comunicação e, por conseguinte, a aprendizagem de pessoas com TEA a partir do uso da CAA não é um processo simples. Usar símbolos gráficos sem uma sequência funcional pode até permitir que a criança consiga fazer associações dessa figura com algum objeto que ela queira. Entretanto, para que o processo comunicativo a partir do uso da CAA seja eficaz, é importante que o parceiro de comunicação da criança (familiares, profissionais) compreenda a lógica dos símbolos gráficos (Deliberato & Sameshima, 2007).

[2] Atualmente, existem cursos de especialização *Lato Sensu* em Análise do Comportamento Aplicada especificamente aos TEA e em Deficiência Intelectual.

Os símbolos gráficos (pictogramas), chamados de fichas de comunicação, podem ser encontrados em softwares específicos como o Board Maker® (pago) e o ARASAAC® (gratuito). Normalmente, as figuras são impressas em cartões com as palavras escritas correspondendo a um objeto.

Dentre todas as formas estabelecidas para atuar com a CAA, o Sistema de Comunicação por Troca de Figuras (Picture Exchange Communication Systems), mais conhecido como programa PECS®[3] – (Bondy & Frost, 1994) é o mais empregado nos treinamentos para pessoas com TEA. Os cartões de comunicação são colocados em cadernos, pranchas ou tiras com velcro e, a partir do treinamento das fases do PECS, é possível se comunicar. Para detalhes sobre as fases do PECS consulte Bondy e Frost (1994).

Uma revisão sistemática realizada por Sigafoos, Meer, Schlosser, Lancioni, O'Reilly, & Green (2016) encontrou que a CAA é frequentemente utilizada em casos de pessoas com TEA. O resultado mostrou um número suficiente de estudos de alta qualidade para apoiar os sistemas de CAA, a saber: escrita, seleção de imagens, comunicação por troca de imagem (PECS) e dispositivos geradores de fala baseados em computador (tablets ou vocalizadores).

Outro tipo de intervenção voltado às estratégias de ensino é o TEACCH – Tratamento e Educação para Autistas e Crianças com Déficits relacionados à Comunicação (*Treatment and Education of Autistic and Related Communications Handicapped Children*). Tal modelo tem sido considerado um facilitador para a independência na organização, comunicação e a aprendizagem para crianças com Deficiência Intelectual e TEA (Mesibov & Shea, 2009).

De acordo com Mesibov, Shea e Schopler (2005), o principal fundamento do modelo TEACCH é o ensino estruturado para facilitar a sua compreensão sobre os eventos da vida diária da criança. Além de conceber a estrutura tanto do ambiente quanto da atividade a ser realizada pela criança, organiza a sequência em passos graduais, incentivando a independência.

Segundo Lewis (1995), o modelo TEACCH ainda contribui no contexto de atendimentos clínicos, principalmente a intervenção

[3] O PECS é um sistema exclusivo de comunicação alternativa / aumentativa desenvolvido nos EUA em 1985 por Andy Bondy e Lori Frost (https://pecsusa.com/pecs/).

psicopedagógica. Nesse sentido, a participação ativa da criança possibilita melhoras nos aspectos cognitivos e sociais.

Embora haja uma indicação para o uso do TEACCH em crianças com TEA, os estudos disponíveis não contemplam uma metodologia que possa generalizar as práticas baseadas em evidências (perfil e número de participantes, avaliação das regras do modelo) que realmente comprovaram a eficácia do modelo para este público, conforme apontou Nunes e Schmidt (2019).

2.6 Estimulação multissensorial - Snoezelen/MSE

A metodologia Snoezelen/MSE nasceu na Holanda na década de 1970 e é um tipo de estimulação sensorial que, pautando-se numa concepção integralista, considera o sujeito em um ambiente controlado e enriquecido com vasto aparato sensorial (Sella, 2017). Segundo Hulsegge e Verheul (2006), a palavra Snoezelen provém da junção de dois termos holandeses, a saber: snuffelen "explorar" e doezelen "relaxar" e propõe um espaço em que o sujeito entre em contato com diferentes atividades, materiais e equipamentos multissensoriais (luzes, cores, aromas, músicas, texturas diversas). Já "ambiente multissensorial" ou MSE (*Multi Sensory Environment*) vem da prática com a metodologia na América do Norte.

As salas Snoezelen/MSE podem ser instaladas em escolas, clínicas, hospitais, e lares de idosos. Na escola, o trabalho pode ser desenvolvido pelo professor capacitado[4] juntamente com a turma, buscando uma aprendizagem amplamente sensorial. Os conteúdos acadêmicos poderão ser vivenciados e experimentados na sala Snoezelen/MSE, tornando a aprendizagem mais sensível e lúdica (Sella, 2017). Por exemplo, ao trabalhar "cores" na sala Snoezelen/MSE, o professor pode explorar as luzes, deixando a sala em uma cor específica, podendo complementar com a degustação de uma fruta. Caso a cor seja vermelha, um morango.

Associando a sala snoezelen enquanto base sensorial para todas as aprendizagens, observamos que a organização dos sistemas sensoriais pode

[4] No Brasil, o Centro Snoezelen/MSE se situa em Curitiba (PR) na Associação Mantenedora do Centro Integrado de Prevenção. Todas as capacitações e normativas para atuar com a metodologia no Brasil são regidas pela AMCIP. Fora do país, a International Snoezelen Association-ISNA é quem gerencia a metodologia.

predizer e sustentar as futuras aquisições motoras, cognitivas e intelectuais da criança (Williams & Shellenberger, 1994). Ou seja, quanto mais experiências sensoriais forem promovidas a elas, mais conseguirão se autorregular, diminuindo quadros de hiperreatividade (resposta exagerada ao estímulo) e hiporreatividade (ausência ou baixa resposta ao estímulo) (Dunn, 2017).

Para crianças com TEA que tenham alterações sensoriais, as salas snoezelen são um espaço de exploração de materiais e equipamentos, dosando a intensidade do estímulo. Um exemplo é o manuseio das fibras ópticas. Os fios têm uma textura lisa, são compridos e emitem cores, conforme mostra a Figura 1. Crianças com hiporreatividade tátil dificilmente reagirão aos fios em contato com a pele, mas as cores chamam a atenção, permitindo que olhem os fios enquanto recebem a estimulação tátil nas mãos. A partir disso, as crianças sentem o toque, olham para as mãos, percebem a estimulação que estão recebendo.

Figura 1 – Feixe de Fibra Óptica.
Sala Snoezelen/MSE da APAE Bauru (SP)

Fonte: Acervo dos autores.

Todos nós precisamos das mãos em tarefas da vida cotidiana (segurar objetos, escrever, se alimentar, se higienizar). Nesse sentido, as atividades de estimulação tátil oferecidas na sala snoezelen facilitam experiências sensoriais para que futuramente crianças com hiporreatividade compreendam a função dessas experiências.

Diante disso, os planos de trabalho com crianças com TEA precisam ser funcionais aos níveis de apoio e necessidade, pois as dificuldades na modulação sensorial podem impactar em dificuldades nas interações sociais, em mudanças de rotina e ambiente, alterações de comportamento, tendência ao isolamento e irritabilidade (Anzalone & Williamson, 2000; Cuvo, Lancioni, & O'reilly, 2002).

Estudos prévios envolvendo pessoas com TEA na sala Snoezelen/MSE encontraram melhoras desde o perfil sensorial (Watling, Deitz, & White, 2001) até diminuição de comportamentos restritivos e repetitivos (Novakovic, Milovancevic, Dejanovic, & Aleksic, 2019). É importante destacar que, como a metodologia Snoezelen/MSE tem crescido como uma forma de complementar terapias e intervenções convencionais, sejam realizados estudos prospectivos para comprovar a eficácia deste trabalho.

2.7 Estimulação musical

A música, além de ser uma linguagem artística, é uma área do conhecimento. Atualmente, as práticas que se utilizam da música estão presentes em grande parte das escolas, bem como em projetos sociais, centros de reabilitação e clínicas (Olivier, 2007). Não há um conceito formalizado sobre a estimulação musical no âmbito terapêutico, mas aqui vamos esboçar algo no sentido de contemplá-lo.

Estimular musicalmente o indivíduo é torná-lo ativo numa prática cujo objetivo seja musical. Por exemplo, ao trabalharmos com a diferenciação de timbres, estamos estimulando a criança para que consiga compreender dois tipos de sons (graves e agudos). Quando apresentamos o timbre do elefante e do passarinho, estimulamos a criança a diferenciar os dois sons e, em seguida, classificá-los. Neste contexto, a ênfase está no componente musical (conteúdos sobre timbre e altura). Em terapia fonoaudiológica, o objetivo é a percepção auditiva, mas que também auxilia a criança tanto na aula de música quanto na própria terapia e, sobretudo, na vida. Com essa atividade, em etapas posteriores, ocorre maior facilidade em compreender o som das letras, fonemas e formação de palavras, melhorando a consciência fonológica (Facchini & Wermeier, 2016).

Segundo Brito (2003), musicalizar é desenvolver o gosto pela música e tornar o indivíduo mais sensível e receptivo ao estímulo sonoro, tendo, portanto, um caráter pedagógico. A musicalização é uma forma de estimulação musical que tem seus objetivos bem definidos (o gosto e a sensibilidade). Diante disso, a apresentação dos estímulos musicais (timbre, altura, intensidade, duração, ritmo, pulso, acento, andamento, instrumentos musicais, canto, etc) pode ser combinada à medida que seu objetivo esteja bem definido, por exemplo, o treino musical para estimular habilidades matemáticas (Silva, Baldin, & Santos, 2017).

Quando o trabalho é voltado para crianças com TEA, não há diferença de conteúdos musicais (se o foco for escolar) e, sim, na estratégia a ser utilizada para aplicar a atividade. Muitas vezes, um simples comando verbal que é o mais visto na maioria das escolas não é suficiente para a compreensão da criança. É necessário que a estratégia de comunicação e aplicação da atividade seja facilitadora.

Soares (2019) reforça que as vivências musical e sonora oferecem a todas as pessoas a oportunidade de aprender, independentemente de ter uma deficiência ou não. Nesse sentido, é preciso facilitar o aprendizado para promover melhor participação de todos os alunos na perspectiva da educação inclusiva. Utilizar as informações com imagens, CAA, adaptação de jogos e materiais permitirá que todos os alunos possam aprender. Portanto, além de beneficiar a participação da criança com TEA, auxilia na compreensão de toda sua turma em sala de aula.

Na Figura 2, há um exemplo de atividade musical adaptada "Complete as notas".

Figura 2 – Atividade "Complete as notas". Produzida por N&G Criativa®.

Fonte: Acervo dos autores.

Convencionalmente, o professor de música escreve na lousa o nome das sete notas e estimula as crianças a repetir o nome, por exemplo, de Dó até Si. Em seguida, ao trabalhar a sequência e as notas vizinhas, escreve intervalos como "Dó [ ] Mi" e pede a elas para completarem oralmente. Crianças com TEA que ainda não escrevem ou não falam são incapazes de fazer a atividade, e uma maneira de adaptá-la é fazendo uma prancha com todas as notas destacáveis para que completem as lacunas (Figura 2).

No âmbito terapêutico, a intervenção musical para crianças com TEA é a musicoterapia[5]. A Musicoterapia é a utilização da música e de seus elementos (som, ritmo, melodia e harmonia), com objetivo de facilitar e promover comunicação, relacionamento, aprendizado, mobilização, expressão, organização entre outros objetivos terapêuticos relevantes, buscando atender às necessidades físicas, mentais, sociais e cognitivas (Federação Mundial De Musicoterapia). No que se refere às habilidades musicais frente ao ensino sistematizado com vistas à educação musical, os estudos são feitos com crianças de pouco comprometimento cognitivo.

Neste sentido, é importante oferecer atividades musicais bem planejadas, de preferência por um educador musical qualificado para realizar um trabalho de educação inclusiva. A música desperta emoções e recruta áreas do cérebro quando estamos expostos a ela, mesmo que passivamente (Duque, García-Moreno, & Soria-Urios, 2011; Swaminathan & Schellenberg, 2018). Contudo, se as crianças são estimuladas mesmo ao ouvir canções, ao participarem ativamente da estimulação, podem refinar e aprimorar habilidades não só musicais, mas sociais e estéticas, muito importante nos dias atuais (Ilari, 2009).

3. Considerações finais

O objetivo do presente capítulo foi discutir intervenções que podem facilitar a aprendizagem de crianças com TEA. Os programas de intervenção apresentados podem ser aplicados em escolas comuns ou especializadas desde que o professor seja obtenha especialização nos programas citados.

Conhecer a ABA e seus princípios pode auxiliar em condutas comportamentais no grupo ou individualmente em sala de aula. Trabalhar com a CAA principalmente com crianças não verbais oportunizará

[5] A qualificação profissional em musicoterapia é oferecida em nível de graduação.

a comunicação entre todos na escola. Oferecer um espaço como uma sala multissensorial Snoezelen/MSE vai beneficiar para além da criança com alterações sensoriais, mas seu grupo todo poderá explorar conteúdos de forma mais prática, auxiliando no processo da autorregulação dos estímulos recebidos. As atividades de estimulação musical podem ser realizadas pelos professores de música. É importante compreender qual o foco da música na atividade realizada (apreciação musical, teoria musical, rodas cantadas e tocadas) e promover as adaptações necessárias.

Consideramos importante destacar que embora existam as leis que garantem direitos à inclusão e benefícios às pessoas com TEA, ainda é necessário que a comunidade escolar tenha de fato ações inclusivas. O acesso à escola todas as crianças já conquistaram, mas a permanência na escola com a qualidade de um ensino para todos, respeitando a diversidade ainda não. Facilitar a aprendizagem de crianças com TEA vai além de incluí-las na escola. Precisamos compreender que este aluno tem uma história de vida para além da deficiência e necessita de um apoio especializado dentro da diversidade que é a sala de aula. O processo de educação inclusiva está avançando e, aos poucos, o Brasil todo terá oportunidade de promovê-la.

Referências bibliográficas

American Psychiatric Association. (2014). *Manual Diagnóstico e Estatístico de Transtornos Mentais: DSM-5* (5 ed.). Porto Alegre: Artmed.

Anache, A. A., & Resende, D. A. R. Caracterização da avaliação da aprendizagem nas salas de recursos multifuncionais para alunos com deficiência intelectual. *Revista Brasileira de Educação, 21*, (66), 569-591.

Anzalone, M. E., & Williamson, G. G. (2000). Sensory processing and motor performance in autism spectrum disorders. In A. M. Wetherby, & B. M. Prizant (Orgs.). *Autism spectrum disorders: A transactional developmental perspective.* Baltimore: Paul H. Brookes.

Bondy, A. S., & Frost, L. A. (1994). The picture exchange communication system. *Focus on Autism and Other Developmental Disabilities, 9*, 1-19.

Bosa, C. A., & Zanon, R. B. (2016). Bases teóricas do desenvolvimento pré-linguístico: implicações para o diagnóstico precoce do autismo. In V. L. P. S. Caminha, J. Y, Huguenin, L. M. Assis, P. P. Alves (Orgs.) *Autismo: vivências e caminhos.* São Paulo: Edgard Blücher.

Brasil. *Lei nº 13.146, de 06 de julho de 2015.* Instituí a Lei Brasileira de Inclusão da Pessoa com Deficiência (Estatuto da Pessoa com Deficiência). Recuperado de http://portal.mec.gov.br/arquivos/pdf/politicaeducespecial.pdf.

Brasil. *Lei 12.764, de 27 de dezembro de 2012.* Institui a Política Nacional de Proteção dos Direitos da Pessoa com Transtorno do Espectro Autista Recuperado de https://presrepublica.jusbrasil.com.br/legislacao/1033668/lei-12764-12.

Brito, T. A. (2003). *Música na educação infantil: proposta para a formação integral da criança* (2. ed.). São Paulo: Peirópolis.

Dunn, W. (2017). *Vivendo sensorialmente: entenda seus sentidos.* São Paulo: Pearson Clinical.

Felix, P. (2016). Acessibilidade atitudinal: uma contribuição da fonoaudiologia para pessoas com transtorno do espectro do autismo. In V. L. P. S. Caminha, J. Y. Huguenin; L. M. Assis, & P. P. Alves (Orgs.) *Autismo: vivências e caminhos.* São Paulo: Edgard Blücher.

Glennen, S. L. (1997). Introduction to augmentative and alternative communication. In S. L. Glennen, D. Decoste (Orgs.) *The handbook of augmentative and alternative communication.* San Diego: Singular.

Hulsegge, J., & Verheul, A. (2006). *Snoezelen: another world.* Derbyshire: ROMPA.

Ilari, B. (2009). *Música na infância e na adolescência: Um livro para pais, professores e aficionados.* Curitiba: IBPEX.

Lancioni, G. E., Cuvo, A. J., & O'reilly, M. F. (2002). Snoezelen: an overview of research with people with developmental disabilities and dementia. *Disability and Rehabilitation, 24,* (4), 175-184.

Lewis, L. (1995). Programa TEACCH. In J. S. Schwartzman, & F. B. Assumpção-Junior. *Autismo Infantil.* São Paulo: Memnon.

Lovaas, O. I. (1987). Behavioral treatment and normal education and intellectual functioning in young autistic children. *Journal of Consulting and Clinical Psychology, 55*(1), 3-9.

Makrygianni, M. K., Gena, A., Katoudi, S., & Galanis, P. (2018).The effectiveness of applied behavior analytic interventions for children with Autism Spectrum Disorder: A meta-analytic study. *Research in Autism Spectrum Disorders, 51,* 18–31.

Marques, D. F., & Bosa, C. A. (2015). Protocolo de Avaliação de Crianças com Autismo: Evidências de Validade de Critério. *Psic.: Teor. e Pesq., 31* (1), 43-51.

Matos, M. A. (1999). Análise funcional do comportamento. *Revista Estudos de Psicologia*, 16,(3), 8-18.

Novakovic, N., Milovancevic, M. P., Dejanovic, S. D., & Aleksic, B. (2019). Effects of Snoezelen: Multisensory environment on CARS scale in adolescents and adults with autism spectrum disorder. *Research in Developmental Disabilities, 89*, 51–58.

Nunes, D. R. P.; Schmidt, C. (2019). Educação especial e autismo: das práticas baseadas em evidências à escola. *Cadernos de Pesquisa, 49* (173), 84-104.

Olivier, L. (2007). *Psicopedagogia e Arteterapia: Terapia e prática na aplicação em clinicas e escolas – musicoterapia, arteterapia e psicopedagogia*. Rio de Janeiro: Editora Wak.

Opas Brasil (Organização Pan-Americana da Saúde). (2017, Abril). *Transtorno do Espectro Autista*, abr., 2017. Recuperado de https://www.paho.org/bra/index.php?Itemid=1098.

Padovani, C. R., & Assumpção-J., F. B. (2010). Habilidades sociais na síndrome de Asperger. *Bol. - Acad. Paul. Psicol., 30* (1), 155-167.

Rodrigues, R. S., Domiciano, P. R. C., & Emerich-Geraldo, D. (2018). Deficiência intelectual e transtorno do espectro autista: uma revisão da literatura sobre os comportamentos do professor na inclusão escolar. *Cad. Pós-Grad. Distúrb. Desenvolv., 18* (2), 170-186.

Sameshima, F. S., & Deliberato, D. (2007). Identificação das habilidades expressivas utilizadas por um grupo de alunos não-falantes durante atividades de jogos. In E. J. Manzini (Org.). *Inclusão do aluno com deficiência na escola: os desafios continuam*. Marília: ABPEE.

Schwartzman, J. S. (2015). Transtornos do espectro do autismo. In F. H. Santos, V. M. Andrade, & O. F. A. Bueno. *Neuropsicologia hoje*. Porto Alegre: Artmed.

Sella, M. A. P. (2017). *Snoezelen/MSE: Em busca da essência da vida*. Curitiba: Multideia.

Sigafoos, J., Meer, S. V. D., Schlosser, R., Lancioni, G. E., O'Reilly, M. F., & Green, V. A. (2016). Augmentative and Alternative Communication in Intellectual and Developmental Disabilities. In *Intellectual and Developmental Disabilities*. (pp. 255-285). Eds. James K. Luiselli, Aaron J. Fischer. Computer-Assisted and Web-Based Innovations in Psychology, Special Education, and Health. Academic Press.

Silva, E. R., Baldin, M. S., & Santos, F. H. (2017). Cognitive Effects of Numeracy Musical Training in Brazilian Preschool Children: A Prospective Pilot Study. *Psychology & Neuroscience, 10* (3), p. 281-296.

Soares, L. (2019). Esse jogo chamado "música"... é para todos? Considerações sobre a educação musical inclusiva. In T. A. Brito. *Um jogo chamado música: Escuta, Experiência, criação, educação.* São Paulo: Pierópolis.

Soria-Urios, G., Duque, P., & García-Moreno, J. M. (2011). Música y cérebro: fundamentos neurocientíficos y trastornos musicales. *Revista de Neurología, 52* (1), 45-55.

Swaminathan, S., & Schellenberg, E. G. (2018). Musical competence is predicted by music training, cognitive abilities, and personality. *Scientific Reports, 8* (9223), 1-7.

Watling, R. L., Deitz, J., & White, O. (2001). Comparison of Sensory Profile scores of young children with and without autism spectrum disorders. *American Journal of Occupational Therapy, 55*, 416–423.

Wermeier, C. A., & Facchini, L. (2016). Consciência fonológica e atividades metalinguísticas: a produção de conhecimento na alfabetização. *Revista Acadêmica Licenciaturas, 4* (2), p. 88-98.

Williams, M. S., & Shellenberger, S. (1996). *"How Does Your Engine Run?"* ® A leader's guide to the Alert Program® for self-regulation. Albuquerque, NM: TherapyWorks, Inc.

Wong, C., Odom, S. L., Hume, K. A., Cox, A. W., Fettig, A., Kucharczyk, S., Brock, M. E., Plavnick, J. B., Fleury, V. P. & Shultz, T. R. (2015). Evidence-Based Practices for Children, Youth, and Young Adults with Autism Spectrum Disorder: A Comprehensive Review. *Journal of the Autism Developmental Disorder, 45* (7), 1951-1966.

World Health Organization. *International classification of diseases for mortality and morbidity statistics (*11.ed.). Recuperado de https://icd.who.int/browse11/l-m/en.

CAPÍTULO 10

Inclusão de escolares com transtornos do neurodesenvolvimento na realidade brasileira

Miryan Cristina Buzetti
Catia Giaconi
Noemi Del Bianco
Simone Aparecida Capellini

1. Introdução

Muitos são os transtornos referentes ao desenvolvimento infantil que podem interferir no desenvolvimento da criança na educação formal. Os transtornos do neurodesenvolvimento são causados a partir de diversas etiologias, decorrentes de aspectos genético, neurológico e ambiental.

Segundo a *American Psychology Association* (APA, 2014) os transtornos do neurodesenvolvimento seguem os seguintes indicadores: funcionamento cognitivo (déficits em habilidades como memória, linguagem, leitura, escrita, raciocínio matemático, solução de problemas); funcionamento social e comportamental adaptativo; funcionamento prático (autogestão, cuidados pessoais, responsabilidade profissional)

Os prejuízos causados no transtorno do neurodesenvolvimento apresentam desafios frequentes no cotidiano da pessoa, desde o ambiente escolar até o social. O Manual Diagnóstico e Estatístico de Transtornos Mentais DSM-V (2014), apresenta a importância dos especificadores sobre o diagnóstico dos transtornos do neurodesenvolvimento:

> O uso de especificadores para diagnósticos de transtornos do neurodesenvolvimento enriquece a descrição do curso clínico e da sintomatologia atual do indivíduo. Além de especificadores descritores da apresentação clínica, como idade de início ou classificações

da gravidade, os transtornos do neurodesenvolvimento podem incluir o especificador "associado a alguma condição médica ou genética conhecida ou a fator ambiental" (APA, 2014, p. 33).

De acordo com a APA (2014), os transtornos do neurodesenvolvimento são um grupo de condições que se manifestam no início do desenvolvimento do indivíduo, sendo caracterizados por déficits que podem acarretar diferentes prejuízos, dependendo do transtorno. Ainda de acordo com a APA (2014), podemos citar como transtornos do neurodesenvolvimento:

- *Transtorno específico da aprendizagem:* transtorno do neurodesenvolvimento de origem biológica que é a base das alterações no nível cognitivo as quais são associadas com as manifestações comportamentais. A origem biológica inclui uma interação de fatores genéticos, epigenéticos e ambientais que influenciam a capacidade do cérebro para perceber ou processar informações verbais ou não verbais com eficiência e exatidão comprometendo a aprendizagem da leitura, escrita e matemática.
- *Deficiência intelectual*: transtorno do neurodesenvolvimento que se caracteriza por uma limitação nas áreas de funcionamento intelectual e funcionamento adaptativo. Comprometendo as funções intelectuais como raciocínio, solução de problemas, planejamento, pensamento abstrato, assim como questões acadêmicas e socioculturais relacionadas a atividades diárias, comunicação, participação social.
- *Transtorno do espectro autista (TEA)*: apresenta déficits persistentes na interação e comunicação social em diferentes contextos, e presença de padrões restritos e repetitivos de comportamentos, implicando prejuízo clinicamente significativo no funcionamento social, profissional e outras áreas importantes. Além dos déficits na comunicação social, o diagnóstico do transtorno do espectro autista requer a presença de padrões restritos e repetitivos de comportamento, interesses ou atividades.
- *Transtorno do déficit de atenção/hiperatividade (TDAH)*: definido por níveis prejudiciais de desatenção, desorganização e/ou hiperatividade – impulsividade. O TDAH costuma persistir na vida adulta, resultando em prejuízos no funcionamento social, acadêmico e profissional.

Esses transtornos costumam ter início precoce, geralmente antes da entrada da criança em ambientes escolares, e comprometem em sua maioria aspectos pessoais, sociais, acadêmicos e profissionais, permanecendo muitos prejuízos durante toda a vida.

O objetivo deste capítulo é apresentar questões sobre a inclusão de escolares com transtornos do neurodesenvolvimento na realidade brasileira.

2. Inclusão escolar dos transtornos do neurodesenvolvimento no Brasil

A Constituição da República Federativa do Brasil de 1988 e a Lei Brasileira de Educação Nacional (LDB), nº 9394/96 reconhecem o direito da educação para todos, defendendo a inclusão de pessoas com deficiências e/ou Necessidades Educacionais Especiais (NEE). A orientação é para que o ensino seja oferecido na rede regular, garantindo ao estudante condições para atender as suas necessidades em todos os níveis de ensino, nos aspectos de currículo, método, técnicas e recursos específicos para uma educação de qualidade.

A Educação Inclusiva relaciona-se com a noção de escola enquanto espaço educativo que respeita a diversidade e individualidade de cada aluno. De acordo com Glat (2011), a Educação Inclusiva é centrada na educação para a diversidade e atenção às necessidades educacionais especiais. Para que essa atenção a necessidade de cada aluno seja atendida, a escola precisa formar e capacitar o professor e a equipe gestora, sendo capaz de avaliar e reorganizar tanto estrutura escolar como o projeto político pedagógico, e os recursos didáticos e metodológicos de ensino (Glat, Pletsch, & Fontes, 2007).

A Lei Brasileira de Inclusão (Brasil, 2015) no artigo E28, dispõe sobre o aprimoramento dos sistemas educacionais com a garantia de condições de acesso e permanência, participação e aprendizagem, pela oferta de recursos e serviços de acessibilidade que possam eliminar as barreiras e promover a inclusão plena do aluno, com a institucionalização do Atendimento Educacional Especializado (AEE) e adaptações razoáveis às características dos estudante com deficiência, adotando medidas adequadas as suas necessidades.

De acordo com a LDB 9394/96 é preciso estabelecer nas escolas regulares serviços de apoio especializado com a finalidade atender às necessidades educacionais das pessoas com necessidades educacionais especiais, além da prestação de serviço de atendimento educacional em classes, escolas e serviços especializados quando não for viável a inserção em escolas regulares. A oferta do serviço de Educação Especial é dever constitucional do estado, devendo ser oferecido em todo o ciclo de escolarização do aluno.

É importante notar aqui, que há uma diferença entre os termos de educação inclusiva e educação especial. A educação inclusiva é um paradigma educacional que está fundamentado na concepção de direitos humanos que visa igualdade e diferença como valores indissociáveis.

Em 1994, a Declaração de Salamanca proclama que as escolas regulares inclusivas são a possibilidade de acolhimento, combatendo a discriminação de alunos com deficiência ou altas habilidades/superdotação. Na perspectiva da educação inclusiva, a Educação Especial promove o atendimento educacional especializado, atuando de maneira articulada com o ensino regular, direcionando as ações para o atendimento as especificidades de cada aluno. A Educação Especial é uma modalidade de ensino que perpassa todos os níveis, tendo como função identificar, elaborar e organizar recursos pedagógicos e de acessibilidade, eliminando barreiras para a aprendizagem, sendo uma complementação ou suplementação ao ensino dos alunos com deficiência.

Diferente da educação inclusiva, a Educação Especial no Brasil tem um público alvo definido por lei. Desde 2008, as diretrizes da Política Nacional de Educação Especial na Perspectiva da Educação Inclusiva (Brasil, 2008), apontam que a Educação Especial é voltada especificamente para alunos com deficiência, transtornos globais do desenvolvimento (denominado pelo DSM-V (APA, 2014) como Transtorno do Espectro Autista) e altas habilidades/superdotação. De acordo com o presente documento, a Educação Especial é voltada para:

- *Alunos com deficiência:* que apresentam algum tipo de impedimento de natureza física, intelectual, mental ou sensorial por tempo indefinido.
- *Alunos com Transtornos Globais do desenvolvimento (atualmente denominado como transtorno do espectro autista):* que apresentam alterações neuropsicomotor, comprometimento nas relações sociais, comunicação. Inclui-se nessa categoria alunos com autismo

clássico, síndrome de Rett, Síndrome de Asperger, psicoses e transtornos invasivos.

- *Alunos com altas habilidades/superdotação:* apresentam um elevado potencial e envolvimento com áreas do conhecimento.

De acordo com a Política Nacional de Educação Especial na Perspectiva da Educação Inclusiva (Brasil, 2008), alunos com diagnósticos de deficiência intelectual e/ou Transtorno do Espectro Autista são parte do grupo que compões as condições de Necessidades Educacionais Especiais, sendo atendidos então pela Educação Especial, não sendo contemplados alunos com transtornos específicos da aprendizagem e alunos com TDAH.

Segundo Lombardi et al. (2016) a Educação Inclusiva não tem ocorrido satisfatoriamente porque apenas um público alvo está sendo contemplado com os recursos definidos pelo MEC. Os autores apontaram ainda para alguns quadros clínicos cuja citação no documento do MEC não está clara, com margem para diferentes interpretações, entre eles, a Dislexia e o TDAH (Lombardi, 2013; Rey, 2015).

Os alunos com Dislexia e com TDAH apresentam barreiras na aprendizagem persistentes por toda sua vida acadêmica, desta forma, são necessárias ações junto à equipe escolar no sentido de compartilhar estratégias que visem facilitar seu processo de transição pela vida acadêmica, minimizando as dificuldades que ocorrerão durante esse processo de ensino-aprendizagem.

Mendes (2006) referiu que para estabelecer uma educação que atenda a todos os alunos, respeitando a diversidade, é preciso refletir acerca das estratégias de ensino que busquem o sucesso na aprendizagem, a autora apresenta o modelo de ensino colaborativo como o ideal, pois o professor da sala regular trabalha juntamente com o professor de educação especial.

O ensino colaborativo para a autora acima citado pode ser também denominado de coensino, acontecendo simultaneamente com os professores da sala regular e da educação especial, buscando alternativas pedagógicas para facilitar a aprendizagem do aluno. No ensino colaborativo, portanto, os professores dividem a responsabilidade de planejar, instruir e avaliar o aluno.

O que fica evidente na realidade brasileira, portanto, é que, para atender a diversidade no ensino inclusivo, é preciso preparar propostas pedagógicas a todos os alunos, reconhecendo que os alunos possuem capacidades e aspectos particulares, sendo necessário algumas adequações respeitando, por exemplo, diferentes ritmos de aprendizagem, propondo então metodologias diferenciadas. Assim sendo, para alunos que apresentam algum transtorno e deficiência é preciso realizar adaptações no currículo, podendo ser realizadas por uma equipe multidisciplinar para oferecer o suporte ao professor.

De acordo com Barbosa, Buzetti, Costa (2019), para realizar a adaptação curricular, é necessário que o professor leve em consideração o currículo previsto para a turma/série, para então planejar e buscar estratégias para trabalhar o mesmo conteúdo da turma com o aluno que apresenta alguma necessidade. A adaptação é realizada baseada nos ajustes e auxílios que o aluno precisa para aprender, dessa forma não há uma receita para realizar a adaptação, havendo diversas possibilidades de adaptação e ensino, sendo primordial para o professor então, conhecer o processo de aprendizagem, saber avaliar o aluno e a partir disso pensar em possibilidades de práticas que beneficiem o aluno, sendo esse aluno público alvo da educação especial ou não.

3. Considerações finais

O prejuízo do fato dos alunos com Dislexia e com TDAH não se beneficiarem diretamente de políticas de inclusão determinadas para estas populações, faz com que as estratégias referentes a adequação, a acomodação e a adaptação curricular não sejam claras e precisas, não oferecendo diretrizes para que os professores ofereçam estratégias diversificadas de ensino para estes públicos.

Enquanto a Educação Inclusiva não assumir legalmente os alunos com Dislexia e TDAH como parte do público-alvo da Educação Especial, estes alunos não estarão sendo respeitados em sua diversidade e individualidade no ensino.

Referências bibliográficas

American Psychiatric Association. (2014). *DSM-5: Manual diagnóstico e estatístico de transtornos mentais* (5. ed.). Porto Alegre: Artmed.

Barbosa, R., Buzetti, M., & Costa, M. (2019). *Educação Especial, Adaptações Curriculares e Inclusão escolar: desafios na alfabetização.* São Carlos: Pedro e João Editores.

Lei 13.146, de 06 de julho de 2015. Institui a Lei brasileira de inclusão da pessoa com deficiência (Estatuto da pessoa com deficiência). Recuperado de http://www.pessoacomdeficiencia.gov.br/.

Brasil. Ministério da Educação.(2008). *Política Nacional de Educação Especial na Perspectiva da Inclusão.* Recuperado de

Brasil. Ministério da Educação. (2009). *Decreto nº 6.571, de 18 de setembro de 2008.* Instituiu as Diretrizes Operacionais para a Educação Especial. Brasília, SEESP.

Brasil. (1994). *Declaração de Salamanca e linha de ação sobre necessidades educativas especiais.* Brasília: UNESCO.

Glat, R., Pletsch, M. D., Fontes, R. S. (2007, Julho). Educação inclusiva & educação especial: propostas que se complementam no contexto da escola aberta à diversidade. *Revista Educação, Santa Maria, 32* (2), 343-356.

Glat, R. (2011). Educação inclusiva para alunos com necessidades especiais: processos educacionais e diversidade. In M. D. Longhini (Org.). *O uno e o diverso na Educação* (pp. 75-92). Uberlândia: EDUFU.

Lombardi, A.M, Oliveira,E.F., Souza, E., Lima,L., Barbosa,T., Silva, R. Montora,M., Zenório,D. (2016). As inconsistências na legislação sobre o atendimento educacional especializado (AEE): uma observação que demanda atenção interdisciplinar e intersetorial da educação e da saúde. *Polêm!ca, 16* (4), 001-013. doi: https://doi.org/10.12957/polemica.2016.26430

Lombardi, A. B., & Mendes. A. O. (2013). A criança e a escola: promoção da saúde e a abordagem das dificuldades escolares. In E. Leão,E., Corrêa,E., Mota,J., Viana, M. *Pediatria Ambulatorial* (5. ed., pp. 253-268). Belo Horizonte: Coopmed.

Mendes, E.G. (2006). Colaboração entre ensino regular e especial: o caminho do desenvolvimento pessoal para a inclusão escolar. In E. J. Manzini (Org.). *Inclusão e acessibilidade.* Marilia: ABPEE.

Rey, J. (Ed.). (2015). *IACAPAP Textbook of Child and Adolescent Mental Health: 2015 Edition.* International Association for Child and Adolescent Psychiatry and Allied Professions.

CAPÍTULO 11

Anamnese para pais como base eficaz para intervenções pedagógicas preventivas de escolares do 1º ano do Ensino Fundamental

Rosana Mendes Ribeiro
Gustavo Malta Rojas
Ângela Mathylde Soares

1. Introdução

Uma das atribuições da Fonoaudiologia no ambiente escolar é poder auxiliar famílias e escolas a prevenir, identificar e sanar possíveis defasagens cognitivas que possam afetar a aprendizagem dos alunos. A identificação de tais defasagens pode se dar por uma soma de fatores observáveis desde os primeiros anos de vida do indivíduo. Além disso, diversas pesquisas Como de Lyytinen (2017) e Vogler (1985), mostram a importância do histórico familiar na identificação e detecção precoce de problemas de aprendizagem. Para traçar esses perfis, é comum utilizar-se de instrumentos denominados Anamnese (Ana = trazer de volta e Mnese = memória), que trarão informações sobre o histórico do aluno e ambiente em que vive – dados significativos sobre a história de vida do aluno (Weiss, 2003).

Autores como, Sampaio (2014) e Porto (2011) apontam a anamnese como melhor instrumento para levantamento prévio de dados e como peça fundamental para atuação e diagnósticos. Apoio compactuado pelas teorias psicanalíticas e psicológicas, sobre o vínculo familiar e influência do ambiente, de Winnicott (1975) e Klein (1975).

Segundo as autoras Rocha e Macêdo (2002) o envolvimento familiar traz também benefícios aos professores. Nesse sentido faz-se necessário o professor conhecer dados que cercam o desenvolvimento cognitivo, emocional e social de seus alunos por meio de suas famílias, pois assim poderá prever e compreender o porquê de possíveis dificuldades no processo ensino-aprendizagem.

A verdadeira prática pedagógica destina-se a busca de conhecimentos relacionados ao processo de ensino e aprendizagem, de fatores que possam beneficiar ou dificultar a qualidade do aprender de uma criança. Muitas vezes as dificuldades de aprendizagem de um indivíduo são bem recorrentes no ambiente escolar, podendo ser identificadas pelos professores no início do processo de alfabetização (Almeida, 2016). Encontrar os déficits de aprendizagem é uma das demandas mais envolvente na pedagogia, necessitando de intervenções cabíveis a cada necessidade do indivíduo, pois são mediadas por variantes cognitivas, características ligadas à emoção e à afetividade (Oliveira & Kottel, 2016).

Precisamos investir em instrumentos que fortaleçam a formação de nossos professores para que atuem de forma preventiva nas possíveis dificuldades escolares. Nem sempre as dificuldades de aprendizagem são compreendidas precocemente na escola, pois podem passar despercebidas pelos professores ou demais profissionais da educação, por causa da diversidade de sintomas que uma criança pode apresentar, tornando uma tarefa complexa e complicando a identificação precoce do problema, agravando ainda mais o desenvolvimento da criança (Dockrell & Mcshane, 2009).

Faz-se necessária a prática do levantamento precoce de possíveis alunos de risco para dificuldades de aprendizagem no ingresso ao 1º ano do ensino fundamental, detecção que possibilita ganhos à educação e a um processo de aprendizagem efetivo.

Com base em Vygotsky (Dantas, La Taille, & Oliveira, 2019), o desenvolvimento de um indivíduo caracteriza-se, de início, pela ação que transcorre sob condições de dinâmicas e mudanças no organismo. O desenvolvimento cultural se encontra sobreposto aos processos de crescimento, maturação e seu desenvolvimento orgânico.

Este estudo objetivou assessorar o trabalho do professor por meio do levantamento e da análise de fatores que cercam o desenvolvimento e ambiente dos alunos, relacionando-os diretamente com os processos de aprendizagem, promovendo a prevenção por meio da construção de novas práticas para uma melhor aprendizagem.

2. Material e método

Pensando na Fonoaudiologia Educacional e na atuação preventiva, a Metodologia CDRA – Classificação Digital para Reenquadramento de Aprendizagem (Ribeiro, 2015), destinada ao professor, busca a identificação dos alunos com risco para o desenvolvimento de problemas de aprendizagem ou de déficits já instalados. Destaca-se para esse estudo a explanação das fases dessa metodologia, para melhor entendimento do instrumento utilizado:

Fase 1: *Formação.* Objetiva apresentar ao professor conhecimento teórico relacionado à sua vivência numa sala de aula heterogênea, além de conhecimentos específicos sobre marcos do desenvolvimento neuropsicomotor. E como foco desse estudo, especificamente, o risco para o desenvolvimento de problemas de aprendizagem, assim como, capacitá-lo a ressignificar sua prática pedagógica para inclusão de todos os escolares.

Fase 2: *Mapeamento.* Destacamos o protocolo CRA que através de um questionário dirigido aos pais e aos professores, composto por 16 questões de múltipla escolha, acerca do desenvolvimento cognitivo, emocional e socioeconômico cultural do aluno. Objetiva o denominado mapeamento de uma sala de aula em quatro níveis diferentes de aprendizagem: grupo I (aprendizagem regularizada), grupo II (tendência a dificuldades escolares), grupo III (tendência a transtornos funcionais) e grupo IV (tendência à deficiência intelectual).

Fase 3: *Intervenção.* Fase que se concretiza através da produção de atividades e provas adequadas e/ou adaptadas para diferentes níveis de aprendizagem (Ribeiro, 2015).

Nesse estudo não serão abordadas as especificidades de cada grupo, citaremos a conduta realizada com o 1º ano do Ensino Fundamental I, onde a utilização do protocolo descrito foi realizado com a parte dirigida aos pais, composta por 16 questões de múltipla escolha, com as seguintes temáticas: complicações de parto, ambiente familiar, atrasos no desenvolvimento neuropsicomotor, queixas cognitivas, comportamentais/emocionais e pedagógicas, vias sensoriais afetadas e acompanhamentos extracurriculares.

A metodologia CDRA voltada para a área da Neurociência – com base nos estudos de Rotta (2016) e Bridi (2016) – ao contrário do que muitos imaginam, não propõe uma nova pedagogia, pelo contrário, as descobertas são de bases biológicas anteriores, de Piaget, Vygotsky, Wallon (Dantas, La Taille, & Oliveira, 2019), uma abordagem atual, que preza pela formação do professor, por instrumentos de avaliação e pela intervenção.

O protocolo CRA, "*anamnese para pais*" foi aplicado pelos coordenadores das escolas, no momento da matrícula, para um dos responsáveis, de uma amostra total de 168 alunos do 1º ano do Ensino Fundamental I, com idades entre 5 e 7 anos, divididos em 6 classes de 3 escolas da rede pública estadual da cidade de São Paulo. Todos os responsáveis assinaram o termo de assentimento Livre e Esclarecido (TCLE).

Para a contagem percentual foram considerados dentre as temáticas descritas, dados únicos ou associados, considerados relevantes na investigação prévia das dificuldades de aprendizagem, os denominados dados positivos de anamnese. Os dados foram dispostos e entregues em planilhas e em gráficos aos professores. Os alunos com queixas relevantes foram considerados de risco para problemas de aprendizagem.

2.1 Resultados

A análise dos dados da amostra revelou que 47% dos estudantes que ingressam no ensino fundamental I, possuem algum risco de desenvolver problemas de aprendizagem, pois apresentaram um ou mais dados considerados positivos.

Os dados da pesquisa corroboram com a literatura que demonstra que as dificuldades de aprendizagem na infância são bastante recorrentes. No Brasil, aquelas relacionadas à "leitura e escrita" atingem por volta de 30 a 40% das crianças nas primeiras séries escolares" (Ciasca, 2003).

Outros fatores importantes podem estar relacionados às questões socioeconômicas, culturais, pedagógicas e até mesmo a formação de professores (Capovilla, A. G. S., Gütschow, C. R. D., & Capovilla, F. C., 2004). Este último fator se destaca neste estudo, pois foi a equipe docente a aplicadora dos questionários, levando-os a observações e reflexões sobre as famílias, as crianças e os possíveis impactos cognitivos, ambientais e emocionais sobre a aprendizagem.

A indisciplina, a imaturidade cognitiva, afetiva e social pode gerar enorme prejuízo na leitura e escrita, estes fatores são relatados no trabalho de Ribeiro (Ribeiro, 2006), na qual aborda que as crianças que possuem esses atributos, têm diversas dificuldades em assimilar letras, sílabas, palavras ou frases.

Essa é uma realidade de muitas de nossas crianças brasileiras. Por estes motivos a prevenção, a identificação precoce de fatores de risco para o desenvolvimento de problemas de aprendizagem deve se tornar rotina de nossos professores.

Figura 1 - Risco de aprendizagem encontrado durante a fase de MAPEAMENTO (Anamnese Pontuada)

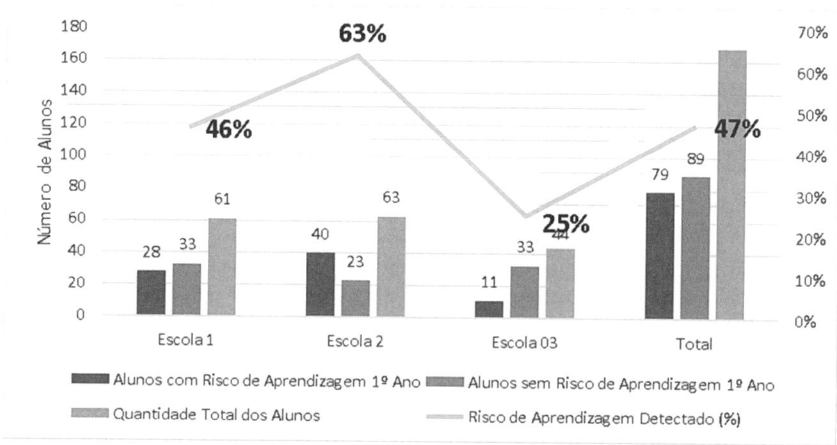

Fonte: (Ribeiro, 2018).

2.2 Discussão

A presente pesquisa utilizou-se do questionário pontuado da Metodologia CRA denominado *Anamnese para pais*. Sua aplicação foi orientada por uma Fonoaudióloga e realizada pela equipe docente das escolas estaduais envolvidas.

De acordo com os resultados pode-se observar um número elevado de alunos que ingressam no ensino fundamental I com fatores de risco para o desenvolvimento de possíveis problemas de aprendizagem. Reconhecer possíveis riscos para problemas de aprendizagem que sabidamente são ocasionados por fatores relacionados com o ambiente familiar desestruturado, precariedade de vida, atrasos no desenvolvimento, falta de oportunidades de estímulos adequados, problemas de atenção, memória, concentração, dentre outros fatores sócio/econômicos e culturais no momento de ingressar no ensino fundamental, é um passo preventivo importantíssimo para o bom desempenho cognitivo e emocional dos estudantes e também uma estratégia de conscientização e empoderamento para a atuação dos professores.

Formas sólidas e confiáveis no acompanhamento da aprendizagem permitem aos nossos professores proporcionar ambientes e estratégias adequadas para um bom desempenho executivo de nossas crianças.

3. Conclusão

A análise dos dados da amostra revelou que 47% dos escolares apresentaram um ou mais dados considerados positivos para possíveis problemas de aprendizagem, portanto, foram incluídos na curva de risco para problemas de aprendizagem – corroborando a literatura, na qual por meio da anamnese podemos "confirmar e/ou refutar hipóteses sobre possíveis causas das dificuldades de aprendizagem do sujeito" (Melngailis & Wolff, 1994, p. 129).

Quanto mais informações sobre o aluno, mais específica pode ser a atuação do docente, visando tanto a recuperação pedagógica, quanto a prevenção de problemas de aprendizagem. A relevância desses dados aparece em literaturas variadas, e mostram a importância de conhecer o desenvolvimento da criança, pois, quando há privação, ou seja, existem falhas ambientais durante esse período formativo, é comum que surjam sintomas que, nesse caso, traduzem-se em distúrbios do comportamento e também dificuldade de aprendizagem (Borstrom & Elbro, 1997).

A metodologia CRA (Ribeiro, 2015) evidencia que a anamnese é um importante método para prevenção e cuidados posteriores, pois, obtém previamente uma indicação de alunos com riscos para a aprendizagem; impactando diretamente o trabalho a ser feito com cada aluno e ajudando no desenvolvimento total de cada criança (social, emocional e psicológico).

Segundo Cagliari (1998, p. 37): "A aprendizagem é sempre um processo construtivo na mente e nas ações do indivíduo. O ensino não constrói nada: nenhum professor pode aprender por seus alunos, mas cada aluno deverá aprender por si, seguindo seu próprio caminho e chegando onde sua individualidade o levar".

Referências bibliográficas

Almeida, J. F. D. S.(2016). Dificuldades de aprendizagem de leitura e escrita. *III CONEDU Congresso Nacional de Educação.* Natal: CONEDU,.

Borstrøm, I. B. & Elbro, C. (1997). Prevention of dyslexia in kindergarten: Effects of phoneme awareness training with children of dyslexic parents. *Dyslexia: Biology, cognition and intervention* (pp. 235-253). London: Whuur.

Cagliari, L. C. (1998). *Alfabetizando sem o bá-bé-bi-bó-bu* (1. ed.). São Paulo: Scipione.

Capovilla, A. G. S.,& Capovilla, F. C. (2000). *Problemas de leitura e escrita: como identificar, prevenir e remediar numa abordagem fônica* (2. ed.). São Paulo: Memnon.

Capovilla, A. G. S., Gütschow, C. R. D., & Capovilla, F. C. (2004). Habilidades cognitivas que predizem competência de leitura e escrita. *Psicologia: Teoria e Prática, 6* (2), 13-26.

Ciasca, S. M. (2003). Distúrbios e dificuldades de aprendizagem: questão de nomenclatura. In S. M. Ciasca. *Distúrbios de aprendizagem: proposta de avaliação interdisciplinar* (pp. 19-31). São Paulo: Casa do Psicólogo.

Dockrell, J., & Mcshane, J. (2009). *Crianças com dificuldades de aprendizagem: uma abordagem cognitiva* (1. ed.). Porto Alegre: Artmed Editora.

Dupas, M. A. (2008). *Psicanálise e educação: construção do vínculo e desenvolvimento do pensar.* 1. ed. São Paulo: UNESP.

Klein, M. (1975). O desenvolvimento de uma criança. In M. O. Klein. *Amor, culpa e reparação.* Rio de Janeiro: Imago.

La Taille, Y; Oliveira, M. K. & Dantas, H. (2019). *Piaget, Vygotsky, Wallon: teorias psicogenéticas em discussão* (28. ed.). São Paulo: Summus Editorial.

Lyytinen, H.,& Erskine, J. (2017, Fevereiro). Identificação e prevenção precoces de problemas de leitura. *Enciclopédia sobre o Desenvolvimento na Primeira Infância.* Recuperado dehttp://www.enciclopedia-crianca.com/sites/default/files/textes-experts/pt-pt/2662/identificacao-e-prevencao--precoces-de-problemas-de-leitura.pdf.

Oliveira, D. C., & Kottel, A. (2016, Janeiro). Determinantes comportamentais e emocionais do processo ensino-aprendizagem. *Caderno Intersaberes, 5* (6) 1-11.

Porto, O. (2011). *Bases da psicopedagogia: diagnóstico e intervenção nos problemas de aprendizagem* (5. ed.). Rio de Janeiro: WAK Editora.

Ribeiro, M. A. (2006). *Dificuldades de aprendizagem na escrita nas séries iniciais.* (Monografia de graduação). Brasilia: Centro Universitário de Brasília - UniCEUB. Recuperado de https://repositorio.uniceub.br/jspui/bitstream/235/6780/1/20412100.pdf.

Ribeiro, R. M. (2015). *CRA: Classificação para Reenquadramento de Aprendizagem.* São Paulo: Editora Desafio.

Rocha, C. S., & Macêdo, C. R. (2002). *Relação Família & Escola.* Universidade do Amazonas. Belém, PA.

Rotta, N. T., Bridi F. C. A., & Bridi, F. S. (2016). *Neurologia e Aprendizagem: Abordagem Multidisciplinar* (2. ed.). Porto Alegre: Artmed Editora.

Rotta, N. T., Ohlweiler, L., & Riesgo, R. S. (2016). *Transtornos da Aprendizagem: Abordagem Neurobiológica e Multidisciplinar* (2. ed.). Porto Alegre: Artmed Editora.

Sampaio, S. (2014). *Manual prático do diagnóstico psicopedagógico clínico* (5. ed.). Rio de Janeiro: WAK Editora.

Vogler, G., Defries, J. C., & Decker, S. (1985, August). Family history as an indicator of risk for reading disability. *Journal of Learning Disabilities, 18* (7), 419-412. Recuperado de http://citeseerx.ist.psu.edu/viewdoc/download?doi=10.1.1.842.3870&rep=rep1&type=pdf.

Weiss, M. L. L. (2003). *Psicopedagogia clínica: uma visão diagnóstica dos problemas de aprendizagem escolar.* Rio de Janeiro: DP&A.

Winnicott, D. W. (1975). A localização da experiência cultural. In D. W. Winnicott. *O brincar e a realidade.* Rio de Janeiro: Imago.

Wolff, P. H., & Melngailis, I. (1994). Family patterns of developmental dyslexia: clinical findings. *Am J Med Genet, 54* (2), 122-131.

CAPÍTULO 12

Novos olhares para a alienação parental: estudos interdisciplinares jurídico e da mediação de conflitos

Silvana Cordeiro Felipetto

1. Aspecto jurídico da alienação parental e os principais atos praticados pelos alienadores

A Síndrome da Alienação Parental (SAP) foi primeiramente definida por Richard Gardner, em 1985, em um artigo intitulado *Tendências recentes no divórcio e litigância pela custódia*, que consistia em um distúrbio que nasce, principalmente de disputas pela guarda do menor, através da manipulação da imagem de um genitor contra o outro, utilizando-se da criança para isto.

Tais atos consistem em programar a mente de um menor para nutrir sentimentos negativos contra o outro genitor, sem qualquer motivo que justifique, utilizando-se da influência psíquica que detém em razão do vínculo de dependência afetiva e que através de um pacto de lealdade inconsciente com a criança.

No início do XX, a Psicanálise trabalhou a ideia de inconsciente com Freud e, posteriormente com Lacan apresentando a ideia de que o conflito é inerente à dinâmica das relações humanas, em que os atores desta dinâmica se manifestam de acordo com sua própria visão podemos assim dizer que existe a "dupla existência da verdade" quando analisamos as condutas de outrem.

Deste modo os genitores que estão vivenciando determinados conflitos transferem seus desapontamentos e frustrações nos filhos que por sua vez manifestam seus comportamentos de acordo com o genitor que mais se identifica, ante a profunda identidade que possui em relação a este e das ações que carregam.

Sendo assim, estes adultos (alienador e alienado) e crianças devem ser transformados e elaborados seus conflitos de modo a possibilitar que encontre formas mais satisfatórias de interagir com o mundo.

Em 2010, após o estudo sistemático desta Síndrome, a Lei 12.318 foi editada e seu artigo 2º conceituou:

> Considera-se ato de alienação parental a interferência na formação psicológica da criança ou do adolescente promovida ou induzida por um dos genitores, pelos avós ou pelos que tenham a criança ou adolescente sob sua autoridade, guarda ou vigilância para que repudie genitor ou que cause prejuízo ao estabelecimento ou à manutenção de vínculos com este. (Brasil, 2010, Art. 2)

Em meio a esta questão, a Lei em seu artigo 3º dispõe sobre a violação de direitos que caracteriza os atos de alienação:

> A prática de ato de alienação parental fere direito fundamental da criança e do adolescente de convivência familiar saudável, prejudica a realização de afeto nas relações com genitor e com o grupo familiar, constitui abuso moral contra a criança ou o adolescente e descumprimento dos deveres inerentes à autoridade parental ou decorrentes de tutela ou guarda. (Brasil, 2010, Art. 3)

Assim a lei dispôs as formas exemplificativas da alienação parental, além dos declarados pelo juiz ou constatados nos estudos de casos no Poder Judiciário: realizar campanha de desqualificação da conduta do genitor; dificultar o exercício da autoridade parental; dificultar o contato da criança ou adolescente com o genitor; dificultar o exercício regulamentado de convivência familiar; omitir informações relevantes da criança e adolescente, inclusive escolar, médica e alteração de endereço; apresentar falsa denúncia contra genitor e familiares para obstar a convivência deles com as crianças; mudar de domicílio para local distante sem justificativa.

Mostra-se imperioso abordar esta questão a fim de trabalhar os conflitos sob a ótica da mediação de conflitos utilizando as técnicas que lhe são peculiares para o fim do restabelecimento do diálogo das partes, em se tratando de uma relação continuada entre estes pais e pelo bem da saúde mental de seus filhos.

2. O que vem a ser mediação de conflitos?

A etimologia da palavra mediação advém do latim *mediatione* com significado de intercessão, intermédio, intervenção; mediar ou intervir. Interferência de uma ou mais potências, junto de outras dissidentes com o objetivo de dirimir pacificamente a questão ocorrente, encaminhando, regularizando ou concluindo quaisquer negociações nesse sentido.

E. Benveniste (1974, p. 123-132)[1] apropria da etimologia do radical *med* para dizer:

> O radical med vem da noção de 'medida' através do vocabulário das instituições indo-europeias que desvenda dimensões da mediação que são muito importantes para melhor compreender o modo como o nível sócio institucional intervém na construção das identidades. Medir consiste em tomar, com autoridade, as medidas que são apropriadas para resolver uma dificuldade atual; repor a norma – através de um meio consagrado – numa determinada situação desordenada.

É da etimologia deste radical que Benveniste repensa as atividades como pensar, governar, julgar, cuidar. Além disso, outras atividades derivadas deste radical que exercem a mesma função comportam uma noção de autoridade e o substantivo, a ideia de decisão soberana. Tais atividades não podem ser pensadas sem associá-las a um referencial que confere sua substância, e que os dispositivos da mediação retiram sua legitimidade, que se define: "a medida consagrada capaz de restituir a ordem numa situação conturbada". (2014, p. 38) descreve a mediação como:

> Técnica privada de solução de conflitos que vem demonstrando, no mundo, sua grande eficiência nos conflitos interpessoais, pois com ela, são as próprias partes que acham as soluções. O mediador

[1] GUIMARÃES, Décio Nascimento; ANDRÉ, Bianka Pires; CHAI, Cássius Guimarães. **Mediação, Linguagem, Comportamento e Multiculturalismo.** São Luís: Procuradoria Geral de Justiça do Estado do Maranhão/Jornal da Justiça/Cultura, Direito e Sociedade (DGP/CNPq/UFMA), 2015.

somente as ajuda a procurá-las, introduzindo, com suas técnicas, os critérios e os raciocínios que lhes permitirão um atendimento melhor. (Chai, 2014, p.233)

Abrevaya (2008) em sua pesquisa conclui que a mediação modificou a cultura contenciosa dos advogados, humanizou o conceito de justiça e colocou o futuro como norteador para a resolução de conflitos. A mediação, portanto, traz ao direito este novo lugar: o de abarcar a linguagem da sociedade, em que a palavra devoluta restaura a sintonia da efetividade da justiça.

Independente das definições dadas à mediação, do ângulo que elas se focam, todas elas, em comum, traduzem a beleza de dar a palavra aos participantes do processo, mudando o conceito de que um "outro" decide. Uma mudança de paradigma que revitaliza vínculos preserva laços, convoca cada qual à sua história própria, apontando a interação com o outro envolvido que também é partícipe da construção desta história.

Se pudéssemos definir a mediação em uma frase ousaríamos dizer que é uma forma técnica, relacional, que faz uso de ferramentas que buscam dar voz aos integrantes da relação.

No intuito de que seus participantes reconheçam a si e ao outro de modo protagônico, percebendo a dinâmica das relações com a chance de redesenhar a própria estória.

A mediação, entendida como um método adequado de soluções de conflitos teve sua origem no sistema americano *multi-door courthouse system*, caracterizado por não restringir as formas de solução de controvérsias exclusivamente ao Poder Judiciário, oferecendo meios alternativos e, muitas vezes, mais adequados ao tipo de conflito.

No Brasil, a Emenda 02 da Resolução 125/2010 do Conselho Nacional de Justiça focou na mediação de conflitos prestando um grande serviço ao país ao estimulá-las.Além dessa Resolução, as aprovações do Novo Código de Processo Civil (Lei nº 13.105 de 2015) e da Lei de Mediação (Lei nº 13.140 de 2015) também podem se traduzir justamente no estímulo que falta para que a mediação efetivamente se consolide no país.

Assim sendo, nesse ambiente de novo Código de Processo Civil e Marco Legal da Mediação é hora de se atentar para a Mediação de Conflitos que cada vez mais se apresenta como função preventiva, resolutiva das controvérsias e garantidora de direitos fundamentais previstos em

Estatutos. Portanto, para falarmos de mediação tem de haver um projeto de conversão que implique os sujeitos intervenientes num contexto de transformação, que implica no comprometimento futuro.

2.1 O papel do poder judiciário frente à alienação parental e a aptidão profissional para diagnóstico

O Poder Judiciário possui uma importância precípua ao dispor de profissionais ou equipe multidisciplinar que atuará na identificação dos atos típicos de alienação parental. Esta equipe deverá comprovar aptidão para desenvolver ampla avaliação psicológica, com perícia psicológica ou biopsicossocial, inclusive com entrevista pessoal com as partes, exame de documentos dos autos identificando o histórico de relacionamento do casal e em que contexto se deu a separação, informando em laudo pormenorizado a cronologia de incidentes; avaliação da personalidade dos envolvidos e exame de como a criança ou adolescente manifesta acerca de eventual acusação contra genitor, e somente assim este profissional poderá atuar junto ao Juízo, cujo objetivo é impedir distorções que ao longo do processo possam ocorrer.

Nos casos em que a mediação familiar é indicada, como nos de guarda e regulamentação de visita dos filhos, a figura do mediador se apresenta mais benéfica do que equipe profissional ou multidisciplinar indicada pelo Juízo em processo judicial.

Na mediação os genitores têm a possibilidade de refletir e dialogar, buscando eles mesmos o melhor interesse para os filhos, principalmente no sentido da convivência saudável com ambos os genitores e, na maioria dos casos, os juízes optam pelo envio do processo ao setor de mediação.

Também o papel do mediador na área de família é de suma importância em casos ainda não judicializados, o que deveria ser a primeira atitude a ser indicada pelo advogado ou pelos próprios pais antes de ingressar em processo judicial que certamente deixam marcas difíceis de serem trabalhadas nestes infantes. O mediador deve ajudar o ex-casal a chegar a um consenso buscando assim facilitar o diálogo entre as partes em processo de divórcio e consequente estabelecimento da guarda e visitas dos filhos. Os filhos de pais em processo de divórcio precisam de proteção, pois, estão sujeitos a terem direitos violados e a mediação familiar nesses casos pode ajudá-los a serem vistos como pessoas sujeitas de direitos.

Na mediação familiar algumas definições já se apresentam: nos casos de divórcio a mediação geralmente é feita com o casal, contudo, pode estender-se também ao grupo familiar. O acordo, embora não seja o que se busca na mediação, dependerá tanto da habilidade do mediador como da disposição das partes em evitar a conduta litigiosa, pois o sucesso de uma mediação se mede nestes casos quando as partes restabelecem o diálogo e são encorajados a ter autonomia própria na condução da educação destes filhos.

O mediador deve contar com ajuda de co-mediador para auxiliar a identificar o foco a relação familiar e não aspectos individuais, buscando sempre o consenso e o melhor interesse dos filhos. Outro benefício que a mediação familiar traz para as partes é protegê-las de expor em demasia suas vidas privadas.

No Direito de Família os processos correm em segredo de justiça, contudo, mesmo assim, ainda haverá testemunhas a serem ouvidas, peritos, advogados e o promotor de justiça. Em uma mediação familiar envolvendo guarda e visita deve-se sempre levar em consideração o bem estar dos filhos, buscando com o resultado uma boa convivência com ambos os genitores.

Um dos principais problemas a ser enfrentado num processo de divórcio é o genitor inconformado com o fim do relacionamento e, até mesmo, enciumado por outro relacionamento do ex-parceiro, passa a empreender esforços para que o filho tenha raiva do outro genitor, destruindo sua imagem para o filho, que muitas vezes passa a evitá-lo e a odiá-lo, ante a profunda identidade que este infante possui com o genitor cuidador. Nestes casos o genitor que geralmente detém a guarda da criança atua contra o outro genitor de modo a fazer uma verdadeira lavagem cerebral no filho. Isso pode ocorrer de várias formas, de maneira explícita ou dissimulada.

O profissional que atua na mediação familiar precisa ficar atento aos sinais da Síndrome de Alienação Parental. Ao identificar as condutas de pai denegrindo a imagem do outro genitor, por exemplo, deve o mediador demonstrar neutralidade, já que um especialista na matéria a ser tratada, atuando de forma ética, guardando sigilo, mas atento às situações de desequilíbrio entre as partes a fim de evitar o mal maior.

O mediador deve estar atento e neutralizar a todo o momento as emoções das partes utilizando das técnicas do parafraseio, ressignificação do conflito etc. Quando estiver diante de sentimentos exacerbados ou sequelas psicológicas ou morais, precisará primeiramente ouvir, depois intervir no sentido de levar as partes a entender as razões um do outro. Isso tudo, sem interferir diretamente na questão. Mais até do que levar as partes a entender as razões, o mediador deve levá-las a refletir sobre a situação dos filhos que, em geral, são os maiores prejudicados com os conflitos dos pais. Cabe também ao mediador estar atento a possíveis negligências, omissões e a existência da síndrome de alienação parental por parte de um dos genitores. A função do mediador, além das já citadas também é ajudá-las a se comunicar de forma precisa a evitar mal entendidos, minimizar danos, prejuízos no momento e no futuro.

A mediação, como forma alternativa de resolução de conflito, auxilia precipuamente no combate à Síndrome de Alienação Parental, pois, o trabalho com profissionais de diversas áreas ajuda os genitores a estarem conscientes de seus papeis e de sua responsabilidade para o fim do impasse. Além disso, esta prática evita a judicialização, posto que as próprias partes têm autonomia e, por consequência se tornam responsáveis por suas decisões, pois elas mesmas devem decidir a condução de suas vidas.

O modelo que ainda vemos o de judicializar seu conflito para se eximir da responsabilidade de decidir outorgada a um terceiro, no caso um juiz, mostra no fundo a incapacidade das pessoas em se responsabilizar pelos seus atos e, assim, transferem para outro que não conhece sua realidade decidir pelos pais.

O mediador auxilia na reflexão, na busca de alternativas, no diálogo, para que as partes tomem a decisão final. Essa oportunidade de reflexão e responsabilidade por seus atos e decisões pode evitar a instalação da síndrome alienação parental, pois, muitas vezes os genitores estão tão preocupados com seus problemas, em vencer a contenda, em buscar um culpado que acabam se esquecendo dos direitos de seus filhos.

Para amenizar os males causados pela alienação parental, o genitor alienador poderá ter que se afastar do filho e ser submetido a tratamento psicológico. Isto deve ocorrer para que a criança vá aos poucos percebendo a realidade dos fatos, contudo, o afastamento não deve ser total nem feito bruscamente, para evitar mais danos à criança.

A mediação pode interferir na questão da Síndrome de Alienação Parental, pois, esta tende a ocorrer no processo de divórcio, principalmente durante a disputa pela guarda dos filhos, e o ex-casal que tenha passado pela fase da mediação, tendo refletido, dialogado e feito concessões mútuas, tende a lidar melhor com o fim do relacionamento, não atuando de modo a incitar na criança ódio contra o outro genitor.

Mesmo que não seja possível, através da mediação, exterminar a ocorrência da Síndrome de Alienação Parental, ela certamente ajuda a evitá-la e a minimizar seus efeitos através da reflexão, diálogo e responsabilidade por decisões e comportamentos dos genitores para com seus filhos.

3. A alienação parental e a mediação de conflitos como caminho possível

Desde sempre as relações interpessoais são estímulos que trazem em si situações de divergência ou convergência. Na sociedade atual aprendemos e somos estimulados a ver o mundo sob a ótica do certo e errado, do vencedor e vencido. Entendemos, então, que fazer prevalecer nossa ideia é a fonte de sucesso e realização, razão pela qual desenvolvemos uma forma excludente de pensar.

A mediação como mecanismo eficaz de resolução de conflito, prevista em lei que integra e complementa o processo de desenvolvimento humano, tem aplicabilidade nos casos de existência de vínculos que se prolongam ao longo de suas vidas, tais como o vínculo de ex-casais com filhos em comum. Visando a facilitação do diálogo, diversas técnicas podem ser trabalhadas com genitores e familiares, para que estes se tornem sujeitos de direitos, mas principalmente de deveres, e que, se trabalhada de forma qualificada, estas pessoas possam ser responsáveis a tomar atitudes que visem o bem estar destas crianças ou adolescentes. O mediador tem a escuta como sua primordial ferramenta, o que o auxilia a perceber os integrantes do conflito como elas veem a si e ao outro.

Como método de heterocompositivo, a mediação trabalha o conflito através de uma intervenção e assim exerce função tripla: a função eficientista, voltada à funcionalidade e eficiência do aparelho jurisdicional; função política, de participação popular na administração da justiça e a função social, de pacificação social. Tais funções não seriam, entretanto, excludentes, mas coexistentes e complementares.

Com relação à mediação, trata-se de uma proposta transformadora do conflito, pois não busca a sua decisão por um terceiro, mas sim a sua resolução pelas próprias partes que recebem auxílio do mediador para administrá-lo. A mediação não se preocupa com a verdade formal contida nos autos, tampouco tem como única finalidade a obtenção de um acordo (Warat, 2001).

Assim, restringiríamos a mediação pela busca de um acordo e estaríamos petrificando as potencialidades da mediação em fazer uma reformulação do conflito, dando-lhe novos significantes que adentrarão ao longo da vida dos envolvidos, a desconstrução do conflito como chance de reconstrução da relação, caminha para um processo de decisão, tudo é ganho da mediação.

Conclui-se que a importância de se garantir a solução de conflitos de modo eficiente e através da mediação de conflitos que visa ao melhor interesse do menor, pois se observam os espaços de fala e necessidades das partes envolvidas no conflito.

Referências

Braga, N., Felipe, P., Farias, C. C., & Rosenvald, N..(2015). *Novo Tratado de Responsabilidade Civil.* (3.ed.). São Paulo: Atlas.

Brasil. *Constituição Federal de 1988.* Capítulo VII, artigo 227. Recuperado de: http://www.planalto.gov.br/ccivil_03/constituicao/constituicaocompilado.htm.

Brasil. (1990). *Estatuto da Criança e do Adolescente.*Título III, Capítulo I, artigo 70-A, IV. Recuperado de: http://www.planalto.gov.br/ccivil_03/leis/l8069.htm.

Brendler, K.M. *A mediação como enfrentamento aos conflitos no âmbito familiar, com enfoque na alienação parental.* Recuperado de: https://jus.com.br/artigos/56912/a-mediacao-como-enfrentamento-aos-conflitos-no-ambito-familiar-com-enfoque-na-alienacao-parental.

Bush, R.B. & J. Folger. (2005).*The promisse of mediation. The transformative approach to conflit.*San Francisco: Ed. Joseybass.

Carbone, A. *Terapia Familiar Sistêmica. Breve histórico. Origem e desenvolvimento da terapia familiar.* Recuperado de: http://www.revistapsicologia.com.br/materias/hoje/terapiaFamiliarSistemica.htm.

Castanõn, G. A. *Construcionismo Social: uma crítica epistemológica.* Recuperado dehttp://www.sbponline.org.br/revista2/vol12n1/art07_t.pdf

Comissão de Mediação E Arbitragem Da Oab/Mg. (2009). *Cartilha de Mediação.* Belo Horizonte: OAB/MG.

Costa, J.T. (2010). *Atendimento de multifamílias de dependentes químicos: um estudo das narrativas na visão sistêmica dos novos paradigmas* (Dissertação de Mestrado). Pontifícia Universidade Católica de Minas Gerais, Programa de Pós-Graduação em Psicologia, Belo Horizonte.

Dartigues, A. (1979). *O que é a fenomenologia?* (Trad. De Maria José J. C. de Almeida). Rio de Janeiro: Livraria Eldorado.

Diez, F. Y Tapia G. (1999).*Herramientas para trabajar em mediación*.Buenos Aires: Paidós.

Faria, A. P. *Mediação e Narrativa*. Recuperado de: <http://www.ambito-juridico.com.br/site/index.php?n_link=revista_artigos_leitura&artigo_id=9295>.

Guimarães, D. N., André, B. P., & Chai, C.G. (2015). *Mediação, Linguagem, Comportamento e Multiculturalismo*. São Luís: Procuradoria Geral de Justiça do Estado do Maranhão/Jornal da Justiça/Cultura, Direito e Sociedade (DGP/CNPq/UFMA).

Hofnung, M. G. (1995). *La Médiation Que Sais-Je?* Paris: Puf.

Laporta, C. M. C, & Borges, S. N.S. (2019). *Mediação de Conflitos na Prática: Estudo de Casos Concretos*. Rio de Janeiro, Lumen Juris.

Lima, Jean Carlos. (2011). *Curso de Mediação de Conflitos: Teoria e Prática* (3.ed., p. 66). Recife: Adsumus.

Pereira, R. A. G. C. (2016). *Mediação de Conflitos: A emergência de um Novo Paradigma* (p. 15). Belo Horizonte: Del Rey.

Pereira, R. A. G. C. (2014). *Fala Comigo - Eu, Escuto? A descoberta do outro – Uma Experiência Escolar* (Dissertação de Mestrado). Institut Universitaire Kurt Bosch y Universitá de Genéve (APEP-IUKB-AR).

Pereira, R.C. (2003). *Direito de Família: uma Abordagem Psicanalítica*. Belo Horizonte: Del Rey.

Sampaio,L., Castaldi, R., & Braga Neto, A. (2007). *O Que é Mediação de Conflitos*. Coleção Primeiros Passos. São Paulo: Brasiliense.

Suares, M. (2008). *Mediación: Condución de Disputas, Comunicación y técnicas.* Buenos Aires: Paidós.

Tavares, F.H. (2002). *Mediação e Conciliação* (p. 43). Belo Horizonte: Mandamentos.

Vezzula, J.C. (2004). *Mediação - Teoria e Prática - Guia para utilizadores e Profissionais Liberais*. Lisboa DGAE - Ministério da Justiça, Portugal.

CAPÍTULO 13

Compreendendo a Fala (Lalia) recebida por Audição (OtoLalia), Visão (OptoLalia) e Tato (TatoLalia)

Fernando Cesar Capovilla

Introdução

Este capítulo é importante para a compreensão da fala e a alfabetização por parte de neurotípicos (ouvintes e videntes), surdos videntes, cegos ouvintes, e surdocegos. Ele trata da Fala recebida pelas modalidades sensoriais de Audição, Visão, e Tato. A Fala é denominada Lalia. As Unidades da Fala (UF) são denominadas Lalemas e são representados por barras invertidas (\ \). Assim, temos Lalemas bilabiais ([\p\], [\b\], [\m\]); alveolares ([\t\], [\d\], [\s\], [\z\], [\n\], [\ɾ\], [\l\], [\ɹ\], [\ř\]); velares ([\k\], [\g\]); labiodentais ([\f\], [\v\]); alveopalatais ([\ʃ\], [\ʒ\], [\tʃ\], [\dʒ\]); e assim por diante. A Fala recebida por Audição é denominada OtoLalia. As Unidades Audíveis da Fala (UF audíveis) são denominadas OtoLalemas ou Fonemas, e são representados por barras colchetes ([ ]) contendo os Lalemas. Assim, temos OtoLalemas bilabiais ([\p\], [\b\], [\m\]); alveolares ([\t\], [\d\], [\s\], [\z\], [\n\], [\ɾ\], [\l\], [\ɹ\], [\ř\]); velares ([\k\], [\g\]); labiodentais ([\f\], [\v\]); alveopalatais ([\ʃ\], [\ʒ\], [\tʃ\], [\dʒ\]). A Fala recebida por Visão é denominada OptoLalia. As Unidades Visíveis da Fala (UF visíveis) são denominadas OptoLalemas, e são representados por chaves ({ }) contendo os Lalemas. Assim, temos OptoLalemas bilabiais {\p\=\b\=\m\}; alveolares {\t\=\d\=\n\}, {\s\=\z\}, {\ɾ\=\l\=\ɹ\=\ř\}; velares {\k\=\g\}; labiodentais {\f\=\v\};

alveopalatais {\ʃ\=\ʒ\}, {\tʃ\=\dʒ\}. A Fala recebida por Tato é denominada TatoLalia. As Unidades Tactíveis da Fala (UF tactíveis) são denominadas TatoLalemas, e são representados por carets (< >) contendo os Lalemas. Assim, temos TatoLalemas cobrindo todo o espectro, como:

(a.) labiodentais orais fricativos: desvozeado *versus* vozeado: <\f\> ≠ <\v\>;

(b.) alveolares orais fricativos: desvozeado *versus* vozeado: <\s\> ≠ <\z\>;

(c.) velares orais oclusivos: desvozeado *versus* vozeado <\k\> ≠ <\g\>;

(d.) pós-alveolares (ou alveopalatais) orais fricativos: desvozeado *versus* vozeado <\ʃ\>≠ <\ʒ\> ≠ <\tʃ\> ≠ <\dʒ\>;

(e.) bilabiais orais oclusivos: desvozeado *versus* vozeado: <\p\> ≠ <\b\> (*versus* bilabial nasal vozeado <\m\>;

(f.) linguodentais (ou alveolares), orais oclusivos: desvozeado *versus* vozeado: <\t\> ≠ <\d\> (alveolar nasal vozeado <\n\>);

(g.) orais, laterais, aproximantes, vozeados: alveolar *versus* palatal <\l\> ≠ <\ʎ\>;

(h.) alveolares vozeados: oral vibrante *versus* oral lateral aproximante <\ɾ\> ≠ <\l\>, dentre outros.

Este capítulo trata dessas convenções de terminologia e de notação a partir de Capovilla e colaboradores (Capovilla, 2015a, 2015b, 2015c, 2018a, 2018b, 2019, 2020a, 2020c, 2021b; Capovilla, Coelho et al., 2017; Capovilla, Garcia et al., 2019; Capovilla, Luz et al., 2019).

Unidades da Fala (UF): Convenções de terminologia e notação

As Unidades da Fala (UF) são chamada de Lalemas. Os Lalemas são representados por barras invertidas (\ \). Por exemplo, os Lalemas: \b\, \k\, \d\, \f\, \g\, \p\, \m\, \t\, \v\, \s\, \z\, \ʃ\, \ʒ\, \tʃ\, \dʒ\.

(a.) As Unidades Audíveis da Fala (UF audíveis) são chamadas de OtoLalemas, ou Fones, ou Fonemas. Os OtoLalemas são representados por colchetes ([ ]) contendo os Lalemas: [\b\], [\k\],

[\d\], [\f\], [\g\], [\p\], [\m\], [\t\], [\v\], [\s\], [\z\], [\ʃ\], [\ʒ\], [\tʃ\], [\dʒ\]. Assim, as UF, na modalidade auditiva, são UF audíveis. Na modalidade auditiva, os Lalemas (e.g., \b\ e \g\) são OtoLalemas (i.e., [\b\] e [\g\]). Para compreender a fala por audição, os ouvintes processam os OtoLalemas. Usualmente os cegos (i.e., não videntes) precisam fazer processamento da fala pela audição. Os cegos ouvintes conseguem fazê-lo.

(b.) As Unidades Visíveis da Fala (UF visíveis) são chamadas de OptoLalemas. Os OptoLalemas são representados por chaves ({ }) contendo os Lalemas: {\b\}, {\k\}, {\d\}, {\f\}, {\g\}, {\p\}, {\m\}, {\t\}, {\v\}, {\s\}, {\z\}, {\ʃ\}, {\ʒ\}, {\tʃ\}, {\dʒ\}. Assim, as UF, na modalidade visual, são UF visíveis. Na modalidade visual, os Lalemas (e.g., \b\ e \g\) são os OptoLalemas (i.e., {\b\} e {\g\}). Para compreender a fala por leitura orofacial visual, os videntes processam os OptoLalemas. Usualmente os surdos (i.e., não ouvintes) precisam fazer processamento da fala pela visão. Os surdos videntes conseguem fazê-lo.

(c.) As Unidades Tactíveis da Fala (UF tactíveis) são chamadas de TatoLalemas. Os TatoLalemas são representados por carets (< >) contendo os Lalemas: <\b\>, <\k\>, <\d\>, <\f\>, <\g\>, <\p\>, <\m\>, <\t\>, <\v\>, <\s\>, <\z\>, <\ʃ\>, <\ʒ\>, <\tʃ\>, <\dʒ\>. Assim, as UF, na modalidade tátil, são UF tactíveis. Na modalidade tátil, os Lalemas (e.g., \b\ e \g\) são os TatoLalemas (i.e., <\b\> e <\g\>). Para compreender a fala por leitura orofacial tátil, os tatientes processam os TatoLalemas. Usualmente os surdocegos precisam fazer processamento da fala pelo tato. Os surdocegos tatientes conseguem fazê-lo.

Unidades da Escrita (UE): Convenções de terminologia e notação

As Unidades da Escrita (UE) são chamadas de Grafemas. Os Grafemas são representados por aspas (“ ”): “b”, “k”, “d”, “f”, “g”, “p”, “m”, “t”, “v”, “j”, “ch”, “x”

(a.) As Unidades Visíveis da Escrita (UE visíveis) são chamadas de OptoGrafemas. Os OptoGrafemas são representados por chaves contendo as aspas: ({" "}): {"b"}, {"k"}, {"d"}, {"f"}, {"g"}, {"p"}, {"m"}, {"t"}, {"v"}, {"s"}, {"z"}, {"j"}, {"ch"}, {"x"}. É preciso notar que as chaves contém os itens entre as aspas (i.e., os Grafemas) para deixar claro que *o que é visível é a unidade da escrita*, e não a unidade da fala. Se entre as chaves houvesse barras (i.e., {\b\}, {\k\}, {\d\}, {\f\}, {\g\}, {\p\}, {\m\}, {\t\}, {\v\}, {\ʃ\}, {\ʒ\}, {\tʃ\}, {\dʒ\}) em vez de aspas, estaríamos nos referindo a Unidades Visíveis da Fala (UF visíveis), ou OptoLalemas, e não a Unidades Visíveis da Escrita (UE visíveis) ou OptoGrafemas. Como se trata de Unidades Visíveis da Escrita (UE visíveis), ou OptoGrafemas, a notação é: {"b"}, {"k"}, {"d"}, {"f"}, {"g"}, {"p"}, {"m"}, {"t"}, {"v"}, {"s"}, {"z"}, {"j"}, {"ch"}, {"x"}. Assim, as UE, na modalidade visual, são UE visíveis: Os Grafemas (e.g., "b" e "g") visíveis são os OptoGrafemas (i.e., {"b"} e {"g"}). Para a leitura (compreensão da escrita) por visão, os leitores videntes processam os OptoGrafemas. Usualmente os surdos precisam fazer processamento da escrita pela visão. Os surdos videntes conseguem fazê-lo.

(b.) As Unidades Tactíveis da Escrita (UE tactíveis) são chamadas de TatoGrafemas. Os TatoGrafemas são representados por carets contendo as aspas: (<" ">): <"b">, <"k">, < "d">, <"f">, <"g">, <"p">, <"m">, <"t">, <"v">, <"j">, <"ch">, <"x">. Assim, as UE, na modalidade tátil, são as UE tactíveis: Os Grafemas (e.g., "b" e "g") tateáveis são os TatoGrafemas (i.e., <"b"> e <"g">). Para a leitura (i.e., a compreensão da escrita) por tato, os tatientes videntes processam os TatoGrafemas (i.e., os caracteres Braille). Usualmente os cegos precisam fazer processamento da escrita por tato. Os surdocegos também. Os cegos tatientes e os surdocegos tatientes conseguem fazê-lo. É preciso enfatizar que os carets (que representam a modalidade tátil) contêm as unidades entre aspas (i.e., os Grafemas) para deixar claro que *o que é tateável é a unidade da escrita*, e não a unidade da fala. Se em vez de aspas houvesse barras (i.e., <\b\>, <\k\>, <\d\>, <\f\>, <\g\>, <\p\>, <\m\>, <\t\>, <\v\>, <\s\>, <\z\>, <\ʃ\>, <\ʒ\>, <\tʃ\>, <\dʒ\>), estaríamos nos referindo a Unidades Tateáveis da Fala (UF tactíveis), que consistem nas unidades do sistema de leitura orofacial tátil Tadoma, usado pelo surdocego para compreender a fala. Como estamos usando aspas (i.e., <“b”>, <“k”>, <“d”>, <“f”>, <“g”>, <“p”>, <“m”>, <“t”>, <“v”>, <“s”>, <“z”>, <“j”>, <“ch”>, <“x”>), estamos nos referindo a Unidades Tateáveis da Escrita (UE tactíveis) que são os caracteres Braille (compostos da matriz de seis pontinhos em relevo) com que cegos e surdocegos leem a escrita.

Unidades da Fala (Lalemas), Escrita (Grafemas), e Sinais (Sematosemas): iguais (Homo) ou diferentes (Hetero), à audição (Oto), visão (Opto), ou tato (Tato)

As Unidades da Fala (Lalemas), Escrita (Grafemas), e Sinais (Sematosemas) podem parecer iguais (Homo) ou diferentes (Hetero), à audição (Oto), à visão (Opto), ao tato (Tato). Lalemas podem ser HomóFonos ou HeteróFonos, HomoScópicos ou HeteroScópicos, HomoTáticos, ou HeteroTáticos.

(a.) Quanto a como diferentes Lalemas soam (i.e., aparecem à audição), certos OtoLalemas são HomóFonos ou Semi-HomóFonos entre si. Por exemplo: [\m\] ≈ [\n\], logo [\m\ ≈ \n\]. Outros OtoLalemas são HeteróFonos entre si. Por exemplo: [\p\] ≠ [\b\] ≠ [\m\] ≠ [\f\] ≠ [\v\] ≠ [\k\] ≠ [\g\] ≠ [\t\] ≠ [\d\] ≠ [\s\] ≠ [\z\] ≠ [\ʃ\] ≠ [\ʒ\] ≠ [\tʃ\] ≠ [\dʒ\].

(b.) Quanto a como diferentes Lalemas aparecem à visão, certos OptoLalemas são HeteroScópicos ({\m\} ≠ {\n\}). Outros OptoLalemas são HomoScópicos. Por exemplo: {\p\} = {\b\} = {\m\}, logo {\p\ = \b\ = \m\}; {\f\} = {\v\}, logo {\f\ = \v\}, {\k\} = {\g\}, logo {\k\ = \g\}; {\t\} = {\d\}, logo {\t\ = \d\}; {\s\} = {\z\}, logo {\s\ = \z\}; {\ʃ\} = {\ʒ\}, logo {\ʃ\ = \ʒ\}; ou {\tʃ\} ≠ {\dʒ\} logo {\tʃ\ ≠ \dʒ\}.

(c.) Quanto a como diferentes Lalemas aparecem ao tato, todos os TatoLalemas são HeteroTáticos entre si. O que varia é a dimensão em que diferem ao tato. Por exemplo certos TatoLalemas diferem nas dimensões de vozeamento <\p\> ≠ <\b\>, ou <\f\> ≠ <\v\>, ou <\k\> ≠ <\g\>, ou <\t\> ≠ <\d\>, ou <\s\> ≠ <\z\>, ou <\ʃ\> ≠ <\ʒ\>, ou <\tʃ\> ≠ <\dʒ\> apesar do mesmo ponto de articulação. Certos TatoLalemas diferem no ponto de articulação <\m\> ≠ <\n\> apesar de serem igualmente nasais. Certos TatoLalemas diferem na nasalização (<\p\>, <\b\>) ≠ <\m\> apesar de terem o mesmo ponto de articulação.

Estratégias para auxiliar o surdo a compreender a fala, discriminando entre Lalemas HomoScópicos

Certos Lalemas HeteróFonos e HomoScópicos. Por exemplo, consideremos os seguintes sete conjuntos de Lalemas: (\p\, \b\, \m\); e (\f\, \v\); e (\k\, \g\); e (\t\, \d\, \n\); e (\s\, \z\); e (\ʃ\, \ʒ\); e (\ tʃ\, \dʒ\); e (\tʃ\, \dʒ\). Os Lalemas, dentro de cada conjunto, à audição (i.e., enquanto OtoLalemas), soam diferente um do outro. Logo, eles são HeteróFonos ([\p\] ≠ [\b\] ≠ [\m\]); e ([\f\] ≠ [\v\]); ([\k\] ≠ [\g\]); e ([\t\] ≠ [\d\] ≠ [\n\]); e ([\s\] ≠ [\z\]); e ([\ʃ\] ≠ [\ʒ\]); ([\tʃ\] ≠ [\dʒ\]); e ([\tʃ\] ≠ [\dʒ\]). É perfeitamente possível distinguir entre os OtoLalemas no interior de cada conjunto porque são HeteróFonos. Mas não é possível distingui-los por visão porque eles são HomoScópicos. Ou seja: os Lalemas, dentro de cada conjunto, à visão (i.e., enquanto OptoLalemas), parecem iguais uns ao outros. Logo, eles são HomoScópicos {\p\} = {\b\} = {\m\}, logo {\p\ = \b\ = \m\}; {\f\} = {\v\}, logo {\f\ = \v\}; {\k\} = {g}, logo {\k\ = \g\}; {\t\} = {\d\} = {\n\}, logo {\t\ = \d\ = \n\}; {\s\} = {\z\}, logo {\s\ = \z\}; {\ʃ\} = {\ʒ\}, logo {\ʃ\ = \ʒ\}; e {\tʃ\} = {\dʒ\}, e logo {\tʃ\ = \dʒ\}. Por serem HomoScópicos, é muito difícil ou quase impossível distinguir entre os OptoLalemas no interior de cada conjunto. Como eles não podem ser distinguidos por visão, eles precisam ser distinguidos por audição. É por isso que esses Lalemas são tão difíceis para os surdos discriminarem. Como os surdos não ouvem, não podem tirar vantagem da HeteroFonia e precisam depender da HeteroScopia. Mas como esses Lalemas são HomoScópicos, não são discrimináveis por leitura orofacial por visão. Na alfabetização, esses Lalemas só podem ser discriminados pelos surdos por duas estratégias.

Estratégia 1: Adição de TatoLalia

Os surdos podem ser ajudados a distinguir entre Lalemas HomoScópicos por meio do uso do tato. O uso da discriminação dos Lalemas na modalidade tátil (TatoLalemas) em sistemas como Tadoma favorece a discriminação em pares mínimos (e.g., \f\ e \v\, já que <\f\> ≠ <\v\>) e em trios mínimos (e.g., \p\, \b\, \m\, já que <\p\> ≠ <\b\> ≠ <\m\>). No interior dos pares mínimos, os elementos diferem entre si (i.e., <\f\> ≠ <\v\>; <\k\> ≠ <\g\>; <\t\> ≠ <\d\>; <\s\> ≠ <\z\>; <\ʃ\> ≠ <\ʒ\>; <\tʃ\> ≠ <\dʒ\>). Essa distinção se deve, basicamente, ao traço de vozeamento. No interior de cada par mínimo de TatoLalemas, um dos elementos do par é desvozeado (e.g., <\f\>, <\k\>, <\t\>, <\s\>, <\ʃ\>, <\tʃ\>), ao passo que o outro elemento do par é vozeado (<\v\>, <\g\>, <\d\>, <\z\>, <\ʒ\>, <\dʒ\>). Tocando com a mão a traqueia do orador, percebe-se que as pregas vocálicas vibram apenas na emissão dos vozeados. Assim, considerando cada par mínimo de TatoLalemas, a vibração da traqueia é o traço distintivo entre os dois elementos de cada par mínimo de TatoLalemas. Todos os demais traços são idênticos entre os dois elementos de cada par. Para surdocegos processando a fala, o sistema Tadoma de leitura orofacial tátil funciona precisamente para distinguir entre todas as Unidades da Fala tátil (UF tactíveis), permitindo processar traços como a nasalização (pela vibração das narinas), o vozeamento (pela vibração da traqueia), a abertura da boca, e a protrusão e configuração geral dos lábios, associados ao fluxo do ar. O recurso ao processamento das Unidades Tateáveis da Fala (UF tactíveis) é empregado com surdos, durante estágios mais avançados da alfabetização, para a melhoria da qualidade ortográfica da escrita, e da precisão da leitura. A distinção dos Lalemas pelo tato (i.e., a distinção entre TatoLalemas) auxilia a discriminar entre Lalemas que parecem idênticos à visão durante a leitura orofacial visual das palavras, mas que são grafados com Grafemas diferentes nas correspondentes palavras escritas. Nas aulas de aperfeiçoamento da qualidade ortográfica da escrita e da precisão ortográfica, para ajudar as crianças surdas a fixar a ordem das letras no interior das palavras, usualmente é feita ancoragem na imaginação visual da fala articulada na face do professor. Esse processamento OptoLalêmico é muito eficiente para ajudar as crianças a fixar a ordem da vogal e da semivogal em ditongos decrescentes e crescentes (e.g., "ai" e "ia"), decrescentes vocálicos e consonantais (e.g., "ao" e "al"), e assim por diante. Mas é ineficiente para ajudar as crianças a discriminar entre consoantes vozeadas e desvozeadas, e entre nasais e orais. Nestes casos o tato é de grande ajuda para ajudar os alunos surdos a entender porque as unidades visíveis da fala, que parecem idênticas à visão, são escritas de modo diferente, e para ajudá-los a distinguir entre essas unidades que parecem idênticas à visão. Isso é eficaz para ajudá-los a fixar as relações entre Lalemas e respectivos Grafemas, de modo a reduzir erros na leitura e na escrita mediadas pela imaginação visual da fala. Também para ouvintes com dislexia ou com distúrbio de processamento auditivo central, o método multissensorial de Montessori preconiza o uso do tato para auxiliar a discriminação auditiva e visual. Isso porque crianças disléxicas têm não apenas baixa consciência fonológica (i.e., Habilidade MetaOtoLalêmica) como, também, baixa Consciência MetaOptoLalêmica, com grande dificuldade em fazer leitura orofacial (Capovilla, 2019, 2020a, 2020b, 2020c, 2021a, 2021b; Capovilla & Graton-Santos 2019).

Estratégia 2: Adição de articulação simultânea de QuiriFormemas aos HomOptoLalemas, como em Cued Speech

Os surdos podem ser ajudados a distinguir entre Lalemas HomoScópicos por meio do uso de sistemas de suplementação da percepção visual, ou seja, por meio do uso de pistas visuais (ou dicas visuais) complementares (Capovilla, 2019, 2020a, 2020b, 2020c, 2021a, 2021b). Pode-se favorecer a discriminação dos Lalemas na modalidade visual complementando a discriminação por meio de pistas de discriminação suplementares, como a articulação manual das letras na soletração digital, por exemplo. Isso é muito eficaz para favorecer a discriminação em pares mínimos como {\f\} e {\v\}; e trios mínimos como {\p\}, {\b\}, {\m\}. Neste caso, quando a professora ensina a diferença entre as palavras FACA e VACA, ela faz soletração digital simultânea à fala. Assim, ao falar ['vakɐ] a professora articula a mão em **V**, e ao falar a palavra ['fakɐ], a professora articula a mão em **F**. Essa estratégia é chamada de Cued Speech (Cornet, 1975; LaSasso et al., 2010; Leybaert & LaSasso, 2010; Nicholls & McGill, 1982).

Consideremos o trio mínimo composto pelas palavras escritas PICO, BICO, MICO. Essas três palavras diferem apenas por um único Grafema (“p”, “b”, “m”). Ou por um único Lalema, quando consideramos as correspondentes palavras faladas [\‘p\i\k\ʊ\], [\‘b\i\k\ʊ\], e [\‘m\i\k\ʊ\]. Concentremo-nos agora nos Lalemas componentes: \p\, \i\, \, k\, \ʊ\; \b\, \i\, \, k\, \ʊ\; e \m\, \i\, \k\, \ʊ\. Como vimos, dois ou mesmo três Lalemas, que são diferentes à audição, podem parecer idênticos à visão. Ou seja, eles podem ser HeteróFonos (i.e., diferentes à audição) mas HomoScópicos (i.e., iguais à visão). Por exemplo, os Lalemas \p\, \b\, \m\ são diferentes à audição, mas idênticos à visão. Os Lalemas audíveis (OtoLalemas) [\p\], [\b\], [\m\] são distintos entre si ([\p\] ≠ [\b\] ≠ [\m\]). Esses OtoLalemas são HeteróFonos (i.e., diferentes à audição), e podem ser chamados de HeterOtoLalemas. Mas os Lalemas visíveis (OptoLalemas) correspondentes {\p\}, {\b\}, {\m\}, são idênticos entre si ({\p\} = {\b\} = {\m\}). Esses OptoLalemas são HomoScópicos, e podem ser chamados de HomOptoLalemas. Assim, os OptoLalemas {\p\}, {\b\}, {\m\} compõem um único Conjunto HomOptoLálico (ou Tríade OptoLálica), designado como {\p\ = \b\ = \m\}. Assim, como esses OptoLalemas {\p\}, {\b\}, {\m\} são HomOptoLalemas entre si, eles constituem a Tríade HomOptoLálica {\p\ = \b\ = \m\}.

A estratégia do sistema *Cued Speech* é empregada para ajudar alunos surdos que estão fazendo leitura orofacial visual para compreender a fala ou tomar ditado. Essa estratégia consiste em fornecer a esses alunos pistas visuais suplementares que lhes permitam discriminar entre OptoLalemas HomoScópicos. Ela só é empregada para ajudar a discriminar entre OptoLalemas HomoScópicos. Para os OptoLalemas HeteroScópicos, a leitura orofacial visual simples, sem *Cued Speech*, já é suficiente. Assim, no *Cued Speech*, quando a professora fala uma palavra, que pode ser membro de um par mínimo, ela articula, simultaneamente ao Lalema, a forma de mão correspondente na soletração digital (i.e., QuiriFormema). Assim, quando a professora fala as palavras de um par mínimo (e.g., [\‘f\i\l\ɐ\], [\‘v\i\l\ɐ\]) ou de uma tríade mínima (e.g., [\‘p\i\k\ʊ\], [\‘b\i\k\ʊ\], e [\‘m\i\k\ʊ\]) essas palavras são recebidas pelos seus alunos surdos videntes por leitura orofacial visual. Devido à HomoScopia entre os Lalemas \f\ e \v\ (i.e., {\f\ = \v\}), os alunos não conseguem distinguir entre as duas palavras do par mínimo {\‘f\i\l\ɐ\} e {\‘v\i\l\ɐ\}. Ciente do desafio da HomoScopia, então, ao articular palavra falada que envolve um Lalema com HomOptoLalemas competidores, a professora deve articular a mão na Forma Alvo da Mão. Por exemplo, ao articular a palavra {\'f\i\l\ɐ\} ao mesmo tempo em que articula conspicuamente o OptoLalema {\f\}, a professora deve articular conspicuamente o QuiriFormema Mão em **F**. E ao articular a palavra {\'v\i\l\ɐ\}, ao mesmo tempo em que articula conspicuamente o OptoLalema {\v\}, a professora deve articular conspicuamente o QuiriFormema Mão em **V**.

Essa estratégia de desambiguação manual de unidades HomoScópicas da fala permite auxiliar a discriminabilidade visual da fala durante a leitura orofacial por visão, com vistas a aumentar a precisão da compreensão da fala por leitura orofacial visual, ou com vistas a aumentar a precisão da escrita durante a tomada de ditado por leitura orofacial. Nos dois casos, a estratégia de sinalização manual da fala (Cued Speech) é eficiente. Ela consiste basicamente em fazer a articulação simultânea do QuiriFormema (Forma de Mão) sempre que esse Lalema puder ser confundido visualmente com um outro Lalema, de modo a evitar essa confusão. Por exemplo,

(a.) Para distinguir entre OptoLalemas {\t\} e {\d\} e {\n\}, articular visivelmente Mão em **T**, **D**, e **N**, respectivamente.

(b.) Para distinguir entre OptoLalemas {\p\} e {\b\} e {\m\}, articular visivelmente Mão em **P**, **B**, e **M**, respectivamente.

(c.) para distinguir entre OptoLalemas {\f\} e {\v\}, articular visivelmente Mão em **F** ao oralizar o OptoLalema {\f\}; e Mão em **V** ao oralizar o OptoLalema {\v\}.

(d.) Para distinguir entre OptoLalemas {\k\} e {\g\}, articular visivelmente Mão em **C** (ou **Q** ou **QU** ou **K**, conforme o caso) ao oralizar o OptoLalema {\k\}; e Mão em **G** (ou em **GU**, conforme o caso), ao oralizar o OptoLalema {\g\}.

(e.) Para distinguir entre OptoLalemas {\ʃ\} e {\ʒ\}, articular visivelmente Mão em **X** (ou **CH** ou **SH**, conforme o caso) ao oralizar o OptoLalema {\ʃ\}; e Mão em **G** (ou em **J**, conforme o caso), ao oralizar o OptoLalema {\ʒ\}.

(f.) Para distinguir entre OptoLalemas {\s\} e {\z\}, articular visivelmente Mão em **S** (ou **SS** ou **C** ou **Ç**, ou **SC** ou **SÇ** ou **Z**, ou **X** ou **XC** ou **XS**, conforme o caso) ao oralizar o OptoLalema {\s\}; e Mão em **Z** (ou em **S**, conforme o caso), ao oralizar o OptoLalema {\z\}.

Portanto, ao levar seus alunos a fazer leitura orofacial visual, sempre que houver possibilidade de confusão em decorrência da HomOptoLalia (i.e., da HomoScopia entre os Lalemas), a professora deve articular o QuiriFormema (forma de mão) específico correspondente ao Lalema específico que está articulando com a boca, de modo a permitir que os alunos distingam esse OptoLalema dos OptoLalemas competidores pertencentes ao mesmo Par HomOptoLálico, ou à mesma Tríade HomOptoLálica.

Assim, quando a professora fala as três palavras de uma tríade mínima (e.g., [\'p\i\k\ʊ\], [\'b\i\k\ʊ\], e [\'m\i\k\ʊ\]) essas palavras são recebidas pelos seus alunos surdos videntes por leitura orofacial visual. Devido à HomoScopia entre os Lalemas \p\, \b\, \m\ (i.e., {\p\ = \b\ = \m\}), os alunos surdos não conseguem distinguir entre as três palavras da tríade mínima {\'p\i\k\ʊ\}, {\'b\i\k\ʊ\}, e {\'m\i\k\ʊ\}. Ciente do desafio da HomoScopia, então, ao articular palavra falada que envolve um Lalema com HomOptoLalemas competidores, a professora deve articular a mão na Forma Alvo da Mão. Por exemplo:

(a.) Quando a professora articula a palavra {\'p\i\k\ʊ\}, para o seu aluno, ela está articulando uma palavra confusa. Para o aluno, a professora está articulando {'{\p\ = \b\ = \m\}\i\ {\k\ = \g\}\ʊ\}, já que existem duas classes de HomOptoLalemas Homoscópicos. A primeira classe de HomOptoLalemas é {\p\=\b\=\m\}. Ela contém os Lalemas \p\, \b\, \m\, que são HomoScópicos, ou seja, {\p\} = {\b\} = {\m\}. A segunda classe de HomOptoLalemas é {\k\ = \g\}. Ela contém os Lalemas \k\, \g\, que são HomoScópicos, ou seja, {\k\} = {\g\}. Para desambiguar a palavra, evitando qualquer sobreposição ou confusão, a professora que articula {'{\p\ = \b\ = \m\}\i\ {\k\ = \g\}\ʊ\}, pode fazer o seguinte. Ao emitir a primeira sílaba {'{\p\ = \b\ = \m\}\i\}, ela articula de modo conspícuo e simultâneo o QuiriFormema Mão em **P** indicando, assim, que o Lalema subjacente ao HomOptoLalema {'{\p\ = \b\ = \m\}\i\}, é \p\. Ao emitir a segunda sílaba {{\k\ = \g\}\ʊ\}, ela articula de modo conspícuo e simultâneo o QuiriFormema Mão em **C**, indicando, assim, que o Lalema subjacente ao HomOptoLalema {{\k\ = \g\}\ʊ\} é \k\. Deste modo, tendo visto a professora articulando a palavra {‘{\p\ = \b\ = \m\}\i\k\ʊ\}, o surdo vidente percebe que a palavra articulada é {\‘p\i\k\ʊ\}, ou seja, PICO.

(b.) Do mesmo modo, quando a professora articula a palavra {\‘b\i\k\ʊ\}, para o seu aluno, ela está articulando uma palavra confusa. Para desambiguar a palavra, evitando qualquer sobreposição ou confusão, a professora que articula {‘{\p\ = \b\ = \m\}\i\{\k\ = \g\}\ʊ\}, pode fazer o seguinte. Ao emitir a primeira sílaba {‘{\p\ = \b\ = \m\}\i\}, ela articula de modo conspícuo e simultâneo o QuiriFormema Mão em **B** indicando, assim, que o Lalema subjacente ao HomOptoLalema {‘{\p\ = \b\ = \m\}\i\}, é \b\. Ao emitir a segunda sílaba {{\k\ = \g\}\ʊ\}, ela articula de modo conspícuo e simultâneo o QuiriFormema Mão em **C**, indicando, assim, que o Lalema subjacente ao HomOptoLalema {{\k\ = \g\}\ʊ\} é \k\. Deste modo, tendo visto a professora articulando a palavra {‘{\p\ = \b\ = \m\}\i\k\ʊ\}, o surdo vidente percebe que a palavra articulada é {‘\b\i\k\ʊ\}, ou seja, BICO.

(c.) Finalmente, quando a professora articula a palavra {\‘m\i\k\ʊ\}, para o seu aluno, ela está articulando uma palavra confusa. Para desambiguar a palavra, evitando qualquer sobreposição ou confusão, a professora que articula {‘{\p\ = \b\ = \m\}\i\{\k\ = \g\}\ʊ\}, pode fazer o seguinte. Ao emitir a primeira sílaba {‘{\p\ = \b\ = \m\}\i\}, ela articula de modo conspícuo e simultâneo o QuiriFormema Mão em **M** indicando, assim, que o Lalema subjacente ao HomOptoLalema {‘{\p\ = \b\ = \m\}\i\}, é \m\. Ao emitir a segunda sílaba {{\k\ = \g\}\ʊ\}, ela articula de modo conspícuo e simultâneo o QuiriFormema Mão em **C**, indicando, assim, que o Lalema subjacente ao HomOptoLalema {{\k\ = \g\}\ʊ\} é \k\. Deste modo, tendo visto a professora articulando a palavra {‘{\p\ = \b\ = \m\}\i\k\ʊ\}, o surdo vidente percebe que a palavra articulada é {\‘m\i\k\ʊ\}, ou seja, MICO.

A base da técnica de Cued Speech é exatamente essa estratégia de desambiguar HomOptoLalemas (i.e., OptoLalemas em que existe HomoScopia, e.g., {\p\ = \b \ = \m\}, {\f\ = \v\}, {\k\ = \g\}, {\t\

= \d\}, {\ʃ\ =\ ʒ\}), por meio da emissão conspícua e simultânea do QuiriFormema desambiguador correspondente Lalema alvo (e.g., Mão em **P**, **B**, ou **M**; Mão em **F** ou **V**; Mão em **K** ou **G**; Mão em **T**, **D**, ou **N**; Mão em **X** ou **G**, e assim por diante). Quando a professora estiver se comunicando com sua classe de PVcDA (Pessoas Videntes com Deficiência Auditiva) ou de PSV (Pessoas Surdas Videntes), ela deve sempre articular o QuiriFormema desambiguador com a mão simultaneamente à articulação do OptoLalemas com a boca.

Conclusão

A Fala (Lalia) pode ser recebida por Audição (OtoLalia), Visão (OptoLalia) e Tato (TatoLalia). As Unidades da Fala (Lalemas) podem ser iguais (Homo) ou diferentes (Hetero), à audição (Oto), à visão (Opto), ou ao tato (Tato). Para compreender a fala, surdos videntes precisam discriminar entre Lalemas Visíveis (OptoLalemas). O problema é que alguns OptoLalemas são idênticos à visão (HomoScópicos) e não podem ser discriminados visualmente. Isso compromete a compreensão da fala por leitura orofacial. Neste caso podemos usar duas estratégias para ajudar o surdo a compreender a fala: (1) Tadoma: levá-lo a tatear a fala (fazer discriminação tátil dos TatoLalemas), já que muitos Lalemas HomoScópicos são HeteroTáticos. Ou seja embora esses Lalemas não possam ser distinguidos por visão ({\f\} = {\v\}, {\k\} = {\g\}; {\t\} ={\d\}; {\p\} ={\b\}; {\s\} ={\z\};{\ʃ\} ={\ʒ\}), eles pode ser distinguidos pelo tato (<\f\> ≠ <\v\>; <\k\> ≠ <\g\>; <\t\> ≠ <\d\>; <\p\> ≠ <\b\>; <\s\> ≠ <\z\>; <\ʃ\> ≠ <\ʒ\>), já que as pregas vocais vibram na articulação dos Lalemas vozeados (<\v\>, <\g\>, <\d\>, <\b\>, <\z\>, <\ʒ\>) mas não na dos desvozeados (<\f\>, <\k\>, <t>, <p>, <\s\>, <\ʃ\>). (2) Cued Speech: emparelhar soletração digital da letra que indica qual dos HomOptoLalemas é o Lalema alvo. Por exemplo como há HomoScopia entre {\p\ = \b\ = \m\}, {\f\ = \v\}, {\k\ = \g\}, {\t\ = \d\= \n\}, {\ʃ\ = \ʒ\}, {\s\ = \z\}, não é possível discernir, por visão, as seis palavras do interlocutor: se ele está dizendo (1) PICO ou BICO ou MICO, (2) FILA ou VILA, (3) CALO ou GALO, (4) TETO ou NETO ou DEDO, (5) JATO ou CHATO, (6) SÉ ou ZÉ. Mas a dúvida desaparece se ele articula mão (1) em **P** enquanto articula {‘{\p\ = \b\ = \m\}\i\k\ʊ\}, mão em **V** enquanto articula {‘{\f\ = \v\}\i\l\ɐ\}, e assim por diante.

Referências bibliográficas

Capovilla, F. C. (2015a). Nossa Língua Portuguesa: Como avaliar o grau de cifrabilidade de qualquer palavra falada e o grau de decifrabilidade de qualquer palavra escrita nas normas lusitana e brasileira. Em: R. S. Pereira (Org.), *Abordagem Multidisciplinar da Aprendizagem* (pp. 481–503). Viseu, Portugal: Editora QualConsoante. ISBN: 978–989–99420–0–4.

Capovilla, F. C. (2015b). Paradigma matricial de linguagem oral, escrita e de sinais: taxonomia e sistema de variáveis para tratamento conceitual, experimental e estatístico. Em: F. H. Santos; V. Andrade; O. Bueno (Orgs). *Neuropsicologia hoje* (2ª ed., pp. 91–97). Porto Alegre, RS: Artmed Editora. (ISBN: 978–85–8271–220–7).

Capovilla, F. C. (2015c). Paradigma neuropsicolinguístico para refundação conceitual e metodológica da linguagem falada, escrita e de sinais para alfabetização de ouvintes, deficientes auditivos, surdos e surdocegos. Em: F. C. Capovilla; W. D. Raphael; A. C. Mauricio (Orgs.), *Novo Deit-Libras: Dicionário enciclopédico ilustrado trilíngue da Língua de Sinais Brasileira (Libras) baseado em Linguística e Neurociências Cognitivas, Volume 1: Sinais de A a H* (3ª ed., Vol. 1, pp. 73–156). São Paulo, SP: Edusp. (ISBN: 978–85–314–1433–6).

Capovilla, F. C. (2018a). Explicando leitura e escrita de palavras: Do modelo de duplo processo ao modelo conexionista monergista. Em L. M. Alves; R. Mousinho; S. A. Capellini (Orgs.), *Dislexia: Novos temas, novas perspectivas*, Volume 4. (pp. 205–217). Rio de Janeiro, RJ: WAK Editora. (ISBN: 978–85–7854–432–4).

Capovilla, F. C. (2018b). Linguagem oral e escrita: paradigma, taxonomia e sistema de variáveis. Em: A. M. Soares; J. R. O. R. Simão; L. M. Neves (Orgs). *Caminhos da aprendizagem e inclusão: Entretecendo múltiplos saberes*. (pp. 103–124). Belo Horizonte, MG: Artesã. (ISBN: 978–85–88008–80–5).

Capovilla, F. C. (2019). Percepção da fala: como articular propriedades audíveis e visíveis para elevar o Método Fônico a novo patamar. Em: A. M. Soares; J. R. O. R. Simão; L. M. Neves (Orgs). *Caminhos da aprendizagem e inclusão: Entretecendo múltiplos saberes*. Volume II. Belo Horizonte, MG: Artesã.

Capovilla, F. C. (2020a). Compreendendo a Fala (Lalia) recebida por Audição (OtoLalia), Visão (OptoLalia) e Tato (TatoLalia). Em: A, M. Soares; F. C. Capovilla; J. R. O. R. Simão; L. M. Neves (Orgs.), *Caminhos da aprendizagem e inclusão: entretecendo múltiplos saberes - Volume III*. Belo Horizonte, MG: Editora Artesã.

Capovilla, F. C. (2020b). Por um Plano Nacional de Alfabetização (PNA) capaz de respeitar diferenças de língua e constituição biológica. *Revista Psicopedagogia, 37*(113): 208-224. DOI: 10.5935/0103-8486.20200015. ISSN: 0103-8446. ISSN Online: 2179-4057.

Capovilla, F C. (2020c). Processos de imaginação visual da articulação na Leitura e Escrita em Deficiência Auditiva e Surdez Oralizada, como se revelam nas paralexias e paragrafias; e o que autistas e naticegos têm em comum. Em A. M. Soares, F. C. Capovilla, A. Assumpção, L. E. Ribeiro do Valle (Orgs.), *Vencendo limites: Neurociências e Novas Tecnologias na Saúde como meio.* Rio de Janeiro, RJ: Editora Wak.

Capovilla, F. C. (2020d). Teste de Competência de Palavras e Não Palavras e seu uso para análise sistemática profunda de processos cognitivos, linguísticos e metalinguísticos na leitura de ouvintes e de surdos. Em A. M. Soares; F. C. Capovilla; F. Assumpção Jr.; L. E. R. Valle (Orgs.), *Neurociência e saúde educacional: Vencendo limites.* (Volume 2, Capítulo 7, pp. 95-116). Rio de Janeiro, RJ: Wak Editora. (ISNB vol. 2: 978-65-86095-02-9).

Capovilla, F. C. (2021a). Dificuldades e desafios na alfabetização em diferentes contextos: variabilidade sensorial, linguística e cognitiva. Em: Brasil (Org.), *Relatório Nacional de Alfabetização Baseada em Evidências.* (Capítulo 7, pp. 207-241). Brasília, DF: MEC – Sealf (Secretaria de Alfabetização). ISBN: 978-65-87026-08-4 (Ebook).

Capovilla, F. C. (2021b). Introdução aos erros de leitura e escrita em surdos e ouvintes. *Revista Escola Particular: Publicação mensal do Sindicado dos Estabelecimentos de Ensino no Estado de São Paulo*, 25(277), p. 21-32.

Capovilla, F. C.; Coelho, R.; Luz, T. T.; Graton-Santos, L. E; Damazio, M. (2017). Unraveling Portuguese phonological encodability: A new method for assessing spelling under dictation difficulty. *International Journal of Psychology and Neuroscience, 3*(1), 1–47.

Capovilla, F. C.; Garcia, A.; Poles, C. A. (2019). Are conversion rules really what phonological recoding is all about? Dissociation between know-why and know-how: A case for conversion intuition. *Neurociências e Psicologia, 15*(2), 68-91. (ISSN: 1807-1058).

Capovilla, F. C.; Graton-Santos, L. E. (2019). Alfabetização, leitura orofacial, consciência fonológica. *Neurociências e Psicologia, 15*(1), 11-33 (ISSN: 1807-1058).

Capovilla, F. C.; Luz, T. T.; Graton-Santos, L. E.; Damazio, M. (2019). Phonological route processing: Evidence of intuition in Portuguese spelling. *Revista (Con)Textos Linguísticos*, Espírito Santo, *13*(24), 24-35.

Capovilla, F. C.; Marques, J. G. T.; Martins, A. C.; Raphael, W. D. (2019). Medicina e saúde em Libras: Propósito, estrutura, e emprego da cartilha. *Neurociências e Psicologia, 15*(3), 11-26. (ISSN: 1807-1058).

Capovilla, F. C.; Nico, M. A. N. (2019). Teste de Detecção de Acentuação Tônica e Estimativa de Acentuação Gráfica (TDATG): Resultados preliminares com disléxicos. Em Associação Brasileira de Dislexia (Org.), *Transtornos de aprendizagem: dislexia, cognição e emoção - Uma abordagem luso-brasileira* (pp. 163-191). Viseu, Portugal: Editora QualConsoante. (ISBN: 978-989-99918-7-3).

Cornett, O. (1975). What is Cued Speech? *Gallaudet Today, 5*, 28–30.

Damazio, M.; Capovilla, F. C. (2020). Vocabulário: a base para uma alfabetização competente. Em: A. M. Soares; F. C. Capovilla; J. R. O. R. Simão; L. M. Neves (Orgs.), *Caminhos da aprendizagem e inclusão: entretecendo múltiplos saberes - Volume III.* Belo Horizonte, MG: Editora Artesã.

LaSasso, C. J.; Krain, K.; Leybaert, J. (2010). (Eds.), *Cued speech and cued language for deaf and hard of hearing children* (pp. 27–52). San Diego, CA: Plural.

Leybaert, J.; LaSasso, C. J. (2010). Cued speech for enhancing speech perception and first language development in children with cochlear implants. *Trends in amplification, 14*(2), 96–112. doi: 10.1177/1084713810375567.

Nadalin, C.; Capovilla, F. C.; Marques, F.; Marques, E. (2018). *Maravilhamento.* São Paulo, SP: Desvendério. (40 pp., ISBN: 978–85–53149–00–1).

Nicholls, G.; McGill, D. (1982). **Cued speech and the reception of spoken language.** *Journal of Speech and Hearing Research, 25*(2), 262–269. doi:10.1044/jshr.2502.262

CAPÍTULO 14

As funções executivas e seu impacto na compreensão leitora e produção de texto

Graziele Kerges Alcantara
Maria Nobre Sampaio
Adriana de Souza Batista Kida
Simone Aparecida Capellini

1.Introdução

As funções executivas (FEs) são processos cognitivos de ordem superior, que comandam processos de nível inferior relacionados a comportamentos direcionados à realização de um objetivo específico e às demandas ambientais (Diamond, 2013; Friedman, & Miyake, 2016; Santos, 2015). Resultam da atividade dos lobos frontais/pré-frontais e de suas conexões com regiões de associação do córtex parietal, temporal e occipital, atuando como um "diretor" do funcionamento da atividade mental humana (Goldberg, 2002). Trata-se de funções que possibilitam ao indivíduo direcionar comportamentos a metas, analisando a sua eficiência, abandonando estratégias ineficientes, resolvendo problemas imediatos e/ou de médio e longo prazos (Diamond, 2013; Maloy-Diniz, Sedo, Fuentes, & Leite, 2008; Sherman & Strauss, 2006). As FEs permitem ao indivíduo controlar e, ao mesmo tempo, regular seu comportamento perante as demandas do ambiente (Gazzaniga, Ivry, & Mangun, 2002; Lezak, Howieson, Loring, Hannay, & Fisher, 2004).

Inicialmente, o termo funções executivas (FEs) esteve restrito a definição de metas, iniciação da ação, planejamento, alternância e monitoramento (Santos, 2013), entretanto, atualmente outros elementos vêm sendo incluídos, como a cognição social, teoria da mente e metacognição

(Godefoy, Azouvi, Robert, Roussel, LeGall, Meulemans, & Behalf of the Groupe de Réflexion sur l'Evaluation des Fonctions Exécutives Study Group, 2010).

As FEs vêm sendo estudadas a partir de perspectivas que visam definir seus componentes para fins de classificação e avaliação. No que tange à avaliação neuropsicológica, o termo "função executiva" é utilizado para designar uma ampla variedade de funções cognitivas (Hamdan & Pereira, 2009). Estudos recentes apontam como sendo uma questão fundamental ao abordarmos as diversas teorias e modelos no estudo das funções executivas, sua característica unitária ou multidimensional (Friedman & Miyake, 2016; Santos, 2013).

Embora existam várias teorias buscando definir seus componentes (Barkley, 2002; Lezak, 2005), um modelo vem recebendo aceitação na literatura recentemente (Dias & Seabra, 2013; Diamond & Lee, 2011; Diamond, 2013; Santos, 2013). Esse modelo (Emerson, Frieman, Howerter, Miyake, Wager, & Witzki, 2000) considera três componentes essenciais relacionados às funções executivas: inibição, memória operacional e alternância, demonstrando que, a partir da sua integração, outras habilidades surgiriam, como planejamento, tomada de decisão e resolução de problemas.

Neste modelo os três principais componentes das FEs contribuem para regular o comportamento intencional que, embora sejam componentes separáveis, estão moderadamente correlacionados (Friedman & Miyake, 2016). Além do desenvolvimento ontogenético das funções executivas, por volta dos 12 meses de vida até o início da vida adulta (Reynolds & Romine, 2005), estudos mostram uma diferença entre o desenvolvimento de seus diferentes componentes, ou seja, alguns se consolidariam antes de outros (Dawson & Guare, 2010; Diamond & Lee, 2011; Miyake, Friedman, Emerson,, Witzki, Howerter, & Wager, 2000).

Estudos evidenciaram que a inibição seria o primeiro componente a surgir, por volta dos 12 meses de vida, sendo esperado que apenas entre os 4 e 5 anos as crianças tornam-se capazes de inibir uma ação, comportando-se com mais critério. Trata-se de uma habilidade envolvida com a inibição de resposta ou autocontrole, controle de interferência e atenção seletiva (Diamond, 2013; Friedman & Dias; Seabra, 2013; Miyake, Friedman, Emerson, Witzki, Howerter, & Wager, 2000). Consiste na capacidade de frear respostas que são habituais em determinadas situações, permitindo que o indivíduo seja capaz de controlar comportamentos inapropriados, envolvendo a inibição de resposta (autocontrole), dependendo diretamente dos processos de atenção da atividade cognitiva. Dessa forma, a habilidade de inibição inclui o conceito de atenção seletiva, à medida que permite a inibição de resposta prepotente e atenção a estímulos irrelevantes (Dawson & Guare, 2010).

A memória operacional seria o segundo componente das FEs a se desenvolver (Gazzaniga, Ivry, & Mangun, 2002). A partir de um modelo amplamente citado na literatura (Baddeley, 1992; Gazzaniga, Ivry, & Mangun, 2002), o conceito de memória operacional se refere ao arquivamento temporário da informação para que várias tarefas sejam executadas. Refere-se a capacidade de manter e, ao mesmo tempo, manipular informações provenientes do ambiente imediato e da memória de longo prazo, por um período breve (Baddeley, 1992).

O terceiro componente a se desenvolver seria a alternância. Essa habilidade permite ao indivíduo adaptar-se às demandas do ambiente, adequando seu comportamento a novas regras, alterando o foco de atenção, gerando condições para analisarmos um problema e produzindo soluções alternativas (Miyake & Friedman; 2012; Miyake, Friedman, Emerson, Witzki, Howerter, & Wager, 2000).

Estudos revelaram ampla influência das FEs sobre o desempenho acadêmico em razão de sua associação ao desenvolvimento e regulação cognitiva, emocional, comportamental e social (Diamond, 2013), relacionando-se seu desenvolvimento típico diretamente ao sucesso escolar em crianças no início da aprendizagem formal e ao longo de seu percurso acadêmico (Blair & Razza, 2007; Jacobson, Williford, & Pianta, 2011; McClelland & Schraw, 2007). Pesquisas afirmam que o funcionamento executivo de cada criança, por se tratar de uma característica individual associada à capacidade para agir de forma adaptativa (Gonçalves, Viapiana, Sartori, Giacomoni, Stein, & Fonseca, 2017; Röthlisberger, Neuenschwander, Cimeli, Michel, & Roebers, 2012), pode ser generalizado e observado em diferentes contextos. Nesse caso, provavelmente as crianças com maior capacidade de autorregulação comportamental utilizam essa mesma habilidade durante o processo de aprendizagem escolar (Neuenschwander, Röthlisberger, Cimeli, & Roebers, 2012). Esses achados têm motivado o desenvolvimento de programas de estimulação dessas funções, dirigidos para os contextos clínico e educacional (Dias & Seabra, 2013; Rosário, Pérez, & González-Pienda, 2007).

Atualmente há um número crescente de currículos educacionais e programas de intervenção que demonstram a melhora das FEs na primeira infância (Diamond & Lee, 2011; Diamond 2013), sugerindo ser um dos meios de prevenção do fracasso escolar (Blair & Diamond, 2008) por influenciar implicitamente os resultados acadêmicos da criança. Assim, o melhor desempenho nos processos cognitivos levará a melhora da prontidão escolar.

Em crianças com desenvolvimento típico, é esperado, após serem expostas ao processo de alfabetização, que habilidades simples de decodificação e de escrita de palavras estejam automatizadas (Pagliarin, Pereira, & Fonseca, 2016), permitindo que os recursos cognitivos de nível superior estejam disponíveis para a resolução de tarefas mais complexas (Keenan, Hua, Meenan, Pennington, Willcutt, & Olson, 2014; Olive, 2004), como a produção textual, a resolução de problemas, a compreensão leitora (Arán-Filippetti & López, 2016), e a produção textual (Hooper, Swartz, Wakely, De Kruif, & Montgomery, 2002; Altemeier, Abbott, & Berninger, 2006).

Observa-se na literatura um foco muito maior em estudos relacionados a tarefas de elevado grau de complexidade. Essas tarefas exigem maior maturidade cognitiva e consequentemente um forte envolvimento das FEs em sua realização (Salles, Fonseca, Cruz-Rodrigues, Mello, Barbosa, & Miranda, 2011), uma vez que habilidades básicas (inibição, memória operacional e alternância) já deveriam contar com essas funções consolidadas e automatizadas (Cragg & Glimore, 2014; Clair-Thompson & Gathercole, 2009). Dentre essas atividades complexas estão a compreensão leitora (Arán-Filippetti & López, 2016; Locascio, Mahone, Eason, & Cutting, 2010) e a produção textual (Altemeier, Abbott, & Berninger, 2006; Hooper, Swartz, Wakely, De Kruif, & Montgomery, 2002), que requerem a automaticidade de processos mais básicos de leitura e escrita. Processos de decodificação e codificação recrutam menos processos executivos do que a compreensão leitora e a produção escrita, uma vez que esses últimos exigem mais formulação, implementação de estratégias e automonitoramento (Best, Miller, & Naglieri, 2011; Cragg & Gilmore, 2014; Hooper, Swartz, Wakely, De Kruif, & Montgomery, 2002; Shaywitz, Lyon, & Shaywitz, 2006).

Estudos com neuroimagem demonstraram a ativação de áreas frontais do cérebro, como o giro frontal medial e inferior ou a área dorsolateral esquerda, durante os anos escolares iniciais, havendo a diminuição dessa ativação ao longo do processo de aprendizagem escolar, provavelmente devido à menor dependência dos processos controlados de memória operacional e inibição, ao passo que ocorre a aquisição das habilidades consideradas básicas (Cragg & Gilmore, 2014).

Na literatura encontramos críticas a estudos e projetos de pesquisa que utilizam métodos analíticos que facilitariam fortes inferências causais entre função executiva e desempenho acadêmico na primeira infância, bem como as limitações ao se fazerem recomendações de desenvolvimento curricular e/ou decisões de políticas públicas baseadas em estudos que não atendem a esse objetivo. Além disso, a literatura ressalta o número cada vez maior de pesquisadores interessados no desenvolvimento e implementação de estratégias de remediação das vulnerabilidades neurocognitivas de crianças em risco (Farah, Illes, Cook-Deegan, Gardner, Kandel, King, & Wolpe, 2004).

2. As funções executivas e sua relação com a Produção Escrita de Texto

Por intermédio da linguagem conseguimos desenvolver a capacidade de expressar e receber ideias, emoções e desejos durante a comunicação, utilizando um código simbólico adquirido (seja ele gestual, oral e/ou escrito). Para que esta comunicação seja eficiente, o meio que o indivíduo utiliza para se comunicar será determinante, ou seja, os símbolos eficazes disponíveis para a interação irão resultar em uma comunicação estabelecida de modo eficiente.

Em um modelo básico, e até tradicional, dos componentes envolvidos na comunicação temos a presença, primeiramente, de um emissor e de um receptor. Ambos necessitam compartilhar um mesmo código (língua) e necessitam de canais (auditivo, visual, sensorial) íntegros para que a mensagem desejada seja transmitida ao outro. No que se refere a mensagem, ambos também precisam compartilhar um mesmo referencial (contexto) sobre ela, seja determinado na elaboração do emissor ou na compreensão pelo receptor (Jakobson, 1960)

Neste sentido, a linguagem permite a interação que envolve a manipulação, combinação e integração das formas linguísticas e das regras que lhe são subjacentes, justamente para a desenvolver as capacidades de perceber a linguagem (linguagem compreensiva) e para formular/ produzir linguagem (linguagem expressiva).

Assim, há uma relação direta e importante a ser considerada entre o desenvolvimento da linguagem oral e o processo de aquisição da linguagem escrita. Justamente o domínio linguístico internalizado e advindo da oralidade, utilizado como ferramenta para expressão e para a compreensão dos conteúdos e dos significados ainda de forma não consciente, proporciona a criança, no processo de alfabetização, a aptidão necessária para o aprendizado formal da leitura e da escrita (Gombert, 2003).

Para que as habilidades de ler e escrever sejam estabelecidas de modo eficiente e se utilizem do domínio linguístico da modalidade oral, o escolar deve desenvolver a consciência metalinguística. Esta capacidade é responsável por proporcionar a reflexão, a manipulação e a manifestação, de forma intencional e explícita, das regras de organização do uso da linguagem pelo escolar. Essas podem relacionar-se ao nível fonológico, morfológico, sintático, semântico ou pragmático e/ ou meta-textual (Gombert, 2003; Barrera & Maluf, 2003; Meireles & Correa, 2007; Queiroga, Lins, & Pereira, 2006, Lima & Pessoa, 2007).

Em breve resumo para melhor contextualização e continuidade do assunto, a consciência fonológica é a capacidade de refletir e manipular os sons que compõem as palavras. A consciência morfológica refere-se ao processo de formação das palavras e, portanto, a capacidade de refletir e manipular intencionalmente a estrutura morfológica da língua relacionando-a ao processo de derivação lexical ou flexão das palavras. Por sua vez, a consciência sintática é a capacidade de refletir sobre os aspectos relacionados às sentenças, com aplicação dos aspectos sintático-semântico da língua. Já a consciência pragmática faz referência a capacidade de refletir o uso da linguagem, ou seja, refletir acerca do emprego dos recursos linguísticos, organização do pensamento e organização de acordo com as exigências contextuais, visando a intenção social. Por último, a consciência meta-textual tem a finalidade de fazer do texto um objeto de análise, cujas propriedades podem ser examinadas a partir de um monitoramento intencional, focalizando a atenção no texto em si, e não em seus usos.

Em outras palavras, o escolar deve ser estimulado a ter percepção sobre a estrutura da linguagem, assim como a autorregulação das atividades psicolinguísticas. Esta estimulação é dependente de instruções explícitas de natureza pedagógica e, portanto, a consciência metalinguística vai sendo adquirida e aprimorada ao longo do processo de escolarização. Seu desenvolvimento e aprimoramento possibilitará o surgimento de outras habilidades meta-cognitivas, necessárias ao processo de aprendizagem (Gombert, 2003; Demont &; Gombert, 2004)

Fazendo um adendo especial em relação a produção de texto, tema abordado neste capítulo, a metacognição tem papel fundamental neste processo justamente por ser parte da idealização, planejamento e execução da mensagem escrita a ser transmitida. Isto é, desde a seleção das palavras certas, colocar em uma ordem adequada até a organização no nível do discurso (Kim, Al Otaiba, & Wanzek, 2015) evidenciando que as habilidades de linguagem oral contribuem para a escrita dos escolares em diferentes estágios de desenvolvimento, que vão desde a educação infantil ao ensino médio (Berninger & Abbott, 2010; Kim, Otaiba, Folsom,, Greulich, & Puranik, 2014).

No entanto, é notório que a construção de um texto escrito, por ser uma atividade cognitiva mais complexa, pode vir a ser uma tarefa árdua, independentemente do nível de escolarização. O texto, por ser considerado um espaço de interação entre os seus interlocutores (escritor e leitor), proporciona um diálogo de forma ativa. Para tanto, utiliza-se de elementos linguísticos, bem como da sua forma de organização, de estrutura e o encadeamento de ideias, aspectos que os diferenciam da elaboração de simples frases soltas (Marcushi, 2008; Koch, 2011).

Neste sentido, o texto é visto como uma manifestação da linguagem por meio de operações linguísticas, cognitivas reguladoras, de planejamento, de funcionamento e de recepção do texto por parte do leitor. De modo mais simplificado, há o estabelecimento das representações semânticas do texto (nível lógico-cognitivo), o uso dos mecanismos de junção para a manutenção da coesão textual (nível linguístico), bem como o estabelecimento da relação entre as informações intra e extratextual (nível contextual ou pragmático) (Fávero & Koch, 1985).

Para Dahlet (1994), a produção escrita pode ser uma atividade realizada em três níveis de operações. O primeiro nível refere-se à planificação, ou seja, a articulação entre os conhecimentos do autor, levando em consideração a situação e o formato do texto. Para se estabelecer o nível da planificação, o autor passa pela fase de mobilização (busca de conhecimentos), organização (agrupamento dos conhecimentos) e confronto (objetivo e destinação do público). O segundo nível, denominado textualização, refere-se a etapa do planejamento onde a concretização da planificação ocorrerá por meio do uso e domínio do sistema linguístico. O último nível refere-se a revisão, para que o próprio autor busque identificar as incorreções cometidas em seu texto por meio da leitura da produção elaborada (Dahlet, 1994).

Diante de tudo que já foi exposto sobre a relação da complexidade cognitiva que o escolar deve empregar na produção de texto, o professor e/ou profissional clínico deve levar em consideração que a sua instrução é determinante e auxiliadora para o planejamento do escolar. Isto é, a solicitação referente ao gênero textual pretendido deve ser clara, bem como a escolha de procedimentos facilitadores (como temas, imagens, texto de referência, entre outros) e determinação do tempo que irá dispor para que o escolar conclua sua produção de texto.

Posterior a isso, a forma de analisar o texto produzido pelo escolar visa identificar quais habilidades encontram-se em defasagem, visando nortear seu trabalho interventivo de forma eficaz. Forte, Scarpa e Kubota (2014) sugeriram, por exemplo, que a análise seja realizada seguindo critérios relacionados às competências pragmáticas discursivas, semântica-lexical, gramatical e ortográfica. Portanto, uma análise mais minuciosa servirá como uma medida importante de monitoramento e direcionamento do progresso do escolar.

Em suma, é importante notar que compor um texto pode permanecer uma tarefa complexa justamente por todas as habilidades necessárias, descritas neste capítulo, resultarem em grande demanda da memória de trabalho. No entanto, ressalta-se que com instrução e prática, alguns destes processos se tornam menos árduos, com isso os recursos de memória de trabalho são liberados, permitindo que os escolares foquem na organização textual, produzindo uma composição de texto mais fácil de gerenciar e com menos esforços. Portanto, o professor e/ou profissional clínico tem um papel essencial, principalmente em identificar possíveis dificuldades nesse processo, visando o direcionamento adequado de auxílio aos escolares.

3. As funções executivas, sua relação com a Compreensão Leitora de Texto: O papel da instrução e da ajuda pedagógica

A formação do leitor é um processo de longo prazo por exigir o domínio de uma tarefa considerada de alta complexidade. Compreender exige a participação coordenada de inúmeros processos mentais de nível básico e superior. A compreensão textual competente envolve múltiplas habilidades de natureza distinta como decodificar, realizar inferências, capacidade de compreensão oral, conhecimento de mundo e da estrutura textual, vocabulário (Cain & Oakhill, 2011; Kim, 2017; Perfetti & Stafura, 2017) e, além disso, depende de um período grande de práticas de leitura exitosas, capazes de auxiliar na construção de bons modelos de como ler estratégica e eficientemente (Graesser, 2007; Sánchez, García, & Rosales, 2010). O grande desafio do aprendiz é iniciar esse percurso sem que muitos desses processos e habilidades linguísticas e cognitivas envolvidas nas competências leitoras (decodificação e compreensão) estejam maduros. Assim, devem fazer o aprendizado da leitura em seu ritmo próprio de aquisição e desenvolvimento enquanto sua leitura já é exigida pedagogicamente como instrumento importante para adquirir e sedimentar novos conhecimentos. Essa peculiaridade torna a formação de um leitor competente um enorme desafio (Bustos, Kida, & Montenegro, 2020).

O primeiro desafio enfrentado pelo leitor ocorre já nos primeiros anos do Ensino Fundamental: dominar os componentes de decodificação. A decodificação fonológica no reconhecimento de palavras é a capacidade de transformar letras em sons antes da identificação do significado. Para que essas se desenvolvam, as habilidades de processamento fonológico precisam estar desenvolvidas e precisam de constante uso para tornar essa tarefa progressivamente mais rápida, permitindo o acesso ao sentido individual das palavras lidas (Lundberg, Frost, & Petersen, 1988; Wagner & Torgesen, 1987). Já a decodificação ortográfica envolvida no reconhecimento de palavras, momento em que há capacidade para criar e armazenar representações visuais específicas da palavra é o segundo passo importante na criação da velocidade e eficiência na decodificação de palavras (Barker, Torgesen, & Wagner, 1992). Essa mudança gradual ocorre mais fortemente nos primeiros anos do Ensino Fundamental (primeiro ao terceiro ano) e depende diretamente da experiência e frequência leitora (Aarnoutse, Van Leeuwe, Voeten, & Oud, 2001; James & Sticht, 1984).

Assim, leitores principiantes não possuem automaticidade necessária para a leitura. A decodificação é responsável 0,76 da variância da compreensão leitora enquanto a compreensão oral representa 0,45 dessa variação (Kim, 2017). Por consequência sabemos que no início da aprendizagem da leitura os recursos cognitivos e linguísticos estão todos voltados para o processamento de informações envolvidas nessa capacidade, resultando em danos à compreensão do texto (Downey & Snyder, 1991; De Jong, Spinelli, & Zoccolotti, 2016) que se mostra ainda superficial e fragmentada (Bustos, Kida, & Montenegro, 2020).

A continuidade do desafio dos leitores principiantes se dá no curso do desenvolvimento da própria linguagem oral, que deve avançar através da experiência com a escrita. Somente a leitura textual impõe a necessidade de desenvolvimento da capacidade para lidar com uma alta densidade sintática, a maior dificuldade lexical e a baixa redundância (Catts & Kahmi, 2005) típicas da escrita. Esse desenvolvimento contínuo é essencial para que ocorra a integração de ideias locais no texto lido, ou seja, o processamento microestrutural.

Entretanto, para que a compreensão mais ampla do texto ocorra há ainda mais um desafio a ser superado: a necessidade de se utilizar eficientemente a memória de trabalho. Essa memória é responsável por gerenciar tanto capacidades de decodificação quanto de compreensão. Essa habilidade apresenta natural restrição para o processamento da informação, podendo manter de forma ativa um pequeno número de ideias, por isso a leitura competente precisa ser construída através de estratégias. Compreender a macroestrutura do texto implica aplicar um conjunto de macrorregras ou macroestratégias (omissão-seleção, generalização e construção) às proposições da microestrutura, exigindo um controle metacognitivo intenso do leitor sobre as informações, seus conhecimentos e seus objetivos de leitura (García-Madruga & Elosa, 1999). Esse amadurecimento exige, assim, que o leitor aprenda a trabalhar com esses processos complexos de forma estratégica (García, Rosales, & Sánchez, 2010).

A imediatez exigida pela interpretação, dada pela entrada sequencial de informação a ser interpretada, gera um acúmulo de demandas e restrições, e uma das perguntas fundamentais é como o leitor pode organizar e governar esse processo tão complexo sem um sistema cognitivo completamente desenvolvido. García-Madruga e Elosa (1999) pontuam que, diante desse dilema, o leitor segue por uma primeira fase em que atua sem estratégias, e, portanto, não consegue resolver a tarefa adequadamente. Em uma segunda fase o leitor adquire progressivamente estratégias leitoras, mas não faz um uso consistente e espontâneo dessas, ainda que sob direcionamento seja capaz de aplicá-las corretamente. E finalmente, em uma terceira fase, o leitor reconhece as demandas da tarefa, planeja e utiliza as estratégias de forma consciente e consistente, de modo eficaz e espontâneo. Esse domínio, juntamente com o desenvolvimento da competência retórica, está em formação até os 12 a 13 anos de idade (Bustos, García, & Sánchez, 2017).

Esses exemplos ilustram um aspecto importante: o leitor inicia o aprendizado da leitura sem que esteja totalmente preparado, do ponto de vista do desenvolvimento de habilidades, para realizar essa tarefa de modo autônomo. Além disso, o próprio curso da escolaridade exigirá que, enquanto desenvolve a compreensão leitora, o leitor já utilize a leitura como instrumento para construção do próprio aprendizado acadêmico (García, Rosales, & Sánchez, 2010).

Nesse período da formação leitora das crianças, portanto, é preciso *ajudar* os leitores na execução dos processos de compreensão. *Ajudar a entender* é um processo de longo prazo, realizado por meio de práticas de leitura orientada ou conjunta na qual um especialista orienta um iniciante na tarefa de ler e interpretar um texto. Nessa prática professor e alunos têm um papel delimitado, e o objetivo é garantir que o aluno atinja com sucesso a experiência de compreender o texto, construindo um modelo eficiente de como ler modificando a atitude dos escolares frente a leitura, facilitando a tarefa e promovendo a compreensão (Sánchez, García, & Rosales, 2010). Além disso, essa forma de intervenção, ensina a entender enquanto garante o acesso à informação transmitida pelos textos e, portanto, algo é aprendido com eles. É uma vantagem que atende a também a necessidade de utilizar a leitura para aprender (Bustos, Kida, & Montenegro, 2020).

Bustos-Ibarra, Montenegro, Jarpa-Azagra, Calfual-Catalán e Tapia-Ibacache (2019) investigaram o efeito da ajuda de planificação de leitura em três condições experimentais: (i) grupo de escolares que realizaram leitura autônoma (n=100), (ii) grupo de escolares que contaram apenas com a ajuda de planejamento oral (n=90); (iii) grupo de escolares que contaram com a ajuda de planejamento oral e leitura oral coletiva do texto (n=90) de leitores em formação cursando o terceiro ano do Ensino Fundamental. O efeito dessas ajudas foi investigado para a compreensão de textos narrativos e expositivos.

Planificação do texto é um conjunto de ajudas verbais dadas pelo professor antes e durante a leitura que tem como finalidade determinar: 1. A ativação de conhecimentos prévios sobre o tema do texto; 2. Declarar o tema; 3. Determinar explicitamente a meta de leitura auxiliando o leitor na busca efetiva da compreensão sobre os aspectos essenciais do texto; 4. Estimular o desejo e a crença de que a tarefa de ler é viável, engajando o leitor à tarefa de modo ativo; 5. Instruir sobre como operar durante a leitura, ajudando o escolar na procura das melhores informações e no reconhecimento intuitivo da estrutura textual; 6. Ajudar a relembrar o objetivo de leitura estabelecido (Bustos, 2009; McCrudden & Schraw, 2007).

Os resultados do estudo dos efeitos das ajudas sobre a compreensão de textos narrativos mostraram que o grupo que contou com ajuda de planejamento e leitura oral de textos respondeu melhor às questões abertas sobre o texto. Esses resultados confirmam que textos de estrutura mais conhecida (narrativa) e de temática familiar, têm favorecido seu entendimento autônomo do texto lido. Entretanto, o peso da decodificação ainda em desenvolvimento devido à idade e a restrita experiência de leitura não chega a interferir enormemente na compreensão leitora, ainda que a leitura compartilhada permita um apoio extra para o acesso à estrutura superficial do texto sem erros. Esse seria um provável efeito da liberação de recursos cognitivos para o uso de atividades de alta ordem cognitiva como a memória operacional e compreensão oral (Bustos, Kida, & Montenegro, 2020).

Os resultados do estudo dos efeitos das ajudas sobre a compreensão de textos expositivos mostraram que tanto escolares que contaram com as ajudas de planificação quanto os que receberam as ajudas de planificação conjuntamente a leitura oral apresentaram melhor desempenho que os escolares que leram autonomamente. Além disso, o estudo indicou que o texto expositivo é extremamente demandante do ponto de vista cognitivo. As variáveis de acerto na leitura de palavras, tempo de leitura de palavras, tempo de leitura de pseudo-palavras, inteligência (Raven), vocabulário (WISC) e compreensão oral predisseram o desempenho leitor. O volume de recursos linguísticos e cognitivos utilizados por esses escolares para a compreensão do texto nesse período da escolaridade fica assim patente (Bustos, Kida, & Montenegro, 2020).

Como aplicação direta das evidências obtidas na prática educacional, supõe-se que a leitura oral conjunta com ajuda regulatória de planificação seria a melhor estratégia a ser adotada ao início da instrução leitora, seja para textos narrativos ou expositivos. Textos cognitivamente mais demandantes, cujo conteúdo tenha um papel de instrução acadêmica pelos alunos, necessariamente se beneficiam da ajuda conjugada para a decodificação (através da leitura oral conjunta) e para a compreensão leitora (ajudas de planificação). Isso garantiria o acesso ao sentido pleno do texto favorecendo o aprendizado do conteúdo pelo escolar (Bustos, Kida, & Montenegro, 2020).

Todos os resultados aqui obtidos mostram como o lento e progressivo domínio das competências linguísticas e cognitivas ocorre ao longo do processo de escolarização. A compreensão dessas informações torna evidente a importância da atuação orientada do professor sobre a formação do leitor e escritor competentes. O entendimento do desenvolvimento enquanto processo permitirá ao professor compreender seu papel de inicial apoiador, mediando e oferecendo amparo diante de tarefas ainda desafiadoras para o momento vivido pelo escolar, sem perder de vista o progressivo processo de co-transferência que deve acontecer com o passar da escolarização, tornando o aluno protagonista de seu próprio aprendizado.

Referências bibliográficas

Aarnoutse, C., Van Leeuwe, J., Voeten, M., & Oud, H. (2001). Development of decoding, reading comprehension, vocabulary and spelling during the elementary school years. *Reading and Writing, 14*(1), 61-89.

Arán Filippetti, V., & López, M. B. (2016). *Predictores de la Comprensión Lectora en Niños y Adolescentes:* El papel de la Edad, el Sexo y las Funciones Ejecutivas.

Baddeley, A. D. (1992, January 31). Working memory. *Science, 255* (5044), 556-9.

Barker, T. A., Torgesen, J.K., & Wagner, R.K. (1992). The role of orthographic processing skills on five different reading tasks. *Reading Research Quarterly, 27*, 335-345.

Barkley, R. A. (2002). *Transtorno de déficit de atenção/hiperatividade (TDAH): guia completo para pais, professores e profissionais da saúde*. Porto Alegre: Artmed.

Barrera, S. D., & Maluf, M. R. (2003). Consciência metalinguística e alfabetização: um estudo com crianças da primeira série do ensino fundamental. *Psicologia, Reflexão e Crítica, 16*, (3), 491-502.

Blair, C., & Diamond, A. (2008). Biological processes in prevention and intervention: The promotion of self-regulation as a means of preventing school failure. *Development and psychopathology, 20* (3), 899-911.

Blair, C., & Razza, R. P. (2007). Relating effortful control, executive function, and false belief understanding to emerging math and literacy ability in kindergarten. *Child development, 78* (2), 647-663.

Berninger, V. W., & Abbott, R. D. (2010). Listening comprehension, oral expression, reading comprehension, and written expression: Related yet unique language systems in grades 1, 3, 5, and 7. *Journal of Educational Psychology, 102* (12), 635–651.

Bustos-Ibarra, A.V., Montenegro,C.S.,Jarpa-Azagra, M.V., Calfual-Catalán, K.P., & Tapia-Ibacache, A. (2019). En las salas de primaria ¿cómo se lee para aprender? *Revista Espacios, 40* (41), 25- 36.

Capellini, S. A. (2003). Processos subjacentes aos transtornos fonológicos na linguagem escrita. In *Anais do V Congresso Internacional de Fonoaudiologia e XI Encontro Cearense de Fonoaudiologia*.

Cain, K., & Oakhill, J. (2011). Matthew effects in young readers: Reading comprehension and reading experience aid vocabulary development. *Journal of Learning Disabilities, 44* (5), 431-443.

Catts, H. W., & Kamhi, A. G. (2005). *The connections between language and reading disabilities*. Psychology Press.

Dahlet, P. (1994). A produção da escrita: abordagens cognitivas e textuais. In P. Dahlet. *Trabalho em linguística aplicada* (pp. 79-96). São Paulo: Editora da UNICAMP.

Demont, E., & Gombert, J. E. (2004). Lápprentissage de la lecture: évolution des procédures et apprentissage implicite. *Enfance, 3* (4), 245-257.

Fávero, L. L., & Koch, I. G. V. (1985). Critérios de textualidade. *Veredas, 104* (8), 17-34.

Diamond, A. (2013). Executive functions. *Annual review of psychology, 64*, 135-168.

Diamond, A., & Lee, K. (2011). Interventions shown to aid Executive Function development in children 4 to 12 years old. *Science, 333*, 959-64.

Dias, N. M., Seabra, A. G. (2013). Funções executivas: Desenvolvimento e intervenção. *Temas sobre Desenvolvimento, 19* (107), 206-212.

Farah, M. J., Illes, J., Cook-Deegan, R., Gardner, H., Kandel, E., King, P., ... & Wolpe, P. R. (2004). Neurocognitive enhancement: what can we do and what should we do?. *Nature reviews neuroscience, 5*(5), 421-425.

Forte, L. K., Scarpa, M. L., & Kubota, R. S. (2014). *APET: Análise da produção escrita de textos: questionários, texto narrativo e texto dissertativo – argumentativo do 5º ano do ensino fundamental ao 3º ano do ensino médio.* São José dos Campos: Pulso Editorial.

Friedman, N. P., Miyake, A., Altamirano, L. J., Corley, R. P., Young, S. E., Rhea, S. A., & Hewitt, J. K. (2016). Stability and change in executive function abilities from late adolescence to early adulthood: A longitudinal twin study. *Developmental psychology, 52*(2), 326.

Friedman, N. P., & Miyake, A. (2016). Unity and diversity of executive functions: Individual differences as a window on cognitive structure. *Cortex: Advance online publication.*

Garcia-Madruga, J. A. & Elosa, M. R. (1999). *Comprensión lectora y memoria operativa: Aspectos evolutivos e instrucionales.* Barcelona: Paidós.

Gazzaniga, M. S., Ivry, R. B., & Mangun, G. R. (2002). *Cognitive Neuroscience: The Biology of the Mind* (400ff.).

Godefroy, O., Azouvi, P., Robert, P., Roussel, M., LeGall, D., Meulemans, T., & Behalf of the Groupe de Réflexion sur l'Evaluation des Fonctions Exécutives Study Group. (2010). Dysexecutive syndrome: diagnostic criteria and validation study. *Annals of neurology, 68*(6), 855-864.

Goldberg, E. (2002). *The executive brain: Frontal lobes and the civilized mind.* Oxford University Press, USA.

Gombert, J. Atividades metalingüística e aprendizagem da leitura. In M. R. Maluf (Org). *Metalinguagem e Aquisição da escrita* (pp. 12-35). São Paulo: Casa do Psicólogo.

Gonçalves, H. A., Viapiana, V. F., Sartori, M. S., Giacomoni, C. H., Stein, L. M., & Fonseca, R. P. (2017). Funções executivas predizem o processamento de habilidades básicas de leitura, escrita e matemática? *Neuropsicologia Latinoamericana, 9*(3).

Hamdan, A. C., Pereira, A. P. A. (2009). Neuropsychological assessment of executive functions: Methodological questions. *Psicologia, Reflexão e Crítica, 22* (3), 386.

Hooper, S. R., Swartz, C. W., Wakely, M. B., De Kruif, R. E., & Montgomery, J. W. (2002). Executive functions in elementary school children with and without problems in written expression. *Journal of Learning Disabilities, 35* (1), 57-68.

Jacobson, L. A., Williford, A. P., Pianta, R. C. (2011). The role of executive function in children's competent adjustment to middle school. *Child Neuropsychology, 17* (3), 255-280.

Jakobson, R. (1960). Linguistics and Poetics. In T. Sebeok (Ed.). *Style in Language.* Cambridge, MA: MIT Press.

Kida, A. S. B.. & Bustos, A. (2020). Fonoaudiologia Educacional e a formação de professores. In S. A. Capellini, J. L. Zorzi, & B. Queiroga. *Tratado de Fonoaudiologia*. Belo Horizonte: Artesã Editora.

Kim, Y. S. G. (2017). Why the Simple View of Reading Is Not Simplistic: Unpacking Component Skills of Reading Using a Direct and Indirect Effect Model of Reading (DIER). *Journal Scientific Studies of Reading, 21* (4), 310-333.

Kim, Y. S. G., Al Otaiba, S., Folsom, J. S., Greulich, L., & Puranik, C. (2014). Evaluating the dimensionality of first grade written composition. *Journal of Speech, Language and Hearing Research, 57* (11), 199-211.

Kim, Y. S. G., Al Otaiba, S., & Wanzek, J. (2015). Kindergarten predictors of third grade writing. *Learning and Individual Differences, 37,* (12), 27-37.

Koch, I. G. V. (2011). *Desvendando os segredos do texto* (7 ed.). São Paulo: Cortez.

Lezak, M. D. (2005). *Neuropsychological assessment* (3. ed.). New York: Oxford University Press.

Lezak, M. D., Howieson, D., Loring, D., Hannay, J., & Fisher, J. (2004). *Neuropsychological assessment.* New York: Oxford.

Lima, T. C. F., & Pessoa, A. C. R. G. (2007). Dificuldades de aprendizagem: principais abordagens terapêuticas discutidas em artigos publicados nas principais revistas indexadas no LILACS de fonoaudiologia no período de 2001 a 2005. *Revista CEFAC, 9* (4), 469-476.

Locascio, G., Mahone, E. M., Eason, S. H., & Cutting, L. E. (2010). Executive dysfunction among children with reading comprehension deficits. *Journal of learning disabilities, 43*(5), 441-454.

Lundberg, I., Frost, J., & Petersen, O. (1988). Effects of an extensive program for stimulating phonological awareness in pre-school children. *Reading Research Quarterly, 2*(3), 263-284.

Malloy-Diniz, L. F., Sedo, M., Fuentes, D. & Leite, W.B. (2008) Neuropsicologia das funções executivas. Em D. Fuentes, L. F. Malloy-Diniz, C. H. P Camargo. & R.M. Cosenza. (Orgs.), Neuropsicologia: teoria e prática. Porto Alegre: Artmed.

Marcuschi, L. A. (2008). *Produção textual, análise de gêneros e compreensão.* São Paulo: Parábola Editorial.

McClelland, M. M., Cameron, C. E., Connor, C. M., Farris, C. L., Jewkes, A. M., & Morrison, F. J. (2007). Links between behavioral regulation and preschoolers' literacy, vocabulary, and math skills. *Developmental psychology, 43*(4), 947.

Mccrudden, M.T., & Schraw, G. (2007). Relevance and goal-focusing in text processing. *Educational Psychology Review, 19*(2), 113-139.

Meireles, E., & Correa, J. (2007). Regras contextuais e morfossintáticas na aquisição da ortografia da língua portuguesa pela criança. *Psicologia: Teoria e Pesquisa, 21* (1), 77-84.

Miyake, A., Friedman, N. P., Emerson, M. J., Witzki, A. H., Howerter, A., & Wager, T. D. (2000). The unity and diversity of executive functions and their contributions to complex "frontal lobe" tasks: A latent variable analysis. *Cognitive psychology, 41*(1), 49-100.

Perfetti, C. A., & Stafura, J. Z. (2014). Word Knowledge in a Theory of Reading Comprehension. *Journal Scientific Studies of Reading, 8*, (1), 22-37.

Queiroga, B.; Lins, M.; Pereira, M. (2006). Conhecimento morfossintático e ortografia em crianças do ensino fundamental. *Psicologia: Teoria e Pesquisa, 22* (1), 95-99.

Neuenschwander, R., Röthlisberger, M., Cimeli, P., & Roebers, C. M. (2012). How do different aspects of self-regulation predict successful adaptation to school?. *Journal of experimental child psychology, 113*(3), 353-371.

Röthlisberger, M., Neuenschwander, R., Cimeli, P., Michel, E., & Roebers, C. M. (2012). Improving executive functions in 5-and 6-year-olds: Evaluation of a small group intervention in prekindergarten and kindergarten children. *Infant and Child Development, 21*(4), 411-429.

Romine, C.B., & Reynolds, C. R. (2005). A model of the development of frontal lobe functioning: findings from a meta-analysis.,_*12*(4),190-201.

Rosário, P. S. L., Núñes, J. C., & Golzález-Pienda, J. (2007). *Auto-regulação em crianças sub-10. Projecto Sarilhos do Amarelo.* Porto: Porto Editora.

Salles, J. F. D., Fonseca, R. P., Cruz-Rodrigues, C., Mello, C. B., Barbosa, T., & Miranda, M. C. (2011). Desenvolvimento do instrumento de avaliação neuropsicológica breve infantil NEUPSILIN-INF. *Psico-USF, 16*(3), 297-305.

Sánchez, E., García, R., & Bustos, A. (2017). Does rhetorical competence moderate the effect of rhetorical devices on the comprehension of expository texts beyond general comprehension skills? *Reading and Writing, 30* (3), 439–462.

Sánchez, E., García, R., & Rosales, J. (2010). *La lectura en el aula. Qué se hace, qué se debe hacer y qué se puede hacer.* Barcelona: Graó.

Santos, F. H. (2015). Funções Executivas. In *Neuropsicologica hoje* (2. ed., Cap. 4, pp. 68-75). Porto Alegre: Artmed.

Snyder, L. S., & Downey, D.M. (1991). The language-reading relationship in normal and reading-disabled children. *Journal of Speech, Language, And Hearing Research, 34* (1), 129-140.

Sticht, T.G., & James, J. H. (1984). Listening and reading. In P. D. Pearson (Ed.). *Handbook of reading research* (Vol. 1, pp. 293–318). New York: Longman.

Strauss, E., Sherman, E. M. S., & Spreen, O. *A Compendium of neuropsycological tests: administration, norms and commentary*, 3 ed. New York: Oxford University Press, 2006.

Wagner, R.K., & Torgesen, J.K. (1987). The nature of phonological processing and it`s causal role in the acquisition of reading skills. *Psychological Bulletin, 101*, 192-212.

Zoccolotti, P., De Jong, P.F., & Spinelli, D. (2016). Understanding developmental dyslexia: linking perceptual and cognitive deficits to reading processes. *Frontiers In Human Neuroscience, 10.*

CAPÍTULO 15

Respiração oral, suas consequências na saúde e na aprendizagem: uma abordagem multidisciplinar

Najlla Lopes de Oliveira Burle
Tiago Felipe Vasconcelos Gonçalves
Roger Teixeira Gazzinelli Barros
Luciana Pereira da Rocha Thomsen

1. Quem é o respirador oral?

Ao nos deparamos com uma criança/adolescente que está assistindo a uma aula, ou vendo televisão, por exemplo, espera-se que esteja com os lábios vedados, respirando pelo nariz durante a maior parte do tempo. Quando há obstrução da passagem do ar pelo nariz ou por hábito, a criança pode passar a respirar pela boca. Tornando-se uma respiradora oral, ela passa a ter características que podem aumentar e se agravar, dependendo do grau de obstrução, do tempo (meses, anos) que permanece respirando pela boca e dos seus aspectos craniofaciais.

As características do respirador oral que mais chamam a atenção são os lábios entreabertos em repouso, presença de olheiras e aspecto cansado. Tais características normalmente não são observadas na face do respirador nasal (**Figuras 1 e 2**).

Figuras 1 e 2 – Face de respirador nasal e oral respectivamente

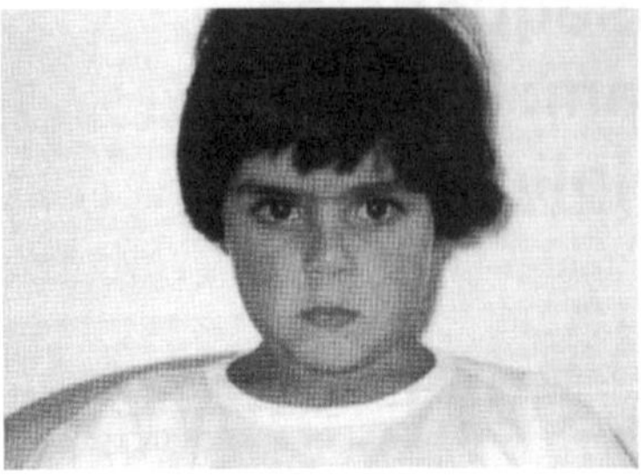 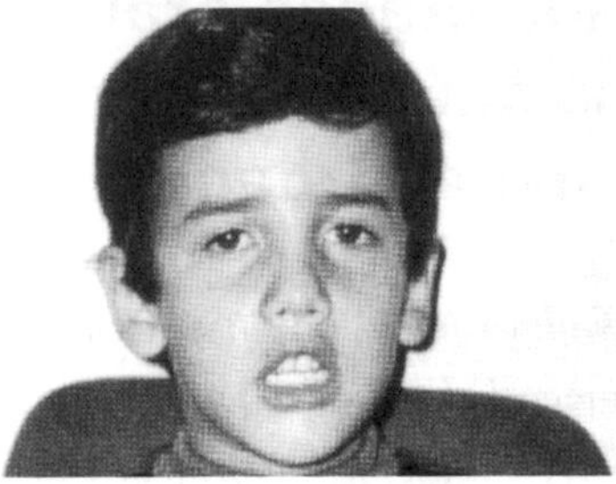

Fonte: Jabur (1997).

A seguir, serão descritos os aspectos marcantes do respirador oral na visão otorrinolaringológica, odontológica e fonoaudiológica.

2. Aspectos otorrinolaringológicos da respiração oral

Todo médico otorrinolaringologista já passou por uma situação parecida: a mãe chega ao consultório com o filho e falando "Doutor, meu filho ronca! Não respira de noite! Não respira pelo nariz! Ele tem adenoide; mas eu vou deixar crescer porque a adenoide vai diminuir com a idade". E aí começa um trabalho bastante complicado de tentar convencer aquela mãe (ou pai ou ambos) de que a cirurgia é necessária. Muitas vezes o otorrinolaringologista fica parecendo um maluco com a faca na mão, pronto para operar uma pessoa que "não precisa, uma vez o tempo vai resolver sozinho aquele problema".

É verdade que, com o tempo, a adenoide vai proporcionalmente diminuir de tamanho e a criança deverá parar de roncar. Muito bem, mas qual é o custo disso? Qual é o custo para aquela criança ficar anos e anos com comprometimento nasal, utilizando a boca para respirar, e, pior que tudo, comprometendo o seu sono?

Para responder à pergunta acima e podermos refletir sobre o assunto, vamos falar um pouco sobre a importância da respiração nasal, da arquitetura do sono e suas repercussões nos mais diversos sistemas fisiológicos de todas as pessoas, mas, em especial, das crianças.

Ao contrário do que se imaginava, o sono não é um processo passivo onde o organismo está "apenas descansando", pois, afinal, o que primeiro nos chama atenção é o relaxamento do tônus muscular. Ao contrário, o sono é um processo extremamente ativo ao qual as crianças dedicam várias horas do seu dia. Durante esse período, diversas alterações fisiológicas ocorrem em todo seu corpo afetando todos os órgãos e sistemas (Kryger, 2015; Pinto Júnior, 2019).

O sono é dividido em dois estágios principais: sono REM e sono não-REM. O nome REM é dado pelas iniciais da expressão inglesa *Rapid Eye Movement*, traduzido como movimento rápido de olhos. O sono não-REM é subdividido em N1, N2 e N3 (Kryger, 2015).

A fase **N1** é a mais superficial, marca o início do sono, diminuição do tônus muscular, movimento lento dos olhos e o eletroencefalograma apresenta ondas mistas de baixa altitude, com ritmo Alfa. A fase **N2** é uma fase "coringa" e corresponde a maior quantidade do sono, em especial nos adultos. A fase **N3** é popularmente chamada de "sono profundo". O eletroencefalograma está bastante sincronizado, como ondas lentas e grandes. Por fim, o sono **REM** é aquele caracterizado pelo movimento rápido dos olhos, maior atonia muscular e com o eletroencefalograma bastante agitado, compatível até mesmo como a vigília. O que caracteriza a fase de sonhos ativos e elaborados durante o sono. Essas fases do Sono vão se revezando mutuamente ao longo da noite, e podem se repetir em torno de 5 vezes em uma única noite de sono. Cada uma dessas fases apresenta alterações no corpo, com destaque para as seguintes (Kryger, 2015; Pinto Júnior, 2019):

Sistema cardiovascular: a pressão arterial vai diminuindo gradativamente de N1 a N3, quando volta a aumentar e apresenta uma variabilidade muito grande durante o sono REM.

Sistema respiratório: amplitude da respiração aumenta em N1-N2, diminui em N3 e se torna irregular durante o sono REM.

Sistema digestivo: há uma diminuição geral da função digestiva durante o sono. Há relaxamento do tônus muscular nos esfíncteres esofágicos e diminuição do esvaziamento gástrico. Isso predispõe a refluxo.

Sistema endócrino: esse é um dos mais importantes para criança e para o adolescente. A liberação do hormônio de crescimento, GH (do inglês *Growth Hormone*), ocorre em pulsos, principalmente durante a fase N3. Quase não há liberação desse hormônio durante a vigília. Em outras palavras, crianças e adolescentes que não tem a fase N3 adequada durante o sono não liberam quantidades adequadas de hormônio de crescimento. Portanto, não vão atingir aquele potencial genético de altura, tornando-se adultos mais baixos do que poderiam ser pelo simples fato de respirar em mal durante a noite. Além disso, a privação do sono também diminui os níveis de testosterona.

A hipertrofia de amígdalas e adenoide pode, consequentemente, causar apneia obstrutiva do sono (AOS) das crianças e acarretar graves sequelas, caso não seja reconhecida e tratada, tornando-se uma síndrome (SAOS). Apneia obstrutiva do sono na criança é um transtorno da respiração caracterizado pela obstrução intervalada, parcial ou completa, das vias aéreas superiores, que interrompem a respiração e a ventilação normais durante o sono alterando os padrões de sono e o fragmentando, além de causar diminuição da oxigenação do corpo. Outra causa muito comum e cada vez mais frequente de apneia obstrutiva do Sono da Criança é a obesidade.

- Sintomas da criança com apneia obstrutiva do sono (Kryger, 2015):
- Ronco habitual (mais do que três vezes por semana).
- Relato de apneia observada.
- Arquejar, engasgar ou sufocar durante o sono.
- Aumento do esforço respiratório.
- Respirar cronicamente com a boca.
- Dificuldade de dormir na posição horizontal.
- Dormir como pescoço em hiperextensão.
- Preferir uma posição sentada.
- Dor de cabeça pela manhã.
- Enurese secundária (fazer xixi na cama).
- Sonolência diurna.
- Hiperatividade.
- Problemas de atenção e dificuldade de aprendizado.

São achados muito comuns no exame físico, amígdalas e adenoides aumentadas, características faciais como: micrognatismo (mandíbula pequena), retrognatismo (mandíbula ou maxila afastadas para trás, em relação ao total da face), céu da boca alto, insuficiência de desenvolvimento ponderal e hipertensão arterial. Obesidade pode causar SAOS na criança, mesmo quando não apresenta as características acima.

Vamos separar a evolução das manifestações clínicas da SAOS, especialmente relacionadas ao aumento da adenoide, pela idade (Godinho, 2009):

- **0 a 2 anos**: respiração ruidosa e ofegante, roncos noturnos. Apneia obstrutiva do sono, sono agitado, dificuldades para mamar e respirar, roncos ao se alimentar, rinorreia frequente, déficit de ganho ponderal. Pode haver síndrome de malformação facial.
- **2 a 4 anos**: lábios entreabertos, hábito de babar, hábito de comer com a boca aberta, estreitamento da fossa nasal, alterações dentárias, problemas com a linguagem oral, voz tonsilar, voz rouca, enurese noturna, atraso do crescimento. Iniciam-se problemas com autoestima e de comportamento.
- **4 a 6 anos**: alterações mais significativas da estética facial, face alongada e inexpressiva alterações posturais (projeção anterior da cabeça e dos ombros), acorda durante a noite para beber água, dor de cabeça ao acordar, irritabilidade, sonolência diurna, falta de atenção na escola, inapetência, falta de entusiasmo para a prática esportiva, problemas mais marcantes com a baixa autoestima.
- **7 anos e adolescência**: problemas com a linguagem escrita e com desempenho escolar, boca seca, hiperplasia gengival, gengivite, mau hálito, lábios ressecados, baixo rendimento esportivo, obesidade, sonolência diurna. As deformidades faciais, sobretudo as alterações da pirâmide nasal, tornam-se mais aparentes.

Há vários relatos na literatura médica demonstrando atraso no desempenho escolar e mau comportamento, diminuição da concentração e alterações de conduta nas crianças com apneia do sono. E vários trabalhos mostram a melhora significativa desses comportamentos após tratamento, geralmente a cirurgia de adenoide/amígdalas (Beraldin, 2009; Carvalho, 2002; Meijer, 2000; Randazzo, 1998; Stein, 2001).

O tratamento varia de acordo com a causa, com a idade, com a gravidade e com a cronicidade dos distúrbios. A não ser que haja algum outro tipo de contraindicação, o tratamento de escolha, na maioria das crianças pequenas com hipertrofia de adenoide e/ou de amígdalas, será a cirurgia (adenoamigdalectomia). Trata-se de um procedimento realizado no hospital, sob anestesia geral, em que a criança recebe alta, geralmente, no mesmo dia. O maior risco para as crianças nesse tipo de cirurgia é a hemorragia. Por isso, é fundamental que a dieta no pós-operatório seja pastosa e gelada, para não arranhar a gargantinha e porque o frio faz os vasos sanguíneos contraírem, além de repouso relativo (Aborl, 2011). E respondendo a uma dúvida muito frequente: não existem estudos que demonstrem um impacto clínico significante da cirurgia no sistema imunológico (Martínez & Bowen, 2015).

Casos mais sérios podem necessitar de tratamento com pressão positiva nas vias aéreas (CPAP) (Kryger, 2015). No caso de já haver alterações musculares ou esqueléticas, o acompanhamento fonoaudiológico ou odontológico poderá ser necessário. O tratamento clínico com sprays nasais e outros medicamentos podem ser tentados, mas sem os mesmos resultados da operação, quando essa é indicada. Tanto que um artigo publicado no VII Manual de Otorrinolaringologia Pediátrico da IAPO (*Interamerican Association of Pediatric Otorhinolaryngology* – Associação Interamericana de Otorrinolaringologia Pediátrica) diz que a "conduta ética na apneia obstrutiva do sono: o tratamento desse quadro é cirúrgico" (Fonseca, 2008). Naturalmente, a perda de peso é essencial no tratamento das crianças com obesidade (Ron, 2015).

3. Aspectos odontológicos do respirador oral

As noções sobre crescimento fazem parte de praticamente todas as culturas. Comentários triviais tais como: "você é alto para sua idade", "como seu filho esticou" ou "fulano de tal cresceu de repente"; parecem simples, mas revelam complexos mecanismos quando estudados profundamente. Para o melhor entendimento, tais mecanismos podem, de maneira didática, ser divididos em crescimento e desenvolvimento. O primeiro termo refere-se basicamente ao aumento de massa e ao ganho de volume. Já o segundo, relaciona-se às constantes mudanças de forma e adequação às novas funções de uma estrutura. Mas torna-se fundamental sabermos que esses eventos não ocorrem dissociados um do outro. Antes de aprofundar em como a respiração oral afeta a morfologia craniofacial, o entendimento da normalidade faz-se necessário (Moyers, 1991).

O crescimento e o desenvolvimento facial são processos contínuos e dinâmicos, que ocorrem para o estado de equilíbrio estrutural e funcional entre os tecidos duros e moles. Os ossos crescem por deposição de tecido em uma determinada área (campos de deposição), e por reabsorção de tecido normalmente no lado oposto (campos de reabsorção). Mas esse crescimento não empurra uma estrutura óssea de encontro a outra, ele é uma resposta aos tecidos moles também em desenvolvimento, o que é conhecido como Matriz Funcional de Moss (outas teorias: Septo Nasal, Sutural, Endocondral, embora relevantes não serão discutidas aqui). De modo geral e simplificado, o crescimento ósseo ocorre na face para cima e para trás, mas o deslocamento de todo o conjunto é para baixo e para frente em função dos tecidos moles. Assim a evolução da face de um recém-nascido para face adulta não ocorre como um balão que se expande, mas sim como um conjunto de eventos que irá adaptar o indivíduo às novas demandas funcionais. Para exemplificar, a mandíbula no bebê é curta em relação ao restante do crânio, programada estrutural e funcionalmente para a ordenha, com o passar dos anos ela cresce e se desenvolve, alterando tanto o tamanho quanto a forma, adequando-se às novas demandas funcionais (Moyers, 1991; Enlow, 1993).

Já durante os eventos descritos acima todo o complexo craniofacial estará a caminho de atingir equilíbrio funcional, seja em uma face neutra (mesofacial), longa (dolicofacial) ou curta (braquifacial). No entanto, fatores genéticos ou ambientais poderão alterar esse equilíbrio, sendo a respiração oral um dos fatores etiológicos ambientais mais relevantes na causa de más oclusões dentárias, esqueléticas ou dento-esqueléticas. O que nos interessa tanto de forma natural, quanto diante de intervenções, é que o indivíduo cresça de forma harmônica, independente se o conjunto craniofacial seja neutro, longo ou curto (Moyers 1991; Yamada, 1997; Ianni Filho, 2006).

Mas e quando o meio ambiente, no caso a respiração oral, atua de forma crônica; com intensidade, frequência e duração, suficientes para causar o desequilíbrio? Neste caso, todos os tecidos moles (Matriz Funcional de Moss) estarão em desarmonia, incapazes de orientar um correto crescimento e desenvolvimento do crânio e da face. As más oclusões começaram a se estruturar, e quando combinadas com fatores etiológicos hereditários e padrões de crescimento desfavoráveis, poderão resultar em severas deformidades dentofaciais, caso não sejam diagnosticadas e tratadas de forma precoce, por equipe multidisciplinar com abordagem interdisciplinar (Ianni Filho, 2006; Artese, 2011; Occasi, 2018; Paolantonio, 2019).

As deformidades dentárias e do esqueleto facial podem ocorrer de forma tridimensional, e, portanto, devem ser avaliadas e tratadas nas três dimensões espaciais. No sentido transversal, que são as alterações nas larguras dos arcos; no sentido vertical, como por exemplo, a cada vez mais comum mordida aberta. E por fim, as alterações horizontais (de trás para frente) resultando em mandíbula (queixo) anormalmente para trás, má oclusão de Classe II, ou para frente, Classe III.

Um indivíduo respirador oral terá todo seu padrão muscular e funcional alterados. Ao abrir a boca para permitir a passagem de ar, a língua permanecerá baixa no soalho bucal, os músculos da bochecha contrair-se-ão promovendo o estreitamento do arco dentário superior e da maxila, o que pode ocasionar mordida cruzada. A postura baixa da língua atuará como mais um fator etiológico para Classe III, o que irá agravar a má oclusão caso o paciente já tenha fatores genéticos atuando no crescimento horizontal da mandíbula. A boca constantemente aberta permitirá que ocorra uma erupção acentuada dos dentes posteriores, ocasionando mordida aberta (ausência de contatos entre os dentes, mesmo com a boca fechada) (**Figura 3**), salientando ainda mais a face longa, e o deslocamento do queixo para trás (Classe II) (Ianni Filho, 2006; Occasi, 2018).

Figura 3 – Mordida aberta anterior em criança com respiração oral secundária à hipertrofia de adenoide

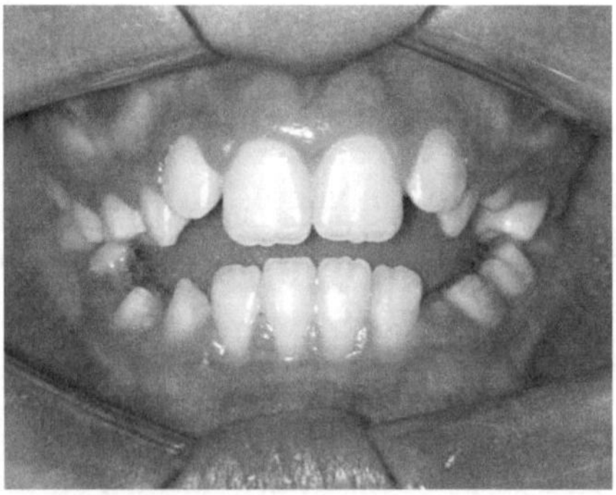

Fonte: Thomsen (2005).

A ausência de passagem de ar pelo nariz também fará, de acordo com a Teoria da Matriz Funcional de Moss, com que o assoalho da cavidade nasal não se desenvolva adequadamente. Estes são apenas alguns dos mecanismos que ocorrem no respirador oral, trata-se de uma cascata de eventos que potencialmente poderá resultar em severas desarmonias dento-crânio-facial. Mas cabe ressaltar que o padrão de desenvolvimento do indivíduo (meso, dólico ou braquifacial) terá papel fundamental no aspecto final da face. Por isso, nem todo respirador oral apresenta os desvios nocivos de crescimento. Embora os efeitos deletérios possam ser observados em todos os padrões de desenvolvimento, eles são mais devastadores em pacientes de face longa.

Todo esse conhecimento adquirido até agora deve ser aplicado de forma prática, para que tenhamos a ausência, ou o mínimo de efeitos colaterais no crescimento, mesmo quando um indivíduo é um respirador oral crônico. Neste sentido, iremos destacar três pontos fundamentais: prevenção, diagnóstico e tratamento precoces. A prevenção envolve o estímulo de hábitos e comportamentos saudáveis, tais como amamentação materna correta, não uso de chupetas e introdução adequada de alimentos sólidos.

Suspeitar que o desenvolvimento craniofacial de uma criança não está dentro do equilíbrio esperado é algo que pode e deve ser feito por qualquer pessoa. Assim como percebemos que uma criança permanece a maior parte do tempo com boca aberta, lábios ressecados, olheiras, dentre outros sinais que caracterizam um respirador oral, devemos estar atentos aos efeitos deletérios que acometem os dentes e o esqueleto do indivíduo. Familiares, educadores e todo profissional de saúde poderá presumir, ao comparar indivíduos de uma mesma escola ou grupo familiar, por exemplo, aspectos muito simples como: mandíbula (queixo) excessivamente curta ou longa, faces muito longas, mordida aberta, sorriso muito estreito, bocas com assimetria, dentes superiores para fora, grande exposição da gengiva ao sorrir; sinais que caracterizam desvios craniofaciais relacionados ao respirador oral. A partir dessa suspeita, a criança deve ser encaminhada para um ortodontista, com o objetivo de que ele identifique e classifique de forma técnica a alteração, fazendo desta maneira o diagnóstico precoce.

Agora, de posse de todos estes dados, o tratamento precoce, também conhecido como ortodontia interceptativa, deve ser iniciado. É de fundamental importância que todos entendam; nesta etapa não só os dentes merecem atenção, muito mais que eles, as ações devem ser tomadas para corrigir e devolver o equilíbrio das estruturas esqueléticas da face.

Ortodontistas, otorrinolaringologistas, fonoaudiólogos, educadores e familiares devem atuar precocemente e de forma cooperativa no tratamento do respirador oral. O resultado será uma equipe multidisciplinar, trocando e cruzando informações de forma a constituir uma abordagem interdisciplinar. Dessa forma o indivíduo retomará seu equilíbrio estrutural e funcional, chegando à fase adulta sem a consolidação das nefastas alterações dentárias e esqueléticas, cujas implicações na saúde seriam muito mais severas e com tratamentos mais complexos (Ianni Filho, 2006; Yamada, 1997; Artese, 2011; Ocassi, 2018; Paolantonio, 2019).

4. Aspectos fonoaudiológicos do respirador oral

A respiração oral, como citado anteriormente, pode ocasionar desequilíbrio da musculatura e, consequentemente, das outras funções estomatognáticas (mastigação, deglutição, sucção e fala). Podem-se descrever algumas características comuns do respirador oral a seguir.

4.1 Alterações dos órgãos fonoarticulatórios

- Lábios entreabertos em repouso e vedamento labial com tensão de músculo mentual (músculo do queixo).
- Alteração (hipofunção) dos músculos elevadores da mandíbula (músculos da mastigação).
- Lábio superior retraído e lábio inferior em eversão ou interposto entre os dentes;
- Lábios ressecados.
- Anteriorização de língua em repouso e na fala.

4.2 Alterações das funções orais

- Mastigação ineficiente, podendo levar a problemas digestivos.
- Deglutição alterada, com ruído, projeção anterior de língua, contração exagerada de musculatura perioral, movimentos compensatórios de cabeça.
- Alterações articulatórias, sendo muito comum o ceceio anterior (projeção de língua durante a produção de /s/ e /z/).

- voz rouca e/ou hiponasal.

Outras alterações possíveis:

- Halitose e diminuição do paladar e olfato.
- Alterações posturais.
- Tendência a sobrepeso ou tendência a desnutrição.
- Agitação, ansiedade, cansaço frequente.
- Baixo rendimento escolar.

5. Aspectos audiológicos e do processamento auditivo do respirador oral

Estudos mostram que crianças que possuem RO podem apresentar dificuldade atencional e de concentração, distúrbio comportamental, sono agitado e baixo desempenho escolar, interferindo diretamente na sua qualidade de vida (Queluz & Gimenez, 2000).

Além disso, sabe-se que em indivíduos respiradores orais, devido à hipotensão do sistema estomatognático, o fechamento do óstio faríngeo da tuba auditiva pode não ocorrer, o que leva ao surgimento de otites. Quadros de otite ocasionam perda auditiva geralmente temporária, que podem ser flutuantes devido às alterações das vias aéreas (Lima et al., 2011). Os prejuízos da perda auditiva já são bem descritos e evidenciados na literatura. Há dificuldade para ouvir e compreender a fala, prejuízos na discriminação e diferenciação do som necessário para o aprendizado da língua materna, dificuldade de aprendizagem, baixa estima, isolamento social, alterações de humor, cansaço excessivo e fadiga devido ao esforço auditivo realizado para compreensão. Com isso, prejuízos escolares, psicológicos e sociais podem também ocorrer (Francelin, Morita, & Motti, 2010).

Sabe-se que otite recorrente é um dos principais fatores de risco para o Transtorno do Processamento Auditivo Central (TPAC). Além disso, estudos com ratos, utilizando um modelo estabelecido de apneia do sono para hipoxemia crônica intermitente, revelou por meio do exame de imagem (FMRI) que, a hipóxia crônica, relativamente comum na apneia do sono, onde podemos ter a RO presente, afeta vários níveis do sistema nervoso auditivo central (SNAC). Portanto, este estudo concluiu que a hipóxia crônica afeta vários níveis do SNAC e essas alterações provavelmente estão relacionadas ao TPAC em indivíduos com apneia do sono (Wong et al., 2017).

O TPAC é caracterizado pela alteração das habilidades auditivas necessárias para a compreensão correta do estímulo auditivo, sendo estas:

- **Localização sonora**: habilidade em localizar a fonte sonora.
- **Figura-fundo auditiva**: habilidade de identificar o sinal de fala em presença de outros sons competitivos.
- **Integração binaural**: habilidade para reconhecer estímulos apresentados simultaneamente ou alternadamente em ambas as orelhas.
- **Separação binaural**: habilidade para atender e integrar informações auditivas diferentes apresentadas nas duas orelhas simultaneamente.
- **Ordenação temporal**: habilidade auditiva que envolve a percepção e o processamento de dois ou mais estímulos auditivos em sua ordem de ocorrência no tempo.
- **Resolução temporal**: habilidade responsável pela detecção de intervalos de tempo entre estímulos sonoros, de mudanças rápidas e bruscas no estímulo sonoro, ou detectar o menor intervalo de tempo necessário para que um indivíduo possa perceber diferenças entre sinais sonoros.
- **Interação binaural**: capacidade de processar informações usando as duas orelhas, envolvendo a apresentação de informações auditivas não simultâneas, sequenciais e/ou complementares apresentada às duas orelhas.
- **Fechamento auditivo**: capacidade de resgatar toda a mensagem quando partes são omitidas.

Alterações em uma ou mais habilidades auditivas podem caracterizar o TPAC. É importante ressaltar que o termo TPAC deve ser utilizado em crianças com idade igual ou superior a nove anos. Para crianças com idade inferior, deve-se utilizar a terminologia "alteração do desenvolvimento das habilidades auditivas".

As manifestações mais comuns observadas em indivíduos com TPAC são:

- Dificuldade de ouvir na presença de ruído.
- Dificuldade em localizar a fonte sonora.
- Dificuldade de compreender ao telefone.
- Dificuldade de aprendizado de um novo idioma.
- Trocas na fala e na escrita não esperadas para a idade.
- Dificuldade em manter atenção e concentração em sala de aula.
- Distração.
- Agitação.
- Baixa participação em sala de aula.
- Alterações de ritmo da fala.
- Dificuldade em seguir instruções.
- Dificuldades escolares, de leitura e escrita.
- Solicita com frequência para repetir o que foi dito.
- Respostas incoerentes/inadequadas sobre o que foi dito.
- Escuta televisão em volume alto.
- Desorganização.
- Dificuldade em seguir rotina.
- Não entende piadas e frases de duplo sentido.
- Habilidades musicais ruins (ritmo, entonação e timbre).

É de fundamental importância que antes de ser realizada a avaliação do PAC, os indivíduos sejam submetidos à avaliação da função auditiva por meio do exame padrão ouro de audiometria e imitanciometria. Caso estes exames apresentem alteração, tais como, possíveis quadros de otite, disfunção tubária, entre outros, o paciente deverá ser encaminhado ao médico otorrinolaringologista para propedêutica e terapêutica. Após tratamento efetivo, a avaliação do processamento auditivo poderá ser indicada.

Além disso, é importante entender que a compreensão auditiva é composta por dois processos, o *bottom-up* e *top-down*. O processo *bottom-up*, é sensorial e está relacionado ao sinal acústico de entrada do som, com as habilidades auditivas, bem como com a integridade das vias auditivas centrais. Ocorre previamente a funções cognitivas altas, tais como, atenção, memória, linguagem e funções executivas, mas pode também ser influenciado por estes fatores. O processo *top-down* é cognitivo e está relacionado às funções cognitivas altas já supracitadas e seu papel no processamento da informação auditiva.

Parte dos testes utilizados na bateria de avaliação do PAC possui envolvimento também do processo *top-down*. Estudo realizado por Prando et al. (2010), verificou forte correlação das habilidades do PAC com tarefas que avaliam habilidades neuropsicológicas, tais como, atenção concentrada, percepção de faces, linguagem oral e memória. Isto pode ter ocorrido devido ao compartilhamento de habilidades cognitivas.

Portanto, o diagnóstico de TPAC é complexo, pois vários são os fatores que podem influenciar nas habilidades auditivas. O TPAC é uma disfunção que pode ser primária ou uma coocorrência, sendo que esta última ocorre em aproximadamente 95% dos casos e pode estar presente em indivíduos com diversas alterações, dentre elas, a respiração oral (Mcdemortt et al., 2016).

Com isso, devido à complexidade deste diagnóstico e suas possíveis correlações, faz-se necessário o envolvimento de uma equipe multidisciplinar, composta por profissionais experientes de diversas áreas, tais como, otorrinolaringologistas, neuropediatras, dentistas, psicopedagogos, psicólogos, neuropsicólogos, e fonoaudiólogos especialistas nas áreas da linguagem e motricidade orofacial. Desta forma, a avaliação multidisciplinar auxiliará a traçar um planejamento terapêutico efetivo, a fim de tratar as queixas do paciente de forma global e não apenas de maneira isolada.

Referências

Artese A., Drummond S., Nascimento J. M., & Artese F. (2011). Critérios para o diagnóstico e tratamento estável da mordida aberta anterior. *Dental Press J Orthod*. May-June, v. 16, n. 3, p. 136-61.

Beraldin, B. S. et al. (2009). Avaliação do impacto da adenotonsilectomia sobre a qualidade de vida em crianças com hipertrofia das tonsilas palatinas e faríngeas. *Bras. otorrinolaringol*, São Paulo, v. 75, n. 1, p. 64-69, fev.

Brunetti L. et al. (2001). Prevalence of obstructive sleep apnea in a cohort of 1207 children of Southern Italy. *Chest*, v. 120, p. 1930-5.

Carvalho, L. B. C., Prado, L. B. F., Prado, G. F. et al. (2002). Cognitive dysfunction in 225 children 7- to 10-year-old with sleep disorders. *Sleep.*, 25 (Suppl):316A.

Enlow D. H. (1993). *Crescimento Facial*. (3a ed.). Artes Médicas.

Fonseca, A. A. (2008). *Síndrome da apneia obstrutiva do sono*. VII manual de Otorrinolaringologia Pediátrica da IAPO.

Francelin, M. A. S., Motti, T. F. G., & Morita, I. (2010).As implicações sociais da deficiência auditiva adquirida em adultos. *Saúde Soc.* São Paulo, v. 19, n. 1, p. 180-192.

Godinho, R. et al. (2009). *Crianças com diferenças faciais*: O problema das Tonsilas Palatinas e da Adenoide. VIII manual de Otorrinolaringologia Pediátrica da IAPO.

Ianni Filho, D., Bertoline M. M., & Lopes M. L. (2006). Contribuição multidisciplinar no diagnóstico e no tratamento das obstruções da nasofaringe e da respiração bucal. *R Clín. Ortodon Dental Press*, Maringá, v. 4, n. 6 – dez. 2005/jan.

Jabur, L. B. (1997). Avaliação Fonoaudiológica. In: FERREIRA, F. V. Ortodontia: diagnóstico e planejamento clínico. *Artes Médicas*, São Paulo.

Kryger, M. et al. (2015). *Atlas Clínico de Medicina do Sono* (2a ed.) Rio de Janeiro: Guanabara Koogan.

Lima, L. M., Nascimento, G. K. B. O., Menezes, K. M. X., & Menezes D.C. (2011). Alterações auditivas em respiradores orais. *Extensão & Sociedade*. v. 2, n. 3.

Martínez J. D., Bowen, A. D. (2015). *Impacto da Adenotonsilectomia no Sistema Imunológico*. XIII Manual de Otorrinolaringologia Pediátrica da IAPO.

Mcdemortt, E. E. et al. (2016). Assessing auditory processing abilities in typically developing school –aged children. *J Am Acad Audiol*, v. 27, p. 72-84.

Meijer, A. M., Habekothe H. T., & Van Den Wittenboe R G. L. (2000). Time in bed, quality of sleep and school functioning of children. *J Sleep Res*, v. 9, p. 145-153.

Mitchel R. B., & SHAH G. B. (2015). *Adenotonsilectomia para crianças obesas com apneia obstrutiva do sono*: Atualização. XIII manual de Otorrinolaringologia Pediátrica da IAPO.

Moyers, R. E. (1991). *Etiologia das má-oclusões*: Ortodontia (4a ed.). Rio de Janeiro: Guanabara-Koogan.

Occasi, F. et al. (2018). Malocclusion and rhinitis in children: an easy-going relationship or a yet to be resolved paradox? A systematic literature revision. *Italian Journal of Pediatrics*. Itália, v. 44, n. 100. Recuperado de https://www.ncbi.nlm.nih.gov/pmc/articles/PMC6106920/pdf/13052_2018_Article_537.pdf. Acesso em: 10 jan. 2020.

Paolantonio, E. G. et al. (2019). Association between oral habits, mouth breathing and malocclusion in Italian preschoolers. *European Journal of Paediatric Dentistry*. v. 20, n. 3, p. 204-208.

Pinto Júnior, L. R. et al. (2019). *SONO*: do diagnóstico ao tratamento. Rio de Janeiro: Editora Atheneu.

Prando, M. L., Pawlowski, J., Fachel, J. M. G., Misorelli, M. I. L., & Fonseca, R P (2010). Relação entre habilidades de processamento auditivo e funções neuropsicológicas em adolescentes. *CEFAC*, v. 12, n. 4, p. 646-661.

Queluz D. P, Gimenez C. M. M.(2000). A síndrome do respirador bucal. *CROMG*, v. 6, n. 1, p. 4-9.

Randazzo, A. C., Muehlbach, M. J. S., Chweitzer, P. K., & Walsh, J. K. (1998). Cognitive function following acute sleep restriction in children ages 10-14. *Sleep*, v. 21, p. 861-8.

Stein, M. A., Mendelsohn, J., Obermeyer, W. H., Amromin, J, & Benca, R. (2001). Sleep and behavior problems in school-age children. *Pediatrics*,107:E60.

Thomsen, L. P. R. (2005). *Alterações fonoaudiológicas, perfil alimentar e estado nutricional de crianças com hipertrofia de adenoide*. Dissertação (Mestrado em Nutrição e Saúde) – Universidade Federal de Viçosa. Minas Gerais, p. 94.

Tratado de Otorrinolaringologia e Cirurgia Cervicofacial – ABORL-CCF (2011). São Paulo: Editora Rocca.

Wong, E., et al. (2017). The multi-level impact of chronic intermittent hypoxia on central auditory processing. *NeuroImage*, v. 156, p. 232-39.

Yamada, T. et al. (1997). Influences of nasal respiratory obstruction oncraniofacial growth in young Macaca fuscata monkeys. *Am J OrthodDentofac Orthop*. v. 111, n. 1,.

CAPÍTULO 16

O uso de psicoestimulantes na aprendizagem

Antony de Paula Barbosa

1. Introdução

Durante as últimas décadas, tem-se observado um aumento exponencial do uso de psicoestimulantes por crianças, adolescentes e adultos para obtenção de bons resultados no processo ensino-aprendizagem. A este crescimento pode-se atribuir um maior número de diagnósticos de transtornos psiquiátricos na população, e com isso a introdução de novos medicamentos, com novos mecanismos de ação no mercado farmacêutico e novas indicações terapêuticas dos fármacos já existentes (De Lima, Facchini, & Rodrigues, 2006).

O Metilfenidato, comercializado no Brasil com os nomes comerciais de Ritalina e Concerta, é um dos medicamentos psicoestimulantes mais consumidos no mundo. Indicado para o tratamento do Transtorno de Déficit de Atenção e Hiperatividade (TDAH), e em indivíduos com narcolepsia, aliviando a sonolência diurna excessiva. Sua ação farmacológica ocorre a partir da inibição da receptação de dopamina e noradrenalina na fenda sináptica, o que acarreta na melhora da atenção e da concentração (Affonso, Lima, Oyama, Deuner, Garcia, Leite, & França, T. C. C. 2016).

A medicalização durante a vida escolar tem sido frequente em crianças que apresentam comportamentos de aprendizado diferente dos demais, o que tem causado uma epidemia de diagnósticos e um aumento considerável do uso de medicamentos por crianças e adolescentes em idade escolar. O fenômeno da medicalização é mais amplo que somente a prescrição de fármacos, envolve questões nas esferas sociais, políticas e escolares. Essa epidemia de diagnósticos produz na mesma escala uma epidemia de tratamentos, muitos dos quais altamente prejudiciais à saúde, especialmente nos casos em que não seriam de fato necessários (Meira, 2012).

Atualmente os estudantes, principalmente adultos cursando ensino superior, "concurseiros", e profissionais que atuam em mercado de inteligência, buscam meios para aumentar seu poder produtivo, estudar exageradamente e potencializar o processo de memorização (Fardin & Piloto, 2015). Este fato explica o fenômeno mundial da expansão de uso de psicoestimulantes, de maneira pouco divulgada, mas cada vez mais alarmante, por meio da medicalização da vida, processo pelo qual um problema não médico começa a ser definido e tratado como uma questão médica (Silva, Luzio, Santos, Yasui, & Dionísio, G. H., 2012).

Os psicoestimulantes, assim como qualquer outro medicamento, devem ser usados de forma segura, isto é, de forma racional, considerando que podem produzir efeitos adversos (nervosismo, diminuição do apetite, perda de sono, cefaleia, palpitação e alterações cutâneas), causar dependência e ocasionar diversos problemas à saúde da população com seu uso prolongado. Deve-se, portanto, garantir o uso racional e seguro de psicoestimulantes, considerando o conceito do uso racional de medicamentos, segundo a Organização Mundial de Saúde (OMS), onde o paciente recebe o medicamento apropriado à sua necessidade clínica, na dose e posologia corretas, por um período de tempo adequado e ao menor custo para si e para a comunidade (Da Rocha & Werlang 2013).

2. Psicofarmacologia

Psicoestimulantes ou estimulantes cerebrais são fármacos que apresentam a capacidade de aumentar o estado de alerta e a motivação e, consequentemente, apresentam efeitos farmacológicos antidepressivos, estabilizadores de humor e aumentam, consideravelmente, o desempenho cognitivo (Morgan, Petry, Licks, Ballester, Teixeira, & Dumith, S. C., 2017).

Como já foi explicitado, os estimulantes do sistema nervoso central (SNC) são usados, frequentemente, para promover uma melhora cognitiva, que é definida como a ingestão de substâncias, por indivíduos saudáveis, para aumentar funções mentais como memória, atenção, concentração, vigília e/ou inteligência. Alguns podem ser empregados no tratamento de doenças e distúrbios como Transtorno do Déficit de Atenção e Hiperatividade (TDAH), narcolepsia e apneia obstrutiva do sono. Entre os principais efeitos apreciados pelos usuários de estimulantes do SNC encontram-se aumento da concentração e da capacidade de memorização, raciocínio mais rápido e diminuição do sono noturno (Carter & Minzenberg, 2008).

Os psicoestimulantes compõem uma classe de substâncias químicas com atividade terapêutica dos psicofármacos. Estes, por sua vez, são agentes químicos que atuam sobre o sistema nervoso central (SNC) e estão em condições de alterar diversos processos mentais, gerando alterações na conduta, na percepção e na consciência. Uma substância química capaz de provocar um efeito comportamental de grande intensidade e de gerar modificações importantes na personalidade, é considerada, portanto, como psicotrópica. Os psicotrópicos têm sido utilizados na terapêutica para o tratamento de diversas doenças ao longo da história, tanto para distúrbios psiquiátricos quanto para problemas neurológicos.

De uma forma genérica, os psicofármacos podem ser classificados com designações diferentes, de acordo com o tipo de influência que apresentarão no SNC, podendo ser a) Alucinógenos (Psicodislépticas): como a mescalina, LSD, canabinoides; b) Depressores do SNC (Psicolépticas): como os benzodiazepínicos, barbitúricos, etanol, inalantes e c) Estimulantes do SNC (Psicoanalépticos): como cocaína, anfetaminas e derivados. Esses últimos, também conhecidos como psicoestimulantes, são os alvos do estudo deste capítulo. Todavia, o abuso de substâncias psicoestimulantes tem sido um dos grandes problemas sociais da atualidade, causa de diversos acidentes, mortes e evasões escolares (Carvalho & Mídio, 2003).

Os medicamentos psicoestimulantes são capazes de ocasionar dependência e possíveis danos à saúde dos usuários. Seu uso abusivo tem aumentado cada vez mais nos últimos anos, chegando a ser considerado como uma ameaça (OMS, 2004). Como estas substâncias ativas produzem efeito no sistema nervoso central, as consequências geralmente estão ligadas a um estado eufórico, conjuntamente com um estado mais alerta, energético e emotivo do usuário. Dentro desta classe e, movidos por um desejo maior de estímulo, a anfetamina e a cocaína são os principais representantes e os primeiros a serem escolhidos por produzirem um poderoso efeito no sistema nervoso central.

2.1 Substâncias psicoestimulantes

As principais substâncias psicoestimulantes utilizadas na terapêutica são: Cafeína, Metilenodioximetanfetamina (MDMA), Metilfenidato (Ritalina®), Modafinil (Stavigile®), Piracetam (Nootropil®), Lisdexanfetamina (Venvanse®), bebidas energéticas e as demais anfetaminas, assim como fitoterápicos contendo compostos ativos com atividade estimulantes. Embora os mecanismos de ação específicos possam variar, os psicoestimulantes geralmente atuam direta ou indiretamente através da dopamina (Figura 1), que está relacionada à recompensa, motivação, atenção e excitação (Fleckenstein, Volz, J, Riddle, Gibb, & Hanson; G. R., 2007; Kapur, 2003; Volkow et al., 2009).

Figura 1

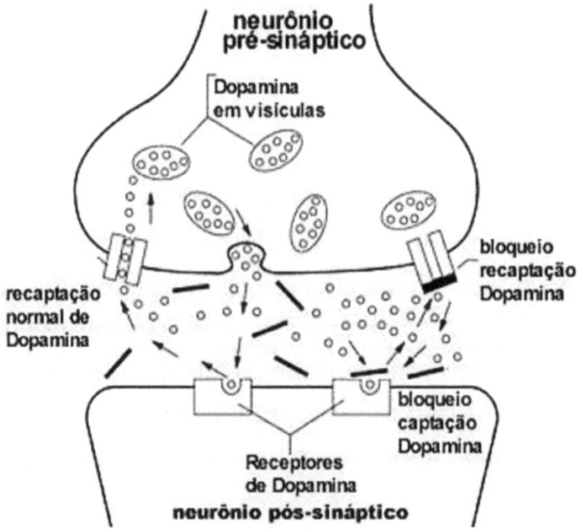

Figura 1. O mecanismo de ação dos psicoestinulantes, de forma geral, está relacionado ao aumento da concentração de dopamina na fenda sináptica de neurônios dopaminérgicos. O aumento da concentração de

dopamina na fenda sináptica pode ser observado através do estímulo de sua produção a partir da via biossintética das catecolaminas no neurônio pré-sináptico, através do bloqueio de sua recaptação e através da inibição de enzimas de degradação de catecolaminas, como a monoamino oxidade (MAO) e catecol-O-metil transferase (COMT).

Os fármacos psicoestimulantes ao mesmo tempo em que aumentam a concentração, atenção e energia, acabam por alterar o humor por seus usuários, elevando a pressão e os batimentos cardíacos. Os estimulantes utilizados pelos estudantes podem ser classificados em dois grupos: os naturais e os sintéticos. Pode-se exemplificar por estimulantes naturais, a guaranina e a cafeína, substâncias não modificadas que podem ser facilmente encontradas, mas que se ingeridas em concentrações elevadas, funcionam como um estímulo para o organismo do indivíduo. Os estimulantes sintéticos, por outro lado, são obtidos a partir de purificações e sínteses em laboratórios. Essas substâncias estimulam o sistema nervoso central, melhorando as funções cerebrais. No entanto, quando usadas em grandes doses, podem causar reações adversas, como convulsões.

As metilxantinas: Cafeína, Teobromina e Teofilina, são os psicoestimulantes mais utilizados pelos estudantes, uma vez que podem ser encontrados no café e em chocolates amargos. Entretanto, podem ser adquiridas purificadas e seu consumo exagerado pode diminuir seus efeitos, causando dependência e tolerância. Uma dosagem de 300mg de cafeína pode aumentar o rendimento intelectual e físico dos usuários, enquanto doses acima de 600 mg produzem o efeito contrário, levando a confusões mentais ou possíveis erros intelectuais. Agitações, nervosismos, angústia ou delírios, podem ser experenciados pelos indivíduos quando ingerem doses mais elevadas

O café, chá mate, chá verde, refrigerantes de cola e os termogênicos em geral são algumas das bebidas mais usadas pelos estudantes na busca para se manterem acordados. Mas nem todas elas apresentam picos de energia curtos e rápidos. A guaranina, por exemplo, presente nos refrigerantes, é absorvida lentamente pelo organismo do ser humano, fazendo com que seu efeito seja mais duradouro, além disso afeta o apetite do indivíduo, suprimindo-o, e estimulando o metabolismo. O uso de substâncias energéticas é uma preocupação da população acadêmica, já que essa parcela da comunidade se torna um dos alvos principais de propagandas de bebidas energéticas, que prometem aumentar a agilidade e melhorar a performance física e mental Reid, S. D. ; Ramsarran, J. ; Brathwaite R. ; Lyman, S. ; Baker, A ; Cornish, D. C. ; Ganga, S. ; Mohammed, Z. ; Sookdeo, A. T. ; Thapelo, C. K., 2015).

A MDMA, substância presente no ecstasy, atua principalmente no sistema serotonérgico, aumentando a quantidade de serotonina que é liberada na fenda sináptica, levando ao aumento da energia, da empatia, do prazer, da confiança, da alegria e da aceitação. Apesar dos efeitos adversos assustadores que acompanham o uso irresponsável e descontrolado do ecstasy, diversas pesquisas confirmam que a MDMA é segura se utilizada em doses e ambientes supervisionados. Ela pode ser utilizada para auxiliar pacientes com transtorno de estresse pós-traumático (TEPT), principalmente aqueles que são resistentes aos tratamentos padrões. A MDMA causa uma diminuição dos sentimentos de ansiedade e de depressão, reduz o medo e altera as percepções de significado. Isso provavelmente acontece pela modulação da transmissão serotonérgica no cérebro, mas também ocorre a liberação de diversas outras substâncias, como a ocitocina, que aumenta os níveis de empatia e de proximidade, tornando mais fácil para o paciente confiar no terapeuta e conseguir falar sobre o trauma sem o medo exacerbado.

O Cloridrato de Metilfenidato (Ritalina®) é um dos principais estimulantes do sistema nervoso central, aumentando a concentração de dopamina, neurotransmissor diretamente interligado ao prazer. Essa substância é capaz de elevar os níveis de dopamina por períodos temporais maiores, podendo causar reações adversas em todo o organismo. Quando utilizado de forma indiscriminada, os efeitos a longo prazo podem ser devastadores. O desempenho da cognição pode ocorrer, mas tal dependência química ocasiona possíveis crises de abstinência, contendo picos de insônia, sonolências inexplicáveis e decaimentos de atenção (Pasquini, 2013).

O Modafinil (Stavigile®) é um fármaco desenvolvido para o tratamento da narcolepsia (situação patológica caracterizada pelo sono excessivo) e da apneia obstrutiva do sono. Porém, nos últimos anos, o seu uso para aumento da concentração, da capacidade cognitiva e do período desperto tem se tornado muito popular. Especialmente em ambientes acadêmicos, estima-se que 1/4 dos estudantes das principais universidades tenham experimentado Modafinil. Muitas pessoas já fazem uso de drogas para turbinar seu raciocínio. Entre as substâncias mais corriqueiras nesse uso podemos citar a Cafeína, Efedrina e a Ritalina. Entretanto, o Modafinil é o que apresenta maior faturamento, sendo vendido de maneira assustadora em todo o mundo. É a pílula da inteligência do momento. Sua popularidade é tamanha que cientistas já fazem pesquisas sobre seus efeitos e vêm obtendo resultados surpreendentes. Seu mecanismo de ação consiste em aumentar a concentração de dopamina, norepinefrina, acetilcolina e serotonina na fenda sináptica. Esses neurotransmissores têm relação direta com o estado de alerta e sono, sendo preponderantes na regulação do ciclo circadiano. Esse aumento tem como resultado a ampliação do poder de concentração e a diminuição da necessidade de sono, estendendo o período desperto. Com isso, o modafinil acaba produzindo efeitos psicológicos como excitação e aumento da autoconfiança. Os efeitos colaterais provocados pelo modafinil são os mesmos observados pelo metilfenidato, como: irritabilidade, excitação, tremores, tontura, dor de cabeça, náusea, dor abdominal, pressão alta e palpitações.

O Piracetam (Nootropil®) é uma classe de compostos que têm efeito sob a memória de longo prazo e a atenção. Não se sabe direito o mecanismo de funcionamento, possivelmente ele estabiliza a membrana celular e faz as bombas Na/K funcionarem melhor, aumenta níveis de acetilcolina e aumenta a circulação de sangue para cérebro. Foi um dos primeiros medicamentos a ser utilizado contra a demência senil, também conhecida como doença de Alzheimer. É um ativador do metabolismo cerebral que age no sistema nervoso central, protegendo o córtex cerebral contra a hipóxia. É também utilizado no acidente vascular cerebral (AVC), alcoolismo, distúrbios de atenção, distúrbios da concentração, distúrbios do comportamento, involução senil e toxicomania. Problemas digestivos são os principais efeitos colaterais do uso do Piracetam.

O Dimesilato de Lisdexanfetamina (Venvanse®) é um pró-fármaco e necessita de transformação enzimática através do processo de metabolização no fígado para liberar a dexanfetamina, o fármaco ativo. O seu mecanismo de ação caracteriza-se pelo bloqueio da recaptação da dopamina e pelo aumento da liberação de dopamina e noradrenalina, estimulando o sistema nervoso central, favorecendo o aumento da atenção e a diminuição da impulsividade e da hiperatividade em pacientes com TDAH. As advertências quanto ao uso deste medicamento incluem o risco potencial de uso abusivo e tolerância. Além disso, dependência psicológica extrema e incapacidade social grave também foram observadas após uso de lisdexanfetamina. A interrupção abrupta após administração prolongada de alta dose resulta em fadiga extrema, depressão mental e alterações durante o sono.

Algumas plantas apresentam compostos ativos nootrópicos e seus fitoterápicos são utilizados como estimulantes do SNC, são elas: *Panax ginseng*, *Ginkgo biloba*, *Huperzia serrata* e *Paullinia cupana*. O Ginseng é uma droga adaptôgena, o que faz com que o indivíduo se adapte ao estresse, um dos principais causadores da redução da memória em indivíduos jovens. O Ginkgo melhora a circulação sanguínea periférica, levando maior nutrientes e oxigenação ao cérebro, olhos, ouvidos e pernas, além de atuar como antioxidante e melhorar a capacidade de raciocínio. O composto Huperzine A, obtido da *H. serrata*, é um inibidor da acetilcolinesterase, esta, por sua vez, degrada a acetilcolina e aumenta a memória. Já o extrato de Guaraná, *P. cupana*, são ricos em metilxantinas, como cafeína, e polifenóis, como as proantocianidinas, ambas estimulantes do SNC.

2.2 O uso de psicoestimulantes por crianças

A medicalização é um processo que envolve sofrimento psíquico que tem como base os eixos sociais, políticos e/ou escolares, e é interpretada como problema de origem biológica e médica (Meira, 2012). O aluno que apresenta comportamentos desviantes, que fogem à regra do que é aceitável e construído socialmente, dificuldades para aprender, um ritmo próprio que seja diferente dos colegas ou se comporta de maneira considerada não adequada para a escola, é muitas vezes encaminhado ao serviço médico, e sob o olhar da medicina é tratado como indivíduo doente, responsabilizando-se apenas o indivíduo por suas dificuldades, não se levando em conta aspectos sociais, como baixa qualidade de ensino e políticas públicas insuficientes para o estabelecimento efetivo do direito à educação para todos (Zucoloto, 2007).

Crianças que apresentam dificuldades de aprendizagem são "diagnosticadas" por professores que, observando o comportamento do aluno, rotulam-no com determinado transtorno. As escolas encaminham esses alunos para atendimento especializado e com frequência solicitam laudos e diagnósticos (Capitão & Romaro, 2003).

Crianças e adolescentes com comportamentos desviantes foram diagnosticados com TDAH e receberam medicalização de pelo menos um psicoestimulante. Em alguns casos não foram utilizadas ferramentas de diagnose e, mesmo assim, observou-se a prescrição de psicoestimulantes. Na Tabela 1 abaixo observou-se a prescrição de medicamentos psicofarmacológicos às crianças e a adolescentes (Ferrazza & Vizotto, 2017).

Tabela 1 – Distribuição frequencial e percentual das crianças conforme o dedicamento psicofarmacológico prescrito e descrito nos prontuários (período 2013 - 2014)

Medicamento psicofarmacológico	N	(%)
Ritalina®	107	89
Venvanse®	2	2
Ritalina® + Risperidona	4	3
Risperidona	1	1
Não constam informações	6	5
Total	120	100

Fonte: (Ferraza; Vizotto, 2017)

* Não constam informação sobre o nome o nome comercial do medicamento prescrito.

Os dados mostram, conforme a Tabela 1, que para a maioria dos casos (89%) foi prescrito o psicoestimulante denominado comercialmente de Ritalina®, Metilfenidato. Em 2% dos prontuários analisados, as crianças receberam a prescrição do medicamento de nome comercial Venvanse®, Lisdexanfetamina. Já para 3% foram prescritos uma associação de fármacos Metilfenidato e Risperidona e para 1% somente Metilfenidato (Vizotto & Ferrazza, 2017).

2.3 O uso de psicoestimulantes por adultos

Atualmente os estudantes buscam meios para aumentar seu poder produtivo, permitindo que estudem por tempo prolongado e principalmente, promovam o aprimoramento cognitivo. Em decorrência dessa procura, a inserção de psicoestimulantes no ambiente acadêmico se mostra cada vez maior, uma vez que o trabalho intelectual demanda concentração e disposição do indivíduo. Seu uso, se faz em grande parte, por universitários, empresários e profissionais da área da saúde, que em geral, têm maior conhecimento sobre a droga em relação à população.

Dentro do ambiente acadêmico, a busca por psicoestimulantes se torna ainda mais importante graças às pressões que os trabalhos científicos demandam, conjuntamente com uma maior concentração atrelada a uma disposição por vezes difíceis de encontrar nos alunos. Uma carga horária esmagadora, pouca organização nos estudos e uma vida que ultrapassa os muros da faculdade transformam o que deveriam ser horas prazerosas de aprendizado em maratonas desgastantes para os estudantes (Dworak, M.; Bruns, T. and Strüder, H. K., 2007; Finger, Da Silva, & Falavigna, 2013).

Os estudantes do curso de Medicina constituem um dos principais grupos vulneráveis ao consumo abusivo dessas substâncias com o objetivo de potencializar as atividades mentais (Kamali, Newbury-Birch, & White, 2000). Os principais motivos para o consumo de psicoestimulantes entre esses estudantes são compensar a privação de sono e aumentar a concentração. Um estudo realizado com estudantes de Medicina dos EUA sugere que 15% deles utilizam fármacos estimulantes durante o curso e constatou que 83% dos estudantes usaram estimulantes especificamente para melhorar o desempenho acadêmico (North, Valasek, & Webb, 2013). Em um estudo semelhante, no Canadá, foi encontrada prevalência de consumo de cafeína por 92% dos pesquisados (Kudlow, Naylor, Xie, B., & McIntire, 2013). Estudantes universitários da Universidade da Polônia faziam uso de energéticos e outras substâncias para conseguirem se manter ativos durante o período acadêmico. O estudo comparou também os picos de usos destas substâncias, concluindo que o consumo atingia seu ápice durante as épocas de avaliações, em detrimento do restante do ano letivo (Kopacz, Wawrzyniak, Hamułka, & Górnicka, 2013).

Um estudo realizado em uma Universidade de Medicina de Minas Gerais demonstrou que os psicoestimulantes mais utilizados são a Cafeína, seguida da Guaranina, um alcaloide estimulador do SNC presente no guaraná, a Taurina, um agonista de receptor de glicina capaz de promover excitação do SNC, e o Metilfenidato, pertencente à família das anfetaminas, que aumenta a concentração de dopamina (Tabela 2) (Silveira, Oliveira, Caixeta, Andrade, Costa, R. F. G., & Santos, 2015).

Tabela 2 – Psicoestimulantes mais utilizados por estudantes em uma Universidade de Medicina de Minas Gerais (continua na próxima página)

Psicoestimulantes	N	(%)
Cafeína	59	55,66
Taurina	20	18,86
Guaranina	11	10,37
Metilfenidato	10	9,43
Outros	6	5,66
Total	106	100

Fonte: (Silveira, Oliveira, Caixeta, Andrade, Costa, & Santos, 2015).

Há um número insuficiente de estudos que tratam sobre o uso de psicoestimulantes entre estudantes de Medicina na literatura brasileira, assim como por adultos em ambientes de trabalho. O conhecimento do perfil dos usuários pode ser de extrema importância na construção de políticas e estratégias focadas na prevenção do uso destas substâncias.

3. Considerações finais

O uso excessivo e, muitas vezes sem a real necessidade, de psicoestimulantes no âmbito da aprendizagem, em crianças, adolescentes e adultos encontra-se em crescimento, o que expõe, de certa maneira, as medidas inapropriadas atualmente vigentes em referência à regulamentação, comercialização e publicidade, e aos hábitos de prescrição e formação cultural e educacional da população. Portanto, fomentar a racionalidade do uso de psicoestimulantes na comunidade médica, para os educadores e para os acadêmicos, em sua maioria, é crucial, uma vez que os estimulantes do SNC, embora gerem concentração, atenção e energia, também acabam por modificar o estado de humor dos usuários, de modo a elevar a pressão, alterar a velocidade dos batimentos cardíacos e podem causar dependência química.

É notório o quanto é necessário ampliar o estudo da eficácia e da segurança dos psicoestimulantes no organismo infantil, seu modo de ação e consequências a curto, médio e longo prazo em todos os aspectos do desenvolvimento. Progressos nessa área devem estar associados a avanços no conhecimento das manifestações psicopatológicas da criança. Se as especificidades no campo da psiquiatria da infância e adolescência não forem respeitadas, a criança de hoje corre o risco de ser tratada como um adulto em miniatura, à imagem da criança nos séculos passados.

O processo de medicalização atualmente ocorre por meio de racionalidades medicalizantes, o crescente mercado da saúde, da educação e da segurança encontra na normalização um mecanismo de silenciamento da produção da diferença e de controle de qualquer prática de resistência civil na sociedade contemporânea. Trata-se de um mecanismo que não se restringe somente à área da aprendizagem, mas abrange a sociedade de forma ampla e complexa, sendo reflexo das mudanças socioeconômicas e culturais. A competitividade, a velocidade das informações, o individualismo, a procura incessante pelo bem-estar, são exemplos de condutas que levam a sociedade a se render à "cura de todos os males".

Referências bibliográficas

Affonso, R. D. S., Lima K. L., Oyama, Y. M. O., Deuner, M. C., Garcia, D. R., Leite, L. B., & França, T. C. C. (2016). O uso indiscriminado do cloridrato de metilfenidato como estimulante por estudantes da área da saúde da faculdade anhanguera de brasília (FAB). *Infarma – Ciências Farmacêuticas*. 2016. doi: https://Doi.Org/10.14450/2318-9312.V28.E3.A2016.P166-172.

Carvalho, D. G. D., & Mídio A. F. (2003). Quality of cocaine seized in 1997 in the street-drug market of são paulo city, Brazil. *Revista Brasileira De Ciencias Farmaceuticas/Brazilian Journal Of Pharmaceutical Sciences*. 2003. doi: https://Doi.Org/10.1590/S1516-93322003000100007.

Dworak, M., Bruns, T., & Strüder, H. K. (2007). Impact of singular excessive computer game and television exposure on sleep patterns and memory performance of school-aged children. *Pediatrics*. 2007. doi: https://Doi.Org/10.1542/Peds.2007-0476.

Fardin, C. E., & Piloto, J. A. D. R. (2015). Uso indiscriminado do metilfenidato para o aperfeiçoamento cognitivo em indivíduos saudáveis. *Revista Uningá Review*.

Finger, G., Silva, E. R. D, & Falavigna, A. (2013). use of methylphenidate among medical students: a systematic review. *Revista Da Associacao Medica Brasileira*. 2013. doi: https://Doi.Org/10.1016/J.Ramb.2012.10.007.

Fleckenstein, A. E. ; Volz, T. J. ; Riddle, E. L. ; Gibb, J. W. and Hanson; G. R. (2007). New insights into the mechanism of action of amphetamines. *Annual Review Of Pharmacology And Toxicology*. 2007. doi:https://Doi.Org/10.1146/Annurev.Pharmtox.47.120505.105140.

Kapur, S. (2003). Psychosis As a state of aberrant salience: a framework linking biology, phenomenology, and pharmacology in schizophrenia. *American Journal Of Psychiatry*.doi: https://Doi.Org/10.1176/Appi.Ajp.160.1.13.

Kopacz, A. ; Wawrzyniak, A. ; Hamułka, J. and Górnicka, M. (2013). Evaluation of energy drink intake in selected student groups. *Roczniki Państwowego Zakładu Higieny*.

Kudlow, P. A., Naylor, K. T., Xie, B. and McIntire, R. S. (2013). Cognitive enhancement in canadian medical students. *Journal Of Psychoactive Drugs*. doi: https://Doi.Org/10.1080/02791072.2013.825033.

Meira, M. E. M. (2012). For A critique of medicalization in education. Para uma crítica da medicalização na educação. *Psicologia Escolar E Educacional*.

Minzenberg, M. J., & Carter C. S. (2008). Modafinil: a review of neurochemical actions and effects on cognition. *Neuropsychopharmacology*. doi: https://Doi.Org/10.1038/Sj.Npp.1301534.

Morgan, H. L. ; Petry, A. F. ; Licks, P. A. K. ; Ballester, A. O. ; Teixeira, K. N. and Dumith, S. C. (2017). Consumo de estimulantes cerebrais por estudantes de medicina de uma universidade do extremo Sul do Brasil: Prevalência, Motivação E Efeitos Percebidos. *Revista Brasileira De Educação Médica*. doi: https://Doi.Org/10.1590/1981-52712015v41n1rb20160035.

Newbury-Birch, D., White, M., & Kamali, F. (2000). Factors influencing alcohol and illicit drug use amongst medical students. *Drug And Alcohol Dependence*. doi: https://Doi.Org/10.1016/S0376-8716(99)00108-8.

Organização Mundial Da Saúde. (2004). *Neurociências:* consumo e dependência de substâncias psicoativas. Genebra.

Pasquini, N. C. (2013). Uso de metilfenido (MFD) por estudantes universitários com intuito de 'turbinar' o cerebro. *Revista De Biologia E Farmácia*.

Reid, S. D., Ramsarran, J., Brathwaite R., Lyman, S., Baker, A, Cornish, D. C., Ganga, S., Mohammed, Z., Sookdeo, A. T., & Thapelo, C. K. (2015). Energy drink usage among university students in a caribbean country: patterns of use and adverse effects. *Journal Of Epidemiology And Global Health*. doi: https://Doi.Org/10.1016/J.Jegh.2014.05.004.

Rocha, B. S. D., & Werlang, M. C. (2013). Psicofármacos na estratégia saúde da família: perfil de utilização, acesso e estratégias para a promoção do uso racional. *Ciencia E Saude Coletiva*.Recuperado de: https://Doi.Org/10.1590/S1413-81232013001100019.

Rodrigues, M. A. P., Facchini, L. A., & Lima, M. S. D. (2006). Modificações nos padrões de consumo de psicofármacos em localidade do Sul do Brasil. *Revista De Saude Publica*. doi: https://Doi.Org/10.1590/S0034-89102006000100017.

Romaro, R. A., & Capitão, C. G. (2003). Caracterização da clientela da clínica-escola de psicologia da universidade são francisco. *Psicol. Teor. Prát.*

Silva, A. C. A.; Luzio, Santos, K. Y. P.; Yasui, S. e Dionísio, G. H(2012). A explosão do consumo de ritalina. *Revista De Psicologia Da Unesp.*

Silveira, V. I., Oliveira, R. J. F., Caixeta, M. R., Andrade, B. B. P., Costa, R. F. G., & Santos, G. B. (2015). Uso de psicoestimulantes por acadêmicos de medicina de uma universidade do sul de minas gerais. *Revista Da Universidade Vale Do Rio Verde*. doi: https://Doi.Org/10.5892/Ruvrd.V13i1.2391.

Volkow, N. D. et al. (2009). Effects of modafinil on dopamine and dopamine transporters in the male human brain clinical implications. *Jama – Journal Of The American Medical Association*. doi: https://Doi.Org/10.1001/Jama.2009.351.

Webb, J. R., Valasek, M. A., & North, C. S. (2013). Prevalence of stimulant use in a sample of us medical students prevalence of stimulant use in a sample. *Annals Of Clinical Psychiatry*.

Zucoloto, P. C. S. D. V. (2007). O médico higienista na escola: as origens históricas da medicalização do fracasso escolar. *Journal Of Human Growth And Development*. doi: https://Doi.Org/10.7322/Jhgd.19822.

CAPÍTULO 17

A educação infantil para além da neurociência

Sheyla Baumworcel

1. Introdução

É sabido que o cérebro adulto é mais flexível e plástico do que imaginávamos, mas sabemos agora que o cérebro de uma criança é o que apresenta maior plasticidade, ou seja, tem uma enorme capacidade para se modificar e aprender (Lent, 2019).

Este capítulo enfoca o cérebro da criança na idade da Educação Infantil, porém, sem ignorar os períodos pré-natal e pós-natal, abordando estudos da Neurociência e sugestões para o professor envolvido na relação ensino-aprendizagem. É preciso acrescentar o aprender a perguntar e o aprender a reaprender nos quatro pilares propostos em 1990 pela Organização das Nações Unidas para a Educação, a Ciência e a Cultura (UNESCO), em relação à educação mundial, que são aprender a conhecer, adquirindo instrumentos de compreensão objetivando a cooperação, e aprender a ser, que agrega os três conceitos anteriores.

A relação na educação entre os envolvidos no processo é muito importante para a aprendizagem. Aprendemos o que é significativo para nós e, para aprender, precisamos do nosso cérebro. Assim, a neurociência e as suas respectivas contribuições para a educação fortalecem a convicção de que mais do que observar o comportamento dos alunos, é importante analisarmos a atividade cerebral durante a execução das tarefas, com o objetivo de definirmos quais seriam os métodos educacionais mais eficazes para cada grupo (Bortoli & Teruya, 2017).

Portanto, é fundamental o conhecimento científico sobre o cérebro, pois contamos com diversos recursos disponíveis para entendê-lo, e que poderão contribuir para a educação. Destacando que o nosso cérebro vem sendo aperfeiçoado ao longo da evolução humana em plena interação com o ambiente para nossa sobrevivência como espécie, sua otimização é beneficiada, visto que o cérebro está disposto a aprender aquilo que faça sentido no contexto em que o sujeito vive, fato esse muito significante (Cosenza & Guerra, 2011).

Hoje, tem-se uma nova compreensão de como agem os estímulos sobre as experiências vivenciadas pela criança antes dos três anos de vida, e que o desenvolvimento cerebral ocorre desde a concepção do feto, sendo que as primeiras redes neurais ativas se formam no início do segundo trimestre de gestação, quando os primeiros movimentos do feto podem ser registrados no útero (Bartoszeck, A. B., & Bartoszeck, F. B., 2004; Lent, 2018).

Cerca de duas semanas após a concepção, forma-se o tubo neural, o qual irá construir o cérebro e a medula espinal. O desenvolvimento do sistema nervoso se inicia na terceira semana de gestação e se estende de forma contínua até o final do período gestacional (Bartoszeck, A. B., & Bartoszeck, F. B., 2004). Os bebês nascem com a capacidade sensorial básica, que irão desenvolver durante a infância. O desenvolvimento cerebral continua em um ritmo aceleradíssimo no primeiro ano de vida, e assim por diante enquanto há vida (Olds & Papalia, 2013; Cosenza & Guerra, 2011; Bar-Or, Bouchard, & Malina, 2009; Massa & Ré, 2010).

Segundo Nunes (2001, p. 75), "os recém-nascidos são precocemente responsivos à mãe: sorriem, estabelecendo um contato visual, e ficam atentos quando ela fala, chegando a imitar as expressões faciais dela". Observamos também em bebês recém-nascidos o reconhecimento precoce das expressões faciais básicas de alegria, tristeza e raiva (Pinker, 2001).

De acordo com Carla Tieppo (2019), estudos confirmam que "nosso cérebro possui um arcabouço cognitivo básico desde o nascimento, essencialmente plástico, capaz de ser desenvolvido e lapidado pelo ambiente para permitir as operações complexas de que somos capazes"'.

2. E de que forma o cérebro funciona?

Dentro da caixa craniana temos o encéfalo, que corresponde ao cérebro (telencéfalo e diencéfalo), cerebelo e tronco encefálico (mesencéfalo, ponte e bulbo) que é a parte do sistema nervoso central localizado dentro do crânio, que constitui a parte central do sistema nervoso, tendo como principal função o processamento e a integração das informações, além de ser a central de coordenação do corpo (Haertel & Machado, 2013).

O cérebro é a porção mais importante do Sistema Nervoso e atua na interação com o meio externo. Através dos processos sensoriais específicos tomamos conhecimento do que está ocorrendo no ambiente ao nosso redor. O cérebro também recebe informações do interior do nosso corpo, porém a regulação do nosso meio interno, geralmente, é inconsciente. O sistema nervoso, portanto, funciona por meio dos neurônios, células especializadas na condução e no processamento das informações. São eles que conduzem as informações através de impulsos elétricos que percorrem sua membrana e conduzem informações através de estruturas especializadas, ou seja, as sinapses, onde são liberados os neurotransmissores. As vias sensoriais chegam ao cérebro através de cadeias neuronais e são encaminhadas a uma região do córtex específica. A via motora também é constituída por uma cadeia neuronal que tem origem no córtex motor, e termina em contato com os músculos esqueléticos (Haertel & Machado, 2013).

Desse modo pode-se dizer que a função do Sistema Nervoso é ser o maestro do corpo humano, responsável por todos os nossos movimentos para adaptação ao meio externo. Em relação à sinapse, ela se refere a transmissão de um impulso nervoso de um neurônio para uma célula receptora com a finalidade de gerar uma resposta do organismo. (Pinker, 2001).

Temos mais de sessenta tipos de neurotransmissores em nosso corpo. Neurotransmissores considerados mensageiros químicos que por meio dos neurônios realizam de forma correta a neurotransmissão, a qual é essencial para as tarefas básicas do nosso organismo, tais como: a contração muscular, o palpitar do coração, o respirar dos pulmões entre outras funções (Biscaino, L. C., Garzella, M. H, Kapp, E. M. Horszczaruk, S. M., 2016).

O ser humano percebe o mundo por meio dos sentidos especiais, tais como o tato, o olfato, visão, audição e paladar, além do complexo sistema somestésico, sendo que esse sentido apresenta receptores sensoriais distribuídos não só na cabeça, mas em todas as partes do corpo. Dessa forma, o corpo e a mente interagem e são partes integradas por circuitos bioquímicos e neurais recíprocos direcionados um para o outro (Damásio, 2012). Ressaltando que o corpo e a mente formam um organismo indissociável (Castro, M. D. G., Andrade, T. M. R, & Muller, M. C. 2006; Damásio, 2012).

O Córtex Pré-frontal é o coordenador de todos os sensores, exercendo importante papel no que se refere ao planejamento, controle da tomada de decisão, controle inibitório, atenção e memória de trabalho. São as denominadas funções executivas. A neuroplasticidade, também conhecida como plasticidade neuronal, é a capacidade do cérebro se adaptar a mudanças por meio do sistema nervoso, de aprender e se adaptar a novos usos, ou seja: é a capacidade que o cérebro tem de se adaptar a mudanças. Sendo que o sistema nervoso está preparado para se modificar conforme as nossas experiências, necessidades, estímulos e o ambiente em que o ser humano se encontra inserido. Da mesma forma, a neuroplasticidade possibilita que o cérebro seja maleável ao ponto de compensar lesões e traumas sofridos por um indivíduo (Ferrari, E. A. D. M., Toyoda, M. S. S., Faleiros, L., & Cerutti, S. M., 2001).

As funções executivas são exclusivas do ser humano e são construídas ao longo da vida de acordo com as experiências de cada um. As funções executivas são organizadas pelo córtex pré-frontal e referem-se às habilidades necessárias para planejar, iniciar, realizar e monitorar comportamentos intencionais, relacionados a objetivos ou demandas do ambiente, e permitem ao indivíduo direcionar comportamentos à metas. Incluem em seu conjunto inibição, memória de trabalho, flexibilidade cognitiva, atenção seletiva, planejamento e organização. Para ter sucesso escolar, o aluno deve evocar esse conjunto muito diversificado de competências executivas. O estudante, por definição, é um ser executivo, sem pôr em prática tais habilidades, aprender não será fácil nem prazeroso para ele. (Fonseca, 2014)

A metacognição pode ser resumida como sendo o conhecimento sobre o próprio conhecimento. Ou seja, a habilidade de conhecer e regular a forma como o ser humano pensa, a qual engloba o controle consciente de processos cognitivos, como a memória, a atenção e a compreensão (Ribeiro, 2003).

Fernández-Duque, D., Bird, J. A., & Posner, M. I. (2000) sugerem que a metacognição e funções executivas encontram-se intimamente relacionadas. Ou seja, ao comparar o modelo de metacognição de Nelson e Narens (1996) ao modelo de funcionamento executivo de Norman e Shallice (1986), realizando uma correspondência entre o nível meta e o nível objeto do primeiro modelo ao sistema executivo bem como os esquemas do segundo modelo. Identifica-se o mesmo funcionamento de monitoramento e controle em ambos os modelos, sendo possível afirmar que apesar da similaridade conceitual, a pesquisa em metacognição e funções executivas vêm acontecendo de forma isoladas (Corso, H. V., Sperb T. M., & Jou, G., 2013).

A presença de disfunções executivas nas dificuldades de aprendizagem indica a necessidade de incluir o exame das funções executivas na avaliação psicológica, neuropsicológica e psicopedagógica das dificuldades de aprendizagem. Além de que a intervenção terapêutica demanda abranger as habilidades metacognitivas e/ou as funções executivas. O planejamento e a regulação são elementos centrais do processo de aprendizagem, e se estão comprometidos em quadros de dificuldade de aprendizagem, então compreender essas capacidades mentais, descritas tanto pela Psicologia Cognitiva como pela Neuropsicopedagogia é indispensável à prática escolar e aos profissionais que se ocupam do aprender, em uma perspectiva preventiva ou terapêutica. As funções executivas são um processo proativo e precisam ser estimuladas com mudanças e com diferentes experiências. Para Cosenza e Guerra:

> As crianças, em seus primeiros anos de vida, ainda não possuem os sistemas de atenção amadurecidos. Sua atenção é, basicamente, regulada pelos estímulos periféricos e, aos poucos, vão adquirindo a capacidade de dirigir sua atenção até os níveis encontrados nos adultos (Cosenza & Guerra, 2011, p. 47).

Assim, define-se o comportamento como sendo um conjunto de reações de um sistema dinâmico em relação com as interações e renovações propiciadas pelo meio em que o sujeito está envolvido. O comportamento e o sistema emocional são inseparáveis (Fonseca, 2016). As emoções são os comportamentos que se expressam através das expressões faciais, corporais, interjeições e nossa fisiologia visceral (Almeida & Mahoney, 2005).

A emoção se refere ao primeiro recurso de ligação entre o orgânico e o social, estabelecendo os primeiros vínculos do ser humano com o mundo físico. As emoções encontram-se presentes desde o início da vida e se apresentam como espasmos no recém-nascido. Esses espasmos são as contrações viscerais que vão se diferenciando em emoções: medo, alegria, raiva, ciúme, tristeza etc. Ou seja, cada emoção corresponderá a um padrão postural, que libera energia com maior ou menor intensidade. O processamento emocional é uma rede fundamental para mobilizar o comportamento humano (Esperidião, V A, Colombo M, Monteverde D, Martins, G, 2008).

Assim, em relação aos conhecimentos já construídos, visto que os mesmos possibilitam a proposição de diferentes, mas integrados, sistemas das emoções, ressaltamos que um longo percurso ainda deve ser trilhado, para que se possa adquirir uma melhor compreensão em relação aos mecanismos neurobiológicos fundamentais relacionados às emoções, as quais se pressupõem que poderão ser capazes de aproximar o homem da compreensão de sua própria condição de homem (Esperidião, V A, Colombo M, Monteverde D, & Martins, G, 2008).

2.1 Período pré-natal

É no período entre a concepção do bebê e o seu primeiro ano de vida que ocorre a maior parte do desenvolvimento cerebral. Observa-se que é em torno da décima oitava semana de gestação ser possível registrar atividades sincronizadas entre as áreas do córtex cerebral do feto, indicando ativa comunicação entre elas. A chamada "sinaptogênese" inicia-se em torno de dezoito semanas de gestação e continua a mudar ao longo da vida. Além disso, observa-se que em torno da vigésima sexta semana as regiões corticais responsáveis pela atenção já estão ativas, pelo controle executivo e motor, pela sensibilidade tátil e pela visão (Guimarães Filho, H. A., 2013).

Existe uma grande interação do bebê com o mundo a sua volta. Logo após o nascimento, ele ainda está em pleno desenvolvimento neurobiológico. Muito embora o bebê comece a ouvir por volta da 20ª semana de gestação, a primeira célula cerebral surge bem antes, na 10ª semana (Cosenza & Guerra, 2011).

2.2 E como será a aprendizagem no período pós-natal?

Em relação à Neurociência, observa-se a existência de uma nova compreensão de como atuam os estímulos sobre as experiências vivenciadas pela criança antes dos três anos e como as experiências influenciam a circuitaria das redes neurais desse cérebro em desenvolvimento (Bartoszeck, A B & Bartoszeck, F B, 2004; Bissoli, 2014).

O vocabulário apresenta grande aceleração no desenvolvimento da sintaxe entre o décimo oitavo e trigésimo sexto mês, momento em que os bebês são capazes de reconhecer fonemas em jogos de discriminação auditiva. Por isso, a música é um grande recurso na educação infantil e ensinamos as crianças pequenas por meio de rimas e músicas (Bissoli, 2014; Vygotski, 2001).

> Em um ambiente seguro a criança cresce saudável sendo capaz de melhores interações com as outras crianças e com o ambiente. Nessa fase, a neuroplasticidade é mais forte e a educação se torna mais eficiente (NCPI, 2014). Respeitar as janelas de oportunidade faz-se necessário, já que elas são períodos da vida onde os mecanismos de plasticidade neural propiciam o desenvolvimento de funções específicas do cérebro (Bartoszeck & Bartoszeck, 2004). Cores, movimentos, sons e afetividade são os estímulos básicos de um a três anos. Ainda nessa faixa de idade, as crianças se divertem em brincadeiras de faz de conta. Prestando atenção nessa brincadeira, observamos que as crianças estão se utilizando de recursos que discriminam o que é real do que não é – "faz de conta". (Delchiaro, E. C., Gumiero, J. Silva, M J, Park, S D K, & Santos, M G M, 2017).

Por volta dos três anos, as crianças começam a falar o que pensam e o que sentem. Aos quatro ou cinco anos, começam a perceber que o que elas acham que é diferente do que outros pensam, como propõe a Teoria da Mente. Aos cinco anos, há um amadurecimento dos circuitos neuronais e aperfeiçoamento das conexões, levando a maiores voos na aprendizagem (Bartoszeck, F B & Bartoszeck, A B, 2004).

Segundo Gardner (1995, p. 55), "A criança em idade da educação infantil está em condições ideais para se introduzir um currículo cognitivo que a ensine a pensar e a aprender a aprender".

2.3 O diálogo entre a Educação e a Neurociência

Observa-se que os estudos da Neurociência incluíram grandes avanços que possibilitaram compreender como os seres humanos, agem, aprendem e como convivem e são movidos pela razão e emoção (Bartoszeck & Bartoszeck, 2004).

A fusão das contribuições da neurociência contemporânea, com o estudo do desenvolvimento biológico humano, aumentou nosso conhecimento de como são fundamentais os seis primeiros anos de vida da criança. As descobertas endossam o reconhecimento da importância da educação infantil exercida de forma instintiva, por séculos (Gardner, 1995).

Uma das principais responsabilidades que se observa em relação aos estudos da Neurociência é a comprovação de que quem ensina tem o poder de transformar o cérebro de uma criança (Alves & Sousa, 2017). Uma evidência disso foi a proposta que eu realizei em uma sala de aula onde havia questões de bullying. Apresentei um vídeo sobre a busca pela paz no mundo com músicas de diversos artistas, contando sobre a dificuldade de convivência entre os seres humanos desde os tempos da Antiguidade. O vídeo apresentava como filósofos, pensadores e religiosos atuavam para alcançarmos a paz. Propus, então, criarmos uma lista de ações que praticamos como reação a alguma emoção. Listamos diversas ações (verbos) e selecionamos as emoções refletidas nas ações. São iguais para todos ou cada um reage de uma maneira? E com esses verbos listados no quadro, criamos juntos um jogo, o baralho das chaves da convivência. Os alunos desenharam suas cartas e depois desse processo finalizado, apresentei o baralho para o grupo jogar. Foi um momento ímpar de reconhecimento de nossa capacidade de interagir e transformar o cérebro de uma criança.

A educação infantil pode se beneficiar de alguns princípios-chave baseados em evidências científicas tais como as apresentadas por Lent (2019), ou seja, "Na rotina diária, exercícios aeróbicos e uma soneca ou cochilo, durante o dia, na escola, favorecem a aprendizagem".

Com objetivo de ativar a região pré-frontal do córtex cerebral, os educadores podem incluir em suas atividades de rotina a busca por similaridades e diferenças entre as características de objetos, fotos ou gravuras. O manuseio do material concreto é um grande facilitador das habilidades cognitivas. Acrescento como exemplo o jogo ''Blocos Lógicos'' criados na década de 50 e utilizados por Vygotsky. Sua função é o reconhecimento físico das diferenças e semelhanças entre as pequenas peças geométricas de cores diferentes. Esse material possibilita a realização de jogos para as diferentes fases do desenvolvimento infantil. As crianças manuseiam, observam e identificam as semelhanças e diferenças entre as peças formando conjuntos e dando início ao pensamento lógico matemático.

Outro objetivo a ser conquistado pela fusão entre neurociência e educação relaciona-se com a consolidação da memória da criança. A consolidação resultante de novas conexões entre as células nervosas e do reforço de suas ligações demanda necessariamente de tempo e nutrientes e, portanto, não ocorre de imediato. Para tal é possível, por exemplo, solicitar ao aluno da educação infantil que relembre tudo que sabe sobre determinado assunto. Não aprendemos tudo o que estudamos de um dia para o outro e nem aprendemos o que apenas presenciamos em sala de aula. A consolidação do conhecimento ocorre durante o sono e os períodos de descanso, os quais auxiliam a fixar o que foi aprendido (Cosenza & Guerra, 2011).

Também ressaltamos a importância de o professor conhecer as estratégias de aprendizagem que têm mais chance de ter sucesso, ou seja, aquelas que levam em conta a forma do cérebro aprender (Fonseca, 2016). A fim de lograr esse objetivo, é possível utilizar-se de exemplos concretos, associando-os aos conceitos abstratos, pois juntos também favorecem a aprendizagem, como fazemos com as barrinhas de Cuisenaire, trabalhando o conhecimento lógico-matemático, por exemplo.

O professor deve estar capacitado, com pleno conhecimento teórico, além de estar consciente da importância da sensibilidade, da curiosidade, da atenção, do questionamento constante e da habilidade de observação das crianças. No processo de ensino-aprendizagem, é necessário respeitar os processos de repetição, elaboração e consolidação. Reconhecer e respeitar as diferenças que se apresentam, além de chamar os alunos pelo seu nome e valorizar o fato de que todos somos semelhantes e que temos muitas diferenças também, dando oportunidade de expressão a cada um. Ressaltando que essas sugestões ativam, positivamente, o processamento emocional, mobilizando o comportamento desejado ou a mudança de comportamento (Alves & Sousa, 2017).

Yuval Harari, professor de História e autor do livro *21 Lições para o Século 21* (2018) destaca que "a maioria das escolas se concentra em prover os alunos de um conjunto de habilidades predeterminadas [...], mas, em vez disso, as pessoas precisam saber o que é importante e o que não é". O mais importante, ressalta o autor, é a habilidade para lidar com as mudanças, aprender coisas novas e preservar seu equilíbrio mental em situações que não são familiares. Acrescenta que

> Em 2050, vamos precisar nos reinventar a nós mesmos várias e várias vezes... À medida que a biotecnologia e o aprendizado de máquinas se aprimoram, ficará mais fácil manipular as diversas emoções e desejos e será mais perigoso do que nunca seguir seu coração. (Harari, 2018, p. 329)

Portanto, precisamos incentivar o autoconhecimento e as habilidades socioemocionais nas crianças, ou seja, a inteligência emocional. O ambiente escolar deve ser planejado para facilitar as emoções positivas e evitar as emoções negativas, pois o estresse dificulta a aprendizagem. A habilidade da criança em reconhecer e nomear emoções favorece o convívio social, auxiliando-a a lidar com as suas próprias experiências emocionais e comunicá-las. A autorregulação emocional consiste em reconhecer e gerenciar suas próprias emoções, ter autoconfiança e autocontrole, controlar a impulsividade, o nervosismo, a agressividade, a euforia excessiva, saber o quanto seu estado emocional pode interferir nas suas tomadas de decisão, na realização das tarefas e no seu comportamento (Harari, 2018).

Quanto à educação socioemocional, pretendemos um equilíbrio entre a razão e emoção. Damásio (2012) contestando a afirmativa de René Descartes de 1637 d.C., "Penso, logo existo", sugere o seguinte: "Sinto, logo existo", atualizando a frase icônica. É essa a justificativa do título de sua obra, *O erro de Descartes*, conforme leciona o autor Damásio:

> A separação abissal entre o corpo e a mente, entre a substância corporal, infinitamente divisível, com volume com dimensões e com um funcionamento mecânico de um lado, e a substância mental indivisível, sem volume, sem dimensões e intangível de outro... especificamente operações refinadas da mente para um lado e da estrutura e funcionamento do organismo biológico de outro. (Damásio, A; 2012, p. 219)

Assim, nos encontramos diante de uma visão científica e integrada do ser humano, sugerindo hipóteses inovadoras sobre o funcionamento do cérebro onde as emoções se compõem de um conjunto de mudanças que ocorrem, quer no corpo, quer no cérebro, e que, normalmente, são originadas por um determinado conteúdo mental.

3. Conclusão

A neurociência oferece à educação um aumento gradual de co nhecimentos sobre nós, seres humanos, e pode nos ajudar a encontrar melhores formas de gerir as "coisas" humanas. Segundo Victor da Fonseca "Precisamos de um currículo cognitivo que respeite as fases do desenvolvimento da criança, ou seja, as janelas de oportunidades. Um currículo cognitivo capaz de proporcionar e de promover os vários componentes do ato mental, isto é, *input*-integração e elaboração-*output*".

Quando os adultos demonstram interesse nas ideias expressadas pelas crianças, um trabalho muito rico pode acontecer no dia a dia da educação infantil. A liberdade para as crianças brincarem e descobrirem o mundo as torna capazes de recriar a realidade. Brincar é coisa muito séria! A criança que vive uma educação infantil rica em experiências concretas, observações e contato com a natureza, debates e brincadeiras, será capaz de construir uma nova realidade para a sua vida, ressignificando também o mundo a sua volta. É na educação Infantil que enfatizamos a individualidade e a autonomia, permeadas por cooperação, comunidade e participação de todos.

Acredito na prática de Projetos Educacionais na Educação Infantil, pois foi essa a minha prática. O projeto precisa partir do interesse do grupo, mesmo que seja baseado em temas distantes da realidade cotidiana. Acredite! Desafie o grupo! Confie nas crianças e dê-lhes voz! Peça que façam desenhos e que escrevam as suas narrativas.

Incentive as crianças a pesquisarem com os adultos, em casa, em diferentes fontes. Na educação infantil, é muito importante também que haja uma interação com os pais, para que eles tenham ciência do passo a passo para colaborar, integrando a tríade crianças-escola-famílias. Os Projetos podem ser de curto ou longo prazo, como um lindo voo de reconhecimento, mediado pelo professor.

Permita sempre a crítica e as diferenças de opinião e crie, com o grupo, regras de convivência, incentivando-o a desenvolver uma participação democrática. A aprendizagem participativa e democrática ajudará na resolução dos conflitos que possam aparecer. Planeje, com o grupo o encerramento do projeto, compartilhando com as famílias e com a comunidade escolar a sua aprendizagem. Aprenda com as crianças tanto quanto elas aprendem com você. A educação é uma relação entre o eu e o outro. Documente as etapas do Projeto, fotografe e compartilhe com os pais. Releia em voz alta as anotações importantes do grupo, valorizando-as e criando uma dinâmica social do Projeto.

É muito gratificante observar as crianças como autoras do processo de ensino e não apenas participantes. Buscar o olhar das crianças e ver aquela luz do saber em seus olhos, tornando-as autoras de suas próprias vidas. Invista nisso!

Referências

Bartoszeck, A. B., & Bartoszeck, F. B. (2004). Neurociência dos seis primeiros anos: implicações educacionais. *Harpia, 1* (2), 1-25.

Biscaino, L. C., Garzella, M. H., Kapp, E. M., & Horszczaruk, S M . (2016, Outubro). *Neurotransmissores.* Anais. Mostra Interativa da Produção Estudantil em Educação Científica e Tecnológica. MoEduCiTec.

Bissoli, M. D. F. (2014). Desenvolvimento da personalidade da criança: o papel da educação infantil. *Psicol. Estud, 19* (4), 587-597.

Bortoli, B., Teruya, T. K. Neurociência e educação: os percalços e possibilidades de um caminho em construção. *Imagens da Educação,* v. 7, n. 1, p. 70-77, 2017.

Carvalho, F. A. H. (2011, Fevereiro). Neurociências e educação: uma articulação necessária na formação docente. *Revista Trabalho, Educação e Saúde, 8* (3), 537-550.

Castro, M. D. G., Andrade, T. M. R, & Muller, M. C. (2006, Janeiro). Conceito mente e corpo através da história. *Psicologia em Estudo, 11* (1), 39-43.

Cosenza, R., & Guerra, L. (2011). *Neurociência e Educação: Como o Cérebro Aprende.* Porto Alegre: Artmed.

Corso, H. V., Sperb T. M., & Jou, G. (2013, Janeiro). In J. F. Salles. Metacognição e Funções Executivas: Relações entre os Conceitos e Implicações para a Aprendizagem *Psicologia: Teoria e Pesquisa 29* (1), 21-29.

Damásio, A. R. (2012). *O erro de Descartes: Emoção, razão e o cérebro humano.* São Paulo: Companhia das letras.

Delchiaro, E. C., Gumiero, J., Silva, M. J., Park, S. D. K, & Santos, M. G. M. (2017, Julho). A Psicologia do Desenvolvimento na Educação Infantil. *REAE – Revista de Estudos Aplicados em Educação, 2* (4).

Esperidião, V.A., Colombo M., Monteverde D., & Martins, G. (2008). Neurobiologia das emoções. *Rev. Psiq. Clín,* 35, (2), 55-65.

Fernández-Duque, D., Bird, J. A., & Posner, M. I. (2000). Executive attention and metacognitive regulation. *Consciousness and Cognition,* 9, 288-307.

Ferrari, E. A. D. M., Toyoda, M. S. S., Faleiros, L., & Cerutti, S. M. (2001). Plasticidade neural: relações com o comportamento e abordagens experimentais. *Psic.: Teor. e Pesq.,* 17 (2), 187-194.

Fonseca, V. (2016). *Dificuldades de aprendizagem: abordagem psicopedagogica* (5. ed.). Rio de Janeiro, WAK.

Fonseca, V. (2014). Papel das funções cognitivas, conativas e executivas na aprendizagem: uma abordagem neuropsicopedagógica. *Rev Psicopedagogia,* 31 (96), 236-53.

Gardner, H. (1995). *Inteligências Múltiplas: a teoria na prática.* Porto Alegre: Artes Médicas.

Filho, H. A. (2013). Avaliação do comportamento fetal por meio da ultrassonografia de quarta dimensão: conhecimento atual e perspectivas futuras. *Rev Assoc Med bras.,* 59 (5), 207-513.

Harari, Y. N. (2018). *21 lições para o século 21.* São Paulo: Companhia das Letras.

Knapp, K., & Morton, B. (2013). *Desenvolvimento do Cérebro e Funcionamento Executivo.* Western University, Canadá.

Lent, R. (2019). *O cérebro aprendiz - Neuroplasticidade e Educação.* Rio de Janeiro: Atheneu.

Machado, A., & Haertel, L. M. (2013). *Neuroanatomia funcional* (3. ed.). São Paulo: Atheneu.

Mahoney, A. A., & Almeida, L. R. (2005). Afetividade e processo ensino--aprendizagem: Contribuições de Henri Wallon. *Psicologia da Educação,* (20).

Malina, R. M, Bouchard, C, & Bar-Or O. (2009). *Crescimento, maturação e atividade física.* São Paulo: Phorte.

Massa, M, & Ré, A. H. (2010). Características de crescimento e desenvolvimento. In L. R. Silva, & Rigolin. (Ed.), *Desempenho esportivo*: Treinamento com crianças e adolescentes (2· ed., pp. 71-108). São Paulo: Phorte.

NCPI – Núcleo Ciência Pela Infância (2014). *O impacto do desenvolvimento na primeira infância sobre a aprendizagem.* Comitê Científico do Núcleo Ciência Pela Infância.

Nelson, T, & Narens, L. (1996). Why investigate Metacognition? In J. Metcalfe & A. P. Shimamura (Eds.), Metacognition. *Knowing about knowing* (pp. 1-27). Cambridge, Mass.: MIT Press.

Norman, D. A., & Shallice, T. (1986). Attention to action: Willed and automatic control of behaviour. In R. J. Davidson, G. E. Schwartz, & D. Shapiro (Eds.), *Consciousness and Self-Regulation*: Advances in Research and Theory (Vol. 4, pp. 1-18). New York: Plenum Press.

Nunes, L. R. (2001). Métodos naturalísticos para o ensino da linguagem funcional em indivíduos com necessidades especiais. In Alencar (Org.). *Novas Contribuições da Psicologia aos Processos de Ensino e Aprendizagem* (pp. 71-96). São Paulo: Cortez.

Papalia, D. E., & Olds, S. W. (2013). *Desenvolvimento humano* (12. ed.). AMGH Editora.

Ribeiro, C. (2003). Metacognição: Um Apoio ao Processo de Aprendizagem. *Psicologia: Reflexão e Crítica 16*(1), 109-116.

Pinker, S. (2001). *Como a mente funciona.* Companhia das Letras.

Rohen Jw, Lutjen-Drecoll E. (2005). *Embriologia funcional: o desenvolvimento dos sistemas funcionais do organismo humano* (2. ed.). Rio de Janeiro: Guanabara Koogan.

Sousa, A. M. O. P., & Alves, R. R. N. (2017). A neurociência na formação dos educadores e sua contribuição no processo de aprendizagem. *Rev. Psicopedag.*, 34 (105), 320-331.

Tieppo, C. (2019). *Uma viagem pelo interior do Cérebro: A via rápida para entender Neurociência.* São Paulo, Conectomus.

Vygotski, L. S. (2001). *Obras Escogidas II.* Madrid: Visor.

CAPÍTULO 18

A Terapia Cognitivo-Comportamental (TCC) como resposta à intervenção psicopedagógica em contexto clínico e cducacional

Donalda Baeta

1. Introdução

> *"Educar exige dedicação, determinação e perseverança. E, claro, alma, coração e cabeça."*
> (Eduardo de Sá, 2016)

Hoje, mais do que nunca, vivemos numa sociedade acelerada, exacerbada de tarefas, afazeres e tecnologias que remetem, muitas vezes, para segundo plano, a partilha saudável entre as famílias. O tempo urge, o tempo foge, o tempo voa, o tempo assume um outro valor... Aos pais é-lhes exigido que estejam presentes, atentos, que sejam promotores de segurança, geradores de afeto e de bem-estar socioeconómico e emocional, enfim, que sejam, cada vez mais, elementos ativos e participantes numa educação que se quer inclusiva e promotora de uma boa e higiénica saúde mental. Contudo, tal nem sempre é tarefa fácil!... A sociedade preocupa-nos, a economia preocupa-nos, os filhos preocupam-nos.... Preocupamo-nos com os seus futuros!... Neste contexto, a ajuda preciosa da interação entre Família-Escola-Psicologia, será uma das formas de aliviar a pressão social e contornar alguns dos seus "males", sobretudo no que a intervenção junto de crianças e jovens concerne. Assim, a Terapia

Cognitivo-Comportamental (TCC), termo utilizado para descrever as intervenções psicoterapêuticas que visam reduzir o sofrimento psicológico e o comportamento desajustado através da alteração dos processos cognitivos (Kaplan, 2009), tem como base as teorias e os princípios da aprendizagem que se desenvolveram a partir do século XX apoiando-se, principalmente, nos conceitos de condicionamento clássico, condicionamento operante e aprendizagem social é, certamente, uma das formas eficazes de se intervir. Esta se baseia no pressuposto de que o afeto e o comportamento são, em grande parte, um produto de cognições, pelo que as intervenções cognitivas e comportamentais podem causar mudanças no pensamento, no sentimento/emoções e no comportamento (Kendall, 2011), isto é, abarca os elementos essenciais tanto das teorias cognitivas como comportamentais e, mais recentemente, das terapias de 3ª geração: *Mindfullness*. Deste modo, a escolha e opção de aqui me debruçar sobre este paradigma baseou-se no facto de se tratar de um molde terapêutico estudado, validado empiricamente e alicerçado numa intervenção racional e coesa; ser um modelo colaborativo onde a criança/jovem tem um papel ativo; ser limitada no tempo e assente numa aliança terapêutica sólida, concreta e consistente, a qual se pretende educativa, adaptativa e objetiva quanto à metodologia implementada, visando assim a modificação das emoções, cognições e comportamentos.

2. Terapia Cognitivo-Comportamental (TCC)

A TCC, cujos marcos históricos remontam ao século XX, teve grande desenvolvimento e reconhecimento nos anos 70, devido ao surgimento de novas técnicas, especialmente, no tratamento de fobias, obsessões e disfunções sexuais, altura em que Lang, Rachman, entre outros(como citado em Petersen e Wainer, 2011), desenvolveram a ideia de que um problema psicológico poderia ser compreendido à luz de três enfoques diferentes, ligados entre si (sistemas comportamental, cognitivo/afetivo e fisiológico), o que provocou uma quebra na visão unitária tida até então.

A TCC assenta no **Modelo Comportamental** (Condicionamento Clássico, de Pavlov e Watson, alicerçado no Estímulo-Resposta; Condicionamento Operante de Skinner (1953), sustentado no Comportamento-Consequência; Modelo de Transição, de Bandura (1973), assente na

Observação e Modelagem), no **Modelo Cognitivo** (Crenças Irracionais, de Ellis; Aprendizagem Cognitiva/Processamento de Informação, de Mahoney e Beck: distorções cognitivas, pensamentos automáticos e crenças centrais; e Aptidões para lidar com Acontecimentos da Vida, de Lazarus) e nos **Modelos das Terapias de 3ª Geração** (*Mindfullness;* Terapia de Aceitação e Compromisso: ACT) e visa, não só entender como se interpreta, cognitivamente, os acontecimentos e as experiências, de modo a identificar e modificar pensamentos disfuncionais para assim, poder alterar as emoções e os comportamentos que estes provocam, mas também, identificar quais os padrões comportamentais que se tornam repetitivos ao longo da sua história e, ainda, identificar padrões de comportamentos que, na relação criança/adolescente/cuidadores, possam ser alterados. A avaliação em TCC pode ser definida através de parâmetros que comportam uma apreciação multidimensional das emoções, cognições e comportamentos, os quais são uma amostra de um padrão comportamental mais vasto e da correlação funcional entre estes e o meio, a par do estabelecimento de uma linha ténue entre avaliação e intervenção/tratamento, baseados num diagnóstico diferencial. De acordo com Knapp (2000), (como citado em Wright, J. H., Basco, M. R., & Thase, M. E. 2008), a TCC utiliza práticas destinadas à correção de crenças e pensamentos disfuncionais e, incorpora ainda, técnicas comportamentais, como sendo, a exposição e o uso de reforço (positivo, negativo, contingências), com o objetivo de compreender os processos que mantêm a condição do sofrimento emocional, testando novos paradigmas de pensamento e comportamento. Neste contexto, apresentam-se seguidamente algumas dessas técnicas de intervenção a implementar junto dos consulentes.

2.1 Mito e Realidade

A intervenção psicológica junto de crianças/jovens tem sido considerada não apenas como uma medida terapêutica, mas, principalmente, como uma forma de prevenção de doenças mentais e promoção de saúde, a par da valorização de diagnósticos precoces na infância visando tratamentos mais eficazes e prevenção de psicopatologias na vida adulta. O objetivo da TCC é, entre outros aspetos, potenciar a maleabilidade e a ressignificação da forma patológica como o consulente processa a informação, uma vez que se postula que estes indivíduos não sofrem pelos factos e/ou situações em si, mas sim pelas interpretações distorcidas e rígidas que fazem dos mesmos. Assim, a partir da década de 1980, estudos relacionados com a prática de TCC e, posteriormente, com a TCC de Terceira Geração, começaram a florescer e a apresentar maior consistência, pois vêm enfatizar tanto o papel proativo e dinâmico dos indivíduos e a importância das intervenções focadas nas emoções (e sua adaptação ao contexto), como o caráter interpessoal de construção do conhecimento no desenrolar das suas experiências. Contudo, surgem também, nesta linha de pensamento, algumas crenças erróneas relativas à pertinência e aplicabilidade deste tipo de abordagem, acabando por gerar diversos "mitos", alguns dos quais ilustrados no Quadro 1, adaptado de Petersen e Wainer, 2011.

Quadro 1 – Mitos e realidades sobre a TCC

Mito	Realidade
A TCC com crianças e adolescentes ocorre, exclusivamente, no tratamento das alterações de comportamento.	Atualmente, a literatura tem descrito a efetividade da TCC na intervenção de problemas internalizantes, como a ansiedade e a depressão.
A prática da psicoterapia cognitiva é diferente, nos seus princípios básicos, com adultos e com crianças e adolescentes.	A TCC com crianças e jovens e, com adultos, apresenta os mesmos princípios básicos, diferenciando-se na forma de acesso e nas técnicas utilizadas que ocorrem, principalmente, no contexto lúdico da criança.
A TCC com crianças e adolescentes exige um desenvolvimento cognitivo que estas ainda não possuem.	A TCC com crianças e adolescentes utilizar-se-á da criação de linguagens (muitas vezes, não verbais) para aceder ao funcionamento cognitivo da criança e do adolescente.
Apenas as crianças mais velhas, no final da infância, poderão ser atendidas na TCC.	Uma revisão de 101 estudos relativos à TCC junto de crianças revelou que, 79% dos casos estudados, incluíam crianças com menos de 10 anos de idade.

Fonte: (Petersen & Wainer, 2011) adaptado.

Mitos à parte e, não obstante tal, analogias e disparidades existem no que se refere ao atendimento, em TCC, a adultos e a crianças/jovens, sendo esses, de destacar a título ilustrativo, como principais semelhanças: foco no presente; objetivo de mudança comportamental e cognitiva; utilização de sessões estruturadas, entre outros e, como diferenças: adaptação do tipo/nível de linguagem (muitas vezes não verbais) para aceder ao funcionamento cognitivo dos consulentes. Considera-se, pois, que existem ainda muitas crenças desvirtuadas que dificultam a interlocução entre diferentes linhas teóricas, estorvando, muitas vezes, a análise, discussão e o encaminhamento de casos. Assim, a escassa divulgação de estudos científicos realizados, relativos à efetividade de técnicas específicas utilizadas junto de crianças/jovens, bem como a existência de protocolos de intervenção cientificamente desenvolvidos, testados e validados, potencia também o desconhecimento relativo ao uso e recurso à TCC o que, por si só, periga o encaminhamento e a intervenção de crianças/ jovens para a intervenção clínica.

2.2 Técnicas de Intervenção em TCC

De acordo com Friedberg e McClure (2004), a literatura sobre saúde mental infantil, ao contrário da literatura sobre o tratamento do adulto, é recente e pode ser identificada apenas desde o início do século XX. No final do século XIX, a adolescência passou a ser encarada como um período distinto do desenvolvimento e, somente alguns anos mais tarde, foram propostos tratamentos psicoterapêuticos para resolver problemas comportamentais e emocionais de crianças e adolescentes. As primeiras tentativas de aplicação da TCC aos jovens focalizavam-se em problemas que incomodavam os adultos, como sendo: impulsividade na sala de aula; problemas de comportamento e desatenção; hiperatividade... Somente após alguns anos, o tratamento passou a ser aplicado nos chamados "transtornos internalizados", tais como: depressão e ansiedade. Jovens com depressão e ansiedade, passaram então, a constituir o próximo foco.

A TCC adota, pois, uma abordagem estruturada e apoia-se numa relação colaborativa entre o terapeuta e o paciente, na qual ambos têm um papel ativo e dinâmico instaurado através do processo psicoterapêutico. Objetiva não apenas a resolução dos problemas imediatos do consulente, mas, através da reestruturação cognitiva, procura dotá-lo de um novo conjunto de técnicas e estratégias cognitivas para, a partir daí, processar e responder ao real de forma funcional, sendo este definido como formas que concorrem para a realização das suas metas.

Para Guimarães (2001), (como citado em Caminha, 2011), o terapeuta (**diagnosticador**; **consultor**; **treinador**) e o paciente trabalham juntos para identificar e reconhecer as crenças e cognições que a pessoa tem de si e das situações, e utilizam técnicas várias que incluem: identificação de pensamentos ou cognições disfuncionais; automonitorização de pensamentos negativos; identificação da relação entre pensamentos e crenças, e sentimentos subjacentes; identificar e aprender padrões de pensamentos funcionais e adaptativos; teste de realidade dos pressupostos básicos mantidos pela pessoa sobre si mesma; abordagem do mundo e do futuro, etc. Apresentam-se agora, seguidamente, os principais métodos a implementar em TCC.

2.2.1. Métodos para Incrementar Comportamentos Ajustados

Muitos são os métodos usados para potenciar comportamentos adaptados às diferentes situações, pelo que se salientam alguns dos que se vislumbram como sendo os mais adequados ao processo psicoterapêutico junto de crianças e jovens:

Reforço Positivo (identificar o comportamento a melhorar e, através da seleção de incentivos positivos/gratificantes, administrá-los de forma contingente por forma a evitar a saciação dever-se estimar a quantidade e a intensidade da aplicação dos mesmos, a par da sua gradual extinção, generalizando-os);

Reforço Negativo (consiste em retirar um estímulo negativo após um acontecimento aversivo, por forma a proporcionar a realização de um comportamento apropriado);

Reforço Diferencial (visa reforçar comportamentos apropriados na presença de estímulos discriminatórios: treino de discriminação e aproximação sucessiva/*shapping*);

Proporcionar um Modelo apropriado (avaliar as condições que mantêm o comportamento-problema; ensinar os pais acerca da natureza das mudanças requeridas; modelar comportamentos alternativos socialmente adequados; dar *feedback*; apresentar alternativas por ordem de dificuldade; generalizar o novo comportamento adquirido/exibido elogiando de forma consistente (Bandura, 1973));

Eliminar Condições Interferentes (suprimir estímulos incompatíveis com o comportamento desejado);

Controlo e Mudança de Estímulos (determinar estímulos discriminativos ajustados ao comportamento desejado com manipulação dos antecedentes).

2.2.2. Métodos para Diminuir Comportamentos Desadequados

Existem vários métodos indicados para diminuir comportamentos inapropriados... **Extinção** (a resposta torna-se cada vez menos frequente quando o reforço deixa de se verificar (Skinner, 1953), isto é, permite-se que a criança faça/execute a tarefa/comportamento indesejado até que fique saciado);

Mudança de Estímulos (mudar/alterar estímulos discriminativos tidos quando o comportamento era reforçado anteriormente);

Punição (apresentar estímulos aversivos após resposta inadequada);

Time-Out (procede-se ao afastamento do reforço, por um determinado período de tempo, após exibição de um comportamento inadequado);

Custo-Resposta (retirar alguns reforços após o surgimento de uma resposta inadequada: Programas *Token*);

Over Corrections (combinar o uso do reforço positivo com o controlo aversivo desencorajador);

Reforço Positivo (promover o comportamento alternativo, seja ele através do reforço positivo do comportamento incompatível ou através do incentivo de qualquer outro comportamento, que não o comportamento alvo);

Treino de Aptidões (estimular situações da vida real: ensaio de atitudes, treino de aptidões sociais, de modo a estimular e aumentar as aptidões da criança);

Exposição Gradual ao Estímulo Aversivo (consiste em expor o indivíduo, repetidamente, ao vivo ou na sua imaginação, ao estímulo aversivo, de modo a que, aos poucos, supere a situação em causa);

Modelagem (proporcionar o visionamento de um modelo ilustrativo do comportamento adequado);

Role Playing (Jogo de representação, de faz-de-conta, no qual se explora a situação de forma lúdica);

Controlo Cognitivo (ensinar formas alternativas de perceber, controlar e resolver o problema (reestruturação cognitiva, "paragem de pensamento"), nomeadamente, através da automonitorização, autorreforço e autoinstrução, no qual o terapeuta funciona como modelo);

Contratos Comportamentais (trata-se de um documento onde se responsabiliza a criança a cumprir o agendado).

2.2.3 Avaliação Diagnóstica

À individualidade de cada um e para cada problemática, deverá corresponder uma intervenção específica, pelo que o primeiro passo no avaliamento em TCC, é a avaliação diagnóstica. Esta engloba a apreciação multidimensional dos comportamentos, cognições e emoções, (amostra de um padrão comportamental mais alargado); procede-se ao estabelecimento de relações funcionais entre o meio, os comportamentos, cognições e emoções (análise funcional) e estabelece-se uma estreita ligação entre a avaliação e ao tratamento.

De acordo com Konkiewitz (2013), para tal, poderão ser utilizados, entre outros, diversos instrumentos, como sendo: Entrevistas clínicas semiestruturadas (ex.: K-Sad); Escalas/Inventários (ex.: CDI & Kovacs, 1992; Scared & Birmaher, 1995; THDA & Conners, 1997); Listagem de Comprovação de Condutas (Ackenbach, 1991), os quais permitem a recolha de informação preciosa para o contexto avaliativo Assim, considera-se que os objetivos da avaliação TCC são os seguintes: identificar os comportamentos que agregam o "problema" e as variáveis que integram o seu aparecimento; estabelecer os objetivos que se pretendem alcançar; obter informação relevante para a seleção das técnicas mais adequadas ao caso; avaliar, de forma precisa, os resultados da intervenção, tanto a curto, como a médio e longo prazo.

A esses objetivos, Kendall (2011) acrescenta a importância de se estudar a relação existente entre os fenômenos cobertos (internos) e a sua relação com padrões de comportamento e as diferentes formas de expressar as emoções; estudar o papel dos processos cobertos (internos) no desenvolvimento de distintas patologias e os padrões de comportamento associados ao *coping*; e, confirmar os efeitos/eficácia da intervenção. Além disso, o estabelecimento de uma boa relação interpessoal e terapêutica depende, em grande parte, de uma compreensão empática e acurada dos problemas do consulente. De forma similar, parece haver uma gama de fatores interpessoais, cognitivos e sociais que cumprem uma função protetora e diminuem tais riscos. O desafio do terapeuta consiste em tentar compreender a forma pela qual todos esses fatores interagem na mediação do surgimento da psicopatologia na infância.

Deste modo, a TCC utiliza estratégias e sessões estruturadas, bem como intervenções cognitivas e comportamentais para modificar condutas, pensamentos e sentimentos. De referir ainda que, na TCC, o diagnóstico não é fechado inicialmente, mas que, a cada intervenção, os objetivos e as hipóteses de avaliação são revistos e novamente reapreciados para uma intervenção futura (Araújo & Shinohara, 2002 como citado em Friedberg & McClure, 2004).

Uma vez elaborado o diagnóstico, é recomendável/aconselha-se informar os pais e a criança/jovem acerca do mesmo, utilizando uma linguagem acessível e objetiva para que todos os intervenientes possam conhecer, saber como agir e o que esperar no final do tratamento.

2.3 Atendimento: como funcionam as sessões de psicoterapia TCC?

Atualmente, com todo o conjunto de estímulos que as crianças/jovens têm ao seu alcance, a "fixação de limites" tem vindo a ser um tema amplamente discutido e trabalhado tanto na prática clínica e como na educacional/escolar. Sabe-se que o reconhecimento de confins é fundamental e determinante tanto na formação sociomoral como no delineamento e consolidação dos traços de personalidade da criança/jovem. No entanto, muitas vezes, deparamo-nos com imensas dificuldades em gerir as situações de maior afrontamento e desafio, sobretudo se a criança/jovem não conseguir ainda se autogerir ou se não souber lidar com as suas emoções.

De acordo com Bunge, Gomar e Mandil (2018), o axioma basilar da TCC consiste no facto de os pensamentos exercerem uma influência nas emoções e na conduta, ou seja, "o que você pensa pode determinar o que você sente", pelo qual em face a diversos acontecimentos, o indivíduo fará a interpretação dos factos de acordo com os pensamentos que lhe fluam na mente. Atualmente, a TCC é reconhecida como uma das abordagens psicoterapêuticas de maior eficácia e, por esse motivo, é uma das mais indicadas para o tratamento de diversos casos, sejam eles sofrimento psíquico ou transtornos mentais e comportamentais. Esta abordagem assenta-se numa base teórica sólida e num conjunto de técnicas que norteiam os profissionais na sua intervenção e prática clínica.

Na generalidade, as sessões são delineadas e orientadas tendo por base uma rotina comum que inclui um breve momento inicial de empatia e "estabelecimento de laços" entre o técnico/terapeuta e o consulente. Seguidamente, é feita a aferição/balanço da sessão anterior e a definição dos aspetos prementes a trabalhar/debater na sessão atual. Além disso, o psicólogo costuma utilizar a dinâmica de tarefas de casa (TPC), as quais são facultadas ao consulente após cada encontro e revistas (*feedback*) no momento seguinte. Este tipo de delimitação faz com que a TCC seja considerada uma abordagem focada, ativa e objetiva, apresentando, no computo geral, resultados muito positivos ainda que a curto/médio prazo.

Neste contexto, a relação dual estabelecida entre o consulente e o psicólogo/terapeuta, faz com que o papel de ambos, embora díspar (cabe ao consulente um papel ativo na gestão do seu processo terapêutico enquanto que o psicólogo não assume a função de interpretar o que a pessoa traz, mas sim, de analisar a situação, e traçar juntamente com este, um conjunto as estratégias para a resolução dos problemas em causa) seja complementar, pois, só deste modo se obtém o sucesso terapêutico.

A estrutura da sessão pode adaptada e aplicada a crianças/jovens, e tem um formato de "contenção" para estas, pois fornece uma estrutura organizada para a expressão e modulação dos seus pensamentos e sentimentos. "Aumentar o senso de controle da criança e diminuir seu senso de imprevisibilidade pode levar a um maior envolvimento e participação no tratamento" (Beck, 1997, p. 48). Tal como na TCC com adultos, o terapeuta aborda o paciente numa atitude de "empirismo colaborativo", ou seja, orienta a criança ou adolescente no sentido da resolução independente dos seus problemas, ao invés de fornecer soluções "prontas", ou seja, nada de "receitas"! Juntos, vão encontrar estratégias para que o consulente consiga lidar com as suas dificuldades.

O aspeto colaborativo da TCC assenta-se pois, no pressuposto de que os indivíduos aprendem, mais facilmente, a modificar os seus pensamentos se a razão da mudança partir de si próprio e não do terapeuta. Mantendo-se numa postura de curiosidade, o terapeuta modela e promove o pensamento flexível, que leva a examinar o problema sob diferentes ângulos. Terapeuta e paciente são verdadeiros parceiros, aliados na jornada terapêutica, contudo, colaboração não significa igualdade, mas sim, um "trabalho de equipe". A TCC com crianças baseia-se na abordagem empírica, do "aqui e agora". Como as crianças/jovens são orientadas para a ação, então elas aprendem mais facilidade fazendo, isto é, a ação estimulante da psicoterapia vai aumentar a motivação, o interesse, o envolvimento e a responsabilidade, pelo que, é importante referir a importância do incentivo, do *feedback* e do reforço positivo. Certo, é também ter em consideração o facto de que as recompensas comunicam as expectativas e que as mesmas correspondem às funções de motivação, atenção e retenção, ou seja, envolvem as crianças/jovens, dirigem-nas ao que é importante e ensinam-lhes acerca do que se devem lembrar.

Outro aspeto a não descurar, são as tarefas de casa (TPC), elemento central nas TCCs, o que, no caso das crianças e adolescentes pode parecer fácil, mas que é uma atividade exigente para o terapeuta, pois esta deve ser planejada de modo a envolver a criança ou adolescente, estar relacionada com a queixa atual e ter claro o seu objetivo terapêutico. Assim, uma boa tarefa de casa fundamenta o que foi trabalhado na sessão e, além disso, deve ser desenvolvida colaborativamente, pois torna-se "propriedade" do consulente, aumentado, dessa forma, o nível de comprometimento e a possibilidade de aderência deste.

Finalmente, o uso bem-sucedido da tarefa de casa (TPC) requer um foco terapêutico objetivo, pois se o terapeuta não for claro na explicação da tarefa a criança/jovem, inevitavelmente, ficará confusa e as chances de não realização aumentam exponencialmente. Da mesma forma, se o terapeuta considerar a tarefa de casa difícil ou tediosa, o paciente encará-la-á da mesma maneira, daí a necessidade do estabelecimento de uma relação dual empática e consiste.

2.4 Aconselhamento aos pais/família e escola

O contexto interpessoal e social da criança/jovem, incluindo pares e familiares, é importante de se considerar no *design* e desfecho da terapia e ambos devem fazer parte do tratamento psicoterapêutico. Os problemas existentes na relação entre pais e filhos têm um impacto sério na apresentação e manutenção do comportamento desadaptativo da criança/jovem, pelo que o envolvimento dos pais no tratamento é uma componente lógica que não deve ser descurada. De acordo com diversos estudos realizados, uma intervenção terapêutica para surtir efeito almejado, é necessário o envolvimento de diferentes atores, sendo que, neste contexto, a família/pais é de suma importância. Sugere-se assim, a implementação de uma Abordagem de Tratamento Multifacetada para Crianças/Jovens (ex.: Problemas de Conduta, Kazdin e Weisz, 2003 como citado em Caminha e Caminha, 2011), cuja intervenção procura envolver e responsabilizar tanto os pais como a criança/jovem e a escola, que, à laia ilustrativa se sugere:

Metas para os pais: Aumentar a sua autoconfiança em relação às suas habilidades parentais e promoção de atitudes assertivas; substituir a disciplina crítica pela implementação de estratégias positivas, como a extinção, esquemas de consequências lógicas, monitorização e resolução de problemas; ajudar os pais na resolução de problemas e estabelecimento de uma plataforma comunicacional assertiva; ajudar na parceria família-escola; promover o maior envolvimento intrafamiliar: pais-criança/jovem.

Metas para a escola: Melhorar o clima de gestão de sala de aula; Incentivar relações positivas entre o professor-criança; ensinar estratégias de ensino positivo; substituir a disciplina crítica pela implementação de estratégias positivas, como a extinção, esquemas de consequências lógicas, monitorização e resolução de problemas; promover na parceria família-escola.

Metas para a criança/jovem: Desenvolver habilidades sociais; promover o autocontrolo e a gestão emocional; trabalhar a empatia e as emoções em si e nos outros; reduzir comportamentos de oposição, desafio, mentira, raiva; fomentar a autoestima, a autoconfiança e a autoimagem.

Assim, observa-se que as ferramentas utilizadas em TCC têm-se, também, mostrado úteis nas escolas. É através da interação entre família-terapeuta-escola e de orientações precisas, específicas, relativas ao manejo adequado do comportamento em contexto de sala de aula, que a abordagem TCC se revela apropriada aos alunos que demonstrem dificuldades cognitivas, comportamentais e/ou emocionais. Para tal, a partilha de informação e habilidades de intervenção-ação, junto dos professores, pode ser uma estratégia preventiva de problemas mentais de alunos em meio escolar/educativo. Neste sentido, quanto maior for a capacidade, por parte dos professores, para identificar, lidar e encaminhar crianças/jovens com dificuldades para atendimento o especializado, mais facilmente contribuiremos para uma melhor qualidade de vida desses alunos.

Importante é, não esquecer que a primeira estratégia de trabalho com os pais na TCC, junto de crianças e adolescentes, é a **psicoeducação**, realizada através de discussões e leituras sobre o tratamento e sobre desenvolvimento infantojuvenil. São dadas oportunidades aos pais para discutirem acerca das preocupações mais prementes relativas aos seus filhos e, a partir daí, fornecer-lhes informações úteis sobre o transtorno ou problema diagnosticado e, finalmente, apresentar-lhes o tratamento. Além disso, o terapeuta orienta e oferece formas específicas através das quais os pais poderão ajudar as crianças/jovens a superarem seus problemas. O paciente irá, deste modo, aprender habilidades de automudança, nomeadamente, identificar e decidir sobre um comportamento particular a ser alterado; avaliar seu nível atual de funcionamento naquela área e identificar desencadeadores e consequências potenciais de seus comportamentos.

3. Considerações finais

É comum todos nós encararmos a infância e a adolescência como um período alegre, feliz e livre de problemas. Na verdade, crianças e jovens estão, como qualquer pessoa, expostas a momentos intrusivos, de tristeza e alegria, a alterações comportamentais e psicoemocionais, a par de transtornos psíquicos. Cada vez mais, os transtornos mentais afetam os indivíduos independentemente do gênero, faixa etária, raça e/ou nível socioeconómico, contudo, julga-se que muitas das crianças/adolescentes que ostentam sintomas psicopatológicos não são identificadas e/ou não recebem atendimento.

A agudizar a situação há que ter em linha de conta o facto de existir um certo estigma por detrás de uma ida ao psicólogo, o que faz com que as intervenções psicológicas, de caráter preventivo, ainda não sejam comumente utilizadas ou, pelo menos, com a frequência devida. A família e a rede social onde a criança/adolescente se insere, incluindo a escola, podem constituir-se como fatores de risco para o desenvolvimento de desordens psicoemocionais ou, por outro lado, como fatores de proteção os quais devem, neste caso, ser mobilizados para a promoção de um desenvolvimento psicossocial saudável.

A prevalência de casos como: depressão, pânico e ansiedade têm, inclusivamente, aumentado nas faixas etárias mais jovens, daí que seja se suma importância a intervenção psicoterapêutica junto destas camadas.

O atendimento psicológico a crianças e jovens reveste-se de um conjunto de especificidades às quais o psicólogo deverá responder por forma a intervir célere e eficazmente. Uma das principais características da abordagem TCC é compreender a dinâmica humana a partir dos seus aspetos cognitivos, comportamentais e sociais.

As técnicas TCC são muito diversas e efetivas no tratamento de diversos transtornos mentais, porque se focalizam no presente e têm como objetivo modificar as estruturas cognitivas e comportamentais que sustentam os aspetos mais frágeis da vida dos consulentes. Esta teoria enfatiza também o facto de que tanto o comportamento adaptativo como o desadaptativo são aprendidos através de interações ativas e passivas com o meio ambiente, especialmente, através das interações sociais. Desta forma, a TCC postula uma interação recíproca entre eventos ambientais, pensamentos, sentimentos e comportamentos. Cada uma destas áreas tem um forte impacto sobre as outras, pelo que as intervenções se encontram inter-relacionadas e são direcionadas para todas essas áreas.

Assim, "a TCC com crianças e adolescentes é promissora no sentido de que reconhece, explicitamente, a importância das variáveis cognitiva, comportamental, afetiva e socioambiental na etiologia e manutenção de transtornos emocionais" (Beck, 1997, p.22). Fatores biológicos, genéticos, interpessoais e ambientais influenciam-se pois, reciprocamente, da mesma forma similar que parece haver uma gama de fatores interpessoais, cognitivos e sociais que cumprem uma função protetora e diminuem tais riscos. O desafio do terapeuta consiste em tentar compreender a forma pela qual todos esses fatores interagem na mediação do surgimento da psicopatologia infantojuvenil.

A TCC atende à influência das contingências e dos modelos presentes no ambiente da criança/jovem e, simultaneamente, enfatiza o aspeto central que o processamento individual da informação e a experiência emocional têm no desenvolvimento e manutenção dos problemas psicológicos, portanto, foco da TCC com crianças e adolescentes está no tratamento no interior do seu ambiente natural, seja este a família, escola ou grupo de pares, pois sem considerar essas questões, o terapeuta ficará "às cegas" perante o caso.

Geralmente, são os pais ou professores aqueles que identificam primeiro os problemas da criança ou adolescente, contudo, é preciso "ganhar" a adesão criança/jovem a fim de estabelecer um acordo sobre o problema a ser trabalhado: aliança terapêutica.

Posto isto, muito se tem feito e estudado no que à TCC concerne, mas o caminho ainda que direcionado no sentido correto ainda está longe de ser alcançado, pelo que a deteção precoce do problema, a par do envolvimento colaborativo e partilhado de todos é algo que se quer célere e nunca esquecido ou negligenciado.

Referências bibliográficas

Bandura, A. (1973). *Modificação do Comportamento.* Rio de Janeiro: Editora. Interamericana.

Beck, J. S. (1997). *Terapia Cognitiva:* Teoria e Prática. Tradução: Sandra Costa. Porto Alegre: ArtMed.

Bunge, E., Gomar, M., & Mandil, J. (2018). *Terapia cognitiva com crianças e adolescentes - aportes teóricos* (2a ed.). São Paulo: Casa do Psicólogo.

Caballo, V. E., & Simon, M. A. (2005). *Manual de Psicologia Clínica Infantil e do Adolescente Transtornos Gerais.* São Paulo: MediaBooks.

Caminha, R. M., & Caminha, M. G. (2011). *Intervenções e Treinamento de Pais na Clínica Infantil.* Porto Alegra: Sinopsys Editora.

Castilho, A. R. G. L., Recondo R., Asbahr F. R.; Gisele G Manfro, G. G. (2000). Transtornos de Ansiedade. *Revista Brasileira de Psiquiatria,* 22 (2), 22.

Friedberg, R., & Mcclure, J. (2004). *A prática clínica de terapia cognitiva com crianças e adolescentes.* Porto Alegre: Artmed.

Kaplan, R. M. (2009. January). Health psychology: Where are we and where do we go from here? In A. R. Singh, & S.A. Singh (Eds.), *Some Issues in Women's Studies, and Other Essays,* 7, 3-9.

Kendall, P. C. (2011). *Child and Adolescent Therapy: Cognite Behavior Procedures.* London: Amazon.

Konkiewitz, C. E. (2013). *Aprendizagem, Comportamento e Emoções na Infância e Adolescência: Uma Visão Transdisciplinar.* Brasil: Editora UFGD, Dourados.

Labbadia, E. M., & Castro, L. L. (2008). *Intervenções para pais de crianças e adolescentes em terapia cognitivo-comportamental.* Porto Alegre: Artmed.

McMahon, R. J. (1996). Treinamento de Pais. In V. E. Caballo (Ed.). *Manual de técnicas de terapia e modificação do comportamento* (pp. 399-422). Espanha: Santos.

Petersen, C. S., & Wainer R. (2011) *Terapias cognitivo-comportamentais para crianças e adolescentes* (pp. 152-68). Porto Alegre: Artmed.

Patterson, R. (1996). A economia de fichas. In V. E. Caballo (Ed.). *Manual de técnicas de terapia e modificação do comportamento* (pp. 297-312). São Paulo: Santos.

Petersen, C. S., & Wainer, R. (2011). Princípios básicos da terapia cognitivo-comportamental de crianças e adolescentes. In C. S. Petersen, & R. Wainer (Orgs.). *Terapias cognitivo-comportamentais para crianças e adolescentes* (pp. 16-31). Porto Alegre: Artmed.

Pheula, G., & Isolan, L. (2007). Psicoterapia baseada em evidências em crianças e adolescentes. *Rev. Psiq. Clín, 34*, 74-83.

Sá, E. (2016). *Más maneiras de sermos bons pais. O future aceita pessoas imperfeitas.* Lisboa: Editora Leya.

Skinner, B.F. (1953). *Science and Human Behavior.* New York: McMillan.

Wright, J. H., Basco, M. R., & Thase, M. E. (2008). *Aprendendo a Terapia Cognitivo- comportamental: Um guia ilustrado* (M. G. Armando, Trad.). Porto Alegre: ArtMed.

CAPÍTULO 19

Habilidades de leitura e memória de trabalho fonológica na dislexia e no TDAH

Sara Peres
Renata Mousinho

1. Introdução

Por meio da leitura conseguimos formação de conhecimento, senso crítico e mudanças sociais. A presença de déficits de leitura nos anos iniciais de aprendizagem se desdobra em resultados desfavoráveis como a continuidade das dificuldades leitoras, comportamentos transgressores, distanciamento do ensino médio e superior, instabilidade ocupacional e menores níveis socioeconômicos (Friedman, Rapport, Raiker, Orban, & Eckrich, 2016). Nessa perspectiva, identificar e compreender os comprometimentos presentes nos transtornos de aprendizagem é primordial para um planejamento de uma intervenção específica (Archibald, Cardy, Ansari, Olino, & Joanisse, 2019).

2. Qual a relação da leitura com a memória de trabalho?

A habilidade em leitura tem grande poder de influência no sucesso acadêmico das crianças (Gray & Climie, 2016). No modelo simples de leitura (Gough & Turmner, 1886), a leitura é entendida como o produto da decodificação e compreensão. Dessa forma, apenas decodificar o material não se define leitura, é preciso que, além disso, haja compreensão. Nesse sentido, a memória de trabalho torna-se fundamental para a compreensão, pois é responsável pela manutenção e manipulação da informação necessária em tarefas cognitivas (Gathercole, Woolgar, Kievit, Manly, & Holmes, 2016), mas não apenas, ela também mantém a informação decodificada até que problemas com a interpretação do material lido sejam resolvidos (Carvalho, Kida, Capellini, & Avila, 2014).

A memória de trabalho desempenha a função de manter e processar a informação durante a leitura (Peng, Barnes, Wang, Wang, Li, Swanson, Dardick, & Tao, 2018), além de ser fundamental para a decodificação de palavras desconhecidas, relembrar o material lido e antecipar o enredo (Gray & Climie, 2016). Há uma associação genuína entre memória de trabalho e compreensão oral e escrita em crianças e adultos (Gathercole, 1999). Pois, além de armazenar a informação, a memória de trabalho integra essa informação (Groen, Nouwens, & Verhoeven, 2016).

A literatura sugere que a compreensão da leitura nos primeiros anos escolares depende de habilidades de nível básico, exclusivas da leitura, que se correlacionam com a decodificação e reconhecimento de palavras (Brilhante, Mesquita, & Mousinho, 2018; Kofler, Spiegel, Soto, Irwin, Wells & Austin, 2018). As habilidades de nível básico são precisão de leitura, memória de trabalho, velocidade de leitura, prosódia e vocabulário (Mousinho, Brilhante, & Mesquita, 2018). Nesse sentido, leitores recentes dependem mais da memória de trabalho e fazem menos resgastes na memória de longo prazo (Peng, Barnes, Wang, Wang, Li, Swanson, Dardick, & Tao, 2018).

Quando a leitura se torna mais automatizada, a interdependência entre velocidade e compreensão acaba, e a interpretação do material lido começa a depender das habilidades de alto nível, as mesmas necessárias para compreender textos ouvidos (Mousinho, 2015). A leitura mantém a informação na memória de trabalho e integra as informações regatando conhecimentos ortográficos e semânticos na memória de longo prazo, buscando significado, integrando no contexto e realizando o processo de compreensão (Peng, Barnes, Wang, Wang, Li, Swanson, Dardick, & Tao, 2018; Nicolielo-Carrilho, Crenitte, Lopes-Herrera, & Hage, 2018). Neste sentido, durante a compreensão, a memória de trabalho desempenha um papel fundamental, no sentido de que para se entender o que se leu, é necessário lembrar-se do que foi lido.

Visto a quantidade de tarefas que a memória de trabalho apresenta, cabe supor que prejuízos em memória de trabalho se desdobram em dificuldades escolares (Gathercole, Woolgar, Kievit, Manly, & Holmes, 2016). Ao avaliar crianças com algum tipo de dificuldade na aprendizagem frequentemente são encontrados déficits nesta habilidade (Nicolielo-Carrilho, Crenitte, Lopes-Herrera, & Hage, 2018).

2.1 Como se dá essa relação de leitura e memória de trabalho em crianças com dificuldades?

A fluência na leitura oral é identificada como um preditor atual e futuro para a habilidade de compreender o material lido, sendo essencial para o desenvolvimento da compreensão leitora (Lipka, 2017). Abarca precisão, velocidade de leitura e expressão, e garante que parte dos recursos cognitivos esteja disponível para a compreensão (Correa & Ramires, 2015).

A baixa fluência leitora, devido à lentidão em decodificar, faz com que haja uma sobrecarga da memória de trabalho, dessa forma, cria-se um congestionamento de processamento (Hasson & Pham; 2014). Maus leitores sobrecarregam a memória de trabalho devido ao lento processo de decodificação, restando poucos recursos da memória de trabalho para a compreensão (Lipka, 2017). Essa falha pode acarretar dificuldades na integração do material lido e na construção semântica nos diferentes níveis de processamento (Correa & Ramires, 2015). Dessa forma, ao se apresentar prejuízos na memória de trabalho, há falhas nesse processo de compreensão (Nicolielo-Carrilho, Crenitte, Lopes-Herrera, & Hage, 2018).

É consenso na literatura que a Dislexia do Desenvolvimento tem como característica um déficit no processamento fonológico (consciência fonológica, acesso lexical e memória de trabalho), que é fundamental para a leitura, fluência e compreensão. Cada um desses componentes atua como um preditor para cada uma das habilidades da leitura. Nesse sentido, a memória de trabalho fonológica pode influenciar mais o processo de decodificação de palavras do que a fluência e a compreensão, a depender da idade e escolaridade (Dyer, Kibby, & Lee, 2014).

Prejuízos da memória de trabalho têm sido defendidos como uma das principais características da Dislexia do Desenvolvimento. Essas crianças apresentam fraco desempenho em tarefas que medem a memória de trabalho, apresentando falhas especialmente na alça fonológica e no executivo central (Moura, Pereira, & Simões, 2014). Assim, dificuldades em repetição de não palavras são especialmente encontradas em crianças com Dislexia do Desenvolvimento (Loucas, Baird, Simonoff, & Slonims, 2016).

Enquanto o Transtorno do Déficit de Atenção e Hiperatividade diz respeito a um distúrbio do neurodesenvolvimento, no qual há falhas na função executiva, controle inibitório (Gray & Climie, 2016), falta de atenção, impulsividade (Antshel, Barkley, & Hier, 2013; Gray & Climie, 2016; Friedman, Rapport, Raiker, Orban, & Eckrich, 2016; Gray, 2016) e hiperatividade (Antshel, Barkley, & Hier, 2013; Friedman, Rapport, Raiker, Orban, & Eckrich, 2016), o que pode resultar em baixo desempenho acadêmico (Gray & Climie, 2016).

Crianças com TDAH são mais suscetíveis a apresentar problemas com habilidades de leitura, ainda que não haja um transtorno de leitura comórbido (Friedman, Rapport, Raiker, Orban & Eckrich, 2016). Indivíduos com TDAH apresentam prejuízos em memória de trabalho (Gropper, Gotlieb, Kronitz & Tannock, 2014), e frequentemente apresentam dificuldades em decodificação durante a leitura e podem apresentar falhas na compreensão leitora. Em comparação às crianças típicas e com dificuldades de leitura, as dificuldades em compreensão pelas crianças com TDAH crescem de acordo com o aumento do comprimento do texto (Gray & Climie, 2016).

2.2 O que pretende este capítulo?

O objetivo do presente trabalho é analisar a relação da memória de trabalho com as habilidades de leitura na Dislexia do Desenvolvimento e no Transtorno do Déficit de Atenção no português do Brasil, comparando esses dois grupos clínicos.

Este capítulo pretende responder às seguintes questões:

- Escolares com Dislexia apresentam dificuldades com a memória de trabalho fonológica?
- Escolares com TDAH apresentam dificuldades com a memória de trabalho fonológica?
- Quem apresenta mais dificuldade em memória de trabalho fonológica: o grupo com Dislexia ou com TDAH?

- Escolares com Dislexia apresentam velocidade e compreensão de leitura compatível com sua escolaridade?
- Escolares com TDAH apresentam velocidade e compreensão de leitura compatível com sua escolaridade?
- Quem apresenta mais dificuldades nas habilidades de velocidade e compreensão de leitura: o grupo com Dislexia ou com TDAH?

2.3 Método

O presente estudo foi aprovado pelo Comitê de Ética em Pesquisa do Instituto de Neurologia Deolindo Couto sob o nº 005/13. Com todos os participantes assinando o Termo de Consentimento Livre e Esclarecido. Trata-se de um estudo transversal e descritivo. Sendo as variáveis categóricas e independentes a idade e escolaridade, e as variáveis numéricas e dependentes a porcentagem de acerto na tarefa de repetição de não palavras, velocidade de leitura e porcentagem de compreensão da leitura.

Foram coletados dados referentes às avaliações realizadas pelo Projeto ELO-UFRJ no período de 2013 a 2017. Os participantes deveriam apresentar queixa principal de dificuldade em leitura e escrita. Para a realização desta pesquisa, foram utilizados os dados das crianças que obtiveram diagnóstico de Dislexia do Desenvolvimento ou Transtorno do Déficit de Atenção e Hiperatividade. Assim, foram analisadas 134 avaliações, sendo 77 crianças com diagnóstico de Dislexia do Desenvolvimento e 57 crianças com diagnóstico de TDAH. A população do estudo apresentou idades entre 7 e 15 anos, idade média de 9 anos 2 meses (desvio padrão de 1 ano e 7 meses), sendo estudantes do 2º ao 8º ano. As avaliações foram realizadas individualmente por fonoaudiólogas e estudantes de fonoaudiologia da UFRJ devidamente treinados para este fim.

Para todas as crianças foi utilizada a testagem de memória de trabalho fonológica através da Repetição de não palavras proposta por Kessler (1997). Tal teste consiste na apresentação de 30 não palavras, que são palavras inventadas, desprovidas de significado, mas que respeitam a regra morfológica do português brasileiro. As não palavras são divididas em seis níveis de acordo com o número de sílabas, sendo 5 itens para cada um. Apresenta-se uma não palavra por vez e o avaliado deve repeti-la imediatamente depois. Para a análise, foram consideradas as porcentagens de acerto em cada um dos níveis testados, dessa forma, sabendo que cada nível possui 5 repetições, cada acerto equivale a 20%.

De acordo com a literatura, a tarefa de repetição de não palavras avalia mais puramente a memória de trabalho fonológica, pois a apresentação de estímulos desprovidos de significado não permitiria o uso de estratégias compensatórias para a retenção da informação, assim, seria uma tarefa que depende por completo da habilidade fonológica (Correa & Mousinho, 2013; Grivol & Hage, 2011).

A velocidade de leitura oral foi medida através do número de palavras lidas por minuto através da leitura de um texto que deveria ser lido oralmente. A porcentagem de compreensão do material lido foi mensurada através de cinco perguntas de interpretação referentes ao texto perguntadas logo após a leitura do mesmo. Ao final da leitura, eram realizadas cinco perguntas de interpretação referentes ao texto para a análise da compreensão, cada pergunta respondida corretamente equivalia a 20%. Para cada ano escolar foi proposto um texto compatível com a escolaridade, a saber:

2º ano: *O acidente* (Cocco & Hailer, 1995)
3º ano: *As travessuras de Afonsinho* (Rocha, 1990)
4º ano: *A grande novidade* (José, 1989)
5º ano: *Tutty, o terror das calças brancas* (Tavares, 2005)
6º ano: *A velha contrabandista* (Ponte Preta, 1985)
7º ano: *O sonho dos ratos* (Alves, 1989)
8º ano: *Enterro e futebol* (Silvestre, 2012)

De igual forma, a velocidade de leitura silenciosa foi medida pelo número de palavras lidas por minuto. Ao final da leitura, eram realizadas cinco perguntas de interpretação referentes ao texto para a análise da compreensão, cada pergunta respondida corretamente equivalia a 20%. Para cada ano escolar foi proposto um texto compatível com a escolaridade, a saber:

4º ano: *Maricota sem dono* (Mazetti, 1982)
5º ano: *Na traseira do caminhão* (Varella, 2002)
6º ano: *A coruja e a águia* (Lobato, 1922)
7º ano: *Os bons ladrões* (Campos, 1978)
8º ano: *O homem Nu* (Sabino, 1978)

Foi realizado, inicialmente, o escore z, baseado nas médias encontradas por Mousinho (2015) para as habilidades de leitura, e Sathler e Mousinho (2019) para a repetição de não palavras. O escore z permite observar o quanto acima ou abaixo da média os valores se encontram em relação às unidades padronizadas de desvio com base na média e desvio padrão, permitindo entender onde um escore está localizado em relação aos demais. Para a análise estatística dos dados, foi utilizado o *software* SPSS. O nível de significância foi de 5%, ou seja, p valor ≤ 0,05.

2.4 Resultados

Foi realizada análise comparativa entre as médias dos grupos (escore Z) Dislexia do Desenvolvimento (DD) e Transtorno de Déficit de Atenção e Hiperatividade (TDAH) na qual foi utilizada teste t em análises pares. Observa-se na tabela 1 diferença significativa na velocidade de leitura oral tendo o grupo de TDAH atingido a melhor média. Na análise da compreensão leitora oral e de memória de trabalho, não foram encontradas diferenças significativas.

Tabela 1 – Escore Z, Teste T entre dislexia e TDAH

Grupos	DD		TDAH			
	Média	Desvio Padrão	Média	Desvio Padrão	Teste t	p valor
MT-Total	-147,625	345,082	-226,301	669,146	,928	,355
VLO	-1,338	1,204	-0,983	0,945	-1,995	,048*
VLS	-0,562	1,317	-0,362	1,347	-,895	,372
CLO	-202,039	174,510	-149,605	178,870	-1,764	,080
CLS	-102,375	182,535	-96,871	185,073	-,178	,859
						p valor <0,05

MTTotal – Soma de todos os subtestes de Memória de Trabalho/**VLO** – Velocidade de Leitura Oral (número de palavras lidas por minuto) /**VLS** – Velocidade de Leitura Silenciosa (número de palavras lidas por minuto) /**CLO** – Compreensão da Leitura Oral/**CLS** – Compreensão da Leitura Silenciosa

Fonte: As autoras.

O gráfico 1 ilustra a comparação na habilidade em leitura oral e silenciosa entre os grupos estudados, lembrando sempre que o eixo 0 (zero) corresponde à média. Observa-se visualmente a diferença entre os grupos na velocidade de leitura oral, enquanto na leitura silenciosa, vê-se a diferença, apesar de não estatisticamente significativa, conforme revelado na Tabela 1.

Gráfico 1 – Escore Z de Velocidade de Leitura

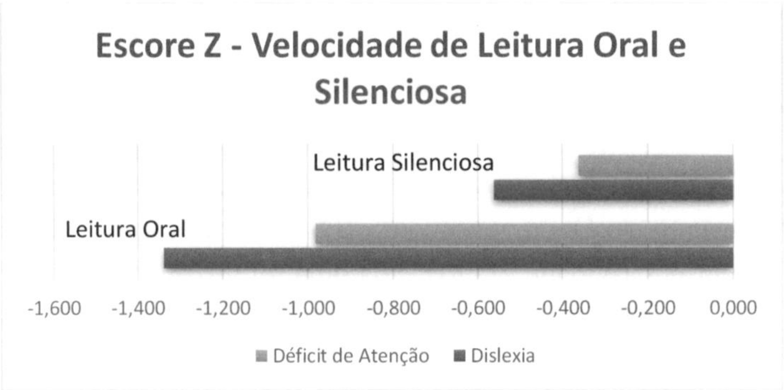

Fonte: As autoras.

O gráfico 2 elucida a comparação entre DD e TDAH na habilidade de compreensão leitora. Vê-se discrepância entre os grupos em compreensão da leitura oral, enquanto os dados achados na compreensão da leitura silenciosa encontram-se aproximados.

Gráfico 2 – Escore Z Compreensão de Leitura

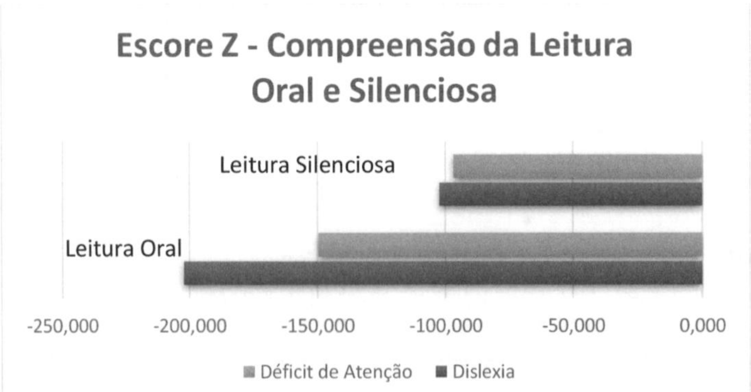

Fonte: As autoras.

O gráfico 3 ilustra os resultados relativos à tarefa total de memória de trabalho de repetição de não-palavras. Há diferença nítida entre os grupos, porém não significativa na análise por teste t.

Gráfico 3 – Escore Z Memória de Trabalho Total

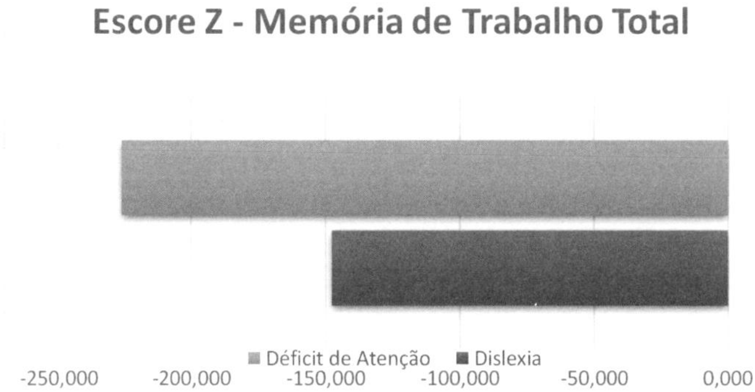

Fonte: As autoras.

2.5 Discussão

A partir deste estudo, foi possível realizar a comparação das habilidades de velocidade e compreensão de leitura, além da memória de trabalho fonológica, em crianças brasileiras com diagnóstico de Dislexia do Desenvolvimento (DD) e Transtorno de Déficit de Atenção e Hiperatividade (TDAH). Para tal, buscamos responder às perguntas, que serão aqui retomadas para a discussão.

Escolares com Dislexia apresentam dificuldades com a memória de trabalho fonológica?

No presente estudo os escolares com Dislexia apresentaram resultado abaixo do esperado, de modo que o Escore Z desse grupo apresentou valores negativos, considerando-se a média de cada escolaridade.

Tais prejuízos na memória de trabalho fonológica associados à leitura estão presentes na Dislexia do Desenvolvimento (Campen, Segeres, & Verhoeven; 2018, Moura, Simões, & Pereira, 2014). Tal dado desdobra a importância da memória de trabalho no processo leitor, ainda que por meio de influência de níveis mais básicos, a depender do ano escolar (Bryant, Oakhill, & Cain, 2004; Campen, Segeres, & Verhoeven, 2018).

Escolares com TDAH apresentam dificuldades com a memória de trabalho fonológica?

Em nossos achados, o grupo com diagnóstico de TDAH apresentou médias aquém do padrão esperado para a escolaridade. Tal resultado é inteiramente consistente com a literatura que afirma que crianças com TDAH apresentam pior desempenho em memória de trabalho quando comparadas a crianças típicas (Gonçalves-Guedim, Capelatto, Salgado-Azoni, Ciasca, & Crenitte, 2017), devido às falhas na atenção, memória de trabalho e função executiva (Capellini, Germano, & Uvo, 2017).

Estudos investigam se a dificuldade na memória de trabalho é uma característica nuclear em crianças com TDAH ou um déficit secundário. Rapport, Chung, Shore & Isaacs (2001) defendem que a memória de trabalho é um déficit primário no TDAH, que se desdobra em desorganização e maior necessidade de estímulos adicionais, enquanto Barkley (1998) afirma que crianças com TDAH apresentam um déficit primário no controle inibitório, o que causa uma falha nas demais funções executivas, incluindo a memória de trabalho. O modelo de memória de trabalho a caracteriza como responsável pela construção, manutenção e manipulação dos estímulos recebidos, além disso, tem a função de reconhecer tais estímulos (Rapport, Chung, Shore, & Isaacs, 2001). Assim, a memória de trabalho é um sistema central que influencia diversas áreas acadêmicas (Stevens, 2005).

Quem apresenta mais dificuldade em memória de trabalho fonológica: o grupo com Dislexia ou com TDAH?

Neste estudo, ainda que não estatisticamente significativo, o grupo com TDAH apresentou maiores prejuízos em memória de trabalho em comparação ao grupo disléxico. O mesmo foi observado em outros estudos comparando-se o desempenho de crianças disléxicas e crianças com TDAH em tarefas de memória de trabalho. Apesar de ambos os grupos clínicos apresentarem prejuízos em memória de trabalho, no TDAH é observado um pior desempenho (Ahissar & Oganian, 2012; Anjos, Azoni, & Barbosa, 2019).

Independente do diagnóstico, as crianças apresentaram desempenho abaixo do esperado para sua escolaridade em memória de trabalho, corroborando com a literatura que afirma que crianças com dificuldades de leitura apresentam memória de trabalho piores em comparação a crianças de mesma idade sem qualquer dificuldade leitora (Gathercole, Woolgar, Kievit, Manly, & Holmes, 2016; Stevens, 2005).

Escolares com Dislexia apresentam velocidade e compreensão de leitura compatível com sua escolaridade?

No presente estudo, o grupo disléxico apresentou velocidade de leitura oral e silenciosa abaixo do esperado, como demonstrado pelo escore Z negativo, bem distante da média. De igual modo, em compreensão da leitura oral e silenciosa, vê-se resultados aquém do padrão esperado.

Na Dislexia encontram-se falhas em fluência leitora devido à dificuldade no processo de decodificação e reconhecimento da palavra, resultante do déficit do processamento fonológico (Ciasca & Rodrigues, 2016). Como consequência, os disléxicos tendem ser mais lentos no processo de leitura (Mousinho, 2015). Devido à sobrecarga na memória de trabalho, resultam os prejuízos na compreensão (Ciasca & Rodrigues, 2016; Lipka, 2017; Mousinho 2015).

Escolares com TDAH apresentam velocidade e compreensão de leitura compatível com sua escolaridade?

De igual modo, o grupo com Transtorno de Déficit de Atenção e Hiperatividade apresentou escore z negativo em velocidade de leitura oral e silenciosa, indicando que se encontram aquém do esperado nessa habilidade. O mesmo foi revelado tanto na compreensão oral, quanto silenciosa, que apresentaram resultados abaixo do padrão esperado.

Em relação à velocidade de leitura, indivíduos com TDAH frequentemente apresentam dificuldades em decodificação durante a leitura, tornando-a mais lenta, e podem apresentar falhas na compreensão leitora (Gray & Climie, 2016). Tal como ocorre em crianças leitoras típicas, em crianças com TDAH, a memória de trabalho exerce papel fundamental para o processo de compreensão leitora (Dyer, Kibby, & Lee, 2014; Kofler, Spiegel, Soto, Irwin, Wells, & Austin, 2018). No entanto, as crianças com TDAH ficam mais sujeitas a prejuízos na compreensão de leitura conforme a complexidade do texto aumenta, por exigir mais da memória de trabalho (Kofler, Spiegel, Soto, Irwin, Wells, & Austin, 2018).

Quem apresenta mais dificuldades nas habilidades de velocidade e compreensão de leitura: o grupo com Dislexia ou com TDAH?

De acordo com nossos achados, as habilidades de leitura se mostraram prejudicadas tanto no diagnóstico de Dislexia do Desenvolvimento, quanto no Transtorno do Déficit de Atenção e Hiperatividade. Porém, o grupo com dislexia apresentou prejuízo importante na velocidade de leitura oral. Em velocidade de leitura silenciosa não houve diferença significativa, com os grupos apresentando resultados próximos. Em compreensão oral e silenciosa, apesar do grupo disléxico apresentar pior desempenho em comparação ao grupo com TDAH, não houve diferença significativa entre os grupos.

Tais resultados reforçam pesquisas que mostraram que escolares com TDAH apresentam velocidade de leitura mais lenta quando comparados a escolares típicos, porém significativamente mais rápidos em comparação aos disléxicos (Ahissar & Oganian, 2012). Em relação à compreensão leitora, pelo fato de a leitura dos disléxicos ser mais lenta e segmentada, há uma sobrecarga da memória de trabalho, o que prejudica resgatar as informações do texto para que aconteça a interpretação (Mousinho, 2015). Já Brown (2011) identificou que esses déficits em escolares TDAH não se relacionam às habilidades verbais fracas ou habilidades básicas de leitura fracas, mas sim a prejuízos na memória de trabalho e na velocidade de processamento características do TDAH.

3. Considerações finais

Tanto escolares com Dislexia, quanto com TDAH apresentam rendimento abaixo do esperado em velocidade de leitura, compreensão leitora e memória de trabalho, sendo que o primeiro grupo apresentou resultados inferiores nas habilidades de leitura, enquanto o segundo revela mais dificuldades na memória de trabalho.

Sabendo que a memória de trabalho fonológica tem importante papel no processo de reconhecimento de palavras e compreensão leitora, contribuindo para a significação, recuperação e manutenção das informações (Hasson & Pham, 2014), recomenda-se que essa habilidade seja investigada mediante a presença de dificuldades de aprendizagem (Gray, Fox, Green, Alt, Hogan, Petscher & Cowan, 2019). Considerando que falhas em memória de trabalho elevam para 50% o risco de desempenho inferior em leitura, pontua-se igualmente a necessidade da avaliação da memória de trabalho em uma triagem (Gathercole, Woolgar, Kievit, Manly, & Holmes, 2016).

Sugere-se que sejam feitos novos estudos que avaliem o quanto a memória de trabalho contribui com cada uma das habilidades de leitura, velocidade e compreensão, em cada um dos diagnósticos estudados, Dislexia e TDAH. Seria igualmente interessante ampliar as pesquisas englobando mais grupos clínicos.

Referência bibliográfica

Anjos, A. B. L. D, Barbosa, A. L. D. A., & Azoni, C. A. S. (2019). Phonological processing in students with developmental dyslexia, ADHD and intellectual disability. *Rev. CEFAC, 21* (5), São Paulo.

Antshel, K. M., Hier, B. O., & Barkley, R. A. (2013, September 12). Executive Functioning Theory and ADHD. *Handbook Of Executive Functioning,* 107-120.. doi http://dx.doi.org/10.1007/978-1-4614-8106-5_7.

Archibald, L. M. D., Cardy, J. O., Ansari, D., Olino, T., & Joanisse, M. F. (2019, February). The consistency and cognitive predictors of children's oral language, reading, and math learning profiles. *Learning And Individual Differences*, *70*, 130-141. doi http://dx.doi.org/10.1016/j.lindif.2019.02.003.

Barkley, R. A. (1998). Associated problems. In R. A. Barkley (Ed.). *Attention-deficit hyperactivity disorder: a handbook for diagnosis and treatment* (pp. 97–138). New York: Guilford Press.

Brown, T. E. (2011). Extended time improves reading comprehension test scores for adolescents with ADHD. *Open Journal of Psychiatry 1*(03), 79. doi 10.4236/ojpsych.2011.13012

Cain, K., Oakhill, J., & Bryant, P. (2004). Children's Reading Comprehension Ability: concurrent prediction by working memory, verbal ability, and component skills: Concurrent Prediction by Working Memory, Verbal Ability, and Component Skills. *Journal Of Educational Psychology, 96*(1) 31-42. doi http://dx.doi.org/10.1037/0022-0663.96.1.31.

Campen, C. A. N. K., Segers, E., & Verhoeven, L. (2018, March 25). How phonological awareness mediates the relation between working memory and word reading efficiency in children with dyslexia. *Dyslexia, 24*(2), 156-169. doi http://dx.doi.org/10.1002/dys.1583>.

Carvalho, C. A. F., Kida, A. S. B., Capellini, S. A., & Avila, C. R. B. (2014, July 18). Phonological working memory and reading in students with dyslexia. *Frontiers In Psychology, 5*. doi http://dx.doi.org/10.3389/fpsyg.2014.00746.

Correa, J., & Ramires, G. (2015). Fluência de leitura: o que, por que e para que. In R. Mousinho, L. M. Alves, & S. A. Capellini (Org.). *Dislexia: Novos temas, novas perspectivas* (3a ed., Cap. 12, pp. 141-149). Rio de Janeiro: Wak.

Friedman, L. M., Rapport, M. D., Raiker, J. S., Orban, S. A., & Eckrich, S. J. (2016, June 30). Reading Comprehension in Boys with ADHD: The Mediating Roles of Working Memory and Orthographic Conversion. *Journal Of Abnormal Child Psychology, 45*(2), 273-287. doi http://dx.doi.org/10.1007/s10802-016-0171-7.

Gathercole, S. E. (1999, November). Cognitive approaches to the development of short-term memory. *Trends In Cognitive Sciences, 3*(11), 410-419. doi http://dx.doi.org/10.1016/s1364-6613(99)01388-1.

Gathercole, S. E., Woolgar, F., Kievit, R. A., Astle, D., Manly, T., Holmes, J. (2016. December). How Common are WM Deficits in Children with Difficulties in Reading and Mathematics? *Journal Of Applied Research In Memory And Cognition, 5*(4), 384-394. doi http://dx.doi.org/10.1016/j.jarmac.2016.07.013.

Gonçalves-Guedim, T. F., Capelatto, I. V., Salgado-Azoni, C. A., Ciasca, S. M., & Crenitte, P. A. P. (2017, Março). Desempenho do processamento fonológico, leitura e escrita em escolares com transtorno de déficit de atenção e hiperatividade. *Revista Cefac, 19*(2), 242-252. doi http://dx.doi.org/10.1590/1982-0216201719220815.

Gough, P. B, & Tumner, W. (1986). Decoding, Reading, and Reading Disability. *Remedial And Special Education, 1*(7), 6-10.

Gray, C., & Climie, E. A. (2016, July 5). Children with Attention Deficit/Hyperactivity Disorder and Reading Disability: A Review of the Efficacy of Medication Treatments. *Frontiers In Psychology, 07*, 1-6. doi http://dx.doi.org/10.3389/fpsyg.2016.00988.

Gray, S., Fox, A. B., Green, S., Alt, M., Hogan, T. P., Petscher, Y., & Cowan, N. (2019, June 19). Working Memory Profiles of Children With Dyslexia, Developmental Language Disorder, or Both. *Journal Of Speech, Language, And Hearing Research, 62*(6), 1839-1858. doi http://dx.doi.org/10.1044/2019_jslhr-l-18-0148.

Grivol, M. A, & Hage, S. R. D. V. (2011, Setembro). Memória de trabalho fonológica: estudo comparativo entre diferentes faixas etárias. *J.*

Soc. Bras. Fonoaudiol., 23(3), 245-251. doi https://doi.org/10.1590/S2179-64912011000300010.

Gropper, R. J., Gotlieb, H., Kronitz, R., & Tannock, R. (2014, January 13). Working Memory Training in College Students With ADHD or LD. *Journal Of Attention Disorders, 18*(4), 331-345. doi http://dx.doi.org/10.1177/1087054713516490.

Kibby, M. Y., Lee, S. E., & Dyer, S. M. (2014, September 19). Reading performance is predicted by more than phonological processing. *Frontiers In Psychology,. 5*, 1-2. doi http://dx.doi.org/10.3389/fpsyg.2014.00960.

Kofler, M. J., Spiegel, J. A., Soto, E. F., Irwin, L. N., Wells, E. L., & Austin, K. E. (2018, June 19). Do Working Memory Deficits Underlie Reading Problems in Attention-Deficit/Hyperactivity Disorder (ADHD)? *Journal Of Abnormal Child Psychology, 47*(3), 433-446. doi http://dx.doi.org/10.1007/s10802-018-0447-1.

Lipka, O. (2017, February 18). Reading fluency from grade 2–6: a longitudinal examination. *Reading And Writing, 30*(6), 1361-1375. doi http://dx.doi.org/10.1007/s11145-017-9729-1.

Loucas, T., Baird, G., Simonoff, E., & Slonims, V. (2016, March 17). Phonological processing in children with specific language impairment with and without reading difficulties. *International Journal Of Language & Communication Disorders, 51*(5), 581-588. doi http://dx.doi.org/10.1111/1460-6984.12225.

Moura, O., Simões, M. R., & Pereira, M. (2014, October 15). Working Memory in Portuguese Children With Developmental Dyslexia. *Applied Neuropsychology: Child, 4*(4), 237-248. doi http://dx.doi.org/10.1080/21622965.2014.885389.

Mousinho, R. (2015). Velocidade e Compreensão de Leitura textual oral e silenciosa ao longo do Ensino Médio. In R. Mousinho, L. Alves, & S. A. Capellini (Org.). *Dislexia: Novos temas, novas perspectivas* (3a ed., Cap. 14, pp. 165-180) Rio de Janeiro: Wak..

Mousinho, R., Brilhante, S., & Mesquita, F. (2018). Habilidades preditoras para a compreensão de leitura. In L. M. Alves, R. Mousinho, & S. A. Capellini (Org.). *Dislexia: Novos temas, novas perspectivas* (4a ed., Cap. 7, pp. 83-97). Rio de Janeiro: Wak.

Mousinho, R., & Correa, J. (2013). As habilidades do processamento fonológico e seu desenvolvimento nos dois primeiros ciclos do ensino fundamental. In L. M. Alves, R. Mousinho, & S. A Capellini (Org.). *Dislexia: Novos temas, novas perspectivas* (2a ed., Cap. 10, pp. 195-214). Rio de Janeiro: Wak..

Nicolielo-Carrilho, A. P., Crenitte, A. A. P., Lopes-Herrera, S. A., & Hage, S. R. V. (2018, July 23). Relationship between phonological working memory, metacognitive skills and reading comprehension in children with learning disabilities. *Journal Of Applied Oral Science, 26*, 1-8. doi http://dx.doi.org/10.1590/1678-7757-2017-0414.

Nouwens, S., Groen, M. A., & Verhoeven, L. (2016, April). How storage and executive functions contribute to children's reading comprehension. *Learning And Individual Differences, 47*, 96-102. doi: http://dx.doi.org/10.1016/j.lindif.2015.12.008.

Oganian, Y., & Ahissar, M. (2012, July). Poor anchoring limits dyslexics' perceptual, memory, and reading skills. *Neuropsychologia, 50*(8), 1895-1905. doi: http://dx.doi.org/10.1016/j.neuropsychologia.2012.04.014.

Peng, P., Barnes, M., Wang, C., Wang, W., Li, S., Swanson, H. L., Dardick, W., & Tao, S. (2018, January). A meta-analysis on the relation between reading and working memory. *Psychological Bulletin, 144*(1), 48-76.doi: http://dx.doi.org/10.1037/bul0000124.

Pham, A. V., & Hasson, R. M. (2014, May 31). Verbal and Visuospatial Working Memory as Predictors of Children's Reading Ability. *Archives Of Clinical Neuropsychology, 29*(5), 467-477. doi: http://dx.doi.org/10.1093/arclin/acu024.

Rapport, M. D., Chung, K. M., Shore, G., & Isaacs, P. (2001, February 01). A Conceptual Model of Child Psychopathology: implications for understanding attention deficit hyperactivity disorder and treatment efficacy.. *Journal Of Clinical Child & Adolescent Psychology,30*(1), 48-58. doi: http://dx.doi.org/10.1207/s15374424jccp3001_6.

Rodrigues, S. D. D., & Ciasca, S. M. (2016). Dislexia na escola: identificação e possibilidades de intervenção. *Rev. psicopedag.,* 33(100), 86-97.

Sathler, C., & Mousinho, R. (2019). Desenvolvimento da memória de trabalho fonológica do 1º ao 7º ano do ensino fundamental. In A. M. Soares, J. R. O. R. Simão, L. M. Neves (Orgs.). *Caminhos da aprendizagem e inclusão: entretecendo múltiplos saberers* (2. ed., pp 105-118). Belo Horizonte: Editora Artesã.

Stevens, J. (2005). Working Memory in Children with ADHD. *Attention Deficit Hyperactivity Disorder,* 277-292. doi: http://dx.doi.org/10.1385/1-59259-891-9:277.

Uvo, M. F. C., Germano, G. D., & Capellini, S. A. (2017, Fevereiro)Desempenho de escolares com transtorno do déficit de atenção com hiperatividade em habilidades metalinguísticas, leitura e compreensão leitora. *Revista CEFAC, 19*(1), 7-19. doi: http://dx.doi.org/10.1590/1982-0216201719115815.

CAPÍTULO 20

Transtorno do espectro autista e acessibilidade amorosa

Sônia Caldas Pessoa
Sophia Silva de Mendonça

1. Introdução

Neste capítulo, problematizamos fenômenos ligados ao amor e à acessibilidade amorosa para autistas, partindo da experiência de uma jornalista e mestranda em Comunicação Social de 23 anos de idade, diagnosticada aos 11 com Transtorno do Espectro Autista (TEA), e mulher transgênero. Na construção do texto, revelaram-se importantes a leitura de autores vinculados às teorias dos afetos, à experiência de uma das autoras deste artigo e o diálogo com personagens de novelas e depoimentos de pessoas no Espectro Autista publicados em livros, blogs ou matérias jornalísticas.

Então, caro leitor, não se assuste se encontrar no nosso texto uma alternância entre a primeira pessoa do singular e a primeira pessoa do plural. Nosso objetivo é mesmo uma reflexão polifônica, valorizando as vozes da mestranda autista e da orientadora, bem como de outros pesquisadores e de pessoas do Espectro Autista que já publicaram suas experiências em produtos midiáticos, para compartilhar com vocês uma pesquisa em uma construção. Apesar de nos conhecermos há anos, este é o nosso primeiro desafio de escrita em conjunto. Esperamos que seja possível a partilha de algumas reflexões que pretendem sintonizar a experiência singular de uma jovem com debates científicos sobre a temática.

Optamos por uma pesquisa em dimensão afetiva, ancorada em aspectos teórico-metodológicos em desenvolvimento no "Afetos: Grupo de Pesquisa em Comunicação, Acessibilidade e Vulnerabilidades", da Universidade Federal de Minas Gerais (UFMG). Conforme Pessoa, Marques e Mendonça (2019, p. 8), olhar para a pesquisa com a lente afetiva exige um movimento de integração, e não de distanciamento do fenômeno pesquisado, porque o ser está imerso naquela rede de acontecimentos, afeta e é afetado por ela.

Apoiadas em relatos de pessoas diagnosticadas com TEA e nas reflexões propostas pelas pesquisadoras Sônia Caldas Pessoa e Mariana Cecília da Silva no artigo *Acessibilidade amorosa: ideias, encontros e afetos para pessoas que experienciam situações de deficiência*, publicado no livro *Afetos: Pesquisas, reflexões e experiências em 4 encontros com Jean-Luc Moriceau*, que tem como base a Teoria do Amor elaborada por Simon May, trazemos à cena a problematização e a discussão sobre acessibilidade amorosa para autistas e os desafios de caminhos possíveis para que se consolide.

2. Acessibilidade Amorosa?

Pessoa e Silva (2019, p. 35) conceituam as acessibilidades afetiva e amorosa a partir da percepção de que, se a acessibilidade afetiva (Pessoa, 2019) está no campo de relações mais amplas, em que os encontros se centram na presença dos corpos em condições de igualdade de comunicação e de afetos cotidianos, a acessibilidade amorosa nos conduziria a um conjunto de relações nas quais a presença dos corpos com deficiência seria capaz de despertar afetações que tornem o enlevo possível entre corpos diversos.

Para entender a relação entre amor, acessibilidade amorosa e autismo, é importante compreender a forma como as pessoas autistas dialogam com os discursos que caracterizam o imaginário popular acerca do tema. Afinal, conforme apontam Pessoa e Silva (2019, p. 28), a problemática do amor, em sua acepção cotidiana, reside na instabilidade de sensações que povoam os imaginários sociais ou os modos de interpretação da "realidade" constituídos pelos sujeitos para que seja conformado um universo de sentidos ou efeitos de sentidos. Para as autoras, esses imaginários são sustentados, no cotidiano, pela materialização de comportamentos, a qual precisaria de racionalização discursiva para, por sua vez, também se materializar.

A decodificação dessas narrativas, por parte de pessoas mais pragmáticas, como é o caso de autistas, pode resultar em insuficiência de significados para manter algo trabalhoso como uma relação amorosa, conforme apontado pela neuropsicóloga Annelise Júlio Costa (2020). A fala da profissional de saúde encontra eco nos relatos de Selma Sueli Silva, mãe da mestranda que aqui escreve. Após o próprio diagnóstico de autismo, ela resolveu desistir por algum tempo das relações amorosas ao afirmar que "apesar de admirar até hoje alguns homens que passaram por minha vida, eu nem sequer tenho a certeza de que sei o que é o amor. Será que um dia amei de verdade? Eu não sei e não me sinto preparada para descobrir" (Silva, 2020). Tal discussão encontra-se em consonância com a problemática sobre Comunicação e Acessibilidade apontada por Pessoa e Silva (2019, p. 28): como pode o amor ser uma espécie de "porto seguro" e uma "resposta" às relações incontroláveis do mundo, se o amor também é incontrolável?

No texto *Reflexões sobre os relacionamentos com os homens*, publicado no blog *O Mundo Autista* em 2020, Selma Sueli Silva vai, passo a passo, descrevendo a evolução do próprio entendimento sobre o relacionamento afetivo, partindo do amor como objeto de hiperfoco (interesse repetitivo e restrito do autista), o qual encontrou a origem na observação do namoro da irmã como forma de socialização, até a decepção consequente da racionalização dos discursos amorosos e das próprias dificuldades sociais inerentes ao TEA.

O leitor pode estar se perguntando o porquê da necessidade e da importância do amor e da acessibilidade amorosa, visto que, por muitas vezes, o trajeto do relacionamento humano pode resultar em sofrimento. Contudo, é importante sublinhar a importância desta palavra: *trajeto*. As relações entre as pessoas são caracterizadas por um percurso e, certamente, não constituem um fim em si. Quando falamos de casamento, por exemplo, estamos falando sobre uma vida a dois que é construída no cotidiano.

Pessoa e Silva (2019, p. 34-35) partem da acessibilidade afetiva para a acessibilidade amorosa, com o objetivo de afunilar um emaranhado de relações que estão no âmbito de afetos específicos, relacionados ao amor entre os sujeitos. Em consonância com essa linha de pensamento, o atual artigo idealiza uma nova percepção ao sugerir uma inversão da ótica sob a qual em muitos casos está posto o amor, inclusive romântico, em relacionamentos interpessoais.

Assim, em vez de se experimentar tal sentimento com plenitude como uma meta a ser alcançada, seja por desejo próprio ou por respeito exacerbado às convenções sociais, o que se propõe é tê-lo como ponto de partida e de jornada para o aprimoramento das relações. Não se trata, apenas, de exaltar a riqueza do aprendizado com as diferenças, mas sim da compreensão de que o exercício do direito de afetar e de ser afetado é crucial para a retirada dos sujeitos envolvidos no *status quo*. O amor, neste contexto, ganha a conotação de "movimento", da mobilização de indivíduos como criadores e executores de objetivos e metas comuns, os quais revelam-se mais importantes em suas construções do que em seu sucesso ou fracasso.

Por se tratar de uma pesquisa realizada em dimensão afetiva, é importante esclarecer a diferenciação entre as afecções e os afetos como sentimentos: enquanto as primeiras se referem ao corpo e estão, necessariamente, ligadas a um encontro entre corpos, os afetos indicam uma passagem ou transição de um estado a outro em nós e, embora possam ser compreendidos no conjunto das afecções, não se confundem e nem se restringem a elas (Yonezawa, 2015, p. 188).

2.1 O Primeiro Amor

Lembro-me do turbilhão de sentimentos que passaram pela minha cabeça quando me apaixonei, pela primeira vez, aos 17 anos, época em que estava no terceiro ano do ensino médio. Uma situação de "amor impossível"; afinal, o rapaz por quem havia me apaixonado era cisgênero e heterossexual, ao passo que eu ainda não havia iniciado minha transição social para o gênero feminino.

Para além desse impedimento crucial, havia a dificuldade de elaborar uma forma de me aproximar do colega que me despertara um sentimento novo e, portanto, até então desconhecido. Faltavam-me as habilidades sociais necessárias para me inserir em determinados assuntos ou mesmo iniciar uma conversa. Foi nesta época que busquei, com maior intensidade, me permitir o contato com outras pessoas, ainda que enfrentasse impeditivos sucedâneos da fobia social que perdurou pelos três anos do ensino médio. Seis anos depois, enquanto escrevemos este artigo, reflito que aquele interesse romântico, apesar de nunca ter se concretizado da forma como eu gostaria num primeiro momento, foi o primeiro passo para além do isolamento afetivo-amoroso no qual eu havia me colocado. Eu queria aquele rapaz por perto, mesmo que fosse apenas como um amigo.

2.2 Desafios possíveis das relações

De acordo com Costa (2020), o autista, do ponto de vista físico, funciona como uma pessoa neurotípica. No entanto, apesar de o desejo estar quase sempre presente, a vivência com autistas mostra que não é incomum para eles terem dificuldades de construir e manter relacionamentos afetivos e até mesmo manter uma vida sexual saudável. Este tipo de desafio pode ser observado em depoimento do cartunista Rodrigo Tramonte em *Camaleônicos: A vida de adultos autistas,* livro de Selma Sueli Silva (2019, p. 45-46), no qual ele comenta que o relacionamento amoroso é tanto a maior dificuldade que apresenta, quanto sua grande frustração constante. Rodrigo observa que mesmo admirado por consequência de suas habilidades artísticas, não consegue essa admiração no sentido afetivo, e explica que isso ocorre tanto por ele ser descuidado com a aparência quanto por falar apenas sobre os mesmos temas.

Tomando este depoimento como uma das bases e tendo em mente a construção sociocultural dos discursos sobre o amor, é importante notar que a pessoa autista, em seu conjunto de especificidades, como a visão lógica, a literalidade e a rigidez de pensamento, pode não apresentar um comportamento socialmente esperado em um relacionamento. Tal noção de comportamento inusitado, provocado por uma interpretação literal dos fenômenos e um funcionamento mais rígido, é evidenciada no capítulo da telenovela *Malhação: Viva à Diferença*, exibido em 28 de novembro de 2017, que apresenta um diálogo entre o par romântico formado pelos personagens Guto (Bruno Gadiol) e Benê (Daphne Bozaski), uma adolescente autista. Nesta conversa, percebemos que Benê precisa de uma explicação concreta sobre qual é o *status* do relacionamento entre ambos:

> Benê: Fiquei pensando o que nós somos um do outro e não cheguei a nenhuma conclusão. Guto: O que você acha que a gente é? Benê: Depois de conversar com a Keyla, eu percebi que nós temos algumas opções: nós podemos ser crushes, ficantes, ficantes fixos ou namorados, porque nós nos beijamos na boca e amigos não fazem isso. (Malhação, 2017, s/p).

As questões sensoriais também influenciam o comportamento do autista perante as relações. Em entrevista à jornalista Gabriela Bandeira, do portal *Olhares do Autismo*, a pedagoga e ativista autista Caroline Souza, autora da página *Autistando* no Facebook, revela ser assexual. Segundo a ativista, as questões sensoriais alteradas nos autistas mostraram-se fator determinante para impedir que seus relacionamentos românticos se tornassem duradouros. Na entrevista, ela afirma ter dificuldade com toques, não gostar muito de beijos e carinhos e preferir ficar sozinha (Souza, 2019). A experiência de Caroline Souza encontra eco na minha própria experiência. Apesar de eu não ser assexual, a sensibilidade sensorial alterada revelou-se um desafio em minhas primeiras relações amorosas. Os odores masculinos, mais fortes que os femininos devido à testosterona, oscilavam de maneira que julgava estranha entre percepções de atração e incômodo.

O desejo de me envolver romanticamente com alguém me acompanha desde a adolescência, mas veio a se concretizar somente na vida adulta. Desde que percebi esta vontade, tinha medo de não perceber as regras sociais e sempre tive muita dificuldade de me aproximar dos rapazes pelos quais tinha interesse. Meu primeiro beijo ocorreu proposto por um amigo. Logo depois, nossa relação evoluiu para algo mais profundo, ainda que, como Benê, eu tenha dificuldade de definir conceitualmente o que fora, porque não éramos oficialmente namorados.

Um aspecto favorável nesta relação é o fato de que ele sempre me dava *feedbacks*, seja com relação às regras sociais ou às questões mais íntimas, o que me permitia ter uma ideia mais concreta da experiência. Esta postura difere-se bastante de algumas das minhas primeiras experiências amorosas. Certa vez, pedi a uma amiga que conversasse com determinado garoto para saber se ele estava interessando em mim. Estávamos conversando e nos encontrando há algum tempo, mas eu não conseguia ler suas expressões e reações. Em outra ocasião, saí duas vezes com um amigo, também autista e LGBTQ+. Apesar de haver sinais, como o jantar sofisticado em um restaurante caro que ele me ofereceu, as conversas "indiscretas" e o fato de ele abrir as portas do carro para mim, só fui perceber depois de muito tempo e de conversar com psicólogos e amigos que aquilo talvez significasse um interesse romântico.

Ex-marido de uma mulher autista, o editor Roberto Mendonça aponta, em entrevista para o livro *Neurodivergentes: Autismo na Contemporaneidade*, que era difícil lidar com a inteligência muito objetiva, a honestidade desconcertante e a impaciência da esposa (Mendonça, 2019, p. 55). Para um olhar clinicamente menos atento, essas sutis diferenças podem ser interpretadas apenas como comportamentos estranhos, inusitados ou deselegantes; afinal, o autismo é uma deficiência invisível, que não explicita diferenças físicas. Mesmo as particularidades intelectuais e comportamentais são sutis em quantidade expressiva de casos. Trata-se do que é definido pela quinta edição do Manual de Diagnóstico e Estatístico de Transtornos Mentais (o DSM-V, de 2013) como autismo leve. O DSM-V define que os indivíduos que se enquadram nessa seção do espectro autista precisam de suporte e, para os efeitos médicos, biopsicossociais e legais, essa extremidade mais "funcional" também é considerada uma deficiência.

A vivência com autistas mostra que eles exibem, muitas vezes, a necessidade de escolher pessoas ao longo da vida para exercerem esse suporte. Para alguns, pode ser o marido ou a esposa. Nesses casos, vale lembrar que, como apontam Pessoa e Silva (2019, p. 36), o ato de cuidar requer generosidade e entendimento do indivíduo, que não é uma extensão do sujeito alvo das práticas de cuidado. Assim, segundo as autoras, para evitar possíveis prejuízos à pessoa com deficiência, cujas vulnerabilidades são expostas de maneira mais contundente, é preciso que os parceiros da relação compreendam os próprios papéis e individualidades, além de que a pessoa com deficiência tenha suas necessidades atingidas.

A fala de Roberto Mendonça serve, ainda, como um lembrete de que o amor passa por uma teia de relações sociais, em que perpassam confrontos entre os modos de funcionamento de neurotípicos e neuroatípicos, conforme podemos observar também pela entrevista de Rodrigo Tramonte no livro *Camaleônicos: A Vida de Adultos Autistas*. Ele manteve somente três relacionamentos sérios, dois deles com mulheres que conheceu pela Internet. Todos esses relacionamentos duraram menos de um ano, porque elas não suportaram peculiaridades como a necessidade de períodos de isolamento, e porque Rodrigo perdeu o interesse por elas quando as diferenças entre eles começaram a interferir na relação (Silva, 2019, p. 46).

2.3 Sexualidade e Autonomia

De acordo com Pessoa e Silva (2019, p. 27), a palavra amor tem origem na língua latina: segundo o Dicionário Etimológico (2013), a raiz de seu significado está em "cuidar, gostar de algo ou alguém, sentir afeição, desejo ou preocupação". Para as autoras, é importante pensar que os modos como os sujeitos constituem discursividades sobre essa manifestação afetiva variaram bastante ao longo da história; afinal, o ato de amar e os modos como se manifesta socialmente são culturalmente relacionados às sociedades de cada época.

Interessante perceber como a própria noção do amor é constituída culturalmente, o que leva à problematização sobre como os autistas lidam com essa visão, considerando que seu desafio é justamente interpretar e lidar com as elaborações sociais. Silva (2017) relata, em um dos vídeos do canal *Mundo Autista*, como a má percepção de algumas regras sociais levaram seu comportamento a ser interpretado equivocadamente como demonstração de desejo por outra mulher, o que a colocou em uma situação de assédio. As queixas sobre relacionamentos abusivos e assédios sexuais costumam prevalecer com relação às mulheres autistas. No episódio 91 do *podcast Introvertendo*, intitulado *Assédio e Abuso*, a estudante de letras Mariana Sousa, diagnosticada como autista em 2019, revela uma situação ocorrida na virada do ano de 2019 para 2020, quando sofreu abuso de uma pessoa em que "confiava bastante":

> Era um grande amigo, a gente estudou junto, a gente ainda estuda junto. E foi para uma festa que só tinha outros amigos, e eu tava num momento muito ruim, eu tava passando por situações horríveis, eu tava com a fragilidade, uma crise pessoal mesmo bem forte, e ele acabou meio que se aproveitando dessa situação porque ele era praticamente a única pessoa que sabia. Eu, na festa, meio que acabei bebendo e misturei bebida e eu tomo remédio psiquiátrico. Então meio que acabou acontecendo. E ele meio que tá em estado de negação, ele nega, nega, nega e ele acaba me tratando como se eu fosse louca. (...) Eu tenho as sequelas que essa situação deixou, e elas tão aqui comigo, eu como mulher, eu como uma pessoa que tem transtorno, que confiei na pessoa, numa pessoa em que eu não devia ter confiado. E, assim, entra também, essa confiança, esse excesso de confiança, essa ingenuidade que muitas pessoas tão no espectro autista têm. Eu confiei nele e ele continuou normalmente no meu meio social. [sic]

As situações descritas por Mariana Sousa e Selma Sueli Silva remetem às discussões geradas pela telenovela brasileira que teria sido a primeira no país a chamar a atenção para o complexo espectro autista, *Amor à Vida*, produção da Rede Globo exibida no horário de 21 horas, de 20 de maio de 2013 à 31 de janeiro de 2014, em 221 capítulos. A obra trouxe a atriz Bruna Linzmeyer no papel da personagem autista Linda. Em entrevista a Carla Neves, do Portal UOL do Rio de Janeiro, Bruna afirmou que uma de suas maiores inspirações para compor a personagem foi a *youtuber* e ativista canadense Carly Fleischmann, que é autista grau 3 (autismo severo), não oralizada. Contudo, Mendonça (2019, p. 85) afirma que a telenovela "foi bastante criticada por carregar a mão nos estereótipos, culpar a mãe e não definir bem o grau da jovem no espectro, o que a tornou uma personagem mal desenvolvida ao longo da trama".

Um dos pontos mais criticados foi o fato de que a personagem – embora denotasse um nível de deficiência intelectual que a tornaria, para algumas interpretações, "legalmente incapaz", como condição coexistente ao autismo – tenha se relacionado e até se casado. A LBI (Lei Brasileira de Inclusão) resguarda às pessoas com deficiência o direito a decisões sobre corpo, sexualidade, matrimônio, privacidade e maternidade: de acordo com Pessoa e Silva (2019, p. 35), a acessibilidade amorosa estaria ancorada, do ponto de vista legal, nessa lei.

Por um lado, a lei garante o direito ao indivíduo com deficiência; por outro, no caso de autistas, pode ser que, dependendo do diagnóstico e de características da pessoa, ela seja considerada "legalmente incapaz". Sobre esse assunto, a pesquisadora Ana Arantes, do Laboratório de Aprendizagem Humana Multimídia Interativa e Ensino Informativo (LAHMIEI), da Universidade Federal de São Carlos, em entrevista a Luciana Alastre, da Revista Galileu (2013), disponível no site do periódico, enfatiza que

> Se a pessoa com TEA for considerada "legalmente incapaz", pode ser enquadrada no artigo 217 do Código Penal, que fala sobre crime sexual contra incapaz. (...) Linda, aparentemente, não demonstrava entendimento do que estava acontecendo no seu relacionamento com o advogado. Na cena em que ela é pedida em casamento, ela pergunta "o que é casamento?" e na cena do casamento mesmo parece que ela está totalmente alheia ao que está acontecendo. Eu fico pensando, que tipo de decisão madura, consciente e responsável essa menina pode ter tomado ao aceitar se casar? É uma discussão importante, que o autor infelizmente

escolheu não fazer, ou se fez, foi de maneira superficial. (Revista Galileu, 2013, s/p)

Entendemos que a intenção do autor Walcyr Carrasco foi encontrar uma solução favorável às questões da personagem autista. O par romântico de Linda foi a única pessoa na trama que demonstrou uma conexão pelo afeto com ela, aceitando-a da forma como ela era. No entanto, o que pode ter provocado reações negativas à audiência foi que a personagem começou apresentando sinais de um autismo clássico com dificuldades severas na comunicação e interação social, além de movimentos repetitivos bastante evidentes, e se tornou uma pessoa muito mais funcional.

Não é que autistas não possam evoluir em suas próprias competências e habilidades, mas a rapidez como o processo se desenvolve na trama pode abrir margem para questionamentos. O tratamento especializado mostrado na novela nos parece pouco compatível com o grau de evolução que a personagem apresentou, considerando o nível de suas dificuldades evidenciadas no começo.

Entendemos a temporalidade da trama televisiva e a necessidade de "acelerar" determinados processos em um produto midiático seriado. No entanto, conforme apontado por Arantes (2013), em certo momento da novela é retratado o início do tratamento da jovem, o que revela que ela não havia recebido intervenções na infância. A pesquisadora observa que, nesses casos, a velocidade do desenvolvimento das habilidades de comunicação e socialização é mais lenta. Afinal, quanto mais cedo e mais intensivo é o tratamento especializado, maiores as chances de a pessoa se desenvolver de maneira satisfatória.

Há uma cena da novela, repercutida na edição de 19 de dezembro de 2013 do programa *Mais Você*, da TV Globo, apresentado por Ana Maria Braga, que mostra Linda e seu par romântico, o advogado Rafael, interpretado por Rainer Cadete, brincando de se pintarem com tinta. Ela o suja de tinta e um momento lúdico e terno se inicia. Entendemos que a pintura serviu como meio de romper barreiras no relacionamento entre eles; abriu-se uma conexão, por meio de significativa linguagem não verbal. Aqui, nos parece uma tentativa de simbolizar particularidades comunicacionais do autista tendo em vista, muitas vezes, a importância do desenvolvimento e da valorização da interação não verbal.

Registramos que entendemos a complexidade das relações afetivas de um casal e que, dificilmente, a ficção conseguiria desvelar tais nuances.

No entanto, a teledramaturgia pode, involuntariamente, e até de modo idílico, construir narrativas otimistas, que apontem para uma transformação rápida demais, como se o amor fosse um componente, por si só, capaz de promover alterações significativas em tempo recorde. Os afetos são importantes para estímulos sensoriais do autista. Por outro lado, não podemos desconsiderar a importância de terapias e acompanhamentos de profissionais especializados no tema.

Como ocorre com todas as pessoas, não há um padrão para autistas, e mesmo as dificuldades de comunicação social e comportamento atípico variam, em suas manifestações, de um caso para o outro. É importante separar, também, o que é o autismo e o que são comorbidades (condições médicas ou psiquiatras que coocorrem com o TEA). A aparente deficiência intelectual de Linda não é critério para o diagnóstico de autismo, embora possa fazer parte do quadro clínico de vários indivíduos com essa condição. Tal diferenciação não pareceu clara na novela. Os acontecimentos na vida da personagem, os quais não faziam jus aos rótulos que lhe foram concedidos pelo público, podem ter favorecido a não aceitação de um romance no enredo. "As noções abarcadas pelo senso comum, no que se refere ao imaginário sobre as pessoas com deficiência, apontam, quase sempre, para uma expectativa social baixa" (Costa; Mantovani, & Pessoa, 2019, p.1).

Por outro lado, sob o lema "Nada sobre nós, sem nós", temos testemunhado essas pessoas tomarem para si a responsabilidade de constituir discursividades que questionam os modos vulneráveis como foram apresentadas e representadas ao longo de séculos (Pessoa & Silva, 2019, p. 30). Em 2017, como parte da campanha intitulada "Sou Autista, Tenho Direito ao meu Próprio Corpo", a Associação Brasileira para Ação por Direitos das Pessoas com Autismo lançou um manifesto no qual critica o fato de que muitas pessoas autistas não são conhecidas como detentoras do direito ao próprio corpo, com base nos relatos de vários indivíduos no Espectro Autista que afirmam ter seus direitos sexuais e reprodutivos impedidos. De acordo com a entidade, a justificativa é a falsa crença de que alguém que não exerce sua sexualidade está mais protegido contra abusos. (Abraça, 2017). Para Pessoa e Silva (2019, p. 35), a legislação vigente registra o reconhecimento da capacidade civil das pessoas com deficiência à tomada de decisões para assegurar a igualdade de direitos. A percepção legal mostra-se contrária à noção de não sujeito associada, pelo senso comum, a pessoas que apresentam casos mais severos de autismo e outras deficiências.

3. Apontamentos sobre amor e autismo rumo à acessibilidade amorosa

As representações fictícias e alguns depoimentos reais aqui demonstrados evidenciam uma série de decepções no encontro com o outro e são reveladoras sobre a capacidade desse processo de gerar a busca pela melhoria no entendimento e prática das habilidades sociais deficitárias no autista e, em última análise, estimular o autoconhecimento. Esse fator é o que leva uma das autistas mencionadas no texto a optar, em determinado momento, por permanecer sozinha, em uma fase específica da vida, o que, conforme a prática clínica descrita por Costa (2020), não é incomum entre autistas. Para a neuropsicóloga, contudo, a decisão de listar as vantagens e desvantagens sobre manter um relacionamento é mais eficaz se realizada com a ajuda de um profissional da área de saúde mental.

A fala da pesquisadora Annelise Júlio Costa elucida que, para além do treino de habilidades sociais como forma de auxílio à criação e manutenção dos vínculos afetivos, faz-se necessária a psicoeducação do indivíduo para a conscientização das próprias sensações e sentimentos, para que ele seja apto a lidar com as consequências do relacionamento amoroso, sejam físicas, emocionais e até cognitivas. É importante destacar que as intervenções acerca da autoconscientização e do manejo social são importantes em qualquer momento da vida afetiva do sujeito.

Entendemos que os autistas são homens e mulheres cujos déficits na socialização resultam em fator determinante para dificultar e até mesmo impossibilitar os relacionamentos afetivos. Seria o amor romântico acessível às pessoas autistas? Não estaríamos nos esquecendo, muitas vezes, nos debates sobre acessibilidade, de incluir algo tão primordial como o afeto, tomado aqui em sua acepção de sentimento? E mais: o amor, por seu caráter abstrato, seria experienciado de forma distinta pelas pessoas no Espectro Autista, cujo processamento implica em maior dificuldade com abstrações?

Sabemos bem que não há fórmulas nem regras para o amor ou para a acessibilidade amorosa. Considerando o caráter genérico dessa afirmativa entendemos que, no caso de pessoas do TEA, esta acepção da doxa torna-se ainda mais complexa. Além de lidar com a imprevisibilidade da complexa arte de amar e de se relacionar, um conjunto de fatores, como apontado no texto, pode desencadear sensações que instabilizam aspectos da vida cotidiana.

O leitor pode estar se perguntando: mas não seria assim com qualquer pessoa que é surpreendida por uma relação ou uma disposição amorosa? Provavelmente, o leitor tenha razão, o que não nos exime da necessidade de tal discussão. Ainda que, para economia deste capítulo, tenham sido apresentados alguns depoimentos de pessoas do TEA e a experiência singular de uma jovem autista, esperamos inspirar reflexões em direção aos desafios da acessibilidade amorosa, especificamente para essas pessoas, não somente favorecendo amores platônicos, mas amores que possam ser vivenciados em sua plenitude.

Referências bibliográficas

American Psychiatric Associaton. (2013). *Diagnostic and Statistical Manual of Mental Disorders, Fifth Edition*. APA: Estados Unidos.

Associação Brasileira para Ação dos Direitos da Pessoa com Autismo. *Manifesto: Sou autista, tenho direito ao meu próprio corpo*. Recuperado de http://abraca.autismobrasil.org/manifestocampanha2017/.

Bandeira, G. (2019, Novembro 13). *Sexualidade no Autismo: entenda as dificuldades de se relacionar e saiba como ajudar no processo*. Entrevista de Caroline Souza a Gabriela Bandeira. OLHARES DO AUTISMO, Poços de Caldas. Recuperado de http://olharesdoautismo.com.br/2019/11/13/sexualidade-no-autismo/

Filho, M. M. (2013-2014). *Amor à vida*. Direção: Mauro Mendonça Filho. Rede Globo.

Galastri, L. (2014, Fevereiro 03). *Autismo retratado em 'Amor à vida' passou longe da realidade, diz psicóloga*. Entrevista de Ana Arantes a Luciana Galastri. Revista Galileu, Editora Globo, São Paulo. Recuperado dehttps://revistagalileu.globo.com/Sociedade/noticia/2014/02/autismo-retratado-em-novela-passa-longe-da-realidade.html

Mais Você. *Reveja a cena em que Linda e Rafael fazem pintura juntos em Amor à Vida*. Recuperado dehttps://globoplay.globo.com/v/3028697/.

Malhação - Viva a Diferença (2017, Novembro 28). *Temporada 25, episódio 145*. Direção: Paulo Silvestrini. Rede Globo.

Mendonça, V. (2017). *Neurodivergentes: Autismo na Contemporaneidade*. Manduruvá Edições Especiais: Belo Horizonte.

Mendonça, V., & Silva, S. S. (2020, Fevereiro 12). *Sexualidade no Autismo: Como ajudar adolescentes e jovens autistas?* Entrevista de Annelise Júlio Costa a Victor Mendonça e Selma Sueli Silva. UAI, Belo Horizonte. Recuperado de https://omundoautista.com.br/sexualidade-no-autismo-como-ajudar-a-dolescentes-e-jovens-autistas/.

Mundo A. *Autismo e Disforia de Gênero*. Recuperado de https://www.youtube.com/watch?v=OIy1meEVUag.

Neves, C. (2013, Maio 29). *Após estudar nove meses para viver autista em "Amor À Vida", Bruna Linzmeyer diz que não teme críticas*. Entrevista de Bruna Linzmeyer a Carla Neves. Uol, Rio de Janeiro. Recuperado de https://noticias.bol.uol.com.br/ultimas-noticias/entretenimento/2013/05/29/apos-estudar-nove-meses-para-viver-autista-em-amor-a-vida-bruna-linzmeyer-diz-que-nao-teme-criticas.htm.

Pessoa, S. C., Mantovani, C. M. C. A., & Costa, V. S. (2020). Corpos pós-humanos e com deficiência em ambientes digitais. *E-Compós*. doi: https://doi.org/10.30962/ec.1906.

Pessoa, S. C. (2019). Corpos com deficiência: movimentos de experiências e afetações por uma acessibilidade afetiva. In N. Prata, S. C. Pessoa (Orgs.). *Desigualdades, gêneros e comunicação*. São Paulo: Intercom.

Pessoa, S. C., Marques, Â. S., & Mendonça, C. M. C. (2019). Conversações afetivas: modos plurais de acolher diferenças, performatividades e subjetividades na pesquisa. In S. C. Pessoa, A. S. Marques, & C. M. C. Mendonça (Orgs.). *Afetos: Pesquisas, reflexões e experiências em encontros com Jean-Luc Moriceau*. PPGCOM.

Pessoa, S. C., & Silva, M. C. (2019). Acessibilidade amorosa: ideias, encontros e afetos para pessoas que experienciam situações de deficiência. In S. C. Pessoa, A. S. Marques, & C. M. C. Mendonça (Orgs.). *Afetos: Pesquisas, reflexões e experiências em encontros com Jean-Luc Moriceau*. PPGCOM.

Sousa, M. (2020). *Introvertendo 91 – Assédio e Abuso*. Entrevistadora: Y. Delgado Entrevistada: M. Sousa. Superplayer & Co, 2020. Podcast. Recuperado de https://www.introvertendo.com.br/podcast/introvertendo-91-assedio-e-abuso/.

Sueli Silva, S. *Reflexões sobre os relacionamentos com os homens.* Recuperado de https://omundoautista.com.br/reflexoes-sobre-os-relacionamentos-com--os-homens/

Sueli Silva, S. (2019). *Camaleônicos: A vida de autistas adultos.* Manduruvá Edições Especiais: Belo Horizonte

Yonezawa, F. H. Só a alegria produz conhecimento: corpo, afeto e aprendizagem ética na leitura deleuzeana de Spinoza. *Educação: Teoria e Prática.* doi https://doi.org/10.18675/1981-8106.vol25.n48.p186-199.

CAPÍTULO 21

Estratégias de intervenção nos transtornos específicos de aprendizagem

Ricardo Franco de Lima
Fabiana Silva Ribeiro
Flávia Heloísa Santos

1. Introdução

O presente capítulo objetiva apresentar exemplos de estratégias que podem ser utilizadas durante o processo interventivo de indivíduos com Transtorno Específico de Aprendizagem, sobretudo a Dislexia e a Discalculia do Desenvolvimento. Para a dislexia serão enfatizadas as estratégias de funções executivas aplicadas à compreensão leitora. Para a discalculia a ênfase será dada para as intervenções tecnológicas.

2. Dislexia do desenvolvimento, funções executivas e compreensão leitora

A Dislexia do Desenvolvimento é um Transtorno Específico de Aprendizagem (TEAp) que compromete a aquisição e o desenvolvimento da linguagem escrita, sendo caracterizada por déficits em diferentes domínios cognitivos (*American Psychiatric Association* [APA], 2014; World Helth Organization [WHO], 2018). Além das alterações centrais no processamento fonológico, estudos nacionais (Guimarães, Medina, & Souza, 2018; Lima, Salgado-Azoni, & Ciasca, 2013a; Lima, Salgado-Azoni, & Ciasca, 2013b) e internacionais (Bausela-Herreras, Cordero-Andrés, &

Tirapu-Ustárroz, 2019; Moura, Simões, & Pereira, 2015) têm demonstrado que os indivíduos com dislexia podem apresentar dificuldades nas Funções Executivas (FE).

As FE representam um conjunto de habilidades cognitivas distintas que auxiliam o indivíduo na resolução autônoma de atividades (Diamond, 2013). Do ponto de vista operacional, tais habilidades estão presentes em todas as etapas até a conclusão de uma atividade ou meta: (i) definição da meta; (ii) planejamento das etapas; (iii) priorização; (iv) organização; (v) seleção das estratégias; (vi) automonitoramento e percepção de erros; (vii) flexibilidade cognitiva para mudar a estratégia e realizar ajustes; (viii) controle inibitório, atencional e de interferências; e (ix) autoavaliação (Krishnan & Meltzer, 2007; Lima, 2015).

De maneira geral, os construtos que sintetizam as FE são: (i) memória operacional (armazenamento temporário e manipulação de informações para o desempenho de uma tarefa); (ii) controle inibitório (inibição de respostas prepotentes, de estímulos distratores e regulação emocional); e (iii) flexibilidade cognitiva (alternância do estado mental e estratégias) (Diamond, 2013; Miyake, Friedman, Emerson, Witzki, & Howerter, 2000). As funções cognitivas mais complexas, como o planejamento, o raciocínio e a resolução de problemas são derivadas dos componentes supracitados (Diamond, 2013).

Em situações escolares, os estudantes precisam engajar FE para dar conta das diferentes demandas (p. ex.: compreender a leitura, produzir um texto, realizar lições de casa ou estudar para provas). Quanto maior o desenvolvimento das FE e repertório de estratégias para lidar com tais demandas, maior será o grau de autonomia (autorregulação) do estudante (Lima, 2015).

Assim, um estudante que faz uso de estratégias de FE é mais autorregulado, sendo capaz de: estabelecer metas; selecionar estratégias apropriadas; organizar o ambiente de trabalho; usar recursos de maneira eficaz; monitorar o próprio desempenho; administrar o tempo; buscar ajuda; manter crenças positivas de autoeficácia; identificar fatores que influenciam o aprendizado; antecipar resultados das ações e experimentar satisfação com o próprio esforço (Ertmer & Schunk, 2000).

Os estudos mostram que as FE podem predizer o desempenho em habilidades escolares, como a Compreensão Leitora (CL), auxiliando o processo de construção dos significados do material lido (Potocki, Sanchez, Ecalle, & Magnan, 2015; Sesma, Mahone, Levine, Eason, & Cutting, 2009). A título de exemplo, no estudo de Potocki et al. (2015) o desempenho de estudantes (8 e 15 anos) em CL foi predito pela memória operacional, o planejamento e o controle inibitório. Além disto, os indivíduos que apresentavam dificuldades específicas em CL demostraram resultados inferiores nos componentes acima e em planejamento. O Quadro 1 apresenta alguns exemplos das contribuições das FE para a leitura e escrita (Krishnan & Meltzer, 2007).

Quadro 1 – Relação entre as funções executivas e a linguagem escrita.

Habilidades escolares	Funções executivas
Compreensão leitora	Identificar objetivos para a leitura. Priorizar informações mais importantes. Monitorar desempenho, verificando compreensão. Síntese do conteúdo para a construção do significado. Flexibilidade para interpretar conteúdos ambíguos. Fazer inferências e conclusões. Organização das informações. Compreender informações de causa e efeito. Sintetizar informações.
Produção escrita	Planejar. Organizar pensamentos e argumentos. Adequar informações a um determinado gênero textual. Adequar texto aos objetivos. Corrigir e editar.

Fonte: Krishnan & Meltzer (2007).

Particularmente, a CL pode ser definida como um processo complexo de construção de significados que envolve a interação entre as variáveis relacionadas ao leitor (conhecimento prévio e uso de estratégias) e do texto em si (gênero textual, número de palavras, entre outras) (Klingner, Vaughn, & Boardman, 2007). Irwin (1991) descreveu a CL por meio de cinco processos, sintetizados no **Quadro 2**.

Quadro 2 – Processos envolvidos com a compreensão leitora.

Microprocessos	"Pedaços": conjunto de palavras dentro das frases que possuem um determinado significado, requerem vocabulário e compreensão sintática. Microseleção ou recordação seletiva: o leitor pode decidir quais "pedaços" ou detalhes do texto são importantes para armazenar e evocar.
Processos integrativos	Compreender conexões e realizar inferências: o leitor realiza conexões entre as sentenças, compreende pronomes e conectivos.
Macroprocessos	Organização: as ideias são mais bem compreendidas e recordadas quando organizadas, de modo que o leitor pode realizar isto voluntariamente. O conhecimento da estrutura do texto por meio de um "mapa de história", é um exemplo de estratégia de organização. Resumo: a seleção da ideia central e partes mais importantes também são exemplos de mecanismos utilizados para a compreensão.
Processos elaborativos	Fazer predições, ativar conhecimento prévio, criar imagem mental, raciocínio e respostas afetivas: ao ler, o indivíduo processa e articula informações novas com as anteriormente armazenadas, associa imagens, realiza inferências sobre dados que ainda não foram descritos.
Processos metacognitivos	Monitoramento da compreensão: tornar-se consciente de sua leitura e dos processos cognitivos, selecionar o que lembra e regular o uso de estratégias. Habilidades de estudo: utilizar a leitura e processos metacognitivos para situações de estudo. Seleção de estratégias: selecionar as estratégias apropriadas para lidar com diferentes atividades de leitura, usar estratégias metacognitivas para reler, revisar, selecionar palavras importantes, tomar notas e checar.

Fonte: Irwin (1991).

Com base no exposto, os déficits no funcionamento executivo podem aumentar os prejuízos que os indivíduos com dislexia apresentam no contexto escolar, sobretudo em situações nas quais precisam ler, compreender e escrever de maneira autônoma (Lima, 2015). Dessa forma, é plausível que os profissionais envolvidos com o processo interventivo, nos contextos clínico e educacional, se atentem para as relações evidenciadas entre a dislexia, FE e habilidades escolares, como a CL.

O trabalho interventivo com a leitura de indivíduos com dislexia deve abranger estratégias para as habilidades de decodificação e fluência, mas principalmente engajar processos metacognitivos para a compreensão. No presente capítulo, são sugeridas estratégias de FE, a partir de uma perspectiva compensatória e instrucional.

2.1 Exemplos de estratégias de funções executivas aplicadas à compreensão leitora

A compreensão é, sem dúvida, um dos objetivos centrais da leitura. Dessa forma, a leitura deve ser realizada de maneira estratégica e autorregulada. Indivíduos autorregulados realizam a leitura de maneira estratégica, determinam objetivos, tomam nota, grifam, fazem questões para si próprios, percebem as entrelinhas, fazem inferências, organizam as informações, confrontam as informações do texto com aquelas que já possuem sobre o assunto, monitoram sua compreensão. Quando terminam o texto, avaliam e refletem sobre o conhecimento adquirido (Boardman, Klingner, & Vaughn, 2007; Kaufman, 2010; Tovani, 2005). Como pode ser observado, estas são as dificuldades exibidas por um indivíduo com dislexia, ainda que já tenha adquirido alguma automaticidade para a decodificação das palavras.

Nesta seção serão apresentados alguns exemplos de estratégias de FE que podem ser utilizadas para auxiliar a CL. Em primeiro lugar, sugere-se que o repertório de estratégias do indivíduo seja avaliado e caracterizado de maneira quantitativa e qualitativa. Para isto, o profissional poderá dispor de alguns materiais, como a "Escala de Avaliação das Estratégias de Aprendizagem para o Ensino Fundamental" (EAVA-P-EF) (Boruchovitch, Oliveira, & Santos, 2010) e o baralho "Funções Executivas na Escola", por exemplo (Lima, 2019).

Posteriormente, podem ser incluídas estratégias de FE no planejamento terapêutico ou escolar. É importante que o processo de aprendizado de tais estratégias esteja fundamentado teoricamente. Um exemplo é o modelo de "Desenvolvimento de Estratégias Autorreguladas" (*Self-Regulated Strategy Development* - SRSD). O SRSD tem sido utilizado com jovens como forma de intervenção para as habilidades de leitura e escrita (Harris, Graham, Mason, & Friedlander, 2012). Trata-se de um modelo que combina autorregulação e o ensino explícito de estratégias. A instrução possui seis estágios que, apesar de organizados temporalmente, podem ser combinados ou retomados conforme as necessidades do estudante (**Quadro 3**) (Harris et al., 2012; Mason, Reid, & Hanagan, 2012).

Quadro 3 – Estágios do Modelo de Desenvolvimento de Estratégias Autorreguladas

Estágios SRSD	Descrição
Estágio 1 Desenvolver e ativar o conhecimento anterior	Determinar se o estudante possui habilidades necessárias para utilizar a estratégia. Analisar a tarefa.
Estágio 2 Discutir a estratégia	Apresentar instrução sobre a estratégia. Usar correspondentes mnemônicos (p. ex.: acrônimo). Usar organizadores gráficos para apresentar a estratégia (p. ex.: mapas conceituais e resumo). "Tempestade de ideias" sobre conhecimentos (o que é a estratégia, quando e como pode ser usada). Estabelecer metas para sua utilização. Apresentar procedimentos de automonitoramento e autoinstrução.
Estágio 3 Modelar a estratégia	Modelar como a estratégia deve ser utilizada. Um adulto experiente atua como modelo, explicando o passo a passo; Usar o "pensar alto" por meio de autoinstruções, tornando claras as metas e os mecanismos de automonitoramento.
Estágio 4 Memorizar a estratégia	Memorizar os passos da estratégia. Memorizar as autoinstruções. Providenciar mediadores externos (cartões ou modelos) que podem ser retirados posteriormente.
Estágio 5 Suporte à estratégia	Prática colaborativa: adulto modela a estratégia e trabalha junto com o estudante. Instrução com suporte: o adulto provê maior auxílio no início e diminui progressivamente, transferindo ao estudante a responsabilidade de realizar a tarefa de maneira independente. Prática em grupo: realização das atividades com auxílio de colegas.
Estágio 6 Prática independente	Um adulto monitora o desempenho e uso das estratégias. Estudante realiza a tarefa sem suporte ou *feedback* e de acordo com os princípios de autorregulação. Pode realizar adaptações da estratégia, desde que não prejudiquem o desempenho.

Fonte: Harris et al. (2012) ; Mason et al. (2012).

De maneira operacional, os processos das FE aplicados às demandas escolares podem ser engajados em três grandes momentos: **A**ntes da realização da tarefa propriamente dita; **D**urante a realização da tarefa; e **D**epois da realização da tarefa. É possível utilizar o acrônimo **ADD** (Antes, Durante e Depois) para representar as funções de planejamento, execução/monitoramento e avaliação (Lima, 2015).

2.1.1 Estratégia TWA

O TWA representa um acrônimo em Inglês que significa "*Think before reading, think While reading, think After reading*" (Hanagan, Mason, & Reid, 2012). Dessa forma, o indivíduo deve ser treinado a realizar distintos processos cognitivos e metacognitivos antes, durante e depois da leitura (**Quadro 4**). A estratégia pode ser ensinada e treinada, seguindo os princípios do SRSD.

Quadro 4 – Estágios da estratégia ADD

T	Think before reading Pensar sobre: A proposta do autor. O que você sabe. O que precisa saber.
W	Think While reading Pensar sobre: A velocidade de leitura. As relações com o que você já sabe. A compreensão.
A	Think After reading Pensar sobre: A ideia central do texto. Resumir informações. O que você aprendeu.

Fonte: Hanagan et al. (2012).

2.1.2 Estratégias RAP e TRAP

As estratégias RAP (Schumaker, Denton, &.; Deschler, 1984) e TRAP (Mason et al., 2012) auxiliam na identificação e evocação das ideias centrais dos textos expositivos. Elas representam acrônimos em inglês, que podem ser adaptados em português como LPR e PLPR, respectivamente (Lima, 2015). Elas também podem ser ensinadas por meio dos estágios do SRSD. O **Quadro 5** mostra os processos cognitivos e metacognitivos que fazem parte de cada uma das etapas das estratégias.

Quadro 5 – Estágios das estratégias RAP e TRAP

Estratégia RAP		Estratégia TRAP	
		T	Think (Pensar) Pensar antes da leitura.
R	Read (Ler) Ler o parágrafo.	R	Read (Ler) Ler o parágrafo.
A	Ask (Perguntar) Perguntar-se qual é a ideia central.	A	Ask (Perguntar) Perguntar-se qual é a ideia central e dois detalhes.
P	Paraphrase (Resumir) Resumir a ideia principal nas próprias palavras.	P	Paraphrase (Resumir) Resumir a ideia principal e os detalhes.

Fontes: Schumaker et al. (1984); Mason et al. (2012).

2.1.3 Estratégia ADD

A estratégia baseia-se na divisão da leitura em três estágios: Antes, Durante e Depois, que correspondem aos processos cognitivos e metacognitivos de planejar, fazer e avaliar. O indivíduo deve ser ensinado explicitamente sobre o que fazer em cada um desses estágios. O **Quadro 6** apresenta uma síntese de cada um deles (Lima, 2015). Recomenda-se a incorporação de autoinstruções. Por exemplo: durante a realização da leitura, é importante que o indivíduo consiga perceber se está compreendendo cada parágrafo. As autoinstruções "Estou compreendendo?" ou "O que eu compreendi deste parágrafo?" podem auxiliar no monitoramento.

Quadro 6 – Estágios da estratégia ADD

Antes	Estabelecer o objetivo da leitura. Observar título e subdivisão do texto. Identificar o assunto do texto. Identificar o que já sabe sobre o assunto. *"O que eu já sei sobre este assunto?"*
Durante	Ler com atenção. Ajustar a velocidade de leitura. Identificar palavras desconhecidas. Realizar pausas para monitorar compreensão. *"Estou compreendendo?"*
Depois	Avaliar o desempenho final. Dar nota para a compreensão. *"O que eu entendi sobre o texto?"*

Fonte: Lima (2015).

2.1.4 Mapas de histórias

O uso dos mapas de histórias parte do pressuposto de que o conhecimento prévio da estrutura do texto narrativo pode favorecer a CL. Assim, um mapa pode atuar como mediador que organiza as informações contidas no texto. Inicialmente, o indivíduo deve ser ensinado explicitamente sobre a estrutura do texto narrativo: cenário, personagens, conflito, ações, clímax, resolução do conflito e consequências. Posteriormente, é realizada a modelação do uso do mapa de história durante ou após a leitura de um texto (**Figura 1**).

Figura 1 – Exemplo de mapa de história

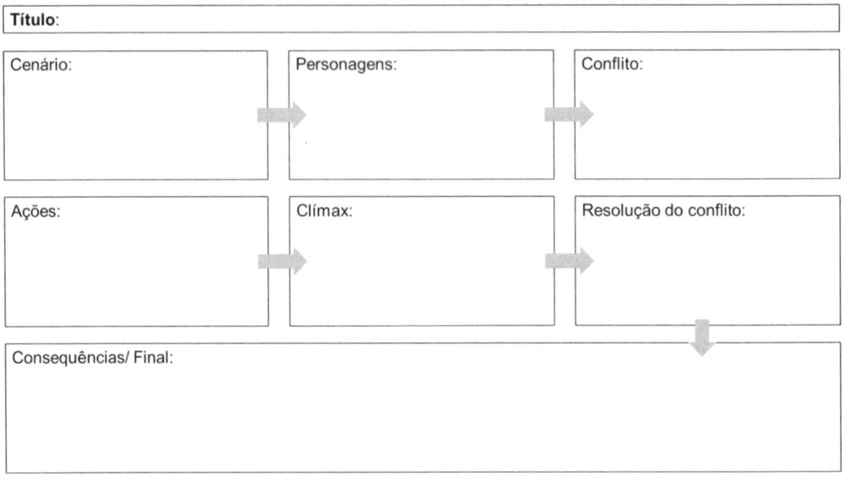

Fonte: Lima (2015).

Seguem abaixo alguns exemplos de situações sobre o uso dos mapas:

- O mapa de história pode ser preenchido (com ou sem mediação) após a leitura de um texto narrativo (pelo profissional ou indivíduo com dislexia);
- Enquanto o profissional realiza a leitura do texto, o indivíduo com dislexia pode fazer uso de uma imagem mental dos itens que fazem parte do mapa de história;
- O mapa de história pode ser usado após o trabalho com um determinado texto para avaliar o nível de compreensão e evocação das informações;
- O mapa de história pode ser usado como estratégia de pré-escrita, ou seja, para planejar os itens que serão escritos posteriormente.

2.1.6 Mapas conceituais

Os mapas conceituais são exemplos de organizadores gráficos, pois representam estruturas esquemáticas e visuais utilizadas para explicitar a relação entre diferentes assuntos (Boruchovitch & Souza, 2010; Tavares, 2007). O uso desse tipo de estratégia auxilia no processo de organização das informações, além de representar um mediador para o estudo posterior. A **Figura 2** mostra um exemplo de mapa conceitual elaborado por uma paciente com diagnóstico de dislexia durante o processo de reabilitação neuropsicológica.

Os mapas podem ser confeccionados manualmente ou por meio de diferentes sites e aplicativos de celulares. Alguns exemplos são: *Coogle* (https://coggle.it/), *Wisemapping* (http://www.wisemapping.com/), *Goconqr* (https://www.goconqr.com/pt-BR), *Mindmeister* (https://www.mindmeister.com/pt) e *Mindomo* (https://www.mindmeister.com/pt).

Figura 2 – Exemplo de mapa conceitual

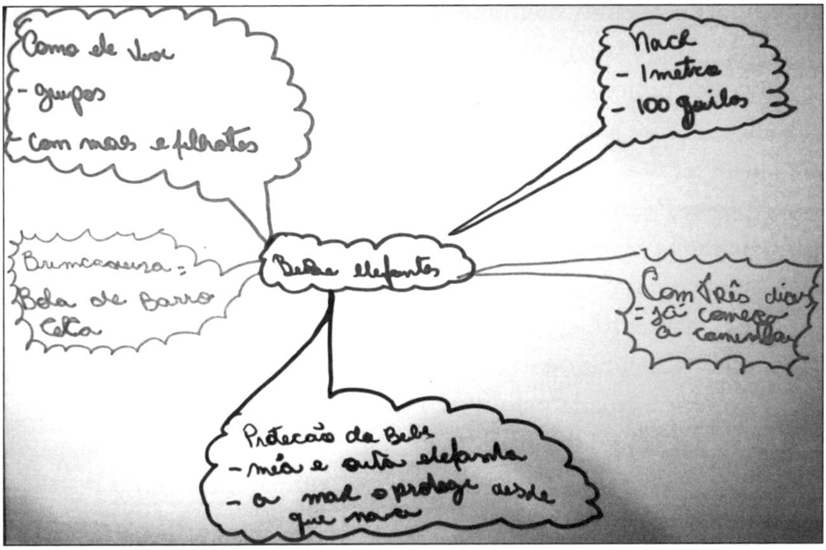

Fonte: Lima (2015).

2.2 Evidências Científicas

Diferentes treinamentos breves e intervenções clínicas, utilizando os modelos das FE e princípios da aprendizagem autorregulada, têm se mostrado eficazes para melhorar a CL nos contextos escolares e clínicos.

Mason (2004) comparou os efeitos de dois tipos de intervenção para CL em 32 estudantes do 6ª ano que apresentam dificuldades de aprendizagem. O primeiro foi a técnica TWA, ensinada conforme o modelo SRSD, e a técnica de questionamento recíproco (RQ). Os resultados evidenciaram que a técnica TWA foi mais eficaz para promover melhoras nas medidas de CL. Posteriormente, Mason (2013) apresentou revisão das evidências de eficácia de oito estudos que utilizaram o SRSD para instrução dessa técnica, demonstrando que a divisão da tarefa de leitura em antes, durante e depois engaja componentes estratégicos (cognitivos e metacognitivos) das FE.

García-Sánchez e Fidalgo-Redondo (2006) avaliaram o efeito do SRSD e o modelo sequencial de aquisição de habilidade (SCM) como formas de intervenção para a escrita em estudantes com transtornos de aprendizagem. Participaram 121 estudantes com transtornos de aprendizagem e/ou baixo desempenho escolar. Ambos os modelos foram eficazes, promovendo melhoras nos indicadores de escrita (estrutura, coerência e qualidade), assim como no tempo utilizado para a escrita e revisão dos textos. O SDSD também promoveu aumento do tempo dedicado ao planejamento do texto e o SCM aumentou a autoeficácia associada à escrita.

Spörer, Brunstein e Kieschke (2009) avaliaram três formas de instrução explícita de estratégias para a CL em 210 estudantes do 3º ao 6º ano. O treinamento ocorreu por meio do ensino de estratégias de resumo, questionamento, esclarecimento e inferência. Por sua vez, a prática do uso das estratégias ocorreu em pequenos grupos (ensino recíproco), pares ou prática guiada pelo instrutor. Houve melhor desempenho no pós-teste e *follow-up* em medidas de leitura e CL para os participantes submetidos ao ensino recíproco, quando comparados com a instrução guiada e controle.

Schünemann, Spörer e Brunstein (2013) realizaram estudo de intervenção em sala de aula comparando 306 estudantes de 5º ano que frequentavam treze salas submetidas ao ensino recíproco de estratégias de CL combinado com instrução explícita da aprendizagem autorregulada. As salas foram comparadas a outras três que serviram como controle. A instrução para estratégias foi conduzida por assistentes treinados e a prática das estratégias ocorreu em pequenos grupos. Os estudantes que receberam ensino recíproco isolado ou combinado com a aprendizagem autorregulada, apresentaram melhor desempenho que o controle no pós-teste e *follow-up* (8 semanas após a intervenção) em medidas de CL, uso de estratégias e autoeficácia para a leitura. Apesar da eficácia dos dois tipos de intervenção, os estudantes do grupo que recebeu ensino combinado com estratégias mantiveram os ganhos além do período de *follow-up*. Análise de mediação indicaram que esse efeito pode ser explicado pelo aprendizado de estratégias e foi mais evidente nos estudantes com dificuldades em fluência.

Gayo, Deaño, Conde, Ribeiro, Cadime e Alfonso (2014) utilizaram um programa sistematizado ("Aprender a aprender") em salas de 5º e 6º anos, comparadas com grupos controles. O programa foi desenvolvido durante seis meses por dois professores com 94 estudantes e consistiu em um treinamento de estratégias metacognitivas para auxiliar na compreensão de leitura. Por meio de um desenho de pré, pós-teste e *follow-up* foi observado melhor desempenho das salas submetidas ao programa em instrumentos de compreensão e planejamento, além da manutenção dos efeitos ao longo do tempo.

No contexto clínico, Lima (2015) submeteu indivíduos com dislexia do desenvolvimento a um programa de reabilitação neuropsicológica com ênfase nas funções executivas. O programa foi baseado no aprendizado de estratégias de funções executivas para lidar com diferentes demandas escolares, como: manejar o tempo, organizar ambiente de estudos e materiais, estudar para provas, realizar lições de casa e compreender textos narrativos. Para a CL foi utilizada a estratégia PLPR (**P**ensar, **L**er, **P**erguntar, **R**esumir), que se trata de uma adaptação das estratégias RAP e TRAP. A avaliação da eficácia do programa foi realizada por meio de dois estudos que demonstraram, em síntese, efeitos positivos sobre o controle inibitório, memória operacional, planejamento, uso de estratégias de aprendizagem e de compreensão, e na CL.

Recentemente, numa perspectiva das FE, García-Madruga, Gómez-Veiga e Vila (2016) descreveram diferentes propostas de intervenções para memória operacional visando melhorar a CL. Os autores apresentaram os resultados de seu treinamento para a CL destinado a estudantes do ensino básico pelo engajamento de processos executivos da memória operacional, envolvidos com: foco nas informações relevantes, alternância entre representações e tarefas, estabelecimento de relações entre informações novas do textos e adquiridas, atualização das representações semânticas do texto na memória operacional e inibição de informações irrelevantes. A técnica instrucional foi aplicada pelo professor, sendo composta pelas fases de: instrução explícita, modelação, prática guiada e independente. Os autores conduziram dois experimentos para avaliar a eficácia do programa. No estudo 1, participaram estudantes do 3º ano (8-9 anos), treinados em sala de aula por 50 minutos por dia, durante

12 dias ao longo de quatro semanas. O pós-teste mostrou aumento no desempenho em CL para os estudantes submetidos ao treinamento quando comparados com amostra controle, que receberam instrução normal. Entretanto, os efeitos sobre as medidas em memória operacional não foram significativos. No estudo 1, o tempo do programa foi de dez dias e a avaliação incluiu instrumentos adicionais para a memória operacional. Neste estudo foram evidenciados efeitos positivos sobre a CL e o desempenho em memória operacional.

Cirino, Miciak, Gerst, Barnes, Vaughn, Child e Huston-Warren (2017) também observaram efeitos positivos de um treinamento experimental conduzido por pesquisadores com 75 estudantes do 4º ano para grupos submetidos à leitura de texto associada ou não a estratégias baseadas nas FE e aprendizagem autorregulada. Apesar dos benefícios observados em CL, o estudo apresentou resultados limitados para determinar a especificidade de efeito do uso de estratégias associadas à leitura.

2.3 Discalculia do Desenvolvimento

Estudos demonstram que neonatos são aptos a perceber mudanças em quantidades, a partir de sons emitidos (Schleger et al., 2014). Bebês aos seis meses já são capazes de calcular pequenas quantidades como 1+1 ou 2-1 a partir de objetos como marionetes (Berger, Tzur, & Posner, 2006; Bremmer et al., 2017; Wynn, 1992). Isto significa que a numerosidade, a capacidade para quantificar *per se*, é uma predisposição natural em seres humanos e que está presente também em outras espécies (Dehaene, 2001). Entretanto, já na pré-escola é possível observar que algumas crianças podem apresentar dificuldades em manipular numerosidades e nos anos escolares tais dificuldades tendem a se intensificar, pois, culturalmente há uma equívoca crença de que "é normal ter dificuldades em matemática". Felizmente, o mesmo não ocorre com a leitura, pais e professores se mostram prontos a sanar tais dificuldades.

A expressão "dificuldades com a matemática" se refere a uma aprendizagem ineficiente nesta disciplina escolar, caraterizada por notas baixas, erros ao efetuar a lição de casa, no acompanhamento das atividades em sala de aula. Esta expressão, portanto, é ampla no sentido de abarcar quaisquer determinantes de dificuldades: sensoriais, intelectuais, emocionais, as falhas pedagógicas propriamente ditas assim como fatores socioeconômicos e interpessoais. Portanto, detectar que uma criança tem dificuldades com a matemática, sem discriminar os fatores determinantes inviabiliza o encaminhamento para os tratamentos apropriados em cada caso (Santos, 2017).

Assim, o primeiro passo a ser tomado nesta circunstância é encaminhar a criança para uma avaliação especializada, de preferência com um profissional da neuropsicologia, que poderá implementar um processo diagnóstico que abrange aspectos cognitivos, emocionais e sociais com ferramentas psicométricas que permitem estabelecer o rendimento da criança de forma objetiva, e assim discriminar a qual subgrupo de dificuldades de aprendizagem da matemática e, principalmente, que tipo de intervenção convém para a criança.

Os tipos de dificuldades de aprendizagem da matemática já foram relatados em publicações prévias (Santos, 2018). Em breves palavras, podemos identificar os dois grupos principais que se expressam por dificuldades em matemática observadas no contexto escolar. O primeiro grupo e o mais amplo são as crianças com baixo rendimento em matemática (LA, *low achievement in math*)[1]. Seus déficits são moderados ou leves (≥11 percentil ≤ 25[2]), geralmente transitórios e até mesmo passíveis de recuperação espontânea ou por reforços escolares convencionais. A causa destes déficits é essencialmente extrínseca, por exemplo, são os alunos que: não estudam em sua língua nativa, faltam muito às aulas, carecem de recursos socioeconómicos, possuem alguma doença que afeta indiretamente a sua aprendizagem por reduzir sua participação ativa nas aulas ou, ainda, por escassez de recursos pedagógicos, como acesso à tecnologias de ensino e estimulação para aprendizagem.

A Discalculia do Desenvolvimento (DD) constitui o segundo e menor grupo, com prevalência de e 3 a 6,5% dos casos (Devine, Soltész, Nobes, Goswami, & Szűcs, 2013). Possui origem intrínseca[3], os déficits em cognição numérica são graves (≤10 percentil) e persistentes ao longo

1 Este grupo é também referido como 'dificuldades de aprendizagem matemática', e em alguns países como 'sob risco de discalculia', esta última expressão é controversa, uma vez que a DD é um transtorno presente precocemente.

2 Alguns investigadores adotam critérios ainda menos rígidos como percentil ≤35.

3 Entre os aspectos neurobiológicos bem estabelecidos, destaca-se a hereditariedade, que antecede a influência de fatores ambientais.

dos anos. Diferente do LA, a DD não surge durante o período escolar, embora seja geralmente diagnosticada após a alfabetização. As dificuldades em manipular quantidades e magnitudes se expressam precocemente, podem ser detectadas durante a pré-escola, e não se restringem as atividades acadêmicas, ou seja, podem ser observadas em sua forma de brincar ou em tarefas cotidianas em casa. Os déficits em numerosidade podem surgir isolados (DD primária) ou acompanhados de deficits em outras funções cognitivas, dentre as quais funções executivas e habilidades visuoespaciais (Geary, Hoard, Byrd-Craven, Nugent, & Numtee, 2007) ou em comorbidade com outros transtornos do neurodesenvolvimento, (DD Secundária); nestes últimos, pode-se adotar o termo F81.3 Transtorno misto de habilidades escolares para acomodar, por exemplo, a comorbidade entre dislexia e discalculia que é muito frequente. Fatores neurobiológicos foram identificados, para revisão ver Santos (2017).

Contudo, as diferenças entre LA e DD não são meramente quantitativas (conforme os critérios diagnósticos, percentil, desvio padrão, anos de atraso escolar); há também diferenças qualitativas entre estes grupos, compiladas em Santos (2017). Por fim, no que tange ao diagnóstico, LA por ser uma condição exógena não consta dos manuais médicos, a DD que é uma condição endógena foi reconhecida nos manuais médicos como 6A03.2 Transtorno de Aprendizagem do desenvolvimento com prejuízo em matemática (CID-11; WHO, 2018) ou 315.1 Transtorno específico de aprendizagem com prejuízo na matemática (DSM-5; APA, 2014).

Do ponto de vista do tratamento, quando as dificuldades de aprendizagem da matemática passam a ser notadas pela família e professor, estes dois grupos comumente recebem no início intervenções educacionais similares (reforço escolar, tutoriais, sala especial), tendo em vista a falta de diagnóstico. A baixa resposta de algumas crianças a estes apoios, em alguns casos é o que conduz a criança a uma avaliação especializada e então tardiamente ao tratamento por uma intervenção focada em seu transtorno específico de aprendizagem.

2.4 Intervenções para Discalculia do Desenvolvimento

"Intervenção é definida como uma instrução específica por certo período de tempo para ensinar um domínio em particular do curriculum da matemática" (Kroesbergen & Van Luit, 2003, p. 97). Conforme afirmam Fuchs, Fuchs, Powell, Seethaler, Cirino e Fletcher (2008) há sete princípios que contribuem para o desenvolvimento de uma aprendizagem efetiva de crianças com DD em programas de intervenção intensiva. Estes princípios podem ser seguidos por pais e professores e psicólogos que interagem com crianças que apresentam disfunções na cognição numérica:

1. Instruções explícitas. Fornecer informações passo a passo do que se deve fazer, em vez que solicitar à criança um raciocínio edutivo.
2. Minimizar erros durante a aprendizagem. Também referido como estratégia de *errorless*, consiste em antecipar ou eliminar interpretações equívocas do passo a passo, com o objetivo de automatizar um procedimento preciso.
3. Ênfase nas bases conceituais. Tanto em sala de aula como em intervenções clínicas, a aprendizagem requer a execução de diversos exercícios. Entretanto, é importante que a criança compreenda por que realiza tais procedimentos, isto é, a base teórica destes.
4. Repetição e memorização. A repetição é crucial para a automatização de procedimentos, fixação dos componentes semânticos e aquisição de fluência no desempenho de exercícios.
5. Revisão cumulativa. Em cada sessão deve-se sempre retomar o que se aprendeu na anterior, como forma de consolidar a aprendizagem, e garantir a sequenciação correta dos conhecimentos.
6. Processos motivacionais. Recompensas para o esforço da criança e reconhecimento de cada passo alcançado ao longo do processo de aprendizagem.
7. Processos autorregulatórios. Estratégias que auxiliem a controlar o estresse emocional frente as dificuldades. O manejo cuidadoso das pausas, assim como a escolha do horário e ambiente adequados para a intervenção, auxilia a manter a atenção focal.

No geral, intervenções para a DD devem considerar: (i) Diferentes determinantes dos déficits; (ii) Déficits em outras funções cognitivas; (iii) Transtornos comórbidos; (iv) Mudanças nas características do transtorno no decorrer do tempo; (v) Estimulação *versus* remediação da cognição numérica; (vi) Intervenções testadas em grupos mistos (DD e LA, por vezes indiscriminados); bem como (vii) Presença de ansiedade à matemática.

Conforme os estudos de revisão sistemática e particularmente de metanálises, pode-se identificar as intervenções mais efetivas para as crianças com disfunções da numeracia. Por exemplo, na metanálise de Kroesbergen e Van Luit (2003) – que incluiu 58 estudos prospectivos ou de caso-controle focados na instrução em programas de apoio à aprendizagem da matemática para crianças com dificuldades em matemática até o 6º ano escolar – constatou-se que as intervenções curtas são mais eficientes do que aquelas com 12 meses de duração, possivelmente porque se centram em um único componente, contrastando com programas mais complexos.

Entretanto, a revisão sistemática de Kadosh, Dowker, Heine, Kaufmann e Kucian (2013), baseada em dez estudos cognitivos, educacionais e de neurociências, salienta que ainda é necessário cautela quanto aos achados. De um lado, ainda há poucos estudos realizados no âmbito das neurociências (predominam pesquisas no campo pedagógico, sendo estas pouco efetivas para crianças com DD), de outro, este campo de investigação científica ainda é incipiente. Em geral, cada estudo aborda uma técnica diferente, por exemplo, jogos computadorizados, estimulação cerebral não invasiva e intervenções baseadas em grupos pedagógicos, consequentemente poucas intervenções foram replicadas para confirmar que os achados não foram ao acaso.

Do ponto de vista metodológico, ainda há muitos estudos de caso único[4] ou de amostras de conveniência e sem aleatorização. Alguns deles carecem de grupo controle ou adotam grupos controles passivos o que permite estudar o efeito de uma técnica, mas não a superioridade desta em comparação a outra, além de limitar a discriminação do efeito placebo, afinal receber "alguma atenção é sempre melhor do que nenhuma". Uma vez consideradas todas estas limitações, pode-se afirmar, conforme a metanálise de Chodura, Kuhn e Holling (2015), que algumas intervenções parecem eficazes a curto e médio prazo e

[4] Este desenho experimental possui um viés, os *effect sizes* que avaliam a sua eficácia tendem a ser altos porque o critério para interromper o treino é justamente uma alta porcentagem de respostas corretas.

produzem efeito de transferência de aprendizagem. Entretanto, pouco se sabe sobre os mecanismos que justificam tais achados, pelo número restrito de estudos que incluem técnicas de neuroimagem funcional ou outras medidas neurobiológicas capazes de demonstrar os efeitos da neuroplasticidade.

Por outro lado, é importante ter em mente que não há uma intervenção única apropriada uma vez que os perfis de DD são muito heterogêneos (Dowker, 2005). No momento, conforme o protocolo para revisão sistemática de Furlong, McLoughlin, McGilloway e Geary (2016) há essencialmente de cinco modalidades de intervenções para a DD: (i) Centradas na matemática; (ii) Abordagens psicológicas e comportamentais; (iii) Tecnologias de estimulação cerebral não invasivas; (iv) Farmacológicas; e (v) Multicomponentes, envolvendo combinações destes tratamentos. Estas intervenções já foram descritas em outras oportunidades (Santos, 2018; Santos & Ribeiro, 2019). No presente capítulo, daremos ênfase às intervenções tecnológicas, descritas no próximo tópico.

2.5 Intervenções Tecnológicas para Remediação da Discalculia do Desenvolvimento

O uso de tecnologias para a remediação de transtornos de aprendizagem tem se tornado cada vez mais frequente (Alessi & Shih, 2004). Isso se deve às possibilidades que a tecnologia oferece aos professores para o desenvolvimento de ambientes de aprendizagem mais interativos, utilizando métodos baseados no uso de computadores em conjunto com os métodos tradicionais (Briet, Franz, & Wiske, 2005). Além disso, a tecnologia permite que crianças com TEAp utilizem seus pontos mais fortes, ou seja, habilidades já desenvolvidas para amparar áreas de aprendizagem deficitárias devido ao transtorno. Dessa maneira, diversos autores propuseram que instruções por computador poderiam apoiar o desenvolvimento da cognição numérica, especialmente em crianças com DD (Dowker, 2001; Fuchs, Fuchs, Hamlet, Powell, Capizzi, & Seethaler, 2006; Käser et al., 2013; Leh; Jitendra, 2013; Räsänen, Salminen, Wilson, Aunio, & Dehaene, 2009).

Atualmente, é possível descrever quatro categorias de instruções por computador: (i) Instrução assistida por computador; (ii) Instrução enriquecida por computador; (iii) Instrução gerida por computador; e (iv) Instrução simulada por computador (Kulik, 1994). Cada uma delas possui diferentes papéis no processo educacional, os quais explicaremos e descreveremos nos próximos subtópicos.

2.5.1 Instrução assistida por computador

As instruções assistidas por computador podem ser definidas como exercícios ou instruções tutoriais fornecidas por meio de um computador (Kulik, 1994). Dentre as instruções computadorizadas citadas, essa é uma das mais utilizadas para a remediação das habilidades matemáticas em crianças com DD (Beyazsaçli, Küçükalkan, & Öz, 2019). Tipicamente essas instruções assistidas por computador são compostas por diferentes lições com graus de dificuldade progressivos e acompanhadas por tutores. Além disso, podem ser realizadas no contexto escolar ou em casa, individualmente ou em pequenos grupos. Enumeramos no Quadro 7, alguns exemplos das abordagens pedagógicas na área.

Quadro 7 – Exemplos de instruções assistidas por computador

1. *Tutorial de Cognição Numérica* (Iuculano, Rosenberg-Lee, Richardson, Tenison, Fuchs, Supekar, & Menon, 2015). Possui 22 lições que avançam sucessivamente em nível de dificuldade. Os autores introduziram dois tipos de práticas: um no qual o aprendizado ocorre passo a passo para estimular as estratégias de contagem; e o outro no qual as estratégias devem ser realizadas rapidamente para a automatização da contagem. Essas práticas são realizadas individualmente com suporte de um tutor.
2. *Estimador* (Villete, Mawart & Rusinek, 2010). Foi desenvolvido para melhorar as relações entre representações aproximadas e precisas em adição e subtração. Problemas aritméticos básicos em números arábicos são apresentados visualmente à criança e a ela deve responder em uma linha numérica horizontal. O exercício só avança quando a criança responde corretamente.
3. *Calcularis* (Käser et al., 2013). É uma intervenção digital para o treino de habilidades matemáticas que incluem 17 lições de adição, subtração, multiplicação e divisão. Inclui estímulos tridimensionais que progridem em complexidade (numerais 0-10, 0-20, 0-100 e 0-1000).

4. *Dots2Digits* (Butterworth & Laurillard, 2010). É uma intervenção que visa desenvolver a relação entre numerosidades num padrão de pontos e a sua representação como dígito numa linha numérica. A versão digital também adapta a tarefa começando com um pequeno número de pares (numerosidades 1-4) e que se modifica progressivamente com intervalos que vão de 2-5, até 7-10 em numerosidade. Posteriormente, passa para tarefas com mais pares para combinar, de 1 a 10.

Fonte: Butterworth & Laurillard (2010); Iuculano et al. (2015); Käser et al. (2013); Villette, Mawart & Rusinek (2010).

2.5.2 Instrução enriquecida por computador

O segundo tipo de instrução computadorizada mais utilizada é a instrução enriquecida por computador. Trata-se de uma abordagem menos estruturada que a anterior, entretanto utiliza jogos ou ambientes semelhantes a jogos, numa tentativa de motivar os alunos a se envolverem em atividades relevantes (Lämsä, Hämäläinen, Aro, Koskimaa, & Äyrämö, 2018).

Por exemplo, Castro, Bissaco, Panccioni, Rodrigues, & Domingues (2014), num estudo realizado no Brasil, desenvolveram um ambiente virtual, composto por duas opções (uma cidade e uma floresta), que incluíam mini-jogos lúdicos, nos quais a criança deveria controlar um avatar utilizando o teclado. Especificadamente, cada uma das opções apresentava jogos com identificação numérica, sequências numéricas, comparações numéricas, o conceito de números pares e ímpares e as quatro operações aritméticas (adição, subtração, multiplicação e divisão). Para investigar os efeitos do ambiente virtual, os autores incluíram na amostra 26 crianças do segundo ano escolar que apresentaram DD, divididas em dois grupos: um que realizava o jogo virtual por 60 minutos, duas vezes por semana, durante 5 semanas; e outro que realizavam reforço escolar com metodologia tradicional. Seus resultados revelaram resultados significativos em favor do grupo que realizou o jogo virtual em comparação com a metodologia tradicional, sugerindo que o jogo permitiu que os alunos aprendessem e se motivassem para o desenvolvimento das habilidades numéricas.

No **Quadro 8** abaixo incluímos outros exemplos de jogos com a abordagem enriquecida, desenvolvidos para remediação da DD.

Quadro 8 – Exemplos de instruções enriquecidas por computador

1. *The Number Race* (Wilson, Dehaene, Pinel, Revkin, Cohen, & Cohen, 2006). Foi desenvolvido para o treinamento de conceitos básicos de número e aritmética, como formas numéricas, dígitos e algarismos arábicos, contagem de 1-40, assim como adição e subtração simples com números de 1-10.
2. *Graphogame-Math* (Räsänen et al., 2009). Foi desenvolvido para treinar pequenos conjuntos numéricos, assim como algarismos arábicos. Inclui dígitos apresentados verbalmente e a criança deve selecionar a opção correta entre 2 a 5 opções visuais.
3. *Athynos* (Avila-Pesántez, Padilla, & Rivera, 2019). Foram desenvolvidos três cenários com objetivos distintos e que incluem atividades, como numeracia básica, figuras geométricas, sequenciação e raciocínio lógico. Há três níveis de dificuldade (iniciante, intermediário e avançado) que mudam a depender do jogador.
4. *Math.ACE* (Syah, Hamzaid, Murphy, & Lim, 2016). O jogo possui três seções com atividades de: contagem de 0 a 10; adição para ensinar as crianças o conceito de operação de adição em figuras animadas e número e aritmética descrita; e subtração com características repetitivas com animações e exemplos de como se realiza uma subtração.

Fonte: Avila-Pesántez, Padilla, & Rivera (2019) ; Räsänen et al. (2009) ; Syah et al. (2016) ; Wilson et al. (2006).

2.5.3 Instrução gerida por computador

Nesse tipo de instrução, os computadores são utilizados para avaliar o desempenho do aluno e orientá-los para os recursos instrucionais mais adequados (Kulik, 1994). Um exemplo dessa técnica pode ser observado no estudo realizado por Bartelet, Ansari, Vaessen e Blomert (2014), no qual foi utilizado um sistema de tutoria inteligente baseado na Web. Essa tutoria exige que os alunos forneçam respostas para perguntas de múltipla escolha e questões abertas, mas raramente exige que eles forneçam indicações da estratégia aplicada para alcançar a resposta. Consequentemente, não é um método muito utilizado nos estudos que incluem crianças com DD (Beyazsaçli, Küçükalkan, & Öz, 2019).

2.5.4. Instrução simulada por computador

Finalmente, programas de instrução simuladas por computador, como o próprio nome diz, criam simulações simplistas do mundo real para ilustrar as relações em modelos de realidade social ou física (Kulik, 1994). Esse modelo pedagógico pode ser ilustrado pelo estudo realizado por Bottge, Rueda, Grant, Stephens, & Laroque (2010) que apresentava atividades, como resoluções de situações cotidianas nas quais os alunos precisavam: compreender uma fita métrica, interpretar planos espaciais, calcular com frações e números inteiros, compreender extratos bancários, calcular saldos, e calcular combinações de comprimentos.

2.6 A Eficácia das Diferentes Instruções Computadorizadas

Até o momento não há consenso sobre qual das quatro instruções é a mais efetiva para a remediação da DD. Em geral, uma metanálise realizada na área do desenvolvimento da matemática demonstrou que, durante o ensino primário, as metodologias que parecem produzir efeitos positivos são a instrução assistida, gerida e enriquecida. Especificamente, as instruções assistida e gerida produzem efeitos moderados e instrução enriquecida contribui pouco para o desempenho do estudante (Kulik, 1994). Adicionalmente, outra metanálise, incluindo somente estudos com amostras de crianças com desordem matemática, verificou que a instrução enriquecida fica em terceiro lugar em relação aos outros métodos. Para a DD, os métodos mais indicados seriam justamente aqueles que permitem um tutor humano gerenciando as instruções e avaliando o desempenho dos alunos (Beyazsaçli, Küçükalkan, & Öz, 2019).

Contudo, os estudos realizados na área do desenvolvimento matemático chamam a atenção para que os pesquisadores não ignorem o fato de que as crianças com DD diferem nas competências matemáticas adquiridas, assim como nos déficits nos diferentes domínios (Käser et al., 2013). Dessa maneira, uma intervenção específica pode ser eficaz para um domínio matemático, mas não para outros.

3. Considerações finais

O capítulo apresentou alguns exemplos de estratégias que podem ser utilizadas nos processos de intervenção clínica e educacional com indivíduos que apresentam TEAp, como a dislexia e a discalculia. No caso da dislexia do desenvolvimento, foram enfatizadas as estratégias de funções executivas aplicadas à compreensão leitora, como: Estratégia TWA; Estratégias RAP e TRAP; Estratégia ADD; Mapa de Histórias; e Mapas Conceituais. Para a discalculia do desenvolvimento, foi dado ênfase às intervenções tecnológicas, sobretudo quatro categorias: Instrução assistida por computador; Instrução enriquecida por computador; Instrução gerida por computador; e a Instrução simulada por computador. A área da intervenção para os TEAp é bastante profícua e requer atenção dos pesquisadores que visam desenvolver programas com evidências científicas de eficácia e que possam ser disponibilizados aos diferentes profissionais da saúde e educação.

Referências bibliográficas

American Psychiatric Association – APA. (2014). *Diagnostic and Statistical Manual of Mental Disorders* (5a ed.). Porto Alegre, RS: Artmed.

Avila-Pesántez, D. F, Padilla, N. P, & Rivera, L. A. (2018, August 29). Design of an augmented reality serious game for children with dyscalculia: a case study. In M. Botto-Tobar, G. Pizarro, M. A. Zuniga Prieto, D. Mayra, M. Zúñiga Sánchez (Eds.) *Technology Trends.* 29/31 de ago. de 2018. 4th International Conference, CITT 2018, Babahoyo, Ecuador, Springer International Publishing.

Bausela-Herreras, E., Tirapu-Ustárroz, J., & Cordero-Andrés, P. (2019). Deficits ejecutivos y transtornos del neurodesarrollo em la infância y em la adolescência. *Revista de Neurología, 69*(11), 461-469.

Berger, A., Tzur, G., & Posner, M. I. (2006). Infant brains detect arithmetic errors. *Proceedings of the National Academy of Sciences of the United States of America, 103*(33), 12649–12653.

Bartelet, D., Ansari, D., Vaessen, A., & Blomert, L. (2014). Cognitive subtypes of mathematics learning difficulties in primary education. Research in developmental disabilities, 35(3), 657–670.

Bottge, B. A., Rueda, E., Grant, T. S., Stephens, A. C., & Laroque, P. T. (2010). Anchoring problem-solving and computation instruction in context-rich learning environments. *Exceptional Children, 76*(4), 417–437.

Bremner, J. G., Slater, A. M., Hayes, R. A., Mason, U. C., Murphy, C., Spring, J., Draper, L., Gaskell, D., & Johnson, S. P. (2017). Young infants' visual fixation patterns in addition and subtraction tasks support an object tracking account. *Journal of Experimental Child Psychology, 162*, 199–208.

Butterworth, B., & Laurillard, D. (2010). Low numeracy and dyscalculia: identification and intervention. *ZDM Mathematics Education, 42*, 527–539.

Castro, M. V., Bissaco, M. A., Panccioni, B. M., Rodrigues, S. C., & Domingues, A. M. (2014). Effect of a virtual environment on the development of mathematical skills in children with dyscalculia. *PloS One, 9*(7), e103354.

Chodura, S., Kuhn, J. T., & Holling, H. (2015). Interventions for children with mathematical difficulties: A meta-analysis. *Zeitschrift für Psychologie, 22*(2), 129–144.

Cirino, P. T., Miciak, J., Gerst, E., Barnes, M. A., Vaughn, S., Child, A., & Huston-Warren, E. (2017). Executive Function, self-regulated learning, and reading comprehension: a training study. *Journal of Learning Disabilities, 50*(4), 450–467.

Dehaene, S. (2001).Précis of the number sense. *Mind and Language, 16*(1), 16-36.

Devine, A., Soltész, F., Nobes, A., Goswami, U., & Szűcs, D. (2013). Gender differences in developmental dyscalculia depend on diagnostic criteria. *Learning and instruction, 27*, 31–39.

Diamond, A. (2013). Executive functions. *The Annual Review of Psychology, 64*, 135-68.

Dowker, A. D. (2005). *Individual differences in arithmetic: Implications for psychology, neuroscience and education*. New York: Psychology Press.

Dowker, A. D. (2001). Numeracy recovery: a pilot scheme for early intervention with young children with numeracy difficulties. *Support for Learning, 16*(1), 6–10.

Fuchs, L. S., Fuchs, D., Powell, S. R., Seethaler, P. M., Cirino, P. T., & Fletcher, J. M. (2008). Intensive intervention for students with mathematics disabilities: seven principles of effective practice. *Learning Disability Quarterly: Journal of the Division for Children with Learning Disabilities, 31*(2), 79–92.

Fuchs, L. S., Fuchs, D., Hamlet, C. L., Powell, S. R., Capizzi, A. M., & Seethaler, P. M. (2006). The effects of computer-assisted instruction on number combination skill in at-risk first graders. *Journal of Learning Disabilities, 39*(5), 467–475.

Furlong, M., McLoughlin, F., McGilloway, S., & Geary, D. (2016). Interventions to improve mathematical performance for children with mathematical learning difficulties (MLD) (Protocol). *Cochrane Database of Systematic Reviews, 4.* Art. No.: CD012130.

García-Madruga, J.A., Gómez-Veiga, I., & Vila, J.O. (2016). Executive Functions and the improvement of thinking abilities: the intervention in reading comprehension. *Frontiers in Psychology,* 7, 58.

García-Sánchez, J. N., & Fidalgo-Redondo, R. (2006). Effects of two types of self-regulatory instruction programs on students with learning disabilities in writing products, processes, and self-efficacy. *Learning Disability Quarterly, 29*(3), 181-211.

Gayo, E., Deaño, M., Conde, Á., Ribeiro, I., Cadime, I., & Alfonso, S. (2014). Effect of an intervention program on the reading comprehension processes and strategies in 5th and 6th grade students. *Psicothema, 26*(4), 464–470.

Geary, D. C., Hoard, M. K., Byrd-Craven, J., Nugent, L., & Numtee, C. (2007). Cognitive mechanisms underlying achievement deficits in children with mathematical learning disability. *Child Development, 78*(4), 1343–1359.

Harris, K.R., Graham, S., Mason, L. H., & Friedlander, B. (2012). *Powerful writing strategies for all students.* Baltimore: Paul H Brook.

Irwin, J.W. (1991) *Teaching reading comprehension processes.* Englewood Cliffs, NJ: Prentice Hall.

Iuculano, T., Rosenberg-Lee, M., Richardson, J., Tenison, C., Fuchs, L., Supekar, K., & Menon, V. (2015). Cognitive tutoring induces widespread neuroplasticity and remediates brain function in children with mathematical learning disabilities. *Nature Communications, 6*, 8453.

Kadosh, R. C., Dowker, A., Heine, A., Kaufmann, L., & Kucian, K. (2013). Interventions for improving numerical abilities: Present and future. *Trends in Neuroscience and Education, 2*(2), 85-93.

Käser, T., Baschera, G. M., Kohn, J., Kucian, K., Richtmann, V., Grond, U., Gross, M., & von Aster, M. (2013). Design and evaluation of the computer-based training program Calcularis for enhancing numerical cognition. Frontiers in psychology, 4, 489.

Kaufman, C. (2010). *Executive function in classroom: practical strategies for improving performance and enhancing skills for all students.* Baltimore: Paul H Brookes.

Klingner, J. K., Vaughn, S., & Boardman, A. (2007). *Teaching reading comprehension to students with learning difficulties.* New York: The Guilford Press.

Kroesbergen, E. H., & Van Luit, J. E. H. (2003). Mathematics interventions for children with special educational needs: a meta-analysis. *Remedial and Special Education, 24*(2), 97-114.

Kulik, J. A. (1994). Meta-analytic studies of findings on computer-based instruction. In E. L. Baker, & H. F. Jr. O'neil (Eds., pp. 9-33). *Technology Assessment in Education and Training.* Hillsdale, NJ: Lawrence Erlbaum Associates.

Küçükalkan, K., Beyazsaçli, M., & Öz, A. S. (2019). Examination of the effects of computer-based mathematics instruction methods in children with mathematical learning difficulties: a meta-analysis. *Behaviour & Information Technology, 38*(9), 913-923.

Lämsä, J., Hämäläinen, R., Aro, M., Koskimaa, R., & Äyrämö, S-M. (2018). Games for enhancing basic reading and maths skills: A systematic review of educational game design in supporting learning by people with learning disabilities. *British Journal of Educational Technology, 49*(4), 596–607.

Leh, J. M., & Jitendra, A. (2013). Effects of computer-mediated versus teacher-mediated instruction on the mathematical word problem-solving performance of third-grade students with mathematical difficulties. *Learning Disability Quarterly, 36*(2), 68-79.

Lima, R. F. (2019). *Funções executivas na escola.* Ribeirão Preto: Booktoy.

Lima, R.F. (2015). *Programa de reabilitação neuropsicológica em funções executivas para estudantes com dislexia do desenvolvimento: elaboração e eficácia* (Tese de Doutorado). Universidade Estadual de Campinas, Campinas.

Lima, R.F., Salgado-Azoni, C.A., & Ciasca, S.M. (2013a). Atenção e funções executivas em crianças com dislexia do desenvolvimento. *Psicologia em Pesquisa (UFJF),* 7(2), p. 208-219.

Lima, R.F., Salgado-Azoni, C.A., & Ciasca, S.M. (2013b). Attentional and executive deficits in Brazilian children with developmental dyslexia. *Psychology, 4,* (10A), 1-6.

Mason, L. H. (2013). Teaching students who struggle with learning to think before, while, and after reading: effects of self-regulated strategy development instruction. *Reading & Writing Quarterly, 29*(2), 124-44.

Mason, L. H. (2004). Explicit self-regulated strategy development versus reciprocal questioning: effects on expository reading comprehension among struggling readers. *Journal of Educational Psychology, 96*(2), 283-96.

Mason, L. H., Reid, R., & Hanagan, J. L. (2012). *Building comprehension in adolescents.* Baltimore: Paul H Brooks.

Medina, G. B. K., Souza, F. F., & Guimarães, S. R. K. (2018). Funções executivas e leitura em crianças brasileiras com dislexia do desenvolvimento. *Revista Psicopedagogia, 35*(107), 168-17.

Meltzer, L., & Krishnan, K. (2007). Executive function difficulties and learning disabilities. In L. Meltzer. *Executive function in education: from theory to practice.* New York: The Guilford Press.

Miyake, A., Friedman, N.P., Emerson, M.J., Witzki, H., & Howerter, A. (2000). The unity and diversity of executive functions and their contributions to complex "frontal lobe" tasks: a latent variable analysis. *Cognitive Psychology, 41(*1), 49-100.

Moura, O., Simões, M. R., & Pereira, M. (2015). Executive functioning in children with developmental dyslexia. *Clinical Neuropsychology, 28* (Suppl. 1), 20-41.

Oliveira, K. L., Boruchovitch, E., & Santos, A. A. A. (2010). *Escala de avaliação das estratégias de aprendizagem para o ensino fundamental - EAVAP-EF.* São Paulo: Casa do Psicólogo.

Potocki, A., Sanchez, M., Ecalle, J., & Magnan, A. (2017). Linguistic and cognitive profiles of 8- to 15-year-old children with specific reading comprehension difficulties. *Journal of Learning Disabilities, 50*(2), 128–142.

Räsänen, P., Salminen, J., Wilson, A. J., Aunio, P., & Dehaene, S. (2009). Computer-assisted intervention for children with low numeracy skills. *Cognitive Development, 24*(4), p. 450–472.

Santos, F. H. (2018). Diagnóstico e intervenção da discalculia do desenvolvimento. In L. M. Alves, R. Mousinho, & S. A. Capellini. *Dislexia: Novos temas, novas perspectivas* (Vol.4). Rio de Janeiro: Wak Ed.

Santos, F. H. (2017). *Discalculia do Desenvolvimento.* **São Paulo: Pearson** Clinical Brasil.

Santos, F. H., & Ribeiro, F.S. (2019). Remediação da Discalculia do Desenvolvimento. In N. M. Dias, & C. O. Cardoso. *Intervenção neuropsicológica infantil: Aplicações e interfaces* (pp. 193-213). São Paulo: Pearson.

Schleger, F., Landerl, K., Muenssinger, J., Draganova, R., Reinl, M., Kiefer--Schmidt, I., Weiss, M., Wacker-Gußmann, A., Huotilainen, M., & Preissl, H. (2014). Magnetoencephalographic signatures of numerosity discrimination in fetuses and neonates. *Developmental Neuropsychology, 39*(4), 316–329.

Schumaker, J.B., Denton, P. H., &.; Deschler, D.D. (1984). *The paraphrasing strategy.* Lawrence: University of Kansas.

Schunk, D.H., & Ertmer, P.A. (2000). Self-regulation and academic learning: Self-efficacy enhancing interventions. In M. Boekaerts, P. R. Pintrich, & M. Zeidner (Eds.) *Handbook of self-regulation.* San Diego, CA: Academic Press.

Schünemann, N., Spörer, N., & Brunstein, J.C. (2013). Integrating self-regulation in whole-class reciprocal teaching: A moderator–mediator analysis of incremental effects on fifth graders' reading comprehension. *Contemporary Educational Psychology, 38*(4), 289-305.

Sesma, H. W., Mahone, E. M., Levine, T., Eason, S. H., & Cutting, L. E. (2009). The contribution of executive skills to reading comprehension. *Child neuropsychology: a journal on normal and abnormal development in childhood and adolescence, 15*(3), 232–246.

Shih, Y. F., & Alessi, S. M. (1996). Effects of text versus voice on learning in multimedia courseware. *Journal of Educational multimedia and Hypermedia, 5*(2), 203-18.

Souza, N. A, & Boruchovitch, E. (2010). Mapas conceituais: estratégia de ensino/aprendizagem e ferramenta avaliativa. *Educação em Revista, 26*(3), 195-218.

Spörer, N., Brunstein, J.C., & Kieschke, U. (2009). Improving students' reading comprehension skills: Effects of strategy instruction and reciprocal teaching. *Learning and Instruction, 19*(3), 272-86.

Syah, N. E. M., Hamzaid, N. A., Murphy, B. P. & Lim, E. (2016). Development of computer play pedagogy intervention for children with low conceptual understanding in basic mathematics operation using the dyscalculia feature approach. *Interactive Learning Environments, 24*(7), 1477–1496.

Tavares, R. (2007). Construindo mapas mentais. *Ciências & Cognição, 12*, 72-85.

Tovani, C. (2005). *Do I really have to teach reading? Content comprehension, grades 6-12.* Portland, ME: Stenhouse Publishers.

Villete, B., Mawart, C., & Rusinek, S. (2010). L'outil "estimateur": la ligne numérique mentale et lês habiletés arithmétiques. *Pratiques Psychologiques, 16*(2), 203-214.

Wilson, A. J., Dehaene, S., Pinel, P., Revkin, S. K., Cohen, L., & Cohen, D. (2006). Principles underlying the design of «The Number Race», an adaptive computer game for remediation of dyscalculia. *Behavioral and brain functions: BBF, 2*, 19.

Wiske, M. S., Franz, K. R., & Breit, L. (2005). *Teaching for understanding with technology.* San Francisco, CA Jossey-Bass.

Wynn, K. (1992). Addition and subtraction by human infants. *Nature, 358*(6389), 749-750, 1992.

World Health Organization [WHO]. (2018). *The ICD-11 Classification of Mental and Behavioural Disorders: Diagnostic Criteria for Research*. Geneva: World Health Organization.

PARTE 2

Educação, tecnologias e práticas pedagógicas inclusivas

CAPÍTULO 22

Educação matemática: um diálogo entre teorias, inclusão e dificuldades de aprendizagem

Ana Maria Antunes de Campos

1. Teorias da educação matemática

Esse capítulo procura elencar os pressupostos da educação matemática, os processos cognitivos fundamentais para o aprendizado matemático e as concepções pedagógicas, com o objetivo de proporcionar uma reflexão acerca das dificuldades de aprendizagem em matemática sob um olhar para a neurodiversidade e suas possibilidades.

As principais teorias estudadas na educação matemática são pautadas nos pilares teóricos da Didática Francesa que são: a Teoria das Situações Didáticas, de Guy Brousseau; a Teoria dos Campos Conceituais, de Gérard Vergnaud; a Teoria Antropológica do Didático (Teoria Transposição Didática), de Yves Chevallard. Grande parte das pesquisas da Didática Francesa são a respeito do meio em que o aluno está inserido e com relação as situações que promovem a aquisição do conhecimento.

Essa temática está em voga constantemente no contexto escolar, isto é, como discutir conteúdos educacionais de acordo com o cotidiano do aluno e de que forma essas situações podem proporcionar e enriquecer o processo de aprendizagem? Para responder a essa questão é necessário entendermos o que o campo da educação matemática nos oferece como arcabouço de teorias e práticas.

Notaremos que existem diversas fundamentações teóricas e filosóficas para o ensino da matemática, entretanto essas teorias deverão esclarecer sua ontologia, metodologias (o como) e epistemologia (verdadeiro ou falso).

A educação matemática se estabelece em dois campos de investigação, matemática e educação (Blum, Artigue, Mariotti, Sträßer, & Heuvel-Panhuizen, 2019) o que dificulta o desenvolvimento de uma única teoria que defina a educação matemática, pois esse é um campo de estudo e prática que ainda está em consolidação e que, algumas vezes, é considerado um artefato sociocultural.

Brousseau (1997) destaca que as questões sociais e históricas influenciam na aquisição do conhecimento matemático. Para esse pensador, as situações são concebidas como um sistema de interação entre três polos: estudantes, professores e conhecimento matemático, e o objeto central deve ser a situação, e não o aluno. Segundo o autor, as situações didáticas são, em sua complexidade, condições em que o aluno se encontra e que são usadas para ensinar, e essas situações devem ser mediada pelo professor.

Brousseau (1997) relata que quando o professor tenta dominar o ambiente, os alunos não manifestam suas ações da mesma maneira, assim, é necessária uma organização no meio ambiente, no qual a interação entre o meio propicie o controle e modifique os repertórios do conhecimento. Analisar o estudo da evolução da situação, ou seja, o que o aluno aprendeu com e sem a intervenção do professor, reorganizar o meio, adaptar as situações e otimizá-las a priori e a posteriori faz parte do processo de ensino e aprendizagem da matemática.

Para Yves Chevallard (1999), é necessária a organização praxeológicas do ensino e a aprendizagem da matemática, visando a interação entre sujeito – instituição – saber, que tem como desígnio a passagem de um conteúdo científico estudado para um saber didático empregado em sala de aula e compreendido pelo aluno.

Entende-se que, por um lado, que o saber tem uma proporção social e deve ser produzido por meio de uma axiomática que permite construir os objetos, e esse saber é apresentado à comunidade científica que o reconhece e legitima. Por outro lado, o conhecimento é uma dimensão individual, prática e não validada cientificamente.

Posto isso, é necessário investigar como o professor leva o aluno a redescobrir um conhecimento científico, analisando o saber do aluno e sua relação com o saber legitimado no contexto social. O saber científico não é um conteúdo educacional, mas uma ciência que foi modificada para atender a demanda da sala de aula. Essa adaptação é de acordo com o que o professor acredita ser importante para constituir sua proposta pedagógica.

Seguindo essa lógica, encontramos os estudos de Gérard Vergnaud (1998) que expõe que a aprendizagem e a formulação dos conceitos ocorrem por intermédio da experiência, observação, relação e situações apresentadas pelo meio.

Para ele, esses aspectos são fundamentais para o desenvolvimento cognitivo do aluno, no qual as situações apresentadas por Vergnaud (1998) são diferentes das situações didáticas de Brousseau (1997), elas estão relacionadas com as tarefas desenvolvidas e apresentadas pelos professores, ou seja, são situações que confrontam o aluno com o objetivo de desenvolver os processos cognitivos.

Os trabalhos de Gérard Vergnaud (1998) são influenciados pelos trabalhos de Piaget e Vygotsky, trata-se de um conjunto de problemas e situações que requer conceitos, procedimentos e representações distintas, mas que estão relacionadas com o domínio de vários conceitos de naturezas diferentes.

Essas discussões nos levam a refletir se o campo da educação matemática estaria emprestando teorias de outras disciplinas ou ainda, se estaria adaptando-as para se adequarem à educação matemática.

Segundo Sriraman e Enghish (2010), o campo da educação matemática tem se desenvolvido rapidamente nas últimas décadas, entretanto, segundo os autores, as falhas no processo de ensino e aprendizagem da matemática são relatadas no mundo todo, e não se pode concluir que essas problemáticas são por falhas dos professores, ou por problemas metodológicos.

O campo da educação matemática tem sido fortemente influenciado e moldado por questões sociais, culturais e por políticas educacionais. Outro fator inerente à área é o entrelaçamento com a área da psicologia, dessa forma é fundamental repensar a diversidade da sala de aula e os aspectos cognitivos. Nesta perspectiva, é possível uma análise a respeito dos processos de compreensão e de aquisição do conhecimento matemático.

Segundo alguns autores (Duval, 2009; Freudenthal, 2002), é necessário fazer matemática para aprendê-la, bem como compreender a importância do contexto social para a educação matemática, uma vez que esses ambientes fornecem oportunidades para o aprendizado e servem de ponto de partida para a aquisição de conhecimentos matemáticos.

Os autores relatam que o maior desafio do professor é compreender por que a matemática provoca tantas dificuldades de aprendizagem que não são encontradas em outras disciplinas? Para responder a essa pergunta e repensar o processo de inclusão dos alunos com características neurodiversas é necessária uma análise sobre o ensino da matemática, levando em consideração três pontos de vistas existentes: matemático, cognitivo e pedagógico.

2. Os processos cognitivos fundamentais para o aprendizado

Os aspectos cognitivos são fundamentais para os processos de ensino e aprendizagem da matemática que, por meio da percepção, proporcionará situações para que os alunos desenvolvam suas habilidades e competências lógicas.

Segundo alguns autores (Luria, 1981; Seabra, Dias, Capovilla, 2013) os processos cognitivos para aprendizagem matemática abrangem habilidades que são denominadas funções executivas. Essas funções são pautadas na atenção, memória de trabalho, planejamento, flexibilidade e outros. A memória de trabalho é composta por um conjunto de processos mentais que funcionam como uma interface entre a aquisição (quando se adquire a informação), consolidação (processo de armazenamento) e evocação (lembrar) da informação (Campos, 2014).

Para Dehaene (2000), o pensamento matemático acontece pela ativação de circuitos neuronais especializados encontrados no cérebro, e esses pensamentos abstratos são ligados a circuitos que se ativam através da memória de trabalho.

Haase e Ferreira (2014) expõem que o domínio da matemática é fundamentado em habilidades primárias e secundárias. A primeira refere-se as habilidades adquiridas de forma natural, ou seja, da interação com o meio. Já a segunda é alcançada por invenções culturais, como os números arábicos, e essa requer treinamento.

Corroborando com essa premissa, de que é necessário treinamento para aquisição de habilidade matemáticas, encontramos em Maio (2004), alguns fundamentos neurofisiológico:

> O Estímulo visual desperta nossa atenção, interesse, se for constantemente repetido, será transferido para outra região do cérebro, chamada de centro visual de longa duração, e gerará, nessa região, um registro biofísico a que chamamos de memória sensória visual de primeira ordem. Em função das próprias características fisiológicas, genéticas e de posição espacial do sistema visual, temos que cada registro visual é único e individual. (Maio, 2004, p. 104),

Isso posto, o aprendizado matemático ocorre por meio dos aspectos cognitivos, ou seja, por resolução de problemas, conceitualização, generalização e linguagem matemática e, também, por processo não cognitivos como: interesse, motivação, afetividade, persistência e outros aspectos que por vezes não são considerados no contexto escolar.

Por intermédio das habilidades cognitivas, ou não, que podemos avaliar as particularidades dos estudantes, como as aptidões sociais e emocionais intrínsecas no processo educacional.

Observamos que a matemática precisa de treinamento, disciplina, motivação e dedicação, do mesmo modo. É basilar compreender que a matemática é uma linguagem, portanto, o estudante deve ser alfabetizado matematicamente. Quando esse processo ocorre desde a tenra idade, os alunos possivelmente não apresentarão dificuldades nos anos vindouros.

A aprendizagem ocorre por fatores biológicos, cognitivos, genéticos, afetivos e sociais. Ela está relacionada ao meio em que o aluno está inserido e como ele se relaciona com esse ambiente. Sem interação, motivação, interesse e afetividade o processo educacional torna-se falho e excludente.

2.1 A matemática e o processo de ensino como princípio de reinvenção

Do ponto de vista matemático é necessário responder a exigência epistemológica de prova, ou seja, explicar como se chegou a determinada solução de um problema; ponderar o que deu certo, ou não; e, compreender que a explicação para esses fatos se baseia na utilização de propriedades matemáticas, pois é complexo pensar em matemática sem saber fazer matemática.

O ensino da matemática está diretamente correlacionado a transmissão das propriedades matemáticas, ou seja, a conceituação é base para a construção do conhecimento matemático, sendo fundamental reconhecer as representações semióticas de um mesmo objeto e a abordagem cognitiva que irá conduzir esse processo.

A educação matemática é um campo teórico, que exige ferramentas conceituais como a abordagem fenomenológica, contexto, reflexão, introspecção, entrelaçamento, atitude matemática e, portanto, discutir a matemática como atividade humana.

A matemática é produto de construções mentais e as estratégias informais dos estudantes se moldam segundo as orientações dos professores que, devem encontrar um equilíbrio entre os aspectos pedagógicos, as teorias e os recursos pedagógicos existentes no campo da educação matemática.

Nessa perspectiva, um dos caminhos para a aprendizagem é mediar situações, empregando estratégias que tornem o aluno independente, de forma que construam seu conhecimento em grupo, oportunizando ambientes dialógicos, colaborativos e com constantes desafios.

2.2 As concepções pedagógicas

O cenário pedagógico deve ser fundamentado na vivência do aluno, que por meio da interação, motivação e confiança em si, constroem o processo de aprendizagem matemática. Nessa construção do conhecimento se faz necessário que o professor utilize diversas metodologias de ensino que permitam ao aluno a apropriação dos conteúdos abordados em sala de aula, promovendo significado à aprendizagem.

As atividades matemáticas que vão do simples ao complexo, requerem conhecimento da ação cognitiva. Além desse ponto de vista, é necessário também refletir sobre as questões epistemológicas dos conceitos; a organização das atividades; a compreensão da aprendizagem pelos alunos que são independentes de todo objetivo de formação; os conteúdos a ensinar; os erros cometidos. Ao analisar todos esses pontos de vista, é possível levantar questões em relação a quais teorias devem ser utilizadas e como deve ser sua adequação.

Outra grande questão para o processo ensino e aprendizagem da matemática é a formação dos professores, que devem estar preocupados com a organização das atividades, mas também com "o que fazer em sala de aula para que seus alunos compreendam os diferentes conteúdos que eles devem ensinar" (Duval, 2012, p. 326).

Quando o professor ensina um determinado conhecimento, ele utiliza diversos recursos, seja por intermédio da tecnologia ou outras ferramentas como: teste, materiais educativos, resolução de problemas e exercícios. Consequentemente o professor utiliza meios didáticos e situações que promovam circunstâncias que levem à disseminação e aquisição de conhecimento.

É indispensável incorporar adequadamente diversas metodologias e teorias ao processo educativo, entretanto, não é suficiente apenas introduzir esses constructos, é necessária uma estruturação desses processos. Essa organização permitirá aos professores que se desenvolvam e identifiquem situações e particularidades no contexto escolar, dentre esses analisar as necessidades educacionais dos alunos. Há uma ampla diferença entre saber a matemática e saber como ensiná-la, desse modo, os professores precisam compreender como orientar e elaborar uma aprendizagem conceitual e epistemológica coerente com as diversas situações encontradas no âmbito escolar, para poder aplicar os conhecimentos nesses domínios complexos visando a prática no mundo real.

Muitas teorias surgem em diversos domínios, como: ciência cognitiva, psicologia, sociologia e antropologia, entre outras. O que não é de se surpreender devido à complexidade dos processos e contextos do ensino e aprendizagem da matemática. É preciso compreender que a escolha das teorias e dos métodos serão diversificados, e de acordo com a situação apresentada pelo aluno/sala de aula. Essa diversidade de teorias e métodos é fundamental ao pensarmos na educação matemática inclusiva, na qual o professor deverá não só pensar no ensino da matemática, mas nas peculiaridades dos alunos.

A inclusão escolar aumentou significativamente nos últimos anos, com marcos regulatórios que preveem a inclusão de alunos com diversas características no ensino regular. Uma dessas diretrizes é o Decreto-Lei n.º 54/2018 que constitui os princípios e as regras que garantem a inclusão, procurando atender a neurodiversidade de todos os alunos por meio da participação desses, nos processos de aprendizagem (Brasil, 2018, p. 2918). No entanto, o que observamos é que alguns professores de matemática tem medo da inclusão e consequentemente a inclusão tem medo da matemática (Baraldi, Capellini, & Miranda, 2019), em razão disso, é essencial modificarmos essas concepções, com o intuito de revogar o preconceito em relação a inclusão e principalmente com a superstição de que a matemática é para poucos e difícil de aprender.

A forma como o professor aprendeu a matemática irá refletir em sua prática pedagógica. É preciso que os professores vivenciem, explorem, imaginem e constituam vinculações entre a matemática e suas atividades; não basta somente saber a matemática e suas teorias (Ponte, 2002). O domínio acerca dos conteúdos matemáticos; apreciação da matemática; saber lidar com as dificuldades apresentadas pelos alunos, destacando suas habilidades e competências; são instrumentos que propiciam emoções positivas frente à matemática. Essa postura favorece tanto o professor, quanto os alunos e viabiliza situações apropriadas para o ensino e aprendizagem da matemática.

2.3 A educação matemática inclusiva

As dificuldades de aprendizagem da matemática é um tema constante dentro e fora do contexto escolar. Professores e pais procuram constantemente por pesquisas no sentido de encontrar respostas para fazer com que o conhecimento matemático tenha sentido para o estudante/filho.

Alguns pesquisadores (Campos, 2014; Dehaene, 2000; Santos, 2017) têm se debruçado em pesquisas que orientem educadores, terapeutas e familiares a ajudar estudantes com discalculia, ansiedade matemática e dificuldades específicas nessa disciplina. É necessário analisar as dificuldades apresentadas pelo aluno, a fim de compreender seus erros e criar estratégias de aprendizagem, para que eles sejam capazes de ultrapassarem esses obstáculos, visto que parte das dificuldades de aprendizagens em matemática se anunciam em um mesmo sentido (atitudes negativas frente à atividades matemáticas, fuga, abandono escolar, inabilidade para lembrar estruturas matemáticas básicas, problemas com conceitualização, generalização e procedimentos, dentre outros).

Não é incumbência do professor diagnosticar o estudante ou rotulá-lo com transtornos ou distúrbios, mas sim orientá-lo a encontrar mecanismos para identificar os processos e instrumentos necessários para superar suas dificuldades identificadas. O processo de aprendizagem da matemática se dá a partir do momento em que considerarmos as peculiaridades dos alunos, como ponto de partida para construção do saber matemático.

A educação matemática inclusiva nos orienta a analisar as particularidades dos alunos, com o propósito de escolher as metodologias, recursos didáticos, teorias e estratégias de ensino, para alicerçar a prática em sala de aula de forma a atender as especificidades e heterogeneidades do ambiente escolar.

Por intermédio dos pressupostos da educação matemática como proposto por Brousseau (1997), Gérard Vergnaud (1998) e outros, é possível que o professor consiga avaliar e identificar as dificuldades e progressos do estudante. Esses autores nos induzem a compreender que os alunos constroem o conhecimento matemático por meio das situações desenvolvidas pelo professor, correlacionando a matemática com as questões sociais e históricas, pois são esses contextos que fornecem oportunidades para o aprendizado.

Com vistas a ajudar os estudantes em seu processo de desenvolvimento educacional, especificamente no aprendizado da matemática, o professor deve ser o mediador entre os conceitos matemáticos e o fazer matemática, ou seja, designar oportunidade para transformar teoria em prática, conteúdo em métodos, e é a partir da interação que será organizado o processo de ensino e aprendizagem da matemática.

É fundamental que a comunidade escolar compreenda que os conceitos matemáticos, suas estruturas e fundamentos são imprescindíveis para que se viva em sociedade, como cidadão reflexivo e participativo, capaz de lidar com fatos do mundo físico, mental e social.

Seguindo essa lógica, a aprendizagem matemática ocorre mediante a experiência, vivência, observação, analogia e circunstâncias do contexto social, que são aspectos determinantes para que seja alcançado o êxito junto aos estudantes, com vistas ao seu aperfeiçoamento educacional, social e profissional.

2.4 Tecendo algumas considerações

A educação matemática e mais especificamente, a educação matemática inclusiva tem se apropriado (explicitamente ou implicitamente) de teorias cognitivas gerais, pois esta é uma área que está em expansão, sendo necessário novos estudos que contribuam com a organização e estruturação da educação matemática.

Com relação as dificuldades de aprendizagem em matemática ainda existe muito o que se fazer em termo de pesquisa, construção de teorias, desenvolvimento científico, divulgação e propagação das pesquisas efetuadas. Algumas pesquisas estão sendo realizadas em áreas como a neurociência, psicologia, genética e educação. Contudo, esses estudos precisam chegar aos professores que ensinam matemática e à comunidade escolar, para que a inclusão escolar realmente aconteça, oportunizando a identificação de práticas aplicadas ao desenvolvimento de problemas que visam não só o resultado, mas uma reflexão crítica frente a essas soluções.

O campo da educação matemática não tem uma única tendência teórica, mas tem vários constructos que ajudam a questionar os fenômenos matemáticos, o processo de ensino e aprendizagem, o desenvolvimento de habilidades e competências essenciais para o raciocínio matemático e a inclusão de alunos com características diversas.

Por vezes é necessário utilizar mais de uma tendência para compreender o processo de ensino aprendizagem e principalmente para discutir a inclusão escolar de alunos atípicos. Logo, conhecer outras áreas como a psicologia, nos dará subsídios para operarmos de forma díspar em sala de aula, cooperando para o processo de aprendizagem dos alunos. Cada particularidade do aluno deve ser cuidadosamente estudada para que a inclusão não seja um fim em si mesmo, mas um processo que deve ser discutido e repensado para alcançar uma educação de qualidade.

É perceptível que a área da educação matemática está avançando e cabe aos novos e futuros pesquisadores a missão de promover uma grande mudança no campo da educação matemática. É emergencial harmonizar teoria, prática e pesquisas com vistas a mudar os paradigmas teóricos e nessa perspectiva transformar os rumos da educação matemática inclusiva.

Referências bibliográficas

Alberti, L. B. (2006). *Matemática lúdica* (2a ed.). Rio de Janeiro, RJ: Jorge Zahar Editor.

Alcázar, E. (2002). *Hablando de mente y cerebro. Psiquiatría, neurociencia y psicoanálisis: convergencia e integración*. Vita: Academia Biomédica Digital.

Alves, E. M. S. (2005). *A ludicidade e o ensino de matemática* (2a ed.). Campinas, SP: Papirus.

Almouloud, S. A. (2016). Modelo de ensino/aprendizagem baseado em situações-problema: aspectos teóricos e metodológicos. *REVEMAT, 11*(2), 109-141.

Almouloud, S. A. (2007). *Fundamentos da didática da matemática*, Curitiba: Ed. UFPR.

Artigue, M., Bosch, M., Chaachoua, H., Chelougui, F., Chesnais, A., Durand-Guerrier, V., Knipping, C., ... Trouche, L. (2019). The French Didactic Tradition in Mathematics. In W. Blum. *European Traditions in Didactics of Mathematics* (pp. 11-55). ICME-13 Monographs, Springer Nature Switzerland.

Balacheff, N. (2000). *Procesos de prueba en los alumnos de matemáticas* (P. Gómez, Trad.). Bogotá, Colombia: Universidad de los Andes. Recuperado de http://hal.archivesouvertes.fr/docs/00/52/01/33/PDF/Balacheff2000Proceso.pdf.

Baraldi, I. M., Rosa, F. M. C., Capellini, V. L. M. F., Rosa, E. A. C., & Miranda, T. J. (2019). School Inclusion: Considerations About the Education Process of Teachers Who Teach Mathematics. In: Kollosche, D.; Marcone, R.; Knigge, M; Penteado, M.G.; Skovsmose, O. (Orgs.) *Inclusive Mathematics Education: State-of-the-Art Research from Brazil and Germany. Springer Nature Switzerland*, p. 25-40.

Blum , W., Artigue , M., Mariotti , MA, Sträßer , R., & Van den Heuvel-Panhuizen , M. (2019). European Didactic Traditions in Mathematics: Introduction and overview. *European Traditions in Didactics of Mathematics.* ICME-13 Monographs, Springer Nature Switzerland.

Brasil. *Decreto Lei nº 54, de 6 de julho de 2018.* Estabelece os princípios e as normas que garantem a inclusão. Recuperado de https://dislexia.pt/wp-content/uploads/2018/07/Decreto-Lei-54-2018.pdf.

Brousseau, G. La théorie des situations didactiques – le cours de Montreal, 1997. *Le Cours*, 2010, Années 1991 à 1998 . Montreal, 1997. Recuperado de http://guy-brousseau.com/1694/la-theorie-des-situations-didactiques-le-cours-de-montreal-1997/.

Campos, A. M. A. (2015). *Jogos matemáticos: uma nova perspectiva para discalculia* (1a ed.). Rio de Janeiro, RJ: WAK Editora.

Campos, A. M. A. (2014). *Discalculia: superando as dificuldades em aprender matemática* (1a ed.). Rio de Janeiro, RJ: WAK Editora.

Campos, A. M. A. (2013). *A Matemática: Uma Nova Maneira de Ensinar e Aprender* (1a ed.). Rio de Janeiro, RJ: Editora Ciência Moderna.

Chevallard, Y. (2019, Mai 19). *Remarques sur la notion d'infrastructure didactique et sur le rôle des per.* PER Lyon. Recuperado de http://yves.chevallard.free.fr/spip/spip/IMG/pdf/Infrastructure_didactique_PER.pdf.

Cosenza, R. M., & Guerra, L. B. (2011). *Neurociência e educação: como o cérebro aprende* (1a ed.). Porto Alegre, RS: Artmed.

D'Ambrosio, U. (2006). *Educação matemática: da teoria à prática* (14a ed.). Campinas, SP: Papirus.

Dehaene, S. (2000). Cerebral bases of number processing and calculation. In M. S. Gazzaniga *The new cognitive neuroscience* (2a ed.). Institute of Technology, Massachussets.

Devlin, K. (2008). *O gene da matemática* (4a ed.). Rio de Janeiro: Record.

Duval, R. (2012, Julho). Quais teorias e métodos para a pesquisa sobre o ensino da matemática? *Práxis Educativa,* 7(2), 305-330.

Fayol, M. (2012). *Numeramento: aquisição de competências matemáticas* (14a ed.). São Paulo, SP: Parábola.

Ferreira, P. E. A., & Buriasco, R. L. C. (2016). Educação matemática realística: uma abordagem para os processos de ensino e de aprendizagem. *Educação Matemática em Pesquisa, 18*(1), 237-252.

Freudenthal, H. (2002). *Revisiting Mathematics Education.* Kluwer Academic Publishers, New York, Boston, Dordrecht, London, Moscow.

Garcia, V. C. G. (2009). Fundamentação teórica para as perguntas primárias: O que é matemática? Por que ensinar? Como se ensina e como se aprende? *Educação, 32*(2), 176-184.

Hasse, V. G., & Ferreira, F. O. (2020). *Neurociência cognitiva e educação matemática.* IV Encontro de Educação Matemática de Ouro Preto, 2010, Ouro Preto. Anais eletrônicos. Recuperado de http://www.researchgate.net/publication/216808626_Neurociência_cognitiva_e_educação_ma temática.

Hannel, G. (2005). *Discalculia: actionplans for successful learning in mathematics.* FultonPublishers, David.

Hildebrand, H. R., & Cuperschmid, A. R. M. (2013). *Heurísticas de jogabilidade: usabilidade e entretenimento em jogos digitais.* Campinas, SP: Marketing Aumentado.

Luria, A. R. (1981). *Fundamentos da Neuropsicologia.* São Paulo: Editora da Universidade de São Paulo. Recuperado de http://fisio2.icb.usp.br:4882/wp-content/uploads/2016/02/LURIA-A-R-Fundamentos-de-Neuropsicologia.pdf.

Maio, W. (2004). *O raciocínio lógico matemático: sua estrutura neurofisiologia e aplicações à educação matemática* (1aed.). São Paulo, SP: Arte & Ciência.

Mishra, P.; Koehler1 M. J. (2006, Junho). Technological Pedagogical Content Knowledge: A Framework for Teacher Knowledge. *Teachers College Record, v. 108*(6), 1017–1054.

Maio, W., & Chiummo, A. (2012). *Fundamentos da matemática* (1a ed.). Rio de Janeiro, RJ: Editora LTC.

Pegg, J., & Tall, D. (2010). The Fundamental Cycle of Concept Construction Underlying Various Theoretical Frameworks. In B. Sriraman, & L. English. *Theories of Mathematics Education Advances in Mathematics Education.*, 173-192.

Ponte, J. P., & Oliveira, H. (2002). Remar contra a maré: A construção do conhecimento e da identidade profissional na formação inicial. *Revista de Educação.*

Relvas, P. M. (2011). *Neurociência e transtornos de aprendizagem* (5a ed.). Rio de Janeiro, RJ: Wak Editora.

Relvas, P. M. (2011). *Neurociência e educação: potencialidades dos gêneros humanos na sala de aula* (2a. ed.). Rio de Janeiro, RJ: Wak Editora.

Relvas, P. M. (2009). *Fundamentos biológicos da educação* (4a ed.). Rio de Janeiro: Wak Editora.

Seabra, A. G., Dias, N. M, & Capovilla, F.C. (2013). *Avaliação Neuropsicológica Cognitiva* (Vol. 3). São Paulo, SP: Memnom.

Sriraman, B., & English, L. (2010). Reflections on theories of learning. *Theories of Mathematics Education Advances in Mathematics Education.*

Sriraman, B., & English, L. (2010). Surveying theories and philosophies of mathematics education. *Theories of Mathematics Education Advances in Mathematics Education*, 3-32.

Silveira, L. F. (1996, Dezembro). A metodologia dos programas de pesquisa: a epistemologia de Imre Lakatos. In *Cad. Cat. Ens. Fis., 13*, (3), 219-230.

Santos, F. H. D. (2017). *Discalculia do desenvolvimento.* São Paulo, SP: Pearson Clinical Brasil.

Souza, C. C. B. (2012). *Criatividade, a engenharia da cognitiva da evolução* (1a ed.). Brasília, DF: Edição do Autor.

Vygotky, L. S. (1997). Fundamentos de defectologia. *Obras completas* (Tomo V). Havana: Editorial Pueblo y Educación.

CAPÍTULO 23

Música e Inclusão Escolar

Renato Tocantins Sampaio

1. Introdução

> A função da música é elevar, de alguma forma, a qualidade da experiência individual e das relações humanas. Suas estruturas são reflexo dos padrões de relações humanas e o valor de uma peça musical como música é inseparável do seu valor como expressão de experiência humana. (Blacking, 1995, p. 31, tradução nossa)

A Música faz parte do cotidiano de pessoas de todas as idades, gêneros, níveis sociais, religiões, raças etc. Poderíamos perguntar a qualquer pessoa: Qual sua música favorita? Qual música traz a memória de sua infância? Qual música lhe remete à lembrança de seus familiares, por exemplo, pais ou avós? Que tipo de música lhe estimula ou lhe auxilia a fazer atividades físicas? Há algum tipo de música que lhe ajuda a pegar no sono? E a despertar?... Se você fizer estas perguntas a si mesmo, talvez nem tenha apenas uma resposta para cada uma das perguntas, pois muitas são as músicas que marcam nossa história. A Música está tão integrada em nossas vidas, tanto em nossas rotinas diárias como em momentos especiais, que fica até difícil pensar em um mundo sem música. Como seria não ter uma música de ninar, uma música para celebrar, uma música para relaxar, uma música para curtir com os amigos?

A Música foi considerada por muitos estudiosos apenas um fenômeno cultural, isto é, criado pelos seres humanos (Sekeff, 2007). No entanto, mais recentemente, os aspectos biológicos da música têm sido elencados e estudados, dos seus efeitos até suas bases (Patel, 2008; Peretz, 2001). Se, por um lado, não é incomum encontrar pessoas que consideram, como Pinker (como citado em Levitin, 2010), que a música não apresenta nenhuma função prática no dia-a-dia, ou seja, que ela é útil mas não é essencial, podendo até mesmo ser considerada como dispensável; por outro, muitos pesquisadores defendem que não apenas a música tem uma base biológica, mas que é fundamental na sobrevivência e na qualidade de vida da espécie humana (Clayton, 2016; Gfeller, 2008; Koelsch, 2012, 2014; Peretz, 2006). É importante ressaltar que todas as sociedades humanas conhecidas possuem algum tipo de prática musical (Levitin, 2010; Peretz, 2006) e que práticas musicais possivelmente existem há mais de 35mil anos (Conard, Malina, & Münzel, 2009)[1]. Segundo Peretz (2001),

> Ao contrário de outras invenções humanas muito difundidas, como os sistemas de escrita, a música não foi criada por alguns poucos indivíduos e, então, transmitida para outros. Pelo contrário, parece que a música emergiu espontaneamente em todas as formas de sociedade humana. Além disso, esta emergência não é recente na evolução humana (Peretz, 2001, p.745, tradução nossa).

Uma vez que a Música é um atributo humano, todos os seres humanos podem ser considerados como seres musicais. No senso comum, porém, muitas vezes apenas alguns poucos seres humanos são considerados como musicalmente hábeis, mas nestes casos, estamos na verdade falando

[1] Há pesquisadores, como o arqueólogo Steven Mithen (2005), que especulam que a Música não é atributo apenas dos *Homo Sapiens*, mas que os *Homo Neandhertalensis* também já faziam Música. Como a Música é algo que ocorre no tempo, uma vez que naquela época não havia gravações de áudio e de vídeo disponíveis, sua presença em civilizações antigas pode somente ser observada de modo indireto, por meio de presença de instrumentos musicais, de pinturas representando práticas musicais, ou outros tipos de registros. Assim como estudos comparando ossos do aparelho fonador de *Homo Sapiens* com os equivalentes em *Homo Neandhertalensis* permite supor que os Neandertais tinham capacidade para a fala (D'Anastasio, Wroe, Tuniz, Mancini, Cesana, Dreossi, Ravichandiran, Attard, Parr, Agur & Capasso, 2013), estudos com instrumentos musicais atribuídos a Neandertais permite supor que eles também eram capazes de construir instrumentos musicais e, por conseguinte, tinham práticas musicais consolidadas (Tuniz, Bernardini, Turk, Dimkaroski, Mancini & Dressoi, 2012).

de pessoas com habilidades musicais extremamente desenvolvidas, isto é, pessoas com habilidades de cantar ou tocar instrumentos musicais com virtuosismo técnico e expressividade, de compor ou fazer arranjos para grandes grupos vocais (como um Coral) ou instrumentais (como uma Orquestra) etc. Tal nível de excelência de performance nestas habilidades musicais usualmente são provenientes de muitos anos de estudo sistematizado (Sampaio, 2017).

Nas últimas décadas, vários estudos têm demonstrado que todos os seres humanos possuem habilidades musicais (em diversos níveis de competência) e que muitas destas habilidades já estão presentes desde as primeiras semanas de vida (Ilari, 2006; Levitin, 2010; Malloch & Sekeff, 2007; Trehub, 2016; Trevarthen, 2009). Por exemplo, pesquisas sobre habilidades musicais com bebês têm demonstrado que o bebê humano já nasce com várias habilidades musicais prontas e disponíveis, tais como uma refinada percepção de alturas (grave/agudo) e de padrões rítmicos, a localização da fonte sonora no espaço, o reconhecimento da voz materna frente a outros estímulos sonoros, a correspondência entre som e movimento, dentre outras.

À medida que o desenvolvimento ocorre, não somente estas habilidades vão ganhando maior precisão – inclusive devido ao desenvolvimento motor e cognitivo do bebê – como também novas habilidades musicais específicas vão surgindo (Fassbender, 2003; Hargreaves, 1997; Huotilainen, Tervaniemi, & Särkämö, 2013; Ilari, 2006; Pouthas, 2003; Trainor & Cirelli, 2015; Trehub, 2005). Contudo, a transformação das habilidades musicais inatas em competências musicais plenamente desenvolvidas necessita de um engajamento social no qual a música seja vivenciada e valorizada na comunidade (Ansdell, 2014; Denora, 2000).

2. O "Poder" da Música

Durante milênios, a Música tem sido vivenciada com diversos usos e funções. Ela tem auxiliado a acalmar crianças para favorecer o sono, a incentivar, estimular e organizar o movimento nas brincadeiras infantis, a expressar conceitos, afetos e ideias, a fazer emergir lembranças, a ingressar em estados não usuais de consciência, a expressar crenças religiosas, a favorecer experiências estéticas, a torcer pelos atletas e times favoritos, a tratar enfermos, a entreter pessoas e grupos etc. (Denora, 2000;

Gfeller, 2008; Grout & Palisca, 1994; Sekeff, 2007). Mas, por que ela tem sido utilizada destes modos? O que a torna tão potente e aplicável em situações tão diversas?

Trevarthen (2009) descreve que a música pode ser compreendida de dois modos: em uma concepção psicofísica, como uma "coisa"; e, numa concepção psicobiológica, como uma ação. A primeira concepção, amplamente aceita e utilizada por cientistas de diversas áreas do conhecimento, incluindo muitos musicólogos, gera uma objetificação da música como algo externo ao ser humano, partindo da perspectiva do médico e físico alemão Hermann von Helmholz. A música então é dividida em notas, alturas, timbres, harmonias, ritmos, melodias e outros elementos que guardam uma correspondência entre os aspectos acústicos e perceptivos. Estes elementos podem ser codificados na notação convencional musical (partituras) que consiste em uma tecnologia de registro dos sons musicais. A Música se torna então um artefato que o cérebro humano pode reconhecer, perceber, aprender e reproduzir. Por meio de uma transdução sensorial e perceptiva com processamento cognitivo, a Música pode estimular o movimento, modificar o humor, ativar memórias etc.

Na concepção psicobiológica, como descrita por Trevarthen, a Música, assim como todos os outros tipos de fenômenos humanos percebidos, é compreendida como um aspecto da atividade motora rítmica, isto é, do processo vital de criação sonora que realizamos no nosso tempo, ao mover nosso corpo. A Música passa a ser uma consequência, um efeito dos movimentos corporais e o processo comunicativo musical é a transferência de pulsos gerados intrinsicamente e da qualidade dos movimentos entre as pessoas. A experiência musical consiste no som real ou imaginado do movimento corporal humano em relações sociais nas quais narrativas (histórias dramáticas ou rituais) são apresentadas. Por conseguinte, as ações e imagens musicais são causas das percepções e cognições musicais. Para Trevarthen (2009, p. 223), uma teoria científica da vida musical nesta perspectiva "[...] requer informação sobre a natureza dos movimentos espontâneos dos animais, sobre as expectativas conscientes dos animais ao se moverem, e sobre o modo como os animais regulam sensorialmente sua fisiologia de modo a manter o fluxo de energia necessário para um movimento adequado e efetivo".

Nesta linha de pensamento, Stephen Malloch (1999) institui o termo "Musicalidade Comunicativa" (*Communicative Musicality*) para descrever as interações comunicacionais de cooperação e codependência entre mães e bebês, reconhecendo estas interações como uma espécie de diálogo musical. Assim, a musicalidade comunicativa consiste na combinação de elementos, como pulsação do movimento, qualidade de movimento e narrativa[2], que são explorados na música e permitem a coordenação da relação entre dois seres emergir.

É a nossa musicalidade comum de seres humanos que torna possível o compartilhamento do tempo ser significativo, em sua riqueza emocional e sua contenção estrutural emocional, permitindo que nos relacionemos com outras pessoas com antecipação e reconhecimento do prazer (Malloch & Trevarthen, 2009). Ao analisar as interações musicais e gestuais entre mães e seus bebês, Malloch (1999, p. 48) descreve que quando a habilidade de compartilhar emoções está prejudicada, os elementos da musicalidade comunicativa mudam de modo que os percebemos como "menos musicais".

Tal concepção traz uma grande proximidade com a abordagem do biólogo Humberto Maturana (1997) sobre comunicação, na qual a comunicação consiste em coordenação consensual de comportamentos. Deste modo, as interações musicais entre pessoas podem ser compreendidas como processos comunicativos e, destes, há compartilhamento de experiências vividas. Segundo Sampaio (2007), em processos musicoterapêuticos com pessoas com alterações do neurodesenvolvimento, em especial, com pessoas com alterações importantes de comunicação e relacionamento, como os casos de autismo grave, o fazer musical no contexto terapêutico proporciona uma aprendizagem ou uma retomada do fluxo comunicativo dos pacientes, permitindo experiências prazerosas, continuadas e sistematizadas de compartilhamento do tempo. Em algumas ocasiões, caberá ao terapeuta reensinar o paciente a estar em contato e em comunicação com o outro para, então, retomar o curso de seu desenvolvimento global a partir de uma reestabelecida capacidade

[2] Segundo Malloch e Trevarthen (2009), "pulsação" corresponde a uma sucessão regular no tempo de movimentos discretos. Por sua vez, "qualidade" está relacionada os contornos das expressões vocais e corporais, moldando o senso temporal no movimento. Estes contornos podem ser descritos em termos dos atributos psicofísicos da vocalização, como timbre, altura e intensidade, assim como em relação aos atributos de direção e intensidade dos movimentos corporais percebidos. Enquanto, "narrativa", corresponde às sequencias de gestos co-criados com atributos particulares de pulsação e qualidade trazendo prazer estético.

de regulação psicofisiológica na relação com o mundo. A Musicalidade Comunicativa pode ser compreendida, então, como um processo básico de relacionamento humano, precedendo e permitindo o desenvolvimento de outras formas de relação, como a linguagem oral (Malloch & Trevarthen, 2009).

Se a Música é um gesto comunicativo a ser percebido, imitado e/ou modificado por outra pessoa, um importante aspecto nesta relação é a sincronia dos movimentos. Segundo Sampaio (2015),

> O engajamento na prática musical compartilhada pode desde favorecer a criação de um elo afetivo e social entre o bebê e seus cuidadores (Malloch & Trevarthen, 2009) a promover coesão grupal, favorecer empatia e organização do movimento em atividades conjuntas (Koelsch, 2014). Provavelmente, o mais importante elemento da experiência musical compartilhada que favorece a organização e a coesão grupal é a sincronia rítmica, na qual um organismo produz movimentos que coincidem com uma sequência externa de eventos ao longo do fluxo temporal (Windsor & Deasin, 2000). É importante ressaltar que, apesar de pouco distribuída no reino animal, a habilidade de sincronizar os movimentos a padrões rítmicos dados não é uma habilidade somente humana, estando presente e bem registrada em algumas espécies de pássaros (*Cacatua galerita, Psittacus erithacus* e *Melopsittacus undulatus*) e, conforme recentes descobertas, na espécie *Zalophus californianus* de leões marinhos (Cook, Rouse, Wilson & Reochmuth, 2013) e *Pan paniscus* de chimpanzés (Large & Gray, 2015). (Sampaio, 2015, p. 95)

Retornando à primeira abordagem sobre música, de caráter mais psicofísico, muitos estudos sobre cognição e percepção musical demonstram que o cérebro humano é capaz de perceber e processar estímulos sonoros e musicais desde as primeiras semanas após o nascimento e que tais estímulos podem estimular a atividade cerebral e, até mesmo, modificar a anatomia cerebral (Pascual-Leone, 2003). Os estímulos musicais podem então ser utilizados como mediadores que ativam circuitos neuronais, e favorecem o desenvolvimento ou permitem a reabilitação de funções cerebrais envolvidas em processos emocionais, cognitivos, de controle motor, de linguagem oral etc. (Hillecke, 2005; Hoemberg & Thaut, 2014).

Como exemplo da utilização da música em processos musicoterapêuticos de reabilitação de pacientes após serem acometidos por acidente vascular cerebral, Tomaino (2009) relata:

> A pesquisa colaborativa em música e neurociência tem sugerido que o uso sistemático da música pode contribuir para a plasticidade cerebral (i.e., a habilidade do sistema nervoso para se adaptar a mudança de circunstâncias e a encontrar novos modos de aprendizagem), enquanto as restaurações de funções cerebrais podem ser naturalmente enriquecidas. Outros tópicos de pesquisa incluem o compartilhamento de propriedades neurais entre os processamentos de música e de linguagem, ambos envolvendo atividades hemisféricas bilaterais no cérebro, estimulação musical rítmica e enriquecimento sensorial, respiração e relaxamento muscular assistidos pela música, uso de dicas rítmicas para enriquecer a prosódia rítmica e iniciação de palavras, e o canto terapêutico para melhorar a entonação melódica da fala. Os achados da pesquisa trazem à luz um desfecho promissor para aplicações clínicas da música na reabilitação pós-acidente vascular cerebral. (Tomaino, 2009, p. 214)

Neste momento, faz-se necessária uma distinção entre Educação Musical, Musicoterapia e outros usos da Música. Segundo a Federação Mundial de Musicoterapia (2011),

> Musicoterapia é o uso profissional da música e de seus elementos como uma intervenção em ambientes médicos, educacionais e cotidianos com indivíduos, grupos, famílias ou comunidades que busca otimizar sua qualidade de vida e melhorar sua saúde e bem-estar físico, social, comunicacional, emocional, intelectual e espiritual. A pesquisa, a prática profissional, o ensino e o treinamento clínico em musicoterapia são baseados em padrões profissionais de acordo com contextos culturais, sociais e políticos. (World Federation of Music Therapy, 2011, tradução nossa)

A Musicoterapia pode ser descrita como um processo sistemático de intervenção no qual o terapeuta ajuda o paciente a promover sua saúde utilizando experiências musicais no contexto de uma relação terapêutica (Bruscia, 2014). No processo clínico musicoterapêutico, o paciente vivencia a música no contexto de uma relação terapêutica através de atividades de audição, recriação, composição e improvisação musicais que são selecionadas, sugeridas e guiadas pelo musicoterapeuta em função das necessidades clínicas do paciente, levando em consideração suas habilidades já desenvolvidas, habilidades ainda não desenvolvidas (potenciais), gostos, histórico e ideias sobre a música, conjugados com a abordagem teórica e metodologia clínica adotadas pelo terapeuta (Sampaio, A.C.; Sampaio, R., 2005). Deste modo, como em qualquer processo terapêutico, na Musicoterapia ou em outras modalidades terapêuticas, independentemente da necessidade clínica do paciente e do ambiente em que o processo clínico ocorre, todo processo clínico busca uma mudança, uma transformação no estado do paciente para que ele alcance uma melhor condição de saúde (Zinker, 2007). O Musicoterapeuta é um profissional da área de Saúde, com formação acadêmica específica, treinado para utilizar clinicamente a música a fim de alcançar melhoras nas condições de saúde de indivíduos ou grupos (Barcellos, 2016; Bonde, Jacobsen, Pedersen, & Wigran, 2019; Bruscia, 2014).

Como parte do Sistema Educacional, os musicoterapeutas atuam provendo atendimentos musicoterapêuticos diretamente a estudantes com necessidades educacionais especiais (individualmente, em grupos de crianças e adolescentes com necessidades educacionais especiais, ou com turmas inclusivas), a alunos sem necessidades educacionais especiais ou atuando como consultores a professores e outros profissionais que atuam na escola (Adameck & Darrow, 2008; Bruscia, 2014; Carr &Wigram, 2009; Swanson, 2020). Estes atendimentos muitas vezes costumam ter como foco o desenvolvimento emocional e social dos alunos com ou sem necessidades educacionais especiais ao lado de habilidades específicas para o desenvolvimento acadêmico nos domínios cognitivo, motor, de linguagem etc. Ainda, muitos trabalhos foram desenvolvidos com professores para aprimorar meios de comunicação não verbal, para manejar estresse, para facilitar a comunicação e a formação de equipes, dentre outros (Steele, Crooke, & McFerran, 2020).

Há muitos anos, estudos tem demonstrado que práticas musicais podem gerar alterações em funções psicofisiológicas como frequência cardíaca, pressão sanguínea, frequência respiratória, sudorese, tensão muscular, condutividade elétrica da pele, dentre outras, além de modificações na produção, soltura e/ou absorção de hormônios tanto com pessoas saudáveis como com pessoas com condições clínicas diversas

(Dileo, 1999). Mais recentemente, práticas musicais prazerosas tem sido relacionadas com a ativação positiva (aumento de atividades) em áreas relacionadas com recompensa[3], com particular destaque para o sistema mesolímbico dopaminérgico, bem como com a inibição de áreas que mediam estados afetivos negativos (Ferreri, Mas-Herrero, Zatoore, Ripollés, Gomez-Andres, Alicart, Olivé, Marco-Pallarés, Antonijoan, Valle, Riba & Rodrigues-Fornells, 2019; Zald & Zatorre, 2011). Ainda, estudos relatam alterações na quantidade de oxitocina (um hormônio associado à afiliação social) no sangue de pessoas envolvidas em práticas musicais (Chanda & Levitin, 2013).

Em relação ao sistema imunológico, práticas musicais parecem aumentar a liberação de Interleucina 1, um importante agente mediador da resposta imune contra invasões bacterianas, bem como regular a liberação de hormônios, como o cortisol, e de anticorpos peptídeos, como a Imunoglobulina A (Altenmüller & Schlaug, 2012). Parece, ainda, haver uma relação entre os efeitos da prática musical na afiliação social, no prazer e na diminuição de estresse que precisa ser melhor esclarecida (Chanda & Levitin, 2013). Tais modificações, dentre outras, podem dar subsídios para compreendermos o modo como práticas musicais provocam alterações na fisiologia humana que podem ser direcionadas para melhoras de condições de saúde.

A Educação Musical, por sua vez, consiste em um processo pedagógico no qual almeja-se o desenvolvimento de habilidades musicais envolvendo performance, leitura e escrita musical, composição, improvisação, compreensão da música como produto cultural etc., contribuindo, assim, para o enriquecimento educacional e sociocultural do aluno (Batista, 2015; Green, 2011; Santiago & Parizzi, 2016) O ensino de música na escola de educação básica tem como objetivo formar uma articulação artística e estética do aluno, considerando as características de seu contexto cultural, usos e consumos musicais, desenvolvendo a

[3] O Sistema de Recompensa é composto por várias estruturas cerebrais, como o Núcleo Accumbens, a Área Tegmentar Ventral e o Córtex Pré-Frontal, dentre outras. O Sistema de Recompensa tem forte conexão com o Sistema Límbico (responsável pelo processamento emocional) e com áreas importantes para a formação e consolidação de memória, como o Hipocampo e a Amígdala (Mavridis, 2015). Análise por neuroimagens relacionam o prazer na atividade musical com aumento de atividade nestas áreas (Blood & Zatorre, 2001).

capacidade de "vivenciar música, ampliando e aprofundando suas relações com ela" (Del Ben & Hentschke, 2003, p. 181).

No Parecer 12/2013, a Câmara de Educação Básica do Conselho Nacional de Educação considera que, para além da Educação Musical, a Música na Escola "é instrumental para modificar o funcionamento do cérebro em dimensões ligadas às aprendizagens dos conhecimentos formais e de outros fazeres do ser humano [...]" (Conselho Nacional De Educação [Brasil], 2013, p. 6), e "contribui para a interação social e formação de identidade cultural, fortalecendo os vínculos entre os membros de uma comunidade" (p. 6). Além disso, a Música "é importante fator de identidade pessoal e expressão da cultura, que abrange a diversidade de experiências e historicidade de um povo, constituindo-se, dessa forma, em componente de cidadania" (p. 7).

A partir de uma reflexão sobre o "lugar" da música em Escolas de Educação Infantil, Sampaio (2017) descreve três eixos: Música como Recreação na Escola, Educação Musical e Educação Através da Música. A Música como Recreação na Escola destaca o prazer e o bem-estar que podem ser promovidos pela experiência musical ativa ou receptiva a fim de promover momentos de descontração, de lazer, de relaxamento (Sampaio, 2017), uma vez que, de tempos em tempos, faz-se necessário, para que a memorização e a aprendizagem sejam mais efetivas, que o aluno descanse de tarefas de aprendizagem que solicitam modos mais intensos de concentração, de foco atencional, de controle de impulsos etc. (Cosenza & Guerra, 2011). Sampaio, no entanto, salienta que

> proporcionar um tempo de descanso é diferente de "ocupar o tempo" quando o professor termina a atividade principal e ainda tem alguns minutos "sem nada para fazer" antes de terminar o horário. Este tempo de descanso com música deve ser pensado como alguma atividade lúdica que proporcione prazer e descanso, portanto, com pouca demanda cognitiva e motora por parte da criança. Isto não quer dizer que as crianças tenham de ficar paradas, sentadas em suas cadeiras, mas que qualquer ação que demande maior empenho motor e cognitivo seja espontânea e não solicitada ou direcionada pelo professor. Esta atividade musical pode ser ativa ou receptiva, isto é, as crianças podem simplesmente ouvir música ou podem participar ativamente desta experiência musical, cantando, tocando instrumentos musicais, dançando etc. (Sampaio, 2017, p. 129)

Já a Educação Musical, como mencionado acima, possui um objetivo de aprendizagem específico por meio do estudo teórico e prático da música, de habilidades e competências como cantar, mover-se com a música, executar instrumentos musicais, compor, escrever e ler música, compreender a forma e a estruturação musical, apreciar a música, reconhecer e compreender a música como produto da cultura etc. A Educação Musical deve aliar a aprendizagem dos procedimentos e regras de sintaxe musical (culturalmente definidas) com as estratégias e meios de expressão e produção sonora (Sampaio, 2017).

Por sua vez, a Educação Através da Música utiliza, ao mesmo tempo, o aspecto lúdico e prazeroso da música com a possibilidade de ela contribuir para o desenvolvimento de habilidades cognitivas, motoras e afetivas, a fim de abordar pedagogicamente conteúdos de outros universos que não especificamente artístico-musicais. A Música, neste processo, será utilizada como um meio e/ou um recurso para favorecer a aprendizagem de conteúdos não musicais, como parte significativa do processo de aprendizagem e não apenas como uma ilustração de conteúdo (Sampaio, 2017). Este último "lugar" da música traz afinidades com algumas das concepções apresentadas no Parecer 12/2013 do Conselho Nacional de Educação mencionadas acima.

Além das práticas sistematizadas de ensino e outros usos de música nas Escolas, é importante também considerar que o contato com a música na cultura e o desenvolvimento de habilidades e competências musicais variadas de modo não sistematizado pode propiciar o desenvolvimento de habilidades musicais e não musicais por meio de uma aprendizagem musical informal. Isto é, de uma aprendizagem que "ocorre de forma espontânea em uma dada cultura, sem qualquer esforço consciente ou direção" (Hargreaves & Zimmerman, 2006, p. 232). Deste modo, toda pessoa que tenha vivenciado, de modo extenso no tempo, a música em um contexto social "seria capaz de fazer música em um nível mais básico e de apreciar a música, pois desenvolveu habilidades musicais por meio de um processo informal e não sistematizado de aprendizagem nesta cultura" (Sampaio, 2017, p. 126).

Mas, como estes modos de vivenciar a música podem auxiliar na inclusão escolar de pessoas com deficiência, alterações no desenvolvimento e/ou outras condições de saúde?

2.1 Música e Inclusão Escolar na Educação Básica

Ao longo de toda a história da humanidade, a música fez parte de processos educacionais assumindo diversas formas e funções (Fonterrada, 2005; Grout & Palisca, 1994). No Brasil, há relatos sobre práticas educacionais musicais desde os primeiros processos educativos realizados pelos Jesuítas em meados do séc. XVI (Saviani, 2007) embora nem sempre as ações pedagógicas musicais estejam efetivamente presentes e sejam desenvolvidas de modo adequado nos diversos espaços educativos (Amato, 2006; Fonterrada, 2005). Há registros de ações pedagógicas musicais inclusivas desenvolvidas por Liddy Mignone na década de 1940, no Rio de Janeiro, envolvendo crianças com desenvolvimento típico e crianças com deficiências (Costa, 2008), época em que ainda estavam sendo sistematizadas e implantas muitas das práticas de educação especial (Brasil, 2008; Mantoan, 2003).

Em uma recente revisão de literatura sobre a educação musical inclusiva no Brasil, Souza e Sampaio (2019) verificaram que temos uma diversidade de propostas e ações tanto em escolas de educação inclusiva de educação básica como em escolas especializadas de música (Conservatórios Musicais, Escolas Livres de Música etc.), porém ainda há uma grande carência de literatura específica e de sistematização de trabalho, isto é, muitas ações são desenvolvidas, porém várias delas são descontinuadas ao longo do tempo e há pouca interação entre as diversas práticas existentes no Brasil, como se estivéssemos, muitas vezes, "reinventando a roda".

> Conforme os resultados obtidos, pode-se notar que mesmo a temática inclusão sendo parte integrante da política pública brasileira, há escassez no acervo científico sobre o assunto vinculado à Educação Musical. Houve predominância de dados qualitativos e de escolas de música especializadas. Os estudos selecionados evidenciaram práticas pedagógico-musicais que envolveram 4 tipos de necessidades especiais – visual, auditiva, intelectual e psicossocial (mais especificamente o Autismo) – e que apesar da pouca literatura disponível, todos ressaltaram a relevância do ensino inclusivo para o desenvolvimento musical e formação global do indivíduo. (Souza & Sampaio, 2019, p. 124)

Souza e Sampaio (2019) destacam alguns aspectos a respeito da Educação Musical inclusiva a serem considerados. É preciso que o professor tenha conhecimento sobre a condição de desenvolvimento de seu aluno, incluindo seus potenciais, limitações, gostos e histórico musical para poder propor as adaptações pedagógicas e ambientais necessárias para cada caso. Com alunos surdos, por exemplo, a possibilidade de ter um tradutor de Libras diminui, mas não resolve, as dificuldades de comunicação entre o professor e o aluno. Seria muito importante que o professor de música também tivesse fluência em Libras. Já com pessoas com dificuldades ou impedimentos motores, pode-se pensar, por exemplo, em suportes e adaptações motoras para instrumentos que facilitem o acesso e o manuseio destes materiais. Além disso, adaptações metodológicas são necessárias durante o planejamento e a condução das atividades educacionais, envolvendo desde uma reavaliação e sequenciação dos conteúdos a serem abordados e das estratégias didáticas a serem utilizadas, até os modos de avaliação. A organização do ambiente para facilitar o acesso, o manuseio de materiais e a interação com o professor e com os colegas, aliado a uma estruturação de uma rotina de atividades (logicamente, sem "engessamento") permitem ao aluno se organizar e participar de forma mais ativa no processo de aprendizagem musical. Além do conhecimento e respeito à condição dos alunos, é importante a parceria com a gestão da escola e com a família para trocar informações, elaborar planejamentos educacionais viáveis, obter os recursos materiais necessários etc.

Como descrito por Mantoan (2003), a educação inclusiva requer um esforço de modernização e reestruturação de toda a estrutura da escola, mas também e principalmente, da atitude do professor em relação ao aluno. É preciso compreender que o fator que impede ou atrapalha o processo de aprendizagem não está relacionado às eventuais alterações orgânicas, psíquicas ou relacionais que um aluno apresenta. A dificuldade ou o impedimento da aprendizagem reside na interação dessa pessoa com ambientes ou situações não estimuladoras e que não favorecem condições para que ela se desenvolva. Deste modo, são imprescindíveis o respeito, a compreensão das peculiaridades, e o reconhecimento das contribuições e do potencial de pessoas que possuem algum tipo de deficiência ou outra alteração em relação ao desenvolvimento típico (Souza & Sampaio, 2019). Ao planejar e conduzir uma aula com conteúdo, estratégias didáticas e ambiente compatíveis com as condições cognitiva, motora e relacional dos alunos, eles [os alunos] se sentem respeitados e reconhecidos, o que também pode ter grande efeito sobre a motivação para a aprendizagem e a participação nas atividades.

Jellison (2016) afirma que a partir de maior compreensão de prática educacionais inclusivas, os professores começaram a priorizar os resultados significativos de aprendizagem e remover pré-requisitos de habilidades desnecessários, baseando decisões curriculares no princípio de validade funcional. Quando aplicamos o princípio de validade funcional para a educação musical, fica evidente quando algumas habilidades e atividades musicais não são somente de interesse dos alunos, mas também levam a resultados que tenham sentido e relevância[4] para a vida destes alunos e de suas famílias.

Como mencionado anteriormente, práticas musicais podem ativar o sistema de recompensa, promovendo prazer. Tal efeito tenderia a tanto aumentar a participação na atividade como levar a pessoa a repeti-la. Durante as práticas musicais coletivas, além do prazer que a atividade musical pode oferecer individualmente, pode haver a condução da atividade de modo que o prazer advenha da participação social na prática musical. Por exemplo, ao invés de propor atividades que sejam realizadas de modo individual por cada aluno, o professor pode sugerir atividades que sejam inter-relacionais, nas quais os alunos compartilhem a experiência musical de prazer e de sucesso tanto na vivência social como na realização da atividade em si. Deste modo, pode-se alcançar um fortalecimento de vínculo e uma melhora da convivência entre o professor e o aluno de inclusão e entre os diversos alunos.

Práticas musicais também podem ser direcionadas para melhoria de habilidades cognitivas, como atenção, memória, tomada de decisões, iniciação de movimentos, controle de impulsos etc., por meio de treinamentos específicos e focados em tais habilidades (Thaut & Hoemberg, 2014) ou do envolvimento em atividades mais complexas que incluem tais habilidades (Sampaio, Loureiro, & Gomes, 2015), além de habilidades motoras e de linguagem. Estes possíveis benefícios para o desenvolvimento do aluno advindo de práticas musicais podem ocorrer tanto em trabalhos musicoterapêuticos – onde as questões de saúde são estabelecidas como foco – ou educacionais – por meio, principalmente, do que Sampaio (2017) denominou Educação Através da Música.

[4] No campo da Sociologia da Educação Musical, os estudos de Lucy Green (2008, 2011, 2012), dentre outros, aprofundam esta questão.

Devemos ressaltar o papel fundamental e imprescindível do professor (ou do terapeuta, se for o caso), como propositor de atividades, como condutor (fornecendo suporte emocional e musical) das atividades e como mediador do processo de aprendizagem e de desenvolvimento do aluno. O mero contato do aluno com a música não garante o desenvolvimento das habilidades musicais, das habilidades não musicais e da inclusão de fato.

Outro conceito importante para expandir as possibilidades das práticas musicais auxiliando na inclusão escolar é o de "*Musicking*" (musicar), de Cristopher Small (1998).

> Musicar é participar, em qualquer capacidade, de uma *performance* musical, quer seja se apresentando, ouvindo, ensaiando ou praticando, fornecendo material para *performance* (o que é denominado composição), ou dançando. Em algumas ocasiões, podemos até estender este significado às atividades de pessoas que verificam os ingressos na porta, as que movem o piano e bateria, ou os *roadies* que deixam os instrumentos preparados e fazem as checagens de som, ou os faxineiros que limpam tudo depois que todos foram embora. Eles também estão todos contribuindo para a natureza dos eventos em uma *performance* musical. (Small, 1998, p. 6, tradução nossa).

Neste sentido, *musicking* (musicar) não é uma ação restrita a pessoas que se dedicaram longas horas de estudo para aprender a cantar ou a tocar um instrumento musical e o fazem com virtuosismo. Todos aqueles que se relacionam com a música, ou, indo além, se relacionam com outras pessoas na experiência musical, estão "musicando", independentemente do nível de habilidade musical e do desempenho de sua performance musical. Para além dos aspectos de desenvolvimento de habilidades individuais, a prática musical também pode auxiliar na formação de laços sociais, no estabelecimento de novos modos de contato e de comunicação com outras pessoas (Bruscia, 2014; Denora, 2000; Koelsch, 2012).

Quando refletimos sobre educação inclusiva, é fácil observar que o aspecto social muitas vezes se sobrepõe ás dificuldades específicas dos alunos. Dito de outro modo, as mudanças atitudinais e socioambientais necessárias para efetivamente alcançarmos uma inclusão escolar superam as adaptações especificas relacionadas aos impedimentos ou às dificuldades individuais dos alunos (Mantoan, 2003; Souza & Sampaio, 2018; Swanson, 2020). Deste modo, musicar em conjunto, não apenas cria um produto musical, mas também, e principalmente, pode auxiliar a estabelecer novas formas de relação humana e até mesmo de coletividade (Ansdell, 2004; Stige, 2004) quando o fazer musical não está direcionado somente ao entretenimento, ao desenvolvimento da performance musical e ao deleite estético.

3. Considerações finais

Este capítulo teve a intenção de apresentar uma visão geral sobre a possibilidade da Música como auxiliar no processo de inclusão escolar, discorrendo sobre alguns conceitos, princípios e justificativas. Devido ao escopo deste texto, optamos por não discorrer sobre as intervenções dos musicoterapeutas e dos educadores musicais, bem como não elencar atividades musicais que poderiam ser utilizadas. Há diversos títulos no mercado que cumprem esta função, como o capítulo de livro de Sampaio (2017), a colação de livros de Loureiro e Tatit (2013, 2014, 2015, 2016) e o livro organizado por Louro (2016).

Todos nós, seres humanos, somos seres musicais, temos competências e habilidades musicais desenvolvidas em algum nível. A exposição à música e às práticas musicais socialmente validadas podem favorecer o desenvolvimento de habilidades musicais e não musicais, incluindo as habilidades sociais. A música faz parte de nossa vida de muitos modos. Algumas pessoas, no entanto, atribuem à música somente a função de entretenimento e lazer, mas ela também pode ser um importante elemento de promoção do desenvolvimento pessoal e social, como vimos neste capítulo.

As pesquisas sobre práticas musicais na Musicoterapia, na Educação Musical e nas práticas musicais comunitárias têm revelado os efeitos das práticas musicais sobre o corpo humano e as relações sociais. Porém, mais estudos ainda são necessários para verificar o nível de eficácia de diferentes tipos de intervenções musicais, incluindo os efeitos da relação terapêutica ou da relação professor-aluno. No entanto, o que está por trás destes efeitos, isto é, a explicação de quais modificações ocorrem no corpo humano e que levam aos resultados encontrados, do nível neuroquímico ao psicológico, ainda permanece incerta.

Utilizada de modo correto, com intenção e direcionamento adequados, a música pode facilitar a inclusão escolar de pessoas com as mais variadas condições e limitações, mitigando também o mal desempenho escolar e, quem sabe, auxiliando a diminuir a evasão escolar. Neste sentido, tanto as práticas musicoterapêuticas como as práticas educacionais musicais têm potencial para auxiliar o processo de inclusão escolar.

Referências bibliográficas

Adamek, M., & Darrow, A.-A. (2008). Music Therapy on Special Education. In W. B. Davis, K. E. Gfeller, & M. Thaut (Orgs.), *An Introduction to Music Therapy: Theory and Practice* (3rd ed, p. 405–426). American Music Therapy Association.

Altenmüller, E., & Schlaug, G. (2012). Music, Brain, and Health: Exploring Biological Foundations of Music´s Health Effects. In R. A. R. Macdonald, G. Kreutz, & L. Mitchell (Eds.). *Music, health, and wellbeing* (pp. 12-24). Oxford: Oxford University Press.

Amato, R. C. F. (2006). Breve Retrospectiva Histórica e Desafios do Ensino de Música da Educação básica Brasileira. *Opus, 12*, 144-166.

Ansdell, G. (2004). Rethinking Music and Community: Theoretical Perspectives in Suport of Community Music Therapy. In M. Pavlicevic & G. Ansdell (Orgs.), *Community music therapy* (p. 65–90). J. Kingsley Publishers.

Ansdell, G. (2014). *How music helps in music therapy and everyday life.* Farnham: Ashgate Publishing Limited.

Barcellos, L. R. M. (2016). *Quaternos de Musicoterapia e Coda.* Dallas: Barcelona Publishers.

Batista, L. M. (2015). Curso Música na Escola: formação continuada de professores - reflexões, caminhos e abordagens em Educação Musical. In SESC (Ed.). *Música na Escola: caminhos e possibilidades para a Educação Básica. 4*, 18-36.

Blacking, J. (1995). *Music, culture, & experience: selected papers of John Blacking.* Chicago: University of Chicago Press.

Blood, A. J., & Zatorre, R. J. (2011). Intensely pleasurable responses to music correlate with activity in brain regions implicated in reward and emotion. *Proceedings of the National Academy of Sciences, 98*(20), 11818-11823.

Bonde, L. O, Jacobsen, S. L., Pedersen, I. N., & Wigram, T. (2019). Music Therapy Training. In In S. L. Jacobsen, I. N. Pedersen, L. O. Bonde, & T. Wigram (Eds.). *A comprehensive guide to music therapy: theory, clinical practice, research, and training* (2nd ed., pp. 449-469). London: Jessica Kingsley Publishers

BRASIL, Grupo de Trabalho da Política Nacional de Educação Especial. (2008) *Política Nacional de Educação Especial na Perspectiva da Educação Inclusiva.* Brasilia. Disponível em <http://portal.mec.gov.br/arquivos/pdf/politicaeducespecial.pdf >. Acesso em 30 jul 2020.

Bruscia, K. E. (2014). *Defining music therapy.* (3rd ed.). Gilsum, NH: Barcelona Publishers.

Carr, C., & Wigram, T. (2009). Music Therapy with Children and Adolescents in Mainstream Schools: A Systematic Review. *British Journal of Music Therapy, 23*(1), 3–18. https://doi.org/10.1177/135945750902300102

Chanda, M. L., & Levitin, D. J. (2013). The neurochemistry of music. *Trends in Cognitive Sciences, 17*(4), 179–193-.

Clayton, M. (2016). The social and personal functions of music in cross-cultural perspective. In S. Hallam, I. Cross, & M. Thaut (Eds.). *The Oxford Handbook of Music Psychology* (2nd ed.). New York, NY: Oxford University Press.

Conard, N. J., Malina, M., & Münzel, S. C. (2009). New flutes document the earliest musical tradition in southwestern Germany. *Nature, 460*, (7256), 737-740.

Cosenza, R. M., & Guerra, L. B. (2011). *Neurociência e educação: como o cérebro aprende.* Porto Alegre: Artmed.

Costa, C. M. (2008). *História da Musicoterapia no Rio de Janeiro: 1955-2005.* CD-ROM. Rio de Janeiro: AMT-RJ.

D'Anastasio, R., Wroe, S., Tuniz, C., Mancini, L., Cesana, D. T., Dreossi, D., Ravichandiran, M., Attard, M., Parr, W. C. H., Agur, A., & Capasso, L. (2013, December 18). Micro-Biomechanics of the Kebara 2 Hyoid and Its Implications for Speech in Neanderthals. *PLoS ONE, 8*(12), e82261.

Del Ben, L., & Hentschke, L. (2003). Aula de Música: do planejamento e avaliação à prática educativa. In L. Hentschke, L. Del Ben (Eds.). *Ensino de música: propostas para pensar e agir em sala de aula* (pp. 176-188). São Paulo, SP: Moderna.

Denora, T. (2000). *Music in everyday life.* Cambridge; New York: Cambridge University Press.

Dileo, C. (Ed.). (1999). *Music Therapy and Medicine: Theoretical and Clinical Applications.* Silver Spring, MD: American Music Therapy Association.

Fassbender, C. (2003). Infant's auditory sensitivity towards acoustic parameters of speech and music. In I. Deliège, J. A. Sloboda (Eds.). *Musical beginnings: origins and development of musical competence* (pp. 56-87). Reimpressão. Oxford; New York: Oxford University Press.

Ferreri, L. Mas-Herrero, E., Zatorre, R. J., Ripollés, P., Gomez-Andres, A., Alicart, H., Olivé, G., Marco-Pallarés, J., Antonijoan, R. M., Valle, M., Riba, J., & Rodriguez-Fornells, A (2019). Dopamine modulates the reward experiences elicited by music. *Proceedings of the National Academy of Sciences, 116*, (9), 3793-3798.

Fonterrada, M. T. O. (2005). *De tramas e fios: um ensaio sobre música e educação* (1a ed.). São Paulo, SP: Editora UNESP.

Gfeller, K. E. (2008). Music: a Human Phenomenon and Therapeutic Tool. In W. B. Davis, K. E. Gfeller, & M. Thaut (Eds.). *An introduction to music therapy: theory and practice* (3rd ed., pp. 41-75). Silver Spring, Md: American Music Therapy Association.

Green, L. (Ed.). (2011). The Globalization and Localization of Learning, Teaching, and Musical Identity. In *Learning, teaching, and musical identity: voices across cultures*. Counterpoints. Music and education. Bloomington: Indiana University Press.

Grout, D. J., & Palisca, C. V. (1994). *História da música ocidental*. Lisbon: Gradiva.

Hargreaves, D. J., & Zimmerman, M. (2006). Teorias do Desenvolvimento na Aprendizagem Musical. In B. Ilari (Ed., pp. 231-269). *Em busca da mente musical: ensaios sobre os processos cognitivos em música - da percepção à produção*. Curitiba: Editora UFPR.

Hargreaves, D. J. (1997). *The developmental psychology of music* (4th Reprint). Cambridge [Cambridgeshire]; New York: Cambridge University Press.

Hillecke, T. (2005, December 1). Scientific Perspectives on Music Therapy. *Annals of the New York Academy of Sciences, 1060*, (1), 271–282.

Ilari, B. (2006). Desenvolvimento Cognitivo Musical no primeiro ano de vida. In B. Ilari (Ed.). *Em busca da mente musical: ensaios sobre os processos cognitivos em música - da percepção à produção* (pp. 271-302). Curitiba: Editora UFPR.

Jellison, J. A. (2016). Inclusive Music Classrooms: A universal approach. In G. McPherson (Ed.). *The child as musician: a handbook of musical development* (2nd ed., pp. 361-372). Oxford, United Kingdom: Oxford University Press.

Koelsch, S. (2012). *Brain and music*. Chichester, West Sussex; Hoboken, NJ: Wiley-Blackwell.

Koelsch, S. (2014, March). Brain correlates of music-evoked emotions. *Nature Reviews Neuroscience, 15,* (3), p. 170-180.

Levitin, D. J. (2010). *A Música no Seu Cérebro: a ciência de uma obsessão humana.* Rio de Janeiro: Civilização Brasileira.

Loureiro, M., & Tatit, A. (2016). *Festas e Danças Brasileiras.* São Paulo: Melhoramentos.

Loureiro, M., & Tatit, A. (2015). *Para os pequenos.* São Paulo: Melhoramentos.

Loureiro, M., & Tatit, A. (2014). *Desafios Musicais.* São Paulo: Melhoramentos.

Loureiro, M., & Tatit, A. (2013). *Brincadeiras cantadas de cá e de lá.* São Paulo: Melhoramentos.

Louro, V. *Música e Inclusão: Múltiplos Olhares.* São Paulo: Som, 2016.

Malloch, S. (1999). Mothers and infants and communicative musicallity. *Musicae Scientiae, special issue,* 29–57.

Malloch, S., & Trevarthen, C. (2009). Musicality: communicating the vitality and interests of life. In S. Malloch, & C. Trevarthen (Eds.). *Communicative musicality: exploring the basis of human companionship* (pp. 1-11). Oxford; New York: Oxford University Press.

Mantoan, M. T. E. (2003). *Inclusão escolar: o que é? por quê? como fazer?* São Paulo, SP: Moderna.

Maturana, H. R. (1997). *A ontologia da realidade.* Belo Horizonte: UFMG.

Mavridis, I. N. (2015, March). Music and the nucleus accumbens. *Surgical and radiologic anatomy: SRA, 37,* (2), 121–125.

Mithen, S. J. (2005). *The singing Neanderthals: the origins of music, language, mind and body.* London: Weidenfeld & Nicolson.

Pascual-Leone, A. (2003). The brain that makes music and is changed by it. In I. Peretz, & R. J. Zatorre (Eds.). *The cognitive neuroscience of music* (pp. 396-409). New York: Oxford University Press.

Patel, A. D. (2008). *Music, language, and the brain.* New York: Oxford University Press.

Peretz, I. (2001). The biological foundations on music. In E. Dupoux (Ed.). *Language, brain, and cognitive development: essays in honor of Jacques Mehler* (pp. 435-445). Cambridge: MIT Press.

Peretz, I. (2006, May). The nature of music from a biological perspective. *Cognition, 100*(1), 1–32.

Pouthas, V. (2003). The development of the perception of time and temporal regulation of action in infants and children. In I. Deliège, I., & J. A.

Sloboda (Eds.). *Musical beginnings: origins and development of musical competence* (pp. 115-141) New York: Oxford University Press.

Sampaio, A. C., & Sampaio, R. T. (2005). Da escuta à Intervenção. In A. C. Sampaio, & R. T. Sampaio (Eds.). *Apontamentos em Musicoterapia* (Vol. 1, pp. 9–12.). São Paulo: Apontamentos.

Sampaio, R. T. (2017). Repensando a música na Educação Infantil: da "Música para a Criança" para a "Música com a Criança". In B. L. D. Araujo, & É. A. G. Lourenço (Eds.). *Clareira Luminosa: Arte, Curiosidade e Imaginação na Infância* (pp. 123-157). São Paulo: Alameda.

Sampaio, R. T., Loureiro, C. M. V., & Gomes, C. M. A. (2015). A Musicoterapia e o Transtorno do Espectro do Autismo: uma abordagem informada pelas neurociências para a prática clínica. *Per Musi*, (32), 137–170.

Sampaio, R. T. (2015). *Avaliação da Sincronia Rítmica em crianças com Transtorno do Espectro do Autismo em Atendimento Musicoterapêutico* (Tese de Doutorado). Belo Horizonte: Universidade Federal de Minas Gerais.

Sampaio, R. T. (2007). *Música e Comunicação em Musicoterapia: um percurso de pesquisa.* VII Encontro Nacional de Pesquisa em Musicoterapia... Anais... In VII Encontro Nacional De Pesquisa Em Musicoterapia. São Paulo: APEMESP.

Santiago, P. F., & Parizzi, B. (2016). *Musicalização na Escola Regular: Formando Professores e Crianças.* Belo Horizonte: Editora UFMG.

Särkämö, T., Tervaniemi, M., & Huotilainen, M. (2013). Music perception and cognition: development, neural basis, and rehabilitative use of music. *Wiley Interdisciplinary Reviews: Cognitive Science, 4*(4), 441–451.

Saviani, D. (2007). *História das idéias pedagógicas no Brasil.* Campinas, SP: Autores Associados.

Sekeff, M. L. (2007). *Da música, seus usos e recursos.* São Paulo: Editora UNESP.

Small, C. (1998). *Musicking: The meanings of performing and listening.* University Press of New England.

Souza, L. C., & Sampaio, R. T. (2019). A Educação musical inclusiva no Brasil. *Olhares: Revista do Departamento de Educação da Unifesp,* 7(2), 113–128.

Steele, M. E., Crooke, A. H. D., & McFerran, K. S. (2020). What About the Teacher? A Critical Interpretive Synthesis on Literature Describing Music Therapist/Teacher Consultation in Schools. *Voices: A World Forum for Music Therapy, 20*(1). https://doi.org/10.15845/voices.v20i1.2839

Stige, B. (2004). Community Music Therapy: Culture, Care and Welfare. In M. Pavlicevic & G. Ansdell (Orgs.), *Community Music Therapy* (p. 91–113). J. Kingsley Publishers.

Swanson, A. L. (2020). Music therapy in schools: Stimulating the mind and body to create positive change. In C. Maykel & M. A. Bray (Orgs.), *Promoting mind–body health in schools: Interventions for mental health professionals.* (p. 233–244). American Psychological Association. https://doi.org/10.1037/0000157-016

Thaut, M., & Hoemberg, V. (Eds..). (2014). *Handbook of neurologic music therapy.* New York, NY: Oxford University Press.

Tomaino, C. M. (2009). Clinical applications of music therapy in neurologic rehabilitation. In R. Haas, & V. Brandes (Eds.). *Music that works: Contributions of Biology, Neurophysiology, Psychology, Sociology, Medicine and Musicology.* Viena: Springer, 2009. p. 211–220.

Trainor, L. J., & Cirelli, L. (2015, March). Rhythm and interpersonal synchrony in early social development. *Annals of the New York Academy of Sciences, 1337*, 45–52.

Trehub, S. E. (2016). Infant musicality. In S. Hallam, I. Cross, & M. Thaut (Eds.). *The Oxford Handbook of Music Psychology* (2. ed., pp. 381-398). New York, NY: Oxford University Press

Trehub, S. E. (2005, December 01). Developmental and Applied Perspectives on Music. Introduction. *Annals of the New York Academy of Sciences 1060*(1), 198–201.

Trevarthen, C. (2009). Human biochronology: on the source and functions of 'musicality'. In R. Haas, & V. Brandes (Eds.). *Music that works: Contributions of Biology, Neurophysiology, Psychology, Sociology, Medicine and Musicology* (pp. 221-265). Viena: Springer.

Tuniz, C. Bernardini, F., Turk, I., Dimkaroski, L., Mancini, L., & Dreossi, D. (2012, June). Did neanderthals play music? X-ray computed micro-tomography of the divje babe 'flute': X-ray computed micro-tomography of the Divje babe 'flute'. *Archaeometry, 54*(3), 581–590.

World Federation Of Music Therapy. (2011). Music Therapy Definition. *What is Music Therapy?.*

Zald, D. H., & Zatorre, R. J. (2011). Music. In J. A. Gottfried (Ed.). *Neurobiology of Sensation and Reward. Forntiers in Neuroscience* (pp. 405-428). Boca Raton: CRC Press.

Zinker, J. (2007). *Processo Criativo em Gestalt-Terapia.* São Paulo: Summus.

CAPÍTULO 24

Os benefícios da estimulação multidisciplinar na 1ª infância, utilizando a tecnologia como ferramenta de apoio neste processo

Anahid Fernandes

1. Introdução

Em um mundo tão imerso no contexto tecnológico, a capacidade de envio de informações e a comunicação têm se tornado cada vez mais velozes e de suma importância para evolução da sociedade de forma geral. Nos últimos anos muito se avançou em pesquisas das práticas clínicas e educacionais, contribuindo desta forma com a melhoria na qualidade de vida de crianças com dificuldades ou atrasos no neurodesenvolvimento e na aprendizagem.

Nesse cenário as crianças vêm tendo cada vez mais contato com a imersão tecnológica, desenvolvendo desde cedo a relação com todo esse panorama que cada vez mais se torna presente nos diversos contextos sociais, como: saúde, educação, lazer e entretenimento.

Portanto observa-se que é possível usufruir da tecnologia para a estimulação de maneira assertiva, fazendo uso de forma adequada e saudável deste recurso, cuja estratégia se torna inovadora para o complemento dos tratamentos e terapias, sendo um diferencial para que as crianças possam aprender de forma lúdica em um ambiente projetado para o desenvolvimento de habilidades e competências importantes para a vida do ser humano.

A fim de produzir inovações tecnológicas voltadas para a estimulação multidisciplinar ainda na infância, fundou-se em 2017 a Neurobrinq, uma *start-up* brasileira que nasceu com a missão de desenvolver soluções e ferramentas tecnológicas para as áreas da saúde e educação, com base na Neurociência. Dentre os produtos desenvolvidos pela equipe está um software, chamado "*multisense*", que possibilita promover o desenvolvimento e funcionalização dos principais canais de aprendizagem, sendo eles: a audição, tato, paladar, olfato, visão e a área motora.

O *software* foi desenvolvido no INATEL, Instituto Nacional de Telecomunicações, em Santa Rita do Sapucaí – MG, onde a *start-up* foi incubada e acelerada. Participaram do desenvolvimento, alunos de Engenharia da Computação, Engenharia Biomédicas e de Automação. A plataforma está na sua 20ª atualização e possui certificação, registro e licença de uso. Esta ferramenta é utilizada em uma sala estruturada para ser um centro de estimulação infantil que integra e otimiza os diversos tipos de terapias e tratamentos comandados por esta plataforma, que é uma interface que possibilita aos profissionais da educação e saúde efetuarem acionamentos sensoriais dentre outros recursos em tempo real, como também planejar e executar treinos, tarefas e atividades acerca da estimulação e intervenção precoce.

O aplicativo é responsável pela integração de soluções e dispositivos com base na "internet das coisas" (do inglês, *Internet of Things* – IoT), cujo objetivo é estimular o desenvolvimento infantil de crianças típicas e atípicas nos primeiros anos de vida, oferecendo aos profissionais destas áreas, recursos tecnológicos que viabilizam não só um melhor planejamento das ações propostas pela equipe multidisciplinar, como também o monitoramento e o desempenho de crianças acerca das atividades propostas neste ambiente, promovendo, assim, melhores resultados para o desenvolvimento global delas.

Diante do exposto, pretende-se demonstrar como o *software multisense*, pode ser utilizado pelos profissionais das áreas da educação e da saúde, garantindo melhores resultados nos estímulos propostos na primeira infância, como também, se tornar uma plataforma de geração de conteúdos compartilhados, a fim de comprovar a eficácia desta ferramenta mensurando os resultados deste programa em larga escala.

2. Materiais e métodos

A partir da comprovação da eficiência desta metodologia apresentada em uma pesquisa realizada sobre as habilidades cognitivas, sensoriais e motoras na primeira infância, na área de Neurociência durante curso de especialização na Faculdade de Medicina da Santa Casa de São Paulo – FMSCSP criou-se o programa. Trata-se de um *software* capaz de unir Neurociência, Tecnologia e Engenharia, onde é possível controlar todos os equipamentos que são utilizados nas diversas terapias de crianças em um centro de estimulação infantil, agilizando e simplificando o trabalho de terapeutas e educadores.

O aplicativo nada mais é do que um console onde são armazenados modelos terapêuticos de diversas áreas, respeitando o protocolo de cada terapia ou metodologia, sendo possível fazer a integração multidisciplinar destas áreas durante as atividades, inserindo em seus conteúdos estímulos sensoriais e outros recursos tecnológicos que reagem no ambiente, de acordo com a programação proposta por estes profissionais.

As técnicas de modificação comportamental, social e na aquisição de habilidades têm se mostrado bastante eficazes nos tratamentos e na aquisição de comportamentos generalizados no dia a dia pelas crianças participantes destes programas.

Figura 1 – Logo Marca

Fonte: http://www.neurobrinq.com

O centro de estimulação, denominado **Parque iUP 6D**, possui vários dispositivos adaptados para serem acionados por uma interface *IoT*, controlada por um computador interligado à um roteador via wi-fi. Cada equipamento pode ser acionado pelos terapeutas isoladamente ou em conjunto, causando o efeito esperado em tempo real. Da mesma forma, é possível planejar os treinos e atividades mais específicas utilizando os recursos oferecidos pelo sistema. Os materiais desenvolvidos podem ser salvos em uma biblioteca para uso, edições, e ainda para que possam ser compartilhados com outros profissionais da equipe multidisciplinar.

Dentre os equipamentos, pode-se destacar a coluna de bolhas, painel sensorial, piscina de bolinhas iluminada, cascata de fibras, difusores de essências, iluminação perimetral *RGB* (do inglês, vermelho, verde e azul), simulador de vento, jogo de sete refletores, piano humano, chuva artificial, simulador de vento e a máquina de bolhas interativa. O *software* oferece funções que possibilitam ainda o trabalho com edição de áudio e vídeo e a interação com todos os equipamentos via *IoT* para contos de histórias, criação de rotinas e de atividades didáticas.

A proposta e a abordagem envolvem uma infinidade de possibilidades e estímulos que proporcionam o desenvolvimento sensório-motor, cognitivo, de habilidades e competências que precisam ser criados e desenvolvidos no indivíduo ainda na primeira infância. O profissional pode acessar uma biblioteca de imagens, sons e recursos oferecidos pela plataforma disponibilizada pela ferramenta, como também adicionar novas bibliotecas (Figura 2). É possível criar atividades que envolvem a aprendizagem de rotinas, comportamentos, conteúdos como: cores, animais, frutas, números e atividades de alfabetização e outros conceitos mais elaborados. A ferramenta disponibiliza na tela até sete cores e diversos modelos de respostas, além de uma dica escrita ou visual como pergunta para que o usuário possa relacionar a pergunta com uma resposta correta e estímulos diferentes.

Figura 2 – Menu Geral – tela de opções para o usuário

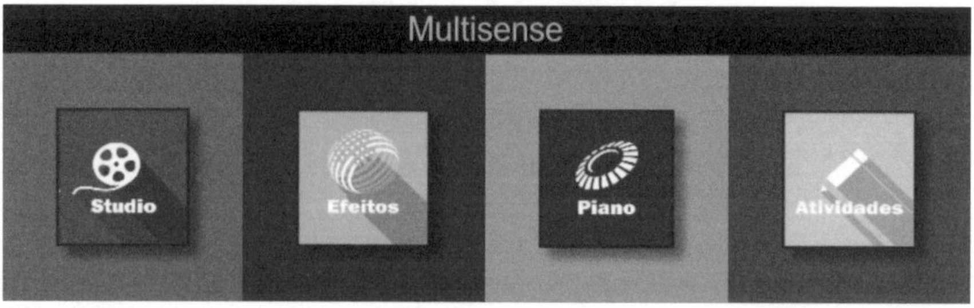

Fonte: http://www.neurobrinq.com/studiomultisense

O sistema permite que o profissional edite a biblioteca para que seja totalmente adaptada ao nível de desenvolvimento do paciente, ou do grupo, propondo desafios diferentes que os estimulam naquilo onde apresentam um maior déficit. Além disso, o software também disponibiliza uma interface de controle para acionar equipamentos isolados para atividades mais específicas, podendo incluir aquelas que envolvem o paladar e todo sistema gustativo, o sistema visual, auditivo, tátil, propioceptivo e o sistema vestibular de forma isolada ou integrada, possibilitando desta maneira infinitos recursos e possibilidades de intervenções.

Figura 3 – Tela de atividades

Fonte: http://www.neurobrinq.com/studiomultisense

As atividades são personalizadas de acordo com a aplicação do profissional para com a criança ou um grupo. Ao final de cada atividade é gerado um relatório com dados de erro, acerto, tempo de atividade, data e outras informações que serão utilizadas para monitorar o desempenho, evolução e também comprovar a eficácia do programa que já está em desenvolvimento.

2.1 Resultados

O ambiente multidisciplinar **iUP 6D** nasceu da experiência de 18 anos de trabalho em Neuropsicopedagogia, com crianças de 0 a 6 anos de idade, realizado em uma escola de Educação Infantil localizada em São Paulo, onde foi instalado o primeiro espaço em 2015.

Este centro de estimulação infantil, em funcionamento há aproximadamente 5 anos, atende crianças no ambiente escolar como também no contra turno da escola, aplicando diversas terapias propostas para crianças desta idade no que se refere à prevenção, estimulação e intervenção precoce. Os resultados deste trabalho se apresentam nas diversas áreas de atuação que a ferramenta se propõe, através de análise e estudos de caso, relatórios de observação e desenvolvimento individual, instrumentos de avaliações específicas e relatos de pais e profissionais. Fica, portanto, evidenciado a eficácia do programa no desenvolvimento de habilidades comportamentais, sociais, de linguagem e comunicação, como também em habilidades cognitivas propostas pelo software e nos demais produtos que o centro de estimulação oferece.

A próxima etapa é disponibilizar no mercado, tanto o *software* quanto os demais brinquedos e produtos, para que estas soluções venham contribuir de forma efetiva para os profissionais destes segmentos. O treinamento especializado realizado com esses profissionais para o uso da plataforma promove sua disseminação e uso, gerando desta maneira melhores resultados em seus atendimentos, priorizando aumentar os estímulos na primeira infância, reduzindo os custos e tempo de intervenção, ampliando as redes de atendimento e o número de crianças e pacientes assistidos.

Figura 4 – Centro de Estimulação Multidisciplinar da Neurobrinq - São Paulo / Brasil.

Fonte: http://www.neurobrinq.com/pianohumano

Figura 5 – Studio – Demonstração do painel de edição, sem o vídeo escolhido

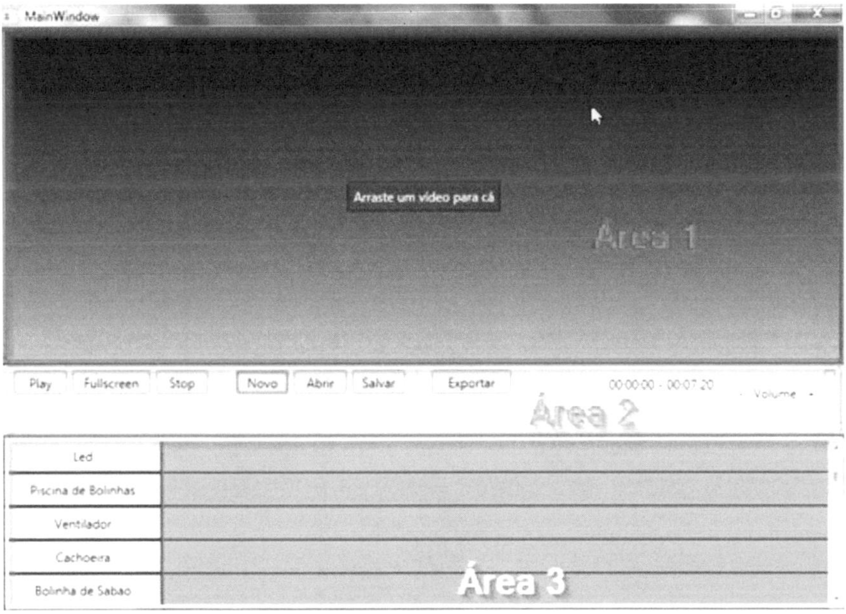

Fonte: http://www.neurobrinq.com/studiomultisense

Figura 6 – Demonstração do painel de edição, com o vídeo editado e acionamentos programados.

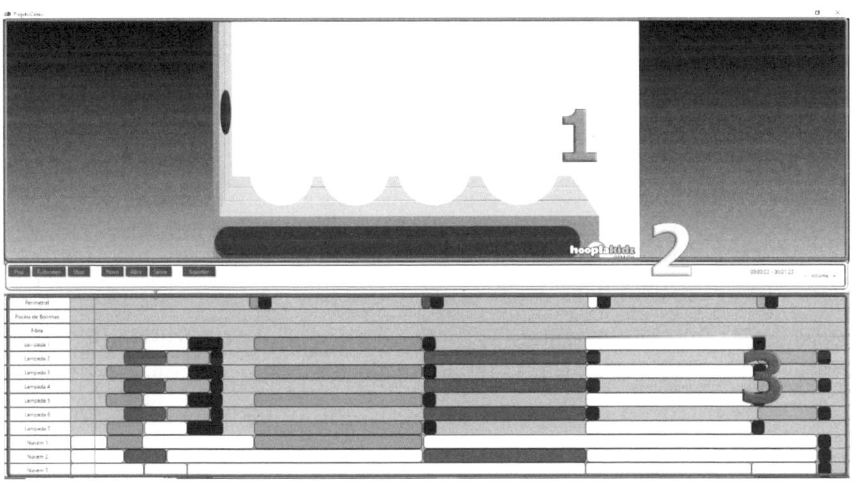

Fonte: http://www.neurobrinq.com/studiomultisense

Figura 7 – Efeitos e acionamentos disponíveis

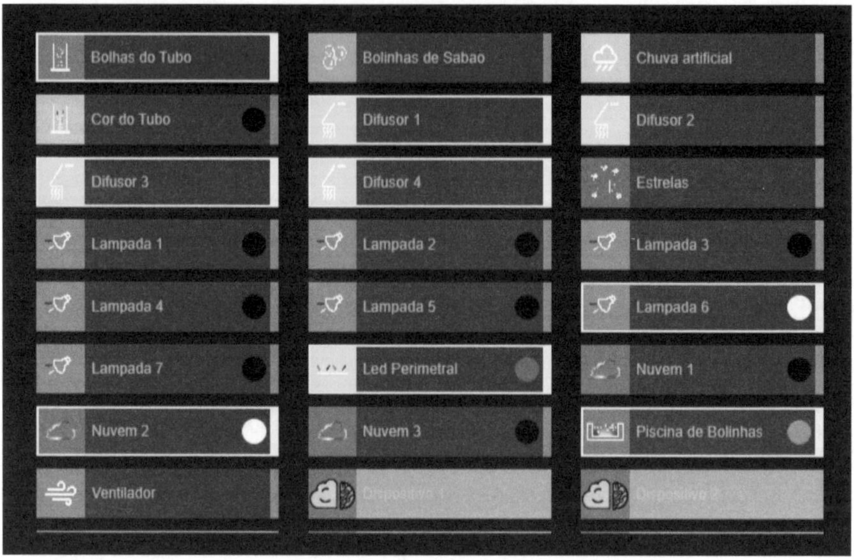

Fonte: http://www.neurobrinq.com/studiomultisense

2.2 Discussão

É comprovada a eficácia de um programa de estimulação sensorial e motora em habilidades cognitivas em crianças pré-escolares (Fernandes, 2017). Comprova-se, através dos resultados obtidos em quatro meses de intervenção, que o programa fundamentado na Neurociência acerca do desenvolvimento do cérebro e da aprendizagem melhorou de forma significativa o desenvolvimento e o desempenho das crianças na primeira infância sem nenhum quadro diagnóstico específico. Entretanto, o desafio que se apresenta para esta proposta de trabalho é comprovar a eficácia no desenvolvimento de crianças atípicas por meio de relatos dos terapeutas e dos próprios relatórios e instrumentos gerados pelo *software*. Para isso, o profissional deverá utilizar este material gerado pelo *software* com dados de erro, acerto, tempo de atividade, data e outras informações, ao final de cada atividade, a fim de mensurar a evolução de cada paciente dentro do tratamento proposto no ambiente multidisciplinar 6D (Fernandes, 2017).

O ambiente que oferece recursos tecnológicos propõe a integração das terapias e da equipe profissional promovendo um atendimento clínico multidisciplinar. A partir disso, há uma viabilização financeira do tratamento da criança, considerando que existe uma demanda maior por serviços de qualidade capazes de formular diagnósticos e prover o suporte necessário de acordo com os protocolos específicos para cada tratamento ou terapia.

A tecnologia aliada à Neurociência visa oferecer a possibilidade da criança ter contato com todas as informações sensoriais simultaneamente, proporcionando a integração e consequentemente a reabilitação das mesmas. Desta forma, criam-se novas conexões neurais que favorecem a neuroplasticidade na primeira infância, principal fase de desenvolvimento cerebral, aumentando assim, as chances de que estes indivíduos se tornem independentes e com autonomia para gerenciar suas próprias vidas (Luria, 1981).

O atendimento clínico é proposto através de atividades e jogos que promovem o desenvolvimento sensorial, de habilidades cognitivas e motoras. O ambiente foi projetado para transformar um espaço de terapia comum em um centro interativo que reage de acordo com uma programação e necessidade de cada terapia, oferecendo recursos tecnológicos simultâneos e contextualizados. Sendo assim, o *software* é uma ferramenta de apoio que oferece a possibilidade de aumentar, diminuir, trocar e monitorar a quantidade de estímulos oferecidos às crianças durante as sessões em tempo real.

Deste modo, um programa de estimulação com base na Neurociência oferecido neste ambiente é rico em recursos e equipamentos, possibilitando desta forma a criação de jogos interativos e atividades que promovem um melhor desempenho do cérebro (Fernandes, 2017).

Segundo Calvert, Spence e Stain (2004), o processo multissensorial de estímulos é um princípio básico da estrutura e da função cerebral, sendo que mesmo as experiências que parecem específicas de apenas um sentido são moduladas pela atividade dos demais sentidos, mostrando que utilizamos informação proveniente de todos os órgãos sensoriais para muitas atividades cerebrais que realizamos (Calvert, Spence, & Stein, 2004).

Aprender significa estabelecer conexões entre certos estímulos e determinadas respostas, cujo resultado é aumentar a adaptação do ser vivo ao seu ambiente (Zanata, 2017).

Quadro 1 – Apresentação resumida, dos tipos de estímulos, quais suas principais características e as capacidades desenvolvidas ao serem praticados

Cognitivos Cognitives	Aprendizagem, a atenção, a memória, a criatividade, a linguagem, os pensamentos, a observação, a leitura, o raciocínio, entre outros fatores. Learning, attention, memory, creativity, curiosity, language, thoughts, observation, reading, reasoning, among other factors.	O pensar, o exercitar, a inteligência, a reflexão, o senso crítico, o enfraquecer as informações, "representar" situações vivenciadas, ter novas ideias e recriá-las Thinking, and exergising intelligence, reflection, critical sense, enriching information, "representing" situations experienced, having new ideas and re-creating them.
Sensoriais Sensory	Auditivo, visual, olfativo, tátil e gustativo Auditory, visual, olfactory, tactile and gustatory	Eles provocam ações que desenvolvem as sensações, as sensibilidades internas e externas da criança. They trigger actions that develop the sensations, the internal and extrenal sensitives of the child

Fonte: Adaptado de Shiavo (2007).

As próximas metas para a comprovação da efetividade da ferramenta para crianças atípicas acontecerão a partir dos resultados coletados pelo corpo clínico para análise de dados e submissão da pesquisa ao Comitê de Ética em pesquisas que utilizarão o centro de estimulação multidisciplinar.

3. Conclusão

Com base no exposto, pode-se concluir que a criação deste centro e, por conseguinte, a interface do programa *multisense*, apresenta um papel fundamental na transformação de um espaço de terapia convencional, em um ambiente altamente propício para o aprendizado interativo e capaz de reagir de acordo com a proposta do profissional utilizando recursos tecnológicos. A tecnologia do meio tem o objetivo de integrar as terapias, fazendo com que os profissionais possam trabalhar em conjunto e, assim, reduzirem o tempo de intervenção e, consequentemente os custos do tratamento.

O ambiente multidisciplinar foi projetado para auxiliar profissionais das áreas de educação e saúde, na aplicação de terapias e atividades educacionais com o propósito de tornar o indivíduo autônomo nas diversas tarefas do dia a dia e, como consequência, o preparar para o mercado de trabalho. Ao promover o desenvolvimento de habilidades para estas pessoas, dispõe-se de recursos que viabilizam a inclusão social e psicológica do indivíduo.

A utilização da evolução tecnológica a favor das terapias é uma tarefa necessária e de suma importância, já que é capaz de proporcionar estímulos diversos em ambientes controlados, possibilitando assim a associação de brincadeiras e jogos para o desenvolvimento da aprendizagem. Essa integração faz com que as crianças com atrasos de neurodesenvolvimento sejam imersas em programas de terapias integradas inovadores com profissionais mais qualificados e especializados, onde a equipe multidisciplinar otimize os modelos e programas de tal forma que possam contribuir com a redução de custos, com o tempo dos tratamentos e principalmente com as necessidades de cada criança.

Referências bibliográficas

Ayres, A. J. (2005). *Sensory Integration and The Child. Los Angeles: Western Psychological Services.*

Calvert, G., Spence, C., & Stein, G. C. (Eds). (2004). *The handbook of multisensory processe* (pp. 483-502). Cambridge, MA: The MIT Press.

Fernandes, L. A. (2017). *Programa de estimulação sensorial e motora em habilidades cognitivas em crianças pré-escolares.* São Paulo.

Kolb, B., & Whishaw, I. Q. (2002). *Neurociência do comportamento* (p. 280). São Paulo: Manole.

Lekander, M. (2002). *Ecological immunology-the role of the immune system in psychology and neuroscience.* European Psychologist.

Lent, R. (2013). *Neurociência da mente e do comportamento.* Rio de Janeiro: Guanabara Koogan.

Lima, N. D. A. (2014, Janeiro). Integração sensorial nos distúrbios de aprendizagem e neurológicos da infância. *Revista científica ciências & cognição*, 1-12. Recuperado de http://cienciasecognicao.org/neuroemdebate/?p=1327.

Luria, A. R. (1981). *Fundamentos de Neuropsicologia* (Juarez Aranha Ricardo Trad.). Rio de Janeiro: Livros Técnicos e Científicos; São Paulo; Ed. da Universidade de São Paulo.

Produtos e equipamentos Neurobrinq. Recuperado de http://www.neurobrinq.com/produtoseequipamentos/ver/parque-multisensorial-6d-22#toggle--id-11.

Protocolo do Estado de São Paulo de Diagnóstico Tratamento e Encaminhamento de Pacientes com Transtorno do Espectro Autista (TEA). Recuperado de http://www.saude.sp.gov.br/resources/ses/perfil/profissional-da-saude/homepage//protocolo_tea_sp_2014.pdf.

Schiavo, A. A. N., & Ribó, C. M. E. (2007). *Estimulando todos os sentidos de 0 a 6 anos* (pp. 1-20). In Congresso de leitura do Brasil, 16. Campinas. Seminário de Leitura. Campinas.

Zanata, M. H. (2014, Julho). A contribuição da estimulação para a aprendizagem. *Revista de Educação do IDEAU, 9*, (20), 1-13.

CAPÍTULO 25

Procedimentos para o desenvolvimento de habilidades cognitivas e linguísticas envolvidas na alfabetização e no aprendizado da ortografia: propostas metodológicas

Jaime Zorzi

1. Introdução

Uma das conquistas mais significativas da vida diz respeito a aprender a ler e a escrever, uma vez que estas habilidades formam a base de todo o aprendizado escolar e têm forte impacto nas esferas emocional e social.

As Diretrizes Curriculares Nacionais para o Ensino Fundamental (Brasil, 2010), de 2010, por exemplo, confirmam a importância do papel da alfabetização. Porém, como tem sido apontado (Mortatti, 2006), o Brasil enfrenta dificuldades históricas no sentido de conseguir alfabetizar adequadamente suas crianças. O fracasso que observamos atualmente não vem de hoje, ele continua presente até hoje.

Os resultados da Avaliação Nacional da Alfabetização (ANA)(Brasil, 2016), confirmam essa realidade quando apontam que 55% dos alunos da rede pública, frequentando o final do 3° ano do ensino fundamental, ainda estão em níveis insuficientes de desempenho em leitura, enquanto cerca de 34% também se encontram em condições insuficientes de escrita.

Dentre as razões apontadas para justificar tal situação, podemos chamar a atenção para questões envolvendo concepções distorcidas do que é alfabetizar, assim como a negação de que, para alfabetizar, faz-se necessário definir competências a serem alcançadas e criar metodologias, as quais possam comprovar sua eficácia e que adotem bases científicas sólidas (Brasil, 2006).

A Base Nacional Comum Curricular (BNCC), de 2017, demonstra alguns avanços positivos na medida em que, parecendo levar em conta a natureza da escrita alfabética, busca definir um conjunto de habilidades ou competências que devem ser desenvolvidas nas etapas iniciais do ensino fundamental, tendo em vista a alfabetização:

Em resumo, podemos definir as capacidades/habilidades envolvidas na alfabetização/ como sendo capacidades de (de)codificação, que envolvem:

- Compreender diferenças entre escrita e outras formas gráficas (outros sistemas de representação);
- Dominar as convenções gráficas (letras maiúsculas e minúsculas, cursiva e script);
- Conhecer o alfabeto;
- Compreender a natureza alfabética do nosso sistema de escrita;
- Dominar as relações entre grafemas e fonemas;
- Saber decodificar palavras e textos escritos;
- Saber ler, reconhecendo globalmente as palavras;
- Ampliar a sacada do olhar para porções maiores de texto que meras palavras, desenvolvendo assim fluência e rapidez de leitura.

É preciso também ter em mente que este processo de ortografização em sua completude pode tomar até mais do que os anos iniciais do Ensino Fundamental (Brasil, 2017).

Três programas serão brevemente descritos e que contemplam, em linhas gerais, as diretrizes da BNCC.

2. Programa I: *Pensando em imagens, sons, palavras e letras: atividades para desenvolver competências para o aprendizado da linguagem escrita*

Esta publicação, dividida em dois volumes (Zorzi, Galindo, & Queiroga 2017), corresponde a uma proposta metodológica que visa o desenvolvimento de habilidades preditoras da aprendizagem da leitura e da escrita. O programa está destinado a crianças que ainda não atingiram a fase alfabética de escrita ou que, mesmo estando em nível alfabético, necessitam consolidar habilidades básicas para a evolução do aprendizado.

A obra *Pensando em imagens, sons, palavras e letras: atividades para desenvolver competências para o aprendizado da linguagem escrita – Caderno da Criança e Caderno do Aplicador*, dos autores Zorzi, Galindo, & Queiroga (2017), tem dois volumes complementares voltados para desenvolver competências reconhecidamente consideradas básicas para a aquisição mais facilitada da língua escrita. Tais atividades têm como foco, por um lado, estimular processos cognitivos envolvidos em tal aprendizagem e, por outro, propiciar conhecimentos fundamentais referentes à língua enquanto objeto de conhecimento.

O *Caderno da Criança* (Zorzi, Galindo, & Queiroga, 2017) contém atividades dirigidas para a estimulação de competências linguísticas e cognitivas, muitas das quais estão ligadas ao processamento visual de informações.

O *Caderno do Aplicador* (Zorzi, Galindo, & Queiroga, 2017) apresenta atividades que visam, predominantemente, o desenvolvimento de competências linguísticas, dentre elas: ritmo; consciência fonológica; rima e aliteração; discriminação auditiva; memória fonológica; consciência lexical e consciência morfossintática (plural; concordância verbal; antônimos; semelhanças morfológicas entre as palavras: gênero e grau).

Programa II: *As letras falam: metodologia para alfabetização*

As letras falam (Zorzi, 2017), é uma proposta metodológica para promover a alfabetização e, como tal, destina-se a programas regulares de ensino nas etapas iniciais do fundamental. Também foi projetada para atender crianças e jovens que ainda não lograram o nível alfabético de acordo com o esperado, apresentando defasagem no aprendizado da leitura e da escrita.

Deve ficar claro que, qualquer metodologia que se proponha a ensinar a ler e a escrever deve levar em conta que uma das características fundamentais dos sistemas alfabéticos diz respeito ao jogo de relações entre fonemas por um lado, e letras (ou grafemas) por outro (Barrera & Maluf, 1997, 2003; Morais, 2006).

Consequentemente, lograr o nível alfabético implica compreender que os sons da fala se transformam em letras e que as letras representam sons. Graças a este entendimento podem ser constituídos os processos de leitura, ou de decodificação, no qual as letras se convertem em sons, assim como os processos de escrita, ou codificação, no qual os sons se convertem em letras.

O programa "As letras falam: metodologia para alfabetização" (Zorzi, 2017) foi criado tendo em vista promover conhecimentos fundamentais para o domínio da escrita alfabética e está publicado em dois volumes: *Caderno do Aplicador* (na forma digital) e *Caderno de Atividades* (na forma impressa). No primeiro caderno, o aplicador (professor, fonoaudiólogo, psicopedagogo, psicólogo ou outros profissionais da área) encontra a base teórica do programa, assim como a descrição de cada uma das atividades propostas, com seus objetivos, estratégias de aplicação e avaliação de resultados.

O *Caderno de Atividades* contém uma vasta série de atividades para serem realizadas diretamente pelo aprendiz. As situações propostas foram especialmente planejadas de forma sequenciada e progressiva, de modo que cada novo conhecimento adquirido serve como base para a realização das atividades seguintes.

Seis partes compõem a proposta:

1. Desenvolvimento de habilidades metafonológicas: trabalho com palavras, sílabas, rimas e fonemas;
2. Desenvolvimento de conhecimentos a respeito das letras;
3. Desenvolvimento de habilidades em correspondência fonema – grafema;
4. Desenvolvimento de habilidades em leitura e escrita para consolidação do processo alfabético de escrita;
5. Atividades para o desenvolvimento da compreensão da diversidade silábica e da não regularidade de correspondências entre fonemas e grafemas;
6. Praticando a escrita e a leitura de palavras, frases e textos.

Programa III: *Descomplicando a escrita: atividades ortográficas para muitas idades e todas as dificuldades*

Descomplicando a escrita (Zorzi, 2017) é uma proposta metodológica para trabalho sistemático e planejado com a ortografia. Seu alvo são crianças e jovens já alfabetizados, tendo em vista aprimorar conhecimentos a respeito da escrita, tanto no ensino regular quanto no trabalho clínico, nos casos de dificuldades escolares ou transtornos de aprendizagem.

Tem sido evidenciado que muitas alterações estão presentes no processo de aprendizagem da escrita, as quais podem persistir, em graus variados, ao longo da vida. Podemos afirmar que um dos aspectos bastante chamativos de tal aprendizado diz respeito à ortografia, ou seja, ao conhecimento efetivo da escrita convencional do léxico da língua e das regras subjacentes, de modo que as palavras possam ser grafadas adequadamente (Morais, 2000; Zanella, 2007; Zorzi, 2009).

Tem sido apontado que uma das razões mais importantes para a ocorrência dos erros observados na escrita diz respeito à própria complexidade da ortografia da língua portuguesa, uma vez que ela está marcada por uma série de irregularidades nas correspondências entre fonemas e grafemas. Como exemplo desta relação não transparente, ou opaca, podemos citar as várias formas possíveis de escrever o som /s/, que pode vir grafado com as letras "s", "ss", "ç", "sc", "x", "c", "sç", "z" e "xc"(Zorzi, 1998, 2009).

A ocorrência significativa e sistemática de erros de escrita tem merecido, aqui no Brasil, a atenção de muitos estudiosos (Correa & Meirelles, 2005; Morais, 1998; Zorzi, 2009). Pesquisas realizados com tal propósito mostram que os "erros" são inerentes ao processo de aprendizagem. Deve-se levar em conta que tais erros podem revelar hipóteses, ou formas de pensar, que os aprendizes, gradativamente, constroem para chegar a conhecimentos cada vez mais aprofundados a respeito da escrita (Ferreiro & Teberosky, 1986).

Considerando a importância do domínio adequado do escrever corretamente, *Descomplicando a escrita* tem por objetivo facilitar o aprendizado da ortografia, tornando sua apropriação mais acessível, o que pode resultar em mudanças significativas no modo de escrever as palavras.

Organizadas em sete seções, todas as atividades foram elaboradas tendo em vista desenvolver uma atitude de análise e reflexão sobre a escrita das palavras, levando em conta a razão pela qual os erros ocorrem e quais os conhecimentos que os aprendizes devem adquirir para poder superá-los. Aos aprendizes são apresentadas atividades que os levam a refletir sobre determinadas características do sistema ortográfico do português do Brasil. Pretende-se, a partir de estratégias metacognitivas, levá-los a compreender como este sistema funciona e, consequentemente, elaborar ou reelaborar as regras que regem a ortografia.

Para tanto, cento e quarenta e seis atividades foram cuidadosamente elaboradas para dar conta dos principais erros ortográficos encontrados na aprendizagem típica e nos alunos com algum tipo de alteração de escrita. A metodologia tem como foco promover atividade consciente, reflexiva e monitorada, com alta demanda de funções executivas e de procedimentos de observação, formulação de regras e generalização dos conhecimentos a novas situações.

As atividades foram planejadas para uso na situação regular de ensino, assim como para a aplicação clínica na prática fonoaudiológica, psicopedagógica e psicológica.

Em síntese, pretendeu-se, com o presente artigo, apontar a necessidade de aprofundar, de modo sistemático, a discussão sobre o ensino da leitura e da escrita em nossas escolas. Defende-se o emprego de metodologias, com base em evidências científicas, que venham ao encontro das competências e habilidades requeridas por sistemas de escrita nos quais existem estreitas relações entre a estrutura sonora das palavras faladas e as letras criadas para representá-los, como é o caso das escritas alfabéticas.

Muito do fracasso que temos observado pode ser decorrente do desconhecimento ou distorção do que vem a ser a alfabetização, fato que tem levado a abordagens não apropriadas ou não suficientes para garantir o direito de aprender a ler e a escrever, ainda nas etapas mais iniciais do ensino fundamental.

Referência bibliográfica

Barrera, S. D., & Maluf, M. R. (2003). Consciência Metalinguística e Alfabetização: Um Estudo com Crianças da Primeira Série do Ensino Fundamental. *Psicologia: Reflexão e Crítica, 16*(3), 491-502.

Brasil (2017). Ministério da Educação. *Base Nacional Comum Curricular (BNCC).* Recuperado de http://basenacionalcomum.mec.gov.br/wp-content/uploads/2018/02/bncc-20dez-site.pdf.

Brasil (2016). Ministério da Educação. *Avaliação Nacional da Alfabetização.* Recuperado de http://portal.mec.gov.br/docman/outubro-2017-pdf/75181-resultados-ana- 2016-pdf/file.

Brasil, Ministério da Educação, Conselho Nacional de Educação, Câmara de Educação Básica. *Resolução n. 7, de 14 de dezembro de 2010*. Fixa Diretrizes Curriculares Nacionais para o Ensino Fundamental de 9 (nove) anos. Recuperado de http://portal.mec.gov.br/dmdocuments/rceb007_10.pdf.

Brasil (2006). Ministério da Educação. *Departamento de Políticas de Educação Infantil e Ensino Fundamental da Secretaria de Educação Básica*. Recuperado de http://www.secult.salvador.ba.gov.br/SITE/documentos/espaco-virtual/espaco alfabetizarletrar/lectoescrita/artigos/historia%20dos%20metodos%20de%20alfabtizacao%20no%20brasil.pdf.

Brasil (2006). *Comissão de Educação e Cultura da Câmara dos Deputados. Grupo de Trabalho Alfabetização Infantil: Os Novos Caminhos* (Relatório Final). Recuperado de http://www2.camara.leg.br/atividade-legislativa/comissoes/comissoes-permanentes/ce/documentos-1/relatorio-de-atividades/Relat_Final.pdf

Ferreiro, E., & Teberosky, A. (1986). *Psicogênese da língua escrita*. Porto Alegre: Artes Médicas.

Maluf, M. R., & Barrera, S. D. (1997). Consciência fonológica e linguagem escrita em pré-escolares. *Psicologia: Reflexão e Crítica, 10*, 125-145.

Meirelles, E. S., & Correa, J. (2005). Regras contextuais e morfossintáticas na aquisição da ortografia da língua portuguesa por crianças. *Psicologia: Teoria e Pesquisa. 21*(1).

Morais, A. G. (2006). *Concepções e metodologias de alfabetização*: Por que é preciso ir além da discussão sobre velhos "métodos"? Recuperado de http://portal.mec.gov.br/seb/arquivos/pdf/Ensfund/alf_moarisconcpmetodalf.pdf.

Morais, A. G. (2000). Ortografia: este espetacular objeto de conhecimento. In A. G. Morais (Org.) *O aprendizado da ortografia* (pp. 7-19). Belo Horizonte: Autêntica.

Morais, A. G. (1998). *Ortografia: ensinar e aprender*. São Paulo: Ática.

Mortatti, M. R. L. (2006). Portal MEC – Seminário Alfabetização e Letramento em Debate.MEC/ Secretaria de Educação Básica. Brasília. Recuperado de: http://www. idadecerta. seduc. ce. gov. br/download% 5Cencontro_paic ceu_24_2602_2010% 5C*História dos Métodos de Alfabetização no Brasil*.

Zanella, M. S. (2007). *Leitura e aprendizagem da ortografia: um estudo com alunos de 4ª a 6ª séries do ensino fundamental* (Tese de Doutorado). PUC-SP.

Zorzi, J. L., Galindo, A., & Queiroga, B. (2017). *Pensando em imagens, sons, palavras e letras: atividades para desenvolver competências para o aprendizado da linguagem escrita* (Dois volumes: Caderno da Criança e Caderno do Aplicador). São Paulo: Phonics Editora e Comunicação.

Zorzi, J. L. (1998). *Aprender a escrever: a apropriação do sistema ortográfico de escrita*. Porto Alegre: Artmed.

Zorzi, J. L. (2009). *Como escrevem nossas crianças: estudo do desempenho ortográfico de alunos das séries iniciais do ensino fundamental*. São José dos Campos: Pulso Editorial.

Zorzi, J. L. (2017a). *As letras falam: metodologia para alfabetização* (2ª ed., Caderno do aplicador e Caderno de Atividades). São Paulo: Phonics Editora e Comunicação.

Zorzi, J. L. (2017b). *Descomplicando a escrita: atividades ortográficas para muitas idades e todas as dificuldades*. São Paulo: Phonics Editora.

CAPÍTULO 26

Natação e alunos com transtorno do espectro do autismo

Tiago Barbosa Toledo

1. Introdução

A natação é uma excelente oportunidade para alunos com transtorno do espectro autista interagirem socialmente, visto que um dos critérios de diagnóstico do manual *Diagnóstico E Estatístico Dos Transtornos Mentais, 5ª* edição (DSM-5, 2013), são os déficits na comunicação e interação social em múltiplos contextos.

É importante saber alguns conceitos da natação, segundo Perez (1986) "nadar é uma sucessão de movimentos realizados pelo indivíduo que lhe permitirá deslocar-se ou manter-se sobre ou sob o meio liquido ou apoiando-se exclusivamente nele (...)" (como citado em Granato, 2013. p. 16), já outros autores (Perez, 1983; Carvalho, 1983; Navarro, 1978; Andries Júnior, Wassal & Pereira, 2002; Catteu & Garof, 1990; Escvobar & Bukhardt, 1985), afirmam que nadar não é somente executar o ato técnico da natação mas envolve a ambientação ao meio líquido (...) (como citado em Granato, 2013. p. 15), segundo a National autistic society, crianças e adultos com autismo são atraídos por piscina, lagos, fontes d´água, e o afogamento é uma das principais causas de morte entre crianças e adultos com autismo. Já a Academia de pediatria americana afirma que crianças com idade inferior a 5 anos e adolescentes com a idade entre 15 e 24 anos tem as maiores taxas de afogamento, outros fatores influenciam nesses afogamentos como a falta de noção do perigo que muitos jovens com autismo possuem (Lee, Ball, & Morabito, 2014).

Quando se fala no quadro geral de afogamentos no Brasil, de acordo com dados da Sociedade brasileira de salvamento aquático, diariamente 16 pessoas morrem afogadas, homens morrem 6.7 vezes a mais do que as mulheres e adolescentes tem maiores riscos de mortes por afogamentos, 70% dos óbitos ocorrem em lagos e represas e 52% dos afogamentos nas idade entre 1 – 9 ocorrem em piscinas residenciais (Sobrasa, 2019).

Além de proporcionar uma excelente oportunidade para os alunos com autismo interagirem socialmente como já mencionado anteriormente, a natação pode proporcionar para estes alunos diversos benefícios. É importante saber o que é o transtorno do espectro autista a partir do *Manual de diagnóstico e estatístico dos transtornos mentais,* na quinta edição em 2013. O transtorno do espectro autista passou abranger os transtornos antes chamados transtorno autista (autismo), o transtorno de Asperger, o transtorno desintegrativo da infância, o transtorno de Rett e o transtorno global do desenvolvimento sem outra especificação. Pessoas antes diagnosticadas com um desses transtornos após o DSM-5 de 2013 passaram a ser diagnosticadas com o transtorno do espectro autista, o TEA é um transtorno do neurodesenvolvimento que se manifesta nos primeiros anos de vida e tem como características prejuízos na comunicação social, padrões restritos e repetitivos de comportamento, interesses ou atividades (APA, 2013).

2. Elementos da natação e a propulsão

Equilíbrio, respiração e propulsão são os três elementos básicos para a adaptação ao meio líquido, eles se interagem durante o aprendizado, esses elementos seguem uma progressão do mais fácil para o mais difícil. O equilíbrio é dividido em subfases: entrada no meio aquático progressiva e parcial; equilíbrio vertical; equilíbrio horizontal ventral e dorsal, estático e dinâmico; alterações de equilíbrio; entrada no meio aquático total e brusca; equilíbrio em função das ações propulsivas. O segundo elemento é a respiração, nessa etapa é trabalhada a consciência ativa e passiva da respiração, onde a expiração é realizada pelo nariz e inspiração pela boca, alguns praticantes que tem muita dificuldade de expirar pelo nariz, podem expirar pela boca. Na parte de consciência e controle respiratório normal, nessa fase é trabalhado imersão e abertura dos olhos na água, assopro e bolha, expiração em diferentes posições com ou sem ação dos braços e das pernas. No terceiro elemento, a propulsão, é trabalhado o deslize, movimentos de pernas e braços alternados e simultâneos em decúbito dorsal e ventral e lateral, o deslize e a coordenação de braços e pernas e vice e versa (Granato, 2013).

2.1 Recebendo o aluno

Segundo Block (2016), alunos com TEA podem encontrar diferentes formas de desafios ao praticarem esportes, déficits na comunicação, interação social, padrões de comportamentos restritos e repetitivos apresentarão de forma diferente em cada aluno e isso acaba fazendo com que muitos alunos com autismo não fiquem motivados para participarem de programas de esportes. Além disso, muitos alunos com autismo podem ter atrasos significativos no desenvolvimento motor, podem possuir também alterações na marcha e déficits na coordenação motora, mas muitos estudos apontam que com estimulações os alunos com autismo podem apresentar muitas melhorias no desenvolvimento motor (Santos & Mélo, 2018 como citado em Quedas, 2019, p. 25).

Antes da inserção de um aluno em um ambiente aquático inclusivo, o profissional de educação física deve revisar algumas perguntas ou montar um checklist sobre a individualidade do aluno, este trabalho pode ser feito em parceria com a família e os terapeutas que estejam atendendo-o, como o fonoaudiólogo, a terapeuta ocupacional ou a psicóloga, que podem fornecer informações valiosas de como o aluno se comunica verbalmente, se ele entende as instruções, se o aluno tem sensibilidade com ruídos altos, se o aluno usa comunicação alternativa, economia de fichas, condições médicas, comorbidades, é relevante saber também como foi a experiencia do aluno nos esportes anteriormente e assim por diante. Dessa forma a equipe de profissionais entenderá melhor quais são as necessidades, capacidades e como o transtorno do espectro autista se manifesta no aluno, entendendo essas questões, aumentarão as chances de sucessos para inclui-los na natação, o checklist pode contar as seguintes perguntas:

1. O ambiente que o aluno fará as atividades aquáticas é seguro para ele?
2. O aluno pode seguir regras dentro da piscina?
3. A turma é apropriada para ao aluno de acordo com suas habilidades ou idade?
4. O aluno precisa de atenção individual?
5. O ambiente precisa de adaptações para melhor receber o aluno?
6. Quais são os interesses do aluno? Do que ele não gosta?
7. O aluno tem alguma dificuldade de interagir socialmente?
8. Alguma questão sensorial que gostaria de compartilhar?
9. O aluno tem Epilepsia ou outras questões médicas que a família gostaria de compartilhar?

Afinal, para promover a inclusão, os profissionais precisam de modificações e adaptações em equipamentos, regras, instruções e, no espaço que ocorrem as aulas de natação, o professor com a sua equipe deve levar em consideração as respostas antes de inserir o aluno na turma (Barber, 2010; Block, 2016; Porretta & Winnick, 2016).

2.2 Estratégias dentro da piscina

Muitas estratégias podem ser usadas pelos professores de natação que estejam fazendo um trabalho de inclusão com alunos com algum tipo de deficiência. Fornecer sempre uma atividade alternativa nas aulas de natação é uma boa estratégia e quando o aluno precisar de uma atenção individualizada, use sempre um ajudante nas aulas (Porretta & Winnick, 2016).

A forma que o professor passará as instruções pode ser crucial para o sucesso de inclusão do aluno, processar instruções verbais pode ser um grande desafio para muitos alunos com o transtorno do espectro autista, alguns alunos vão precisar receber instruções curtas e concisas, muitos alunos com autismo podem processar a informação que escutam mais lento do que os pares (Barber, 2010). É sempre interessante dar um tempo extra durante as informações e também para o aluno processar as informações, evitar sentenças negativas também é uma ótima estratégia de comunicação, por exemplo: se o professor pedir para o aluno girar o braço direito e o aluno girar o braço esquerdo, ao invés do professor falar que não pode girar o braço esquerdo, ele pode substituir a frase para "Gire o outro braço ou o gire o braço direito" (Ball, Lee, & Morabito, 2014; Barber, 2010). Muitos alunos com autismo tem o pensamento concreto, algumas pessoas tem dificuldades para entenderem piadas ou gírias, por isso é interessante o professor de natação usar frases mais concretas e evitar gírias nas aulas (Block, 2016).

Alguns alunos com autismo vão precisar de auxílio físico para realizar movimentos, o auxilio pode ser parcial ou total, a ajuda parcial pode envolver o toque das mãos do professor nas mãos do aluno para ajudá-lo a pegar uma bola ou um toque nas mãos do aluno para fazer alguma comemoração ou para encorajá-lo a fazer alguma atividade, o professor pode também começar um movimento da natação tocando no aluno e deixar ele terminar sozinho o movimento. Já com a ajuda física total o professor pode ajudar o aluno a fazer todos os movimentos, pode segurar o aluno para ele fazer um certo percurso dentro da piscina. O professor tem que levar em consideração que alguns alunos podem ter reações diferentes ao toque, alguns podem não gostar de serem tocados, outros podem não gostar de serem tocados em algumas partes específicas do corpo, e outros alunos podem reagir bem ao toque (Block, 2016).

Usar quadro de atividades nas aulas de natação é uma ótima forma de ensinar também. Muitos alunos com autismo processam melhor informações visuais, o professor pode montar um painel com fotos, imagens, frases das atividades que eles irão trabalhar nas aulas. A informação visual pode ficar guardada no cérebro do aluno para referências futuras e as imagens das atividades darão previsibilidade para ao aluno e o ajudará nas transições das atividades, ele saberá que irá seguir uma sequência e quando ele irá terminar as atividades. A tecnologia também pode auxiliar muito na aprendizagem de alunos com autismo nas aulas de natação, a academia pode usar câmeras a prova d´água, celulares e tablets com capas a prova d´água para passar vídeos com as dicas das atividades solicitadas pelos professores (Lee, Ball, & Morabito, 2014; Barber, 2010).

Figura 1 – Quadro de atividades de atividade em solo

Fonte: Própria (2020)

Figura 2 – Quadro de atividades com economia de fichas

Fonte: Própria (2020)

Muitos alunos com autismo usam um quadro de rotina em casa, este quadro tem como objetivo organizar a rotina das atividades diárias e dar previsibilidade, a pessoa saberá quais atividades ela fará durante o dia. A escola de natação pode pedir para a família incluir no quadro de rotina a foto da piscina ou da escola, isso servirá para que o aluno saiba quando irá para a natação e irá ajudar a diminuir a ansiedade ou comportamento negativo do aluno (Lee, Ball, & Morabito, 2014).

Os quadros de escolhas são bem vindos nas aulas de natação e podem ser necessários para muitos alunos com autismo, por exemplo: o aluno quer muito brincar com um objeto na piscina, o professor pode colocar uma foto da habilidade que o professor esteja solicitando e explicar para o aluno que ele fará a atividade primeiro e depois ele terá o acesso ao objeto desejado, ou o professor pode colocar a foto da habilidade desejada e um intervalo (Lee, Ball, & Morabito, 2014).

Figura 3 – Quadro de escolhas

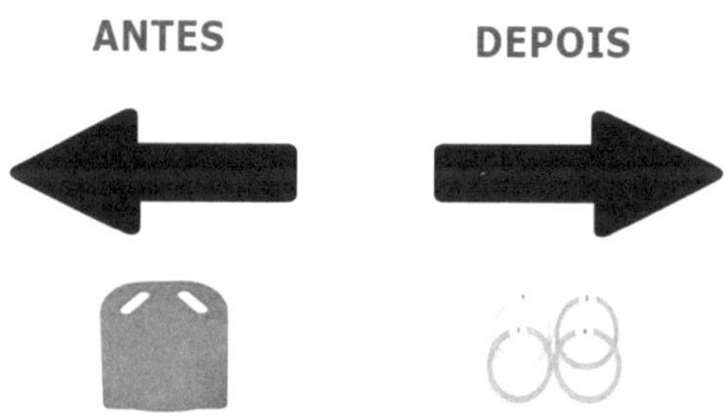

Fonte: Própria (2020)

Os *timers* ou cronómetros dos celulares podem ser essenciais para muitos alunos nas aulas de natação, o professor pode sinalizar através deles quando o aluno começa ou termina uma atividade, com isso o aluno saberá qual será a duração da atividade (Lee, Ball, & Morabito, 2014).

Figura 4 – Celular com capa a prova D'Água

Fonte: Domínio público

Figura 5 – Timer

Fonte: Domínio público.

O professor deve tomar cuidado com o tom de voz na hora de passar os comandos para não superestimular o aluno, isso porque muitos alunos com autismo têm sensibilidade auditiva (Barber, 2010). Preparar a turma de colegas que receberá o aluno com autismo também é uma ótima estratégia, o autismo pode ser muito dificil de ser compreendido por crianças, comportamentos motores e verbais repetitivos, interessess intensos podem ser dificeis de serem entendidos pela turma, o professor pode explicar para os colegas o que é o autismo, orientar os colegas a o que fazer quando ocorrer certos comportamentos e sobre como inicar uma brincadeira, isso com certeza evirará o isolmento do aluno com autismo (Block, 2016).

2.3 Prepararando o ambiente

Preparar o ambiente aonde ocorrerão as aulas de natação pode ser fundamental para o sucesso da inclusão do aluno, por isso é importante o professor oferecer uma expêriencia positiva para o aluno nas primeiras aulas, é comum o aluno com ou sem autismo ter resistência para engajar, porque o ambiente é novo, as atividades e os professores serão novos também, esses aspectos não estavam na rotina do aprendiz. O ambiente deve ser adaptado para ir ao encontro das necessidades sensoriais do aprendiz, porque é comum as pessoas com autismo terem hiper ou hiporeatividade a estímulos sensoriais, podendo influenciar muito nos sentidos de ouvir, tocar, cheirar, sentir o sabor de algo. No sitema vestibular e no sitema de propriocepção, a equipe de profissionais deve se atentar a algumas atividades vão superestimulá-lo, também devem se atentar ao fato de que, no ambiente da aula, há muitos ruídos, isso pode superestimular. É importante saber também se o aluno usa algum objeto sensorial para se acalmar, como por exemplo um mordedor ou até mesmo um objeto da natação, materiais que não serão utilizados nas aulas podem ficar longe da turma (Ball, Lee, & Morabito, 2014; Barber, 2010).

2.4 Características comportamentais e cognitivas

Segundo Boutot, e Myles (2011), muitos são os comportamentos que alunos com autismo podem exibir, comportamentos que o professor deve compreender para ensinar seu aluno da melhor forma possível, sendo alguns destes: prejuízos sociais e de comunicação, como dificuldades em expressar emoções, imitar os movimentos dos pares, que muitas vezes precisa de auxílio dos professores, dificuldade em manter o contato visual, fala com tons diferentes e ecolalia, o aluno pode repetir várias vezes uma frase que o professor falou ou que o aluno ouviu em outro lugar (como citado em Block, 2016, p. 193).

Já comportamentos ligados aos interesses restritivos e repetitivos, esses podem incluir: movimentos motores repetitivos, como o *flapping*, bater palmas, bater com as mãos, esse comportamento pode ocorrer quando o aluno está feliz ou chateado, sobrecarregado sensorialmente ou para obter certos objetos. Comportamentos ligados a questões sensoriais podem incluir: cobrir as orelhas, reação diferente ao toque, o aluno pode ter um sensibilidade tátil, ele pode ficar chateado ou agitado quando alguém o toca, pode também não gostar de tocar em alguns objetos, pode ter dificuldades em colocar a touca e os óculos de natação. Por outro lado, alunos com hiporeatividade podem gostar de toques com pressão dos colegas ou do professor, alguns alunos podem também ter o comportamento de colocar peças na boca ou comportamento auto prejudicial, como por exemplo bater a cabeça, se morder, se arranhar. Esses comportamentos podem estar ligados a diversos fatores como uma dor que o aluno está sentindo, mas não sabe expressar e acaba se autolesionando.

A pessoa também pode ficar frustrada. e como tem dificuldade de se expressar pode também causar auto lesão, ou até mesmo por causa de uma auto estimulação a pessoa pode ter esse comportamento (Hillman, Snyder, & Neubrander, 2014 como citado em Bloclk, 2016, p, 192).

Algumas características cognitivas do transtorno do espectro autista são as dificuldades que muitas pessoas com autismo têm de prever o comportamento do outro, com base nos sentimentos e pensamentos (teoria da mente), dificuldades no raciocínio abstrato, dificuldades em organizar as informações relevantes, manter a atenção e organizar, planejar e resolver problemas. Alguns alunos com autismo podem realizar melhor as atividades de memória imediata com instruções visuais, e algumas pessoas podem não realizar muito bem atividades que exijam interação com pares e grupos (Gabriels & Hill, 2002; Grupta, 2004).

2.5 Situações desafiadoras na aula de natação

Muitas podem ser as situações desafiadoras que o professor de natação pode encontrar nas aulas, o professor pode não estar preparado para todas elas, mas ele pode aprender com cada aluno, com isso ele se tornará criativo e versátil (Ball, Lee, & Morabito, 2014).

Uma situação bastante comum que pode ocorrer é quando o aluno não quer entrar na piscina, o profissional pode começar o trabalho com pequenos objetivos, e o primeiro deles é fazer com que o aluno se familiarize com o ambiente da piscina. Além de pedir para a família avisar que o aluno terá a aula de natação, seja com um conversa através de uma imagem no quadro de rotina pra dar previsibilidade, o professor dentro do ambiente pode sentar com o aluno na borda da piscina e assistir a turma fazer aula com ele. Ele pode também apresentar um quadro de escolha, para apresentar as atividades ou algum objeto que chame atenção do aluno e uma atividade na aula. Ele pode também usar o timer para o aluno saber quanto tempo ele ficará na piscina. Aos poucos a aula tomará uma estrutura e entrará na rotina do aluno.

Outra situação comum ocorre quando o aluno quer fazer o que bem entende, e não quer seguir as instruções do professor. Aqui seria outra situação em que o quadro de escolhas seria bem vindo para o aluno fazer uma atividade da aula, e como recompensa, depois uma atividade que ele goste. O quadro de atividades também seria uma ótima estratégia para o aluno saber quais seriam as habilidades e atividades que ele irá trabalhar e quantas faltam para terminar a aula (Ball, Lee, & Morabito, 2014).

Muitos alunos com TEA podem gritar durante, antes ou depois da aula, isso pode ocorrer devido a alguns fatores, eles podem gritar porque estão ouvindo barulhos altos que os estejam incomodando, podem gritar também por sair da piscina ou porque não querem fazer certa atividade e podem gritar para ouvir o eco dentro do recinto da piscina, o professor pode investigar o que ocorre antes do aluno ter esse comportamento e qual é a função desse comportamento se alguns barulhos estiverem incomodando o aluno, para isso, é interessante oferecer protetores de ouvido.

É muito frequente alunos com TEA entenderem a hora que a aula está chegando ao final e eles terem que sair da piscina, o professor pode usar fotos do roupão e do banheiro em um quadro de atividades nos minutos finais, dependendo do nível de compreensão do aluno, o professor pode usar os minutos finais da aula e explicar verbalmente para o aluno que a aula está acabando, pode também usar o quadro para avisar para o aluno que ele pode fazer uma atividade como brincar e depois é a hora de ir embora e mostrar as imagens do roupão, toalha ou banheiro. O timer também é bem-vindo, o professor pode usar um celular com protetor para água e mostrar para o aluno que faltam alguns minutos para acabar a aula, muitos alunos autistas precisam de previsibilidade, para alguns é muito importante saber o que eles farão, quais serão as atividades futuras e esta situação de o aluno saber quando a aula irá terminar é uma delas (Ball, Lee, & Morabito, 2014).

2.6 A evolução

O praticante de natação terá evoluções, seja a evolução de nível, onde o aluno passa de uma turma com nível inferior para uma turma com o nível superior, ou o aluno passa de uma aula individual para uma aula em grupo, nesta fase é fundamental o profissional responder algumas perguntas como:

- O aluno está preparado para o grau de habilidades que o novo nível irá exigir?
- O aluno segue ou entende as instruções passadas pelo professor? Quais são as melhores formas?

- O aluno se mantém no lugar solicitado pelo professor?
- O aluno tem histórico de agressividade? Isso tem que ser observado principalmente se o aluno estiver em turma, o professor também pode evitar ficar de costas para o aluno, ficar com o ombro ou peitoral próximo ao aluno, pois são as partes mais mordidas (Ball, Lee, & Morabito, 2014).

O professor pode levar o aluno nos minutos finais da aula para a futura turma, isso se a turma estiver fazendo aula no mesmo horário, essas visitas servem para que o aluno se acostume com os novos colegas e com o novo professor. Sempre o professor irá avisar ao aluno que nos minutos finais da aula eles irão fazer uma visita a outra turma, essas visitas ocorrerão com previsibilidade, e aos poucos a nova turma fará parte da rotina do aluno. O tempo das visitas pode aumentar cada vez mais na futura turma, por exemplo, o professor pode começar usando os 5 minutos finais da aula, depois passar para 10 minutos e assim sucessivamente.

A troca de informações entre o professor da turma anterior e da turma que o aluno fará aula é fundamental, o futuro professor conhecerá as particularidades do aluno como interesses, potenciais, principais dificuldades, questões comportamentais, sensoriais e de integração com a turma. Com isso, o futuro professor, além de conhecer aos poucos o futuro aluno com as visitas, estará munido de muitas informações quando recebê-lo, aumentando o sucesso para a inclusão do aluno em sua nova turma (Ball, Lee, & Morabito, 2014).

3. Outras atividades aquáticas

Não só a natação oferece uma gama de benefícios, outras atividades aquáticas também oferecem muitos benefícios. Alguns exemplos de esportes são o *surf*, *wakeboard*, polo aquático, hidroginástica e o mergulho. Pessoas com deficiência de todas as idades praticam esportes aquáticos, esses esportes oferecem, além de uma melhora na qualidade de vida, melhorias no aparelho cardiorrespiratório, ganho de força, auxiliam na independência, interação social, desempenho motor e condicionamento físico. Os esportem oferecem oportunidades recreativas aquáticas com colegas, famílias e membros da comunidade (Ball, Lee, & Morabito, 2014; Porreta, 2017).

Referência bibliográfica

Associação Brasileira de Salvamento Aquático. (2019). *Afogamentos*. Boletim Brasil. Recuperado de https://www.sobrasa.org/new_sobrasa/arquivos/baixar/AFOGAMENTOS_Boletim_Brasil_2019.pdf.

APA. American Psychiatric Association. (2013). *Manual diagnóstico e estatístico dos transtornos mentais* (5a ed.). Porto Alegre. Artmed.

Barber, G. (2010). *Differrent needs differrents speed: how to teach sports to every kid*. Baltimore, Maryland: Paul H. Brookes Publishing.

Block, M, E. (2016). *A teacher's guide to adapted physical education: including students with desabilities in sports and recreation* (4th ed.). Baltimore, Maryland: Paul H. Brookes.

Granato, C. (2013). *Natação para autistas*. São Paulo: All points Editora.

Lee, T., & Ball, C. (2014). *Swimming with autismo* (2nd ed.). San Diego: Aqua Pro Publishing.

Quedas, C. L. R. (2019). *Adaptação transcultural do MABC-2 e avaliação de crianças com Transtorno do espectro autista entre 7 e 10 anos. 2019.* (Tese de Doutorado). Universidade Presbiteriana Mackenzie, São Paulo.

Winnick, D, L., & Porreta, L, D. (2017). *Adapted physical education and sport* (6th ed.). Champaign IL: Human Kinetics.

Referência bibliográfica

CAPÍTULO 27

Neurociência aplicada à Educação Integral: possibilidades para uma escola humanizadora

Marta Relvas

1. Introdução

No seu sentido mais amplo, Educação significa o meio em que os hábitos, costumes e valores de uma comunidade são transferidos de uma geração para a geração seguinte. A educação vai se formando por meio de situações presenciadas e experiências vividas por cada indivíduo ao longo de sua vida. A educação engloba o nível de cortesia, delicadeza e civilidade demonstrada por um indivíduo e a sua capacidade de socialização.

Na formação pedagógica, a educação possui um olhar mais formal, verticalizado, baseado em currículos que permeiam a organização do conhecimento que, por meio de metodologias e recursos didáticos, tem buscado promover uma aprendizagem significativa e contextualizada.

Atualmente, os estudos neurocientíficos estão contribuindo para uma investigação mais especifica sobre as possibilidades do aprendizado humano, por meio dos caminhos da Neurociência aplicada à Educação, sendo então, considerada uma área do conhecimento que cada vez mais vem contribuindo para saberes sobre a organização, desenvolvimento do cérebro e da mente, nos aspectos cognitivos, emocionais, afetivos, motores e sociais.

E quando nos referimos a uma escola que prevalece com todas as possibilidades humanas, nos deparamos com os estudos da Educação

Integral, que não fica restrita somente a oferecer atividades diversificadas em um horário ampliado para os seus estudantes ocuparem os tempos ociosos. Mas sim a um espaço que estabelece uma total disponibilidade de possibilidades em potencializar habilidades específicas do humano, que possam contribuir com o seu crescimento, desenvolvimento e evolução, enquanto espécie que utiliza a inteligência cognitiva como uma ferramenta para elaboração dos pensamentos e construção de novos projetos.

Para contribuir com os entendimentos da Educação Integral, a Neurociência nos convida para um desvendar sobre os estudos dos cérebros na sala de aula/escola, reconhecendo o funcionamento das funções cerebrais para o entendimento da educação integral mais justa e menos excludente, pois, assim, o educador tem a possibilidade de compreender e reconhecer melhor como ensinar, já que existem diferentes maneiras de se aprender. Os conhecimentos são construídos por meio da ação e da interação.

Aprendemos quando nos envolvemos ativamente no processo de produção de conhecimento, por meio da mobilização de atividades mentais, e na interação com o outro. A emoção, em suas diferentes manifestações, moldada e associada à razão, deve ser usada em favor da aprendizagem integral, pois o emocional e o racional fazem parte de uma mesma realidade – o desenvolvimento e o crescimento do ser humano. Por isso, há uma urgência efetiva de se manifestar a "escuta das emoções" para os educandos e professores. Na Educação Integral, holística e humanizada, é fundamental destacar que o vínculo afetivo que se estabelece entre o professor e o estudante deve ter um caráter libertador e de confiança no cotidiano, com vista à aprendizagem significativa e, ainda, para combater o preconceito e os rótulos comuns presentes no ambiente escolar.

Atualmente, estudos e pesquisas evidenciam que corpo, emoção e razão são indivisíveis e não se separam, mantendo-se integrados numa visão holística. O termo holismo tem origem no radical grego *Holos* que significa "todo". Na concepção holística que otimiza a visão integrada do ser humano devemos considerar a pessoa como um ser indivisível e completo.

Assim, pode-se perceber que só existe Educação Integral quando se estabelece a aprendizagem, por meio da afetividade e da inteligência cognitiva, modificada pelo sistema límbico (aspectos afetivo-emocionais da aprendizagem), associado a várias outras funções (a perceptivo motora e a cognitiva, por exemplo) sendo, também, percebida em diferentes regiões do cérebro. Portanto, é importante que as emoções positivas possam fortalecer a afetividade na relação entre professor e o estudante, pois, por meio desse vínculo, estimula-se o desenvolvimento, melhora-se a autoestima e a simbiose entre as relações pedagógicas.

Quando a afetividade está presente, o professor e o estudante sentem-se mais seguros e as interações diante da convivência em sala de aula tornam-se mais agradáveis. Os espaços das relações escolares precisam ser motivados pela curiosidade, investigação e descoberta. Uma prática pedagógica que não possibilita o despertar ativo da aprendizagem para o cérebro humano é algo que, com o tempo, torna-se enfadonho, chato e cansativo.

A escola é um dos espaços para o desenvolvimento da inteligência humana. O humano nasce com uma quantidade de 86 bilhões de células-neurônios, altamente especializadas, que formam o sistema nervoso, e que se conectam juntamente com trilhões de conexões neuronais (células da Glia) com a finalidade de promover a organização e a reorganização do cérebro por meio da plasticidade cerebral intencional ao longo da vida na aquisição do aprendizado; pois temos uma imensa possibilidade neurobiológica para aprender e desenvolver habilidades de flexibilidade e adaptabilidade cognitiva.

Diante da Educação Integral não existem indivíduos que não aprendem, todos são respeitados nos seus tempos neuronais para aquisição da aprendizagem, o olhar é específico em sua totalidade. Sabe-se que o sucesso do indivíduo na aprendizagem da fala, escrita e leitura dependem do amadurecimento neurofisiológico das células neuronais, bem como estruturas emocionais e estímulos sociais. Como recurso pedagógico, cabe evidenciar que o brincar e as brincadeiras, o lúdico e o cognitivo, são indissociáveis do uso das diversas formas de linguagem, podendo utilizar-se dos jogos como uma interface para aquisição da comunicação, seja para a compreensão das regras, dos relacionamentos existente entre os diferentes participantes, além de possibilitar as descobertas dos símbolos que permeiam a formação da linguagem humana.

O humano é dotado de neurônios da expressão da fala, porém, cabe à escola desenvolver a linguagem oral/ formal por meio de atividades pedagógicas, com objetivo de garantir a aprendizagem da leitura e da escrita e outras possibilidades para a vida cotidiana, junto com a família. Todas as pessoas têm direito a uma escola de qualidade onde suas necessidades individuais possam ser atendidas e onde elas possam se desenvolver em um ambiente enriquecedor e estimulante de seu desenvolvimento cognitivo, emocional e social, seja ele regular ou especial.

É preciso pensar em todos os estudantes enquanto pessoas em processo de crescimento e desenvolvimento, que vivenciam e experimentam o aprender, segundo suas individualidades. A proposta da Educação Integral e Inclusiva necessita do consenso dos pais, professores e de gestores, pois todos os indivíduos estão na condição de educandos, aprendizes de uma escola que deve ser de boa qualidade para todos, integrada à sua comunidade.

Reconhecer que o estudo referente à Neuroaprendizagem está sendo um processo inovador na área pedagógica, o olhar para totalidade humana perante as situações com as quais nos deparamos nas instituições escolares é possibilitar novas perspectivas de abordagens metodológicas. Portanto, os educadores precisam construir o conhecimento sobre os estudos cerebrais para compreender os processos cognitivos, emocionais e sociais dos nossos estudantes com ou sem distúrbios e dificuldades de aprendizagem, para atuar e melhorar as práticas pedagógicas. Reconhecer a Neurociência aplicada a Educação Integral é refletir sobre a inclusão humana, independente das suas limitações, necessidades educativas, possibilidades e potencialidades. É um direito.

A qualidade da Educação Integral deve ser atribuída aos pais, professores, gestores, a fim de se evitar a decadência silenciosa do aprendizado. O incentivo, portanto, é fundamental para a progressão e melhoria do desempenho geral do indivíduo. Em síntese, é preciso garantir que o estudante tenha percepção integrada de si mesmo com objetivo de interpretar adequadamente os sinais sociais, promovendo então a básica capacidade de confiar no outro, por meio dos estímulos do desenvolvimento da autonomia, autoria e protagonismo humano.

2. Inclusão e aprendizagem escolar

Integração: O processo de integração ocorre dentro de uma estrutura educacional, que oferece ao estudante a oportunidade de transitar no sistema escolar, da classe regular ao ensino especial, em todos os seus tipos de atendimento: escolas especiais, classes especiais em escolas comuns, ensino itinerante, salas de recursos, classes hospitalares, ensino domiciliar e outros. Trata-se de uma concepção de inserção parcial, porque nem todos os alunos com deficiência cabem nas turmas de ensino regular, pois há uma seleção prévia dos que estão aptos à inserção.

Inclusão: É incompatível com a integração, pois prevê a inserção escolar de forma radical, completa e sistemática. Todos os alunos, sem exceções, devem frequentar as salas de aula do ensino regular. As escolas atendem às diferenças, sem discriminar, sem trabalhar à parte com alguns alunos, sem estabelecer regras específicas para se planejar, para aprender e para avaliar.

Inclusão Escolar: A escola vem tentando desempenhar um papel importante seguindo a Lei nº 9.394 de Diretrizes e Bases da Educação. A inclusão escolar promove a inserção das pessoas com necessidades especiais no mesmo grupo dos sem necessidades especificas. Esse movimento é gradual e dinâmico, e tem como intuito valorizar as necessidades e habilidades dos estudantes em busca de uma educação de qualidade. A proposta de educação inclusiva pode ser compreendida como um valor, cuja implementação se faz pela reestruturação das escolas em todos os níveis, de modo que possam atender as necessidades de todos os alunos independentemente dos problemas específicos, pois, todos têm direito ao processo de inclusão.

A educação para pessoas com (PcD) começou a ser concebida no mundo a partir do século XVI por médicos e pedagogos. Destinava-se apenas àqueles que possuíam alguma deficiência física, os quais eram tratados em ambientes distintos dos "normais", como asilos e manicômios. Já no século XIX, surgiram as classes especiais nas escolas regulares. A educação inclusiva no Brasil iniciou-se no século XIX por iniciativas governamentais. A Declaração De Salamanca (1994) e a Lei de Diretrizes e Bases da Educação (1996), segundo a UNESCO, foi uma ação conjunta entre a educação regular e a educação especial, reconhecendo as diferenças e destacando que essas devem ser respeitadas. Essa iniciativa foi um marco importante e um forte e valioso aliado na luta contra o preconceito. Logo depois a Lei de Diretrizes 3 Bases da Educação (1996) – LDB resulta no direito à educação para os alunos com necessidades especiais. Segundo essa lei, a educação especial é a modalidade de educação oferecida preferencialmente na rede regular de ensino para educandos com Direitos e necessidades especiais.

Algumas das questões mais discutidas é a formação de professores. Há uma necessidade de que a equipe seja multidisciplinar, sendo esta constituída por profissionais de diferentes áreas que possam discutir a inclusão do estudante com necessidades educacionais especiais de forma conjunta e integrada. O olhar dessa equipe deve estar focado em questões específicas. E o professor deverá estar capacitado para se sentir com mais autonomia para mediar as relações em sala de aula e elaborar atividades dinâmicas de modo que consiga integrar todos os estudantes. Somente criar oportunidades não significa que as relações estabelecidas serão adequadamente exploradas. Para Vygotsky (1997), o professor deve servir como mediador das relações entre colegas em sala de aula.

Pessoas com necessidades educacionais especiais ao serem inseridas no contexto da escola regular, se defrontam com inúmeras barreiras para adaptar-se, pois o seu ritmo muitas vezes ou a forma como ele capta as informações é diferente dos demais estudantes. Imbuídos dessa consciência, profissionais de diferentes áreas do conhecimento se integram, formando uma equipe multidisciplinar que irá auxiliar esses indivíduos em suas dificuldades.

A inclusão possibilita repensar a cultura escolar estruturada a partir da organização da educação especial como sistema paralelo ao ensino regular, que fez persistir por muitos anos a ideia de que os alunos com necessidades educacionais especiais não têm lugar na escola comum, ou que devem se preparar para estar nela.

Esta abordagem exige uma postura ativa de orientação aos sistemas de ensino para o desenvolvimento de programas de formação de professores e para a construção de projetos pedagógicos inclusivos na perspectiva da flexibilidade, heterogeneidade e não atrelamento aos padrões pré-estabelecidos, contemplando a diversidade e favorecendo a inclusão educacional.

As equipes multidisciplinares e interdisciplinares só têm sucesso quando agem de forma integrada com a família e a escola a fim de otimizar resultados e focar melhor desempenho da aprendizagem. É importante compreender que a dificuldade de aprender não é uma situação isolada e que, muitas vezes, são necessários uma avaliação e um diagnóstico de especialistas para o tratamento das desordens do aprender. É fundamental perceber que tal processo é sinalizado e, por isso, torna-se imprescindível o conhecimento do professor com o objetivo de detectar os sinais que frequentemente são manifestados em sala de aula.

> Na escola, muitas vezes, a criança, o adolescente e o adulto são discriminados e emocionalmente agredidos, pois não apresentam o desempenho escolar esperado; no entanto, o responsável por tal situação pode estar no ambiente que o envolve, e em outras situações também, como as dificuldades socioeconômicas e afetivo-culturais, que podem interferir no ato de aprender, independentemente da vontade do aprendente. (Relvas, 2010).

Atualmente é fundamental repensar a questão de avaliar o que se aprende para uma educação inclusiva. Todos os educadores precisam conhecer sobre avaliação da aprendizagem, pois, quando mal avaliada, podem trazer grandes prejuízos ao indivíduo, bem como a todos os envolvidos. A importância dada a esses aspectos relacionados com a aprendizagem para educação inclusiva tem aumentado significativamente na atualidade. Isso se deve em grande parte ao fato de que o sucesso do indivíduo está ligado ao bom desempenho escolar. Por isso, avaliar não é um trabalho isolado do professor, um número cada vez maior de crianças é atendido por neuropediatras, neuropsiquiatras, psicólogos, psicopedagogos e fonoaudiólogos, com o objetivo de se promover uma mediação interdisciplinar, para que a aprendizagem seja mais plena, contextualizada e significativa no contexto da vida.

2.1 Cérebro e a educação inclusiva

É fundamental elucidar que o cérebro humano é um sistema aberto e plástico e, nesse âmbito, constata-se a relevância da presença dos estudos da neurociência na prática escolar da aprendizagem inclusiva e humanizadora. A Neurociência é uma ciência que tem como objetivo estudar os aspectos anatômicos, funcionais, neuroquímicos e comportamentais que permeiam o sistema nervoso, em suas propriedades sensórias, motoras, emocionais e sociais do sujeito aprendente.

Os estudos neurocientíficos revelam que a aprendizagem acontece, com particularidades, durante toda a vida da pessoa, e o aprender rompe com a ideia passiva de assimilação de conteúdos. A ação ativa do aprender necessita de uma complexa rede de operações neurofisiológicas e neuropsicológicas que ainda interagem com o meio ambiente.

A partir de então, entende-se que o ato de aprender é uma modificabilidade de comportamento que envolve a mente e o cérebro, e para tanto, entende-se que a neurociência é fundamentada como a ciência dos estudos dos processos vitais do sistema nervoso, e a educação como ciência do ensino e da aprendizagem, assim, as duas relacionam-se por proximidade devido à importância que o cérebro tem no processo de aprendizagem do indivíduo.

Estudos neurocientíficos comprovam que a plasticidade cerebral tem grande relevância para as conquistas: cognitiva, motora e emocional, diante das imensas possibilidades de informações que permeiam o cérebro humano. O funcionamento cerebral é moldado tanto ao longo da história da espécie como no desenvolvimento individual, isto é, a estrutura e o funcionamento do cérebro não são inatos, fixos e imutáveis, mas passam por mudanças no decorrer do desenvolvimento do indivíduo devido à interação do ser humano com o meio físico e social.

Diante disto, o desafio para a educação inclusiva e humanizadora não está em apenas saber como ensinar ou como avaliar o que foi ensinado, mas sim, apresentar e mediar a construção do conhecimento de maneira que o cérebro aprenda melhor e de forma significativa, contribuindo no que diz respeito ao reconhecimento do indivíduo como ser único, pensante, atuante, que aprende de uma maneira única e especial. Para tanto, metodologias e abordagens de ensino devem ser fundamentadas na neurociência para otimizar uma prática pedagógica de qualidade, includente e afetiva.

A neurociência também estabelece relações relevantes à educação inclusiva, investigando e contribuindo para um reconhecimento precoce de transtornos de aprendizagem, permitindo então, métodos especiais de identificação de estilos individuais da aprendizagem e a descoberta da melhor maneira de fundamentar novos conceitos e informações no contexto escolar. Investigações focalizadas no cérebro observam os aspectos da atenção, memória, linguagem, leitura, matemática, sono, emoção e cognição, trazendo valiosas contribuições para a educação.

A Neurociência aplicada à Educação Inclusiva contribui com saberes científicos para que o estudante aprenda. Segundo Relvas (2010),

"Aprenda a aprender, a conviver, a ser e a fazer" por meio das informações recebidas por estímulos extrínsecos, e que estes sejam transformados pelos processos significativos da aprendizagem na conquista do pensar reflexivo com autonomia e que esse possa ser aplicado em situações necessárias para a vida.

O estudante precisa perceber que faz parte da escola e que não é apenas para passar o tempo. Inclusão e integração são para todos os envolvidos no processo de aprender, não apenas para aqueles que apresentam alguma limitação física aparente.

Compreender que os "atrasados" não existem no processo educacional e que todos, independentemente de suas dificuldades, têm direito a uma escola que promova uma aprendizagem cognitiva, motora, afetiva e social é a maior tarefa da sociedade humana, pois somos "diferentes" em nossa totalidade. O maior desafio da escola é: partir em busca do aproveitamento da potencialidade da inteligência, tendo como objetivo o sucesso de seus aprendentes.

Todos os estudantes podem aprender: a aprendizagem de cada um é diferente, acontece em tempos diferentes e se desencadeia a partir de estímulos diferentes. Compreendendo, dessa maneira, que os fazedores da educação na sala de aula poderão ter um olhar menos excludente para os seus aprendentes evitando-se, então, os rótulos que muitas das vezes provocam a baixa autoestima, e a família deve permear essa relação entre estudante e a escola, estando mais presente no cotidiano escolar.

O estudante precisa do apoio, da escuta atenta das dificuldades e de possibilidades, e é com o apoio da família que se promove a representação dos elos afetivos e emocionais que permeiam a segurança e o desafio da conquista de aprender. É por meio do alicerce familiar que aprendemos a aprender a não desistir dos nossos sonhos e projetos futuros.

Segundo Maia (2015), "a fantástica função de aprender envolve processos complexos e um determinado número de condições e oportunidades adequadas". Nessa função do ponto de vista biológico o Sistema Nervoso Central (SNC) é a figura fundamental. Ele permite a coleta e a armazenagem de dados, e seu uso subsequente na alteração do comportamento. Ele permite que o indivíduo construa "um pequeno modelo de universo" em sua mente, formando seu comportamento baseado em modelos. São muitas as crianças. Cada uma com seu jeito, seu conhecimento, seu modelo de perceber o mundo. Se comparado às outras espécies animais, o desenvolvimento humano é lento porque o cérebro da criança está sendo programado para atividades sofisticadas e complexas, que envolvem raciocínio, linguagem e amadurecimento das emoções.

A grande capacidade de aprender faz com que o comportamento do ser humano seja extremamente variado. Do ponto de vista neurológico, nenhuma ação se repete exatamente como as anteriores, significando dizer que o ser humano é um eterno aprendiz. Dessa forma, a aprendizagem põe em jogo uma relação inteligível entre o indivíduo e o seu meio, isto é, colocar uma relação inteligível entre condições (externas).

Parece óbvio que a maturação deve desempenhar um papel vital nesses processos de desenvolvimento inicial. O termo maturação não significa exatamente o mesmo que crescimento. Crescimento se refere a um tipo de mudança passo a passo. Maturação é a capacidade que o individuo tem de se apropriar dos valores culturais tradicionais junto com outros em seu meio e, mediante a um trabalho sistemático e metódico, modificar seu comportamento, estabelecendo a aprendizagem.

A Neurociência pedagógica oferece um grande potencial para nortear a pesquisa educacional e futura aplicação em sala de aula. Pouco se publicou até hoje para uma melhor análise retrospectiva, mas, sem dúvida, a tal ciência constitui-se, como uma grande aliada do educador, diante deste cenário tão diverso com a qual esse profissional se depara.

Referências bibliográficas

Damásio, A. (2014). *O Erro de Descartes – Emoção, Razão e o Cérebro Humano.* São Paulo: Companhia das Letras.

Gazzaniga, M. S., Ivry, R. B., & Mangun, G. R. (2006). *Neurociência Cognitiva: A Biologia da Mente* (2aed.). Porto Alegre: Artmed.

Goldberg, E. (2002). *O Cérebro Executivo: Lobos Frontais e a Mente Civilizada.* Rio de Janeiro: Imago.

Kandel, E. R. et al (2014). *Principles of Neural Science* (5a ed.). Artmed Editora 2014.

Kolb, B., & Whishaw, I. (2002). *Neurociência do Comportamento.* São Paulo: Editora Manole.

Lent, R. (2004). *Cem Bilhões de Neurônios:conceitos fundamentais de neurociência.* São Paulo: Editora Atheneu.

Maia, G. D. (2007). *Embriologia Humana.* São Paulo: Editora Atheneu.

Maia, H. (2012). *Neuroeducação a relação entre saúde e educação.* Rio de Janeiro: Editora WAK.

Melo, S. R. D. (2015). *Neuroanatomia: pintar para aprender.* São Paulo: Roca.

Relvas, M. P. (2010). *Neurociência e Educação: potencialidades dos gêneros na sala de aula* (2a ed.). Rio de Janeiro: Editora WAK .

CAPÍTULO 28

Metodologias de aprendizagem ativa e tecnologias digitais no ensino superior: a prática em sala de aula

Leandro Heleno Guimarães Lacerda
Cynthia Bicalho Borini
Patrícia Alves Drummond de Oliveira
Luciana Pereira da Rocha Thomsen

1. Cenário do corpo docente de uma Instituição de Ensino Superior privada acerca da familiaridade com tecnologias digitais e metodologias ativas

O cenário educacional brasileiro passou por uma considerável modificação no que diz respeito às concepções didático-pedagógicas e metodologias de ensino-aprendizagem, muito em função do avanço tecnológico que invadiu nossas vidas e nos tornou, em termos, dependentes da virtualização dos sistemas. Quando falamos em educação, nos deparamos hoje com um novo perfil de aluno, os chamados alunos do século XXI, em outros termos, "nativos digitais". Esses indivíduos nasceram em uma espécie de simbiose com as tecnologias e mídias digitais (internet, *smartphones*, tablets, ipods, videogames e outros dispositivos tecnológicos de última geração) o que fazem deles uma verdadeira tribo informatizada e conectada com o mundo a todo o momento, vinte e quatro horas por dia (Moran, 2015; Perrenoud & Thurler, 2002).

Neste contexto nasce, juntamente com essa tribo de nativos digitais, um novo modelo educacional pautado na necessidade de adaptação a essas novas mentes multiconectadas. Mas, como nós (educadores) sabemos bem, para que essas modificações em nosso modelo educacional ocorram é de fundamental importância que tenhamos consciência da necessidade do rompimento/quebra de um paradigma educacional ancestral tatuado em nossa essência até os dias atuais: o professor como centro das atenções e detentor de todo o conhecimento, ou seja, como protagonista dos processos de ensino-aprendizagem (Fagundes, Santo, & Laurino, 1999; Prensky, 2015).

O aluno não é mais coadjuvante no processo de ensino-aprendizagem. Na verdade, é ele quem deve se comprometer e ter maior compromisso com a construção do seu próprio conhecimento. Estamos diante de um enorme desafio que só alcançará o sucesso se unirmos forças e abrirmos nossas mentes para aceitação deste novo cenário da educação brasileira e para a necessidade de mudarmos a nossa forma de pensar e agir quanto educadores.

Associado às tecnologias e mídias digitais (TMD) estão as metodologias ativas (MA) pautadas em estratégias pedagógicas que estimulem no aluno uma maior participação no processo de construção do conhecimento, levando o mesmo a desenvolver pro atividade, criticidade e capacidade discursiva nos diferentes assuntos que tangem a sua formação tanto como profissional quanto como cidadão. Sabemos que a melhor forma de aprender é combinando equilibradamente atividades, desafios e informação contextualizada o que está inserido como estratégias pedagógicas nas metodologias ativas de ensino-aprendizagem (Cool & Monereo, 2010; Souza & Morales, 2015).

Se queremos que os alunos sejam proativos, precisamos adotar metodologias em que estes se envolvam em atividades cada vez mais complexas e que tenham que tomar decisões e avaliar os resultados, com apoio de materiais relevantes. Se queremos que sejam criativos, eles precisam experimentar inúmeras novas possibilidades de mostrar sua iniciativa.

Então, o nosso principal desafio como educadores consiste em superar a educação bancária, tradicional e focar a aprendizagem no aluno, envolvendo-o, motivando-o e dialogando com ele, o que rotulamos de aprendizagem mais personalizada e colaborativa (Allan, 2013).

É nítido o "escudo" que alguns profissionais criam em relação a estas mudanças. Não podemos nos enganar, precisamos nos adaptar a este novo cenário da educação.

Pautado neste propósito nasceu a ideia da realização deste trabalho, buscando inserir estes assuntos para o nosso corpo docente que se deu através do nosso evento semestral denominado "Encontro Pedagógico de Professores", no qual foi elaborado um *workshop* sobre MA e TMD na Educação objetivando construir um cenário de discussão acerca destas novas práticas educacionais associadas à inserção de TMD no contexto educacional do professor além de levantar informações inerentes à familiaridade destes assuntos no cotidiano do nosso corpo docente.

2. Metodologia

Ao final do workshop, todos os professores presentes (n=20) responderam um questionário semiestruturado composto por 8 (oito) questões com perguntas de caráter objetivo e subjetivo. Os resultados obtidos foram analisados através de estatística descritiva e dispostos na forma de tabelas e gráficos para análise e compreensão dos dados, estruturados no programa Excel®, versão 2013. Os pacientes foram informados da natureza da pesquisa e assinaram um termo de consentimento livre e esclarecido (TCLE) por escrito e tiveram total direito de recusar a participação na pesquisa.

2.1 Resultados

Os resultados demonstraram que a maioria dos docentes 75% (15) são do gênero feminino e a faixa etária mais prevalente compreende a idade entre 29 a 36 anos. No que tange à modalidade de ensino, a maioria dos docentes 45% (9) possui mais de cinco anos de experiência no ensino superior presencial, ao passo que 90% (18) dos professores não detêm experiência no ensino superior à distância.

A respeito da utilização de TMD na prática docente, 90% (18) afirmam utilizar alguma tecnologia digital para o alcance do objetivo pedagógico estipulado para a disciplina na qual ministra (**Figura** 1). Ao serem questionados sobre quais são as maiores dificuldades na inserção destas ferramentas no contexto de sua prática pedagógica, os mesmos relataram dificuldade de adesão pela própria instituição e falta de oportunidade e conhecimento no que diz respeito a este tema. 64,71% (11) admitem serem adeptos à inserção de inovações tecnológicas na educa ção, mas só experimentam as mesmas em sua prática após observar se a tecnologia em questão já foi utilizada e é efetiva (**Figura** 2).

Sobre os benefícios do uso de TMD na prática docente (**Figura** 3), a questão permitia a seleção de mais de uma opção dentre seis propostas, que foram:

1) Oferecer suporte para a aprendizagem 24/7 (24 horas por dia, toda a semana);
2) O acesso a uma gama maior de recursos;
3) Reduzir a necessidade de o professor planejar e gerenciar atividades de aprendizagem;
4) Aumenta a comunicação entre os estudantes, entre os colegas de uma turma;
5) Favorece o ensino e o acompanhamento dos resultados da aprendizagem;
6) O acesso livre e uso de todas as mídias digitais.

A única opção não assinalada por nenhum participante foi a opção 1. A opção 3 e a opção 5 foram as mais selecionadas pelos docentes, o equivalente a 60% (12).

A familiaridade com MA também foi avaliada (**Figura 4**). 55% (11) relataram que conhecem MA e já ouviram falar de experiências e sucesso no uso das mesmas, enquanto 45% (9) disseram que apenas conhecem, mas que nunca pesquisaram a respeito. Questionamos aos docentes sobre como os mesmos classificam sua habilidade e eficácia no uso de TMD e MA em sua própria prática docente e 40% (8) consideram esse quesito pobre (**Figura 5**).

Por fim, 55% (11) dos docentes consideram-se satisfeitos em alguns aspectos e insatisfeitos em outros, no que diz respeito à autoavaliação quanto às metodologias didático-pedagógicas utilizadas em sua prática profissional (**Figura 6**).

FIGURA 1: Utilização de Tecnologias Digitais na Prática Docente

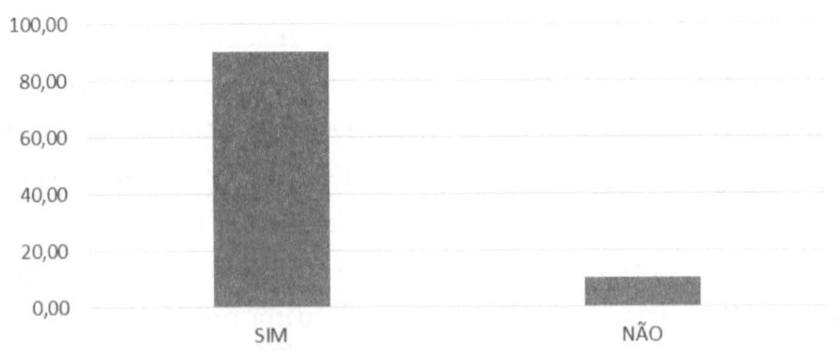

FIGURA 2: Enquadramento Diante do Cenário de Inovações na Educação

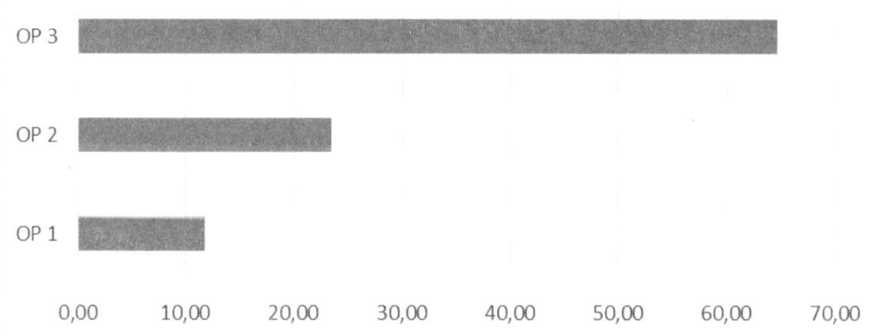

FIGURA 3: Benefícios do uso das Tecnologias e Mídias Digitais na Prática Docente

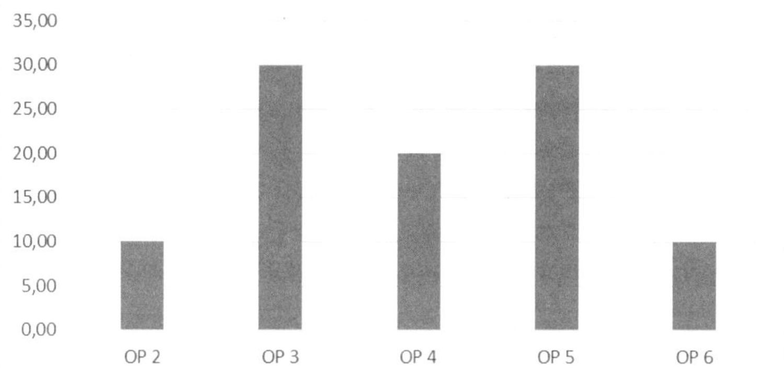

FIGURA 4: Familiaridade com Metodologias Ativas

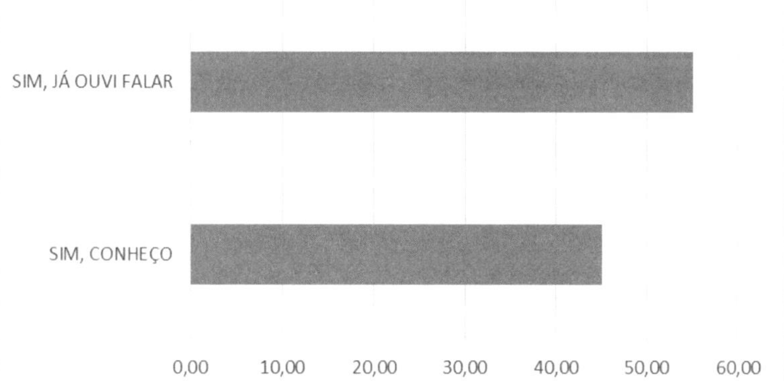

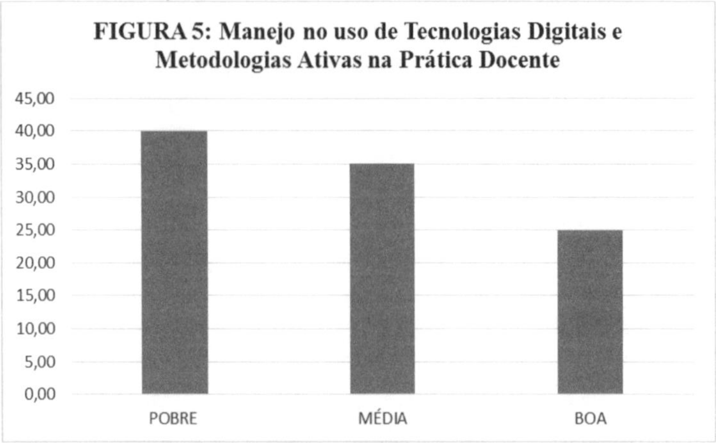

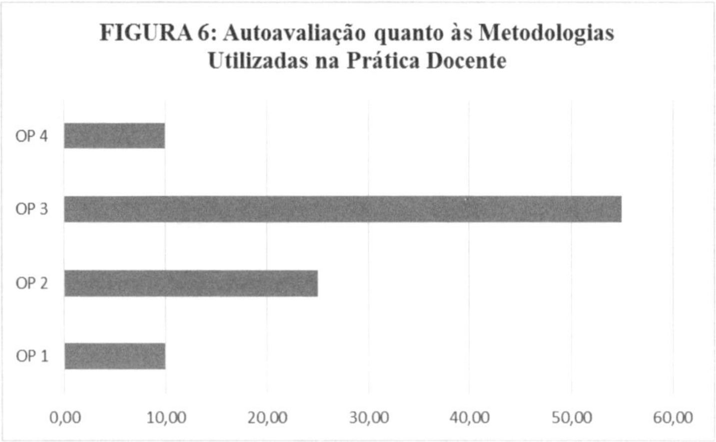

2.2 Discussão

O que mais chama a atenção nos resultados apresentados é que, além da maioria do corpo docente utilizar algum tipo de TMD como ferramenta para o alcance dos objetivos pedagógicos, há um receio dos mesmos em expandir o uso devido à falta de flexibilização imposta pela própria instituição (no que diz respeito à adesão) além do desconhecimento amplo e estratégico por parte dos próprios docentes frente a estas ferramentas, fatores estes que limitam muito o uso mais expressivo destas tecnologias no processo educacional.

Por parte das IES privadas, este sentimento de "medo" é munido principalmente pelo receio em inserir mudanças generalizadas (no contexto amplo) nos métodos de ensino tradicionais que possam impactar na insatisfação dos alunos (os "clientes") gerando evasão massiva e queda abrupta do faturamento. Já no contexto dos docentes, o principal fator motivador para não se desprenderem da inércia educacional prussiana é devido à falta de oportunidade de capacitação (talvez pela própria IES) que permita um manejo mais seguro, racional e efetivo destes métodos tecnológicos inovadores no contexto pedagógico.

Em um aspecto universal, tanto educadores quanto IES (em grande parte) são tomados pela comodidade e descrença na efetividade das MA e TMD na moldagem do processo de ensino-aprendizagem para a consolidação de um aprendiz mais proativo, independente e principal responsável pela construção do seu próprio conhecimento. Somado a esta descrença, por parte dos docentes, ainda há aquela "segurança" (parcial) de só utilizar MA e TMD na sua prática profissional após ter experienciado outro colega obtendo sucesso no uso das mesmas, uma espécie de comportamento *behaviorista*. Há um conflito de ideias ao passo que os mesmos são adeptos à inserção destas ferramentas metodológicas e tecnológicas inovadoras no contexto educacional, mas são inseguros quanto a isso e, ao mesmo tempo, parcialmente insatisfeitos no que tange às metodologias didático-pedagógicas utilizadas em sua prática profissional.

2.3 Considerações

Vivemos uma *nova era* na educação: novo modelo de educação; nova cultura de ensino e aprendizagem; nova lógica de relações humanas; novas formas de educação, de estar, de compartilhar, de sentir e aprender o mundo.

Neste cenário, os aprendizes devem desenvolver habilidades mais dinâmicas como empregabilidade, criatividade, comunicação, colaboração, pensamento crítico, resolução de problemas, proficiência técnica e consciência global. A inovação tecnológica dispõe de grande parte dos meios para proporcionar o desenvolvimento destas habilidades dos estudantes do século XXI, as quais serão cada vez mais exigidas em suas vidas. Portanto, os profissionais da educação precisam ficar cientes do cenário das inovações educacionais, o qual inclui mudanças sociais no uso da tecnologia, os avanços na tecnologia educacional, e um novo perfil de estudante.

Percebemos com este estudo que, apesar da experiência e certa aceitabilidade e abertura de nosso corpo docente frente às MA e TMD, há necessidade de capacitação dos mesmos a fim de subsidiá-los de conhecimento para que possam desenvolver planejamentos mais racionais e seguros envolvendo estes novos instrumentos.

2.4 Aprendizagem baseada em problemas: relato de uma experiência no Curso de Graduação em Medicina

Uma das frases mais ouvidas pelos professores nos dias de hoje é: "precisamos reinventar a sala de aula". Esta frase nunca se fez tão verdadeira e necessária, visto a posição do Brasil em estatísticas relacionadas à educação. Sim, professores sabem e se preocupam com essas questões, mas se perguntam o que fazer e como fazer?

Nos dias de hoje a informação se tornou efêmera e é adquirida de uma forma superficial, sabemos um pouco de tudo e desse tudo praticamente nada. E assim os alunos chegam aos cursos superiores, com pressa de aprender e conseguir o tão sonhado diploma. A função do professor passou a ser, além de um facilitador do ensino, um tranquilizador de mentes que procura fazer o aluno entender que conhecimentos se somam e precisam ser aprofundados para se exercer bem uma profissão.

Como se essa dupla função já não fosse suficientemente estressante, o desafio de manter os alunos dentro de sala e atentos cabe também ao professor. E em tempos onde a maior parte dos professores está no modo analógico e os alunos no modo digital, precisamos nos reinventar. As informações precisam chegar aos alunos de forma mais rápida e resumida, contudo sem prejuízo de qualidade e conteúdo. Metodologias ativas são propostas, cabe ao professor adequar uma delas ao perfil dos alunos.

Mudarmos a forma de expor o conteúdo em sala se faz notório. A dinâmica da sala de aula tradicional, professor falando por horas e os alunos passivamente recebendo determinadas informações, é enfadonha para as duas partes, principalmente para os alunos que são o alvo do conhecimento. Invertendo as posições, tirando os alunos da posição passiva e os colocando em uma posição ativa, o envolvimento destes na aquisição do conhecimento se torna mais relevante e interessante.

A aprendizagem baseada em problemas (ABP), tradução de *Problem-based learning* (PBL), é uma proposta pedagógica que coloca o estudante no centro do ensino (Borges, Chachá, Quintana, & Freitas, 2005), um processo onde o aluno assume responsabilidade significativa no aprender (Bate, Hommes, Duvivier, & Taylor, 2014).

Nesta proposta o conteúdo do semestre é dividido em blocos, e estes apresentam sete estratégias: grupo tutorial (GT), seminários, práticas de laboratório (PL), prática médica na comunidade (PMC), treinamento de habilidades clínicas (TH) e projeto em equipe (PE).

O caso problema será estudado nos encontros do grupo tutorial. Para o estudo de cada caso problema são previstos dois encontros, divididos em sete passos (P). O primeiro encontro, chamado de Análise, é o momento da leitura do caso (P1), o problema é definido (P2), acontece a "chuva de ideias" com conhecimentos prévios dos alunos (P3), estruturação destes conhecimentos (P4) e elaboração dos objetivos de aprendizagem (P5). Após a análise os alunos trabalham independentemente dos objetivos determinados para o estudo do caso (P6). No próximo encontro, a Resolução, o estudo dos alunos é discutido, estruturado e o caso resolvido (P7). As demais estratégias, cada qual com suas competências, completam o assunto trabalhado em cada bloco.

O rendimento do aluno enquanto participante da construção do conhecimento é maior, sua própria colaboração nas informações iniciais sobre o assunto o instiga a chegar ao desfecho do problema. A dificuldade nesta abordagem em relação aos professores é o fato da mudança radical na forma de ensinar, não sendo mais o centro do ensino, passando a tutor, condutor das discussões (Cyrino & Toralles-Pereira, 2004). Para os alunos, quando são inseridos no ABP, o fato de chegarem totalmente dependentes de orientações precisas sobre o quê e onde estudar, acarreta certa insegurança quanto a essa autonomia. Também o fato de não estarem acostumados a ir para as aulas com o conteúdo já estudado, no início do processo gera desconforto.

A proposta ABP responde a algumas falhas atuais (Toledo Júnior, Ibiapina, Lopes, Rodrigues, & Soares, 2008) Apresenta vantagens e desvantagens, mas muda o modo tradicional de ensino que tanto tem sido questionado. É uma estratégia que faz o ator principal, no caso o aluno, assumir seu papel de forma clara e com responsabilidade, traz à luz sua falha muito rapidamente, o que é essencial para a continuidade do aprendizado.

2.5 *O uso do* Kahoot *no Curso de Graduação em Odontologia*

O avanço tecnológico na educação apresenta a oportunidade de inserir o conceito de aprendizado baseado em jogos. A gamificação contempla o uso de elementos de jogos que permitem um envolvimento maior dos alunos no processo de aprendizagem (Lin, Ganapathy, & Kaur, 2018; Silva, Sales, & Castro, 2019). O Kahoot consiste numa plataforma online e gratuita na qual o professor cria jogos de forma rápida e fácil que geram discussões em sala de aula (Souza & Neiva, 2018). O professor deve elaborar o quiz sobre o tema que deseja trabalhar e, em modo competitivo, utilizar o Kahoot como ferramenta de auxílio na realização de atividades em sala e fixação de conteúdo (Maranhão & Reis, 2019; Sande, 2018). O *Kahoot* proporciona um grande envolvimento dos discentes e uma atuação coadjuvante, mas não menos importante, do docente dinamizando as aulas (Maranhão & Reis, 2019.)

O uso desse recurso pedagógico foi inserido no curso de Odontologia da Faculdade Arnaldo, na disciplina de Orientação Profissional I a partir do primeiro semestre de 2019. Essa disciplina aborda assuntos relacionados à deontologia odontológica e é ministrada no terceiro período do curso. O Kahoot foi utilizado no início das aulas teóricas, como forma de revisão de conteúdo da aula anterior. As regras do jogo e a forma de participação foram esclarecidas previamente aos acadêmicos. O tempo destinado para cada pergunta, os objetivos a serem alcançados e a possibilidade de premiação para o primeiro colocado foram apresentados. Cada aluno fez seu cadastro no site *kahoot.it* utilizando seus smartphones conectados à internet. Foi esclarecido que cada pergunta tinha apenas uma resposta correta e que além de responder corretamente, o aluno que respondesse mais rápido ganharia mais pontos. Os alunos poderiam entrar no jogo a qualquer momento, através de um pin de acesso ao questionário. Após cada pergunta, o jogo apresentou os resultados parciais com as 5 (cinco) melhores colocações no pódio.

Em comparação aos semestres anteriores, observou-se que a aula se tornou mais atrativa, os alunos estavam mais atentos e participativos, além de uma melhora significativa do desempenho nas avaliações em comparação às médias de notas dos semestres anteriores. O uso do jogo nas aulas foi uma proposta de metodologia ativa por meio da qual todos os discentes participaram de maneira ativa. Como estratégia, as aulas eram iniciadas com um jogo de Kahoot, revisando o conteúdo da aula anterior. Dessa forma, os alunos que chegavam atrasados à aula, perdiam os pontos das perguntas do início do jogo. O elemento de competição aumentou o nível de concentração e a motivação durante as aulas. A aceitação da plataforma Kahoot pelos alunos foi unânime.

Referências bibliográficas

Allan, L. M. (Org.). (2013). *Crescer em Rede: Um guia para promover a formação continuada de professores para adoção de tecnologias digitais no contexto educacional.* Salvador.

Bate E., Hommes J., Duvivier R., & Taylor D. C. M. (2014). Problem-based lerning (PBL): getting the most out of your students – their roles and responsibilities: AMEE Guide No. 84. *Medical Teacher,* 36: pp. 1–12.

Borges, M. C., Chachá S. G. F., Quintana S. M., Freitas L. C. C., & Rodrigues M. L. V. (2014). Aprendizado baseado em problemas: problem-based learning. *Medicina (Ribeirão Preto), 47*(3), pp. 301-7.

Coll, C., & Monereo, C. (Orgs.). (2010). *Psicologia da educação virtual: aprender e Ensinar com as Tecnologias da Informação e da Comunicação.* Porto Alegre: Artmed.

Cyrino, E. G., & Toralles-Pereira, M. L. (2004, Maio). Trabalhando com estratégias de ensino-aprendizado por descoberta na área da saúde: a problematização e a aprendizagem baseada em problemas. *Caderno de Saúde Pública, 20*(3).

Fagundes, L. D. C; Santo, L. S; Laurino, D. P. (1999). *Aprendizes do futuro: as inovações começaram. Coleção Informática para a mudança na Educação.* Brasília: MEC/SEED/ProInfo.

Lin, D. T. A., Ganapathy, M., & Kaur, M. (2018). Kahoot! It: Gamification in Higher Education. *Pertanika J. Soc. Sci. & Hum, 26*(1), 565-82

Maranhão, K. D. M., & Reis, A. C. D. S. (2019). Recursos de gamificação e materiais manipulativos como proposta de metodologia ativa para motivação e aprendizagem no curso de graduação em odontologia. *Rev. Bra. Edu. Saúde, 9*(3), 01-07.

Moran, J. M. (2015). *A Educação que desejamos: novos desafios e como chegar lá* (5a ed.). São Paulo: Papirus.

Perrenoud, P; Thurler, M. G. (2002). *As competências para ensinar no século XXI.* Porto Alegre: Artmed.

Prensky, M. (2001). Digital natives, digital immigrants. MCB University Press, *9*(5).

Sande, D.; Sande, D. (2018). Uso do Kahoot como ferramenta de avaliação e ensino-aprendizagem no ensino de microbiologia industrial. *Holos,1*, 170-9

Silva, J. B. D., Sales, G. L., & Castro, J. B. D. (2019). Gamificação como estratégia de aprendizagem ativa no ensino de Física. *Revista Brasileira de Ensino de Física, 41*(4).

Souza, C. A., & Morales, O. E. T. (2015). *Mudando a educação com metodologias ativas* (Vol. II, Coleção Mídias Contemporâneas. Convergências Midiáticas, Educação e Cidadania: aproximações jovens). PG: Foca Foto-PROEX/ UEPG.

Souza, M. B. D., & Neiva, F. (2018). Uso do Kahoot como plataforma de apoio ao ensino em universidades. *Analecta, 4*(4), 712-23.

Toledo Júnior A. C. C., Ibiapina C. C., Lopes S. C. F., Rodrigues A. C. P., & Soares S. M. S. (2008). Aprendizagem baseada em problemas: uma nova referência para a construção do currículo médico. *Revista Médica de Minas Gerais, 18*(2), 123-131.

CAPÍTULO 29

Concepção do educador sobre a dificuldade do aluno para o aprender: desafios e enfrentamentos

Maria de Lourdes Merighi Tabaquim
Patrícia Soares Baltazar Bodoni

O processo de ensinar e aprender implica ações dinâmicas, que integram aspectos anatômicos, funcionais e ambientais, sua complexidade desafia e exige adaptações e ajustamentos do indivíduo na conquista de etapas cada vez mais avançadas do seu desenvolvimento (Tabaquim, Paleari, Bodoni, & Abramides, 2018; Omote, 2006;). Essa compreensão reside na interface de áreas da saúde e educação, em que, na primeira atuam neurologistas, neuropediatras, neuropsicólogos, fonoaudiólogos, fisioterapeutas, psiquiatras, dentre outros, e na segunda, professores, pedagogos e demais educadores, ambas as áreas organizadas em equipes responsáveis pela conquista do processo relacional ensino-aprendizagem (Riesgo, 2006; Pereira, 2016).

Dentre os fatores envolvidos nas dificuldades para a aprendizagem, estão os relacionados à escola, família e ao aluno. Quanto ao ambiente escolar é necessário que se tenha boas condições físicas, ambiente seguro, condições pedagógicas adequadas às necessidades dos alunos, bem como tanto a condição adequada do corpo docente, quanto a sua qualificação, dedicação e valorização. O compromisso da escola é a promoção da aprendizagem e do desenvolvimento dos alunos, por meio da efetivação das suas propostas pedagógicas, quando isso não se concretiza, surge a necessidade de se compreender e, principalmente, utilizar estratégias que facilitem a superação dessa dificuldade (Rotta, Ohlweiler, & Riesgo, 2007).

O aluno que não aprende, sem justificativas aparentes, tais como diagnósticos de deficiências, torna a sua condição uma incógnita para a escola, colocando em detrimento a relação da qualidade dos seus objetivos educacionais em consonância ao desenvolvimento do aluno. A partir disso será necessário superar a proposta de ensino-aprendizagem única para todos, baseada muitas vezes, na configuração do aluno ideal. Há premência dessa mesma escola se reconstruir baseada na diversidade humana e nas diferentes possibilidades de escolarização que auxiliem no enfrentamento desses desafios (Cruz & Stefanini, 2010).

Considerando o outro viés, a família é responsável em proporcionar ao aluno aprendiz, práticas educativas positivas e coerentes, capazes de contribuir para a sustentação emocional e o desenvolvimento do autoconceito efetivo da criança. A existência de recursos do ambiente familiar, que favoreça o desempenho escolar, incluindo materiais e envolvimento parental, pode auxiliar o processo. Marturano (1999) estudou 100 crianças, encaminhadas por dificuldades na aprendizagem e constatou evidências de que o atraso escolar está relacionado à organização das rotinas e à diversidade de atividades compartilhadas com os pais e circunstâncias adversas. Outro estudo da mesma autora (Marturano & Elias, 2016) com 60 crianças, de 7 a 11 anos, e suas mães, indicou que a adversidade familiar está associada a problemas internalizantes (ansiedade, humor deprimido, retraimento, queixas somáticas) e externalizantes (agressão, impulsividade, quebra de regras) nas crianças, como dificultadores para aprendizagem escolar.

Porém, o insucesso escolar e suas causas multifatoriais, relacionadas a aspectos extrínsecos e intrínsecos ao aluno, devem ser bem compreendidos, para serem melhor enfrentados. Nesta perspectiva, dar voz ao educador pode facilitar uma análise específica e singular dele próprio, suas necessidades, potencialidades e características implicadas no processo de ensino e aprendizagem.

O educador é aquele que tem a vantagem da proximidade física e temporal na observação acadêmica. Assim, compreender a sua concepção em relação às dificuldades apresentadas pelos alunos é importante para o planejamento de estratégias de enfrentamento condizentes à demanda verificada e, com isso, favorecer a possível superação das condições limitantes.

Os pressupostos da Política Nacional de Educação Especial na Perspectiva da Educação Inclusiva (Brasil, 2008) incluem como seu público no processo de aprendizagem, os alunos que manifestam dificuldades na aquisição de repertórios acadêmicos. Entretanto, somente a atenção especial, pela Legislação, não é garantia de resolução dos problemas acarretados pela dificuldade escolar.

Quando o aluno não aprende, por problemas intrínsecos, deve-se ter muita cautela na sua compreensão, classificação e principalmente intervenção. Inicialmente, PIHL (1975) dividiu em áreas específicas de comprometimento, tais como, a *fisiológica*, decorrente de déficits neurológicos; a *socioambiental*, por inadequações socioeducacionais; e, a *desenvolvimentista*, por falha no desenvolvimento caracterizado por uma condição de distúrbio ou transtorno. Posteriormente, Ciasca (2003) propôs a distinção entre o Distúrbio e a Dificuldade de Aprendizagem. O Distúrbio de Aprendizagem seria entendido como uma disfunção do sistema nervoso central (SNC), acarretando alterações no processo de aquisição de funções corticais superiores, e a Dificuldade Escolar, relacionada especificamente a questões de ordem e origem pedagógica.

Além dessa distinção, deve-se incluir a análise de aspectos neurobiológicos, socioculturais e psicoemocionais, pois o comprometimento de um desses fatores possibilita a desorganização do funcionamento cognitivo, podendo levar às dificuldades no aprender (Lima & Silva, 2017). A Neuropsicologia Cognitiva tem contribuído para a compreensão de indivíduos que apresentam dificuldades acadêmicas, analisando processos subjacentes às atividades mentais superiores do ser humano e correlacionando-os com o funcionamento neurológico (Capovilla, 2007).

Mesmo o cérebro com anatomia, funcionalidade e processos neuroquímicos e genéticos adequados, não é sinônimo de garantia integral de aprendizado (Rotta Ohlweiler, Riesgo, 2007). Condições socioculturais desfavoráveis ou pouco estimuladoras também influenciam diretamente no baixo desempenho escolar (Giannetti & Siqueira, 2011; Pereira, Santos, Nunes, Oliveira, Santos, & Martins-Reis, 2015). Por isso, a concepção dos educadores sobre como realizam a articulação entre as dificuldades de aprendizagem e as suas práticas educativas, fornecem elementos importantes para que as falhas sejam identificadas e as estratégicas eficazes sejam potencializadas.

A literatura tem enfatizado a necessidade de considerar as percepções e concepções do professor como forma de enfrentamento e superação da dificuldade de aprendizagem vivenciada pelo aluno no domínio das competências educacionais (Almeida, Kozlowski & Marques, 2015; Andrade Grilo, Costa, & Santos, 2019; Azevedo & Cerqueira, 2015; Berberian, Bortolozzi, Massi, Biscouto, Enjiu, & Oliveira, 2013; Carvalho, Crenitte, & Ciasca, 2007; Crenitte & Gonçalves, 2014; Crenite & Lopes, 2013; Cruz & Stefanini, 2010; Emmel, Matsukura, & Figueiredo, 2015; Nascimento, Queiroga, & Rosal, 2018; Oliveira, Santos, Aspilicuita, & Cruz, 2012; Oliveira & Natal, 2012; Pereira, 2016; Oliveira, Barbosa, Lofiego, Romão, Oliveira, & 2019; Tabaquim, Paleari, Bodoni, & Abramides, 2018). Os estudos destacam as concepções dos educadores com relação às dificuldades de aprendizagem, que podem ser compreendidas categoricamente em: a) desconhecimento das causas e diferenciação entre as Dificuldades e Transtornos de Aprendizagem; b) Desconhecimento de áreas específicas como a Linguagem; c) falta de apoio e orientações quanto à capacitação docente; e, d) processo inclusivo.

Quanto ao conhecimento do educador sobre as causas das dificuldades de aprendizagem, Andrade et al. (2019) no estudo com 51 educadores da rede pública, discutiu a relação dos fatores que podem, direta ou indiretamente, contribuir para a dificuldade da aprendizagem na educação infantil, e atribuíram que, para 29% dos professores a causa era predominantemente na relação familiar conflituosa; 18% a poucos recursos escolares; 14% à falta de capacitação do profissional de educação; 24% à falta de interesse do aluno; e, 15% aos métodos de ensino defasados. Para esses educadores a dificuldade de aprender estava dissociada à atividade de ensinar, e por não conseguirem equacionar essa questão, sentiam-se impotentes, justificando a contingência ao aluno, tido como "problema".

Outro estudo que corroborou com os mesmos achados sobre as concepções dos educadores para as causas das dificuldades de aprendizagem, foi o de Oliveira et al., (2012), determinando a causa como cognitiva e familiar. De acordo com os autores, os dados obtidos permitiram inferir que a concepção dos professores era desprovida de conhecimento teórico, indicando evidências em suas considerações, que as dificuldades de aprendizagem seriam derivadas de "dificuldades de ensinagem".

O SNC nem sempre é o responsável pelo fracasso desse processo. Apesar das causas primárias relacionadas ao funcionamento do sistema nervoso, como dislexias, discalculias, dispraxias, déficit de atenção, disgnosias etc., e terem importante papel na gênese da falha no aprender, não são as únicas justificáveis. Outros fatores podem contribuir significativamente como causas primárias das dificuldades com o aprendizado, como problemas físico-sensoriais, psicológicos, socioeconômicos e pedagógicos, inerentes à família, escola e à própria criança (Cruz & Stefanini, 2006; Rotta, Ohlweiler, & Riesgo, 2007). Assim, a distinção entre dificuldades e transtornos de aprendizagem fica ainda mais intrincada, e as investigações das concepções dos educadores evidenciam a falta de conhecimento e formação para perceberem indícios e enfrentarem essa problemática.

Outros estudos também evidenciaram esse desconhecimento pelos educadores, ao verificarem as concepções de 55 professores da rede pública de ensino, quanto aos distúrbios de aprendizagem. Seus resultados apontaram que, 78% não sabiam diferenciar distúrbio e dificuldade de aprendizagem, revelando desconhecimento do professor quanto à temática (Carvalho, Ciasca, & Crenitte, 2007; Crenitte & Lopes, 2013).

O desconhecimento dos educadores impacta primordialmente sobre a capacidade de identificação precoce, atuação e acompanhamento adequado das possíveis crianças com transtornos (Nascimento, Queiroga, & Rosal, 2018). As concepções de professores quanto às Dificuldades de Aprendizagem são imprecisas, formulam descrições de desempenho dos alunos por comparação com os demais, bem como suas próprias estratégias de ensino. Os professores expressaram concepções ambíguas acerca das dificuldades de aprendizagem, confundindo estas dificuldades com a deficiência intelectual, confirmando a necessidade de apoio e orientação ao docente (Emmel, Figueiredo, & Matsukura, 2015).

Mais especificamente, quanto às concepções de professores de Ensino Fundamental acerca de Dificuldades de Aprendizagem, Distúrbio de Aprendizagem e Dislexia, em uma amostra de 31 professores, os resultados apontaram que os educadores possuem carência de conhecimento conceitual (Gonçalves & Crenitte, 2014). Para Tabaquim et al., (2016), o nível de informação sobre a dislexia de 27 professores de língua portuguesa da 5ª à 8ª série do ensino fundamental, revelaram desconhecimento sobre os aspectos etiológico-causais da dislexia, onde, 29,6% dos participantes desconsideram os aspectos genéticos, hereditários e neurológicos como causa do transtorno e 33,3% desconsideraram esses mesmos aspectos como fator predisponente. Concluiu-se que o nível de informação dos docentes participantes foi insuficiente para que identificassem sinais de risco para o transtorno disléxico.

No desafio pela compreensão dos problemas relacionados à aprendizagem, existem lacunas para lidar com as discrepâncias, entre o que é de responsabilidade do educador e o que é incumbência de outros profissionais de áreas correlatas. O DSM-5 (2014) apresenta subcomponentes que diferenciam problemas relacionados à leitura (fluência, compreensão), escrita (precisão, regras) e raciocínio matemático (memorização, fluência no cálculo e precisão no raciocínio). Dentre as defasagens no aprender, a dificuldade em ler e escrever, ainda é a mais requisitada para orientações e encaminhamentos. Os resultados brutos em 2018, do Programa Internacional de Avaliação de Estudantes (PISA) para o Brasil, foram um dos piores na classificação, indicando que escolares brasileiros fracassam no aprendizado acadêmico relacionado às diferentes habilidades compreendidas na leitura, embora as dificuldades com cálculos começam a se tornar mais evidentes.

Pesquisas nas áreas do raciocínio matemático têm se ampliado, porém a investigação com relação às concepções de educadores, ainda é restrita. Amaral e Pozzobon (2019) investigaram oito professores de Matemática do 6º ao 9º ano, da rede municipal de ensino, quanto às suas concepções sobre a aprendizagem ou dificuldades dos alunos, por meio de um questionário. O estudo apontou que as dificuldades dos alunos, de acordo com esses professores, estavam centradas no conteúdo ensinado e não nas habilidades de cálculo e raciocínio matemático, compreendendo assim a necessidade de reformular os métodos de ensino, na perspectiva de aprimorar as habilidades dos alunos. Dias, Pereira e Van Borsel (2013), identificaram que 45,2% dos professores, informaram desconhecer o quadro do Distúrbio da Discalculia e se mostram inseguros da sua capacidade para identificar os indícios.

A Linguagem está envolvida no domínio dos processos de leitura, escrita e cálculo. Oliveira e Natal (2012) analisando a concepção de educadores quanto ao conhecimento sobre a relação da Linguagem com o aprendizado de alunos do Ensino Fundamental público, evidenciam que, 38% acreditavam que as causas da dificuldade de aprendizagem derivavam apenas dos aspectos individuais dos alunos, 35% que a linguagem escrita se iniciava apenas na fase escolar, e, 39% encaminhavam os alunos com alguma dificuldades para aprender, a outros profissionais, visando a solução da questão. Concluíram que os educadores possuíam carência de conhecimentos fundamentais para sua prática pedagógica, no processo de alfabetização.

Na investigação sobre concepções de escrita e letramento, Berberian, Bortolozzi, Massi, Biscouto, Enjiu e Oliveira (2013), constataram restrições quanto ao conhecimento dos professores sobre concepções da escrita e, portanto, limitações para o estabelecimento de associações teórico-práticas efetivas para a promoção de ações educativas significativas nas séries iniciais do ensino fundamental. Para Pereira (2016), a investigação da concepção de professores do Ensino Fundamental sobre a relação da leitura e formação de leitores proficientes, com o aprendizado acadêmico geral, indicaram dificuldades em diferenciar processos específicos dos acadêmicos gerais do aluno, não conseguindo identificar em sua atuação, práticas que favorecessem as habilidades defasadas.

No entanto, existe uma parcela, ainda que não tanto representativa, de professores e demais educadores que se mantém em constante produtividade no conhecimento proficiente de suas funções. Almeida, Kozlowski e Marques (2015), tiveram um dado positivo quanto à concepção do educador com relação à identificação das alterações de aprendizagem, com o intuito de caracterizar a prática docente. Na investigação de 21 professores de salas de alfabetização constataram a capacidade de detecção precoce pelos educadores das alterações de linguagem, anterior à escolarização.

Todas as evidências aqui apresentadas são indicativos da necessidade de apoio ao Educador, para o enfrentamento das dificuldades no exercício da sua função, com seus alunos. Mesmo a legislação específica para Educação Especial, garantindo Inclusão Escolar (Brasil, 2008), a formação inicial e continuada, caminha a passos lentos. Para Rodrigues e Ciasca (2018, p. 94), "a formação de educadores no contexto escolar é condição básica para identificação, intervenção e monitoramento de alunos com necessidades educativas especiais ao longo do percurso acadêmico". Afinal, quanto mais empobrecidas forem as trocas, entre professor e aluno, mais falhas existirão no desenvolvimento dos educandos. Os alunos com dificuldades em aprender pela falta de investimento pedagógico e de trocas sociais eficientes, podem ser excluídos do direito à aprendizagem (ONU, 2006).

Dois aspectos importantes a serem analisados, em decorrência dessas concepções descritas, estão relacionados à formação inicial e continuada do Educador. Isso, pode se aplicar à ausência de cursos de graduação que abordem as Dificuldades e Transtornos de Aprendizagem, em suas matrizes curriculares. Esse panorama ocasiona aos profissionais, dificuldades diante da compreensão e concepção do assunto no processo ensino-aprendizagem, que reflete na formação do aluno (Crenite & Gonçaves, 2014; Crenite & Lopes, 2012; Machado, Borges, Costa, Almeida, 2015; Nascimento, Queiroga, & Rosal, 2018; Tabaquim, Daruiz, Mastrangelli, & Niquerito, 2016).

Constata-se, portanto, que os educadores em geral, e mais especificamente os professores, têm várias fragilidades que precisam ser amparadas e fortalecidas na superação dos obstáculos para a eficiência acadêmica do aluno, do professor e da escola, culminando na gratificação familiar e social. Azevedo e Cerqueira (2015) retrataram a necessidade de formação do Educador, diante da investigação das concepções de 115 professores, com formação pedagógica geral e especialistas em Educação Inclusiva de ensino médio de escolas públicas, sobre formação e concepção da inclusão de alunos com deficiência intelectual. Os investigados entenderam o aluno com Deficiência Intelectual como sendo um aluno na condição especial, porém, imperceptível e discriminado. Sentiam-se despreparados para lidar com as dificuldades do aluno em aprender, impostas primariamente pela deficiência. Em contraste, os professores com formação continuada em educação inclusiva, evidenciaram uma concepção de aluno com Deficiência Intelectual, como constituído de necessidades básicas, mas também de potencialidades para o aprendizado.

Há necessidade urgente de propostas que impliquem em parcerias de áreas afins, com profissionais psicopedagogos, assistentes sociais, psicólogos, fonoaudiólogos e neuropsiquiatras, que, embora tenham as suas especificidades, se fundamentem para o diálogo com linguagem voltada para a educação. A troca de saberes possibilita capacitar tanto o corpo docente quanto os profissionais especializados a se beneficiarem com a troca de vivências e conhecimentos de outras áreas. Desta forma, o professor pode elaborar estratégias que o auxilie na operacionalização da relação com o aluno, com respeito a sua individualidade e à garantia do direito pelas mesmas oportunidades educacionais (Oliveira, Barbosa, Lofiego, Romão, & Oliveira, 2019).

Além da necessidade de formação suficiente e de qualidade aos educadores, fica evidente, nessas concepções retratadas, a falta de reconhecimento do professor como agente principal no processo. O processo de ensino e aprendizagem, por muito tempo, pautou-se na figura do professor como detentor do saber em práticas que privilegiam a transmissão de conteúdos e a utilização de instrumentos de avaliação sem caráter formativo. Urge, portanto, a necessidade de ampliar a discussão acerca do tema, principalmente quanto ao papel da gestão e da formação pedagógica, necessária para a efetividade da docência, que, mesmo com diretrizes norteadoras e reestruturadoras não garantem a formação do profissional com o perfil e resultados pretendidos (Freitas, Santos, Lima, Miranda, Vasconcelos, & Nagliate, 2016).

Os Educadores precisam ter conhecimento suficiente para a execução das suas práticas, sob o prisma conceitual, procedimental e atitudinal, os quais deverão preencher sua formação e possibilitar estratégias facilitadoras de identificação das dificuldades de aprendizagem, diferenciação dos transtornos e adequação aos métodos de ensino, que contemplem a aprendizagem e evolução de todos os alunos (Lopes & Crenite, 2013).

A necessidade de uma política global de formação e valorização dos profissionais da educação que contemplem de forma articulada e prioritária a formação inicial, formação continuada e condições de trabalho, faz parte do ideário de todos os educadores e das lutas pela educação pública há muitas décadas (Freitas, Santos, Lima, Miranda, Vasconcelos, & Nagliate, 2016; Davis, Nunes, Almeida, Silva, & Souza, 2011). Em suma, é urgente a necessidade da efetivação de políticas educacionais que permitam a coexistência de programas de desenvolvimento individual e coletivo, capazes de oferecer aos docentes das redes públicas de ensino, o aprimoramento em sua profissão.

Os Educadores podem contribuir com ações que, direta ou indiretamente, fortaleçam as estratégias de enfrentamento e superação de dificuldades. Dentre as estratégias, a observação, o acompanhamento e a socialização da atuação docente bem-sucedida, discussão da prática pedagógica e dos problemas percebidos, utilização de modalidades qualitativas de avaliação e de acompanhamento de seus resultados incorporados pelas unidades escolares, servirão como ações formativas de cooperação na equipe. Quanto às modalidades de formação, constata-se que as mais duradouras e sistemáticas (por ex., cursos de longa duração), podem ser as mais produtivas, pois é necessário se submeter humildemente à revisão, e alterar possíveis zonas estáveis mais confortáveis da prática pedagógica do professor/educador, e isso leva tempo e construção de estratégias para sua consecução (Bonzanini & Bastos, 2013; Davis, Nunes, Almeida, Silva, & Souza, 2011; Silva & Nadal, 2016).

Ainda será necessário um longo percurso de discussões sobre as concepções educacionais, com abertura para as contribuições de áreas conjugadas, que possam trazer novas perspectivas e versões sobre o fenômeno do aprendizado. Espera-se, que este estudo tenha proporcionado inquietações, e assim, colaborado na compreensão da atual condição das práticas educativas, em tempos de inclusão escolar. Reitera-se que não se pretendeu esgotar este tema, haja vista o grande número de crianças e adolescentes que ainda se encontram em situação de descompasso com a aprendizagem. Esse estudo é um sinalizador da necessidade de continuidade nas investigações sobre o processo ensino-aprendizagem, bem como, dos fatores que o impedem.

Referências bibliográficas

Almeida, G. V. M., Kozlowski, L., & Marques, J. M. (2015). Alterações da linguagem escrita de escolares em fase de alfabetização na visão de professores. *Revista CEFAC: Atualização Cientifica em Fonoaudiologia e Educação,* Campinas, v. *17*(2).

Amaral, C. E., & Pozzobon, M. C. (2019,). A percepção dos professores de Matemática em relação a aprendizagem ou dificuldade dos alunos do 6º ao 9º ano do Ensino Fundamental. *RELACult: Revista Latino Americana de Estudos em Cultura e Sociedade,* Paraná, v.5.

Andrade, J. W. S., Grilo, M., Costa, R.S., Santos, T.I.S. (2019). A Percepção dos Professores do Interior da Bahia Em Relação às Dificuldades de Aprendizagem na Educação Infantil. *Psicologia.pt O Portal dos Psicólogos.* Acesso 24.01.2020. Recuperado em http://www.psicologia.pt/artigos/ver_artigo. ISSN 1646-6977. Doc.publ 23.09.2019.

APA. (2014). *Manual Diagnóstico E Estatístico de Transtornos Mentais: Dsm-5* (p. 948). Porto Alegre: Artmed.

Azevedo, K. R., & Cerqueira, T. C. S. (2015). Jovens com deficiência intelectual nas representações sociais de professores de ensino médio. *Psicologia e Saber Social,* Rio de Janeiro, v. 4(1).

Berberian, A. P., Bortolozzi, K.B., Massi, G., Biscouto, A.R., Enjiu, A.J., Oliveira, K.F.P. (2013). Análise do conhecimento de professores atuantes no ensino fundamental acerca da linguagem escrita na perspectiva do letramento. *Revista CEFAC: Atualização Científica em Fonoaudiologia e Educação,* Campinas-SP, v.*15*(3).

Bonzanini, K. T., & Bastos, F. (2013). Estratégias de formação continuada de professores: análise de uma experiência. *Enseñanza de las Ciencias,* Valência-Espanha, v. *extra,* 448-453.

Brasil. (2008). Ministério da Educação. Secretaria de Educação Especial. *Política Nacional de Educação Especial na perspectiva da Educação Inclusiva.* MEC/SEESP.

Capovilla, A. G. S.. (2007). Contribuições da neuropsicologia cognitiva e da avaliação neuropsicológica à compreensão do funcionamento cognitivo humano. *Cad. psicopedag.,* São Paulo, v.*6*(11).

Carvalho, F. B., Crenitte, P. A. P, & Ciasca S. M. (2007). Distúrbios de Aprendizagem na visão do professor. *Rev Psicopedagoga., São Paulo, v.75*(24), 229-39.

CIASCA, S. M. et al. (2015). *Transtornos de Aprendizagem: Neurociência e Interdisciplinaridade* (p. 390). Ribeirão Preto: Book Toy, p.390.

Ciasca, S. M. (2003). Distúrbios e Dificuldades de Aprendizagem: questão de nomenclatura. In S. M. Ciasca. *Distúrbio de Aprendizagem: proposta de avaliação interdisciplinar* (pp. 19-31). SP: Casa do Psicólogo, p.19-31.

Cruz, S. A. B.; Stefanini, M. C. B. (2010). Dificuldades de aprendizagem de alunos de 1ª a 4ª série do ensino fundamental: o olhar do professor. *Temas em Educação e Saúde.* Araraquara.

Davis, C.L.F, Nunes, M.M.R., Almeida, P.C.A, Silva, A.P.F., & Souza, J.C. (2011). Formação continuada de professores em alguns estados e municípios do Brasil. *Cad. Pesqui.,* São Paulo, v. *41*(144), 826-849.

Dias, M. A. H., Pereira, M. M. B., & Van Borsel, J. (2013, ~~Junho~~). Avaliação do conhecimento sobre a discalculia entre educadores. *Audiol., Commun. Res.,* São Paulo, v. *18*(2), 93-100.

Figueiredo, M. O., Matsukura, T. S., & Emmel, M. L. G. (2015, ~~Agosto~~). Concepções de professores sobre as dificuldades de aprendizagem de escolares. *Políticas Educativas.* Porto Alegre.

Freitas, D. A., Santos, E.M.S., Lima, L.V.S., Miranda, L.N., Vasconcelos, E.L., Nagliate, P.C. (2016). Saberes docentes sobre processo ensino-aprendizagem e sua importância para a formação profissional em saúde. *Interface: Comunicação Saúde Educação,* São Paulo, v. *20*(57).

Gonçalves, T. S., & Crenitte, P. A. P. (2014). Concepções de professoras de ensino fundamental sobre os transtornos de aprendizagem. *Rev. CEFAC, São Paulo, 16*(3), 817-829.

Lima, R. F, & Silva, F. C. P. (2017). *Abordagem interdisciplinar nos Transtornos do Neurodesenvolvimento.* Ribeirão Preto: Book Toy.

Lopes, R. C. F., & Crenitte, P. A. P. (2013). Estudo analítico do conhecimento do professor a respeito dos distúrbios de aprendizagem. *Revista CEFAC: Atualização Cientifica em Fonoaudiologia e Educação,* Campinas, v.*15*(3).

Machado, A. C., Borges, K.K., Costa, MPR, Almeida, M.A. (2015). Perfil dos professores do ensino fundamental de uma rede pública sobre transtornos de aprendizagem. *Revista Educação Especial,* Santa Maria-RS, v.417-428.

Marturano, E. M. (1999). Recursos no ambiente familiar e dificuldades de aprendizagem na escola. *Psic.: Teor. e Pesq.,* Brasília-DF, v.*15*(2), 135-142.

Marturano, E. M., & Elias, L. C. S. (2016). Family, learning disabilities and behavior problems in schoolchildren. *Educ. rev.,* Curitiba, (59), 123-139.

Nascimento, S. I., Rosal, A. G. C., & Queiroga, B. A. M. (2018). Conhecimento de professores do ensino fundamental sobre dislexia. *Revista CEFAC,* Campinas-SP, v.*20*(1), 87-94.

Oliveira, C.S., Barbosa, F.R., Lofiego, L., Romão, R., Oliveira, A.C.G. (2019). Educação Básica: Dificuldade de Aprendizagem, a percepção do professor e sua ação pedagógica com crianças das séries finais da Educação Infantil e iniciais do Ensino Fundamental. *Res., Soc. Dev.,* v.*8*(12).

Oliveira, C. S., Barbosa, F.R., Lofiego, L., Romão, R., & Oliveira, A.C.G.. Educação Básica: Dificuldade de Aprendizagem, a percepção do professor e sua ação pedagógica com crianças das séries finais da Educação Infantil e iniciais do Ensino Fundamental. *Res., Soc. Dev.* v.8, n.12. 2019.

Oliveira, J. P. Santos, S.A., Aspilicuita, P., Cruz, G.C. (2012). Concepções de professores sobre a temática das chamadas dificuldades de aprendizagem. *Rev. bras. educ. espec.,* Marília-SP, v. *18*(1), 93-112.

Omote, S. (2006). Inclusão e a questão das diferenças na educação. *Perspectiva,* Florianópolis-SC, v. *24*(3), 251-272.

ONU. (2006). *Convenção sobre os Direitos das Pessoas com Deficiência.* Decreto Legislativo nº 186, de 09 de julho de 2008. Recuperado em http://www.planalto.gov.br/ccivil_03/CONGRESSO/DLG/DLG-186-2008.htm. Acesso 20 de janeiro de 2020.

Pereira, S. Santos, J.N., Nunes, M.A., Oliveira, M.G., Santos, T.S., & Martins-Reis, V.O. (2015). Saúde e educação: uma parceria necessária para o sucesso escolar. *CoDAS;* São Paulo-SP, v.*27*(1), 58-64.

Pereira, A. P. E. (2016). *Concepções de Professores do Ensino Fundamental sobre a Leitura no Aprendizado Acadêmico geral do Aluno* (Trabalho de Conclusão de Curso). Faculdade de Ciências Médicas da Universidade de Campinas – UNICAMP, Campinas, São Paulo.

Pihl, R. O. (1975). Learning Disabilities: Intervention programmes in the schools. In H. Myklebust. *Progress in Learning Disabilities*, New York: Grune & Stratton, v *3*, 19-28.

Riesgo, R. S. (2006). Anatomia da Aprendizagem. In N. T. L Rotta, L. Ohlweiler, & R. S. Riesgo (Orgs.). *Transtornos da aprendizagem: Abordagem neurobiológica e multidisciplinar* (pp. 21-42). Porto Alegre: ArtMed.

Rodrigues, M. D., & Ciasca, S. M. (2018). Inclusão e intervenção de crianças com transtornos de aprendizagem. In A. M. Soares, J. R. O. R. Simão, & L. M. Neves. *Caminhos da Aprendizagem e Inclusão: Entretecendo Múltiplos Saberes*. Belo Horizonte: Ed. Artesã (pp. 304).

Rotta, N. T., Ohlweiler, L., & Riesgo, S. R. (2007). *Transtornos da Aprendizagem: abordagem neurobiológica e multidisciplinar.* Porto Alegre-RS (pp. 480). Artmed.

Silva, L. N., & Nadal, B. G. (2016). A participação do funcionário, enquanto educador, em processos de gestão escolar democrática e participativo. In *Os desafios da Escola Pública Paranaense na perspectiva do professor* (Vol. 2). Cadernos PDE. Curitiba, v.2.

Siqueira C. M., & Giannetti J. G. (2011). Mau desempenho escolar: uma visão atual. *Rev. Assoc. Med. Bras.,* São Paulo, v.*57*(1), 78-87.

Tabaquim, M. L. M., Paleari, A.P.G., Bodoni, P.S. B., & Abramides, D.M.V. (2018). Competência atencional e integração visomotora no aprendizado acadêmico de crianças do ensino fundamental. In Soares, A.M., Simão, J.R.O.R., Neves, L.M. (Org.). *Caminhos da Aprendizagem e Inclusão: entretecendo múltiplos saberes.* Belo Horizonte-MG: Editora Artesã, v.1, p.58-76.

Tabaquim, M. L. M., Daruiz, S., Mastrangelli, S.P., Niquerito, A.V. (2016). Concepção de professores do ensino fundamental sobre a dislexia do desenvolvimento. *Rev. Bras. Estud. Pedagog., 97*(245), 131-146.

CAPÍTULO 30

Funções Executivas e Adolescência: intervenções tecnológicas e Robótica Educacional

Gleyna Lemos Leonez de Araújo
Cíntia Alves Salgado Azoni

1. Introdução

A importância em direcionar os estudos em FE para a fase da adolescência reside no fato deste ser um período de reorganização do córtex pré-frontal. As pesquisas relacionadas corroboram a ideia de que a adolescência é um período crucial para aprimoramento das FE e as intervenções nessa fase tem grande potencial de incremento destas habilidades. O uso de tecnologias no campo interventivo se apresenta como um diferencial, uma vez que cativar o interesse do adolescente é um desafio constante na clínica e na sala de aula. Desse modo, utilizar-se de ferramentas interativas e que despertam a motivação desses jovens, cujo cotidiano é transpassado por tantos dispositivos digitais, tornam a aplicação e a manutenção do uso viável.

2. Funções Executivas

A despeito de Karl Pribram (1973 como citado em Goldberg, 1990) ter sido um dos primeiros autores a empregar o termo "executivo" no desígnio de questões referentes ao córtex pré-frontal e Lezak (1982) ter organizado de forma sistemática o conceito de funções executivas, foi Alexander Romanovich Luria quem primeiro utilizou a expressão.

Baseado em achados clínicos, propôs um modelo de funcionamento cerebral hierárquico dividido em três grandes unidades, em que a terceira possuía papel de autorregulação e monitoramento das funções mentais, compreendendo principalmente os lobos frontais (Karpov, Luria, & Yarbuss, 1968).

As Funções Executivas (FE), também denominadas controle executivo (ou cognitivo), não possuem consenso conceitual na literatura (Malloy-Diniz et.al., 2010). O termo é utilizado desde a década de 70, mas é possível encontrar discussões sobre a temática datadas de 1840, com estudos que tentavam compreender o funcionamento dos lobos frontais (Uehara & Landeira-Fernandeza, 2010).

Em revisão da literatura, Hazin e Barros (2013) apontam para relativa concordância teórica acerca do caráter multidimensional das FE, uma vez que a avaliação neuropsicológica destas funções consiste na combinação de medidas que são entre si complementares.

No modelo proposto por Lezak (1982), as FE são definidas em quatro grandes domínios, denominados: volição, planejamento, ação intencional e desempenho eficaz. Trata-se de um conjunto de capacidades cognitivas e comportamentais relacionadas entre si e responsáveis por atividade direcionada e intencional, consistindo no mais alto nível de funcionamento humano, como intelecto, autocontrole e interação social (Lezak, 2004). Esse conceito foi importante para que o termo fosse popularizado e para a unificação dos conhecimentos na área neurocientífica, direcionando pesquisas sobre esse tema, com ênfase na prática clínica da avaliação do funcionamento executivo (Pires, 2014).

A partir de então, essa nomenclatura virou um termo guarda-chuva para diversos constructos, sendo de difícil conceituação, mas comumente se referindo à capacidade de possuir comportamentos orientados a metas (Goldstein et al., 2014). Estudos em neurociências relacionam o córtex pré-frontal como principal base neurológica para a regulação das FE (Miller & Cohen, 2001; Deyoung, 2010). Esta área é a de desenvolvimento mais recente no ser humano do ponto de vista evolutivo, inicia seu processo aos 12 meses, continua na adolescência e atinge seu ápice por volta dos 20 e 25 anos. Estudos apontam para estes picos desenvolvimentais a partir de exames de neuroimagem estrutural pela perda adicional de substância cinzenta nesta região em função do aumento da mielinização (Papazian, Alfonso, & Luzondo, 2006; Gogtay et. al.,

2004). Essa aparente "perda" sugere um incremento do grau de mieliniza nos axônios intracorticais ligados à idade, pois, quanto maior o número de fibras mielinizadas no córtex, menos cinzento esse córtex aparecerá nas imagens.

Embora as FE emerjam durante os primeiros anos de vida, elas continuam a se fortalecer significativamente ao longo da infância e adolescência, principalmente entre 5 e 17 anos, fato constatado em avaliações cognitivas e neurofisiológicas (Best & Miller, 2010). Segundo Cosenza e Guerra (2011), pesquisas recentes têm apontado para a existência de três circuitos neuronais distintos em regiões diversas do córtex pré-frontal, que coordenam capacidades cognitivas diferentes (**Figura 1**).

Figura 1 – Subdivisões do córtex pré-frontal

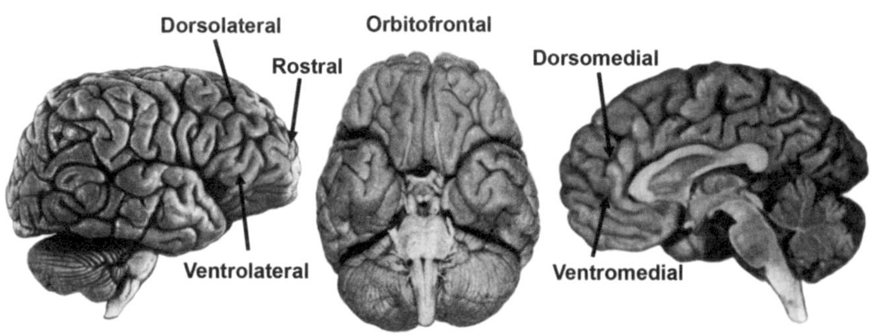

Fonte: Szczepanski, 2014.

A região dorsolateral é responsável por planejar o comportamento e a flexibilidade das ações em curso, além de estar envolvida no funcionamento da memória de trabalho. A região medial, incluindo a porção mais anterior do giro do cíngulo, realiza as atividades de automonitoramento e atenção. A região orbitofrontal, por sua vez, encarrega-se de avaliar os riscos e inibir respostas inapropriadas. (Cosenza & Guerra, 2011; Kandel et. al., 2014). É importante ressaltar que o córtex pré-frontal não é homogêneo e não funciona sozinho, pois interage por meio de uma grande quantidade de conexões com outras áreas do cérebro, por circuitos independentes que funcionam de forma interligada. (Seung & Rafael, 2014)

Uma das primeiras pesquisas conduzidas com o objetivo de delimitar os componentes das funções executivas foi realizada por Myiake et al. (2000) e buscou investigar a unidade e a diversidade dos três componentes das FE propostos pelos autores: inibição, memória de trabalho e flexibilidade cognitiva. Para facilitar o entendimento desses componentes, os parágrafos a seguir os descreverão utilizando a conceituação de diversos autores.

A **Inibição** ou **Controle Inibitório** é a capacidade de reduzir, ou eliminar a interferência de estímulos, ou impulsos de distração, controlar comportamentos inapropriados e gerenciar os processos de atenção e pensamento ao longo da realização de uma atividade (Diamond, 2013). Ela é importante para o alcance da manutenção do foco, sem ceder a estímulos exteriores que levem à distração.

A **Memória de Trabalho (MT)** constitui-se enquanto sistema múltiplo de memória, com capacidade de armazenamento temporário de informações necessárias em tarefas complexas, serve para manutenção, manipulação ativa e atualização da informação. Sua principal função seria manter o conteúdo que está sendo processado por um curto período (Alloway et al., 2004).

A **Flexibilidade Cognitiva** consiste na habilidade de mudar o foco atencional e as estratégias para adaptar-se às demandas do ambiente, sem se prender a padrões pré-estabelecidos (Miyake & Friedman, 2012). Essa função é exercida quando o indivíduo pode analisar uma mesma função de pontos de vista diferentes ou através da visão de outras pessoas. Ele depende da evolução dos domínios citados anteriormente (controle inibitório e memória de trabalho), pois alternar perspectiva requer inibição do modo de pensar utilizado anteriormente, além de requerer a inserção na memória de trabalho de uma nova forma de analisar a questão (Diamond, 2013).

Tais habilidades, apesar de possuírem características em comum, não são completamente independentes, o que se demonstra a partir da relação com o desempenho em determinados testes. A título de exemplo, o estudo de Myiake et al. (2000) apresenta que a preservação da flexibilidade cognitiva é crucial no não cometimento de erros perseverativos no teste de classificação de carta Wisconsin (WCST); a memória de trabalho, para a tarefa de *operation span*; e a inibição para o teste torre de Hanói.

Diamond (2013) propõe um modelo de FE com os componentes básicos primeiramente propostos por Miyake (2000), quais sejam: inibição, memória de trabalho e flexibilidade cognitiva. Contudo, a autora afirma que a flexibilidade envolve, em determinada extensão, as habilidades de memória de trabalho e inibição, no momento em que, para solucionar um problema a partir de uma nova perspectiva, seria necessário inibir um conceito prévio e ativar na memória de trabalho uma nova abordagem. Ela ainda adiciona ao modelo (**Figura 2**), as Funções Executivas de Alto-Nível, que seriam o planejamento, o raciocínio e a resolução de problemas; construídas a partir dos constructos nucleares.

Figura 2 – Modelo teórico de Funções Executiva

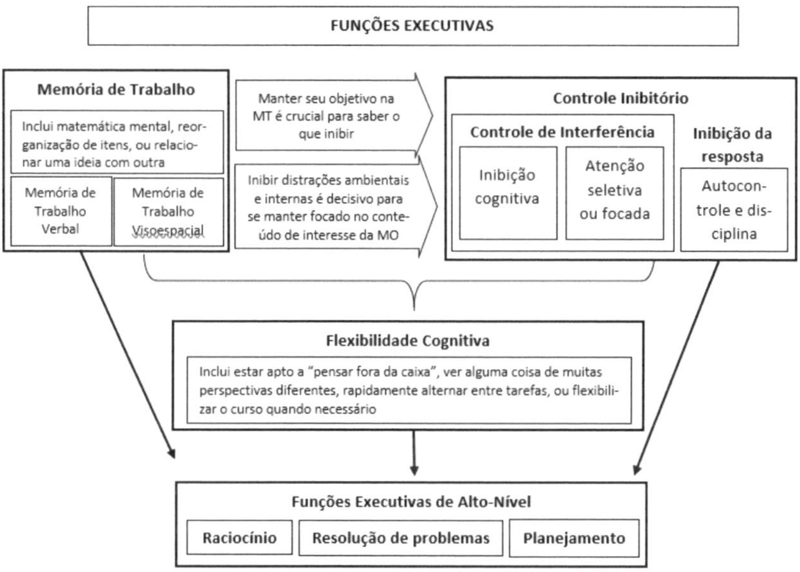

Diamond, 2013 (Adaptado.).

2.1 Funções Executivas na adolescência

As funções executivas são consideradas centrais para a cognição humana, portanto, a adolescência pode ser vista como um período de avanços cognitivos expressivos. Uma das

caracterizações mais relevantes da adolescência é o aumento gradual no funcionamento executivo; durante essa fase, o adolescente domina cada vez mais a capacidade de controlar seus pensamentos e ações para torná-las consistentes com as metas internas (Crone, 2009).

Apesar de a adolescência ser um período de maturação crítica para muitas regiões do cérebro, ela tem sido historicamente pouco descrita, sendo objeto recente de investigação intensiva (Lockhart, Sawa, & Niwa, 2018; Spear, 2018). É importante ressaltar que os circuitos do córtex pré-frontal, conhecidos por estarem envolvidos na função executiva, continuam a amadurecer durante este período até o início da idade adulta, tanto em humanos como em animais (Colonnese et al., 2008; Tian & Ma, 2017).

De acordo com Testen et. al. (2018), o córtex pré-frontal medial (CPFm) e o hipocampo dorsal são críticos para a função executiva e a memória, possibilitando sua integração efetiva. Ambas as regiões passam por mudanças funcionais significativas durante a adolescência quando o CPFm cresce significativamente – se comparado ao restante do córtex frontal – e a bainha de mielina dos axônios do hipocampo se torna mais espessa (Kanemura et. al., 2003; Hartiline & Colman, 2008).

Tais dados são relevantes, uma vez que a região cortical pré-frontal é basilar para o comportamento tipicamente humano (Fuster, 2001) e o hipocampo possui função essencial no mecanismo mnemônico, o que resulta em maior capacidade de memorização durante essa fase (Hartiline & Colman, 2008).

Estudos constataram ainda o papel da maturação dos astrócitos – células cerebrais que atuam na formação e maturação das sinapses neuronais e na modulação da transmissão sináptica – no desenvolvimento cerebral, especialmente durante a adolescência. As descobertas indicam que a modulação sináptica no desenvolvimento do córtex pré-frontal continua além dessa fase. Essa linha do tempo converge com o desenvolvimento e a maturação sináptica cortical específica do córtex pré-frontal, que pode continuar na idade adulta jovem (Crews, He, & Hodge, 2007; Semple et.al., 2013; Tian & Ma, 2017). Tais achados evidenciam o delineamento da conectividade do circuito frontal durante a adolescência e início da idade adulta.

Os estudos neuropsicológicos demonstram que essa é uma fase de reorganização do sistema pré-frontal, o que favorece as habilidades de FE por ser um período ainda de relativa plasticidade (Zelazo & Carlson, 2012). As pesquisas relacionadas corroboram a ideia de que a adolescência é um período crucial para aprimoramento das FE e que intervenções nessa fase tem grande potencial de incremento. Revisão recente da literatura indica que as FE devem ser constantemente estimuladas e que quão maior o tempo da intervenção, mais resultados positivos serão alcançados (Diamond, 2016).

O processo de reabilitação neuropsicológica visa recuperar uma função prejudicada ou perdida ou ainda readaptar o indivíduo aos déficits, melhorando ao máximo a qualidade de vida, sendo empregada, recentemente, em casos sem um quadro psiquiátrico ou neurológico deficitário (Haase, 2012). Neste sentido, o processo de intervenção neuropsicológica é conhecido como habilitação, referindo-se à aquisição e ao desenvolvimento de habilidades cognitivas ligadas à atenção, linguagem, memória, percepção, e afins, que ainda não atingiram seu pleno desenvolvimento (Gindri et al., 2012).

A técnica *Goal Management Training* – GMT (Levine, 2011), metodologia que compreende a introdução de conceitos-chave para explorar técnicas metacognitivas, discussão, exemplos da vida e exercícios cognitivos para explorar as técnicas aprendidas foi utilizada com 25 adolescentes de 11 a 17 anos, com queixas comportamentais de disfunções executivas, de acordo com o Inventário de Funções Executivas e Regulação Emocional – IFERI (Nunes, 2018). As intervenções foram realizadas em grupo, com média de 45 a 60 minutos, em um intervalo mínimo de 2 dias entre uma e outra, com duração total de 3 meses. Os resultados evidenciaram melhora nas FE de flexibilidade, inibição e raciocínio, contudo tais melhorias não foram percebidas pelos pais e professores, segundo escalas aplicadas.

Em outro estudo neuropsicológico de intervenção em grupo, proposto por Menezes et. al. (2015), investigou os efeitos de uma intervenção em crianças e adolescentes com Transtorno de Déficit de Atenção e Hiperatividade (TDAH), com idades de 7 a 13 anos. O trabalho contou com 18 participantes, divididos em GE (N=8) e GC (N=10), com sessões de uma hora, realizadas duas vezes na semana durante 8 meses e que teve como resultados ganhos para o GE em atenção e controle inibitório.

Com relação a intervenções com Robótica Educacional, há estudos na área de tecnologia que demonstram sua eficácia no aprimoramento do pensamento abstrato e na resolução de problemas dos jovens. Estudo conduzido durante 3 anos por Leonard (2016), com 49 alunos do ensino fundamental, divididos em 2 grupos, dividiu os grupos em dois tipos de intervenção, a primeira em ambientes com jogos digitais e de tabuleiro e a outra, robótica educacional. Os resultados apontaram para significativa melhora na autoeficácia – aferida através de desafios propostos antes e após a intervenção – apenas no grupo que passou pela intervenção com RE.

Na perspectiva de intervenções com tecnologia, os games tem sido foco dos estudos neurocientíficos teóricos, tanto na educação tecnológica, quanto na área da neuropsicologia, envolvendo aspectos da atenção, percepção e funções executivas.

De modo geral, videogames de ação são eficientes quando se considera uma melhora no desempenho em processos atencionais e perceptuais (Dye & Bavelier, 2010). Por outro lado, alguns jogos feitos especialmente para treino cognitivo, como o *Brain Age*, um *software* da Nitendo® focado no desenvolvimento da cognição para idosos, e o Space Fortress, um jogo desenvolvido pelo Laboratório de Psicologia Cognitiva da Universidade de Ilinóis que se baseia na simulação da dinâmica de um cenário de voo, demonstraram ser viáveis para se treinar funções executivas do tipo frias (alternância, atualização e capacidade de Memória de Trabalho) (Nouchi et al., 2012).

Vieira et al. (2017) analisou trabalhos nessa perspectiva entre o período de 2012 a 2017. Foram encontrados estudos com alunos de 6 e 13 anos, contudo apenas 1 pesquisa teve caráter quantitativo, sendo 8 qualitativas e 3 baseadas na abordagem quanti-quali. As pesquisas encontradas também não focaram no caráter multidimensional das FE, pois tiveram como testes psicológicos utilizados apenas escalas de inteligência (WISC e Raven), o teste de Atenção Concentrada D2 e a escala SNAP IV. Como resultados, os artigos analisados demonstraram que os videogames, quando baseados em desafios crescentes, demonstraram uma melhoria da visuoespacialidade e na rapidez do processamento das informações, contudo, a revisão assinala que os games não são atividades ecológicas, segundo alguns autores, havendo dificuldade na realização da transferência do aprendizado através de um ambiente puramente virtual para a realidade, logo, torna-se mais difícil a generalização das funções e a transmissão dos ganhos para outras atividades.

Ressaltam-se as diferenças entre os videogames e a RE devido a dois componentes divergentes fundamentais: o primeiro deles diz respeito ao modo como a intervenção é conduzida nas duas atividades, enquanto na RE é necessário um professor e outras crianças de similar idade/escolaridade; no videogame é possível que se jogue individualmente, além de existir uma variedade de jogos a ser escolhida, em que não há nenhum desafio ou conduta pedagógica. O segundo ponto de divergência diz respeito ao caráter puramente virtual que o game possui, não havendo nenhuma relação direta com algo no plano real; já na RE, a programação que é pensada de modo abstrato no computador, reverbera para o robô que foi montado, dando ao aprendiz a possibilidade de manipulação do objeto no campo tridimensional.

A Robótica Educacional não pode ser considerada uma intervenção apenas digital, uma vez que envolve outros componentes, como a própria criação do robô. Ela se baseia no uso de um aplicativo de computador que programa o robô criado pelos alunos e possui por objetivo a resolução dos desafios propostos. Com essa ferramenta, os alunos, em grupo, desenvolvem desde a montagem do robô, através da leitura de instruções presentes no material de apoio, até a programação, que possui graus de complexidade maior de acordo com os níveis e idades.

Para alguns autores, dentro da perspectiva das Neurociências, a atividade direcionada para um objetivo o transforma em resultado (Libâneo, 2014). Segundo Galperin (1989), o aprender por meio da prática é fundamental, não somente para saber fazer, mas para entender e depois explicar como e por que se agiu daquela forma diante da situação-problema. Para esse autor, essa é a forma que melhor consolida o aprendizado, pois o conhecimento é obtido através da ação, uma vez que o indivíduo deve aprender a utilizar os conceitos ao mesmo tempo em que precisa analisar como o contexto reage.

Segundo Torcato (2012), entende-se por Robótica Educacional a utilização dos conceitos da robótica industrial em um ambiente pedagógico, visando à promoção de conceitos de diversas disciplinas como física, matemática, geografia, português, informática e outros. Essa ferramenta pedagógica pressupõe a existência de materiais de apoio como os *kits* educacionais, *softwares*, motores e sensores para os robôs. Além de implicar na existência de alunos, professores e ferramentas de suporte na montagem, automação e controle dos dispositivos. (D'abreu, 2005)

É importante ressaltar que neste processo, o professor atua como parceiro, deixando de ser o único provedor de informações, uma vez que o aluno pode, por si só, analisar se a execução está sendo realizada de forma correta, propondo soluções através da análise da programação.

A robótica educacional surgiu a partir das dificuldades em despertar nos alunos a atenção devida pelos conteúdos da grade escolar tradicional, além da necessidade de criar um ambiente que possibilite a aprendizagem dessas habilidades de forma contínua. A aplicação da robótica no ambiente escolar direciona os alunos para atividades que privilegiam o aspecto investigativo vindo do interesse das crianças, além de favorecer a autonomia na situação de aprendizagem (Santos, 2013; Fagundes, 2005).

Investigando o uso da Robótica Educacional como ferramenta para desenvolver as FE, em adolescentes, estudo conduzido por Araujo e Azoni (2020), demonstrou que esse método interventivo possui impacto significativo sobre as funções executivas de planejamento, flexibilidade cognitiva, controle inibitório e memória de trabalho em adolescentes de 15 a 16 anos. Com relação à memória de trabalho, as autoras apontaram a necessidade de maiores estudos para aferir com precisão os efeitos da RE sobre esse constructo. Ainda segundo as autoras, tais resultados ocorrem, pois, a partir do momento em que o adolescente se confronta com os desafios propostos durante as oficinas de robótica, precisa recrutar informações diversas sobre a programação dos blocos de comando (no ambiente de programação gráfica) que se adéquem à resolução do problema proposto. Neste momento, segundo o estudo, é a flexibilidade cognitiva que atua, para que o aluno seja capaz de aplicar àquela problemática, meios de resolução ainda não empregados com aquele fim.

Dessa forma, segundo Silva et al. (2009), pode-se afirmar que o objetivo principal dessa ferramenta é, então, tornar o aprendizado mais significativo, mobilizando diferentes tipos de conhecimentos e competência através do uso pedagógico. Além de proporcionar ao educando a capacidade de se autoavaliar.

A Robótica Educacional, da forma como é abordada através da ferramenta LEGO®, surge como uma evolução conceitual da teoria construtivista de Piaget. A teoria piagetiana propõe que o sujeito adquire conhecimento através de sua interação com o meio, garantindo que o conhecimento não procede nem da experiência única dos objetos, nem de uma programação inata pré-formada no sujeito, mas de construções sucessivas com elaborações constantes de estruturas novas (Piaget, 1976). Em outras palavras, o conhecimento deve ser buscado por meio da "construção" e não da "transmissão", proposta da robótica educacional através da metodologia LEGO, cujo objetivo é fazer com que os alunos interajam entre si e com as tarefas propostas, combinando estímulos tridimensionais (o robô) e digitais (a programação).

No campo da Ciência e Tecnologia, há autores que sugerem a RE como *mindtool* ou "ferramenta cognitiva", afirmando que esta age como um "amplificador da cognição" (Mikropoulos & Bellou, 2013). Para os autores, a RE é uma ferramenta mental poderosa, uma vez que segue os princípios da *mindtool* através de suas características de incentivar os alunos a pensar em um problema, projetar seus projetos significativos, criar coisas, manipular objetos, refletir e colaborar.

Com base nestas descrições e fazendo um paralelo com o que já foi exposto, pode-se refletir sobre o potencial que a RE possui no desenvolvimento das funções executivas de planejamento, monitoramento e controle inibitório, do desenvolvimento da Memória de Trabalho, da visoespacialidade, da visoconstrução e da atenção concentrada. Além de desenvolver as habilidades sociais, a depender da forma como seja aplicada.

Percebe-se ainda que, a despeito de todos os projetos e estudos, a Robótica Educacional é pouco debatida no cenário acadêmico brasileiro, principalmente com pesquisas que discutam seu potencial frente ao desenvolvimento de funções cerebrais. No entanto, o número de pesquisas que envolvem a temática da Robótica Educacional, segundo Campos (2017), tem aumentado gradativamente com o passar dos anos; tanto na rede pública, quanto na rede privada.

Considerações finais

Há algum tempo, educadores vêm reconhecendo a importância das FE no contexto de sala de aula. A partir de nossas próprias experiências, é possível perceber que a escola enfatiza atividades cujas habilidades mais requisitadas são a memória e o raciocínio lógico, deixando a cargo do aluno – por acreditar que este desenvolverá por si próprio – o controle e a gestão do tempo e a capacidade de planejar, priorizar as informações relevantes e monitorar seu avanço. Tal expectativa, no entanto, comumente não é concretizada, principalmente pelo fato das crianças e adolescentes estarem inseridos em ambientes que não estimulam de forma sistemática e consciente o desenvolvimento de funções executivas, por mais que esse mesmo contexto exija tais habilidades. Dessa forma, nota-se a importância de estratégias que combinem o ensino de conteúdo regular e de estratégias que facilitem a incorporação de tal conteúdo que proporcionem a interação do aluno.

A área científica tem se preocupado em estudar e projetar métodos que promovam ou facilitem o desenvolvimento de FE em crianças, sendo possível encontrar diversas pesquisas que apontam para a relação entre FE e aquisição de habilidades adaptativas. O grande desafio ainda se concentra na inserção de modelos de intervenção que auxiliem os adolescentes no desenvolvimento e aprimoramento dessas funções, principalmente no contexto escolar.

Desse ponto de vista, as intervenções digitais e a RE se apresentam enquanto ferramentas importantes, tendo em vista o grau de aceitação por parte dos jovens. A RE, especificamente, se mostra uma abordagem interessante, pois mescla ao mesmo tempo o virtual, que exige programação em um computador, e o real, visto que possui componentes tridimensionais (os robôs e as peças que os compõem). Entende-se, então que, enquanto uma ferramenta de intervenção em FE, ela se diferencia dos jogos tradicionais e das intervenções elaboradas unicamente para esse fim, o que contribui para a motivação no processo de aprendizagem.

Referências

Araujo, G. L. L., & Azoni, C. A. S. (2020, Abril). Desempenho das funções executivas em adolescentes: estudo de intervenção com robótica educacional. *Rev. psicopedagogia, 37*(112), 5-17. Recuperado de http://pepsic.bvsalud.org/scielo.php?script=sci_arttext&pid=S0103-84862020000100002&lng=pt&nrm=iso.

Alloway, T. P., et al. (2004). A structural analysis of working memory and related cognitive skills in early childhood. *Journal of Experimental Child Psychology*, 85-106.Best, J. R., & Miller, P. H. (2010). A Developmental perspective on Executive Function. *Child Dev* 1641-60.

Campos, F. R. (2017). Robótica Educacional no Brasil: questões em aberto, desafios e perspectivas futuras. *Revista Ibero-Americana de Estudos em Educação*, 2108-2121.

Cantiere, C. N. (2018). *Intervenção em funções executivas em alunos dos três anos iniciais do ensino fundamental e sua relação com desempenho cognitivo e perfil comportamental* (Tese de (Doutorado). Universidade Presbiteriana Mackenzie, São Paulo.

Colonnese, M. T., Phillips, M. A., Constantine-Paton, M., Kaila, K., & Jasanoff, A. (2008). Development of Hemodynamic Responses and Functional Connectivity in Rat Somatosensory Cortex. *Nat. Neurosci.*, 72-79.

Cosenza, R. M., & Guerra, L. B. (2011). *Neurociência e Educação: como o cérebro aprende.* Porto Alegre: Artmed, 2011.

Crews, F., He, J., & Hodge, C. (2007). Adolescent cortical development: a critical period of vulnerability for addiction. *Pharmacol. Biochem. Behav.*, 189-199.

Crone, E. A. (2009). Executive functions in adolescence: inferences from brain and behavior. *Developmental Science.*

D'Abreu, J. (2005). *Uso da Automação no Contexto Educacional* (pp. m1-m5.). Unicamp.

Deyoung, C., J, H., & M, S. (2010). *Testing predictions from personality neuroscience: brain structure and the Big Five.* Bethesda: Psychological Science.

Diamond, A. (2013). Executive functions. *Annual review of psychology*, .135-168.

Diamond, A., & Ling, D. S. (2016). Conclusions about interventions, programs, and approaches for improving executive functions that appear justified and those that despite much hype, do not. *Developmental cognitive neuroscience, 18*, 34-48.

Dye, M. W., & Bavelier, D. (2010). Differential development of visual attention skills in school-age children. *Vision Research*, 452-459.

Fagundes, C. A. (2005). *Aprendendo Matemática com Robótica* (Dissertação de Mestrado). Instituto de Matemática, Universidade Federal do Rio Grande do Sul UFRGS, Porto Alegre.

Fuster, J. (2001). The Prefrontal Córtex – an update: Time is of the essence. *Neuron*. 319-333.

Galperin, P. I. (1989). Study of the intellectual development of the child. *Soviet Psychology*, 26-44.

Gindri, G et al. (2012). Métodos em Reabilitação Neuropsicológica. In J. Landeira-Fernandez, & S. S. Fukusima. *Métodos em Neurociência* (pp. 343-375). Barueri: Manole.

Gogtay, N. G. J. (2004). Dynamic mapping of human cortical development during childhood through early adulthood. *Proc. Natl. Acad. Sci. U. S. A* 101-121.

Goldberg, E. (1990). *Contemporary Neuropsychology and The Legacy of Luria.* London, UK: Lawrence Erlbaum Asso.

Goldstein, S., et al. (2014). Introduction: a history of executive functioning as a theoretical and clinical construct. In. S. Goldstein, & J. Naglieri. *The Handbook of Executive Functioning.* New York: Springer.

Haase, V. G. (2012). Neuropsicologia como ciência interdisciplinar: consenso da comunidade brasileira de pesquisadores/ clínicos em Neuropsicologia. *Revista Neuropsicologia Latinoamericana*, 1-8.

Hartiline, D. K., & Colman, D. R. (2008). Rapid conduction and the evolution of giant axons and myelinated fibers. *Curr. Biol., 17*(4), 29-35.

Hazin, I., & Barros, P. (2013). Avaliação das Funções Executivas na Infância: Revisão dos Conceitos e Instrumentos. *Psicologia em Pesquisa*, 13-22.

James, W. (1884). What is an emotion? *Mind*, 188-204.

Kandel, E. R., et al. (2014). O Encéfalo e o Comportamento. In E. R. Kandel, *Princípios de Neurociências* (5a ed., p. 1531). Porto Alegre: AMGH.

Kanemura, H. et al. (2003). Development of the prefrontal lobe in infants and children: a three dimensional magnetic resonance volumetric study. *Brain Dev.*, 195–199.

Karpov, B. A., Luria, A. R., & Yarbuss, A. L. (1968). Disturbances of the structure of active perception in lesions of the posterior and anterior regions of the brain. *Neuropsychologia*, 157-166.

Leonard, J., et al. (2016). Using Robotics and Game Design to Enhance Children's SelfEfficacy, STEM Attitudes, and Computational Thinking Skills. *Journal of Science Education and Technology*, 860-876.

Levine, B. (2011). Rehabilitation of executive functioning in patients with frontal lobe brain damage with goal management training. *Human Neuroscience*, 1-9.

Lezak, M. D. (1982). The problem of assessing executive functions. *International Journal of Psychology*, 281-287.

Lezak, M. D., Howieson, D. B., & Loring, D. W. (2004). *Neuropsychological assessment* (4th ed.). New York: Oxford University Press.

Libâneo, J. V. (2014). A didática e a aprendizagem do pensar e do aprender: a teoria histórico-cultural da atividade e a contribuição de Vasili Davydov. *Rev. Bras. Educ.*, 5-24. Recuperado de http://www.sbhe.org.br/novo/congressos/cbhe4/individuaiscoautorais/ eixo03/Jose%20Carlos%20 Libaneo%20e%20Raquel%20A.%20M.%20da%20M. %20Freitas%20-%20 Texto.pdf

Lockhart, S., Sawa, A., & Niwa, M. (2018). Developmental trajectories of brain maturation and behavior: relevance to major mental illnesses. *J. Pharmacol. Sci.*

Luria, A. R. (1966). *Higher cortical functions in man*. New York: Basic Book.

Malloy-Diniz, L. F. (2010). *Avaliação Neuropsicológica.* Porto Alegre: Artmed.

Menezes, A., et al. (2015). Intervention for executive functions in attention deficit and hyperactivity disorder. *Arq. Neuropsiquiatr.*

Mikropoulos, T. A., & Bellou, I. (2013). Educational Robotics as Mindtools. *Themes in Science & Technology Education*, 5-14.

Miller, E., & Cohen, J. (2001). An integrative theory of prefrontal córtex funcion. *Rev. Neurosci.*

Miyake, A., & Friedman, N. P. (2012). The nature and organization of individual differences in executive functions four general conclusions. *Current Directions in Psychological Science*, 08-14.

Myiake, A., et al. (2000). The unity and diversity of executive functions and their contributions to complex "frontal lobe" tasks: a latent variable analysis. *Cognitive Psychology*, 49-100.

Nouchi, R. et al. (2012). Brain Training Game Improves Executive Functions and Processing Speed in the Elderly: a randomized controlled trial. *Plos One.*

Nunes, L. G. (2018). *Abordagem "Goal Management Training" no desenvolvimento das funções executivas em adolescentes com queixas de disfunções executivas.* São Paulo: Universidade Presbiteriana Mackenzie.

Papazian, O., Alfonso, I., & Luzondo, R. J. (2006). Transtornos de las Funciones Ejecutivas. *Rev. Neurol.*, 45-40.

Pires, E. U. (2014). *Desenvolvimento de um Instrumento Computadorizado para Avaliar Habilidades Executivas em Crianças: o jogo das cartas mágicas.* Rio de Janeiro.

Rivero, T. S., et al. (2012). Videogame: seu impacto na atenção, percepção e funções executivas. *Neuropsicologia Latinoamericana, 4*(3), 38-52. Recuperado de http://pepsic.bvsalud.org/scielo.php?script=sci_arttext&pid=S2075-94792012000300004&lng=pt&tlng=pt.

Santos, T. N., Pozzebon, E., & Frigo, L. B. (2013). A Utilização de Robótica nas Disciplinas da Educação Básica. *2o Simpósio de Integração Científica e Tecnologia do Sul Catarinense.* Revista Técnico Científica-IFSC.

Schelini, P. W. (2006). Teoria das inteligências fluida e cristalizada: início e evolução. *Estudos de Psicologia,* 323-332.

Seung, S., & Rafael, Y. (2014). Redes Neurais. In E. R. Kandel. *Princípios de Neurociências* (5a ed., pp. 1378-1395). Porto Alegre: AMGH.

Silva, A. A., et al. (2009). A Robótica Pedagógica no Contexto da Educação Infantil: auxiliando o alfabetismo. *Revista Tecnologias na Educação.*

Spear, L. P. (2018). Effects of adolescent alcohol consumption on the brain and behaviour. *Nat. Rev. Neurosci.,* 197-214.

Szczepanski, S. M. (2014). Insights into Human Behavior from Lesions to the Prefrontal Cortex. *Neuron,* 1002 - 1018.

Testen, A., et al. (2018). Region Specific Differences in Morphometric Features and Synaptic Colocalization of Astrocytes During Development. *Neuroscience.*

Tian, L., & Ma, L. (2017). Microstructural Changes of the Human Brain from Early to Mid-Adulthood. Front. Hum. Neuroscience.

Uehara, E., & Landeira-Fernandeza, J. (2010). Um panorama sobre o desenvolvimento da memória de trabalho e seus prejuízos no aprendizado escolar. *Ciências & Cognição,* 31-41.

Vieira, J., et al. (2017). Funções executivas e games: teoria e prática dentro do contexto escolar. In *Simpósio Brasileiro de Games e Entretenimento Digital, 16.* Recuperado de https://www.sbgames.org/sbgames2017/papers/CulturaShort/175399.pdf.

Zelazo, P. D., & Carlson, S. M. (2012). Hot and Cool Executive Function in Childhood and Adolescence: Development and Plasticity. *Child Development Perspectives* 354-360.

CAPÍTULO 31

Atuação do psicopedagogo em uma oncologia pediátrica: um olhar a partir da teoria ator-rede

Ana Carolina Machado Ferrari

1. Conversas Iniciais

A internação de uma criança para o tratamento oncológico implica em inúmeros desconfortos e incertezas, tais como: "eu ficarei curado?"; "vou poder voltar para a minha casa?"; "meu cabelo vai cair?"; "por que estou doente?"; "sentirei muitas dores?". Sales e colaboradores (2012) destacam que, embora a doença oncológica atualmente seja tratável e, em muitas situações, passível de cura, ainda é rodeada de estigmas, impactando negativamente na vida de quem é diagnosticado como também na vida de seus familiares.

A criança, ao encontrar-se em uma situação de internação para o tratamento oncológico, depara-se com um ambiente que é povoado não apenas por médicos, enfermeiros, técnicos de enfermagem, psicólogos (dentre outros profissionais), voluntários e seus acompanhantes, mas também por diagnósticos, prognósticos, leitos, enfermarias, cateteres, brinquedotecas, classes hospitalares, políticas e legislações, alta médica e a própria doença.

A atuação do psicopedagogo em uma oncologia pediátrica requer uma intervenção interdisciplinar com os demais profissionais ali envolvidos. Mas assim como os objetos e coisas, seres não-humanos podem impactar nas intervenções psicopedagógicas realizadas com crianças e adolescentes em tratamento oncológico?

Logo, o nosso objetivo com esse trabalho é refletirmos sobre os cuidados que o psicopedagogo deve ter na organização do atendimento e, para isso, devemos considerar a criança e/ou adolescente em sua constituição híbrida, nesse contexto, criança/adolescente-paciente e suas relações com os demais atores que se movimentam com ela ou a fazem movimentar, sejam eles humanos ou não humanos.

Isso, na perspectiva da Teoria Ator-Rede (TAR) significa que a criança e o adolescente se encontram em uma rede e, também se fazem enquanto rede, ou melhor, um ator-rede.

Também conhecida como Sociologia das Associações, a TAR emerge na década de 1980 enquanto uma alternativa à Sociologia do Social, rompendo com a tradicional ideia de sociedade enquanto interação de humanos exclusivamente, mas sim entre humanos e não humanos formando uma rede, "[...] que se estabelecem e são estabelecidas por seus agenciamentos e conexões heterogêneas" (Freire, 2006). Seus principais precursores são Bruno Latour, Annemarie Mol, John Law e Michel Callon.

Em se tratando do atendimento psicopedagógico em uma oncologia pediátrica, a TAR pode trazer contribuições principalmente à observação simétrica às agências dos diversos atores, humanos e não-humanos, que se associam à rede criança-paciente-tratamento.

A partir de uma articulação entre a teoria e alguns relatos de experiência buscaremos refletir sobre a intervenção psicopedagógica em uma pediatria oncológica, considerando-se, de maneira simétrica, as agências dos atores não-humanos. Para isso seguimos os rastros de dois atores-redes em específico: as brincadeiras e a classe hospitalar, conforme veremos a seguir.

2. Entre jalecos e brinquedotecas: a importância do brincar em uma enfermaria oncológica

O brincar possui um lugar importante no desenvolvimento infantil. É através do ato de brincar que a criança explora seu ambiente, seu próprio corpo, reproduz suas relações com os adultos e interage não apenas com outras crianças, mas também com seus brinquedos.

Deste modo, é possível compreender a criança enquanto um ator-rede, pois "[...] todos os atores são vistos como redes, embora possam aparecer e agir como pontos. [...] Por detrás de cada ator, seja uma criança, seja o Estado ou a mídia, há uma rede complexa, mais ou menos unida, de pessoas e coisas" (Prout, 2010, p.741).

Ao seguirmos os rastros de um híbrido criança-brincadeira em uma situação de não internação hospitalar poderemos nos encontrar com uma infinidade de outros atores como: quintal, esconderijo, galhos de árvores, carrinhos, bonecas, barro, pedras, desenhos, televisão, tinta, lápis de cor, apartamento, casa, escola, rua, sendo impossível sabermos de antemão quais estarão ali, "fazendo fazer".

No entanto, certamente muitos desses atores não aparecerão no contexto de um hospital, é assim que o ato de brincar se modifica, uma vez que ao longo do seu período de internação a criança encontra-se afastada das suas atividades cotidianas.

Borges, Nascimento e Silva (2008) acreditam que o ato de brincar proporciona uma maior humanização no ambiente hospitalar contribuindo não somente à qualidade de vida dessas crianças enquanto se encontram em processo de tratamento, mas também em sua recuperação, uma vez que "o ato de brincar permite à criança sentir-se melhor no cotidiano de sua internação e resgatar as brincadeiras que realizava em seu ambiente familiar, antes da hospitalização" (Borges, Nascimento & Silva, 2008, p. 212).

Para as autoras, as brincadeiras possuem um papel importante não somente para a reabilitação da criança, mas também para a expressão de seus sentimentos, medos e angústias. O direito ao brincar é garantido às crianças e adolescentes através do Estatuto da Criança e do Adolescente (Brasil, 1990) e, em se tratando de crianças em período de hospitalização é reforçado através da Lei nº 11.104 (Brasil, 2005) com a obrigatoriedade da oferta de espaços destinados à brinquedotecas nas unidades de saúde que ofereçam atendimento pediátrico em regime de internação.

É possível compreendermos que a brincadeira, independente de a criança encontrar-se ou não hospitalizada além de uma atividade prazerosa, contribui para o desenvolvimento de quem dela participa.

O psicopedagogo pode utilizar atividades lúdicas como as diversas brincadeiras infantis como uma estratégia de intervenção em uma oncologia pediátrica para amenizar o possível desconforto de se estar internado. Principalmente com crianças pequenas

Conheci “B”, uma menininha de dois anos de idade, em seu primeiro dia de internação na unidade de oncologia. Seu diagnóstico havia saído há poucos dias e sua mãe ainda encontrava-se desnorteada com a nova realidade. Sempre que eu me aproximava, “B” me olhava pelo canto dos olhos e já levantava o dedinho dizendo “não”, um aviso de que minha presença ali não era bem vinda. O mesmo era feito com a psicóloga, com a assistente social, com as enfermeiras e técnicos. Acreditei por alguns dias que aquela situação de se encontrar em um hospital era o que a levava a não nos querer por ali.

Em uma das minhas idas à oncologia, em um dia no final do expediente, aproveitei para passar no leito de “B” e ver como ela estava. Para minha surpresa, ela apenas me olhou, com o mesmo olhar desconfiado, mas não levantou o dedinho dizendo “não”. Isso me intrigou. O que havia mudado para que “B” começasse a me aceitar, ou melhor, a não me negar? Nos dias seguintes, a negativa através do dedinho indicador permanecia como outrora. Novamente, ao final de um dos nossos expedientes, precisei passar na oncologia para deixar uma ata com a enfermeira responsável e aproveitei para ver como “B” estava. Mais uma vez não houve a negativa. Percebi que o que diferenciava minhas visitas dentro e fora do expediente era algo simples: o uso do jaleco. “B” não negava a mim, ou a psicóloga, ou a enfermeira, ou as técnicas. Ela negava nossos jalecos e o que eles representavam: acessos, soros, medicações, choro e dor.

Consegui um kit de artefatos médicos de brinquedo e levei para “B”, na tentativa de uma aproximação. Também troquei o meu jaleco, passando a usar um azul com estampas de bichinhos. Ao chegar em seu leito, novamente “B” olhou-me (talvez não para mim, mas para o meu jaleco) e mesmo estando um pouco ressabiada, não negou a minha presença. Mostrei-lhe o brinquedo, abri a embalagem e utilizei em mim mesma, como se me auto examinasse. “B” permaneceu a me olhar, quieta. Então, utilizei o brinquedo para examinar a sua mãe e depois lhe dei para que examinasse “B”. “B” olhou-nos apenas. Saí do quarto e as deixei ali, brincando.

Por mais dois dias fiz esse mesmo ritual: aproximava-me do leito de “B”, pedia-lhe o brinquedo emprestado (e recebia seu consentimento apenas com o olhar), me examinava, brincava com sua mãe e as deixava. No terceiro dia, ao me aproximar do leito de “B”, observei que ela usava o estetoscópio de brinquedo que eu lhe dei. Logo que me viu, ainda séria e de certo modo ressabiada, esticou o bracinho como se quisesse me examinar com o brinquedo. Brincamos por alguns minutos e, ao final, despedi-me. Para minha surpresa, "B" correspondeu-me com um aceno de mão. Nos dias que seguiram ganhei um beijo de "B" e até dançamos juntas.

Em minhas tentativas de intervenções anteriores, a negativa de interação por parte de "B" relacionava-se não diretamente à pessoa que ali estava (no caso, eu), mas a rede da qual o jaleco fazia parte: os exames, as seringas, as picadas. Nossa interação só se tornou possível quando me tornei um híbrido brinquedo-psicopedagoga. Parafraseando Couto (2016, p. 9), "humanos e não-humanos, ao se tornarem híbridos por meio de suas associações estabelecidas, transformam-se em "acoplamentos simbióticos", não havendo uma hierarquia entre eles".

O psicopedagogo deve atentar-se às vozes de todos os actantes envolvidos nesse processo e seguir os rastros deixados, sejam eles humanos ou não-humanos. A seringa e o estetoscópio de brinquedo oportunizaram não somente minha interação com "B", mas criaram uma realidade diferenciada dos demais profissionais que também utilizavam jalecos. Isso por quê:

> Os humanos nunca estiveram no mundo sem intercambiar propriedades com os não-humanos, sem se deixar afetar por eles. A ideia de ser um entre outros, de afetar e de deixar-se afetar pelo que está ao redor, dá uma conotação política à questão das aprendizagens, implicando num compromisso de articulação do sujeito e seu mundo. (Melo, 2011, p. 182)

Silva e Cabral (2015) destacam que as brincadeiras são atividades importantes durante o tratamento oncológico, mesmo sendo restringidas durante esse processo devido às limitações geradas pelo câncer. De acordo com as autoras:

> O profissional que atende a criança deve, juntamente com sua família, buscar estratégias para manter a melhor qualidade de vida possível durante o tratamento, valorizando a necessidade de brincar como fundamental em qualquer fase, tanto de seu desenvolvimento individual quanto no decurso do adoecimento. (Silva & Cabral, 2015, p. 392)

Embora a oncologia pediátrica contasse com uma brinquedoteca que também se performava enquanto classe hospitalar, as brincadeiras com "B" aconteciam muitas vezes dentro do quarto, em seu leito. Em intervenções coletivas, quando levávamos todas as crianças à brinquedoteca, "B" se fazia presente, participava, mas pouco interagia com as outras crianças. Suas brincadeiras se davam mais em seu leito, onde "B" parecia sentir-se mais à vontade para brincar.

As interações com outras crianças eram maiores quando estas se encontravam internadas no mesmo quarto em que "B" estava. Seu leito era como se fosse seu porto seguro em um espaço que lhe trazia alguns desconfortos, principalmente durante as perfurações para as medicações.

Outras práticas interventivas utilizando o lúdico foram inseridas, e as negativas de "B" diminuíram perceptivelmente. Oliveira (2013 p. 14) nos explica que "[...] quando a criança tem a possibilidade de desenvolver práticas lúdicas durante a internação hospitalar, o estresse, o medo e a ansiedade advindos deste contexto são significativamente diminuídos".

Somamos a isso a observação feita por Silva e colaboradores (2016, p. 53) quanto a importância da ludicidade durante o processo de hospitalização em que se deve lembrar que: "[...] mesmo que não impeçam que a criança vivencie momentos dolorosos, possibilita que libere sentimentos de raiva e hostilidade provocados pelo tratamento e por suas consequências".

Voltando ao caso aqui relatado, o ato de brincar não somente proporcionaram prazer à "B", mas contribuíram para sua inserção, de forma mais leve, em seu novo cotidiano. Foi também através do brincar que "B" se performou de paciente a cuidador, ao examinar-me com o brinquedo. Assim como no caso de "B", outras realidades emergem em uma oncologia pediátrica, devendo o psicopedagogo manter-se atento aos possíveis rastros que a ele se fizerem seguir.

2.1 As múltiplas realidades do tratamento oncológico e o processo escolar de crianças e adolescentes hospitalizados

Outro ator-rede passível de seguir seus rastros no processo de reabilitação de uma criança ou adolescente em tratamento oncológico são as classes hospitalares. A escola, durante um período prolongado de hospitalização, pode ser considerada enquanto elo entre a criança internada e o seu mundo exterior.

Contudo, o dia-a-dia de uma criança ou adolescente hospitalizada para o tratamento oncológico implica na mobilização e surgimento de outros seres que, até então, não povoavam seu mundo em um espaço não hospitalar.

Da noite para o dia a criança ou adolescente performam-se em paciente, o que, na ótica da TAR, pode ser compreendido enquanto uma rede de associações com outros actantes que são definidos de acordo com sua agência, ou seja, "[...] com base naquilo que ele faz" (Latour, 2017, p. 358). Latour (2012, p. 75) esclarece que "[...] a palavra "ator" significa que jamais fica claro quem ou o quê está atuando quando as pessoas atuam, pois o ator, no palco, nunca está sozinho".

A garantia à educação durante o seu período de internação não implica a imposição à criança de participar das atividades escolares a qualquer preço, sejam nas classes hospitalares, sejam nos leitos. A relação que a criança terá com o seu diagnóstico e o seu tratamento será singular. Isso emergirá diferentes práticas e, por conseguinte, múltiplas realidades.

Na perspectiva da TAR, a realidade se performa a partir das redes que constroem através das associações entre humanos e não-humanos levando-nos a compreendê-la como temporal e situada. Deste modo, a realidade é performada, ou seja, "em lugar de ser vista por uma diversidade de olhos, mantendo-se intocada no centro, a realidade é manipulada por meio de vários instrumentos, no curso de uma série de diferentes práticas" (Mol, 2002, p. 5-6).

Em um estudo realizado a partir de observações de práticas hospitalares que envolviam o tratamento da aterosclerose, Mol (2002) descreveu o surgimento de múltiplas realidades como a que emergiu das relações entre médico e paciente, envolvendo pulsação, indagações no consultório, realização de exames, diferenciando-se da observada entre o paciente e os profissionais da nutrição. Seja com o médico, seja com o nutricionista, o paciente e a doença eram os mesmos, porém se performaram a partir das práticas nas quais estavam inseridos.

Nas palavras de Spink (2015, p. 118),

> "[...] multiplicidade sugere que uma realidade é feita e objetivada e não meramente observada. Ao invés de uma diversidade de olhares incidentes sobre ela enquanto ela permanece intacta, a realidade é manipulada por meio de várias ferramentas no curso de uma diversidade de práticas".

Deste modo, a criança em tratamento oncológico estará envolta de múltiplas realidades a partir de diferentes práticas e de diferentes atores.

A importância da classe hospitalar durante o tratamento oncológico de crianças e adolescentes é narrada no estudo realizado por Silva e colaboradores (2016). Ao buscarem compreender a percepção das crianças sobre o tratamento oncológico e sobre a vivência da doença os autores descrevem a classe hospitalar enquanto "[...] um ambiente que possibilita diversão e brincadeiras" (Silva, Xavier, De Oliveira, De Figueiredo, Do Prado, & Aguiar Filho, 2016, p. 53).

Ao organizar o trabalho pedagógico nas classes hospitalares, o psicopedagogo primeiramente deve aprender sobre as realidades de seus pacientes e, para isso, "[...] precisamos viver a aventura de abandonar as referências, assim como precisamos nos defrontar com a possibilidade de decifrar códigos desconhecidos, nos efeitos provocados no âmbito dos coletivos". (Melo, 2011, p.181).

Recordo-me de uma situação ocorrida com um de nossos alunos-paciente, "H", um adolescente de onze anos, que se encontrava em tratamento oncológico há quase quatro meses e havia retornado à oncologia para dar continuidade à quimioterapia. Nesse período, "H" passou por adversidades como fortes náuseas, falta de apetite (levando-o à utilização de sonda) e uma infecção que o fez interromper temporariamente a quimioterapia e, consequentemente, um prolongamento ao tratamento.

Era final do mês de novembro e nos aproximávamos do término do ano letivo. Em uma conversa com a mãe, fui informada de que a escola havia enviado as atividades finais para que "H" as realizasse, porém dada a sua situação de saúde, não foi possível fazê-las no prazo estipulado. "H" era um excelente aluno, sempre realizava as atividades dadas na classe hospitalar, mesmo durante as quimioterapias.

Entretanto, uma nova realidade emergiu e, com isso, a necessidade da reorganização do trabalho que era desenvolvido com ele. Isso se justifica uma vez que "[...] uma realidade nunca será igual a outra pelo fato de que as práticas mudam, não só pela entrada e saída de atores, mas principalmente por suas agências. Aqui há uma guinada, uma virada sinalizada por outros autores como uma virada para a prática" (Latour, 2012, p. 35).

Mesmo quando não podia frequentar a sala da classe hospitalar, "H" se preocupava em realizar as atividades escolares propostas. Assim, a classe hospitalar "migrava-se" para o leito de "H". Oliveira Júnior e Porto (2016) explicitam que "é preciso entender que a configuração [...] dos ambientes de aprendizagem são sempre híbridos." (Oliveira Junior & Porto, 2016, p. 47-49). Não era o espaço em si, ou seja, a classe hospitalar regular que proporcionava a aprendizagem de "H", e sim suas inter-relações com os cadernos, mas também com a sonda e com a quimioterapia.

Não nos encontrávamos todos os dias e nossos encontros duravam entre trinta e quarenta minutos, de acordo com a disposição de "H". Nesse final de novembro, as náuseas e a febre suspenderam nossas atividades escolares temporariamente, porém não impediram nossos encontros e conversas.

A organização do espaço e tempo escolar em uma classe hospitalar deve se flexibilizar às realidades que surgem ao longo do tratamento. Conforme as orientações contidas no documento "Classe hospitalar e atendimento pedagógico domiciliar: estratégias e orientações", desenvolvido pelo Ministério da Educação (MEC), devemos organizar estratégias educacionais flexíveis às classes hospitalares levando em consideração que:

> Na impossibilidade de frequência à escola, durante o período sob tratamento de saúde ou de assistência psicossocial, as pessoas necessitam de formas alternativas de organização e oferta de ensino de modo a cumprir com os direitos à educação e à saúde, tal como definidos na Lei e demandados pelo direito à vida em sociedade (Brasil, 2002, p. 11).

Foi necessário, então, um contato com a escola de origem de "H", lhes explicando sobre a necessidade de alterarmos a data de entrega das atividades dadas as nossas circunstâncias. Embora a escola tenha se apresentado resistente quanto à flexibilização da data para a entrega das atividades por "H", após esclarecimentos legais, foi autorizado o envio posterior dos trabalhos à secretaria da escola de origem.

De acordo com o item 9 da Resolução 41 (Brasil, 1995) as crianças e adolescentes hospitalizados têm o "direito a desfrutar de alguma forma de recreação, programa de educação para a saúde, acompanhamento do currículo escolar, durante sua permanência hospitalar" (Brasil, 1995).

Embora "H" se encontrasse momentaneamente em uma realidade que o impossibilitava de participar ativamente das atividades escolares, seus direitos à educação permaneceram imutáveis. "H" permanecia com seus direitos enquanto cidadão e adolescente, mas devido às circunstâncias, encontrou-se em uma nova realidade: a de uma pessoa com necessidades educativas especiais, garantindo-lhe outros direitos específicos através da interface com a Educação Especial. Nesse caso, flexibilização de espaço e tempo, bem como adaptações das atividades não eram mera liberalidade institucional, mas a execução do que é promulgado em lei.

O psicopedagogo hospitalar deve sensibilizar-se a sentir e compreender essas realidades que emergem ao longo do tratamento oncológico de crianças e adolescentes, assegurando não apenas o cumprimento legal, mas principalmente a humanização das suas práticas.

3. Considerações finais

Como observado, o período de internação de crianças e adolescentes em tratamento oncológico envolve-se em uma grande rede de atores humanos e não humanos. Em algumas situações, sensibilizamo-nos a observar nossas interações somente entre os humanos para as intervenções psicopedagógicas desenvolvidas com as crianças e adolescentes nesse processo, ou seja, com os médicos, enfermeiros, psicólogos, acompanhantes e a criança ou adolescentes que estão como nossos pacientes.

Entretanto, nosso olhar assimétrico, tendo os humanos como os detentores do "fazer", mesmo que inconsciente, cega-nos a ver e compreender a agência dos não humanos durante esse período como os prontuários, procedimentos e a performance da própria doença conforme se associa com outros humanos e, também, não humanos.

No caso do trabalho do psicopedagogo hospitalar, foi apresentado aqui dois não-humanos que mobilizam diversas associações durante o processo de tratamento de crianças e adolescentes: as brinquedotecas (e o próprio ato de brincar) e as classes hospitalares.

Tanto as brinquedotecas quanto as classes hospitalares mobilizam e são mobilizadas por diversos atores: políticas públicas, pacientes, escolas de origem, brinquedos, prescrições de higiene, procedimentos, enjoos, febre, quimioterapia e calendário escolar.

Por meio das interações teórico-práticas aqui apresentadas foi possível percebermos os rastros deixados por diversos atores não humanos nas intervenções psicopedagógicas: brinquedos, jalecos, procedimentos, sondas, políticas e escola.

O psicopedagogo, em suas intervenções hospitalares, não se associa apenas aos profissionais de sua equipe, aos pacientes, acompanhantes e profissionais da escola de origem, mas também aos não-humanos que fazem surgir múltiplas realidades. A TAR traz contribuições ao nos alertar sobre esses atores não-humanos que muitas vezes são silenciados por nossa percepção assimétrica das ações.

Não ignorar as agências e associações destes atores não-humanos torna-se importante para compreendermos que nossas práticas não são ingênuas, mas intencionais (e nem sempre por intenção do psicopedagogo, mas das hibridações nas quais nos formamos com outros seres) e que, a partir delas, outras práticas e realidades são possíveis. Nunca atuamos sozinhos! E, às vezes, somos levados a atuar!

Referências bibliográficas

Borges, E. P., Nascimento, M. D. S. B., & Silva, S. M. M. (2008). Benefícios das atividades lúdicas na recuperação de crianças com câncer. *Bol. - Acad. Paul.*, 28(2), 211-221. Recuperado de http://pepsic.bvsalud.org/scielo.php?script=sci_arttext&pid=S1415-711X2008000200009&lng=pt&nrm=iso.

Brasil (2018). Ministério da Saúde. Secretaria de Atenção à Saúde. Departamento de Ações Programáticas Estratégicas. *Política Nacional de Atenção Integral à Saúde da Criança*: orientações para implementação. Brasília: Ministério da Saúde.

Brasil (2005). *Lei n. 11.104, de 21 de março de 2005.* Dispõe sobre a obrigatoriedade de instalação de brinquedotecas nas unidades de saúde que ofereçam atendimento pediátrico em regime de internação. Diário Oficial da República Federativa do Brasil, Brasília, DF.

Brasil (2002). Ministério da Educação e do Desporto. Secretaria de Educação Especial. *Classe Hospitalar e atendimento pedagógico domiciliar*: estratégias e orientações. Brasília.

Brasil (2001). Ministério da Educação e do Desporto. Secretaria de Educação Especial. *Diretrizes Nacionais para a Educação Especial na Educação Básica.* Brasília, MEC/SEESP.

Brasil (1995). *Resolução n 41, de 17 de outubro de 1995.* Dispõe sobre os Direitos da Criança e do Adolescente Hospitalizados. Diário Oficial da União. Brasília, Seção I, p. 163/9-16320.

Brasil (1996). *Lei n. 9.394, de 20 de dezembro de1996*. Estabelece as diretrizes e bases da educação nacional. Diário Oficial da República Federativa do Brasil, Brasília, DF.

Brasil (1988). *Constituição da República Federativa do Brasil de 1988*. Recuperado dehttp://www.planalto.gov.br/ccivil_03/constituicao/constitui%C3%A7ao.htm.

Couto, E. S. (2016). Prefácio. In K. E. J. Oliveira, & C. M. Porto. *Educação e teoria ator-rede*: fluxos heterogêneos e conexões híbridas (pp. 139). Ilhéus/BA: Editus.

Cunha, S. M. (2013). *Percursos, enfrentamentos e apoios na convivência com o câncer de mama* (Dissertação de Mestrado) - Pontifícia Universidade Católica de São Paulo, São Paulo.

Freire, L. L. (2006). *Seguindo Bruno Latour*: notas para uma antropologia simétrica. Comum,11(26), 46-65.

Latour, B. (2012). *Reagregando o Social*: uma introdução à Teoria Ator-Rede. Bauru, São Paulo: Edusc.

Latour, B. (2008). Como falar do corpo? A dimensão normativa dos estudos sobre a ciência. In J. Arriscado, & N. R. Roque (Eds.) *Objectos Impuros*. Experiências em Estudo sobre a Ciência (pp.37-62). Porto/Portugal: Edições Afrontamento.

Leite, V. F. (2012). *Tecnologias do cuidado no cotidiano*: descrições sociotécnicas de computadores que habitam uma pediatria (Dissertação de Mestrado). Universidade Federal de Mato Grosso, Instituto de Linguagens, Cuiabá. Recuperado de http://ri.ufmt.br/bitstream/1/549/1/DISS_2012_Vanessa%20Ferraz%20Leite.pdf.

Matin, D., Spink, M. J., & Pereira, P.P.G. (2018). *Corpos múltiplos, ontologias políticas e a lógica do cuidado*: uma entrevista com Annemarie Mol. Interface: Comunicação, Saúde, Educação, 22(64), 295-305.

Máximo, M. E. (2015, Novembro 18). O "paciente informado": primeiras notas de um estudo etnográfico. Vivência: *Revista de Antropologia*, 1(45).

Melo, M. F. A. Q. (2011). *Discutindo a aprendizagem sob a perspectiva da teoria ator-rede*. Educar em Revista, (39), 177-190

Mol, A. (2008). Política ontológica: algumas ideias e várias perguntas. In J. Arriscado, & N. R. Roque (Eds.) *Objectos Impuros*. Experiências em Estudo sobre a Ciência (pp. 37-62). Porto/Portugal: Edições Afrontamento.

Mol, A. (2002). *The body multiple*: ontology in medical practice. Durham: Duke University Press.

Mol, A., & Law, J. (2004). Embodied Action, Enacted Bodies. The Example of Hypoglycaemia. *Body & society*, p. 43-62.

Moraes, M. O. (2011). Modos de Ordenar Eficiência e Deficiência Visual: Breve Leitura de um Documento. *Revista Pesquisas e Práticas Psicossociais*, 6(1).

Moraes, M. O., & Arendt, R. J. J. (2013). Contribuições das investigações de Annemarie Mol para a psicologia social. *Psicologia em Estudo*, Maringá, 18(2), 313-321.

Oliveira, A. L. B. L. (2013). *A brinquedoteca hospitalar como forma de humanização: cartografando o traçado desta rede.* (Dissertação de Mestrado). Programa de Mestrado em Psicologia, Universidade Federal de São João del Rei, UFSJ.

Oliveira Júnior, E. J. M., & Porto, C. M. (2016). *Educação e teoria ator-rede: fluxos heterogêneos e conexões híbridas* (p. 139). Ilhéus/BA: Editus.

Ortiz, M. C. A., & Lima, R. A. G. (2007). Experiências de familiares de crianças e adolescentes, após o término do tratamento contra o câncer: subsídios para o cuidado de enfermagem. *Rev Latino-Am. Enfermagem*, 15(3).

Prout, A. (2010). Reconsiderando a nova sociologia da infância. *Cadernos de Pesquisa*, 40(141), 729-750.

Sales, C. A., Santos, G. M., Santos, J. A., Marcon, S.S. (2012). O impacto do diagnóstico do câncer infantil no ambiente familiar e o cuidado recebido. *Revista Eletrônica de Enfermagem*, 14(4), 841-9.

Silva, L. F. & Cabral, I. E. (2015). O resgate do prazer de brincar da criança com câncer no espaço hospitalar. *Rev Bras Enferm*, 68(3).

Silva, P. L. N., Xavier, G.C., De Oliveira, V. V., De Figueiredo, M. L., Do Prado, P. F., & Aguiar Filho, W. (2016, Fevereiro). Câncer infantil: vivências de crianças em tratamento oncológico. *Enfermagem em Foco*, 7(3/4), 51-55.

Spink, M. J. P. (2015). Clientes, cidadãos, pacientes: reflexões sobre as múltiplas lógicas de cuidado na atenção à saúde. Saúde Soc. São Paulo, v. 24(Suple.1), 115-123.

Viero, V., Beck, C. L. C., Freitas, P. H., Coelho, A. P. F., Lima, S. B. S. & Machado, B. P. (2014). Enfrentamentos da criança com câncer frente ao afastamento escolar devido internação hospitalar. *Revista de Enfermagem da UFSM*, 4(2), 368-377.

CAPÍTULO 32

A alfabetização como elemento de inclusão/ exclusão: desafios e perspectivas na educação de jovens e adultos

Heli Sabino de Oliveira
Jalmiris Regina Oliveira Reis Simão

> *[...] o homem, ser de relações e não só de contatos, não apenas está no mundo, mas com o mundo.*
> (Freire, 1992, p.47)

1. Introdução

Este capítulo tem por objetivo examinar práticas pedagógicas inclusivas de alfabetização na Educação de Jovens e Adultos no Brasil. Tendo como um dos pontos de partida o preconceito que paira contra a pessoa analfabeta em uma sociedade grafocêntrica e a perspectiva de uma educação emancipatória, o presente trabalho evidencia tanto os limites das abordagens concernentes à teoria do capital humano quanto a necessidade de se pensar a alfabetização como direito básico.

Dividido em duas seções e as considerações finais, a primeira seção busca inicialmente demonstrar que o ato de alfabetizar não se limita somente apenas à "prática de ensinar as primeiras letras", conforme definido pelo dicionário. A alfabetização em uma perspectiva inclusiva compreende, acima de tudo, a articulação entre a leitura de mundo e a leitura da palavra. Com efeito, a pessoa em processo de alfabetização precisa ser visto como sujeito de cultura, com experiências e saberes práticos. A segunda seção problematiza o discurso hegemônico que compreende a educação como investimento, como uma aplicação governamental que traz retorno econômico ao país. Nessa perspectiva, a alfabetização de adultos, em vez de ser pensada como um direito fundamental da pessoa, é vista como desperdício de recursos públicos, As considerações finais retomam a questão do analfabetismo como uma dívida social, como um processo importante para a promoção da cidadania e da justiça social.

Do ponto de vista teórico, o presente trabalho se apoia em pesquisas realizadas no campo da educação popular, tendo como principal referência Paulo Freire (2011). Trata-se de um pesquisador que se notabilizou internacionalmente pelos seus trabalhos no campo da alfabetização, em uma perspectiva crítica. Outras referências que balizam este capítulo são os trabalhos de Galvão e Di Perro (2012). As autoras abordam o preconceito contra a pessoa analfabeta no Brasil, enfatizando a necessidade de se pensar em práticas educativas que não se reduzam às faltas e as carências suscitadas pelo termo analfabetismo. Também nos valemos das pesquisas de Jane Paiva (2009), que contribuem com as reflexões que aqui desenvolvemos, pois trazem em seu bojo a luta pelo direito à educação de jovens e adultos, em uma concepção ampla. Conquanto não sejam pesquisadores do campo da EJA, os estudos de Hypólito (2002) e Massimo (2013) são aqui referenciados com intuito de se pensar as implicações do pensamento neoliberal e da teoria do capital humano no processo de alfabetização.

É importante advertir aos leitores, antes de tudo, que o presente trabalho não pretende esgotar a questão da alfabetização inclusiva na Educação de Jovens e Adultos. Pelo contrário, seu intuito principal é, por um lado, instigar, de forma sistemática, uma reflexão sobre a importância da alfabetização, que é em si elemento de inclusão social e, por outro lado, denunciar a dívida histórica que o estado brasileiro possui com os grupos sociais que não dominam a leitura e a escrita.

2. A alfabetização como elemento de inclusão/exclusão: desafios e perspectivas na Educação de Jovens e Adultos

Dada sua relevância nas sociedades grafocêntricas, a leitura e a escrita são ferramentas essenciais para uma participação efetiva na vida social, política, econômica e cultural. Como destaca Luís Enquique Lópis (2005), a leitura e a escrita constituem fundamento de qualquer aprendizagem posterior à fase de alfabetização. O autor sublinha o fato de que a alfabetização é indispensável para uso eficiente das tecnologias digitais de informação e comunicação. Com efeito, pode-se sustentar que a leitura e a escrita são competências que permitem a aprendizagem, de forma autônoma, ao longo da vida.

Vale salientar, no entanto, que a escola, mesmo sendo espaço privilegiado de ensino e aprendizagem, vem, de acordo com Jane Paiva (2009, p. 149), "produzindo em grande parte, o analfabetismo e a subescolarização, expulsando dela alunos (...) que não encontram respostas para o que buscam". Ao acessarem este espaço, os sujeitos se deparam com o mobiliário, murais, livros, materiais didáticos e até um linguajar, que não é pensado para acolher o sujeito jovem, adulto ou idoso, que são detentores de outros saberes e experiências de vida, mas que não tiveram oportunidades ou possibilidades de estar em uma instituição formal de ensino na infância e na adolescência. A escola que encontram é planejada e estruturada para estudantes do diurnos e não para o trabalhador estudante, que irá duplicar a sua jornada em uma classe noturna. Esta escola traduz a exclusão e desfaz o direito de educação ao longo da vida, impedindo que o texto constitucional se efetive na prática. Assim, as escolas se tornam espaços com os quais os sujeitos da EJA não se identificam, pois seus formatos, via de regra, são excludentes, embutindo preconceitos raciais, de gênero, geracional e social.

Pode-se dizer, todavia que, além da exclusão na escola, descrito anteriormente, temos um processo de exclusão da escola, produzido pela omissão do Estado brasileiro. De acordo com dados divulgados em maio de 2018 pelo Instituto Brasileiro de Geografia e Estatística (IBGE), há 11,5 milhões de pessoas, com idade acima de quinze anos, analfabetas no Brasil; o que significa dizer que 7% da população brasileira permanecem ainda alijadas, pelo menos diretamente, dos bens culturais advindos da cultura letrada. Outro ponto que vale a pena destacar: a taxa de analfabetismo é inferior à meta de 6,5% do Plano Nacional de Educação de 2015[1].

[1] Disponível em https://agenciadenoticias.ibge.gov.br/agencia-noticias/2012-agencia-de-noticias/noticias/21255-analfabetismo-cai-em-2017-mas-segue-acima-da-meta-para-2015.html. Acesso em 31/08/2018

Os dados referentes à alfabetização tardia no Brasil possuem três aspectos importantes: a) o analfabetismo no Brasil possui uma geografia; as maiores taxas se concentram no Nordeste. De acordo com o IBGE (2019), 14,8% da população nordestina não sabe ler e escrever. Nas demais regiões, tais índices se concentram nas áreas interioranas e nas periferias dos centros urbanos[2]; b) o analfabetismo possui faixa etária e gênero; 19,3% das pessoas do sexo feminino, com idade acima de sessenta anos, permanecem alijadas, pelo menos diretamente, da cultura letrada. Observe que, enquanto a taxa média do analfabetismo no Brasil é 7%, o índice de analfabetismo entre pessoas idosas quase que triplica; c) o analfabetismo possui cor; de acordo com IBGE (2019), o analfabetismo possui mais incidência sobre pretos e pardos, que possuem uma taxa 9,3%, ao mesmo tempo em que o percentual de pessoas brancas analfabetas chega a 4,0% da população brasileira. Nota-se, portanto, que, enquanto a população negra possui uma taxa de analfabetismo acima da média nacional, a incidência de brancos analfabetos é, em termos percentuais, bastante inferior.[3]

Cabe destacar aqui, que estes números se referem ao analfabetismo absoluto, que é definido como a falta de conhecimento do alfabeto ou simplesmente sobre as ausências das habilidades de não saber ler, escrever e assinar o nome. No entanto, é importante considerar que tais índices não incluem os chamados analfabetos funcionais. Referimo-nos àqueles sujeitos que, embora possuam a capacidade de escrever e decodificar textos curtos, não conseguem interpretá-los. Por fim, há outro grupo de sujeitos, indicado pelas teorias de leitura e escrita, que são denominados iletrados e que não é parte dos dados apontados no parágrafo anterior. Trata-se de estudantes que estão em defasagem de aprendizagem e que

[2] Disponível em https://www.portalt5.com.br/noticias/brasil/2017/12/34946-nordeste-apresenta-maior-taxa-de-analfabetismo-do-brasil-aponta-ibge. Acesso em 27 de maio de 2020.

[3] Maria Clara de Pierro (2010), após contextualizar e avaliar os resultados do Plano Nacional de Educação (PNE) entre os anos de 2001-2010, concluiu que as metas para a educação de jovens e adultos (EJA) não seriam alcançadas. Além disso, indicava que desafios prioritários desse campo educativo deveriam ser enfrentados pelo novo PNE 2011-2020 nos âmbitos das concepções político-pedagógicas, do financiamento, da formação e profissionalização dos educadores e do regime de colaboração entre as esferas de governo. Disponível em https://www.scielo.br/scielo.php?script=sci_arttext&pid=S0101-73302010000300015. Acesso em 28 de maio de 2020.

são aprovados a outras séries, evidenciando que insucessos iniciais na escolarização são postergados a fases posteriores[4]. Por tudo isso, pode-se dizer que a proficiência na leitura e na escrita é um problema educacional que precisa ser enfrentado pelas políticas educacionais brasileira no século XXI[5].

Segundo Magda Soares (2016a), as teorias atuais de leitura e escrita ampliam o conceito de alfabetização e cunham o conceito de letramento. A pesquisadora define alfabetização como processo específico e indispensável de apropriação do sistema de escrita, como a conquista dos princípios alfabéticos e ortográficos que possibilitam ao aluno ler e escrever com autonomia. Por sua vez, o letramento diz respeito ao processo de inserção e participação na cultura escrita. Trata-se de um processo que tem início na infância, com o convívio com as diferentes manifestações da escrita na sociedade (placas, rótulos, embalagens comerciais, revistas etc.) e se prolonga por toda vida, com crescente possibilidade de participação nas práticas sociais que envolvem a língua escrita (Soares, 2016b). Nesse sentido, a pesquisadora esclarece que "alfabetizar e letrar são duas ações distintas, mas não inseparáveis" e que o ideal é "ensinar a ler e escrever no contexto das práticas sociais da leitura e da escrita, de modo que o indivíduo se tornasse, ao mesmo tempo, alfabetizado e letrado" (1998, p. 47)[6].

A despeito dos números tão expressivos de analfabetismo e do fato de a educação ser direito social constitucionalmente estabelecido para todos, deparamo-nos com afirmações de que não há demanda de classes de alfabetização para jovens, adultos e idosos. No entanto, Jane Paiva (2009) traz discussões que aprofundam a questão. Para a autora,

[4] No site do Ceale/FaE/UFMG é possível compreender o conceito de iletrismo como a aquisição de saberes de base, que variam no tempo. Disponível em http://www.ceale.fae.ufmg.br/app/webroot/glossarioceale/verbetes/iletrismo Acesso em 29/05/2020.

[5] "Alfabetização, em seu sentido restrito, designa, na leitura, a capacidade de decodificar os sinais gráficos, transformando-os em sons, e, na escrita, a capacidade de codificar os sons da língua, transformando-os em sinais gráficos. Ao longo do século passado, porém, esse conceito de alfabetização foi sendo progressivamente ampliado em razão de necessidades sociais e políticas, a ponto de já não considerar alfabetizado aquele que apenas domina as habilidades de codificação e decodificação, mas aquele que sabe usar a leitura e a escrita para exercer uma prática social em que a escrita é necessária" (Soares, 2016a. p. 23).

[6] Para maior aprofundamento da distinção entre alfabetização e letramento, cf. Soares (1998; 2016; 2017a e 2017 b).

os sujeitos adiam a busca por uma matrícula, pois não se assumir como uma pessoa analfabeta não é, do ponto de vista subjetivo algo fácil em razão do preconceito que há em relação às pessoas que não dominam a leitura e a escrita. Contudo, quando se observa que o analfabetismo é um fenômeno social que incide sobre as camadas populares, nos grupos que sociais invisibilizados socialmente, pode-se inferir que ser analfabeto não é uma escolha, mas um destino de grupos que historicamente tiveram negados o direito à escolarização. Para Paiva (2009), buscar a escola que os excluiu na condição de analfabetos é mais um fator de humilhação, de se considerar menos. Não se pode esquecer que o termo analfabeto é visto socialmente como uma ofensa, usado, não raro, para se referir a alguém que se equivocou em alguma situação.

Cumpre sublinhar que o analfabetismo no Brasil, embora tenha se mantido historicamente em patamares vergonhosos, não se apresenta como uma pauta educacional relevante para sociedade civil. No início do século XXI, os debates educacionais, principalmente nas redes sociais, se concentram em questões sem lastro com a realidade cotidiana da escola. Ao construir discursos falaciosos, estabelecendo relações causais entre uma suposta ideologia de gênero e doutrinação política e os baixos resultados nas avaliações sistêmicas; ao defender a necessidade de se construir uma escola neutra e sem partido, os grupos conservadores buscam desviar os olhares dos problemas educacionais reais que afetam o campo educacional brasileiro[7].

Em suas obras clássicas "Educação como Prática de Liberdade" e "Pedagogia do Oprimido", Freire se debruçou sobre os aspectos políticos intrínsecos ao processo educativo. Para o autor, o processo de alfabetização é, antes de tudo, um processo de humanização, de promoção das potencialidades humanas, tornando possível a vocação ontológica do indivíduo de *ser mais*. Seu oposto, o processo de desumanização, impede, por sua vez, o indivíduo de se constituir plenamente, de se desenvolver em diferentes campos sociais. Com efeito, o processo de desumanização institui o que Freire denomina *ser menos*. Assim, para ele, ensino e educação e educação e política não podem ser pensadas de forma dissociadas.

[7] Para aprofundamento do avanço do conservadorismo na educação, veja o artigo Movimento Escola Sem Partido: uma leitura à luz de Paulo Freire. Disponível em: https://periodicos.ufsm.br/reveducacao/article/view/32996. Acesso em 31 de maio de 2020.

Após distinguir o caráter ontológico da dicotomia humanização/desumanização provocadas por estruturas elitistas e excludentes, Freire chega à seguinte conclusão:

> A violência dos opressores, que os faz também desumanizados, não instaura uma outra vocação – a de ser menos. Como distorção do ser mais, o ser menos leva os oprimidos, cedo ou tarde, a lutar contra quem os fez menos. E esta luta somente tem sentido quando os oprimidos, ao buscarem recuperar sua humanidade, que é uma forma de criá-la, não se sentem idealistamente opressores, nem se tornam, de fato, opressores dos opressores, mas restauradores da humanidade em ambos (Freire, 2016, p. 69).

Como destacamos anteriormente, uma das condições para o desenvolvimento humano é a alfabetização inclusiva. Ela é fundamental para apropriação das tecnologias digitais, participação da vida política e social pelos indivíduos. No entanto, tal direito tem sido negado historicamente à parcela expressiva da sociedade.

Observe a tabela a seguir.

Tabela 1 – Alfabetismo no Brasil segundo censo demográfico

Censo/Ano	Alfabetizados	Analfabetos
1872	17,7%	82,3%
1920	28,8%	71,2%
1940	38,9%	61,3%
1950	42,9%	57,1%
1960	53,3%	46,7 %
1970	61,3%	38,7%
1980	68,1 %	31,9%
1990	75,8 %	26,2%
2000	83,3%	16,7%

Fonte: Ferraro & Alceu, 2002.

A tabela nos permite confrontar o percentual de pessoas alfabetizadas e de pessoas analfabetas por mais de um século, revelando o caráter elitista da educação brasileira.

Na década de 1960, Paulo Freire já havia denunciado o analfabetismo como consequência de uma formação histórica social da sociedade brasileira. Suas abordagens se insurgiram inicialmente contra as formas de alfabetização de adultos do período em que atuou nas campanhas de alfabetização promovidas pelos governos populistas das décadas de 1950 e 1960. O autor denunciou o caráter discriminatório de uma série de concepções distorcidas que concebiam o analfabetismo como uma erva daninha a ser erradicada; como uma doença contagiosa ou chaga deprimente a ser curada; vergonha; manifestação de incapacidade, de pouca inteligência e de proverbial preguiça. Além disso, o autor chama a atenção para prática de alfabetização mecânica e bancária que prevalecia até aquele momento.

> A alfabetização, assim, se reduz ao ato mecânico de "depositar" palavras, sílabas e letras nos alfabetizandos. Este "depósito" é suficiente para que os alfabetizandos comecem a "afirmar-se", uma vez que, em tal visão, se empresta à palavra um sentido mágico. Escrita e lida, a palavra é como se fosse um amuleto, algo justaposto ao homem que não a diz, mas simplesmente a repete. Palavra quase sempre sem relação com o mundo e com as coisas que nomeia. Daí que, para esta concepção distorcida da palavra, a alfabetização se transforme em um ato pelo qual o chamado alfabetizador vai "enchendo" o alfabetizando com suas palavras. A significação mágica emprestada à palavra se alonga noutra ingenuidade: a do messianismo. O analfabeto é um "homem perdido". É preciso, então, "salvá-lo" e sua "salvação" está em que consinta em ir sendo "enchido" por estas palavras, meros sons milagrosos, que lhe são presenteadas ou impostas pelo alfabetizador que, às vezes, é um agente inconsciente dos responsáveis pela política da campanha (Freire, 1981, p. 11).

Freire (1981) questiona, assim, as relações de poder que instituem o termo analfabeto, ao longo da história, como um estigma, uma marca que denota ignorância e déficit cultural. Tal situação remonta, segundo Ferraro (2014, p. 30), ao século VI e foi aplicada inicialmente pelo imperador Justino, do Império Romano do Ocidente. O autor adverte que o uso do termo com essa significação se referia, até recentemente, apenas aos aspirantes ou titulares de determinados cargos ou funções que requeriam domínio de leitura e da escrita. As pessoas oriundas das camadas populares não eram discriminadas, até o século XVIII, por não dominarem a leitura e a escrita. Essa situação se altera por volta de 1871, com a reforma eleitoral (Lei Saraiva), que introduziu o voto direto. Eis o que o autor diz a esse respeito:

> O Partido Liberal então no poder, acabou por excluir do voto os analfabetos, sob o argumento de que o analfabetismo representa ignorância, cegueira, pauperismo, falta de inteligência e de discernimento intelectual, incapacidade política e até marginalidade e periculosidade. A condição de analfabetismo transformou-se, assim, repentinamente, num estigma: numa marca negativa e excludente (Ferraro, 2014, p. 30).

É um estigma que coloca o sujeito como culpado pelo não saber, uma culpabilização da vítima que elimina a consciência do direito. Assim, segundo Jane Paiva (2009), a demanda por classes de alfabetização na EJA "permanece contida pela opressão do próprio estigma, sem que haja cobrança dos benefícios do direito" (p. 136). Para a autora, assinar com o polegar é a materialização do estigma suscitado pelo analfabetismo.

O preconceito contra a pessoa analfabeta persiste historicamente. Indagando alfabetizadores de jovens e adultos nos cursos de formação continuada sobre as representações e imagens que a sociedade possui sobre a palavra analfabeto, Galvão e Di Pierro (2012) constatam que o termo continua sendo uma fonte de vergonha e de segregação social.

> "Ao lado de repostas como "pessoas que não sabe ler e escrever", "pessoa a quem falta letramento e alfabetização", "pessoa que sabe menos", "pessoa que não tem conhecimento", "pessoa que não compreende alguma coisa" ou "pessoa sem instrução", vieram muitas outras. Incapaz, incompleto, dependente, perdido, manobrado, cego, coitado, sofredor, despreparado, desumanizado, isolado, alienado, massa amorfa, aquém da sociedade, desinformado, fome, pobreza, classe dominada, exclusão, segregação, sem acesso aos direitos, discriminação." (Galvão & Di Pierro, 2012, p. 9-10).

As autoras, ao analisarem os significados, chegam à conclusão que se trata de expressões que buscam, acima de tudo, (des) qualificar o sujeito, definindo-o pela falta e pela carência. Um dos efeitos do preconceito e, também do despreparo docente no processo educacional, é a infantilização das práticas didático-pedagógicas.

Os estudos de Inês Barbosa de Oliveira (2004, p. 105) são, nesse sentido, elucidativos. A professora investigou, na cidade de Paraty, Estado do Rio de Janeiro, a linguagem utilizada pelas professoras para se referir ao conteúdo trabalhado em sala de aula. Ao propor às professoras cursistas que falassem do seu trabalho, dos problemas e dificuldades enfrentados, a pesquisadora se deparou com depoimentos semelhantes aos que ouvia no tempo em que ela atuava no primeiro segmento do ensino fundamental, com crianças de 6 a 10 anos. Frases que forneciam indícios de que a mudança de faixa etária e de histórico de vida não apresentava mudança na proposta de trabalho. Eis aqui alguns depoimentos de professoras da EJA: "A aluna não consegue entender a folhinha"; "Eu mando o dever de casa e eles não trazem". Para a autora, o fracasso na modalidade está, em parte, relacionado tanto à infantilização do adulto quanto à tentativa de se reproduzir a matriz curricular destinada às crianças e aos adolescentes. Estas afirmações denotam, entre outros aspectos, a falta de formação específica para atuar em classes de alfabetização e na EJA, de forma geral, em todas as etapas da escolarização, que deve atender as especificidades destes sujeitos.

As práticas pedagógicas que são reprodutoras de culturas, classes sociais e faixas etárias, as quais não pertencem os sujeitos conduzem ao insucesso, com escolaridades descontínuas, favorecendo a que trajetórias sejam interrompidas, mal traçadas e mal percorridas. Ao finalizar o ensino fundamental sem dominar as técnicas de leitura e escrita, permanecem afixados nos sujeitos o conceito da escola como seu não lugar de direito, exacerbando sentimentos de exclusão, que negam a possibilidade de aspirar por uma sociedade mais justa e que propicie iguais condições de acesso a bens sociais e culturais.

Com efeito, crianças e adolescentes, além da discriminação em razão da baixa escolaridade, tornam-se um imenso contingente de invisibilizados socialmente, que são impedidos de prosseguir para o trabalho formal, pois não alcançam os comprovantes de escolaridade requeridos para tal. No mesmo contexto, estão aqueles que por falta de oportunidades, vagas, distância do domicílio, necessidade de trabalhar para contribuir com a manutenção da família, nunca estiveram numa instituição escolar.

O palestino Munir Fasher (2004) nos adverte, contudo, sobre os perigos de um certo tipo de alfabetização, que se constitui em contraposição à história, à cultura e à experiência da pessoa em processo de alfabetização, desprezando o saber fazer do indivíduo. Para ele, o processo de alfabetização, em razão do preconceito que se tem em relação à pessoa analfabeta, pode vir a se tornar, se não for bem conduzida, em um instrumento de espoliação cognitiva. Além disso, uma pessoa alfabetizada pode se tornar uma pessoa que perdeu o senso crítico, que toma a palavra, as frases, os períodos, as orações e os parágrafos, como algo dado, proferido por uma pessoa autorizada a ler adequadamente o mundo, mas não como uma construção interessada, marcada por relações de poder e de saber que precisam ser questionadas.

> "Quero dar outro exemplo de como as pessoas escolarizadas podem ser cegas. Após cinquenta anos transformando a maioria das sociedades em ruínas socioeconômicas, o desenvolvimento é ainda considerado, principalmente pelos escolarizados, liberdade e um sonho! A maior parte dos transtornos e da destruição, em grande número de países, deveu-se a programas e políticas de desenvolvimento. O que aconteceu recentemente na Argentina, o que aconteceu no Brasil, na década de 1970, e o que aconteceu em muitos países da África subsaariana, durante os últimos cinquenta anos, são consequências diretas do desenvolvimento. Tais consequências podem ser invisíveis para as mentes educadas, em virtude das muitas publicações e especialistas que ainda afirmam que o desenvolvimento é bom" (Fascher, 2004, p. 11).

Pode-se dizer, dessa forma, que um processo de alfabetização inclusivo, reflexivo e problematizador se afasta, em primeiro do lugar, dos preconceitos que pairam sobre a pessoa adulta analfabeta em uma sociedade grafocêntrica, eliminando a culpabilização da vítima; em segundo lugar, procura se distanciar da infantilização de práticas educativas; em terceiro lugar, tenta assumir uma educação dialógica, problematizadora e emancipatória, tal como descrito por Freire (2011, p. 44): "Ler a palavra e aprender como escrever a palavra, de modo que alguém possa lê-la depois, são precedidos do aprender como 'escrever' o mundo, isto é, ter a experiência de mudar o mundo e de estar em contato com o mundo".

Nesta perspectiva, há um desafio quanto à disponibilização de propostas e metodologias pedagógicas para a EJA, a partir da especificidade de seu público. Para Osmar Fávero (2009, p. 19–20), não estão nas "campanhas e movimentos de massa [que] *não* resolveram e não resolverão o problema do analfabetismo da população jovem e adulta".

O analfabetismo é produzido no interior da sociedade e tem traços profundos de injustiça e desigualdade. Assim, a ausência e a insuficiência de escolarização na infância e adolescência são fatores essenciais para elaborações políticas públicas, no que tange a oferecer educação de qualidade, de acesso a todos e que favoreça a permanência na escola.

Cumpre sublinhar, no entanto, que tais mudanças de postura pedagógica possuem uma faceta política, um projeto de sociedade e de concepção do indivíduo. É o que pretendemos demonstrar na próxima seção.

Educação de Jovens e Adultos em perspectiva: disputas por recursos materiais e simbólicos

Como destacamos no início do capítulo, o número de pessoas que não tiveram, no Brasil, acesso à escolarização na infância e na adolescência é bastante elevado. De acordo com o IBGE (2018), um quinto da população acima de sessenta anos é alijada de bens simbólicos provenientes da cultura letrada. O mesmo censo demográfico constata que mais de quarenta milhões de brasileiros possuem menos de oito anos de escolaridade. Esses dados nos apontam a Educação de Jovens e Adultos (EJA) como uma das grandes dívidas sociais do Estado brasileiro na atualidade[8] e contra as quais segundo Paiva (2009, p. 145) "frente aos descaminhos da EJA, torna-se imperativo assumir uma postura vigilante contra todas as práticas de desumanização".

Entretanto, o desafio de garantir a todos, independente da faixa etária, o direito à escolarização não é ainda um consenso nacional. Como nos descreveu Sérgio Hadadd (1998), existem grupos sociais e políticos que defendem que a EJA não deve ser vista como prioridade nas políticas educacionais, uma vez que o público dessa modalidade já possui uma ocupação e, em muitos casos, já está aposentado. De acordo com essa concepção, em vez de gastar dinheiro público com a EJA, o Estado deveria investir em crianças e adolescentes, entre 06 e 14 anos de idade, pois estes, segundo a teoria do capital humano, poderão, no

[8] Não é nosso objetivo analisar a trajetória da EJA no Brasil. Sobre essa questão, há uma vasta bibliografia Beisiegel (1974), Haddad (2000), Eugênio (2004), Carli (2004), Di Pierro & Galvão (2007).

futuro, contribuir, de maneira mais efetiva, com o processo de desenvolvimento econômico e social do país. Provavelmente, o discurso do Ministro da Educação José Goldemberg em agosto de 1991 seja o que melhor ilustre esse ponto de vista.

> "O problema de um país é o analfabetismo das crianças e não de adultos. O adulto analfabeto já encontrou o seu lugar na sociedade. Pode não ser um bom lugar, mas é o seu lugar. Vai ser pedreiro, vigia de prédio, lixeiro ou seguir outras profissões que não exigem alfabetização (...). Vamos concentrar recursos em alfabetizar a população jovem. Fazendo isso agora, em dez anos o analfabetismo desaparece." (Belsiegel, 1997, p. 32).

Ao questionar a relevância da EJA para o desenvolvimento econômico do Brasil, o ministro se apoia nos princípios da teoria do capital humano. Trata-se, pois, de perspectiva que se assenta sobre os princípios da visão neoclássica que diz que a educação tem um valor econômico. Em linhas gerais, esse paradigma afirma que trabalhadores com maiores níveis de escolaridade são mais produtivos, ou seja, indivíduos, com habilidades e conhecimentos escolares possuem maior produtividade, elevando a receita e riqueza do país. Nas palavras de Jacques Veloso:

> "[...]a noção de capital humano surgiu quando foi postulado que a educação tem um valor econômico (...). Assim, gastos do governo com a educação pública são considerados como gasto de toda sociedade". É nesse contexto que as despesas com o sistema educacional podem ser vistos como um investimento social. Esses gastos com a educação pública são, portanto, um investimento no capital humano" (Veloso, 2002, p. 102).

Nesse sentido, os recursos destinados à escolarização de adultos e idosos vistos como desperdícios de dinheiro público, embora neguem um direito constitucional estabelecido. Tal discurso ganhou, no entanto, força no Brasil a partir da década de 1990 com ascensão do neoliberalismo, como forma de gestão das políticas públicas, que são expressão das relações de força entre os atores e o Estado, atuando no sentido de reproduzir as estruturas nestas relações.

> "[...] toda e qualquer política pública implementada pelo Estado numa sociedade capitalista irá, direta ou indiretamente, beneficiar os

detentores do capital privado. Por exemplo, políticas social-democratas de universalização do ensino público e gratuito beneficiam os capitalistas, porque reduzem os custos de reprodução da força de trabalho" (Fernandes & Borges, 2008, p. 22).

Os modelos baseados na qualidade e no mérito utilizados e os problemas da educação são reduzidos a problemas técnico-gerenciais. Modelos de gestão para a consecução de políticas neoliberais são formas reguladoras do trabalho docente, do currículo e da gestão escolar, formas gerencialistas a partir de pressupostos de eficiência, resultados, avaliação e competência. Nesta perspectiva, o neoliberalismo em educação deve ser compreendido muito mais como política de regulação do Estado do que política educacional de governo (Hypólito, 2002).

Massimo (2013) afirma que havia um grande vazio teórico nos anos 1990, sobre as reformas orientadas para o mercado. Sua análise realizada em publicações na revista Dados, aborda as inexatidões de ordem teórica, de natureza analítica, de caráter metodológico, além de falta de fundamentação empírica sobre neoliberalismo. São muitas as definições inexatas e amplas de neoliberalismo nas pesquisas sobre políticas sociais e o autor afirma que os critérios utilizados nos artigos analisados para determinação de uma política pública como neoliberal não delimitam realmente o problema a investigar. A partir de sua análise é possível compreender a implantação de reformas orientadas para o mercado.

As ideias neoliberais, quanto à política social, rejeitam o gasto público e defendem o individualismo meritocrático, mantendo parcial igualdade de possibilidades através da educação, "regulada pelos governos e não provida por ele". (Fernandes & Borges, 2008, p. 20).

A tecnologia de mercado tem feito na educação como mercadoria, materializando-se no comércio de educação continuada e a distância, como também de formação inicial docente. A lógica do mercado nas escolas se vê através de parcerias público-privadas (terceirização de serviços, por exemplo). No caso da gestão aponta para o modelo gerencialista das empresas capitalistas, que têm a eficiência e o resultado como padrão de excelência na administração da educação e da escola. A prestação de contas (*accountability)* exige dos profissionais uma performatividade baseada na qualidade, padronização e avaliação (externa e em larga escala).

Hypólito (2010) afirma que tais tecnologias

> "atingem desde aspectos relacionados à pressão emocional e ao estresse, com o aumento do ritmo e da intensificação no trabalho, até aspectos que ocasionam mudanças nas relações sociais, tais como a maior competição entre docentes e entre setores, a redução da sociabilidade na vida escolar, as ações profissionais mais individualizadas, o distanciamento das comunidades e o aumento da carga de trabalho burocrático produção de relatórios e seus usos para comparações que contribuem com o aumento do terror." (Hypólito, 2010, p. 1341).

As políticas neoliberais atuam de forma drástica na educação, desmantelando o sistema público de ensino a nível estadual e municipal desestruturando serviços pedagógicos e administrativos e

> "fazendo com que a competência profissional das equipes antes existentes fosse se esmaecendo, tanto em número de quadro técnico-profissional quanto em termos de qualificação. O quadro atual indica que muitas secretarias de educação não possuem as mínimas condições para exercer suas funções, o que se torna um campo fértil para o processo de terceirização das equipes gestoras, dos projetos pedagógicos e do ensino propriamente dito (Hypólito, 2010, p. 1352).

Um Estado regulador vem mercantilizando materiais pedagógicos e maneiras de ensinar e administrar, o que modifica a formação tanto dos estudantes quanto dos docentes e segundo Hypólito (2010) "obtendo sucesso na constituição de identidades docentes coadjuvantes com a agenda neoliberal e conservadora" (2010, p. 1352).

Nossa Constituição Federal de 1988 aponta um ideal universalista de cidadania social, mas as políticas sociais ainda se apresentam distantes desta efetivação. Assim, para que se reduza os índices de analfabetismo no Brasil, temos que superar a agenda neoliberal, que transforma a educação em mercadoria, em vez de um direito humano fundamental.

3. Considerações finais

Conquanto ainda hoje ocupe uma posição marginal nas propostas de formação de professores e professoras da Educação Básica, a Educação de Jovens e Adultos – EJA – pode ser considerada uma modalidade imprescindível, tanto para o processo de democratização da sociedade brasileira quanto para a promoção da dignidade humana, por três razões, quais sejam: 1) Porque toma como ponto de partida a reparação de uma dívida social histórica do estado brasileiro, que não assegurou às gerações anteriores um dos principais direitos sociais: a educação escolar (Cury, 2000). Como já enfatizado, o domínio da leitura e escrita é, dentre outras práticas sociais e culturais, condição para o acesso pleno aos eventos de letramento, às novas tecnologias e à participação efetiva no campo social e político; 2) Porque os sujeitos aos quais se destina o fazer pedagógico da Educação de Jovens e Adultos são, em sua maioria, pessoas que estão inseridas em situação de exclusão e vulnerabilidade social. Residindo, em grande parte, nos meios rurais, nas periferias, aglomerados, vilas e favelas, os sujeitos da EJA compõem grupos sociais que são invisibilizados por uma sociedade que possui ainda características segregadoras e elitistas (Arroyo, 2019); 3) Porque se trata de uma modalidade que busca se distanciar das práticas educacionais destinadas às crianças e adolescentes, focalizando as dimensões formadoras da vida adulta, em suas especificidades, o que implica em um notável redimensionamento da prática educativa. Em vez de os conteúdos serem o eixo vertebrador do currículo da EJA, o foco está nos próprios sujeitos em suas experiências e conexões com os contextos mais amplos. Assim, seus anseios e expectativas, seus projetos de vida e seus significados e visão de mundo são elementos fundantes e norteadores da proposta educativa da EJA.

A despeito disso, existe há décadas uma agenda política e econômica, que busca transformar a educação em mercadoria, em valores que possam ser traduzidos em crescimento econômico pelo Produto Interno Bruto. Aqui a educação é vista como investimento, como algo que deve retornar ao Estado como mercadoria.

Nesse capítulo, procuramos apresentar a educação de modo geral como um direito inerente aos seres humanos, independente da faixa etária. Em uma sociedade complexa e em transformação, o acesso aos saberes sistematizados torna-se necessário para o desenvolvimento pleno da cidadania. Nessa concepção, a EJA é vista não de maneira pragmática, como nos querem fazer crer as políticas de cunho neoliberal, tendo em vista que a modalidade não tem por intuito apenas garantir uma melhor ocupação profissional de seu público. Seu objetivo é mais abrangente. Ao promover a escolarização de adultos, a sociedade está, indiretamente, investindo em crianças e adolescentes. Com maior escolaridade, os pais podem, entre outras ações, contribuir para a prevenção de doenças, estimular o diálogo, combater a cultura da violência e auxiliar os filhos em suas atividades escolares.

Nesse sentido, ao assegurar o direito um processo de alfabetização inclusivo e emancipatório, o Estado brasileiro estará contribuindo para redução das desigualdades sociais, bem como para promoção da cidadania, justiça social e desenvolvimento social.

Referências bibliográficas

Beisiegel, C. R. (1997). Paulo Freire: elementos para uma para a discussão do tema Pedagogia e Antipedagogia. *Educação e Sociedade*, (3), 37-43.

Chartier, Anne-Marie, & Frade, I. C. A.S. (2014). *Glossário Ceale: termos de alfabetização, Leitura e Escrita para educadores.* Belo Horizonte: Faculdade de Educação da Universidade Federal de Minas Gerais

Fascher, M.(2004). Como erradicar o analfabetismo sem erradicar o analfabeto. *Revista Brasileira de Educação.*

Fávero, O. (2009). Educação de jovens e adultos: passado de historias, presente de promessas. In *Educação de Jovens e Adultos na América Latina.* São Paulo: Moderna.

Fernandes, A. S., & Borges, A. (2008). Ideias fora do lugar: O neoliberalismo como categoria de análise das políticas sociais no Brasil. *Organizações & Sociedade, 15*(46), 13-37.

Ferraro, A. (2014). *Glossário Ceale: termos de alfabetização, Leitura e Escrita para educadores.* Belo Horizonte: Faculdade de Educação da Universidade Federal de Minas Gerais.

Freire, P. (2016). *Pedagogia do Oprimido* (60a ed.). Rio de Janeiro: Paz e Terra.

Freire, P. (2011). *Alfabetização: leitura do mundo, leitura da palavra.* Rio de Janeiro: Paz e Terra.

Freire, P. (2003). *Educação como Prática da Liberdade* (27a ed.). Rio de Janeiro: Paz e Terra.

Freire, P. (1981). *Ação cultural Para Liberdade* (3a ed.). Rio de Janeiro: Paz e Terra.

Galvão, A. M., & Di Pierro, M. C. (2012). *Preconceito contra o analfabeto* (2a ed.). São Paulo: M Edições.

Hypolito, Á. M. (2010). Políticas Curriculares, Estado e Regulação. *Revista Educação e Sociedade, 31*(113), 1337-1354.

Massimo, L. (2013). Como se explica o neoliberalismo no Brasil? Uma análise crítica dos artigos publicados na Revista Dados. *Revista de Sociologia e Política, 21*(47), 133-153..

Paiva, J. (2009). *Os Sentidos do Direito à Educação para Jovens e Adultos.* Rio de Petrópolis, RJ: DP et Alii.

Schwarcz, L. M. (2019). *Sobre o autoritarismo brasileiro.* São Paulo: Companhia das Letras.

Soares, M. (2017). *Linguagem e escola: uma perspectiva social.* São Paulo: Contexto.

Soares, M. (2016a). *Alfabetização: a questão dos métodos.* São Paulo: Contexto.

Soares, M. (2016b). *Alfabetização e Letramento.* São Paulo: Contexto.

Soares, M. (1998). *Letramento: um estudo em três gêneros.* Belo Horizonte: Autêntica.

Velloso, J. R. O. (1985). Financiamento da Educação na transição democrática. In G. N. MELLO;VELLOSO. *Educação e Transição Democrática.* Rio de Janeiro: Cortez Editora.

CAPÍTULO 33

Ressignificando o cérebro para a aprendizagem: conhecendo os potenciais e os limites para uma educação de qualidade

Dra. Telma Pantano

1. Introdução

Todos nós consideramos o cérebro um órgão fantástico e com potencial ilimitado, mas será realmente assim que o cérebro funciona? Será que temos uma capacidade ilimitada? A resposta vem de uma integração de conhecimentos obtidos nos últimos anos em uma interface neurociência e cognição.

Os estudos neurocientíficos estabeleceram novos paradigmas para as áreas da saúde que envolvem a atuação direta com o ser humano e, em especial, para a educação com as questões de aprendizagem. Os métodos de investigação atuais permitem que vejamos em tempo real as estruturas envolvidas e da sequência de ativação das áreas cerebrais. Dessa forma podemos obter informações relacionadas aos aspectos temporais (quando determinada área é ativada), espacial (quais as áreas ativadas) e sequencial (quais as sequências de áreas ativadas). Porém nenhumas das técnicas permitem que possamos observar essas três características juntas e, portanto, cada um dos métodos apresenta vantagens e desvantagens (Kovelman et al., 2015):

- Ressonância magnética (MRI): permite a adequada observação anatômica das estruturas, porém não pode ser utilizada em conjunto com outras técnicas.

- Ressonância magnética funcional (fMRI): essa técnica permite a adequada observação temporal, porém é bastante difícil a sua utilização em crianças.
- Magnetoencefalografia (MEG): Apresenta boa resolução espacial das áreas ativadas, porém apresenta baixa resolução temporal e sequencial.
- Potencial relacionado a eventos (ERPs): Boa observação temporal e sequencial dos eventos, porém baixa resolução espacial.
- Espectroscopia de infravermelho próximo (NIRS): Possui adequada observação espacial, porém falha nos aspectos temporais, além de ser difícil de ser utilizada em conjunto com outras técnicas.

Os estudos cognitivos que surgem nos últimos anos, fundamentados no funcionamento neurocientíficos, acabam por desenvolver possibilidades teóricas do funcionamento dessas áreas. Embora os estudos do cérebro possam nos informar sobre a estrutura envolvida e as sequências ativadas são os estudos cognitivos atuais que tentam decifrar o que realmente acontece em termos funcionais (embora os estudos de magnetoencefalografia tenham caminhado muito nesses estudos).

Assim, estudos cognitivos que envolvem a funcionalidade da aprendizagem se associados aos estudos de neuroimagem, apresentam-se muito mais significativos para a aprendizagem e a inclusão desses conceitos no contexto educacional uma vez que permitem uma integração mais funcional e aplicável dos seus resultados.

2. Mas afinal como o cérebro funciona?

De uma forma bastante simplificada podemos conceber o funcionamento cerebral como resultante do processamento de informações sensoriais, que são transmitidas através dos nossos canais sensoriais para que possam ser integradas e organizadas (Kandel, 2007; Kandell et al, 2003). Dessa forma nosso cérebro nos capacita para a percepção e interação com o mundo, seja nas esferas social, emocional, física ou mental. As alterações que acontecem no nosso cérebro durante todo o desenvolvimento visam nos adaptar ao ambiente e às diversidades ambientais que acabam por resultar em mudanças e alterações mentais. Porém, há períodos em que essas adaptações acontecem de forma mais intensa. Esses períodos são chamados de podas neurais.

As podas neurais são fundamentais para preparar nosso cérebro para permiti-lo poder conhecer, significar e, posteriormente ressignificar o ambiente. Isso se dá através do processamento sensorial e perceptual de diversos ambientes e de diversas situações. A primeira poda neural acontece durante o período de 0 a 3 anos e tem como objetivo capacitar percepções cerebrais do mundo a nosso redor e a integração sensorial entre esses estímulos. Inicialmente os primeiros comportamentos reflexos dos bebês vêm acompanhados de estímulos sensoriais importantes que seriam de difícil significação em um cérebro imaturo.

Por exemplo, enquanto o bebê mama (reflexo de sucção) recebe informações olfativas, gustativas, táteis e proprioceptivas que deveriam ser analisadas e relacionadas com a experiência inicial. Porém, essas informações sensoriais sendo ativadas e analisadas ao mesmo tempo em um cérebro ainda imaturo gerariam dificuldades de significação. Assim, há naturalmente uma limitação biológica dessas entradas sensoriais numa tentativa de reduzir as informações que chegam ao nosso cérebro.

Dessa forma nosso cérebro pode gradualmente ir analisando e significando os estímulos sensoriais que, organizados, começam a formar memórias sensoriais. Com a repetição dos comportamentos, e a estabilização das memórias, podemos integrar as memórias sensoriais com novas experiências e emoções, começando a dar prioridade a alguns estímulos frente a outros (Baddeley, 2006, 2007; Baddeley et al, 1998; Kandel et al, 2003). A segunda poda neuronal acontece entre os 10 e os 12 anos e tem a principal função de fortalecer o processamento cerebral para adquirir uma estrutura funcional extremamente relacionada com processos límbico-frontais.

Figura 1 – Esquema simplificado de processamento informação

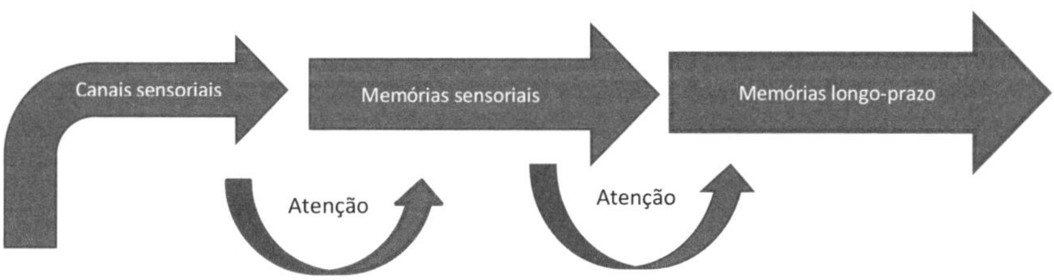

Fonte: da autora.

Essas conexões são fundamentais para que possamos integrar as emoções e o ambiente social em que vivemos com o controle consciente e voluntário da pessoa, e para provocar uma integração extremamente saudável para a percepção e a resolução de problemas de vida diária e social (Gross & Thompson, 2007).

Nesta visão do funcionamento cerebral a cognição se entrelaça de forma bastante harmônica com a emoção, uma que vez não existe dissociação entre essas representações mentais, principalmente se a resposta do processamento cerebral considerar os aspectos socioambientais. As memórias de todo o processamento cerebral envolvem a integração de inúmeras informações sensoriais, cognitivas e emocionais associadas a elas.

Existe uma diferença importante a ser considerada no processamento cerebral como um todo. Os neurônios ao receber as informações sensoriais advindas do mundo externo registram essa informação em processo que denominamos memórias (Kandel et al., 2003). A integração entre esses neurônios e áreas depende de diversos fatores neurofisiológicos e o tipo de processo utilizado para o armazenamento da informação. A essa integração damos o nome de aprendizagem. A aprendizagem envolve a integração dessas redes neuronais associadas às representações do mundo externo e interno (Pantano, 2010, 2020; Pantano & Zorzi, 2009).

Em patologias como o Transtorno do espectro autístico (TEA) e o Transtorno do déficit de atenção e hiperatividade (TDAH) encontramos diversos armazenamentos neuronais, porém com baixa capacidade de integração e conexões entre essas vias neuronais. Esse é um processo que embora tenha um arcabouço neurofisiológico associado à patologia o contexto da aprendizagem pode favorecer e, até mesmo, modificar esse funcionamento.

Os estudos cognitivos têm reconhecido que o ser humano no desenvolvimento típico apresenta uma predisposição cerebral para integrar conexões neuronais para um processo definido como aprendizagem. Bebês muito precocemente são capazes de construir uma percepção multissensorial dos estímulos ambientais antes mesmo deles agirem de forma ativa no ambiente (Streri, 2013). Dessa forma, no desenvolvimento típico o cérebro ainda intraútero e principalmente após o nascimento (desde as primeiras horas) não é uma "tábula rasa" pronta a ser definida e moldada pelo ambiente, ou mesmo que o cérebro estivesse "inativo" como se acreditava até algum tempo atrás.

Baseados nesses conceitos errôneos surgiram ideias como as de que o bebê ao nascer precisava se manter em locais com pouca iluminação e estimulações auditivas, visuais, olfativas ou mesmo táteis para ir se "adaptando ao ambiente" (Pantano, 2009).

Hoje, a partir de diversos estudos, sabe-se que o cérebro dos bebês recebe uma gama imensa de estimulações ainda intraútero e que a partir desses estímulos os bebês já desenvolvem conceitos físicos e biológicos, chegando a desenvolverem relações de causa e efeito, quantidade (comprovadamente até três [Boonn et al, 2019; Hevia et al, 2017]) e com relação à língua em que estão inseridos (Frederici, 2005). Para o bebê a manutenção dos estímulos com luz e sombra, estimulações auditivas e sensoriais devem ser mantidas para o reforço e a intensificação dos registros de memórias sensoriais que os bebês já começaram a construir ainda intraútero. No entanto, devem ser respeitados parâmetros como frequência vigília-sono e de intensidade dos estímulos apresentados, uma vez que intraútero o bebê recebe esses estímulos com intensidade reduzida. A manutenção desses estímulos após o nascimento comprovadamente traz ao bebê satisfação e conforto (Pantano, 2010).

Dessa forma, desde as primeiras horas de vida observam-se a respostas dos bebês a estímulos ambientais. A partir da observação de parâmetros como mudanças nos padrões de sucção não nutritiva, processos relacionados à habituação e à expectativa visual. Podemos então conceber o cérebro dos bebês como ávidos para receberem estímulos ambientais e processá-los desde que sejam respeitadas as questões de ordem de apresentação, quantidade, velocidade e principalmente ritmo.

Sabe-se, por exemplo, que os bebês têm preferência (melhor qualidade de respostas) a sons da fala humana do que a ruídos do ambiente; apresentam desde os primeiros dias de vida, noções intuitivas de quantidade; apresentam eventos de memória a sons; reconhecimento de traços mínimos de forma acústica e preferências sensoriais relacionadas, por exemplo, a formas arredondadas e objetos simétricos e em movimento (Hevia et al, 2014).

Como durante toda a gestação o cérebro do bebê recebeu e processou estímulos ambientais (ainda que reduzidos ou distorcidos) esse já se encontra preparado para reforçar as sinapses que já foram estabelecidas a partir do período gestacional, uma vez que o cérebro dos bebês ao nascer conta com uma superprodução de sinapses que serão seletivamente perdidas. A experiência e a estimulação reforçam as sinapses já estabelecidas, ou seja, "a aprendizagem modifica a estrutura física do cérebro" (Pantano, 2009) e favorece a formação de novas sinapses.

Porém ao mesmo tempo devemos considerar que há predisposições temporais para algumas aprendizagens. Por exemplo, há períodos críticos que acontecem em idades distintas em diferentes partes do cérebro. Assim, por exemplo, estímulos visuais apresentam uma seleção nos primeiros meses de vida e ocorre, durante os primeiros anos, um amadurecimento dessas vias. Com relação aos estímulos auditivos, têm uma seleção refinada deles ocorrendo com maior refino por parte do cérebro nos primeiros meses de vida, e até a adolescência temos então um refino e aumento do aprimoramento dessas vias. Já as funções executivas, que se localizam prioritariamente nos lobos frontais, essas têm um aumento sináptico significativo até os 5 ou 6 anos e até a adolescência temos o seu refino e aprimoramento (Kandel et al, 2003).

Esses estudos nos indicam que partes diferentes estão preparadas para aprender em tempos diferentes, e principalmente que a estimulação deve ser gradual e levar em conta o conhecimento de base – auxiliando assim a formação de novas conexões. Qualquer processo de aprendizagem deve considerar essas etapas e períodos para a estimulação.

2.1 Qual a capacidade do nosso cérebro?

Os estudos cerebrais sempre foram alvo de interesse e crítica entre os pesquisadores. Diferentes metodologias e abordagens, precipitação na divulgação de conhecimentos científicos sem uma comprovação direta (seja por caracterizar pequenas populações ou por caracterizar populações muito específicas com resultados que não poderiam ser generalizados), além de inúmeros outros fatores que resultaram em diversos mitos do funcionamento cerebral.

Um dos grandes mitos envolvidos nesse processo custou e ainda custa muito para a aprendizagem em si e envolve a ideia de que teríamos uma capacidade cerebral ilimitada e subutilizada. Esses conceitos se deram a partir de estudos de caso único (que envolviam lesões em áreas que aparentemente não tinham "utilidade") além de observações comportamentais. Por exemplo, quando observamos uma criança em desenvolvimento típico vemos aquisições em velocidade e ritmos constantes e intensos que reforçam esses conceitos se forem considerados como parâmetro apenas a observação do comportamento.

Foi a partir desses conceitos errôneos que a sociedade começou a pensar que tínhamos que estimular cada vez mais o cérebro já que trabalhávamos somente com 20% da capacidade cerebral. Sem dúvida precisamos rever esses conceitos. Partimos de alguns princípios básicos e concordamos que o cérebro tem uma capacidade fantástica e a compreensão de seu funcionamento ainda depende de inúmeros estudos para poder considerar a sua abrangência. A estimulação também é, com certeza, fundamental para construir e elaborar processos cerebrais cada vez mais complexos.

Porém, o cérebro também tem inúmeras limitações no seu funcionamento e se não considerarmos essas limitações não conseguiremos alcançar a abrangência necessária para que as estimulações possam ter significados reais e efetivos para o processamento cerebral, tornando-se assim aprendizagens significativas.

2.1.1 Limitações da aprendizagem pelas emoções

Ao contrário do que se pensava o cérebro não é "louco por aprender". Em primeiro lugar o cérebro prioriza toda a energia necessária para a sobrevivência. Manter-se vivo é a prioridade do corpo e do cérebro como um todo. O segundo aspecto prioritário para o processamento cerebral são o processamento das emoções.

Emoções são processos biológicos com reações físicas diretamente relacionadas a elas. Dessa forma alguns estudos conseguem definir movimentos musculares que se referem a abertura ocular e palpebral, movimentos de boca e até mesmo posicionamento de cabeça diretamente relacionados a apresentação das emoções. As emoções, ao contrário do afeto e sentimento, são processos cerebrais cujas reações independem da cultura inserida e chegam a ser até mesmo interespécie com relação a sua apresentação física.

A falta de regulação emocional interfere em diversos ambientes e contextos, porém no contexto educacional, são inúmeros os exemplos de situações em que a emoção intensa bloqueia ou mesmo impede a aprendizagem. Aquele "branco" que surge em situações de prova, a festa de aniversário depois da aula que impede o foco atencional, o encontro inesperado com alguém que mexeu emocionalmente com a pessoa, uma briga/discussão mais intensa dos pais... Todas essas situações listadas acima têm um impacto direto na aprendizagem deixando-a literalmente para um segundo plano em termos de processamento cerebral.

Se o nosso cérebro estiver bem e estável emocionalmente a aprendizagem formal e escolar da forma como a conhecemos e estruturamos pode acontecer. Portanto temos aí mais uma limitação do processo cerebral. Sem o controle emocional os recursos cognitivos deslocados para a aprendizagem tornam-se bastante limitados.

Uma vez que temos processos de regulação emocional que devem ser organizados para que os processamentos da aprendizagem formal possam ocorrer, precisamos considerar que uma das primeiras aprendizagens que devemos ter é a aprendizagem da regulação emocional (Gross &Thompson, 2007). Essa aprendizagem deve ser considerada no contexto educacional dentro das suas possibilidades maturacionais no cérebro.

Essa regulação depende diretamente de mecanismos de autorregulação e controle das funções executivas que se iniciam de forma mais intensa aos 5/6 anos de vida e encerram-se por volta dos 24 anos (Kandel et al, 2003). Trata-se, portanto de um processo bastante longo com uma série de peculiaridades.

O início da maturação das funções executivas mais tardias explica sem dúvida a dependência que as crianças antes dos 5/6 anos apresentam do controle emocional externo. Esse mecanismo, ao contrário do que possa parecer, é extremamente condizente com o desenvolvimento. Até que possam ter memórias a longo-prazo suficientes para o reconhecimento e autocontrole das suas próprias emoções, não seria necessário um controle dessas memórias (funções executivas).

Qual se torna então o papel da escola e dos diversos ambientes que a criança convive frente a essa maturação tardia dos processos autorregulação emocional? Promover a atenção a situações de conflito e que envolvam diretamente as emoções, para que as crianças possam construir memórias e experiências saudáveis de autocontrole emocional. Dessa forma com a maturação das funções executivas seria possível fornecer a matéria-prima para que a autorregulação possa começar a acontecer.

2.1.2 Limitações na memória operacional

Assim que a informação sensorial acessa o nosso cérebro e é integrada com relação aos seus traços sensoriais essa informação começa a ser estocada em memórias a longo-prazo. Uma função executiva (sediada em áreas pré-frontais do nosso cérebro) muito importante para o acesso a informações a longo-prazo e, principalmente a significação dessas informações em função da demanda do ambiente é a Memória Operacional.

O conceito de memória operacional (Baddeley & Hitch, 1974; Baddeley, 1986, 1992,2000; Baddeley & Della Sala, 1996) envolve um armazenamento dinâmico de informações enquanto a atribuição de significados ou mesmo a manipulação de informações (classificações em campos semânticos, agrupamentos, seriações) acontece. É uma memória fundamental para a aprendizagem e a linguagem e envolve a manipulação de imagens (alça visoespacial), sons (alça fonológica) e a relação dessas informações dentro de contextos que envolvam espaço-tempo (alça episódica).

Figura 2 – Imagem retirada de Baddeley (2003)

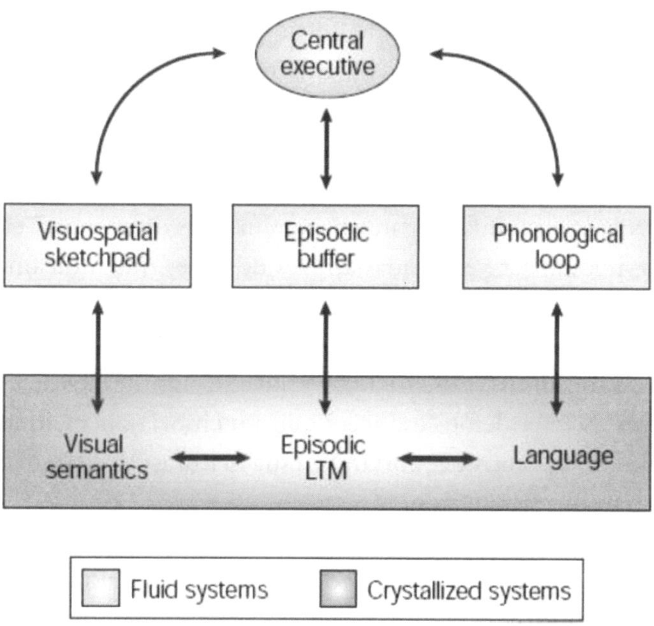

Fonte: Baddeley, 2003.

Essa memória é extremamente fluida e envolve a transformação e a modificação constantes de informações a serem significadas. Para que o significado de uma informação possa ser ativado é necessária a ativação das memórias a longo-prazo. Assim a memória operacional mantém uma informação estocada enquanto acessa as memórias a longo-prazo do próprio sujeito para que possa reorganizá-las através de uma organização mais significativa, seja através de um agrupamento diferente ou da atribuição de significados.

É por isso que quando o professor pede para repetirmos uma série de números podemos repeti-los, porém com agrupamentos entre os números bastante diferentes daqueles que foram pronunciados pelo professor. Da mesma forma que "quem conta um conto aumenta um ponto" – reconstruímos as histórias e situações ouvidas de acordo com os nossos referencias de significados e não aqueles da pessoa que nos contou.

Essa caraterística fluida da memória operacional faz com que a sua sede seja em áreas pré-frontais do cérebro, porém a sua ação envolve o acesso à áreas cerebrais bastantes amplas. É essa memória a responsável direta por processar informações relacionadas à fala e à linguagem, atribuindo significados e armazenando dados, que posteriormente serão armazenados nas memórias de longo-prazo.

Porém, aqui temos mais uma restrição do nosso funcionamento cerebral. Mesmo sendo responsável por tantos processamentos cerebrais que envolvem as relações interpessoais e a aprendizagem, sua capacidade é bastante restrita. Essa limitação que apresenta um aumento durante o desenvolvimento infantil, até chegar em mais ou menos 7 elementos no adulto, podem ser verificadas através de testes que indicam a sua capacidade de retenção conhecida como testes de "*spam*" (Baddeley, 2007).

Como sempre a chave para lidarmos com essa limitação é aprendermos a significar, contextualizar e atribuir significados de forma diversa e efetiva. Não podemos esquecer que a memória operacional também é uma função executiva e, portanto, a sua maturação também é bem tardia e isso tem um significado.

Antes de aprender a significar e manipular uma informação, é necessário ter informações estocadas com uma riqueza de conexões entre essas informações. Ou seja, para que a memória operacional possa trabalhar é necessário que tenha elementos para o seu trabalho. Cabe ao ambiente escolar e social, em que as crianças estão inseridas, contextualizar e formar memórias significativas com altas correlações de informações emocionais e sensoriais associadas a elas. Devemos propiciar condições para que o cérebro possa "aprender a aprender", ou seja, possa aprender a relacionar informações armazenadas com outras informações sensoriais e emocionais também armazenadas, associando ainda mais essas informações.

Esse processo deve ser estimulado durante toda a vida escolar, porém, os primeiros anos são fundamentais para que o cérebro possa escolher vias e um processamento que envolva o maior número de conexões possíveis (podas neuronais).

As memórias a longo-prazo também possuem limitações importantes. Para uma informação poder ser estocada precisamos de 15 minutos a 1 hora para começarmos a tornar a sinapse (memórias explícitas) mais estável (fenômeno físico), caso esse processo seja interrompido antes desse período perde-se a informação a ser armazenada (Kandel et el, 2003). Da mesma forma, a capacidade do hipocampo (estrutura que ajuda a estabilizar e formar memórias a longo-prazo) também é restrita e a maior parte dessas memórias se formam durante o sono REM (*rapid eyes moviment*).

Como essas limitações impactam a aprendizagem? Devemos considerar a aprendizagem um processo. Não é porque vemos, ouvimos ou lemos alguma coisa que a memória será estocada. É necessário um trabalho intenso de significação da informação para que ela possa adquirir e se relacionar com informações diversas, sejam essas informações de origem sensorial, cognitiva ou emocional. Isso é um treino constante que deve se iniciar desde os primeiros anos de vida escolar. As informações não devem ser estocadas sem referenciais claros do significado emocional, sensorial e cognitivo dessas informações. A criança deve tornar isso um hábito.

O professor precisa ressignificar a aprendizagem frente a esses novos parâmetros de funcionamento cerebral. Crianças que tenham dificuldades de aprendizagem, ou mesmo transtornos de aprendizagem, têm essas limitações cerebrais ainda mais intensificadas e, a chave da inclusão é tornar a aprendizagem possível a todos.

Se aprender já é um processo complexo no desenvolvimento típico o que podemos dizer dos nossos alunos que temporariamente ou mesmo de forma permanente estão dentro de processos de inclusão? Frente a esse contexto precisamos parar e repensar o contexto educacional e, principalmente, a estrutura e organização da apresentação de conteúdos aos alunos. Como ministrar aulas longas e com grande quantidade de informações novas sem considerar a organização e o significado individual que está sendo atribuído pela memória operacional? Como provocar reforço e estabilização dessas informações permitindo a organização do material a ser registrado? Como fornecer o tempo necessário para a estabilização de memórias sem sobrecarregar o aluno com informações?

O professor deve considerar o processamento da aprendizagem como fruto e processos internos e externos que possuem as suas limitações e, por isso, devemos incorporar na nossa rotina pedagógica a necessidade de considerá-las dentro dos planejamentos pedagógicos e na estruturação do ambiente para a aprendizagem.

Devemos nos preocupar com o direcionamento da atenção e do interesse dos nossos alunos. Os contextos e temáticas da aprendizagem devem estar diretamente relacionados aos interesses e a relevância que eles atribuem para as informações a serem trabalhadas. A regra é a mesma para alunos de inclusão ou para crianças sem dificuldades na situação de ensino: promover a necessidade de adquirir habilidades e conhecimentos, instigar, perguntar, provocar situações com pares para que a curiosidade, criatividade e possibilidades de resolução de situações com os próprios recursos cognitivos e emocionais possam ser alcançados.

O contexto da educação deve envolver múltiplos canais sensoriais, e o movimento deve ser considerado um canal sensorial muito importante para o contexto educacional. Isso não quer dizer que os alunos devam ficar circulando durante a prática pedagógica, mas podem ter movimentos de mãos associados a situações que envolvam o direcionamento da atenção, seja através de desenhos, massinhas ou nos mais velhos a escrita de informações significativas para o cérebro. Podemos também pensar em momentos que envolvam a reflexão da aplicação prática dos conteúdos fora do ambiente de classe, pedindo a observação da vida prática por pequenos grupos e trazendo para a discussão em sala de aula.

Isso é muito diferente de copiar da lousa ou anotar o que o professor fala. A escrita deve sair de uma atividade automatizada e envolver uma ativação cerebral da memória operacional para atribuição de significados e a construção de unidades.

Para a pré-escola os programas de estimulação devem se basear no nível de desenvolvimento atual da criança. A preocupação com oportunidades para a exploração lúdica e motora da criança em situações individuais deve ser sempre mediada pela linguagem, trazendo a consciência das reflexões, sejam elas de ordem emocional ou cognitiva. As aquisições individuais ou em grupo devem envolver a aquisição de conceitos e a integração de aprendizagens através da exploração motora, sensorial, social e emocional.

Bibliografia

Baddeley, A. D. (2007). *Oxford psychology series (Vol. 45). Working memory, thought, and action.* Oxford University Press.

Baddeley, A. D. (2003). Working memory: an overview. In S. J. Pickering (Org). *Working memory and education.* Amsterdam: Elsevier Press.

Baddeley, A. D. (2006). Working Memory and Language: an overview. *J. Com. Disorders, 36*, 189-208.

Baddeley, A. D. (2000). The episodic buffer: a new component of working memory? *Trends Cognitive Sci., 4*, 417-423.

Baddeley, A. D. (1996). Exploring the central executive. *Quarterly J. Exp. Psychol., 49*, 5-28.

Baddeley, A. D. (1992). Working memory. *Science, 255*, 556-559.

Baddeley, A. D. (1986). *Working memory.* Oxford, England: Oxford University Press.

Baddeley, A. D., & Hitch, G. (1974). Working Memory. In G. A. Bower. (Ed). *Recent advances in learning and motivation.* New York: Academic Press.

Baddeley, A.D., Gathercole, S., & Papagno, C. (1998). The phonological loop as a language learning device. *Psychol. Rev., 105*, 158-173.

Bonn, C. D. et al. (2019, October 01). The Association of Brightness with Number: duration in Human. *Newborns, 14*(10).

Friederici, A. D. (2005, October). Neurophysiological markers of early language acquisition: from syllables to sentences. *Trends Cogn Sci.,* 9(10), 481-8.

Gross, J. J., & Thompson, R. A. (2007). *Emotion Regulation: Conceptual Foundations.* In J. J. Gross (Ed.), *Handbook of emotion regulation* (pp. 3-24). The Guilford Press.

Hevia, M D. et al. (2017, January). Perceiving Numerosity From Birth. *Behav Brain Sci., 40*(169).

Hevia, M.D. et al. (2014, April 01). A Representations of Space. *Time, and Number in Neonates, 111*(13), 4809-13.

Kandel, E. R. (2007). *En busca de la memoria: el nacimento de una nueva ciencia de la mente.* Katz editores. S.A. Barcelona.

Kandel, E. R., Schwartz, J. H., & Jessell, T. M. (2003). Princípios de neurociência. Manole editorial. São Paulo.

Kovelman, I. et al. (2015, March). Multimodal Imaging of temporal processing in Typical and atypical language development. *Ann N Y Acad Sci., 1337*(1), 7-15.

Pantano, T., & Zorzi, J. L. (Orgs.). (2009). *Neurociências aplicada a Aprendizagem* (Vol. 1, p. 190). São José dos Campos: Pulso Editorial.

Pantano, T. (2010, Janeiro). Neurociências e Educação. *Revista Aprendizagem,* 54-56.

Pantano, T. et al (2020). Funções cognitivas fundamentais para a aprendizagem: processamentos auditivo e visual, atenção, memória, linguagem e funções executivas. In A. D. P. Serafim, C. C. A. Rocca, P. D. Gonçalves, P. D. (Orgs.). *Intervenções Neuropsicológicas em saúde Mental* (1a ed., pp. 201-213). Barueri: Editora Manole Ltda.

Streri, A. et al (2013, February 27). *What Do We Know About Neonatal Cognition? 3*(1), 154-69.

CAPÍTULO 34

Pequeno traçar acerca da história das universidades, os sistemas de ensino: francês, alemão e americano na educação brasileira, a história do EaD

Ítalu Bruno Colares de Oliveira

1. Introdução

O ensino a distância (EAD) está associado ao desenvolvimento de interfaces que possibilitem o relacionamento entre atores. Atualmente, os meios podem ser de comunicação assíncrona, (ex: email) ou síncrona (ex: áudio e vídeo conferência). O uso de ambientes virtuais multiutilizadores permitem aos participantes interagirem com naturalidade, pois torna possível a comunicação visual, textual e até mesmo verbal. A interação contribui para a compreensão e reflexão das novas dinâmicas socioculturais e econômicas promovidas pela digitalização, especialmente as midiáticas, no EAD.

A partir do século XIX, o EAD começou a ser utilizado em vários outros países como solução para que pessoas que viviam distantes de instituições de ensino pudessem aprender. Além de novos cursos nos Estados Unidos, Suécia e Alemanha, surgiram também iniciativas na França, na antiga União Soviética, Japão, Austrália, Noruega, África do Sul, Argentina, Espanha e muitos outros países. No começo, os cursos EAD eram voltados para aperfeiçoamento profissional ou ofereciam conteúdo complementar da formação universitária. Com o passar do tempo, foi se tornando possível fazer até uma graduação completa a distância. Apoiando-se na dificuldade de levar o conhecimento a regiões mais afastadas do país, instituições conceituadas aderiram a esse modelo de ensino e passaram a oferecer cursos dessa natureza, realizados total ou parcialmente a distância. Em meio a uma sociedade cada vez mais interconectada por redes de tecnologia digital, cursos não presenciais são criados e difundidos rapidamente por meio da internet, rompendo uma das principais barreiras do EAD realizado por meio de veículos como correio, rádio ou televisão: a completa falta de interatividade no processo. Mesmo com a história por traz do EAD ainda existe preconceito com relação a essa modalidade de Ensino. Esse preconceito tem diminuído de forma considerável nos últimos anos.

Esse artigo tem o objetivo de criar uma discussão acerca dos preconceitos sustentados por boa parte da população brasileira, que coloca o EAD como um sistema de ensino sem critérios e depreciativo. Serão analisadas as duas modalidades, levando em consideração a história do nascimento das primeiras universidades e de forma técnica suas características lado a lado.

2.1 A história das universidades e as concepções: francesa, alemã e americana no ensino brasileiro

2.1.1 Conhecendo um pouco da história por trás das primeiras universidades

Dando um mergulho na história das universidades, vemos que desde a criação das primeiras universidades, nos séculos XII e XIII, na idade média, como a Universidade de Bolonha, criada em 1190, a Universidade de Oxford, fundada em 1914, e a Universidade de Paris criada em 1215, esta instituição social vem tentando conquistar sua autonomia, primeiramente, diante do poder da Igreja, pois a universidade Medieval se estruturou fundamentalmente como uma corporação sob o controle da Igreja.

A partir do século XV, com a emergência dos Estados nacionais, a universidade passou a ser controlada pelo poder do Estado. A reforma protestante cinde a dinâmica da instituição, rompendo com o monopólio da Igreja, mas a reação da contra reforma teve uma forte influência, sobretudo na península Ibérica e em suas colônias.

No final do século XVIII, a universidade iluminista foi sacudida pela revolução de 1789, antiuniversitária por excelência, pois condenou a instituição universitária como sendo um aparato do regime antigo, colocando em seu lugar escolas profissionais de ensino superior. Da França e da Prússia surgiram, no início do século XIX, as primeiras modernas e laicas: a napoleônica, a de Berlim, com ênfase na integração entre o ensino e a pesquisa e na busca da autonomia intelectual diante do Estado e da Igreja. Nesse sentido, a universidade desde os seus primórdios, enquanto instituição, vem buscando conquistar tal autonomia, sendo que a história da universidade se confunde com a sua luta pela conquista da autonomia acadêmica, didática e administrativa.

As faculdades e universidades se moldaram conforme as instituições de ensino do século XIV, mesmo com as diversas mídias digitais acessíveis para os nichos empresariais e educacionais, essas permanecem neste mesmo modelo retrógrado. A verdade é que as instituições de ensino aplicaram essas diversas mídias e tecnologias a esse modelo. O retrogrado nunca saiu do bojo das universidades. O EAD veio como um artigo de luxo sem que o retrógrado fosse substituído. O mais interessante disso é que a cada dia que passa surgem programas que exigem cada vez menos dos estudantes. As universidades não deixam o retrógrado, porém cada vez mais nascem programas que fogem do padrão universitário, exigindo menos dos seus estudantes. O que prejudica também a qualidade dos nossos futuros professores e com certeza criará profissionais cada vez menos qualificados para o mercado. Enquanto isso, mesmo as universidades que no fundo demonizam o EAD, por meio de sua publicidade a divulgam para aumentarem seus rendimentos. As igrejas deram origem às primeiras universidades. Mesmo hoje no século XXI temos várias universidades mantidas por igrejas. Na verdade no Brasil existe uma luta travada até hoje para desvincular isso.

2.1.2 O Século XIX e o surgimento de modelos distintos de educação Superior

Data da primeira metade do século XIX, o surgimento dos dois modelos distintos de ensino superior – o alemão e o francês – que terão uma influência significativa sobre a concepção e estrutura do ensino superior no Brasil.

2.1.3 A Concepção Francesa de Ensino

O padrão francês napoleônico influenciou as universidades tradicionais da América Espanhola e inspirou a formação tardia das primeiras faculdades profissionais no Brasil, no Século XIX. As primeiras universidade propriamente ditas no Brasil se formaram na primeira metade do Século XX, sob as influencias dos modelos francês e alemão, como foi o caso da universidade do Rio de Janeiro (URJ), criada em 1920 e da Universidade de São Paulo (USP), fundada em 1934, embora antes tivessem sido criadas universidades privadas efêmeras, tais como a de Manaus, surgida em 1909 e extinta em 1926, a de São Paulo, originada em 1911 e extinta em 1917 e a do Paraná, criada em 1912 e extinta em 1915.

O Ensino Superior francês da primeira metade do século XIX apresenta uma grande singularidade em relação a todos os outros países Europeus, na medida em que Napoleão aboliu as universidades pela Convenção de 15 de setembro de 1973. As universidades eram mal vistas pelos revolucionários franceses, devido ao espírito coorporativo quase medieval nelas existente, e á ênfase na cultura clássica, que impedia a entrada das ciências experimentais e do enciclopedismo. Em síntese, a universidade francesa era vista como um "aparelho ideológico do Antigo Regime".

Nesse sentido, a primeira e principal ideia adotada para o ensino superior brasileiro, desde a chegada da Corte Portuguesa ao Rio de Janeiro, foi a recusa da criação de uma universidade, havendo fundação de faculdades isoladas. Essa posição foi assumida por muitos governantes brasileiros, fazendo com que a Assembleia Geral Legislativa deixasse de aprovar 42 projetos de criação de uma universidade no período Imperial.

A influência francesa sobre a concepção organizacional (institucional) da educação superior brasileira pode ser detectada, sobretudo no Rio de Janeiro, mais do que em São Paulo. Isto porque o modelo napoleônico de universidade, caracterizado por escolas isoladas de cunho profissionalizante, com dissociação entre ensino e pesquisa e grande centralização estatal, marcou profundamente a organização da universidade do Rio de Janeiro. Não houve, como em São Paulo, a preocupação de introduzir a pesquisa como uma das principais finalidades da universidade, nem com a constituição de uma faculdade de filosofia, ciências e letras – entendida como o coração da universidade, como centro integrador da ideia de universidade, responsável pela ciência livre e desinteressada – características do modelo universitário alemão do século XIX, que influenciou a organização da USP.

2.1.4 A concepção alemã de ensino

As faculdades de Filosofia, Ciências e Letras que, nas universidades alemãs, representam o órgão universitário por excelência, integrador das demais atividades e fontes de pesquisas inovadoras, na França não preencheram essa função, situando-se na hierarquia cientifica abaixo das escolas especializadas. Isso se verifica em vários níveis: nos custos, e na duração maior dos estudos de Direito e de Medicina, por exemplo, em relação aos das faculdades de Letras e Ciências; nas origens sociais dos estudantes, provenientes das classes menos favorecidas, no caso dessas ultimas; e nos salários dos decentes, maiores e mais compensadores no caso das faculdades profissionais (Charle & Verger, 1996, p 78-79).

Mais uma vez aqui encontramos uma proximidade entre a estrutura da universidade francesa e da URJ, que ao contrário da USP, não possuía uma faculdade de filosofia, ciências e letras nos moldes aproximativos do modelo alemão. A Faculdade Nacional de Filosofia, Ciências e Letras da URJ, instituída pela Lei nº 425 de 1937, sempre se caracterizou pelo enfoque no ensino profissionalizante, sem o desenvolvimento de uma tradição em pesquisa na área de humanidades, não exercendo o papel de órgão integrador por excelência das atividades universitárias.

O caráter fragmentado e profissionalizante das instituições brasileiras de ensino superior vinha recebendo críticas desde a época imperial, críticas estas que se dirigiram as primeiras universidades criadas no século XX, como a do Rio de Janeiro. Em 1926, Fernando de Azevedo, um dos principais idealizadores da USP, defendia a ideia de integração da instituição universitária, com a ultrapassagem da mera formação profissional e especializada, através da criação da Faculdade de Filosofia, Ciências e Letras (FFCL). Ele denunciava a insuficiência das escolas profissionais, meras transmissoras de um saber não superior porque estritamente especializado e comprometido com aplicações imediatas. Defendia um cultivo de um saber livre e desinteressado, capaz de contribuir para o progresso da nacionalidade em formação e para o enriquecimento da educação. Somente uma universidade que cultivasse esses valores poderia ser eficaz na formação das novas elites dirigentes. A FFCL seria o local onde se desenvolveriam os estudos da cultura livre e desinteressada. Ela seria o lócus do curso básico, preparatório para todas as escolas profissionais.

Dos modelos de universidade instituídos a partir do século XVIII na Europa, o que mais se assemelha a esta concepção de universidade como formadora de elites dirigentes com base na constituição de uma faculdade de Filosofia, Ciências e Letras como órgão central do Ensino Superior e com consequente ênfase na formação cientifica de cunho humanista, não pragmático, é o modelo alemão.

A criação da Universidade de Berlim, em 1810, representou um marco fundamental para a concepção moderna de universidade. Foi precedida por uma reflexão teórica da qual fizeram parte filósofos, como Fiche, Shelling e Scheleiermacher e filólogos, como Wolf e Gulhermo de Humboldt, o verdadeiro fundador da universidade de Berlim. Segundo Humboldt, em seus escritos concebe o trabalho científico como livre de quaisquer tipos de injunções e pressões como do estado, da igreja e outras demandas externas ao campo acadêmico e universitário.

Segundo a concepção alemã do século XIX, para que a universidade desempenhe plenamente o seu papel, ela deve ser autônoma, embora sua existência dependa economicamente do Estado. Nesse sentido, num estado que limite a liberdade de ensino e de pesquisa, que impeça a busca e a transmissão incessante da verdade cientifica, não será possível a existência de uma autêntica universidade. Ainda segundo esta concepção, existe uma preocupação fundamental com a formação integral e humanista do homem, ao invés da formação meramente profissional, voltada para o mercado de trabalho.

2.1.5 As diferenças entre as concepções francesa e alemã de ensino

Encontramos acentuadas divergências entre as concepções alemã e francesa de universidade. O modelo alemão enfatiza a importância da pesquisa na universidade, e mais do que isso, da indissociabilidade entre ensino, pesquisa e formação; ao passo que, no modelo francês, a pesquisa não é tarefa primordial da universidade, havendo dissociação entre universidades, que se dedicam fundamentalmente ao ensino, e "grandes escolas", voltadas para a pesquisa e formação profissional de alto nível.

Enquanto o modelo francês se volta para a formação especializada e profissionalizante, via escolas isoladas: o alemão enfatiza a formação geral, cientifica e humanista, com enfoque na totalidade e universalidade do saber e na consequente importância da Faculdade de Filosofia, Ciências e Letras como órgão central da universidade. Enquanto a universidade desde o tempo de Napoleão é mantida e dirigida pelo Estado, tornando-se uma espécie de aparelho ideológico deste, com pequena autonomia frente aos poderes políticos. A universidade alemã, embora sendo instituição mantida pelo Estado, conservou uma parte notável do seu caráter coorporativo e deliberativo, gozando de liberdade de ensino e de pesquisa nas suas primeiras décadas de funcionamento, no século XIX. Enquanto a *inteligenzia frencesa* possuía um forte vínculo com o Estado, os intelectuais alemães mantinham uma posição de maior independência frente aos poderes políticos.

Apesar das diferenças existentes entre a concepção francesa e a alemã, em ambas houve a preocupação com a afirmação da nacionalidade. No primeiro caso, esta preocupação conduziu a uma visão mais pragmática de universidade, voltada para os problemas econômicos, políticos e sociais emergentes, em um "autoritarismo". No modelo alemão a preocupação com a constituição da nacionalidade se deu numa chave liberal-elitista, com maior autonomia da universidade diante do estado, desembocando numa concepção mais idealista, acadêmica, e menos pragmática. Estas características podem ser encontradas no discurso e nas propostas dos fundadores da USP (Paula, 2002a).

Poderíamos dizer que a URJ teve forte influência do modelo francês, pois desde sua criação, teve um cunho fundamentalmente profissionalizante, que desenvolveu por décadas, estando muito próxima do estado e mantendo com ele uma relação de cumplicidade; a USP recebeu influências das concepções francesa e alemã, pois essa universidade nasceu, conjuntamente com a sua faculdade de filosofia, ciências e letras, voltando-se não apenas para o ensino, como também para a pesquisa, e buscando autonomia intelectual diante da igreja e do Estado (Paula, 2002b). O sistema de ensino se volta à pesquisa e à produção cientifica. As universidades sob esse sistema quase não existem no Brasil.

2.1.6 A concepção americana de ensino

No Brasil em 1964, as reivindicações do movimento estudantil e dos professores mais progressistas, identificados com a reformulação estrutural da universidade e da sociedade brasileiras, foram absorvidos pelos técnicos do MEC e pelos consultores norte-americanos que os auxiliaram as reformas as universidades brasileiras. Após os acordos com MEC-USAID, respectivamente de 1965 e 1967, e do relatório atcon, de 1966, a influência norte americana sobre a universidade brasileira se fez sentir de forma mais acentuada.

Nesse sentido, a concepção norte americana influenciou não apenas as universidades europeias, como a alemã, mas também as universidades latino-americanas, como as brasileiras. No Brasil, esta concepção está amplamente difundida na reforma universitária de 1968, atingindo a estrutura organizacional e as finalidades de todas as universidades.

No modelo Norte Americano, a instituição universitária procura associar os aspectos ideais (ensino e pesquisa) aos funcionais (serviços), estruturando-se de tal maneira que possam se ajustar às necessidades da massificação da educação superior e da sociedade de consumo. Ao adotar a forma presencial, boa parte das universidades procuram atender aos interesses imediatos do setor produtivo, do estado e da sociedade, produzindo especialistas, conhecimento tecnológico e aplicado, pesquisas de interesse utilitário e serviços de uma maneira em geral. O ideal da concepção alemã de universidade, voltada para a formação humanista, integral e desinteressada do homem, é crescentemente substituída pela racionalização instrumental e pela fragmentação do trabalho intelectual.

2.2 A história do EAD no Brasil aplicado para transmitir o conhecimento

2.2.1 O Preconceito contra a Educação a distância

O preconceito em relação ao ensino a distância (EAD) tem diminuído de forma considerável nos últimos anos. Apoiando-se na dificuldade de levar o conhecimento à regiões mais afastadas do país, instituições conceituadas aderiram a esse modelo de ensino e passaram a oferecer cursos dessa natureza, realizados total ou parcialmente a distância. Em meio a uma sociedade cada vez mais interconectada por redes de tecnologia digital, cursos não presenciais são criados e difundidos rapidamente por meio da internet, rompendo uma das principais barreiras do EAD realizado por meio de veículos como correio, rádio ou televisão: a completa falta de interatividade no processo. Exemplos comuns dessa tecnologia são os sistemas de videoconferência nos quais sinais de áudio e vídeo, são transmitidos via satélite ou por meio de uma rede de computadores. O canal de comunicação da Escola Politécnica da Universidade de São Paulo (Interlab[1]), estabelecido entre os participantes possibilita ver e ouvir simultaneamente uns aos outros, em tempo real e de forma interativa. Ferramentas dessa natureza são muito utilizadas em cursos não presenciais. O aumento da interatividade na relação professor-aluno (ou aluno-aluno) pode contribuir com a busca de soluções para um dos grandes desafios de pesquisadores ligados ao EAD – aumentar a sensação de presença dos envolvidos no processo.

2.2.2 A História do EAD no Mundo

O local: a cidade de Boston, nos Estados Unidos. O ano: 1728. Se você estivesse por lá, folheando o jornal da cidade, teria se deparado com um anúncio inusitado. O professor Caleb Phillips oferecia um curso de Taquigrafia (uma técnica para escrever à mão de forma rápida, usando códigos e abreviações) para alunos em todo o país, com materiais enviados semanalmente pelo correio. Este foi o primeiro registro de um curso a distância.

Mais de cem anos depois, em 1833, na Suécia, a universidade da cidade de Lund oferecia um curso de composição por correspondência. Em 1840, na Inglaterra, começava um curso também de Taquigrafia de passagens bíblicas, em que o professor Isaac Pitman incentivava os alunos a escreverem postais com textos abreviados, como ensinado no curso.

E se hoje podemos aprender uma nova língua conversando com professores pela internet, é interessante saber que as experiências pioneiras

[1] Av. Prof. Luciano Gualberto – 158 – trav. 3 – São Paulo (SP) – Brasil {silviorrs@usp.br, tori@acm.org} 2Centro Universitário Senac, Campus Santo Amaro – Av. Eng. Eusébio Steveaux – 823 – São Paulo (SP) – Brasil {acorrea@fundap.sp.gov.br} doi: 10.5335/rbca.2010.014 Revista Brasileira de Computação Aplicada (ISSN 2176-6649), Passo Fundo, v. 2, n. 2, p. 47-57, set. 2010 47

neste campo surgiram em 1856, na Alemanha. Ou seja, já era possível aprender outro idioma usando a metodologia do EAD a mais de 160 anos.

A partir do século XIX, o EAD começou a ser utilizado em vários outros países como solução para que pessoas que viviam distantes de instituições de ensino pudessem aprender. Além de novos cursos nos Estados Unidos, Suécia e Alemanha, surgiram também iniciativas na França, na antiga União Soviética, Japão, Austrália, Noruega, África do Sul, Argentina, Espanha e muitos outros países.

No começo, os cursos EAD eram voltados para aperfeiçoamento profissional ou ofereciam conteúdo complementar da formação universitária. Com o passar do tempo, foi se tornando possível fazer até uma graduação completa a distância.

Um ponto interessante é que o EAD sempre acompanha a evolução das tecnologias de comunicação. Se uma sala de aula presencial hoje é muito semelhante à de 200 anos atrás, não se pode dizer o mesmo do EAD. Veja como o formato tem evoluído: Até os anos 1910 havia cursos por correspondência baseados em materiais impressos. A partir da década de 1910 iniciou o uso de slides e audiovisuais como materiais adicionais. Nas décadas de 1910 até 1940, período que compreendeu as duas grandes guerras mundiais, o rádio foi utilizado para transmitir conteúdos. Na década de 1950, com a invenção da TV, começaram também as primeiras experiências de telecursos. A partir de 1970 as tecnologias deste período foram as TVs via satélite e a cabo, que também foram usadas para transmissão de conteúdo. E, por fim, na década de 1990 iniciaram dos cursos por computador (via CD-ROM) e depois pela internet.

2.2.3 A História do EAD no Brasil

Quem vê atualmente as pessoas aprendendo através do Ensino a Distância (EAD) em seus notebooks, tablets e celulares pode não ter ideia do quanto este campo mudou desde a sua criação.

Os registros mais remotos de uma experiência EAD são de um curso por correspondência em 1728. De lá para cá aconteceram muitas mudanças tecnológicas. Se no começo da história do EAD o foco estava nos cursos profissionalizantes, hoje essa modalidade está disponível para todos os níveis de escolaridade, desde o ensino fundamental até a pós-graduação. Alguns pontos permanecem intactos. Um deles é a separação física e temporal entre o professor e seus estudantes, que caracteriza o EAD. Outro é seu potencial de levar formação para pessoas que estão longe das universidades.

No Brasil, o EAD surgiu com cursos de qualificação profissional. O registro mais remoto data de 1904, com um anúncio nos classificados do Jornal do Brasil de um curso de datilografia (para usar máquinas de escrever) por correspondência.

Na década de 1920, o Brasil já contava com os primeiros cursos transmitidos pelas ondas do rádio, a novidade tecnológica da época. Os estudantes utilizavam material impresso para aprender Português, Francês e temas relacionados à radiodifusão.

Nas décadas de 1940 e 1950 começaram os cursos mais formais, sobre temas profissionalizantes, liderados pelo Instituto Monitor, depois pelo Instituto Universal Brasileiro e pela Universidade do Ar, patrocinada pelo Senac e pelo Sesc. Até hoje algumas dessas instituições permanecem ligadas à formação profissional através de cursos a distância.

Nas décadas de 1960 e 1970 surgem várias iniciativas de EAD em projetos para ampliar o acesso à educação, promover o letramento e a inclusão social de adultos. Com o passar do tempo, os cursos agregaram outros níveis de ensino, como o fundamental completo. E no final da década de 1970 começou em Brasília a primeira experiência de EAD nos cursos superiores.

Nesse período, muitos brasileiros já acompanhavam os telecursos, transmitidos pela TV. Esse modelo de EAD convivia com os formatos antigos, como o material impresso e o rádio, uma característica que se mantém até a década de 1990. Em meados da década, as instituições passam a utilizar a internet para publicar conteúdos e promover interações.

Foi nesse período que várias universidades formalizaram suas iniciativas EAD, até culminar com a criação, em 1996, da Secretaria de Educação a Distância (SEED), do Ministério da Educação (MEC). Naquele mesmo ano o EAD no Brasil passou a contar com uma legislação abrangente que hoje garante, por exemplo, a validade de diplomas emitidos pelos cursos nesta modalidade.

2.2.4 O EAD hoje no Brasil

Atualmente o EAD é uma modalidade consolidada no Brasil. São mais de 1.800 cursos, desde o ensino fundamental até a pós-graduação, que atendem quase 4 milhões de pessoas. As tecnologias baseadas na internet permitem a implantação de diferentes modelos de EAD, como por exemplo:

- Cursos predominantemente a distância, com encontros presenciais obrigatórios.
- Cursos semipresenciais, que promovem encontros semanais.
- Disciplinas a distância de cursos de graduação presenciais.

A tendência é que a experiência de aprendizagem seja cada vez mais híbrida. Ou seja, uma pessoa pode fazer um curso presencial e ter uma carga horária de atividades a distância. Um estudante EAD pode passar por uma experiência tão rica de contato com seus professores e colegas que acaba prevalecendo a sensação de presença e proximidade no processo de ensino e aprendizagem.

2.2.5 O Desenvolvimento do EAD no Brasil

Com tudo o que foi exposto até aqui, pode-se observar que mesmo as instituições com cursos presenciais estão cada vez mais usufruindo da tecnologia utilizada para o EAD. O ensino a distância tem servido todas as modalidades de ensino, criando assim um aumento das potencialidades de aprendizagem.

O crescente aumento de cursos realizados a distância faz surgirem constantemente novas estratégias de ensino, que exploram das mais diferentes formas as facilidades oferecidas pela tecnologia. Uma nova e ainda pouco explorada possibilidade é a utilização de ambientes virtuais tridimensionais como ferramenta de auxílio. Neste contexto, o presente trabalho relata uma experiência de EAD cujo objetivo é identificar características desses ambientes que possam ser exploradas na busca de contribuições ao ensino e aprendizado a distância.

O aumento da procura por cursos oferecidos a distância faz surgir novas estratégias de ensino, que exploram formas alternativas de levar o conhecimento a alunos que, por algum motivo, estão impossibilitados de comparecer a instituições de ensino. Cursos ministrados dentro de ambientes virtuais tridimensionais são exemplos dessas novas estratégias.

Com o objetivo de identificar características que diferenciam cursos apoiados nesse tipo de recurso e cursos ministrados com base em ferramentas convencionais foi realizado um experimento utilizando o ambiente *Second Life* com participantes ligados ao curso de Engenharia da Computação. Com base nas informações obtidas dos participantes foi possível extrair algumas conclusões. Características peculiares a ambientes tridimensionais, como a possibilidade de estar representado por um avatar e de interagir com um ambiente cuja estrutura remete a um espaço físico real, acentuam a sensação de presença dos alunos, quando comparada à sensação produzida em cursos a distância baseados em métodos e ferramentas convencionais. Como consequência, eleva-se o nível de envolvimento dos participantes.

Outros estudos são necessários para concluir se essa constatação pode proporcionar ganhos significativos para o aprendizado. Em caso positivo, deve-se também verificar se qualquer conteúdo é aplicável a qualquer público-alvo em ambientes dessa natureza. É provável que uma aula de história em que o aluno é convidado a caminhar entre as pirâmides do Egito possa ser bastante empolgante; um curso de teoria do direito, por sua vez, pode não ser tão atrativo. Embora encontrar os caminhos dentro do ambiente e deduzir as ações que os avatares devem praticar seja intuitivo, a dificuldade para identificar comandos que executem tais ações mostra que essa barreira pode tornar a experiência proibitiva ou bastante trabalhosa para alguns usuários.

Torna-se evidente a necessidade de elaboração de novos materiais que explorem essas novas ferramentas, o que recairá como uma carga extra de trabalho ao educador. Soluções que mapeiem conteúdos de ferramentas de EAD convencionais podem ser desejáveis para minimizar esse problema, pois alguns desses recursos, como atividades assíncronas (entrega de atividades para serem avaliadas posteriormente pelo professor) estão disponíveis nessas ferramentas. Interfaces de acesso a esses recursos a partir do ambiente 3D podem ser construídas.

Pretende-se, como trabalhos futuros, aplicar cursos experimentais que envolvam um número maior de participantes, além de integrar ao grupo alunos de outras áreas do conhecimento; ainda, elaborar cursos que explorem melhor os recursos oferecidos pelos ambientes tridimensionais (por exemplo, a possibilidade de o avatar voar pelo ambiente) e aplicar métodos formais de avaliação que possam indicar se existem benefícios cognitivos na utilização do ambiente desenvolvido como ferramenta de auxílio ao processo de ensino e aprendizado e, caso existam, compará-los aos identificados em trabalhos relacionados.

3. Considerações finais

Discute-se, a partir da análise das práticas de formação Docente organizadas no Instituto de Educação do Distrito Federal, durante a direção de Manuel Bergstrom Lourenço Filho e sob a administração de Anisio Teixeira, da instrução Pública – Departamento de Educação (1932 à 1937), como a escola de professores funcionou como campo de pesquisa e local de produção de uma ciência pedagógica brasileira.

As instituições de ensino que desejam ofertar uma educação a distância devem oferecer um sistema adequado para tal. Elas devem possuir uma boa estrutura de rede para ofertar o serviço em questão. Não há mais como ensinar sem mídias digitais em nossa época. Mesmo as universidades com programas de cursos presenciais estão utilizando essas tecnologias com o fim de oferecer algo a mais no aprendizado dos alunos.

O fato é que mesmo com todo o acesso a diversos sistemas que facilitam o EAD as universidades têm em seu bojo professores que ainda estão apegados ao método antigo de ensino. Muitos desses mesmos professores não têm interesse em aprender a utilizar as tecnologias disponíveis para aplicá-las ao ensino.

O ensino em sala de aula gera mais custos de tempo, dinheiro e material para: a universidade, aluno e professor. Também pelo visto na maior parte das universidades (sistema frânces de ensino) não colabora para o desenvolvimento da pesquisa cientifica. O aluno fica preguiçoso esperando unicamente marcar presença em sala de aula. Assim o mesmo não pratica a leitura e menos ainda a produção cientifica. O professor para no tempo por não saber utilizar-se dessas tecnologias que poderiam e muito facilitar o seu trabalho. A universidade é obrigada a arcar com alimentação, transporte, materiais como papel, pincel, luz, contratação de pessoas para a secretária, para que as aulas possam acontecer.

No sistema EAD a economia de material, dinheiro e tempo é muito superior. Além disso, o aluno do EAD não perderá nada que a modalidade presencial de ensino possa oferecer. Pelo contrário, este aluno irá desenvolver a disciplina e deixará de lado a procrastinação. O aluno poderá contar com o aprendizado e também exercitará seus conhecimentos para gerar outros conhecimentos por meio da pesquisa científica.

Referências bibliográficas

Anderson, T., & Fathi, E. (2004). *Theory and Practice of Online Learning*. Athabasca: Athabasca University.

Chaves, et al (2006). *Educação a distância em organizações públicas* (Mesa redonda de pesquisa-ação). Brasília: ENAP.

Filatro, A. (2004). *Design instrucional contextualizado- educação e tecnologia*. São Paulo: SENAC SP.

Gonzalez, M. (2007). *Fundamentos da tutoria em educação a distância* (1a ed.). AVERCAMP SP.

Lévy, P. A. (2003). *Inteligência coletiva: por uma antropologia do ciberespaço* (3a ed.). São Paulo: Loyola.

Lévy, P. A. (2000). *Cibercultura* (2a ed.). São Paulo: Edições Loyola.

Litto, F. M., & Formiga, M. M. M. (Orgs.). *Educação a distância: o estado da arte*. São Paulo: Pearson Education do Brasil.

Moore, M., & Kearsley, G. (2007). *A educação a distância: uma visão integrada* (R. Galman, Trad.). São Paulo: Thomson Learning.

Palloff, R. M., & Pratt, K. (2002). *Construindo comunidades de aprendizagem no ciberespaço: estratégias eficientes para a sala de aula on-line* (V. Figueira, Trad.). Porto Alegre: Artmed.

Paula, Maria de Fátima Costa de Paula (2021). *A influência das concepções alemã e francesa sobre a universidade de São Paulo e a universidade do rio de janeiro quando de suas fundações*. Recuperado em https://edisciplinas.usp.br/pluginfile.php/1225503/mod_resource/content/1/InfluenciasUSPxUFRJ.pdf

Paula, Maria de Fátima de. (2009). A formação universitária no Brasil: concepções e influências. *Avaliação: Revista da Avaliação da Educação Superior (Campinas)*, *14*(1), 71-84. https://dx.doi.org/10.1590/S1414-40772009000100005

Peters, O. (2004). *A educação a distância em transição: tendências e desafios* (L. F. S. Mendes, Trad.). São Leopoldo, RS: Ed. Unisinos.

Peters, O. (2001). *Didática do ensino a distância: experiências e estágio da discussão numa visão internacional* (I. Kayser, Trad.). São Leopoldo, RS: Ed. Unisinos.

Silva, M. (2006). *Sala de aula interativa* (4a ed.). Rio de Janeiro: Quartet.

Silva, M., & Santos, E. (Orgs.). (2006). *Avaliação da aprendizagem em educação online*. São Paulo: Loyola.

Tori, R. (2010). *Educação sem distância: as tecnologias interativas*. São Paulo: Senac SP.

Valente, C., & Mattar, J. (2007). *Second Life e Web 2.0 na educação: o potencial revolucionário das novas tecnologias*. São Paulo: Novatec.

PARTE 3

Formação docente e processos de capacitação profissional

CAPÍTULO 35

Validação do curso a distância "Dislexia: causas e consequências em amostra de educadores do ensino fundamental em formação continuada"

Ângela Maria Vieira Pinheiro
Eni de Faria Sena
Sara Edith Souza de Assis Leão

1. Introdução

O educador é responsável por estimular e suscitar transformações que levam à aprendizagem de seus alunos, papel que se torna mais exigente mediante o ensino das crianças com transtorno específico de aprendizagem, seja ele focado na leitura, na escrita ou na matemática, ou ainda na combinação dessas habilidades. A capacitação de professores para atuar junto a essas crianças exige formação multidisciplinar, que tradicionalmente envolvem, além da pedagogia e psicopedagogia, a psicologia cognitiva, a psicologia social, a psicolinguística, a fonoaudiologia e a neuropsicologia. Nas últimas décadas, os achados da neurociência sobre o funcionamento do cérebro que aprende, têm, cada vez mais, propiciado um grande avanço no reconhecimento dos sinais precoces, identificação e ensino das crianças com o referido transtorno.

No entanto, o avanço em todas essas áreas não tem sido facilmente traduzido em prática, não chegando, como deveria, ao professor. No que se refere às ciências sobre o cérebro, já em 2013, Muniz, Silva e Coutinho, em um levantamento sobre as disciplinas que compõem a grade curricular de 617 cursos de pedagogia no Brasil, identificaram que apenas dois continham disciplinas relacionadas à neuropsicologia e às neurociências. Em geral, a lentidão na implementação dos conhecimentos científicos na formação do professor tem tido consequências drásticas em todos os setores da educação, em especial na educação básica, sendo que o problema se reflete de forma crucial na compreensão dos transtornos de aprendizagem. Estudos têm documentado equívocos inadmissíveis nos conhecimentos dos professores sobre esses transtornos (De Paula, 2019; Tabaquim, Dauruiz, Prudenciatti, & Niquerito, 2016; Schwitzer & Souza, 2018), o que é muito preocupante em função do achado de Braga (2020) de que diante do diagnóstico do transtorno específico de aprendizagem, 93,8% dos pais recorreriam ao professor como primeira fonte de informação. Tal preferência enfatiza a importância do papel desse profissional e, por sua vez, de qualquer esforço bem conduzido de lhe suprir a carência de conhecimentos na área.

Nesse contexto, no presente capítulo retomamos a trajetória do curso a distância chamado "Dislexia: Causas e Consequências" (DCC) (Pinheiro, 2016, Pinheiro; Scliar-Cabral, 2017, 2018) voltado para a formação de professores do ensino básico. O histórico desse curso está registrado nos dois primeiros volumes desta coleção: *Caminhos da aprendizagem e inclusão: entretecendo múltiplos saberes*, publicados em 2018 e 2019, que resumimos a seguir.

2. Registro sobre o DCC no Volume 1

Pinheiro, Linhares e Bonotto (2018), transcorreram sobre a utilização das "tecnologias de informação e comunicação" na formação de professores para atuação com alunos disléxicos e "autistas". Dentro da perspectiva de educação inclusiva, dois cursos on-line foram tomados com referência, um deles o DCC e o outro o Espaço de Interatividade sobre o Autismo (EIA) (Linhares, Bonotto, & Leão, 2017), ambos, instrumentos utilizados no estudo apresentado neste capítulo.

A dislexia e o autismo (renomeado de "Transtorno do espectro autista") são transtornos do neurodesenvolvimento (DSM-5, 2014)[1]. A dislexia é um dos transtornos específicos de aprendizagem e caracteriza-se

[1] Manual Diagnóstico e Estatístico de Transtornos Mentais, edição publicada pela Associação Psiquiátrica Americana em 2013 e traduzida para o português em 2014.

por prejuízo na leitura, expresso na acurácia e na velocidade de reconhecimento de palavras, combinado ou não com dificuldade de soletração. Pode apresentar-se isoladamente ou acompanhada de dificuldade na compreensão de leitura ou no raciocínio matemático, ou ainda coocorrer com outros transtornos do neurodesenvolvimento, tais como o Transtorno do Déficit de Atenção e Hiperatividade (TDAH).

Já no transtorno do espectro autista, o termo "espectro" sugere perfis cognitivos heterogêneos. A condição se expressa na interação e na comunicação social devido a atipicidades na cognição e percepção social, tendo como sinais, grande sensibilidade aos estímulos sensoriais, funções executivas deficitárias e padrões de comportamento e interesses restritos e repetitivos. Segundo o DSM-5 (2014) ocorre em 1% da população, enquanto a prevalência da dislexia nesse mesmo manual é de 5 a 15% entre crianças em idade escolar, em diferentes idiomas e culturas. No Brasil, Fortes (2014) reportou para a dislexia uma taxa de 7,5%, que está de acordo com os índices encontrados em outros países como a Alemanha, cuja ortografia, como a do português brasileiro, é transparente do ponto de vista da leitura (Pinheiro, 2011; Scliar-Cabral, 2008).

2.1.1 Registro sobre o DCC no volume II

Pinheiro, Linhares e Bonotto (2019) apresentaram a primeira edição do DCC, realizada em 2016, em que esse curso foi preliminarmente testado na modalidade "extensão universitária" e ofertado via Centro de Apoio à Educação a Distância (CAED/UFMG). Os resultados dessa experiência, assim como a de sua utilização na modalidade de disciplina, ministrada no mesmo ano a alunos de graduação do Curso de Psicologia da UFMG, foram tomados como referência para os ajustes feitos no DCC e para a escolha da população adequada para aferir a sua validade em estudos experimentais realizados com amostras de professores em formação inicial (Linhares; Bonotto; Leão & Pinheiro, 2020) e continuada (Sena & Pinheiro, 2019), sendo esse último estudo o objeto do presente capítulo.

2.1.2 Método

Este estudo ocorreu na quarta oferta do DDC, realizada em 2018. Deu sequência ao estudo de Linhares, Bonotto, Leão e Pinheiro (2020), segunda oferta do mesmo curso, ocorrida em 2017. Por serem pesquisas complementares, têm o mesmo delineamento experimental, utilizaram os mesmos instrumentos e tiveram grupos de controle ativos (submetidos ao EIA). Se distinguem apenas em suas populações: professores em formação inicial (alunos e egressos de cursos de licenciatura da Universidade Aberta do Brasil) em Linhares e colegas e professores em formação continuada, no presente estudo.

Como foi verificado por Linhares e colegas (2020), esperou-se, nesta segunda pesquisa, que os professores capacitados pelo DCC, em comparação aos colegas submetidos ao EIA, mostrassem um entendimento significativamente superior sobre o que é dislexia, suas causas e consequências, como também desenvolvessem maior segurança para levantar suspeita dessa condição e para distingui-la de outras derivadas de dificuldades gerais, surgidas a partir de causas ambientais.

2.1.3 Amostra

A amostra inicial deste estudo foi constituída de 282 indivíduos, professores e gestores provenientes de 18 escolas das regionais metropolitanas da Secretaria de Estado de Educação de Minas Gerais de Belo Horizonte/MG, selecionadas aleatoriamente e de quatro escolas públicas de Ribeirão Corrente, no estado de São Paulo, selecionadas por conveniência. Os Termos de Anuência Institucional e de Consentimento Livre Esclarecido, aprovados pelo Comitê de Ética em Pesquisa da UFMG (CAAE: 14061713.5.0000.5149) foram assinados pelos dirigentes das 22 escolas e pelos professores respectivamente.

2.1.4 Instrumentos

Os instrumentos utilizados neste estudo foram: i) curso “Dislexia: Causas e Consequências” (DCC); ii) curso “Espaço de Interatividade sobre o Autismo” (EIA) e iii) Questionário de Conhecimento (QC) sobre a dislexia. Todos foram implantados no Ambiente Virtual de Aprendizagem – AVA-Moodle –, administrado pelo CAED/UFMG.

O DCC, embora de formato autoinstrucional, conta com o acompanhamento de tutores. É o produto da revisão, atualização e expansão da Seção 1 do DislexiaBrasil (Pinheiro, 2012; Pinheiro &

Scliar-Cabral, 2017; Pinheiro & Scliar-Cabral, 2018). Apresenta em três partes os conhecimentos sobre a leitura com base em evidências científicas acessíveis ao professor. A primeira define o que é dislexia, apontam-se suas causas, expondo consequências na condição de vida dos disléxicos e dos seus familiares. A segunda delineia o processo de aprendizagem da leitura e apresenta os modelos de desenvolvimento dessa habilidade. A última mostra o porquê é tão difícil para os disléxicos aprenderem a ler e trata das comorbidades do transtorno. O curso contém atividades de fixação da aprendizagem e atividades avaliativas, que são pontuadas. A avaliação de cada unidade termina com um questionário fechado chamado "Teste da Unidade", que abrange o conteúdo da Unidade. Todas as atividades são acompanhadas de feedback imediato. Em conjunto, a informação é disponibilizada por meio de hipertexto e de mídias digitais (vídeos, áudios, apresentações em *PowerPoint* e *links*). A interação entre alunos e tutores e entre os alunos entre si é feita por meio de fóruns.

O EIA, também voltado para professores do ensino básico, foi desenvolvido por Linhares, Bonotto e Leão em 2017 para atuar como curso controle ao presente estudo. Portanto, possui estrutura equivalente ao DCC. Como este curso, está organizado em três unidades: Unidade 1, Dificuldades, distúrbios e transtornos de aprendizagem: qual é a diferença; Unidade 2, Transtorno do Espectro do Autismo: conceitos e características; Unidade 3, Autismo e Inclusão Escolar: desafios e possibilidades. Ao contrário do DCC, o EIA não é um curso autoinstrucional. Como seu nome indica, é um espaço de interatividade e de reflexão sobre o autismo, sendo o desempenho do participante avaliado qualitativamente com base em sua participação nas discussões propostas pelo tutor e por seus depoimentos.

Tanto o DCC quanto o EIA têm carga horária de 60 horas, desenvolvidas ao longo de 10-12 semanas. Exigem uma dedicação semanal de pouco mais de 4 ou 6 horas, em média, dependendo de sua extensão. O certificado de conclusão do curso é concedido ao participante que obtiver 60% de aproveitamento nas atividades avaliativas, no DCC e mediante à participação e emissão de depoimentos, no EIA.

O Questionário de Conhecimento (QC) é um instrumento contendo quinze questões fechadas referentes ao conteúdo do DCC. Foi elaborado para atuar como uma linha de base para medir o conhecimento dos participantes antes de iniciarem o curso e ao final dele. Em 2018 foi validado por Figueredo e colegas. Em sua primeira aplicação o instrumento recebe a denominação de "Questionário de Conhecimento Inicial (QCI)" e atua como pré-teste, já na segunda é chamado de "Questionário de Conhecimento Final (QCF)" e atua como pós-teste.

2.1.5 Procedimentos

As 22 escolas participantes do estudo foram distribuídas da seguinte forma: 14 escolas compuseram o Grupo Experimental (GE), submetido ao DCC e 8 escolas formaram o Grupo Controle (GC), submetido ao EIA. As Tabelas 1 e 2 apresentam em "A" o número inicial de participantes inscritos em cada curso –132 do GE e 150 do GC (total de 282 participantes) –, o número de participantes que, apesar de terem aceitado participar da pesquisa, nunca acessaram o ambiente do curso – 34 do GE e 80 do GC (total de 114 participantes) – e os participantes que acessaram o curso, doravante referidos como ativos (98 do GE e 70 do GC). Assim, a amostra inicial de 282 participantes nos dois grupos ficou reduzida a 168 participantes.

Uma vez definido esse número (ativos que acessaram o espaço virtual de seus respectivos cursos), seguiu-se ao período de ambientação à plataforma e ao preenchimento do QC "O que você sabe sobre dislexia" (QCI).

Para garantir que os participantes iniciassem seus respectivos cursos com pouco conhecimento sobre dislexia, a pesquisa previa a exclusão da amostra daqueles que, em cada grupo, acertassem mais de 50% das respostas do QCI, no pré-teste. Com a adoção desse critério considerou-se que o conhecimento sobre dislexia dos componentes de ambos os grupos, o experimental e controle, no início de seus respectivos cursos, tenha sido igualado e que variasse de baixo a mediano. Essa expectativa foi atingida, já que nenhum participante ultrapassou esse limite. Desta maneira, no pós-teste, qualquer diferença encontrada entre os dois grupos da pesquisa poderia ser atribuída à capacitação obtida por meio do DCC, comprovando-se assim a hipótese de que este curso é eficaz para a capacitação de professores sobre o que é dislexia, suas causas e consequências.

2.2. Resultados e discussão

2.2.1 Resultados Gerais

O primeiro resultado que chama atenção se refere à perda de 40,42% dos participantes (114 em 282) por falta de acesso ao ambiente dos dois cursos, conforme descrito na seção "Procedimentos". Essa alta proporção é muito preocupante, especialmente porque ela coincide com a encontrada por Pinheiro et al. (2019) na primeira oferta do DCC, em 2016 em que 40% dos interessados em realizar o curso não conseguiram efetuar suas inscrições on-line. Tal ocorrência foi atribuída a possíveis dificuldades com a utilização de recursos tecnológicos ou à falta de acesso a eles. Na presente oferta, as mesmas razões podem justificar o resultado encontrado. No entanto, além delas que, a propósito, foram minimizadas com apoio oferecido pela responsável pela pesquisa e pelos tutores, é possível que o baixo índice de acesso tenha ocorrido em função de: i) receio à exposição, uma vez que a pesquisa envolve a demonstração de conhecimentos, o que pode ter gerado comportamentos de resistência e de negação; ii) atitude de associar as formações a improvável retorno financeiro; iii) a não valorização de formações gratuitas e iv) sentimento de desilusão e desestímulo face à política de salários adotadas pelo Estado, com parcelamentos e atrasos de pagamento.

A comparação entre os dois grupos da pesquisa com relação a esse aspecto de falta de acesso aos cursos mostrou que a maior proporção – 28,37% (80 participantes em 282) – ocorreu no grupo controle, submetido ao EIA, sendo a proporção encontrada para o grupo experimental, 12,05% (34 participantes em 282) (ver A nas Tabelas 2 e 1, respectivamente). Isso parcialmente explica o desequilíbrio entre o número de escolas em cada grupo. No início da pesquisa, igual número de escolas foi atribuído por sorteio a cada um desses grupos e já nesse momento, em reunião com os diretores(as) e supervisores(as) das três regionais metropolitanas, responsáveis pelas das Escolas Estaduais de BH, realizada na sede da Escola de Formação e Desenvolvimento Profissional de Educadores da SEE/MG), percebeu-se o descontentamento do grupo de dirigentes das escolas atribuídas ao grupo controle. O interesse em relação à dislexia entre esses gestores foi notório. Tanto que muitos deles pediram para participar da pesquisa, planejada a ser conduzida apenas com professores, o que explica o desequilíbrio entre o número de gestores que se inscreveram nos grupos (36 no GE e 2 no GC), assim como em cada um deles o predomínio de professores e em relação aos gestores.

2.2.2 Resultados do DCC

Tomando a amostra total, professores e gestores submetidos ao DCC (N=98), o índice de evasão foi de 7,57, porcentagem muito abaixo do que se encontra em cursos a distância, conforme dados apresentados pela Associação Brasileira de Ensino a Distância, cujo último senso, realizado em 2018, registrou o índice 22,2% de evasão nos cursos ministrados totalmente a distância (ABED, 2019). Vale lembrar que a definição de evasão em EaD é controversa. Adotou-se aqui o ponto de vista de que a evasão nesse contexto ocorre quando o aluno matriculado abandona o curso após o ter frequentado em certos períodos (Bittencourt & Mercado, 2014). Mediante essa posição, os participantes que não acessaram a plataforma foram considerados como evadidos e, por essa razão, não foram incluídos na amostra da pesquisa. Quanto ao momento do curso em que se deu a evasão, 100% ocorreu na Unidade 2 (retomaremos a esse ponto seção "Conclusão").

Igualmente satisfatório foi o índice de 89,79% de aprovação. A amplitude de notas variou de 60-69 a 90-100, com a concentração no intervalo de 90-100, sendo que, nessa faixa, a proporção para o grupo de professores foi de 64,27% e a para o grupo de gestores, 71,43%, sendo que nesse último houve ainda ausência de notas na amplitude de 60-69. Os resultados, separados por grupo de professores e gestores, são mostrados na Tabela 1 em B e C. Pela análise visual dos dados obtida a partir dos quesitos considerados, os resultados dos dois grupos foram equivalentes, sendo a única diferença ente eles a mencionada obtenção de melhores notas pelos gestores, o que possivelmente ocorreu devido à maior qualificação desse grupo.

Tabela 1 – Detalhamento do número de inscrições, de evasão e de aprovação dos participantes ativos durante o início, meio e fim do curso para o grupo de professoras e para o grupo de gestores do DCC

Partes	Critério		Professoras			Gestores	
dos cursos	N		%		N	%	
A - Início	Inscritos		96	100		36	100
	Nunca acessaram o ambiente do curso		22	22,92		12	33,33
	Acessaram o curso (ativos)		74	77,08		24	66,67
B - Meio	Evasão		7	9,46		3	12,50
	Momento do curso que ocorreu a evasão	Ambientação	0	0		0	0
		Un. 1	0	0		0	0
		Un. 2	7	100		3	100
		Un. 3	0	0		0	0
C - Final	Ativos até o fim do curso		67	90,54		21	87,50
	Aprovação		67	90,54		21	87,50
	Reprovação		7	9,46		3	12,50

Fonte: Elaborado pelos autores.

Nota: o cálculo da evasão e dos ativos ao final do curso bem como o cálculo de aprovação e de reprovação basearam-se no número de alunos ativos no início do curso (74 para o grupo de professoras e 24 para o de gestores).

Considerando que os índices de evasão e de aprovação têm sido os medidores de avaliação da qualidade dos cursos a distância mais utilizados, os resultados a partir desses indicadores são animadores, lembrando que, no que se refere às atividades avaliativas do DCC, elas não são triviais. No entanto, é possível que a forma como essas atividades foram introduzidas ao longo do curso pode ter sido a razão para o sucesso alcançado. Ou seja, elas só se tornavam disponíveis para o aluno após a sua obtenção de 80% de acerto, no mínimo, nas atividades de fixação que as antecediam.

2.2.3 Resultados do EIA

Do total dos participantes submetidos ao EIA (N=70), o índice de evasão foi 14,29%. Embora ele tenha sido quase o dobro do identificado no DCC (7,5%), está ainda muito abaixo do índice da ABED supracitado. Quanto à aprovação no curso, o índice encontrado (85,71%) foi tão satisfatório quanto o do DCC, indicando que ambos os cursos estão correspondendo às expectativas e que o EIA funcionou muito bem como um curso controle para o DCC em termos de qualidade (Tabela 2).

Tabela 2 – Detalhamento do número e da porcentagem de inscrições, de evasão e de aprovação dos participantes ativos durante o início, meio e final do curso para turmas do EIA.

Partes Dos cursos	Critério N		Professoras			Gestoras	
			%		N	%	
A - Início	Inscritos		148	100		2	100
	Nunca acessaram o ambiente do curso		80	54,05		0	0
	Ativos no início do curso		68	45,94		2	100
B - Meio	Evasão		9	13,24		1	50
	Momento do curso que ocorreu a evasão	Ambientação	0	0		0	0
		Un. 1	0	0		0	0
		Un. 2	0	0		0	0
		Un. 3	9	100		1	100
C - Final	Ativos ao final do curso		59	86,76		1	50
	Aprovação		59	86,76		1	50
	Reprovação		9	13,24		1	50

Fonte: Elaborado pelos autores.

Nota: o cálculo da evasão e dos ativos ao final do curso bem como o cálculo de aprovação e de reprovação basearam-se no número de alunos ativos no início do curso (68 para o grupo de professoras e 2 para o de gestores).

Com as evasões, a amostra total de cada curso ficou reduzida a 88 participantes no DCC (GE) e a 60 no EIA (GC). Os dois grupos de participantes compuseram a amostra do estudo de validação do DCC e ao final de cada curso foram submetidos ao pós-teste, que consistiu no preenchimento do QCF. A expectativa para este estudo foi a de que o GE, ao contrário do GC, atingisse nessa segunda aplicação da linha de base um desempenho significativamente superior ao obtido em sua primeira aplicação em que o instrumento foi nomeado QCI.

2.2.4 Resultados da aplicação da linha de base

As análises foram realizadas no *Software Statistical Package for the Social Sciences – SPSS*. O valor adotado para o nível de significância foi de 5%. Foram realizadas análises de normalidade dos dados por meio do teste Shapiro-Wilk e, posteriormente, foram realizadas comparações das porcentagens de acerto entre QCI e QCF dos dois grupos (GE e GC) do estudo de validação a partir do teste de Wilcoxon, uma vez que a distribuição dos dados não seguiu a curva normal.

Em cada grupo, os resultados das professoras e dos gestores foram tratados em conjunto e o desempenho dos dois grupos (GE e GC) nos questionários QCI e QCF são mostrados na Figura 1. Observa-se expressivo progresso dos participantes do DCC em comparação aos do EIA. A diferenças de desempenho entre QCI e QCF foi significativa ($p<0{,}000$), enquanto no GC o valor-p foi de 0,811, mostrando que não houve diferença entre o pré-teste e o pós-teste. A variabilidade de notas alcançadas pelos grupos GE e GC no QCI e QCF podem ser observadas na Figura 2.

Ao início do curso, os participantes do GE obtiveram um aproveitamento de apenas 48% ao responder às perguntas acerca da Dislexia no QCI. Contudo, ao final do curso, depois de todo conteúdo ministrado, o GE alcançou 70% de aproveitamento no QCF, apresentando um crescimento de 45,17% do desempenho no decorrer do curso. Já no GC, os participantes alcançaram apenas 31% de aproveitamento no QCI sobre Dislexia, entretanto, durante toda a pesquisa, o GC estudou os conteúdos sobre autismo. Ao final, apenas os mesmos 31% responderam corretamente às perguntas sobre dislexia no QCF, mostrando um crescimento de apenas 0,40% do desempenho ao final do curso. A diferença entre esses dois índices a favor dos participantes submetidos ao DCC oferece evidências de que esse curso agregou conhecimentos sobre dislexia a esses participantes.

Figura 1 – Médias de acertos no Questionário de Conhecimentos Inicial (QCI) e Questionário de Conhecimento Final (QCF) pelo Grupo Experimental e pelo Grupo Controle

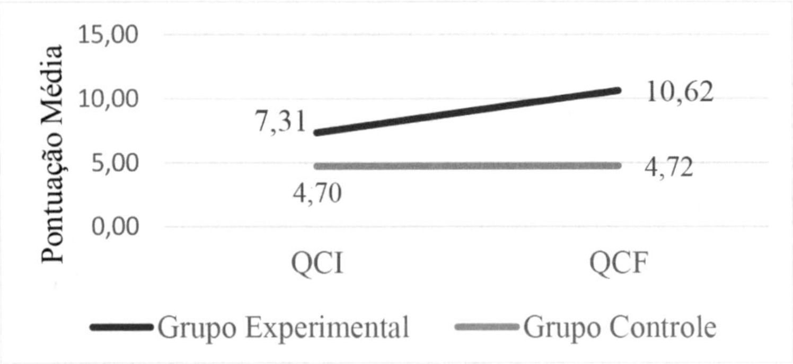

Fonte: Elaborado pelos autores.

Figura 2 – Variabilidade de notas obtidas no Questionário de Conhecimentos Inicial (QCI) e Questionário de Conhecimento Final (QCF) pelo Grupo Experimental (GE) e pelo Grupo Controle (GC)

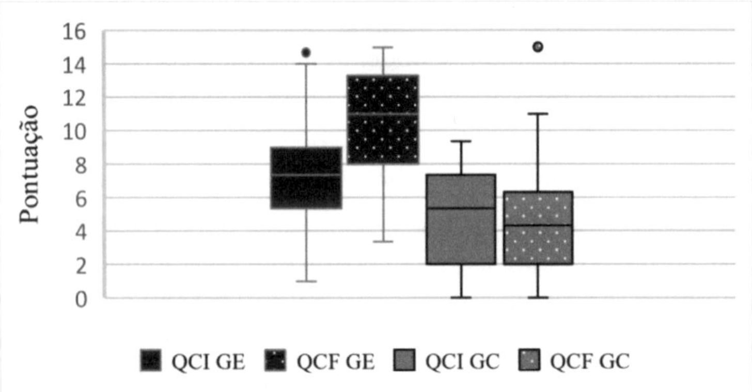

Fonte: Elaborado pelos autores.

Outlier

Embora os participantes do GE tenham obtido médias mais altas quando comparadas aos participantes do GC no QCI 7,31 e 4,70, respectivamente, o valor-p encontrado foi de 0,180 indicando que não houve diferença significativa entre os grupos em relação ao QCI, sugerindo que os dois grupos iniciaram o curso com conhecimento inicial equiparado sobre dislexia. As diferenças entre grupos são mostradas nas Figuras 3 e 4.

Figura 3 – Número de acertos por participantes no Grupo Experimental nas situações de pré-teste (Questionário de Conhecimento Inicial) e de pós-teste (Questionário de Conhecimento Final). Fonte: Elaborado pelos autores

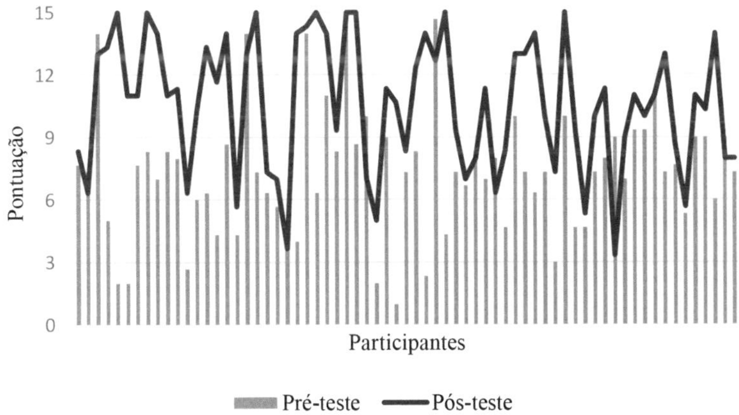

A comparação da média dos 88 participantes do GE no pré-teste (QCI) e no pós-teste (QCF) – 7,31 e 10,62, respectivamente – mostra uma diferença de 3,31 pontos entre as duas situações, a favor da última. Já sobre a comparação dos desvios padrão nas mesmas situações, 1,73 e 3,47 respectivamente, nota-se que, enquanto, no pré-teste, o grupo se mostrou mais homogêneo quanto ao conhecimento sobre dislexia, no pós-teste, ao contrário, notou-se maior variabilidade nos resultados, de 4 a 15 pontos. Vale observar que a única pessoa que tirou nota 4 no QCF concluiu o curso com a menor nota (67 pontos), o que permite inferir que a variabilidade observada resultou em maior ou menor empenho dos participantes no curso.

Figura 4 – Número de acertos por participantes do Grupo Controle do EIA nas situações de pré-teste (Questionário de Conhecimento Inicial) e de pós-teste (Questionário de Conhecimento Final). Fonte: Elaborado pelos autores

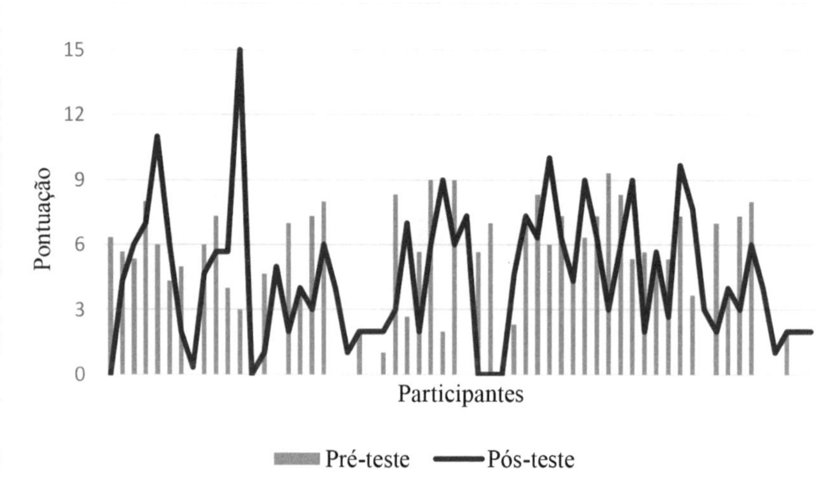

Sobre o GC, conforme esperado, as médias no pré-teste (4,70) e no pós-teste (4,72) foram praticamente as mesmas. Igualmente, as diferenças em relação aos desvios padrão nas duas testagens são marginais: 2,7 e 2,13, respectivamente. Esse achado oferece suporte a hipótese da pesquisa.

3. Conclusão

A presente pesquisa apresentou os novos desdobramentos do DCC a partir de sua primeira oferta em 2016. O potencial que o curso mostrou então foi confirmado em duas pesquisas experimentais. A primeira, a de Linhares e colegas (2020), realizada com 200 professores em formação inicial e a segunda, a de Sena e Pinheiro (2019), descrita no presente capítulo, realizada com 148 educadores em formação continuada. Ambas as pesquisas, devido aos efeitos robustos obtidos entre as situações de pré e pós-teste, encontrados apenas no grupo experimental, não deixam dúvidas sobre a eficácia do DCC como curso de capacitação de professores do ensino básico.

Considerando-se as três categorias de pesquisas em Educação a Distância (EaD), currículo, recursos didático-tecnológicos e avaliação de projeto ou programa, estudadas por Araújo e Nogueira (2016), a pesquisa realizada com o DCC corresponde à última categoria. A confirmação da eficácia do instrumento, verificada em seus dois estudos de validação, nos encoraja a recomendar a sua utilização na formação de professores na área de aprendizagem da leitura e da escrita (lembrando que parte significante do curso refere-se aos processos de leitura da criança típica) e de seus transtornos, contribuindo assim para preencher as lacunas identificadas na formação dos professores no campo em geral, conforme os estudos revisados na introdução desse capítulo (De Paula, 2019; Tabaquim, 2016; Schwitzer & Souza, 2018).

No geral, as avaliações do DCC pelos cursistas foram positivas (resultados não apresentados aqui). Muitos destacaram a riqueza dos conteúdos, a diversificação, a sequenciação e organização das atividades, o que possibilitou a lógica do entendimento e favoreceu a aprendizagem. Ademais, a atuação da coordenação do curso e das tutoras foi considerada eficiente, atenciosa e constante.

A despeito de todo o estímulo recebido, o DCC pode ainda ser aprimorado frente à constatação de que a evasão do curso se deu 100% na Unidade 2 e aos comentários de alguns participantes sobre parte do conteúdo dessa unidade, considerada "profunda e complexa para aqueles que sequer tiveram conhecimentos básicos sobre a neurociência e psicolinguística", o que assinala a necessidade de revisões em partes dessa unidade.

Em relação ao curso de autismo, registre-se que ele não foi ainda submetido ao teste de validade. Tão logo seja reformulado, a fim de adequar-se a esta finalidade, ele será submetido ao processo de validação.

3.1 Agradecimentos

Registramos aqui os nossos sinceros agradecimentos às professoras Gabriela dos Santos Pimenta Lima e Janeth Cilene Betônico da Silva, a primeira, então coordenadora da Escola de Formação e Desenvolvimento Profissional de Educadores da SEE-MG, aos dirigentes das Regionais Metropolitanas A, B e C, a professora Mary Machado Malta, Coordenadora Pedagógica da Secretaria Municipal de Educação de Ribeirão Corrente, aos Diretores(as) das escolas e todas as professoras e gestores participantes da pesquisa, assim como às tutoras e técnico de apoio, que com dedicação e profissionalismo assistiram e acompanharam os cursos DCC e EIA.

Correspondência: Profa. Ângela Pinheiro, Departamento de Psicologia da Faculdade de Filosofia e Ciências Humanas da Universidade Federal de Minas Gerais – Av. Pres. Antônio Carlos, 6627 – Pampulha, Belo Horizonte – MG, 31270-901. E-mail: pinheiroamva@gmail.com

Referências bibliográficas

American Psychiatric Association. (2014). *DSM-5: manual diagnóstico e estatístico de transtornos mentais* (5. ed.). Porto Alegre: Artmed.

Araújo, A. C., & Nogueira, V. L. (2016). A pesquisa em educação a distância: um olhar sobre as abordagens teórico-metodológicas das pesquisas em EaD apresentadas em ANPED/ 2011-2013. In I. S. V. Neves, W. Corradi, C. L. F. Castro (Org.); J. C. S. Branco (Coord.) *EaD: diálogos, compartilhamentos, práticas e saberes* (pp. 33-46). Belo Horizonte: Editora UFMG.

Associação Brasileira de Educação a Distância. (2019). Relatório analítico da aprendizagem a distância no Brasil. In *Censo EAD – 2018.* Curitiba: InterSaberes. Recuperado dehttp://abed.org.br/arquivos/censo_digital_ead_2018_portugues.pdf.

Bittencourt, I. M., & Mercado, L. P. L. (2014, Abril). *Ensaio: aval. pol. públ. Educ., 22*(83), 465-504.

Braga, M. S. (2020). *Tradução, adaptação e evidência de validade de questionário e avaliação do comportamento e atitudes dos pais sobre transtorno específico de aprendizagem* (Dissertação de Mestrado). Universidade Federal de Minas Gerais, Belo Horizonte.

Paula, I. de. (2019). *Tradução, adaptação e evidências de validade de questionário e avaliação de cartilhas sobre transtorno específico da aprendizagem na perspectiva dos educadores* (Dissertação de Mestrado). Universidade Federal de Minas Gerais, Belo Horizonte.

DislexiaBrasil. (2012). *Recurso Educacional Aberto,* criado e coordenado por Ângela Maria Viera Pinheiro, em parceria com a Dyslexia and Literacy Internacional (D&LI). Registro de marca no. 914121782, Instituto Nacional da Propriedade Industrial, Ministério da Economia, República Federativa do Brasil. Recuperado de www.dislexiabrasil.com.br.

Linhares, T. D. C., Bonotto, R. S., Leão, S. E. S. A. (2017). *Espaço de Interatividade sobre o Autismo (EIA).* Curso a distância implementado no AVA-MOODLE, elaborado e ofertado com o apoio do Centro de Apoio à Educação a Distância (CAED/UFMG.

Linhares, T. D. C., Bonotto, R. S., Leão, S. E. S. A. & Pinheiro, A. M. V. (2020). *Avaliação da Efetividade do curso a distância Dislexia: Causas e Consequências em amostra de Educadores em Formação Inicial.* In F. M. Versuti, R. L. D. Mulle, D. A. Peralta & H. J. L. Gonçalves (Org.). Perspectivas de Atuação no Caos: desafios para o fazer educativo na contemporaneidade, (pp 281-305). Porto Alegre: Editora Fi.

Muniz, M., Da Silva, L. C., & Coutinho, A. R. (2013). Análise de Planos de disciplinas relacionadas às neurociências, neuropsicologia e neuroeducação. *Trilhas Pedagógicas, 3*(3), 103-118.

Figueredo, V. O., Almeida, R. V. A., Sena, E. F. & Pinheiro, A. M. V. (2018). Pôster: Validação de construto e análises preliminares de um questionário de conhecimento sobre dislexia. In *XXVII Semana de Iniciação Científica.* Belo Horizonte.

Fortes, I.S. (2015). *Prevalência de transtornos específicos de aprendizagem e sua associação com transtornos mentais da infância e adolescência do Estado Epidemiológico de Saúde Mental do Escolar – INPD* (Dissertação de Mestrado). Universidade de São Paulo, São Paulo.

Pinheiro, A. M. V. (2016). *Dislexia: Causas e Consequências.* Curso a distância implementado no AVA-MOODLE, elaborado no Curso Elaboração de Materiais Didáticos em EAD, ofertado pelo Centro de Apoio à Educação a Distância (CAED/UFMG). Pinheiro, A. M. V. (2011). Transparência ortográfica e o efeito de retroalimentação fonológico grafêmica: implicações para a construção de provas de reconhecimento de palavras. In L. M. Alves, S. Capellini, & R. Mousinho. *Dislexia: Novos temas, novas perspectivas* (Org.) (pp. 131-151). Rio de Janeiro: Editora Wak.

Pinheiro, A. M. V., Linhares, T. D. C. & Bonotto, R. S. (2019). Curso online sobre a dislexia: direções na formação de professores. In A. M. Soares, J. R. O. R. Simão, & L. M. Neves (Org.). *II Caminhos da aprendizagem e inclusão: entretecendo múltiplos saberes.* (pp. 495-511). Belo Horizonte: Editora Artesã.

Pinheiro, A. M. V., Linhares, T. D. C. & Bonotto, R. S. (2018). Tecnologia educacional na formação de professores: programas e cursos on-line sobre dislexia e autismo. In A. M. Soares, J. R. O. R. Simão, & L. M. Neves (Org.). *I Caminhos da aprendizagem e inclusão: entretecendo múltiplos saberes.* (pp. 277-290). Belo Horizonte: Editora Artesã.

Pinheiro, A. M. V., & Scliar-Cabral, L. (2018). *Dislexia: Causas e Consequências.* Belo Horizonte: Editora UFMG.

Pinheiro, A. M. V., & Scliar-Cabral, L. (2017). *Dislexia: Causas e Consequências.* Belo Horizonte: Editora UFMG.

Schweitzer, L., & Souza, S.V. (2018). Os sentidos profissionais atribuídos à queixa escolar por profissionais de escolas públicas municipais. *Psicologia Escolar e Educacional, 22*,(3). doi: http://dx.doi.org/10.1590/2175-35392018034949.

Scliar-Cabral, L. (2008). Processamento bottom-up na leitura. *Veredas on-line*, 24-33. Recuperado de http://www.ufjf.br/revistaveredas/files/2009/12/artigo02.pdf.

Sena, E. F, & Pinheiro, A. M. V. (2019). *Validação do curso a distância Dislexia: Causas e Consequências em amostra de professores em formação continuada, atuando nas séries iniciais do ensino fundamental.* Relatório de pesquisa desenvolvida em estágio pós-doutoral, no Programa de Pós-Graduação em Psicologia: Cognição e comportamento. Faculdade de Filosofia e Ciências Humanas, Universidade Federal de Minas Gerais.

Tabaquim, M. L. M., Dauruiz, S., Prudenciatti, S. M. & Niquerito, A. V. (2016). Concepção de professores do ensino fundamental sobre a dislexia do desenvolvimento. *Revista Brasileira de Estudos Pedagógicos, 97*(245), 131-146. doi: https://dx.doi.org/10.1590/S2176-6681/368214020.

Posfácio

Iuri Victor Capelatto

O livro **Caminhos da Aprendizagem e Inclusão: entretecendo múltiplos saberes** está em seu terceiro volume, mantendo a qualidade e o compromisso com a informação baseada em ciência, buscando sempre os temas mais importantes para a aprendizagem e a inclusão escolar, como seus volumes anteriores. Os três volumes trazem um amplo conhecimento multidisciplinar sobre os principais aspectos relacionados à aprendizagem, à inclusão e aos transtornos mais comuns da infância e adolescência.

Aprendizagem significa mudanças fisiológicas (a nível neuronal) e comportamentais. Com o passar das décadas, o mundo evoluiu, porém por muito tempo as escolas se mantiveram iguais, seguindo uma mesma metodologia de copiar da lousa e reproduzir no caderno, visando apenas memorizações. Além disso, mantém a obrigação da aprendizagem de conteúdos sem que mesmo os professores não saibam explicar suas reais necessidades na vida cotidiana, ao mesmo tempo em que conteúdos importantes são negligenciados no processo de aprendizagem. Aqui no Brasil, muitas escolas não abordam assuntos importantes para o dia a dia, tornando a escola um ambiente sem motivação para alunos. No mundo atual, com todo o avanço tecnológico, com excesso de ofertas de prazer imediato às crianças e adolescentes (através de jogos eletrônicos, internet, celulares e tablets), torna-se ainda mais difícil convencer os alunos atuais da importância da vida escolar.

Dito isso, é importante uma reflexão da sociedade sobre a real importância da escola, revendo seus conteúdos e metodologia de ensino. Com toda tecnologia à disposição, torna-se crucial o ensino da pesquisa de informações, em vez da simples memorização e cópia. Em tempos que se fala tanto em *fake news*, ensinar a buscar informações em fontes fidedignas, a questionar dados sem referências e buscar conhecimentos em várias citações diferentes para ver o consenso científico, é o caminho para recuperar a motivação escolar e diminuir a disseminação das notícias falsas, evitando que as pessoas acreditem em qualquer relato que recebem.

Também é importante ressaltar que a importância das escolas está na formação do sujeito e sua aprendizagem, e não nas notas que tirou nas avaliações. Nenhum profissional formado é questionado pelos resultados das provas que fez na época escolar, ao contrário, a maioria nem lembra das notas que tirava na escola. É o conhecimento, a postura profissional e a motivação em continuar aprendendo que diferencia os bons profissionais. Esse deveria ser o enfoque das escolas.

Este livro, assim como os volumes I e II, é um deleite de leitura para todos os profissionais que atuam com infância e adolescência, com inclusão, com educação e saúde. Seu olhar multidisciplinar, baseado em informações científicas comprovadas, torna a obra crucial para uma melhor formação profissional e atuações comprometidas com a aprendizagem real e significativa.

O livro aborda todas as áreas envolvidas na aprendizagem e inclusão (neurológicas, fisiológicas, cognitivas, emocionais, comportamentais, tecnológicas etc.), com uma leitura fluente e cativante.

Me senti muito honrado a ser convidado a fazer o posfácio desta belíssima obra, com a qual aprendi e evolui como profissional, assim como você, leitor, que chegou até aqui nesta obra. Que os conhecimentos aqui adquiridos possam ser aplicados e replicados por todos, visando sempre a aprendizagem significativa, real e duradoura. Vamos sempre cuidar da saúde física e mental de nossas crianças e adolescentes, possibilitando um desenvolvimento da infância e adolescência saudável e prazeroso, pois serão eles o futuro de nossa sociedade.

Iuri Victor Capelatto

Psicólogo de crianças, adolescentes e adultos
Mestre em Ciências Médicas pela FCM - Unicamp

Os autores

Organizadores(as)

Ângela Mathylde Soares

Pedagoga, Psicopedagoga, Psicanalista, Escritora, CEO da Clínica Aprendizagem e Companhia-Saúde integral e Instituto Profa. Ângela Mathylde, Coordenadora da Faculdade Plus na região sudeste. Conselheira Nacional da Associação Brasileira de Psicopedagogia (ABPp). Presidente do Congresso Internacional Brain Connection Brasil, Diretora do Grupo de Investigação Clinica em Saúde e Educação da União Europeia /G3TES. Membro da Associação Mineira de Psicanálise (AMAP como vice-diretora acadêmica. Integrante do projeto de pesquisa intitulado "O uso do jogo digital Mental Plus para avaliação e reabilitação da função cognitiva: Análise de conteúdo, consistência interna, validade convergente e validade clínica como teste diagnóstico e instrumento de reabilitação" Escritora dos livros e capítulos de livros, revistas, jornais. Graduação em Ciências da Religião (FATEFI/ 2000) Formação em Psicanálise (GREP e SBP - 92 a 2000) Consultora Clinica e Educacional em várias instituições em Minas Gerais. Screnner do Método PROLOF. Reconhecimento Europeu PROFI CONCEPT - Professora Honorária.

Fernando César Capovilla

Psicólogo (1982). Mestre em Psicologia da Aprendizagem e do Desenvolvimento pela Universidade de Brasília (1984). Ph.D. em Psicologia Experimental pela Temple University of Philadelphia (1989), com medalha de Outstanding Achievement Award pela Pennsylvania Psychological Association. Livre Docente em Neuropsicologia Clínica pela USP (2000), com tese em Lexicografia e Lexicologia de Libras. Ex-professor de Temple University, UERJ, UEL, UnB, UFU e PucCamp. Professor Titular (MS-6) do Instituto de Psicologia da USP (IPUSP), e orientador de mais de 60 dissertações e teses de Mestrado e de Doutorado. Chefe do Laboratório de Neuropsicolinguística Cognitiva Experimental (Lance), do Laboratório de Tecnologia e Reabilitação Cognitiva, e do Centro de Atendimento Clínico em Distúrbios de Comunicação e Linguagem do IPUSP. Coordenador nacional de inclusão e alfabetização da Capes. Consultor científico de CNPq, Capes, Fapesp, Faperj, Inep e NIMHCD. Coordenador do Programa de Avaliação Nacional do Desenvolvimento do Escolar Surdo Brasileiro (Pandesb) financiado por CNPq, Capes, e Inep,. Coordenador do Sistema de Avaliação de Escolas de Surdos na Prova Brasil em Libras, no Observatório da Educação (consórcio Capes-Inep). Autor de mais de 60 livros e de 400 trabalhos científicos. publicados, e coautor de 200 sistemas especialistas de multimídia para diagnóstico, comunicação e reabilitação cognitiva em distúrbios neuromotores (paralisia cerebral e esclerose lateral amiotrófica), neurolinguísticos (dislexia e afasia) e neurossensoriais (surdez congênita profunda). Membro da Comissão Internacional de Especialistas em Alfabetização da Câmara dos Deputados. Membro fundador da Sociedade Brasileira de Neuropsicologia (SBNp). Diretor Científico da Associação Brasileira de Dislexia (ABD). Research Fellow do NIMHCD. Laureado pela Câmara Brasileira do Livro, e pela Associação Brasileira de Editoras Universitárias com o 1º lugar no Prêmio ABEU 2018: Melhor Livro de Ciências Humanas. Eleito um dos dois cientistas mais influentes do Brasil em Neurociências, Categoria Professor - Instituto Nanocell. Educador laureado pela European Commission Erasmus+, Prêmio Special Tribute International, Categoria Best Practices in Education, Brazil-Europe. Consultor de Secretarias de Educação em alfabetização e inclusão escolar. Livros: Dicionário da Língua de Sinais do Brasil: A Libras em suas mãos (3 vols., 1º lugar em Ciências Humanas, Prêmio ABEU 2018); Cartilha de Libras em Medicina e Saúde; Maravilhamento (livro e CD-Rom); Quebrando o código do Português brasileiro: Como avaliar (de)cifrabilidade de qualquer palavra (livro e

CD-Rom, 2a. ed.); Os novos caminhos da alfabetização infantil (3a. ed.); Enciclopédia da Língua de Sinais Brasileira: O mundo do surdo em Libras; Alfabetização fônica: Construindo competência de leitura e escrita (4a. ed.); Neuropsicologia e aprendizagem; Alfabetização: Método fônico (5a.ed.); Novo Dicionário enciclopédico ilustrado trilíngue da Libras (2 vols., 4a.ed.); Problemas de leitura e escrita: Como identificar, prevenir e remediar numa abordagem fônica (7a. ed.); Temas multidisciplinares em neuropsicologia e aprendizagem; Alfabetização fônica computadorizada (manual e CD-Rom, 4a.ed.); Temas em neuropsicolinguística; Prova de Consciência Sintática; Teoria e pesquisa em avaliação neuropsicológica; Transtornos de aprendizagem; Teste de Competência de Leitura de Palavras e Pseudopalavras; Dicionário enciclopédico ilustrado trilíngue da Libras (2 vols., 6a.ed., 2° lug, Prêmio Jabuti).

Jalmiris Regina Oliveira Reis Simão

Mestre em Educação (FFP /UERJ). Doutoranda em Ciências da Educação e Doutora em Educação h.c. (EBWU). Especialista em Alfabetização e Letramento. Psicopedagoga Clínica e Institucional. Pedagoga, com habilitação em Administração Escolar e Supervisão Pedagógica. Licenciatura em Didática, Psicologia da Educação, História da Educação. Foi integrante do Grupo de Pesquisa Redes de Conhecimentos e Práticas Emancipatórias no Cotidiano Escolar (PROPED/ UERJ). Regência na graduação e educação básica, administração escolar e coordenação/supervisão pedagógica e na EJA. Assessoria pedagógica. Coordenação de Projeto Social/Cultural Forma Cor Ação (PBH). Prêmios: Paulo Freire (SMED-PBH), Escolas Solidárias, Mazzaropi - Direção Projeto Revelarte (SCDC/ MinC- 2014), Special Tribute Brain Connection 2016, 2017, 2018, 2019. Medalha Erasmus+ 2018/2019/2020, Categoria Best Practices in Education, Brazil-Europe. Coordenação da Comissão Científica do Congresso Internacional Brain Connection Brasil(2016, 2017,2018,2019,2020). Gestão/tutoria EaD - Pedagogia e Licenciaturas - UERJ, Plataforma Virtual Moodle/CEDERJ, bolsista CAPES/UAB. Projeto de Intervenção Pedagógica SEE-MG- EE-JHG(2017/2018). Administradora Plataforma EaD/IPAM. Palestrante, escritora e organizadora de livros científicos.

Luís Miguel Neves

Doutorando em Educação Especialidade: Liderança Educacional. Mestre em Psicologia Educacional. Mestre em Gestão de Recursos Humanos. Licenciado em Psicologia Clínica. Mediador de Conflitos. Psicólogo Clínico e da Saúde. Psicológico Educacional. Juiz Social no Tribunal de Família e Menores de Faro – Instância Central de Faro. Formador (Certificado pelo Conselho Científico Pedagógico de Formação Contínua). Presidente da Associação de Psicologia de Algarve/ Diretor Técnico de Omnes Pro Uno – Associação de Solidariedade Social do Algarve. Coordenador em Portugal do Projeto Europeu ERASMUS+ "Caminhando para uma escola inclusiva na Europa".

Autores(as)

Adriana de Souza Batista Kida

Fonoaudióloga formada pela Faculdade de Odontologia de Bauru – Universidade de São Paulo (USP). Mestre em Educação Especial pela Universidade Federal de São Carlos (UFSCAR). Doutora em Ciências: Distúrbios da Comunicação Humana pela Escola Paulista de Medicina – Universidade Federal de São Paulo (UNIFESP). Doutorado com Estágio no Exterior na Universidad de Salamanca (USAL) - Departamiento de Psicología Evolutiva e de la Educación. Pós-doutora pelo Conselho Nacional de Desenvolvimento Científico e Tecnológico, desenvolvido no Laboratório de Investigação dos Distúrbios de Aprendizagem (LIDA) da Universidade Estadual Paulista (UNESP - Marília). Fonoaudióloga com atuação clínica nas áreas de linguagem infantil e aprendizagem. Professora dos cursos de aprimoramento e especialização em linguagem e aprendizagem do CEFAC.

Adriana Marques de Oliveira

Graduação em Fonoaudiologia - Universidade Estadual Paulista "Júlio de Mesquita Filho" – Faculdade de Filosofia e Ciências - FFC/Marília (SP). Pós-doutorado Universidade Estadual Paulista "Júlio de Mesquita Filho" - Faculdade de Filosofia e Ciências - FFC/Marília (SP) (bolsa CNPQ - 2017-2018). Mestrado e doutorado em Educação pela Universidade Estadual Paulista "Júlio de Mesquita Filho. Especialista em

Linguagem e em Fonoaudiologia Educacional pelo Conselho Federal de Fonoaudiologia - CRFa. Membro do grupo de pesquisa do CNPq "Linguagem, Aprendizagem e Escolaridade e do Laboratório de Investigação dos Desvios da Aprendizagem (LIDA) do Departamento de Fonoaudiologia da FFC/UNESP/Marília (SP).

Alexandra Beatriz Portes de Cerqueira César

Fonoaudióloga, graduada em Fonoaudiologia, Mestre em Fonoaudiologia e Doutoranda em Educação pela Faculdade de Filosofia e Ciências da Universidade Estadual Paulista Júlio de Mesquita Filho - FFC UNESP - Marília-SP. Participa do grupo de pesquisa do CNPq Linguagem, Aprendizagem, Escolaridade". Membro do Laboratório de Investigação dos Desvios da Aprendizagem (LIDA).

Ana Carolina Machado Ferrari

Doutora e Mestra em Educação - Conhecimento e Inclusão Social pela Universidade Federal de Minas Gerais, UFMG; Psicopedagoga pela Escola Superior Aberta do Brasil; pedagoga, graduada pela Universidade do Estado de Minas Gerais, UEMG, especialista em Comportamento Organizacional e Gestão de Pessoas com foco em inclusão organizacional. Possui experiência na área de Educação, com ênfase em Educação Especial e Inclusiva, Educação Organizacional, Educação profissional, formação de professores, coordenação pedagógica e Psicopedagogia hospitalar. Foi coordenadora especialista e docente nos cursos de Especialização em Gestão Educacional e Especialização em Neurociências aplicada à Educação no Centro Universitário UMA. Atualmente é docente em cursos de graduação e pós-graduação voltados à Educação e psicopedagoga na Pediatria no Hospital Santa Casa BH. É pesquisadora do Grupo interdisciplinar de estudos em Educação Inclusiva e Necessidades educacionais especiais (GEINE) e do Grupo Corpos Mistos, ambos na FaE/ UFMG e suas linhas de pesquisa são: Educação Especial; Educação Inclusiva; Educação Indígena; Classes hospitalares e Psicopedagogia Hospitalar.

Anahid Fernandes

Neuropsicopedagoga, Diretora e cofundadora da Neurobrinq. Idealizadora do projeto de inovação "iUP 6D Parque Multidisciplinar", desenvolvido a partir dos resultados de pesquisa científica que confirmam a importância e eficácia da estimulação multidisciplinar no desenvolvimento das habilidades cognitivas, sensoriais e motoras de crianças na primeira infância.

Ana Maria Antunes Campos

Doutoranda em Educação Matemática pela Pontifícia Universidade Católica de São Paulo - PUC-SP. Mestre em Educação pela Universidade Federal de São Paulo - UNIFESP. Pedagoga, Psicopedagoga, Especialista em Ensino Lúdico, Pós-Graduada em Didática e Tendências Pedagógicas. Possui MBA em Educação Cognitiva pela UBC. Possui graduação em Licenciatura em Matemática pela Universidade de Guarulhos (2007). Tem experiência na área de Educacional, com ênfase em Ensino e Aprendizagem na Sala de Aula, Formação de Educadores. Pesquisadora em Educação Matemática, Ansiedade Matemática, Discalculia e Dificuldades de Aprendizagem. Participa do Grupo de Pesquisa: Professor de Matemática: Formação, Profissão, Saberes e Trabalho Docente - PUC-SP. Participa do grupo de pesquisa: História da educação: intelectuais, instituições, impressos, do(a) Universidade Federal de São Paulo. Autora de artigos e livros na área educacional, livros infanto-juvenil, contos e poesias. Atualmente é professora de Matemática - Ensino Médio, Docente na Pós-Graduação e Palestrante.

Andrea Oliveira Batista

Fonoaudióloga. Mestra em Educação pela Faculdade de Filosofia e Ciências – FFC/UNESP, Marília - SP. Especialista em Fonoaudiologia Educacional pelo Conselho Federal de Fonoaudiologia – CFFa. Especialização em Psicopedagogia pela Universidade Filadélfia – UniFil, Londrina - PR. Membro do Laboratório de Investigação dos Desvios da Aprendizagem do Departamento de Fonoaudiologia e do Grupo de Pesquisa do CNPq "Linguagem, Aprendizagem, Escolaridade" da Faculdade de Filosofia e Ciências da Universidade Estadual Paulista, ambos da FFC/UNESP, Marília - SP. Fundadora do CERH – Centro de Estudos e Reabilitação Humana, Londrina - PR. Fonoaudióloga clínica e consultora fonoaudiológica nos seguintes temas: linguagem; aprendizagem, aquisição, desenvolvimento e transtornos da leitura e da escrita; alfabetização e habilidades metalinguísticas.

Ângela Maria Vieira Pinheiro

Possui graduação em Psicologia (Pontifícia Universidade Católica de Minas Gerais), mestrado em Psicologia Educacional (University of Glasgow/Escócia), doutorado em Psicologia Cognitiva (University of Dundee/Escócia) e pós-doutorado na Universidade de Educação de Ludwigsburg, em Reutlingen/Alemanha. É professora Titular da Universidade Federal de Minas Gerais. Atua, na área de Processos Cognitivos Básicos com ênfase em: 1) desenvolvimento da leitura e da escrita; 2) construção de medidas de reconhecimento de palavras e de compreensão leitora; e 3) dislexia do desenvolvimento. É coordenadora do Grupo de Pesquisa do CNPq Avaliação Cognitiva da Leitura e da Escrita. Recentemente tem também se dedicado ao treinamento de pais sobre com estimular a linguagem de seus filhos e à formação de professores do Ensino Básico sobre como alfabetizar todas as crianças, com especial foco no ensino daquelas com dificuldades gerais e específicas de leitura e de escrita. Nesse sentido, é coordenadora da plataforma Dislexia Brasil (dislexiabrasil.com.br) e do curso a distância "Dislexia: causas e consequências" (DCC), ministrado no Departamento de Psicologia, UFMG, para alunos de psicologia, de pedagogia e de áreas afins e para professores do ensino básico, em fluxo contínuo, no Centro de apoio à educação a distância (CAED/UFMG). Em 2014 presidiu o World Dyslexia Forum II, realizado na UFMG. É consultora e Membro de Honra do corpo de diretores da Dyslexia International.

Antony de Paula Barbosa

Graduado em Farmácia Industrial e em Análises Clínicas pela UFRJ. Mestrado e doutorado em Química de Produtos Naturais pelo IPPN, UFRJ. Especialização em Farmácia estética pelo NEPUGA. Pós-doutorado em Université Lille Nord de France, França. Foi professor de Farmacognosia, Química Analítica, Química Orgânica, Controle de qualidade físico-químico, Controle de qualidade microbiológico, Biofísica e Biotecnologia pela UNIABEU, Belford Roxo, RJ. Foi professor e coordenador do Curso Técnico em Farmácia, SENAC-RJ, assim como foi Professor Adjunto na Faculdade Senac Rio, Rio de Janeiro, RJ. Atuou como pesquisador em metrologia forense no Inmetro realizando produção de materiais de referências certificados

(MRC) e materiais de referência (MR) de drogas de abuso, Duque de Caxias, RJ. Atualmente é pós-doutorando na Faculdade de Farmácia da UFMG, atuando nas linhas Bioprospecção e fitoquímica de espécies vegetais brasileiras com atividade biológica, controle de qualidade de plantas medicinais e fitoterápicos, desenvolvimento de preparações farmacêuticas e quimiossistemática molecular. Atua também como Professor adjunto na NOVA FACULDADE, em Contagem, lecionando as disciplinas de Farmacologia II, Bromatologia, Química Analítica, Química Farmacêutica, Farmacologia I, Bioestatística, Cálculos e Diluições, Físico-química e Farmácia Hospitalar para o curso de Farmácia. Atua como tutor e elaborador de material didático para cursos de graduação e pós-graduação EAD na Faculdade UNYLEYA. Atua como docente no curso de pós-graduação *latu sensu* do NEPUGA nas diversas unidades no Brasil. É revisor de periódicos nacionais e internacionais.

Bianca Arruda Manchester de Queiroga

Possui graduação em Fonoaudiologia pela Universidade Católica de Pernambuco (1991), mestrado em Psicologia (Psicologia Cognitiva) pela Universidade Federal de Pernambuco (1996) e doutorado em Psicologia (Psicologia Cognitiva) pela Universidade Federal de Pernambuco (2003). É especialista em linguagem e fonoaudiologia educacional pelo Conselho Federal de Fonoaudiologia. É parecerista da Revista CoDAS, da Revista Audiology -Comunication Research, da Revista Distúrbios da Comunicação, da Revista Brasileira de Saúde Materno Infantil e da Revista CEFAC. É professora Associada IV da Universidade Federal de Pernambuco. Docente do curso de graduação em Fonoaudiologia e do Programa de Pós Graduação em Saúde da Comunicação Humana. Foi Presidente do Conselho Federal de Fonoaudiologia (de 2011 a 2016). Foi conselheira efetiva e membro da diretoria do Conselho Regional de Fonoaudiologia da 4a Região (gestões 2007/2010 e 2016/ 2019). Tem experiência na área de Fonoaudiologia e saúde da criança, Fonoaudiologia educacional, atuando principalmente nos seguintes temas: aquisição de linguagem oral e escrita, educação e saúde, distúrbios de linguagem e distúrbios de aprendizagem. É bolsista de pós doutorado senior pelo CNPq na Universidade Estadual Paulista Júlio Mesquita.

Bianca dos Santos

Fonoaudióloga. Mestre em Distúrbios da Comunicação Humana – Programa de Pós Graduação em Fonoaudiologia – FFC – UNESP – Marília – SP. Doutoranda em Educação – Programa de Pós Graduação em Educação – FFC – UNESP – Marília – SP. Bolsista CAPES. Membro do Laboratório de Investigação dos Desvios da Aprendizagem – LIDA – FFC – UNESP – Marília – SP. Membro do Grupo de Pesquisa do CNPq "Linguagem, Aprendizagem, Escolaridade." Tem experiência na área de leitura e escrita, atuando principalmente nos temas de avaliação, diagnóstico e intervenção para escolares com dificuldades de aprendizagem, dislexia e transtornos de aprendizagem.

Cátia Giaconi

Professora Catedrática do Dipartimento di Scienze dell' Educacione e della Formazione na Universita degli Studi di Macerata (UNIMC,) em Macerata – Itália.

Cíntia Alves Salgado Azoni

Fonoaudióloga pela USP/Bauru. Mestrado, Doutorado e Pós-Doutorado em Ciências Médicas pela UNICAMP. Docente do Departamento de Fonoaudiologia e dos Programas de Pós Graduação em Fonoaudiologia e Psicologia da Universidade Federal do Rio Grande do Norte-UFRN. Atual Vice coordenadora do programa Associado de Pós-Graduação em Fonoaudiologia UFPB/UFRN. Psicomotricista pelo ISPE-GAE/FMABC, com título reconhecido pela Université Dété, Paris. Membro e atual coordenadora do Departamento de Linguagem Infantil da Sociedade Brasileira de Fonoaudiologia (SBFa), Membro da diretoria da Associação Brasileira de Neurologia, Psiquiatria infantil e Profissões afins (ABENEPI) e atual Presidente do capítulo do RN. Coordenadora e líder do Laboratório e grupo de pesquisa do CNPq LEIA - Linguagem Escrita, interdisciplinaridade e Aprendizagem. Vice-líder do CNPq- Laboratório de Extensão e Pesquisa em Neuropsicologia, UFRN. Membro dos grupos de pesquisa do CNPq: GREPEL-USP, Neuropsi-Lab – UFR e Neurodesenvolvimento, escolaridade e aprendizagem-UNICAMP. Experiência na área de Fonoaudiologia, com ênfase em Linguagem oral e escrita, atuando nos temas: Neurociências, Educação, Neuropsicologia, dislexia do desenvolvimento, Aprendizagem, distúrbios de linguagem e aprendizagem e intervenção, principalmente com uso de programas de remediação, capacitação de professores e profissionais da área de aprendizagem.

Cláudia da Silva

Fonoaudióloga. Docente do Departamento de Formação Específica em Fonoaudiologia – FEF, da Universidade Federal Fluminense – UFF/ Nova Friburgo-RJ. Mestre e Doutora em Educação pela Programa de pós-graduação em educação da Universidade Estadual Paulista Júlio de Mesquita Filho – UNESP/Marília-SP. Pós-doutorado em fonoaudiologia pelo Programa de pós-graduação em fonoaudiologia da Universidade Estadual Paulista Júlio de Mesquita Filho – UNESP/ Marília-SP. Possui experiência e atuação clínica nas áreas de Linguagem infantil e Fonoaudiologia Educacional, com enfoque no desenvolvimento infantil para as questões de aprendizagem escolar (leitura e escrita), Transtornos Específicos de Aprendizagem (dislexia, transtorno e dificuldades de aprendizagem) e aquisição da linguagem oral típica e atípica.

Cynthia Bicalho Borini

Possui graduação em Odontologia pela Universidade de Marília (1993), mestrado (2005) e doutorado (2009) em Biologia Buco- Dental com área de concentração em Anatomia Humana pela Faculdade de Odontologia de Piracicaba da Universidade Estadual de Campinas - UNICAMP/FOP. Atua principalmente nos seguintes temas: Anatomia Humana e Disfunção temporomandibular. Atualmente ministra aulas na Universidade José do Rosário Vellano - UNIFENAS/BH e Faculdade Arnaldo Janssen - BH.

Donalda Maria da Silva Baeta

Mestre e Licenciada Psicologia, com Especialização/Pós-Graduação nas áreas: Necessidades Educativas Especiais; Domínio Cognitivo-Motor; Domínio Emocional e Personalidade; Psicoterapia Cognitivo-Comportamentais na Infância e na Adolescência: Avaliação e Intervenção; Avaliação do Desenho Infantil: Interpretar para Intervir. Licenciada em Educação do 1º Ciclo do Ensino Básico e Especialização em Supervisão

Educativa, com 36 anos de docência, 32 dos quais, em prática letiva, junto de crianças e jovens com Necessidades Educativas Especiais. 6 anos de experiência docente na área da Alfabetização de Adultos. Coordenadora dos Serviços Especializados de Apoio à Aprendizagem e à Inclusão; Coordenadora da Equipa de Ensino Bilingue de Alunos Surdos; Coordenadora da Equipa Multidisciplinar de Apoio à Educação Inclusiva; Formadora do Ministério da Educação: Programa Nacional de Ensino do Português; Formadora na Associação de Munícipes do Algarve (AMAL); Formadora do Centro de Formação "Ria Formosa"; Palestrante no Programa Erasmus + K2: Parlamento Europeu (Polónia); Loches (França); Sicília (Itália); Congresso de Dislexia, Coimbra (Portugal); Intervir junto de Crianças/Jovens com THDA, Lisboa (Portugal); Conferencista no Brain Connection (Portugal, 2017/ Brasil, 2018); Colaboradora com a Universidade do Algarve: Estudo da Dislexia e THDA. Delegada Associação de Doentes de Alzheimer e Parkinson, em Faro - Portugal.

Eder Ricardo da Silva

Possui Graduação em Música - Habilitação em Educação Musical pela Universidade do Sagrado Coração. Mestrado em Psicologia do Desenvolvimento e Aprendizagem pelo Programa de Pós-Graduação em Psicologia do Desenvolvimento e Aprendizagem da Universidade Estadual Paulista "Júlio de Mesquita Filho" - Campus Bauru. Especialização em Docência do Ensino Superior pela Faculdade Palas Atena (PR). Especialização em Educação Especial e Inclusiva pela Faculdade de Itápolis. Tem Formação Internacional na Metodologia Snoezelen/MSE pela International Snoezelen Association – (Buenos Aires, Argentina) e Formação Nacional pela AMCIP - Curitiba (PR). Tem formação em Magistério pelo Centro Específico de Formação e Aperfeiçoamento do Magistério - CEFAM/Bauru. Atualmente, é Professor de Educação Musical no Centro Especializado em Autismo e Patologias Associadas da Associação de Pais e Amigos de Excepcionais – Bauru (SP). Atua também como Docente Titular do Curso de Pedagogia no Instituto Municipal de Ensino Superior de São Manuel (IMES-SM) e como Docente visitante no Centro Universitário UniSagrado no curso de Especialização em Educação Especial/Inclusiva. Tem experiência na área de Música, com ênfase em EDUCAÇÃO MUSICAL ESPECIAL, atuando principalmente nos seguintes temas: musicalização na educação especial, formação de professores, artes, canto coral e voz.

Eni de Faria Sena

Pós-Doutora do Programa de Pós-Graduação em Psicologia Cognição e Comportamento, Departamento de Psicologia, FAFICH/UFMG. Doutora em Educação e Currículo pela Pontifícia Universidade Católica de São Paulo. Mestre em Educação pela Pontifícia Universidade Católica de Minas Gerais. Graduada em Pedagogia. Professora aposentada do Centro Universitário de Sete Lagoas. Subcoordenadora e tutora do curso em EaD "Dislexia: Causas e Consequências". Experiência como professora e gestora da Educação Básica e Ensino Superior. Temas frequentes na contextualização da produção científica: Políticas Educacionais e Curriculares, Formação de professores, Dificuldades específicas de aprendizagem (dislexia), ensino superior. Colaboradora de pesquisa realizada na PUC/MG.

Fabiana Silva Ribeiro

Bacharel em Psicologia, pela Universidade Estadual Paulista Júlio de Mesquita Filho (2010), e seu projeto de iniciação científica durante a graduação explorou os efeitos do conhecimento musical sobre as habilidades matemáticas e memória operacional em crianças. Em 2013, obteve o título de mestre em Psicologia do Desenvolvimento e Aprendizagem, pela Universidade Estadual Paulista Júlio de Mesquita Filho. Em 2019, completou o doutoramento em Psicologia Básica na Universidade do Minho, em Portugal, no qual investigou os efeitos da indução musical nos processos de memória operacional. Ainda em 2019, foi investigadora doutorada Junior no Laboratório Neurocomportamental Humano da Universidade Católica Portuguesa. Atualmente, é Pós-doutoranda na Faculdade de Ciências Humanas, Educação e Ciências Sociais da Universidade de Luxemburgo no qual integra o grupo de pesquisa em Envelhecimento cognitivo: de oportunidades educacionais a perfis de risco individuais.

Fernanda Piovesan Dota

Mestrado em Psicologia do Desenvolvimento e Aprendizagem; Especialização em Neuropsicologia e SaúdeMental; Especialização em

Terapia Cognitivo-Comportamental (em andamento); Atuação por mais de 10 anos no atendimento e avaliação de pessoas com deficiências, crianças e adolescentes com problemas de aprendizagem e comportamento; Aprimoramento em ABA (Análise do Comportamento Aplicado);Aprimoramento voltado para atendimento ao Transtorno do Espectro do Autismo (TEA) – Método TEACCH,Sistema PECS e Método HANEN; Docente em Pós-Graduação de Neuropsicologia..

Flávia Heloísa Santos

Ad Astra Fellow e Professora Assistente junto à University College Dublin, Irlanda. Orientadora da Escuela Internacional de Doctorado de la Universidad de Murcia, Espanha. Orientadora do Programa de Pós-Graduação da Universidade Estadual Paulista (UNESP, campus de Bauru). Doutora em Ciências, Departamento de Psicobiologia, pela Universidade Federal de São Paulo (UNIFESP) com período de intercâmbio acadêmico na University of Durham, Inglaterra; Especialista em Psicologia da Infância pelo Departamento de Pediatria da UNIFESP.

Gabriela Franco dos Santos Liporaci

Fonoaudióloga, graduada em Fonoaudiologia da Faculdade de Filosofia e Ciências da Universidade Estadual Paulista. "Júlio de Mesquita Filho"- FFC/UNESP-Marília-SP. Atualmente, estudante de pós graduação, nível mestrado, em Fonoaudiologia, na Faculdade de Filosofia e Ciências da Universidade Estadual Paulista "Júlio Mesquita Filho" – FFC. UNESP - Marília - SP. Bolsista Fundação de Amparo à Pesquisa do Estado de São Paulo (FAPESP). Participa do grupo de pesquisa do CNPq "Linguagem, Aprendizagem, Escolaridade". Membro do Laboratório de Investigação dos Desvios da Aprendizagem (LIDA). Tem interesse nas áreas da aprendizagem, avaliação, estudos de intervenção, leitura, dislexia e transtorno do déficit de atenção com hiperatividade.

Giseli Donadon Germano

Fonoaudióloga. Docente do Departamento de Educação Especial e do Programas de Pós-Graduação em Fonoaudiologia da Faculdade de Filosofia e Ciências - FFC/UNESP - Marília-SP. Pesquisadora colaboradora do Laboratório de Investigação dos Desvios da Aprendizagem (LIDA) do Departamento de Fonoaudiologia – FFC/UNESP - Marília-SP.

Gleyna Lemos Leonez de Araújo

Psicóloga com mestrado em Psicologia pela Universidade Federal do Rio Grande do Norte (UFRN). É especialista em Neuropsicologia (UFRN), com cursos de atualização em "Avaliação Neuropsicológica e Memória", "Saúde Mental na Infância e Adolescência" e "Atualização em Neurociências" pelo Hospital Israelita Albert Einstein. Tem experiência na área de Neuropsicologia, Avaliação Psicológica, Avaliação e Intervenção Neuropsicológica e Terapia Cognitiva Comportamental. Trabalha atualmente no Serviço Social da Indústria (SESI) e em atendimento clínico.

Graziele Kerges Alcantara

Psicóloga especialista em Neuropsicologia (CFP). Mestre e Doutoranda em Distúrbios da Comunicação Humana – FFC/UNESP-Marília-SP. Membro do Laboratório de Investigação dos Desvios da Aprendizagem – LIDA/UNESP. Possui especialização em reabilitação neuropsicológica pelo Centro de Estudos de Neurologia Prof. Dr. Antonio Branco Lefèvre/FMUSP. Membro do Grupo de Pesquisa do CNPq "Linguagem, Aprendizagem, Escolaridade".

Gustavo Malta Rojas

Psicólogo pela UPM, Pedagogo pela UNIP, na área da Educação Básica há 11 anos, atuando como Orientador Educacional de diferentes segmentos há 6 anos. Pós-graduado em Educação Especial com ênfase em Inclusão e na formação de professores.

Heli Sabino de Oliveira

Licenciado em História pela Faculdade de Filosofia Ciências e Letras de Belo Horizonte; Mestre em Educação pela Faculdade de Educação da Universidade Federal de Minas Gerais; Doutor em Educação pela Faculdade de Educação da Universidade Federal de Minas Gerais; Professor Adjunto da Faculdade de Educação da Universidade Federal de Minas Gerais; Vice Coordenador do Núcleo de Educação de Jovens e Adultos da Faculdade de Educação da UFMG; Vice Coordenador da Linha de Educação de Jovens e Adultos do Programa de Mestrado Profissional (PROMESTRE) da Faculdade de Educação da UFMG; Pesquisa sobre temas relacionados à laicidade e diversidade religiosas em escolas públicas; formação de professor e políticas educacionais na Educação de Jovens e Adultos; sujeitos e produção de materiais didáticos na Educação de Jovens e Adultos .Atuou como professor da Educação Básica entre os anos de 1990 e 1995 na Rede Estadual de Minas Gerais; Atuou como professor da EJA entre os anos de 1995 e 2016 na Rede Municipal de Educação de Belo Horizonte;

Heloisa Sanches Capelatto

Psicóloga Clínica e Psicoterapeuta de crianças, adolescentes e adultos. Formada pela Pontifícia Universidade Católica de Campinas em 1973. Conclusão de cursos anuais e semestrais sobre Psicoterapias de crianças, adolescentes e adultos, na Pontifícia Universidade Católica de Campinas, de 1974 a 1978. Assistente de Psicóloga na Clínica de Repouso Santa Fé, em Itapira, S.P. em 1974. Psicóloga da APAE de Mogi Guaçu, S.P., de 1974 até 1977. Psicóloga da APAE de Limeira, S.P. em 1976. Supervisora e Coordenadora do 5º ano do curso de Psicologia da Faculdade Franciscana de Itatiba, S.P., de 1976 a 1983, na disciplina de Psicodiagnóstico. Professora da disciplina de Técnicas do Exame Psicológico no 4º ano do curso de Psicologia da Faculdade Franciscana de Itatiba, S.P. de 1980 a 1983. Atuando em clínica particular desde 1974. Autora de artigos na revista VIRASER, da ONG de Londrina, PR, em 1999. Autora de artigos na revista BEM VIVER, em 2012.

Ítalu Bruno Colares de Oliveira

É um pesquisador renomado, reconhecido e acreditado em mais de 110 países. Trilíngue, Pós Doutor em E-Learning pela UFP- Universidade Fernando Pessoa em Portugal, PhD em Teologia pela California University-USA, Doutor em Ciências da Religião pela UEP – Universidad Evangelica del Paraguay, Mestre em Teologia pela Gordon University-USA, possui MBA em Gestão de Recursos Humanos e é Pós Graduado em Psicopedagogia Clínica pela Faculdade Einstein. É Pós-Graduado em Psicanálise Clínica, Pós Graduado em Docência do Ensino Superior e Pós Graduado em Teologia pela Faculdade Darwin. Possui Extensão universitária em Direito Arbitral pela

Faculdade Darwin e uma Extensão Universitária em Epistolas Paulinas pela Universidade de Harvard-USA. É Pedagogo pela FATEBOV, Licenciado em Filosofia pela Faculdade Pan-Americana e Bacharel em Teologia pela Faculdade de Ciências, Educação e Teologia do Norte do Brasil. Entre as honras e recebeu os seguintes títulos honoríficos: Doutor Honoris Causa em Humanidades pela Cambridge International University-UK, Doutor Honoris Causa em Teologia pela Faculdade Einstein, Doutor em Filosofia de Santo Anselmo de Canterbury College-Chile e Doutor Honoris Causa em Administração pela FIB. O mesmo foi apresentador do quadro Dialogo Teológico no Programa Estúdio Livre na Rede TV todos os Sábados ás 11:00 da manhã (Brasil-Brasília-DF) no ano de 2017.

Iuri Victor Capelatto

psicólogo e psicoterapeuta de crianças, adolescentes e adultos; graduação em Psicologia pela PUC-Campinas; Mestre em Ciências Médicas pelo departamento de neurologia da FCM-Unicamp; professor convidado do curso de extensão de especialização em Neuropsicologia Aplicada à Neurologia Infantil-Unicamp e do curso Reabilitação em Neurologia Infantil-Unicamp; professor convidado dos cursos de pós-graduação em psicopedagogia e neuropsicopedagogia da FAJ em Jaguariúna, Campinas, Piracicaba, Mogi Guaçu e da faculdade Max-Plank em Indaiatuba; coautor da obra " A Equação da Afetividade – como lidar com a raiva de crianças e adolescentes" Ed. Papirus, 2012, junto com o Ivan Capelatto; autor de diversos capítulos de livros, incluindo o 'Caminhos da Inclusão" volume II; membro da ABENEPI (Associação Brasileira de Neurologia, Psiquiatria Infantil e Profissões Afins); palestrante em diversos congressos, escolas e eventos, prêmio Tributo Especial Internacional de Pessoa de Expressão 2019 na categoria especial de Melhores Práticas na educação, saúde, ciência, política, religião, lei, proteção e segurança, conferido pelo projeto Erasmus+, no 5° Congresso Internacional de Neurociências e Aprendizagem de Crianças e Adolescentes – Desempenho Multidisciplinar.

Ivan Roberto Capelatto

Psicoterapeuta de crianças, adolescentes e famílias; Mestre em Psicologia Clínica pela PUC-Campinas; Formação em Psicanálise pela

Clínica Santa Fé e Comunidade Terapêutica ENFANCE; Supervisor e professor do GEIC (grupo de estudos e pesquisas em psicopatologias da família, da infância e da adolescência) de Londrina-PR; Colaborador da UNESCO com o Projeto de Vida, apoio do jornal O Estado de São Paulo; Professor convidado do Curso de Medicina da Família e da Comunidade da Faculdade de Medicina da UNICAMP; Professor convidado do curso de Pós Graduação em Pediatria do Curso de Medicina da PUC-Paraná (Curitiba); Fundador do GEPAPI (Grupo de Estudos e Pesquisas em Autismos e Outras Psicoses Infantis); Escritor e conferencista; autor de diversas obras, entre elas: "Diálogos sobre Afetividade – o nosso lugar de Cuidar", Ed. Papirus; "Prepare as Crianças para o Mundo", UNICEF; "Compreendendo a Natureza do Psiquismo Humano": um pequeno ensaio sobra a raiva, o medo e a culpa, ed. Colégio Universitário; "A vida humana: perdas e consequências", ed. Colégio Universitário; autor de artigos na Revista VIR-A-SER, edição da ONG VIR – A SER; coautor das obras: "Cuidado, afeto e limites: uma combinação possível", Papirus Ed.,; "A equação da Afetividade – como lidar com a raiva de crianças e adolescentes", ed. Papirus; "As dimensões do Amor", Ed. Unicamp; "Psicoterapia Breve no Atendimento da Criança" , ed. Pontes.

Jaime Luiz Zorzi

Fonoaudiólogo - PUCSP, Mestre em Distúrbios da Comunicação - PUCSP, Doutor em Educação - UNICAMP, Especialista em Linguagem – CFFa. Diretor, professor e coordenador do CEFAC – Saúde e Educação. Ex-presidente da SBFa: Sociedade Brasileira de Fonoaudiologia; mérito fonoaudiológico pela SBFa 2010. Autor de várias obras nas áreas da linguagem oral, escrita e aprendizagem. Presta serviços de assessoria e consultoria junto a instituições de ensino. Atua na formação de professores. Autor do método de alfabetização denominado "As letras falam". Autor do método de Ortografização "Descomplicando a escrita". Ex-diretor do CRFa e do CFFa.

Júlia Barcelos Lara

Acadêmica do curso de Fonoaudiologia da Universidade Federal de Minas Gerais

Leandro Heleno Guimarães Lacerda

Farmacêutico - CRF/MG: 26445. Mestre em Biomedicina - *IEP/SCBH*. Professor Assistente da Faculdade Sete Lagoas (*FACSETE*) e Faculdade Ciências da Vida (*FCV*) – Sete Lagoas/MG. Coordenador do Curso de Pós-Graduação em Saúde Coletiva e da Família da Faculdade Sete Lagoas (FACSETE) – Sete lagoas/MG. Coordenador do Núcleo de Práticas Clínicas Farmacêuticas da Faculdade Ciências da Vida (NPCF/FCV) – Sete Lagoas/MG. Professor convidado do Curso de Especialização em Disfunção Temporomandibular e Dor Orofacial (NEON Cursos) – Belo Horizonte/MG. Professor Convidado do Curso de Pós-Graduação em Dor do Hospital Israelita Albert Einstein.

Leticia Correa Celeste

Possui graduação em Fonoaudiologia pela Universidade Federal de Minas Gerais, mestrado e doutorado em Estudos Linguísticos pela Universidade Federal de Minas Gerais, com estágio doutoral no Laboratoire Parole et Langage (Université Aix-en-Provence - França). Pós-doutora pela Université Paris Diderôt. Atualmente é professora adjunto do curso de graduação em Fonoaudiologia da Universidade de Brasília e docente da Pós-Graduação em Ciências da Reabilitação da Universidade de Brasília. Sua linha de pesquisa investiga comunicação humana e seus distúrbios, desordens de fluência e aprimoramento da performance comunicativa.

Luciana Cordeiro Felipetto

Fonoaudióloga. Psicopedagoga. Acupunturista. Mestranda em Ciências da Educação pela Emil Brunner World University/FL- USA. Especialista em Fonoaudiologia Educacional pelo Conselho Federal de Fonoaudiologia. Pós graduanda em Transtorno do Espectro Autista pela CBI/MI-USA. Pós graduação em Psicopedagogia Institucional e Clínica pela FAVENI/MG. Pós graduação em Acupuntura pela INCISA/IMAN- MG. Pós graduação em Fonoaudiologia com Enfoque Hospitalar pela Universidade Estácio de Sá/RJ. Coordenadora do Setor de Fonoaudiologia da Clínica e Instituto Aprendizagem e Companhia – Saúde Integral e da Clínica CMSA em Belo Horizonte/MG. Pesquisadora no Grupo de Investigação Clínica em Saúde e Educação da União Europeia/IG3TES. Palestrante e escritora de livros e artigos científicos na Área de Tecnologia e Educação. Integrante da Comissão Científica e Palestrante do Congresso Internacional Brain Connection. Honorable Mention in Projects and Investment in Education pela Emil Brunner World University/FL-USA. Premiada com a Certificação: "Pessoa de expressão por boas práticas em Educação" em SET/2017 e NOV/2018 e 2019 no Congresso Internacional Brain Connection.

Luciana Mendonça Alves

Graduada em Fonoaudiologia. Especialista em Linguagem, Voz e Fonoaudiologia Educacional pelo Conselho Federal de Fonoaudiologia. Doutora e Mestre em Linguística pela Universidade Federal de Minas Gerais (UFMG). Pós Doutora em Linguística pelo *Laboratoire Parole et Langage* (LPL) - Aix-Marseille Université – França. Pesquisadora do Laboratório de Estudos dos Transtornos de Aprendizagem (LETRA) - HC – UFMG. Professor Adjunto do Departamento de Fonoaudiologia da Faculdade de Medicina da UFMG. Docente do Programa de Pós Graduação em Ciências Fonoaudiológicas da Faculdade de Medicina da UFMG

Luciana Pereira da Rocha Thomsen

Fonoaudióloga pela FAMIH. Psicopedagoga pelo CEPEMG. Mestre em Nutrição e Saúde pela UFV. Professora do Curso de Graduação em Odontologia – Faculdade Arnaldo. Professora dos Cursos de Especialização em Linguagem e Neuropsicopedagogia – FONOHOSP

Luiza Elena Leite Ribeiro do Valle

Psicóloga, Doutora em Ciências pelo Departamento de Psicologia Social e do trabalho da USP/SP. Mestre em Psicologia Escolar e Educacional pela PUC Campinas/SP. MBA em Gestão de Pessoas (AVM/ Brasília, DF). Especialização em Psicologia Clínica, Psicopedagogia, Psicologia do Sono (ABS e ABP). Coach internacional (Lambent do Brasil). Especialização: Psicologia Clínica, Psicopedagogia, Psicologia do Sono (ABP). Extensão em Gestão de Pessoas (FGV). Capacitação em Estimulación Temprana Auditiva (Instituto Oral Modelo, Buenos Aires). Sócia Fundadora da Interclínica Ribeiro do Valle (20 anos). Atualmente Sócia fundadora do "Grupo Ribeiro do Valle". Realiza exames Neuropsicológicos, Psicopedagógicos e organizacionais.

Professora de curso de graduação em Psicologia e de Especialização em Psicopedagogia (PUCMinas/PC). Pesquisadora CNPq. Projetos: Enfrentamento de Estresse e Distúrbios do Sono. Aprendizagem. Alfabetização inovadora. Gestão SHIS. Inteligência Emocional. Relações Interpessoais. Presidente por mais de quinze anos de eventos de grande porte (Saúde, Educação e Trabalho) em conjunto com a Secretaria Municipal de Poços de Caldas e Ribeirão Preto, Universidades e Instituições Privadas. Consultora e parecerista de trabalhos científicos de Associações (ABbri, Sbpot, ABPp, Unesp, Marília/SP, PUC Minas/PC). Palestrante. Autora e organizadora de dezenas de livros e artigos para revistas científicas nacionais e internacionais. Título de Cidadania em Poços de Caldas (Câmara Municipal). Cadeira nº7 da Academia de Letras Poçoscaldense. Prêmio Ser Humano (ABRH-MG, 2018). Prêmio Erasmus+ (Comunidade Europeia, 2018, 2019).

Maíra Anelli Martins

Fonoaudióloga. Graduada pela Universidade Estadual Paulista "Júlio de Mesquita Filho"; - UNESP - Marília-SP. Doutora em Educação pela Universidade Estadual Paulista "Júlio de Mesquita Filho"; - UNESP - Marília-SP (Bolsista CNPQ). Especialista em Fonoaudiologia Educacional pelo Conselho Federal de Fonoaudiologia (CFFa). Pós Doutora pela Universidade Estadual Paulista Júlio de Mesquita Filho (UNESP). Membro do Grupo de Pesquisa do CNPq "Linguagem, Aprendizagem e Escolaridade" da UNESP-Marília desde 2008. Atua como fonoaudióloga educacional, desenvolvendo ações voltadas à consultoria, formação e assessoria, trabalhando com os diferentes segmentos de profissionais existentes e atuantes na interface saúde-educação.

Maria de Lourdes Merighi Tabaquim

Neuropsicóloga. Doutora em Ciências Médicas com Pós-Doutorado na área. Professora do Deptº de Fonoaudiologia da Faculdade de Odontologia da Universidade de São Paulo (USP – Bauru). Docente do Programa de Pós-Graduação em Ciências da Reabilitação do HRAC – Hospital de Reabilitação de Anomalias Craniofaciais / USP – Bauru. Líder e Pesquisadora do GEP - Grupo de Estudo e Pesquisa em Desenvolvimento Humano, Fissura e Anomalias Craniofaciais: prevenção, avaliação e reabilitação e Coordenadora do Laboratório de Neuropsicologia do Desenvolvimento, Fissuras e Anomalias Craniofaciais.

Maria Inez Ocanã de Luca

Psicóloga – Universidade Metodista de São Paulo. Pós-Graduada em Aprendizagem com foco em Saúde – Faculdade de Medicina do ABC. Especialização em Neuropsicologia – Faculdade de Medicina do ABC. Mestrado em Psicologia da Saúde – Universidade Metodista de São Paulo. Membro da Equipe da Associação Brasileira de Dislexia – ABD. Diretora de Cursos e Eventos na Associação Brasileira de Dislexia – ABD. Membro da Equipe da CEDA – Centro Especializado em Distúrbios de Aprendizagem. Professora convidada em Cursos sobre Dislexia e Transtornos de Aprendizagem

Maria Nobre Sampaio

Fonoaudióloga (Unesp/Marília 2008). Mestre (2012 – bolsista CNPq) e Doutora (2017 – bolsista Capes) pelo Programa de Pós-Graduação em Educação pela Faculdade de Filosofia e Ciências de Marília. Especialista em Linguagem e Fonoaudiologia Educação pelo Conselho Federal de Fonoaudiologia (2018). Atualmente é Pós-Doutoranda pela Faculdade de Filosofia e Ciências de Marília (bolsista PDJ – CNPq). Membro do grupo de pesquisa do CNPq "Linguagem, Aprendizagem e Escolaridade" desde 2008. Atua como fonoaudióloga clínica na Desenvolver - Centro de Desenvolvimento Cognitivo em Vitória/ES.

Marta Pires Relvas

Bióloga, com titulação D.h.c. em Educação pela Emil Brunner World University – Flórida, USA. Dra e Ms em Psicanálise, Neuroanatomista, Neurofisiologista, Psicopedagoga e Especialista em Bioética. Tem certificado Reggio Emília Study Abroad Program na Itália e Title in Education Neurosciences and childhood and adolescence learning of Erasmus+ University – Europe – Portugal. É Membro Efetiva da Sociedade Brasileira de Neurociência e Comportamento, e da Associação Brasileira de Psicopedagogia RJ. Autora de livros e DVDs sobre Neurociência e Educação pela Editora WAK e Editora Qualconsoante de Portugal. Professora Universitária da AVM Educacional / UCAM, UNESA – RJ, Universidade de João Pessoa – UNIPE, e Professora

Pesquisadora convidada no curso de Pós-graduação de Neurociência do IPUB/ UFRJ. Coordenadora do Programa de Pós-graduação de Neurociência Pedagógica na AVM Educacional. Palestrante no Brasil e no exterior.

Miriam Damazio

Pedagoga. Mestre e doutora pelo Instituto de Psicologia da Universidade de São Paulo (IPUSP). Pesquisadora do Laboratório de Neuropsicolinguística Cognitiva, do Instituto de Psicologia da Universidade de São Paulo (Lance – USP). Especialista em desenvolvimento infantil e educação escolar. Coautora do livro "Teste de vocabulário auditivo e teste de vocabulário expressivo" (Capovilla, Negrão & Damazio, 2011).

Miryan Cristina Buzetti

Pedagoga. Mestre e Doutora em Educação Especial (UFSCar). Pós doutorado (Unesp). Especialização em Psicopedagogia. Professora séries iniciais do Ensino Fundamental e Ensino Superior.

Najlla Lopes de Oliveira Burle

Possui graduação em Fonoaudiologia - Universidade Federal de Minas Gerais (2013), Doutoranda e Mestre em Ciências Fonoaudiológicas (UFMG), Especialista em Audiologia pelo CFFa, Fellowship em Implante Coclear- HC/UFMG. Diretora na Clínica Bem Ouvir onde atua na área de Audiologia, principalmente nos seguintes temas: Processamento Auditivo (avaliação e terapia), Zumbido (avaliação e terapia), Otoneurologia (avaliação e terapia), Eletrofisiologia e seleção e adaptação de aparelhos de amplificação sonora individual (AASI). Educadora Dangerous Decibels Brasil.

Noemi Del Bianco

Pedagoga. Doutoranda no Programa de Pós-Graduação em Ciências Humanas da Universita degli Studi Macerata(UNIMC), em Macerata – Itália.

Otacílio José Ribeiro

Educador e Psicanalista. Possui graduação em Matemática pelo Centro Universitário Newton Paiva (1983) e mestrado em Engenharia de Produção pela Universidade Federal de Santa Catarina (2002). Trajetória Profissional: Educação Básica (EJA) - docência e gestão. Docência universitária. Atividades de Psicopedagogia Clínica e Institucional.

Patrícia Alves Drummond de Oliveira

Possui graduação em Odontologia pela Universidade Federal de Minas Gerais (1997). É especialista em Odontopediatria pela PUC-MG (2006). Mestre em Odontologia - Área de concentração Odontopediatria na UFMG (2011). Doutora em Odontologia pela UFMG (2015). Coordenou a área de concentração de Odontopediatria na Associação Brasileira de Odontologia em Minas Gerais de dezembro de 2013 a dezembro de 2014. Coordenou do Curso de Odontologia da FEAD (2017-2019). Professora titular do curso de Odontologia da Faculdade Arnaldo. Presidente da Associação Brasileira de Odontopediatria, regional Minas Gerais (2017-2019).

Patrícia Soares Baltazar Bodoni

Psicóloga. Doutora em Ciências da Reabilitação e Pós – Doutoranda em Psicologia Cognitiva com ênfase em Neuropsicologia pelo HRAC/USP; Mestre em Psicologia do Desenvolvimento e aprendizagem pela UNESP. Pesquisadora do GEP - Grupo de Estudo e Pesquisa em Desenvolvimento Humano, Fissura e Anomalias Craniofaciais: prevenção, avaliação e reabilitação e Integrante do Laboratório de Neuropsicologia do Desenvolvimento, Fissuras e Anomalias Craniofaciais.

Philippe Martin

Engenheiro especialista em fonologia, fonética e análise acústica da fala. Doutorado em linguística aplicada (Université Nancy). Doutorado em Ciências (Université Bruxelles). Doutor Honoris Causa em Filosofia (Prague). Professor emeritus Université Paris Diderot. Professor emeritus da University of Toronto. Atualmente pesquisa entonação, estrutura prosódica e ondas cerebrais.

Rafael Teixeira Scoralick Dias

Acadêmico do curso de Fonoaudiologia da Universidade Federal de Minas Gerais

Renata Graziele Morini Albrecht

Fonoaudióloga e Psicopedagoga. Mestra e Doutoranda em Fonoaudiologia pela Universidade Estadual Paulista "Júlio de Mesquita Filho" – FFC/UNESP – Marília -SP. Especialização em Motricidade Orofacial. Membro do Grupo de Pesquisa do CNPq "Linguagem, Aprendizagem, Escolaridade" da Faculdade de Filosofia e Ciências da Universidade Estadual Paulista – FFC/UNESP. Atua como fonoaudióloga e psicopedagoga no âmbito clínico e educacional, desenvolvendo ações voltadas à avaliação, intervenção e consultoria para profissionais da educação.

Renata Karine Alves Pedro

Fisioterapeuta graduada pela Faculdade da Saúde e Ecologia Humana – FASEH 2006. Aprimoramento em Fisioterapia Respiratória Neonatal, Pediatria e Adulto com Ênfase em Oncologia da Fundação Mario Pena – Hospital Luxemburgo. Especialista em Cardiorrespiratório e Pneumofuncional pela Universidade Gama Filho. Aprimoramento de Fisioterapia na Criança Portadora de Cardiopatia Congênita – InCor-HC-FMUSP - SP. Fisioterapeuta da Equipe de Fibrose Cística do HIJPII – Hospital Infantil João Paulo II (2007 à 2012) e do corpo clínico do HC - Hospital das Clínicas/UFMG (2007 à 2013). Docente da ESP- Escola de Saúde Pública do Estado de Minas Gerais vinculada ao Congresso Internacional de Fibrose Cística 2010. Especialização em Osteopatia (Estrutural, Crânio e Visceral) pela EBOM - Escola Brasileira de Osteopatia vinculado a FCMMG e em Osteopatia Pediátrica vinculado ao OCC- Osteopathic Centre for Children - Londres. Licenciada e certificada pelo Método Busquet. Curso Linfocinética Manual Funcional - Método de Setti. Curso Osteokids - O Bebê. Participação em projetos voluntários pediátricos como Fulibam, Casa bom Samaritano e atendimento às crianças da tragédia em Brumadinho. Palestrante do V Congresso Internacional de Neurociências e Aprendizagem- Brain Connection 2019 com o tema: A abordagem terapêutica da osteopatia pediátrica.

Renata Mousinho

Fonoaudióloga. Doutora e Mestre em Linguística, Universidade Federal do Rio de Janeiro (UFRJ). Pós-doutorado em Psicologia, UFRJ.

Especializada em Psicomotricidade, ISRP-Paris. Especializada em Educação Inclusiva, UGF. Professora Associada da Faculdade de Medicina, departamento de Fonoaudiologia. Universidade Federal do Rio de Janeiro. Coordenadora do Projeto ELO: escrita, leitura e oralidade.

Renato Tocantins Sampaio

Doutor em Neurociências (UFMG), Mestre em Comunicação e Semiótica (PUC-SP), Graduado em Musicoterapia (Fac. Marcelo Tupinambá) e em Educação Artística com Habilitação em Música (Fac. de Artes Santa Marcelina). Como musicoterapeuta clínico, possui experiência nas áreas de Distúrbios do Neurodesenvolvimento, Saúde Mental, Social e Hospitalar. Atuou como Educador Musical em escolas públicas e particulares, na Educação Infantil, no Ensino Fundamental, no Ensino Médio, no Ensino Superior, na Educação Especial e Inclusiva e na Educação de Jovens e Adultos. Publicou diversos artigos, livros e capítulos de livros sobre Musicoterapia e sobre Educação Musical e ministrou palestras, cursos e conferências no Brasil e no exterior (Argentina, Austrália, Áustria, Estados Unidos e Uruguai). Foi Presidente da Associação de Profissionais e Estudantes de Musicoterapia do Estado de São Paulo (2001-2003) e do Comitê Latino Americano de Musicoterapia (2004-2007), e membro do Conselho Diretor da Federação Mundial de Musicoterapia, como representante da América Latina (2005-2008 e 2014-2016). Desde 2010, é Professor de Musicoterapia na Universidade Federal de Minas Gerais, onde atua na Graduação em Música, nas Especializações em Neurociências e em Transtorno do Espectro do Autismo, e nos Programas de Pós-Graduação Stricto Sensu em Música e em Neurociências.

Ricardo Franco de Lima

Psicólogo pela Universidade São Francisco (USF-Itatiba). Mestrado e doutorado em Ciências Médicas (Faculdade de Ciências Médicas, Universidade Estadual de Campinas, FCM-UNICAMP). Especialização em neuropsicologia (Conselho Federal de Psicologia). Aprimoramento em psicologia clínica em neurologia infantil (FCM-UNICAMP). Pesquisador do Laboratório de Dificuldades, Distúrbios da Aprendizagem e Transtornos da Atenção (DISAPRE-UNICAMP). Docente do curso de Graduação em Psicologia da Universidade São Francisco (USF).

Ex-presidente do Centro de Investigação da Atenção e Aprendizagem (CIAPRE) (Gestão 2016-2019). Ex-presidente do Capítulo Paulista da Associação Brasileira de Neurologia e Psiquiatria Infantil e Profissões afins (ABENEPI) (Gestão 2017-2019).

Roger Teixeira Gazzinelli de Barros

Cirurgião dentista – Faculdade de Odontologia da UFMG (1996). Especialista em Ortodontia e Ortopedia Facial ABO(MG) – Sete Lagoas (2003). Mestre em Odontologia – Concentração em Ortodontia UMESP (2009). Professor do Curso de Especializaçãoem Ortodontia e Ortopedia Facial CEFOS BH.

Rosana Mendes Ribeiro

Fonoaudióloga, pós-graduada em Neuroeducaçâo, Doutoranda Medicina ABC-Ciências da Saúde e da Educação, integra a equipe do GI3TES-Lab. de Investigação Europeia Multid. Dir. do Núcleo Aprende. Prof. nos cursos de aprimoramento e pós-graduação em "Neurociência" do CEFAC em SP, PE, RJ e Goiânia. Precursora do projeto "CRA-Classificação para Reenquadramento de Aprendizagem", com assessoria em avaliativas adaptadas dos ensinos Fundamental e Médio, rede PÚBL. e PRIV. de SP. Reconhecido como "Metodologia CDRA" pela SEE/SP. Autora do Protocolo CRA - Classificação para Reenquadramento de Aprendizagem e dos MANUAIS de Modelos de Avaliativas Adaptadas dos ensinos Fundamental e Médio (2015). Vencedora do 12° Prêmio Mário Covas 2017-SEE/SP, juntamente a DER Centro-Oeste/SP e do Prêmio Prof. Dr. Fernando Capovilla – Excelência Metodológica – Brain Connection 2019.

Sara Cunha Peres

Fonoaudióloga graduada pela Universidade Federal do Rio de Janeiro – UFRJ. Mestranda em Saúde Materno Infantil – UFRJ. Integrante do Projeto ELO: escrita, leitura e oralidade.

Sara Edith Souza de Assis Leão

Graduada em Psicologia pela Pontifícia Universidade Católica de Minas Gerais. Especialista em Neuropsicologia pela Faculdade de Ciências Médicas de Minas Gerais. Mestranda do Programa de Pós-Graduação em Neurociências da Universidade Federal de Minas Gerais. Membro Associado do Ambulatório de Avaliação e de Intervenção nos Transtornos Específicos de Linguagem Oral e Escrita (AmbLin) da FAFICH/UFMG e do Núcleo de Neurociências do Movimento (NNeuroM) da EEFFTO/UFMG. Tutora do curso a distância "Dislexia: Causas e consequências" oferecido pelo Departamento de Psicologia FAFICH sob a coordenação da Profa. Dra. Ângela Maria Vieira Pinheiro.

Sheyla Baumworcel

Sou Professora, Psicopedagoga especialista em Neuroaprendizagem e Psicomotricidade. Por acreditar na formação do vínculo afetivo como ponte para o sucesso na aprendizagem busquei embasamento teórico na Psicopedagogia. Acredito na importância das Competências socioemocionais como mola propulsora de construção de uma boa convivência entre os atores da comunidade escolar levando a uma melhor formação do ser humano. Tenho 37 anos de sala de aula e me dediquei simultaneamente ao atendimento em consultório particular como psicopedagoga .Após o curso Diagnostico e Intervenção precoce para Crianças no TEA, escrevi um projeto de inclusão que foi aplicado em uma escola do RIO de Janeiro e publicado no livro Coordenador Pedagógico na Editora Edicon, 2018. Sou autora do livro "Dicionário Amoroso de Valores para crianças ", do jogo "Baralho das Chaves da Convivência " e do jogo "Roda de conversa para jovens e para adolescentes". Participei do Congresso Brain Connection com dois painéis, apresentando a minha monografia" A Correlação entre a Esclerose tuberosa e o Autismo". Apresentei, também no Brain Connection, o curso sobre" Introdução ao diagnóstico e Intervenção precoce no TEA" em EAD e sou palestrante nos temas acima mencionados.

Silvana Cordeiro Felipetto

Conciliadora certificada pelo Tribunal de Justiça do Estado de Minas Gerais – TJMG. Advogada inscrita na Ordem dos Advogados do Brasil - Seção Minas Gerais. Mediadora de Conflitos Privada certificada pela Pontifícia Universidade Católica de Minas Gerais - PUC/Minas. Mediadora Judicial inscrita no Conselho Nacional de Justiça – CNJ e Tribunal de Justiça de Minas Gerais - TJMG. Mediadora Privada pertencente aos quadros da Fundação Getúlio Vargas - FGV. Sócia

Fundadora do Instituto Alleanza - ALLE. Capacitação em Mediação de Conflitos Avançada certificada por *Estudiar in Buenos Aires*. Mediadora Privada do Projeto Educacional da Associação Ser Parte. Premiada com Menção Honrosa pelo Programa Erasmus+ da União Europeia - Títulos *People Expression* (2017) e *Special Tribute* (2018). Coautora do livro "Mediação de Conflitos na Prática: Estudos de Casos Concretos" (2019).

Simone Aparecida Capellini

Fonoaudióloga. Livre Docente em Linguagem Escrita – FFC/UNESP-Marília-SP. Docente do Departamento de Fonoaudiologia e dos Programas de Pós-Graduação em Educação e em Fonoaudiologia da Faculdade de Filosofia e Ciências - FFC/UNESP - Marília-SP. Coordenadora do Laboratório de Investigação dos Desvios da Aprendizagem (LIDA) do Departamento de Fonoaudiologia – FFC/UNESP - Marília-SP. Coordenadora do Departamento de Fonoaudiologia Educacional da Sociedade Brasileira de Fonoaudiologia (SBFa) – Gestão 2020-2022. Bolsista de Produtividade em Pesquisa do Conselho Nacional de Desenvolvimento Científico e Tecnológico – CNPq.

Sônia Caldas Pessoa

Professora do Departamento de Comunicação Social da Universidade Federal de Minas Gerais (UFMG) e professora permanente do Programa de Pós-graduação em Comunicação (PPGCOM/UFMG). Coordenadora do Afetos: Grupo de Pesquisa em Comunicação, Acessibilidade e Vulnerabilidades, com cadastro no Diretório de Grupos de Pesquisa do CNPq. Em 2018 recebeu o Prêmio O Erasmus+, programa da União Europeia para os domínios da Educação, da Formação, da Juventude e do Desporto para o período de 2014 a 2020, com vista a apoiar a execução da Agenda Política Europeia para a justiça social, a inclusão, o crescimento e o emprego. Doutora em Estudos Linguísticos pela Faculdade de Letras (FALE) da UFMG (2015). É autora do livro Imaginários sociodiscursivos sobre a deficiência: experiências e partilhas. Foi Bolsista do CNPQ em doutorado sanduíche na Université Paris Est-Crèteil: Le Céditec (Centre d?étude des discours, images, textes, écrits, communication), Paris, França (2013/2014) e bolsista da Capes no Brasil (2012/2015). Mestre em Linguística pela Faculdade de Letras (FALE) da Universidade Federal de Minas Gerais (UFMG) (2005). Coordenadora da Rádio Terceiro Andar, webrádio vinculada ao Curso de Comunicação Social da UFMG. Graduada em Jornalismo, atuou por 20 anos em veículos de comunicação de Minas Gerais (rádio, TV, jornal), tais como o Sistema Globo de Rádio e a Rádio Itatiaia, além de assessorias de comunicação. Dedica-se desde 2002 à atividade acadêmica, tendo sido professora de Comunicação Social (graduação e pós-graduação lato sensu) em instituições de ensino superior em Minas Gerais, como a Universidade Federal de Ouro Preto (UFOP), Centro Universitário Newton Paiva e Centro Universitário de Belo Horizonte. Sua produção científica tem como foco o rádio (radiojornalismo, análise do discurso radiofônico, radiodocumentário, webradio, rádio e novas tecnologias), bem como a análise do discurso da diferença, pessoas com deficiência, acessibilidade, corpos, vulnerabilidades, afetos na pesquisa acadêmica, redes sociais online e pesquisas com abordagens etnográficas. É idealizadora do Blog Tudo Bem Ser Diferente (https://tudobemserdiferente.wordpress.com), que aborda a educação inclusiva, compreendendo as diferenças, as deficiências e a diversidade. O blog foi criado para compartilhar desafios e narrativas sobre a inclusão da partir da experiência com o filho Pedro, que morreu aos 10 anos, em 2016, com hidrocefalia. É diretora científica adjunta da Sociedade Brasileira de Estudos Interdisciplinares da Comunicação (Intercom).

Sophia Silva de Mendonça

Sophia Silva de Mendonça, 23 anos, mineira de Belo Horizonte, é jornalista, escritora e mestranda em Comunicação Social pela Universidade Federal de Minas Gerais (UFMG), onde é bolsista pela Fundação de Amparo à Pesquisa do Estado de Minas Gerais (FAPEMIG). Em 2019, formou-se em Jornalismo pelo Centro Universitário de Belo Horizonte (UniBH), onde foi vencedora do I Concurso de Comunicação Empreendedora. Em dezembro de 2016, foi agraciada com o Grande Colar do Mérito Legislativo Municipal de Belo Horizonte, a maior honraria do Legislativo, tornando-se, então com 19 anos de idade, a pessoa mais jovem a receber tal homenagem. Foi diagnosticada com TEA (Transtorno do Espectro Autista) aos 11 anos de idade. Idealizou e mantém o portal "O Mundo Autista", onde aborda os impactos do autismo e da inclusão escolar e social em crônicas, artigos, vídeos e entrevistas. Viaja pelo Brasil para ministrar palestras sobre autismo, pessoas com deficiência e empreendedorismo jovem. Sophia Silva de Mendonça é autora dos livros "Outro Olhar" (2015), "Danielle, Asperger" (2016), "Dez Anos Depois" (com Selma Sueli Silva, 2018), "Neurodivergentes" (2019), "Entre Fadas e Bruxos" (2019), "Ikeda, um século de humanismo" (2020) e "Expressão Criadora" (com Raquel Romano, 2020).

Telma Pantano

Fonoaudióloga e Psicopedagoga do Serviço de Psiquiatria Infantil do Hospital das Clínicas da Faculdade de Medicina da USP (FMUSP), Coordenadora da equipe multidisciplinar do Hospital dia Infantil do Instituto de Psiquiatria da FMUSP, Especialista em Linguagem, Mestre e Doutora em Ciências pela FMUSP, Master em Neurociências pela Universidade de Barcelona - Espanha, Pós doutora em Psiquiatria pela FMUSP.

Tiago Barbosa Toledo

Graduado em Educação física, graduado em direito, especialista em transtorno do espectro autista, pós graduação em psicomotricidade, pós graduação internacional em motricidade infantil com menção em natação terapêutica, trabalha com alunos com transtorno do espectro autista desde 2005 e desenvolve programas de esportes e exercícios físicos com foco no autismo em parceria com equipes multidisciplinares.

Tiago Felipe Vasconcelos Gonçalves

Médico graduado pela Faculdade de Medicina de Barbacena, CRMMG 51.664. Residência Médica em Otorrinolaringologia no Hospital de Base do Distrito Federal. Especialista em Otorrinolaringologia pela Associação Médica Brasileira, RQE: 22.705. Capacitação em Medicina do Sono pela Fundação de Otorrinolaringologia e pelo Instituto do Sono. Mestrando em Medicina – UGMG. Membro da Associação Brasileira de Otorrinolaringologia, da Associação Brasileira do Sono e da American Academy of Sleep Medicine. Sócio da Clínica iSleep

Vera Lúcia Orlandi Cunha

Fonoaudióloga. Mestrado, Doutorado e Pós-doutorado em Educação pela Universidade Estadual Paulista Júlio de Mesquita Filho. Especialista em Fonoaudiologia Educacional e em Motricidade Orofacial pelo Conselho Federal de Fonoaudiologia. Formação em Psicopedagogia Clínica e Institucional. Doutorado com Estágio no Departamiento de Psicología Evolutiva y de Educación, Universidad de Salamanca (USAL), Espanha. Pesquisadora e docente do Laboratório de Investigação dos Desvios da Aprendizagem-LIDA, do Departamento de Fonoaudiologia da Universidade Estadual Paulista Júlio de Mesquita Filho. Membro do Grupo de Pesquisa do CNPq "Linguagem, aprendizagem e Escolaridade" do Departamento de Fonoaudiologia da Universidade Estadual Paulista Júlio de Mesquita Filho. Atuação clínica nas áreas de linguagem e aprendizagem.

Construindo ideias
e conectando mentes

Este livro foi composto com tipografia Bembo Std
e impresso em papel Offset 75g.
na Gráfica Formato em novembro de 2021.